주옥같은 **기보**와 **행적**을 추적한 **명인들의 수수께끼**

명인의 바둑관

바둑과 컴퓨터 지음 | 김인 九단 감수

BM 성안당

머리말

　바둑은 인류 문명이 고안해 낸 최고의 게임입니다. 그 심오함과 재미에서 바둑은 아마도 전무후무한 게임일 것입니다.

　이 책의 제목은 '명인의 바둑관'입니다. 바둑에서 최고의 경지에 오른 사람들은 바둑을 어떻게 보느냐 하는 것을 고찰한 내용입니다. 바둑을 어떻게 보느냐 —. 도(道)라고 하는 사람도 있고, 예술이라고 하는 사람도 있습니다. 좀 현대적으로 풀어 '두뇌 스포츠'라고 하는 사람도 있고, 한편에서는 바둑에 도나 예술의 요소가 있는 것은 사실이지만, 본질은 그저 재미있는 게임이라고 하는 사람도 있습니다. 심지어는 잡기(雜技)의 하나라고 비웃는 사람도 있습니다. 물론 바둑을 둘 줄 알고, 바둑을 좋아하는 사람들 중에는, 바둑을 감히 잡기라고 얕잡아 말하는 사람은 없습니다만.

　그런 것은 상관이 없습니다. 각자 생각하는 바가 다르고, 생각하는 것은 각자의 자유이기 때문입니다. 바둑은 그 모든 것의 요소를 포함하는 어떤 것일 수도 있고, 그 중의 하나일 수도 있으며, 그 어느 것도 아닐 수도 있습니다. 다만, 아주 간단히 생각한다 하더라도, 그래도 수천 년을 지속해 온 것이라면, 수천 년 동안 수많은 사람들이 거기에 인생을 걸고 각고정진(刻苦精進)하면서 궁극의 해답을 얻기 위해 몸부림쳐 온 것이라면, 그것은 그만한 가치가 있는 것이기 때문이 아니겠습니까.

　바둑은, 일찍이 서봉수 9단이 20대 청년 시절에 독설적으로 갈파했던 그 표현을 빌리자면, '나무로 만든 판대기 위에 흑백의 돌을 늘어놓는 게임'인데, 도대체 그것이 무엇이길래 그토록 많은 사람이 그토록 오랫동안 시름을 한 것일까요. 이 책은 바로 '그것이 알고 싶어' 시도한 일련의 노력과 결과물을 묶은 것입니다. 특별히 이 책이 주목한 것은, 바둑에서 한 경지를 이룬 사람들은 바둑에 대해 어떤 생각을 갖고 있으며, 또 바둑을 둘 때는 무슨 생각을 어떻게 하면서 바둑을 두는지 하는 것입니다.

　'명인(名人)'이란 기예(技藝)의 한 분야에서 최고의 경지에 오른 사람을 일컫는 말입니다. 바둑이 기예의 하나임을 인정한다면, 바둑에서 최고의 경지에 오른 사람을 우리는 '명인'이라고 부를 수가 있는 것입니다. 우리나라나 중국에는 '명인' 말고 '국수(國手)'라는 말이 있었고, 그것이 바둑이나 장기의 고수에 대한 일반적인 호칭이었습니다. 그런데 일본에서는 바둑의 고수에 대해서도 '명인'이라는 호칭을 즐겨 사용했습니다. 그러니까 우리나 중국은 '국수', 일본은 '명인'이라고 했다는 얘기인데, 어쨌거나 '국수'나 '명인'이나 그 뜻은 비슷합니다.

그렇다면 '국수의 바둑관'이라고 하지, 굳이 왜 '명인의 바둑관'이라고 했느냐고 질문하실 분이 계실지도 모르겠는데, 그건 이렇습니다. 16세기 후반에서 17세기 중반에 걸쳐 살았던 혼인보(本因坊) 산사(算沙)라는 인물이 있었습니다. 근대 일본 바둑사는 바로 그를 기점으로 하는 것인데, 근대 일본 바둑사는 사실상 세계 바둑사라고 보아 무리가 없는 것이며, 현대의 바둑이 그 기틀을 다질 수 있었던 데에는 일본 바둑의 공로가 결정적이었다는 사실을 인정하지 않을 수 없는 것입니다.

명인의 경지란 바둑의 기술적인 면만을 의미하는 것은 아닙니다. 명인의 경지에 오르기 위해서는 부단한 기예의 연마가 우선 조건이겠지만, 기예의 연마에는 그와 함께 그가 어떤 삶을 살아왔는가, 그는 어떤 인품, 어떤 사상의 소유자인가 하는 것이 어쩔 수 없이 녹아들기 때문입니다. 바둑판 위에 나타나는 명인의 착점은 따라서 기예와 인품과 사상의 총체적 결정체일 수밖에 없습니다. 그것을 흔히 '기풍(棋風)'이라고 합니다만, 명인이 보여주는 기예의 형태는 기풍보다 더 포괄적인 그 무엇으로서 어쩌면 하나의 '이데올로기(ideology)'라고 불러야 하는 것인지도 모릅니다. 다시 말하면, '명인의 바둑관'이란 명인의 바둑 이데올로기라는 것입니다. 아마추어는 이러한 명인들의 바둑 이데올로기를 음미함으로써, 간접 체험함으로써 바둑의 본질에 한 걸음 접근하며 바둑을 보다 깊이 이해하게 되는 것이라고 생각합니다.

이 책은 이러한 생각을 바탕으로, 현대 바둑사에서 '불세출의 기성(棋聖)'으로 추앙받는 우칭위엔(吳淸源) 선생을 정점으로, 근대 혼인보 산사 시대부터 다이쇼(大正) 시대에 이르기까지와 이후 쇼와(昭和) 연대의 일본 바둑계를 화려하게 수놓았던 사카다 에이오(坂田榮男), 후지사와 슈코(藤澤秀行) 9단을 거쳐 린하이펑(林海峰), 그리고 한국의 김인(金寅) 국수 시대까지를 다루었습니다.

각자의 독특하고 뛰어난 바둑 이데올로기로써 일세를 풍미했던 이런 명인들의 바둑관과 인격적 소성(蘇醒)을 음미하고 간접 체험함으로써 우리 같은 아마추어들도 얼마든지 보다 차원 높게 승화된 바둑관을 형성할 수 있다는 자신감을 갖게 되시기를 바랍니다. 그 이상의 기쁨과 보람이 있겠습니까.

2000년 7월. 바둑과 컴퓨터

감수의 글

 '바둑과 컴퓨터' 팀이 책 한 권을 들고 감수를 부탁한다면서 찾아왔을 때, 나는 얼른 알아보지를 못했다. 처음 알게 된 것은 1998년 무렵이었던 것으로 기억한다. 이들이 현재 세계일보 기성전의 관전기자로 있는 막역지우 이건민 편집위원과 어울리는 자리에 나도 우연히 자리를 함께 한 적이 있었다. 그것이 첫 만남이었는데, 특별한 이야기를 나누거나 하지는 않았던 것 같다. 공통의 화제가 없었던 것이다. 이후 나는 그들의 존재에 대해서는 까맣게 잊고 지냈다. 3년 전에 잠깐 한 번 보고 지나쳤던 사람들이니 내가 얼른 기억을 못했다고 해도 큰 결례는 아니었으리라.

 이번에는 꽤 많은 이야기를 나누었다. '바둑과 컴퓨터'라는 이름이 말해주듯 이들은 이미 오래 전부터 바둑을 과학적으로 분석하면서 컴퓨터의 속성에 맞는 시스템을 구축하고 있다는 것이었다. 때마침 한국기원에서도 이 분야에 대한 연구가 활발히 진행되고 있는 터라 관심을 갖고 그들의 이야기를 들었다. 그들은 소신이 있었다. 열정이 있었다. 그 중에서도 특히 가슴에 와 닿는 말이 있었다. 이제 인터넷 바둑 분야는 불필요한 경쟁을 멈추고 상호 협력체제로 나아가야 한다는 것이었다.

 그리고 또 하나, 나는 아직도 '컨텐츠'라는 말보다는 '내용'이라는 말을 쓰는 사람이지만, 이른바 '바둑의 컨텐츠'란 과연 무엇인가 하는 것에 대한 그들의 견해는 귀가 번쩍 뜨일 만큼 인상적인 것이었다. '내용'이라는 말은 바둑에서 '내용 있는 바둑을 두었다'와 같은 문맥 속에서 쓰이는 말이다. 바둑의 내용 — 그것은 나에게도 오랜 세월 하나의 화두 같은 것이었다. 내용 있는 바둑을 두고 싶었고, 두고 싶다. '바둑과 컴퓨터'가 말하는 '컨텐츠'와 나의 '내용'이 완전히 일치하는 것은 아니다. 많이 같고, 조금 다르다.

 바둑의 내용을 추구하는 것과 바둑을 어떻게 보느냐 하는 것 — 바둑관 — 은 결국은 동전의 양면이리라. 그런 뜻에서 '명인의 바둑관'을 조금 쉽게 풀면 '명인들은 어떤 내용의 바둑, 혹은 바둑의 어떤 내용을 추구했느냐'가 될 수 있다고 생각한다. 각고의 선혈이 뚝뚝 묻어나는 듯한 '바둑과 컴퓨터'의 '명인의 바둑관'은 바둑을 사랑하는 강호 제현께 일독을 권하고 싶은 책이다. 우리 바둑문화의 수준이 어느새 여기까지 올라왔구나 하는 생각을 하게 되시리라 믿는다. 흐뭇하기 짝이 없다.

2000년 7월. 김인

명인의 바둑관 차례

근대 명인의 바둑관

근대 바둑의 기틀을 만들어준 산사는 바둑사의 코페르니쿠스라고 불리워져도 결코 모자람이 없고, 그러한 토양에서 출발한 바둑을 과학적으로 고찰하여 새로운 바둑관을 창출한 도사쿠는 바둑사의 케플러로 불리워지는 것이 너무도 당연하다. 바둑은 이렇게 바둑 외적 영향으로부터 발전해왔던 것이 사실이며 따라서 그러한 바둑사를 도외시할 이유가 없기 때문이다.

역사에 르네상스가 있었다면 바둑사에도 그러한 르네상스가 없을 리 없는 것이며 그 시대의 명암은 항상 공존해 왔음 또한 부정할 수 없다. 화정 시대에 벌어진 조와와 겐안 역시 그러한 수레바퀴 속을 거쳐간 명인들이며, 메이지 유신으로 걸어가는 격변의 시대에 희생된 천재 슈와와 슈사쿠는 제국주의 일본사가 탈태환골하기 위한 수순 속의 밑거름으로 이해되기에 족하며, 그러한 격랑 속에서 바둑의 대중화에 박차를 가한 슈호와 슈에이 또한 역사의 필연적 수순일 것이다.

이러한 순환의 역사가 20서기의 바둑혁명을 채찍질하는 수순이 아니었다면 오늘날의 바둑이 존재할 수 있었을까하는 감회에 젖어보는 것으로만도 근개 명인의 바둑관을 이해하기에 넉넉하다.

바둑사의 코페르니쿠스

　일본 바둑사에 역사상 가장 오래된 기물(棋物)로 실전(實傳)되어 남아있는 바둑판은, 쇼무덴노(聖武天皇, 701~756)가 불교문화를 크게 일으킨 나라(奈良) 시대(710~794)에 그가 애용했다는 모쿠가시단기교쿠(木畵紫檀棋局)라는 바둑판으로, 도다이지(東大寺)의 쇼소인(正倉院)에 보존되어 있으며, 19줄의 판에 17개의 꽃점(花點)이 있다. (이 17개의 꽃점 문양 때문에 일본의 바둑이 한국의 순장바둑에서 유래된 것이라는 설은 꽤 오래된 것이며, 또 어느 정도 신빙성이 있는 것이다.)

　그러나, 내용적으로 바둑사를 고증할 수 있는 자료는 아직 없다. 나라 시대를 거쳐 헤이안교(平安京, 현 교토〈京都〉)를 중심으로 새로 발연(渤然)한 헤이안(平安) 시대(794~1185)에도 바둑의 기술적 발전사를 유추할 만한 기록은 발견되지 않고 있다.

메이진(名人)이라는 호칭도 센고쿠(戰國) 시대 말기, 도가이 오와리(東海 尾長)에서 발흥한 오다 노부나가(織田信長, 1534∼1582)가 아시카가 바쿠후(足利幕府)를 평정하고 천하를 통일하기 직전의 일이며, 그 이전까지는 8세기 초엽 만들어졌다는 '고시'(碁師)라는 존칭이 있었을 뿐이다.

평론가 다무라(田村 龍騎兵)씨에 의하면, 840년 경 19세의 궁정 경호원 도모

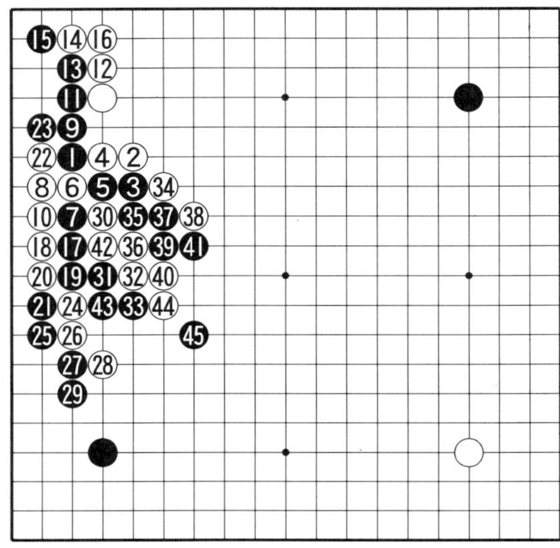

참고보 1

노 오가쓰에(伴小勝雄)가 당시 일본 제일이라는 고시(碁師) 나가다니(長谷)를 꺾고, 겐도시(遣唐使)의 수행원으로 선발되어 당나라(618∼907)의 선종제(宣宗帝, 847∼859) 앞에서 천람시합(天覽試合…御前對局)을 했다고 한다. 상대는 당나라 최고의 실력자 고사언(顧師言)이었으며, 한 수로 두 개의 축을 동시에 방비하는 이른바 진신두(鎭神頭)의 기보가 고전을 통해 실전(實傳)되어 있다. 이 이야기는 당시 일본을 대표한 기사가 일본국의 왕자였다는 설도 있으나, 그 사실 여부는 중요치 않다. 이 시기의 일본 바둑이 종주국인 중국의 바둑에 견줄 수 있을 만큼 따라 붙었다는 의미로써 중요할 뿐이다.

진신두가 나타난 기보 역시 거의 작위적인 냄새가 짙으며, 그런 정도라면 당장이라도 만들어낼 수 있는 수준이다.

진신두는 정석의 과정에도 나타나지만, 실전에서는 구경하기 쉽지 않기 때문에 그것을 주제로 픽션화할 수도 있을 것이다.

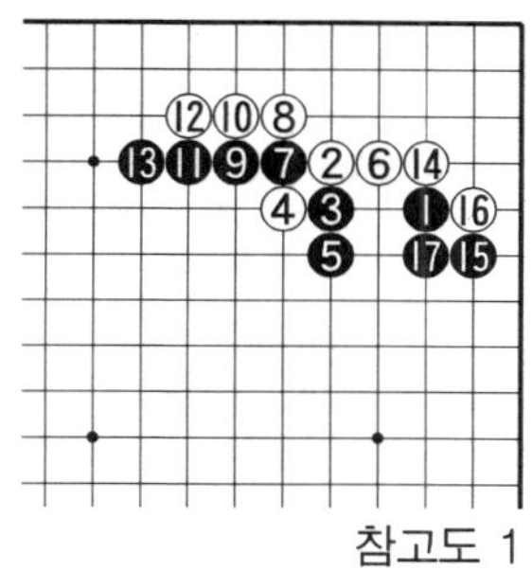

참고도 1

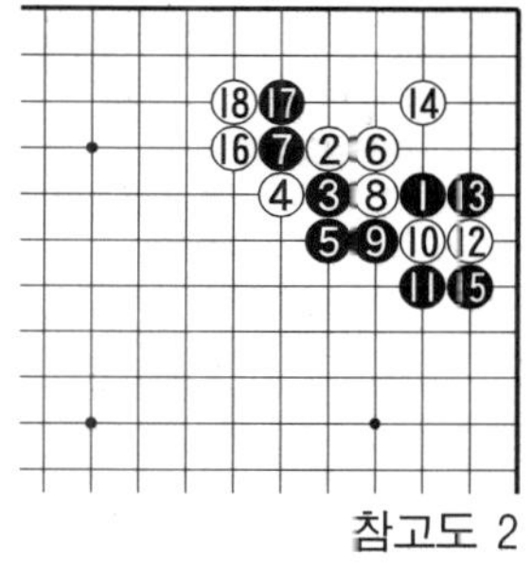

참고도 2

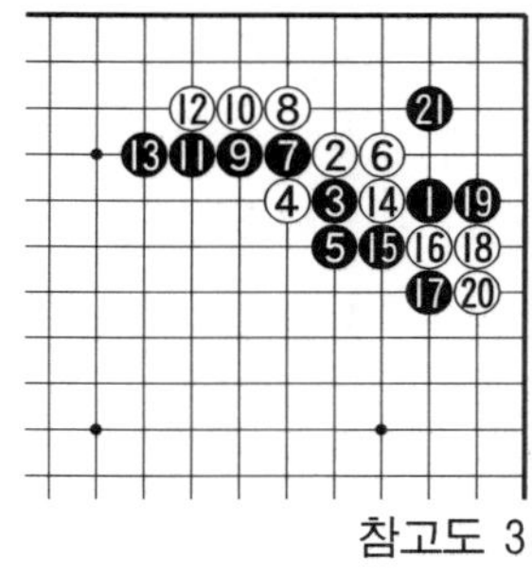

참고도 3

현대의 공식대국에서 나타난 것은, 1996년 제20기 일본 기성전 도전2국에서 흑을 쥔 도전자 조치훈(趙治勳) 9단이 백의 고바야시 사토루(小林覺) 기성을 상대로 흑27수에 진신두를 둔 기록이 있다.

참고보 1이 오가쓰에와 고사언의 대국인데, 좌상귀의 진행은 당시 정석과정의 변화도로 고전 문헌에도 등장한다.

그러나 보는 바와 같이 그 수법에 있어 당대의 고수들이 두었다고는 믿기지 않을 만큼 작위적인 냄새가 풍긴다.

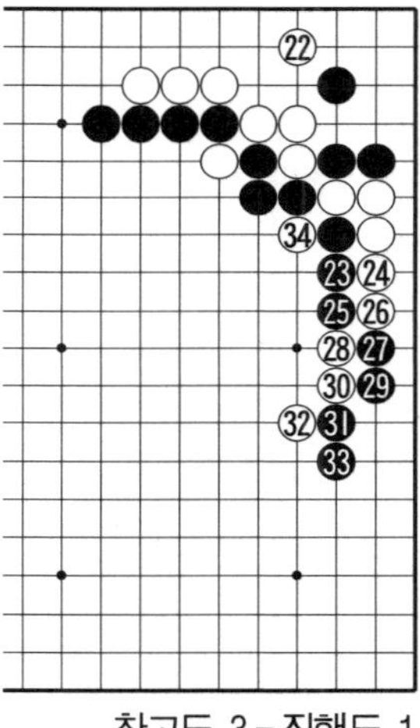

참고도 3 – 진행도 1

진신두의 묘수라고 말하는 흑45는 흑31때 예견될 수 있는 수라고 할 수 있는 것이며, 그보다 앞서 좌상귀의 전투는 거의 무모하다고 생각될 정도로 수준이 떨어지는 것이다.

만약 이와 비슷한 모양을 만들어 본다면 **참고도 1**이나 **참고도 2**와 같은 정석에서 이탈하여 만들 수 있을 것이다.

참고도 1, 2는 알려진 정석이지만, 백이 변화하여 **참고도 3**처럼 두면 일단 복잡한 전투가 시작될 수밖에 없다. 흑21에 대허 백이 **참고도 3 – 진행도 1**의 백22로 수비하여 충분하다고 생각하겠지만, 이때부터 진신두가 머리를 내밀기 시작하는 것이다.

흑33까지의 진행은 오가쓰에·고사언의 대국에서 본 진행과 거의 흡사하다.

다른 점이 있다면 중앙 쪽에 끊겨있는 백 한점이 있다는 것일 뿐이다.

귀의 흑을 백이 잡으려면 5수가 필요하므로 수상전으로는 백이 이길 수 없다.

이제 백34로 끊게 되면 오가쓰에·고사언의 대국보다 수읽기를 약간 더 필요로 하는 상황이 된다.

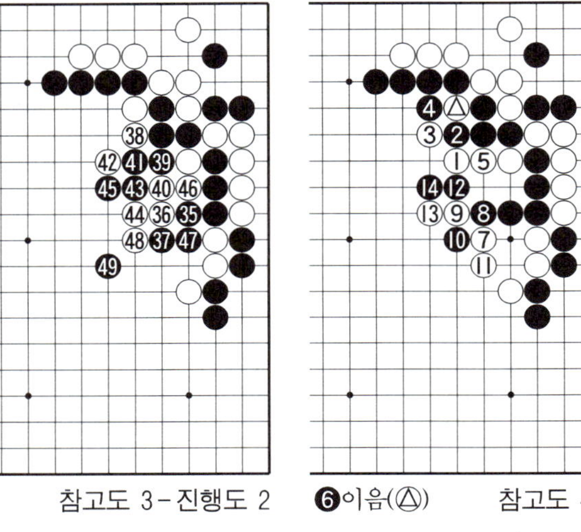

참고도 3 - 진행도 2　　❻이음(△)　　참고도 4

오가쓰에·고사언의 대국을 참고로 하여 직접 머리 속에 그려보는 것도 좋을 것이다.

참고도 3 - 진행도 2의 진행이 진신두의 정확한 수순이다. 흑49에 이르러 백은 더 이상 양쪽 축을 진행시킬 수 없다. 참고로 **참고도 3 - 진행도 2**의 백36으로 **참고도 4**의 백1에 두어도 흑14까지 이 흑을 잡는 수는 없다.

이러한 진행을 만들어 보이는 것은 진신두가 바둑의 오묘함을 주장하는 잣대로 사용될 필요가 없다는 것을 강조하기 위해서다. 이와 같은 진신두는 바둑의 모양에서 등장할 수 있는 하나의 패턴에 불과한 것이다. 고전에서 이러한 것을 주장했다 해서 현대에 와서까지 진신두 운운하며, 바둑을 배우려는 사람들에게 이런 것이 바둑을 구성하는 크나큰 요소로 인식하게 하는 것은 지나친 요구가 아닐까.

어디까지나 현대의 바둑은 '절묘한 수'라는 관념을 넘어 '수의 유기적 조합'에 대해 논해야 한다. 지나친 수읽기 위주의 검토는 현대바둑이 지향할 바는 아닐 것이라 확신한다.

각설하고, 겐도시(遺唐使)란 나라 시대와 헤이안 시대 초기, 일본이 당나라에 파견한 외교사절로서, 우리나라 역시 삼국 시대에 견당사를 파견했다는 기록이 남아있다. 일본의 바둑사적으로는 717년 기비노 마키비(吉備眞備)가 겐도시의 일원으로 당나라에 들어가 당 현종(唐玄宗)때의 국수 현동(玄東)과 대국했다는 기록이 있고 기보도 남아 있으나, 이 기보는 함께 수행했던 아베노 나카마로(阿部仲麻呂)의 입당기(入唐記)를 참고로 하여, 하야시가의 11대 당주 하야시 겐비(林元美, 1778~1861)가 만든 위작이라고 한다. 그러나 대국장면을 그린 그림은 보스턴미술관에 보존되어 있다.

'기성'(棋聖)이라는 말도 시대에 따라 의미가 다르겠지만, 먼 옛날 가마쿠라(鎌倉) 시대에 최초로 기성(棋聖)이라 찬양을 받았던 인물이 있기는 했었다. 가마쿠라 시대란 바쿠후(幕府) 정치의 시초로 1185년 미나모토노 요리토모(源賴朝)가 가마쿠라에 바쿠후를 개설해서 1333년 멸망할 때까지의 약 150년간 무사가 처음으로 왕을 대신하여 정치를 행한, 귀족사회에서 봉건사회로 옮겨진 시대를 말한다. 당시 기성으로 불리웠던 고시(碁師) 간렌(寬蓮 : 姓은 橋, 이름은 良利)이라는 인물은 기식(碁式)을 정하고, 금석이야기집(今昔物語集)과 고금저문집(古今著聞集) 등에 일화를 남겼다. 그러나 그의 시대에는 단위도 없었고 기보도 남아 있지 않기 때문에, 얼마만한 기량이었는지도 알 길이 없고 시대를 반영하기에 가치있는 자료도 없다.

'메이진'(名人)이라는 칭호는 센고쿠(戰國) 시대의 마지막 봉건제후(封建諸侯)였던 모리 데루모토(毛利輝元, 1533~1625)와 대결하던 중, 1582년 혼노지(本能寺)에서 부하 아케치 마쓰히데(明智光秀)에게 변을 당한 오다 노부나가(織田信長, 1534~1582)에 의해서 시작됐다는 것이 지금까지의 통설이다.

일본의 바둑사는 사실상 혼인보(本因坊)라는 이름으로부터 시작되고 있으며, 혼인보가 잣코지(寂光寺)라는 절내의 암자 이름이었다는 것도 이제는 웬만큼 알려져 있는 사실이다. 당시 전란을 피해 교토 도야마(京都 東山) 일각에 위치한 잣코지(寂光寺)로 들어가, 절내의 혼인보(本因坊)란 암자에서 기거하던 닛카이(日海)라는 승려가 일본 바둑사를 새로이 쓰게 만들었다는 것이 현대의 해석이라고 하겠다. 그렇다면 닛카이는 누구인가.

바로 이 사람이 오다 노부나가(織田信長), 도요토미 히데요시(豊臣秀吉, 1536~1598), 도쿠가와 이에야스(德川家康, 1542~1616) 가문 3대를 받들면서 승려로서는 최고의 자리인 법인(法印)에 오른 닛카이 쇼닌(日海上人)이며, 훗날 메이진 혼인보 1세 산사(算砂)라는 인물이다.

그는 1559년 교토(京都)에서 태어나 일곱 살 때, 니치렌슈(日蓮宗) 잣코지의 니치렌 쇼닌(日淵上人)의 문하가 되었다.

일련종(日蓮宗)이란 13세기에 니치렌(日蓮)을 교조로 하여 시작된 일본식 불교의 하나이며, 한국에 잘 알려진 일련정종(日蓮正宗)도 일련종의 한 분파다.

니치렌슈의 교조 니치렌은 석가가 죽은 뒤의 역사를 정법(正法), 상법(像法), 말법(末法) 시대로 나누어, 말법 시대에는 석가의 법이 그 효력을 잃고 법화경(法華經)만이 옳은 법이 되며, 니치렌 자신이 그 법을 세우기 위해 태어났다고 했다 또 이 법은 일본에서 나타나 석가와 반대로 동쪽에서 서쪽으로 전 세계에 퍼져나갈 것이라는 것이 니치렌슈의 교지(敎旨)다.

이 시기 범람한 불교의 말법(末法) 사상은 천년을 주기로 역사에 빠짐없이 보이는 이른바 세기말적 현상, 즉 종말론의 성격과 무관하지 않았다.

말법 사상의 말법이란 불교에서 설명하는 예언적 연대로, 정법(正法)·상법(像法)이 지나고 나중에 오는 약 1만년 동안을 말한다. 이 시기가 되면 불교가 퇴폐적으로 변해 세상 사람들이 타락하고 천재지변이 일어나 말세가 된다는 것이다. 일본에서는 1052년이 말법의 첫해에 해당된다고 생각했다. 더구나 이 무렵 정치의 문란과 절도, 화재, 전염병이 계속 발생하자 사람들은 점점 현세를 부정하는 비관적 염세주의(厭世主義, pessimism)에 빠졌다.

이러한 분위기 속에서 사람들은 사후의 극락왕생을 기원하며 정토교(淨土敎) 신앙으로 기울었다.

일련정종은 우리나라에 1963년 무렵부터 일본 창가학회(創價學會)의 지원 아래 전파되었던 적이 있다. 흔히 나무묘호렌게교(南無妙法蓮華經)를 주문(呪文)라면 만병통치, 만사형통, 소원성취할 수 있다는 기복주의적(祈福主義的) 포교방식이 하류계급의 사람들에게 먹혀들어 교서가 놀라운 기세로 번짐에 따라, 그 왜색(倭色)을 염려한 언론과 기성 종교들에 의해 여론이 들끓어 정부당국이 단속에 나섰던 때가 있었으며, 쇠퇴하기는 했지만 오늘날에도 그 뿌리는 남아있다.

닛카이에 대해서는 좌은담총(坐隱談叢 : 안토 노이〈安藤如意… 如意는 호, 이름은 豊次〉 지음. 1904년 발간. 棋家列傳 등이 실린 바둑역사책)에 다음과 같이 기록되어 있다.

"닛카이, 아직 성년도 되지 않아 남달리 법전의 연구에 몰두하고, 니치렌슈에 심취하여 마침내 오산(吾山)의 법등(法燈)이 되어 석학으로 이름을 드높였다. 또한 바둑과 장기에 생각을 몰두하여 홍하준악(洪河峻岳)을 바둑판 위에서 가지고 놀며 생과 사, 윤회의 이치를 바둑 기술에 살려서 갈고 닦아, 국내에서는 더 이상 적수를 발견하지 못할 경지에 이르렀다. 처음으로 오다 노부나가의 인정을 받아 후한 대우를 받으며 바둑 중흥의 단초를 열었으며, 이어 도요토미 히데요시를 섬기며 기소(碁所)에 올랐고, 도쿠가와 이에야쓰의 간토(關東) 정벌을 수행하여 완전창업을 이루었다."

도요토미 히데요시는 본명이 하시바 히데요시(羽柴秀吉)로 한국사적으로는 1592년 임진왜란을 일으킨 인물로 더 잘 알려져 있다. 그는 1582년 혼노지의 변란을 주도한 마쓰히데를 평정하고, 1587년 다이조(太政) 대신이 되어 도요토미(豊臣)로 개성(改姓)했다. 도요토미가 쇼군(將軍)이 될 수 없었던 이유는 출신이 미천했기 때문이며, 그 대신 간파쿠(關白)가 되는데, 간파쿠란 섭정(攝政)을 할 수 있는 관직을 뜻한다. 쇼군은 세이타이쇼군(征夷大將軍)의 약칭으로 바쿠후의 정치체제에서 천황을 대신하여 전권을 휘두르는 실질적인 최고통치자를 말하며, 따라서 천황은 상징적인 존재였다.

정확한 것은 알 수 없지만, 메이진은 노부나가가 하사했고, 고도코로(碁所)는 히데요시가 하사했다는 것이 현재의 통설이다. 히데요시가 임진왜란을 일으켜 조선에 출병할 때, 그를 측근으로 대동하고 나고야(名護屋)성까지 수행하도록 했다는 기록으로 보아, 그의 지위가 어느 정도였는가는 어렵지 않게 짐작할 수 있다. 화려한 명성은 없었으나, 바쿠후 3대를 꿋꿋하게 살아온 산사는 정치승려로서 대단한 수완가였다고 하겠다.

산사가 도쿠가와 이에야쓰 밑에서도 군사(軍師)의 측근으로서 입지를 잃지 않았던 것은 청정한 기품과 탁월한 정치력 덕분이었을 것이다.

바둑의 실력도 당대 제일로, 닛카이의 비범함에 경탄한 노부나가가 처음 '메이진'이란 칭호를 하사함에 따라 부르게 된 일본 바둑사의 실질적 초대 메이진이다.

그러나 이 시기 바둑에 관한 과학적 분석은 전무했다.

혼노지의 변란 때의 일로, 노부나가가 관전하던 중 3패가 등장하여, 3패란 불길한 징조라는 등의 일화도 사실은 신빙성 있는 것이 아니다. 그보다 앞서 1253년 경 호신보(法信坊)와 교부보(刑部坊)라는 두 승려의 대국에서 양패가 등장하여, '양패에 가생(假生) 하나… 일명 월광(月光)의 삶이라고 한다.' 라는 '뇨부쓰(如佛)의 판결[주]'로 선례가 만들어지는 과정을 보면, 이 시기의 모든 바둑룰이 과학적 근거로 분석되어진 룰이 아니라, 권력의 중재로 만들어지는 초법적인 룰에 불과했다는 것을 의미하는 것이다. '뇨부쓰의 판결'과 같은 규정은 오늘날에는 통용되지 않는 사장(死藏)된 룰이다.

바둑계의 그러한 와중에 등장한 산사의 모습은 단연 군계일학이었다. 산사의 출현이 바둑사적으로 가지는 가치는 바둑의 차원을 바꾸었다는데 있다.

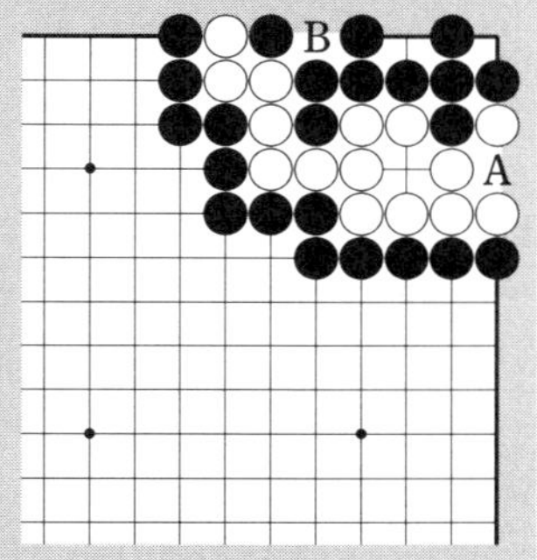

1582년 두어진 가시오 리겐(鹿鹽利玄, 1583~1667)과의 대국을 보면, 리겐이 고정관념, 즉 3선으로 집을 만드는 것이 현명하다거나 전투는 수읽기와 맥으로 해결한다는 식의 단편적인 사고로 임했다는 느낌이 짙은데 반해, 백을 든 산사의 모든 수법은 그것을 훨씬 뛰어 넘어 하나의 대국관을 형성하고 있다는 느낌을 주고 있다. 원시적이기는 하지만, 이러한 것은 마치 고대 그리스의 수학자 아르키

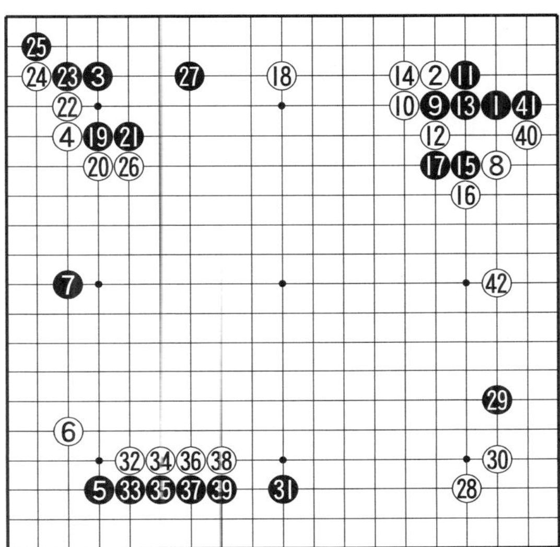

참고보 2

메데스(Archimedes, B.C. 287~212)가 반지름이 r인 구(球)의 면적이 $4\pi\gamma^2$ 이라는 것을 증명한 사실과 비교할 수 있을 것이다. 이것이 오늘날 적분(積分)의 개념과 흡사한 것처럼, 산사의 바둑도 원시적이기는 하지만 현대의 그것과 너무도 흡사하다.

참고보 2가 당시의 기보다. 기보분석을 하자면, 일단 백2·4·6은 상대의 기력에 대한 자신감의 표현이라 볼 수 있을 것이다. 그에 비해 흑11은 귀의 집에 집착하여 대세를 잃는 졸수(拙手)라 할 수 있다.

흑15는 완력으로 전투를 하고자 하는 것이지만 산사는 급박한 전투를 슬며시 비켜가는 유연한 수법으로 일관하고 있다.

흑31은 당시 바둑수준을 보여주는 단적인 예다. 선위(線位)[주]라는 개념이 결여되어 있는 것이다.

산사는 기다렸다는 듯 즉시 백32부터 압박하여 하변을 편재시키고 있다. 이

것으로 리겐은 세 귀를 차지했지만, 모두 발전성이 없는 집들이다. 그에 비해 산사는 한 귀밖에는 차지하지 못했지만, 세 변에 관한 주도권을 장악함으로써 사실상 대세는 백에게 기울어져 있는 것이다.

이것은 리겐이 아직 판 전체의 돌들이 유기적인 관계를 가져야 하는 바둑의 원리를 잘 모르고 있다는 것을 의미하며, 그에 비해 산사는 그러한 것을 꿰뚫고 있다는 것을 의미하는 것이기도 하다.

참고보 2-진행도 1을 보면, 흑43과 백44의 교환 역시 두 사람의 기력차이를 확실히 알 수 있게 하는 것이며, 좌변의 진행도 그와 비슷하다. 다만, 수순 중 흑69는 흑73으로 먼저 둔 것이 맞을 것이다.

진행도 2에서는 두 사람의 기력차이를 수읽기라는 측면에서 확실하게 구별할 수 있다.

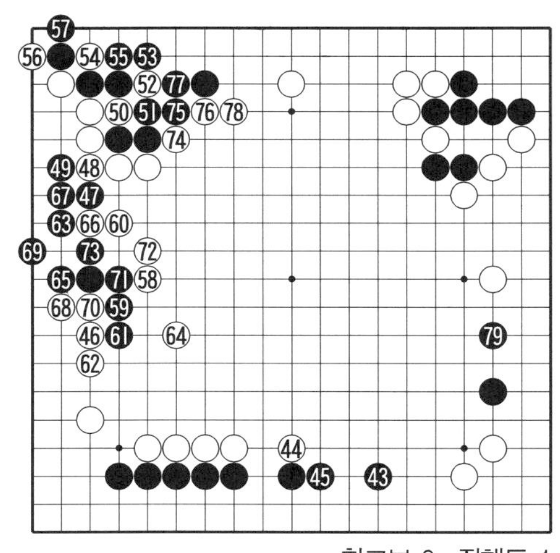

참고보 2-진행도 1

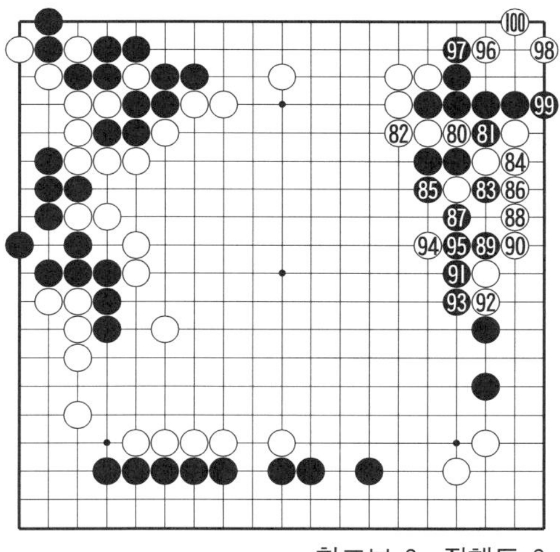

참고보 2-진행도 2

㈜ 선위(線位)

선위란 1933년 우칭위엔(吳淸源), 기타니 미노루(木谷實) 두 사람이 발안(發案)하고 야스나가 하지메(安永一)씨가 정리한 「위기(圍棋)의 역명 신포석법」이라는 책에서 처음 사용된 말이다.

"선위(線位)의 기능에 입각하여 균형과 속도를 합리적으로 활용한다."라는 대목에 있는 것으로 이 이론의 수준은 매우 높고 추상적이어서 바둑뿐 아니라 바둑외적으로도 어지간한 지식인이 아니고는 이해가 쉽지 않다. 다만, 선위는 포석시기에 3선, 4선, 5선, 6선 등을 말하는 것으로 이해하면 될 것이다. 따라서 '선위의 기능에 입각하여'라는 말은 각 선마다 높낮이에 따른 나름대로의 기능이 있으므로 실리나 세력 어느 한 쪽만을 고집하는 고정관념에서 벗어나 각 선의 기능을 고려하여 두어야 한다는 뜻이 된다.

백80 이하 100까지의 수순으로 우상귀가 잡히는 것은 비교적 간단한 수읽기라고 할 수 있다. 산사는 백96·98·100으로 정확히 흑의 명맥을 끊고 있다. 이것은 수읽기의 승리다.

본질적으로 수읽기가 뒷받침되지 않는 다국관이란 존재하지 않는다. 어떤 이론도 그럴 수밖에 없다. 참고로 이 기보는 하야시 겐비의 난가당기화(爛柯堂棋話, 1849)에 실려있다.

바둑사적으로 볼 때, 산사는 코페르니쿠스(Nicolaus Copernicus, 1473~1543)와 같은 존재라고 할 수 있다.

지동설 이후 천문학이 최대의 발전을 가져왔다면, 그것은 첫 번째 그의 공적이다. 마찬가지로 현대바둑의 방향을 제시한 산사 역시 바둑사의 첫 번째 공로자다.

그리고 그러한 지동설이 수세기를 거쳐 칸트(Immanuel Kant, 1724~1804)·라플라스(Pierre Simon Laplace, 1749~1827) 성운설(星雲說)과 같은 우주생성론을 잉태시켰다는 필연적 역사성은, 우칭위엔(吳淸源) 선생의 신포석관이 현대바둑의 질을 한 차원 높였다는 사실과도 일맥상통하는 것이다.

자연에는 시간상의 역사가 없는 것처럼 생각되던 관념이 지동설 이후 뿌리째 흔들리기 시작했던 것처럼, 바둑도 단순한 기술적 차원을 넘어, 본질적인 문제를 화두로 바둑의 원리를 합리적으로 규명하려는 움직임은 이렇게 태동되었다.

자연과학을 법칙정립적(法則定立的) 학문으로, 인문과학을 개성기술적(個性記述的) 학문으로 규정하여, 서로가 받아들여지지 않는 배타적 영역으로 간주했던 것은 인간의 불완전성이 만들어낸 시간상의 오류다. 자연과 역사는 그렇게 확연하게 구분될 수 있는 것이 아니었다. 흔히 역사를 지칭하는 히스토리(History)라는 말은 어원적으로, 탐구한 것의 기술(記述), 박물지(博物誌)를 뜻하는 것이었다. 史는 誌였던 것이며, 그런 뜻어서 History도 반드시 인간의 역사에만 한정해서 사용된 것은 아니었다.

다시 말해 바둑도 인간의 시간에 의해서만 발전하는 것은 아니라는 것이다.

그러므로 바둑자체가 가지는 시간상의 속성 또한 인간 중심적 사고로는 해결될 수 없다. 바둑이 가진 속성은 그만큼 자연적인 것이며, 따라서 접근의 방식 또한 인간 중심적으로 하는 것은 무리가 따른다. 바둑도 인간과 동시에 존재하는 상호방향적인 물성(物性)이 내재되어 있다.

역사의 시간성을 배제한다면, 일본 바둑사는 사실상 세계 바둑사라고도 할 수 있다. 학문적 발전성으로 볼 때 그렇다는 것이다. 그리고 그 태두에 산사가 있는 것이다.

그러나 다만 한가지, 일본의 저명한 바둑평론가 하야시 유다가(林裕) 선생의 견해에 의하면, 에도(江戶) 바쿠후(幕府)가 개설된 이래, 초대 혼인보 산사(算砂)가 메이진 고도코로(名人碁所)로 군림했고, 처음부터 오시로고(御城棋)와 종가(宗家)의 제도가 갖춰져 있는 듯한 오해가 생긴 것은, 좌은담총이 종가 관계 자료만에 의하여 오랜 동안 종가 중심의 아전인수식 해석과 짐작으로 그릇 전해진 것을 그대로 계승했기 때문이라고 한다. 따라서 종가제도가 확립된 것은 사실상 도에쓰(道悅, 1636~1727)및 도사쿠(道策, 1645~1702)의 시대라는 것이다.

이 말 또한 틀리지 않을 것이다. 역사란 누군가가 중심이 되어 기록되는 것이 보통이기 때문이다. '삼국지'라는 역사 역시 조조의 편에서 쓰여진 것, 유비의 편에서 쓰여진 것, 심지어 장비의 편에서 쓰여진 것도 있으며, 공명의 편에서 쓰여지기도 했지 않은가.

좌은담총의 기록에 있는, "1620년경 조선인 이약사(李葯史)라는 인물이 일본으로 건너와 산사에게 석 점을 놓고도 이기지 못하자 탄식하며, '나로 말하면 조선에 당할 자가 없는 강자인데, 석 점이나 놓고도 지고 말았다. 정말 일본은 바둑의 나라라 할 만 하며, 닛카이와 같은 사람은 전례를 찾아 볼 수 없는 명수 중 명수다.'라고 말했다. 이때의 석 점 대국을 선례로, 그 후 외국인과의 대국은 항상 석 점으로 했다."라는 기록도 알고 보면 일본 중심의 바둑사이며, 따라서 이약사의 극찬이 얼마만큼의 사실인지는 그 진위를 알 수 없는 일이다.

　그러나 일본 바둑계를 하나의 사회로 본다면, 모순을 부여 안고 갈등했던 것은 부동의 사실일 것이며, 그 부동의 사실 때문에 발전도 있었음 또한 부동일 것이다.

　"사회의 발달사는 한가지 점에서 자연의 발달사와는 본질적으로 다르다. 자연에서는 자연에 대한 인간의 반작용을 도외시하는 한, 전혀 의식이 없는 맹목적인 여러 힘이 서로 작용하는 것이며, 일반적 법칙은 그 상호작용 속에서 작용하고 있는 것이다. 이것과는 반대로 사회의 역사와 같은 경우는, 행동하고 있는 사람들은 모두가 다양한 의식을 가지고 행동하며, 일정한 목표를 향해 노력하고 있는 인간이다. 의식적인 의도나 의욕적인 목표 없이는 아무 일도 일어나지 않는다."

　이것은 엥겔스(Friedrich Engels, 1820~1895)의 말이지만, 예를 들어 그릇 속의 음식을 먹는다고 가정했을 때, 음식을 먹으려 뚜껑을 여는 것이지만, 여는 순간 인간의 의지와는 전혀 별개의 현상이 나타난다 생각하면, 인간의 의도와는 전연 다른, 이를테면 존재한다는 그 자체만 가지고도 어떤 일이 일어날 수 있다는 사실을 부정할 수 있을까. 그릇이 열리는 소리나 음식냄새가 나는 것은 인간의 의지와는 상관없는 일이다.

　세계사 속에서 인간의 행위에 의해 생긴 것은 인간이 지목하여 획득하는 것, 인간이 직접 알고 의욕을 불태우는 것과는 전혀 별개의 것이라는 점이다. 인간은 자신의 관심을 추구하지만 그것으로 성취될 수 있는 것은 그 관심 이상의 것이다.

　각설하고, 어쨌거나 이에야쓰의 측근이었던 산사의 지위는 대단히 높은 것이었다. 그는 1592년 권대승도(權大僧都 : 승려 중 최고의 지위)에 오르기도 했고, 바둑과 장기 쪽의 봉록(50석 5인 봉록)과는 별도로 종신 300석의 녹을 받았으며, 바쿠후에 들어갈 때는 가마가 제공되고 별도로 무사가 배치되는 등의 대우까지 받을 정도였다.

　바둑과 장기 가문을 한꺼번에 거느린 사람이 바로 산사였던 것이다. 산사의 소임은 이에야쓰를 모시며 시범바둑을 둔다든지 지도대국을 갖는 것이었을 것이다. 그러는 동안 어전시합, 즉 오시로고(御城碁)라는 관습이 생기게 됐고, 따라서 그것을 관리하는 직위가 필요함에 따라 그것을 고도코로(碁所)라고 부르면서 자연스럽게 이 제도가 정착되었다고 할 수 있다.

일설에는 1588년 히데요시가 기사들에게 관리와 같이 급여를 주기 시작했다고 하여, 이를 관사(官賜) 고도코로의 시초라 보기도 한다.

산사라는 이름도 1605년 이에야쓰를 따라 에도(江戶)로 내려가게 된 닛카이가 혼인보를 성으로 삼고, 기사(棋士)로서의 이름을 가지게 된 데서 시작되었다고 한다. 에도는 오늘날의 도쿄(東京)로 1603년 이에야쓰가 이곳에 바쿠후를 개설하면서 정치, 경제, 문화 전반에 걸친 중심지가 되었다. 일본 역사의 바쿠후 시대란 바로 에도 바쿠후, 즉 도쿠가와 이에야쓰가 세운 바쿠후를 말하는 것이며, 이때부터 교토는 권력을 잃은 천황만이 있을 뿐 유명무실한 수도로 전락하고 말았다.

1612년 이에야쓰가 정식으로 봉록을 지급하면서 바둑 쪽은 혼인보, 야스이(安井), 이노우에(井上), 하야시(林)의 네 가문으로, 장기 쪽은 오하시(大橋) 양가와 이토(伊藤) 세 가문으로 압축되고, 바쿠후의 비호를 받으면서 그 방면의 으뜸 가문으로서 지위가 확립되어, 그 제도는 메이지 유신이 일어나기 전까지 지속된다.

1623년 산사가 죽음에 임박하여 각 가문을 불러 당시까지 통괄하고 있던 권한을 둘로 나누어, 나카무라 도세키에게 고도코로를, 오하라 소우케(大橋宗桂)에게 쇼기도코로(將棋所)를 개인의 권한으로 양도했는데, 이것은 그때까지 기소니 장기소니 하는 것은, 가문의 자치적인 제도일 뿐 막부가 관할하는 정식 기관은 아니었다는 의미가 된다. 그러나 산사는 분명 메이진이었다. 일본 바둑사의 한 장에서 볼 때, 일본 바둑의 기틀을 다진 명실공히 메이진이었다.

물론 산사 이전의 메이진에 대해 구비전승(口碑傳承)까지를 논한다면, 야마토(大和) 조정 이전까지 소급시킬 수도 있을 것이다. 그렇지만 그러한 것들이 단지 사례의 나열에 그칠 뿐, 바둑의 역사라는 관점에서 볼 때 본질적으로 아무런 도움이 안되는 무의미한 고찰에 불과하다는 것은 너무도 자명한 일이다.

역사란 보이는 것을 시작으로 한다는 견지에서만이 그 가치가 있다. 1623년 64세의 충족한 인생을 마감한 산사의 바둑 생애를 평가할 때, 내용적으로 현대바둑의 기틀을 다졌다는 면에서는 부족함이 있었다 해도, 바둑계를 물질적으로 풍요롭게 하여 도사쿠라는 불세출의 천재를 도야(陶冶)할 수 있는 환경조건을 닦은 공로는 부정될 수 없는 것이다.

한편으로 이 시기 일본이 처해 있었던 정치적, 외교적 환경을 살펴볼 필요가 있다.

우선 국내 상황으로는 전국적으로 이키(一揆)가 빈발하고 있었다.

소손(總村)을 기반으로 하는 농민들의 저항은 장원 영주에게 조세 감면을 탄원하는 슈소(愁訴)에서, 점차 농민들이 단결하여 영주에게 강하게 호소하는 고소(强訴), 논밭과 집을 버리고 도망가는 쵸산(逃散)으로 진전되고, 나아가 15세기에는 직접 실력행사로 호소하는 무장 봉기로 발전한다. 이러한 농민의 봉기를 쓰치이키(土一揆)라고 하는데 이키란 '하는 방식을 같이 한다'는 것, 즉 하나의 목적을 위해 일치 단결하는 것을 뜻한다. 우리나라로서는 흔치 않은 일이었지만, 예를 들자면 동학혁명(東學革命, 1894)이 그러한 것이다.

또한 종교적인 이키도 빈번했다. 대표적인 것으로 이코이키(一向一揆)와 홋케이키(法華一揆)가 있었는데 전자는 일향종(一向宗)에 의한 이키였고, 후자는 법화종(法華宗)에 의한 이키였다.

일향종이란 정토진종(淨土眞宗)을 말하는 것으로, 가마쿠라 초기의 승려 신란(親鸞, 1173~1262)에 의해 개종된 불교다.

신란은 히에이 산에 올라가 수행한 뒤 1201년 淨土宗(1175년 開宗) 호넨(法然)의 제자가 되어 전수염불(專修念佛)에 귀의했다. 신란은 1224년 정토진종을 개종(開宗)하고 근본 교의를 설명하는 고행신증(敎行信證)을 저술해서 아미타불에 의지하여 오로지 염불을 외우면 그 순간 극락왕생이 약속된다고 설파했다. 또 악인이야말로 구원받는다고 하는 악인정기설(惡人正機說)을 주창했다. 일향종(一向宗)·문도종(門徒宗)이라고도 하며, 농민을 비롯한 민중에 널리 퍼졌다. 제자 유이엔(唯圓)이 저술한 탄이초(歎異鈔)에 신란의 어록과 신앙이 전해지고 있다.

법화종은 일련종을 말하는 것으로, 니치렌(日蓮, 1222~1282)이 1253년 개종한 것이며 바로 이것이 산사가 몸담았던 불교였던 것이다.

그러나 두 종교 중 극단적인 이키를 행했던 것은 정토진종 쪽이었고 그와 비교해 일련종은 미미했다.

따라서 권력자는 정토진종의 이키에 대항할 종교세력이 필요하게 되었고 그 결과 일련종에 힘을 실어주게 된 것으로 보인다.

이러한 분석은 정치적 안목으로 종교를 판단하는 것처럼 보이지만 실제 상황으로도 이러한 사실은 국제정세와 더불어 권력자의 정책결정에 정확히 맞물려 있었다.

전국 시대 무렵 세계는 커다란 전환점을 맞고 있었다. 1513년에는 코페르니쿠스에 의해 지동설이 발표되었고, 1517년에는 루터의 종교개혁이 있었으며 1519년부터 1522년 사이에는 마젤란이 세계를 일주했다. 일본 역사에는 이 무렵 스페인 선교사의 활동이 기록되어 있다.

프란시스코 사비에르(Francisco Xavier, 1506~1552)가 그 사람이다. 종교개혁에 자극을 받은 가톨릭 교회는 신교에 대항하기 위해 내부 개혁을 단행했고 그 개혁으로 예수회가 창립되었다. 창립자의 일원인 프란시스코 사비에르는 포르투갈의 동양 진출이 시작되자 동양 전도의 사명을 맡았다. 1549년 사비에르는 가고시마(鹿兒島)에 입항하여 포교활동을 시작했다. 1551년 11월 인도로 가기까지 체제기간은 2년 정도였지만 일본 포교의 중대한 기초를 다졌다. 이후 많은 선교사가 포교했는데, 이때 기독교를 '切支丹', '吉利支丹' 등으로 쓰고 기리시탄이라고 불렀다고 기록되어 있다. 이 시기 무역상의 이익을 얻으려고 기독교를 지지하는 다이묘(大名)가 나타났는데, 이들 기리시탄 다이묘들은 로마교황에게 소년 사절을 파견했을 정도였다고 한다.

오다 노부나가가도 서양 문물을 수입하고, 자신에게 반대하던 불교세력에 대항하기 위해 기독교를 보호하고 아즈치와 교토에 교회를 세웠다. 이 때문에 기독교는 전국에 퍼졌다.

그러나 도요토미 히데요시는 해외 무역은 인정했지만, 기독교가 국내통일의 방해가 되자 금지했다. 에도 바쿠후도 그 방침을 이어받았으나 초기에는 포교를 인정했다. 그 때문에 다시 기독교가 활발하게 되면서 때마침 내일한 네덜란드인들이 스페인과 포르투갈 사람들이 일본 영토에 야심이 있다고 소문을 퍼뜨렸기 때문에 1612년 교토의 교회를 파괴하고 포교를 금지했다. 그러나 일단 뿌리를 내린 신앙은 규슈 지방을 중심으로 지하로 잠입하여 이른바 잠복 기독교로서 메이지에 이르기까지 이어져 왔다. 기독교의 전래는 기독교 정신뿐만 아니라 천문학, 의학, 서양화를 비롯한 유럽의 신문명을 전해 주었다.

이와 같은 역사적 사실에서 보면 알 수 있듯이 권력자들은 극단적 이키를 주도했던 불교 즉 정토진종의 대항세력으로서 일련종을 지원했을 뿐 아니라 기독교도 인정했다는 것을 알 수 있다.

그러나 이 시기의 정치, 외교적 환경이 권력자로 하여금 바둑계에 투자할 수 있도록 조성되었던 것은 어쩌면 운이라고도 하겠지만 한편으로 산사라는 인물이 그것을 수용하지 못했던들 바둑계가 부흥의 기회를 가질 수 있었겠는가 하고 생각해 보면 이 역시 산사에 대한 긍정적 평가를 내리는데 조금도 인색할 필요가 없을 것이다.

과학자 도사쿠(道策)

하야시 유다가(林裕) 선생은 이러한 말을 한 바 있다.

"기성(棋聖)이라는 말은 시대에 따라 뉘앙스가 다르다. 이와는 대조적으로 '9단 즉 기성'이라고 한 문헌도 없지는 않다. 1911년에 출판된 일본 최초의 개인대국전집인 슈에이(秀榮) 전집의 혼인보 슈에이(本因坊 秀榮) 약전(略傳)에 '1906년 6월, 추대에 의하여 9단에 오름으로써 기성의 반열(班列)에 들었음'이라고 적혀 있다. 슈에이를 기성으로 찬양해야 될지 어떨지는 그 평가가 구구할 것이다. 그러나 옛부터 기성이라 하면 우선 4세 혼인보 도사쿠(本因坊 道策)를 제하고 다시 없다. 이 일에 대해서는 300년 이래 이론(異論)이 없다. 에도(江戸) 후기부터 메이지(明治)에 걸쳐 전성(前聖), 후성(後聖)으로 불린 사람은 도사쿠와 12세 조와(丈和)뿐이었다. 1900년대에 들어서서 후성 조와의 지위는 그의 문하인 슈사쿠(秀策)가 이어받게 되었는데 일본의 바둑 역사에 있어 기성 도사쿠의 지위는 요지부동이다."

기력 13단이었다는 도사쿠(道策). 1645년 출생, 1702년 3월 26일 57세의 일기로 타계했으며 법명(法名)은 日忠이다.

도사쿠는 1651년 6세때 바둑을 배웠다고 전해지며, 혼인보에 입문한 연월일은 확실하지 않지만, 얼마 안 있어 에도(江戶)로 가서 혼인보 3세 도에쓰(道悅, 1636~1727)에 사사한 것으로 되어 있다. 이 부분에 대해서는 에사키 마사노리(江崎誠致)의 소설 '메이진 고도코로(名人碁所)'에 이러한 내용이 있다.

도에쓰에게는 3점으로 지도 받을 정도의 기력을 가진 친구가 있었는데, 이 친구를 통해 도에쓰는 도사쿠를 운명적으로 조우하게 된다. 13살 어린아이가 자신보다 세다는 친구의 전갈을 받고 인재발굴에 목말랐던 차에 직접 찾아온다. 이 대국에서 4점으로 패한 도사쿠가 머리숙여 제자되기를 청한다. 자신이 상상하지 못한 세계를 겪게 되면 경이로움을 느끼고 복종하는 법이다. 도사쿠도 자신의 눈을 뜨게 해 준 도에쓰에게 그랬다.

당시의 환경은 아직 이에모토(家元 : 바둑의 4宗家를 말하며 혹은 堂主라는 의미로도 쓰인다.) 4가문은 확립되지 않았고, 바둑관계 관청은 교토를 본거지로 하여 4월부터 11, 12월 출사기간이 끝나면 에도에 귀향하던 시기였다. 일종의 휴가 기간이었던 셈이다.

인물적으로는 2세 혼인보 산에쓰(算悅, 1611~1658)에서 3세 도에쓰(道悅)로 옮겨가는 시대였으며, 메이진 야스이 산치(安井算知, 1617~1703)의 전성기를 중간에 끼고 있다. 산에쓰는 1658년 9월에 타계하고, 3세 도에쓰가 22세로 그 뒤를 따랐다. 이해 도사쿠는 13세. 입문한 바로 그 해가 된다.

그는 과연 천재였는가? 천재라면 어떤 천재였는가? 이에 관해 현대에 대부분이 일치하고 있는 견해는 만성형의 천재라는 결론인데, 이 부분에 대해서도 하야시 유다가 선생의 지론이 필요하다.

"1933년 기정사(棋正社)의 후지와라(藤原七司)씨가 원각사(圓角社)의 명의로 도사쿠 전집(全集)을 편집 간행했는데, 3권으로 된 이 전집에는 총 170국의 기보가 수록되어 있다. 대국 연도가 가장 오래된 것은 1666년 도사쿠 21세, 상대는 한 살 위인 야스이 지데쓰(安井知哲), 칫수는 도사쿠의 선.

스승 도에쓰나 아우 도사(道砂)와의 대국 기보는 1660년 정월 이후 것밖에 남아있지 않다. 이것으로 추측하면 도사쿠는 그의 후계자가 된 오가와 도데키(小川道的)나 뒤의 슈사쿠(秀策) 등이 어릴 때부터 신동 천재라는 이름을 떨친 데에 비교하여 그렇게 조숙한 편은 못된다. 차라리 대기만성이라 불리던 조와에 가깝지 않나 여겨진다. 이 점 종래의 바둑 역사는 그가 메이진 고도코로(名人碁所)가 되어 종가제도, 단위 등의 제도를 확립하고 많은 인재를 양성한 공적에 현혹되어 있는가 싶은 느낌도 든다."

여기서 말한 '공적에의 현혹'이란 앞서 산사의 평에 대한 종가위주의 주관적 관점에 대한 평과도 일치하는데, 아마도 이 말은 일본 바둑사의 내면을 고찰하는데 앞으로도 대단히 중요한 단서가 될 것으로 보인다.

도사쿠가 오시로고(御城棋)에 처음 출전한 것은 1667년 22세 때로 기록되어 있으며, 상대는 야스이 지데쓰(安井知哲)로 도사쿠의 백번 5집승이었다. 이 해는 스승 도에쓰가 야스이 산치(安井算知)의 메이진 고도코로(名人碁所) 취임에 불복하고, 바쿠후에 청원하여 소고(爭棋)를 신청한 전해에 해당된다.

이 부분에 대해 간과할 수 없는 사실이 있다. 1668년 시작된 이 소고의 승부는 도에쓰의 선으로 시작되어, 제16국에서 선상선으로 고쳐졌다. 그 뒤 20국까지의 4국은 피차 흑번승(도에쓰의 3승1패)으로 되었다. 산치는 1675년 10월의 제20국을 최종국으로 이듬해 고도코로(碁所)를 반납했다.

이 8년 간의 기나긴 혈투의 암중에는, 기보의 내용상 후세의 일치된 분석에 따르면, 당시 아토메(跡目 : 후계자)였던 도사쿠가 도에쓰의 배후에서 소고(爭棋)에 영향을 준 것으로 평가하고 있으며, 이 소고(爭棋)의 내용을 분석할 때 도에쓰에 비해 산치가 근소한 차이기는 하지만 윗수였다고 평가하고 있다.

이 소고를 끝으로 스승 도에쓰도 1677년 9월 18일 은퇴하고 가문을 도사쿠에게 물려줌과 동시에 메이진 고도코로에 추천했다.

도사쿠의 당시 강력한 실력에 대해 확신할 수 있는 것은, 이 추천에 대해 어느 가문에서도 불평이 없는 만장일치였다고 하는데서 발견된다.

여기까지의 과정은 에사키 마사노리(江崎誠致)의 소설 '名人碁所'에 실감나게 묘사되어 있는데, 에사키 선생이 얼마만큼 역사본에 충실하였는지는 알 수 없지만, 그 내용은 대단히 필연적인 연관성을 갖고 있으며, 심리묘사 또한 생동감이 넘쳐 과연 실록을 읽는 듯한 착각에 사로잡힐 만한 작품이 아닌가 생각된다.

그렇다면 에사키 선생의 '名人碁所'에 묘사되어 있는 인간 도에쓰에 대한 부분을 잠시 엿보기로 하자.

혼인보가는 2세 산에쓰 시대까지 청승(淸僧 : 청빈한 승려)의 가문이었으나, 3세 도에쓰 시대에 들어서는 반승반속의 가풍이 만들어지고 있었다. 작달막한 키에 비대한 몸집의 3세 도에쓰는 개방적 성향이었던 것이다.

혼인보가는 승적에 올라있기는 하지만 절은 아니다. 삭발한 사람은 당주인 도에쓰, 도사쿠, 제자의 우두머리격인 도세쓰(桑原道節 : 4세 인세키가 됨, 1646~1719), 따로 독립한 이타가기 유센(板垣友仙) 등 몇 사람에 불과했다. 그들이 삭발한 이유도 바쿠후로부터 봉록을 받는 입장에서 쇼군의 얼굴을 배알(拜謁)하려면 삭발한 머리와 검은 승려복의 정장이 필수였기 때문이다.

도에쓰의 인격형성에는 바둑 외적으로 문학과 예술에 조예가 있는 어릴 적 친구의 영향이 많이 작용했다. 본디 문학이나 예술은 자유분방한 세계이므로, 그의 영향을 받았던 도에쓰는 술과 여자를 멀리하고 법도를 지키던 선대의 고루한 가풍을 과감히 벗어버렸다.

집안 일을 도울 여자부터 고용했고, 외부인을 집안으로 들이지 않았던 전통을 깨고, 약간의 지도요금만 내면 누구든지 도장에 출입할 수 있도록 규율을 바꾸어 놓았다. 당시로서 이것은 엄청난 파격이었다. 그 정도만 해도 숨막힐 듯한 집안은 활기가 넘쳤다. 그러나 정작 자신은 아내를 맞으려 하지 않았다. 독신을 고집한 것은 가풍 때문이 아니라 몇 번의 첩 살림이 오래가지 못하는 등, 좋게 말하면 자유주의자고 나쁘게 말하던 바람기가 많은 탓이었다.

그에 비해 도사쿠는 술도 즐기지 않았고, 여자도 가까이 하지 않았다. 오로지 바둑에만 몰두하는 단정한 생활 태도를 갖고 있었다.

이 책에는 도사쿠가 사랑하는 여인이 등장한다. 도에쓰와 주변에서 둘의 혼인을 추진하기도 한다. 그러나 여인은 비극처럼 요절하는 것으로 묘사되어 있다. 소설의 형식을 빈 극적 요소다.

그러나 이러한 묘사는 무엇을 의미하는가. 이것은 도사쿠가 승려였기 때문에 자식이 없었다는 일반적인 이야기가, 도사쿠의 인품을 신성화시키기 위한 위장이 아닐까 하는 의혹을 일으키기에 충분한 것이며, 훗날 가미다니 도치(神谷道知, 1690~1727)가 자식이었을지도 모른다는 후대의 추측을 설득력 있게 만드는 것이다.

이러한 추측을 더욱 설득력 있게 만드는 사실은 그가 바둑계로 볼 때 무소불위(無所不爲)의 권력자였기 때문이기도 하다.

소설 '名人碁所'에는 산치와 도에쓰의 소고(爭碁)가 산치의 기피로 지연될 때, 도사쿠가 마키노 비고슈(牧野 備後守), 비고쿠(備後國) 영주에게 소고가 속개될 수 있도록 부탁하는 장면이 나온다.

마키노 영주는 4대 쇼군 이에쓰나(家綱)의 친동생이자 다테바야시번(館林藩)의 주군인 쓰나요시(綱吉)의 측근이다. 쓰나요시는 쇼군 이에쓰나에게 후사가 없어 형제인 쓰나시게(綱重)와 함께 차기 쇼군의 후보자였다. 결국 쓰나요시가 제5대 쇼군이 되었던 것이다.

당시 마키노 영주는 쇼군의 숙부인 마츠다이라(松平)를 든든한 후원자로 가지고 있는 산치의 입장을 고려하여 소고의 대국을 추진했다.

마키노 영주는 도에쓰보다 두 살 많고, 그 집안은 선대 때부터 혼인보 가문을 후원하고 있었는데, 바둑의 소질이 뛰어나 스무 살 무렵에는 대신들 중 대적할 자가 없었다.

가끔 도에쓰에게 지도바둑을 두던 중, 도사쿠를 소개받고 난 후 꼬박꼬박 매달 지도를 요청해 왔다. 언젠가 "도에쓰님은 바쁘시니까 와도 좋고 안 와도 좋지만 도사쿠님은 반드시 보내주십시오. 나는 이제부터 이 청년의 제자가 되겠습니다." 이렇게 선언했던 것이다. 도사쿠와 두게 되면, 져도 이렇게 멋지게 질 수 있는가 감탄했고, 거침없이 지도하는 도사쿠의 모습에 흠뻑 빠지고 말았다. 이런 관계로 당연히 도사쿠는 마키노 가문의 내부사정도 잘 알 수밖에 없게 된다. 형수의 숙부였던 소베라는 인물도 바둑수업 하던 어린 시절부터 돌봐준 공로가 있어 도사쿠로부터 권력을 소개받아 출세한 인물이다. 도사쿠는 그만큼 권력과의 줄이 많았던 것이다.

산데쓰가의 2세로 1864년 정향력(貞享曆 : 일본의 달력)을 완성한 초대 천문방(天文坊) 시부가와 스케자에몬 하루미(澁川助左衛門春海)의 이야기도 빼놓을 수 없지만, 이 부분에 대해서는 잠시 후 거론하기로 하겠다.

도사쿠는 1677년 12월 관아의 윤허를 받고 메이진 고도코로로 임명된다. 그의 나이 32세. 기록에 의하면 도사쿠가 1678년 메이진 고도코로의 증서를 받게 되는데, 이 증서는 쇼군(將軍) 도쿠가와(德川) 시대의 처음 있는 일이었다 한다.

여기서 잠시 유배(流配)를 각오하고 소고에 임했던 도에쓰의 **기보 1**의 초반을 현대의 관점에서 비교해 보고, 이 바둑에서 발생한 재미있는 소재 하나를 검토해 보기로 하자.

이 바둑은 소고의 16국 째로 도에쓰가 1집을 이겨 정선에서 선상선으로 치수를 고치게 된 바둑이다.

기보 1에서 보면 당시 도에쓰가 도사쿠의 전략을 사용하고 있다는 느낌을 강하게 받을 수밖에 없게 된다.

외목 위주의 포진은 당시 도사쿠 득의의 포진이라 할 수 있는 것으로, 이 포진은 귀에 대한 권리가 다소 미흡하더라도 혼수로 변에 조금 더 영향력을 행사하는 것이 좋다는 도사쿠 나름의 독자적 연구였을 것이라는 추측이 가능한 포진이다. 또한 이 이론은 현대 바둑의 이론과 부합하는 면이 적지 않다. 낮은 협공이 유행하던 당시 과감하게 귀를 손빼고 변을 장악하려는 의도는, 협공 이후 귀를 장악한 쪽에서 강력한 응징수단이 발견되지 않은 점도 있으나, 만약 4대 1의 상황이 되어도 귀에는 아직 수단의 여지가 남아있다는 철저한 분석의 산물이다. 그리고 그러한 변화가 실전에서 작용된 기보도 심심치 않게 발견된다.

기보 1의 진행을 보면 흑
이 좌하귀를 중심으로 좌
변과 상변에 5점의 돌을 투
자하여 커다란 진영을 구
축하고 있는데 비해, 백은
8대 2의 비율로 우상귀와
좌하귀에 기득권을 가지고
있을 뿐이다. 거기에 더 있
다면 하변인데 하변도 흑
21로 두는 순간 우하귀의
흑집과 거의 동등한 가치
가 있을 뿐이다. 그보다 중
요한 것은 백이 기득권을
행사할 수 있는 두 귀는 맞
보기로 되어있고 한 수를

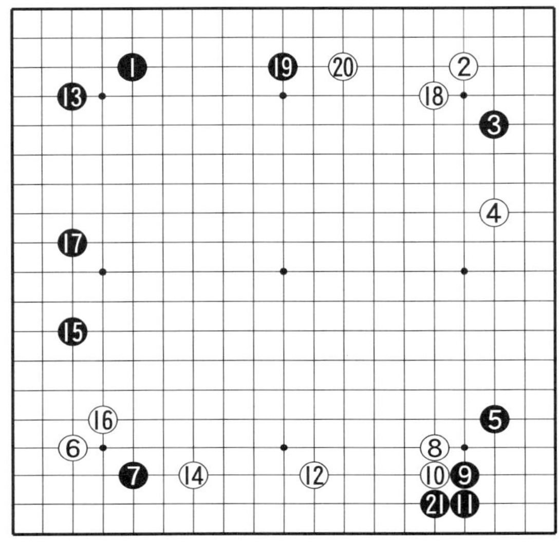

기보 1 (1~21)

더 투자한다해도 전술한 바와 같이 여전히 뒷맛이 남아있다는 것이다.

바로 이것이 선각자 도사쿠의 투자한 돌의 수효와 능률의 분석이며, 이른바 '수나누기(手割論)'라는 이 이론은 후대의 초반전술을 개화시키는 역사적 전환점을 부여하게 된다.

기보 1의 진행도를 보기 바란다.

현대의 바둑과 비교하여 다소 경직되고 거친 감이 없지는 않지만 당시의 바둑이 없었다면 오늘날의 바둑도 존재하지 않는다는 사실은 진리에 가까운 것이다.

백22는 귀의 흑이 사는 뒷맛을 제거한 수지만 흑도 흑23에 밀어 올리고 흑 25로 진영을 확장하여 불만이 없다.

백이 이 진영의 확장을 방치하는 것은 패배로 직결되므로 삭감에 착수하여 전단은 진영의 공방에서 시작된다. 그러나 흑은 전면전을 선택하지 않는다. 흑

39까지 집을 취하고 백40을 유도한 후 흑41로 전환하고 있다. 이러한 진행은 이전 도에쓰의 바둑에서 볼 수 있었던 흐름이 아니다. 이렇게 전투를 유도하는 듯 하다가 집을 취하고, 집을 취하는 듯 하다가 다시 전투로 돌변하여 상대의 흉중에 혼란을 일으키게 하는 교란전술은 실상 철저한 계산일 뿐이다.

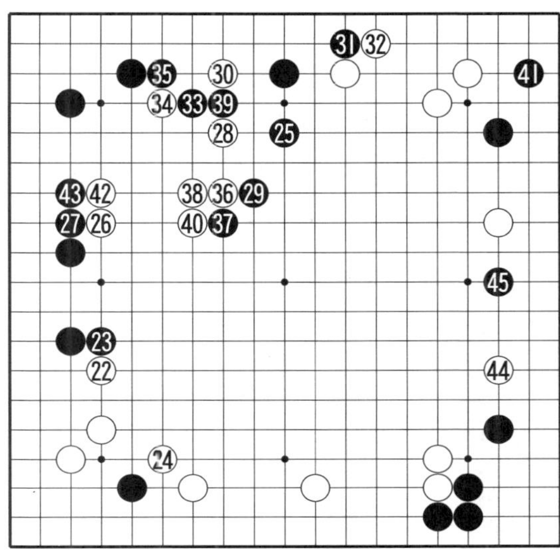

기보1 진행도 (22~45)

그러나 아무리 그렇더라도 도에쓰의 실력이 약했다면 도사쿠의 훈수(?)도 무용지물이 될 수밖에 없다. 그만큼 도에쓰도 출중한 기량을 가지고 있다는 점을 간과해서는 안된다.

그렇다면 여기서 도에쓰의 실력을 가늠케 하는 막판의 묘수를 감상해 보는 것도 좋을 것 같다.

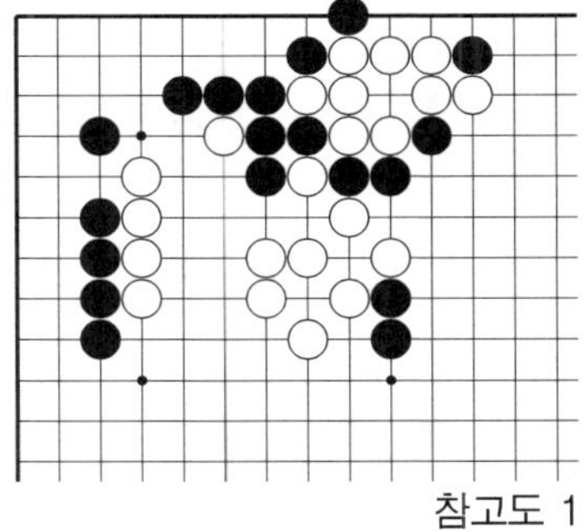

참고도 1

참고도 1을 보기 바란다.

종반에 좌상귀에서 이러한 모양이 남게 되었다. 백의 차례.

아마도 아마추어 고단자라면 이 형태를 모르지는 않을 것이라 생각된다. 맥에 관련된 책이라면 거의 모든 책에 이 형태가 실려있는 것으로 알고 있다.

그러나 이 형태는 반드시 알아두어야 할 전제조건이 있다. 그래서 굳이 이 소재를 선택한 것이다.

여러분이라면 어떤 수단을 강구하고 싶은가.

산치의 선택은 **참고도 2** 백1·3이었다. 대개의 경우, 이 수순이 정답이 된다. 만약 백1에 대해 흑A로 응수한다면, 백3의 자리로 맞끊어 어느 쪽이든 관통을 면할 수 없다. 또 백1에 대해 흑B라면 역시 백3으로 두어 이번에는 패를 피할 수 없다.

그러나 산치의 준동에 도에쓰에게도 준비된 수순이 있었다.

참고도 3 흑4에 이어 흑6의 수법. 바로 이런 것이 도에쓰의 비범함을 보여주는 단서가 된다.

그러나, 이 수는 사실 어마어마한 묘수라고 볼 수는 없는 수다. 가장 교과서적인 맥이라고 보는 것이 타당하다. 왜냐하면 이 수는 생략된 돌이 있어 생소할 뿐 어려운 수는 아니기 때문이다.

우선 **참고도 4**의 계속된 진행을 보기로 하자.

백7에 대해 흑8은 절대의 수순이다. 흑14까지 도에쓰는 일단 이 백을 4궁으로 잡은 다음 이후의 수상전까지 모두 읽고 있었을 것이다. 백이 흑을 절단하는 순간 귀의 백은 6수가 되며, 좌상변의 흑은 최하 7수가 되므로 이 수상전은 무조건 흑이 이긴다.

이제 이야기의 본론으로 들어가 보자. **참고도 5**를 보기 바란다. 전술한 바와 같이, 반드시 알아두어야 할 사항이라는 것은 바로 이런 장면이다. **참고도 5**와 같은 형태에서는, 도에쓰의 묘수로 인하여 귀를 파괴하는 맥이 성립하지 않

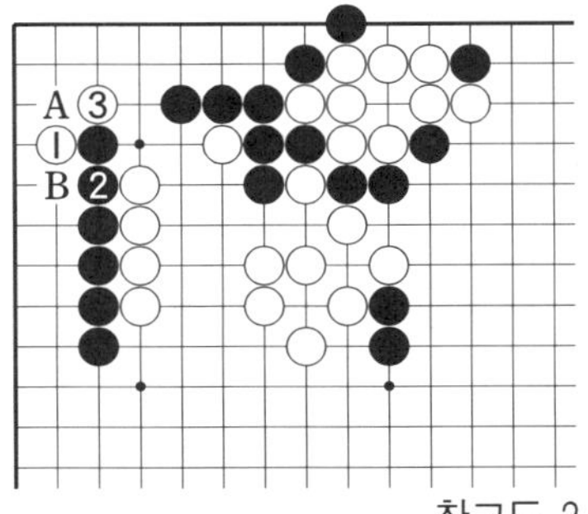

참고도 2

참고도 3

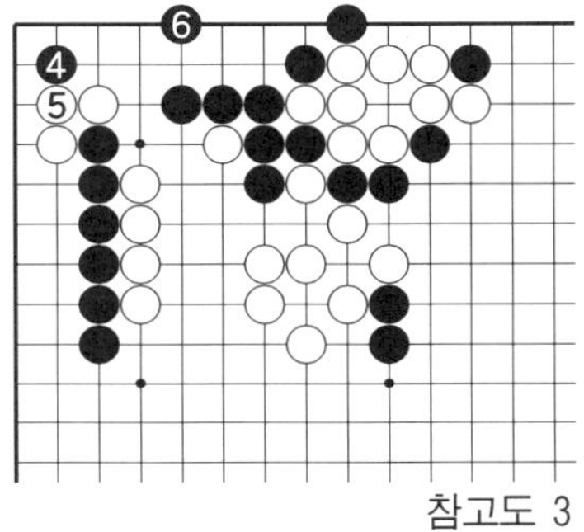

참고도 4

는다는 것이다. 붙이는 맥이 성립하려면 반
드시 백A로 막혀 있어야 한다. 이 점을 확
실히 인식하지 않으면 아무리 좋은 맥도 보
기에만 그럴싸할 뿐, 실상은 간단한 손해수
에 불과하다.

  결론을 말해보자. **참고도 6**을 보기 바란
다. 아마도 이 형태라면 낯이 익으리라 생각
된다. 이 형태는 현현기경(玄玄棋經)에서 돌
이 누락되어 엉뚱한 패가 발생하게 되는 문
제로 실려있다. 눈치 빠른 독자라면 금방 알
수 있을 것이다. 어떻게 잡는가를.

  참고도 7 흑1·3의 수순이다. 똑같지 않
은가. 도에쓰의 묘수는 실체가 바로 이것이
었다. 그리고 흑5·7의 수순도 절대이다.

  어느 책엔가 흑5로 백6의 자리를 밀고 들
어가는 것을 정해로 해둔 것을 본 적이 있
는데, 그렇다면 빅을 피할 수 없다는 점을
잊지 않기 바란다. 흑11까지 이 백은 유가무
가와 관계없이 자체로 오궁도화의 죽음이다.

  이 기보의 분석은 이 정도로 마치고 당시
로 돌아가기로 하겠다.

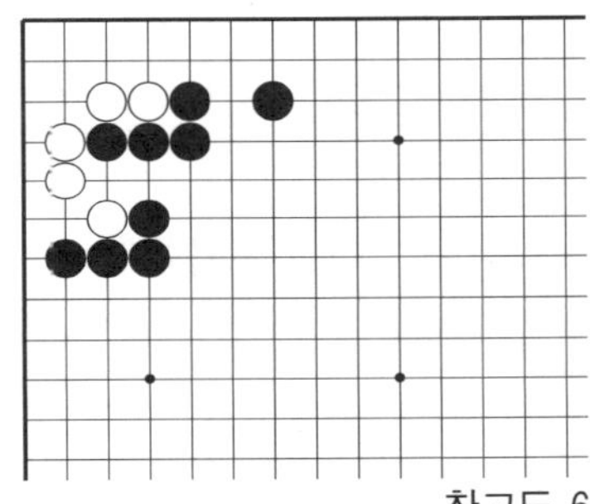

참고도 5

참고도 6

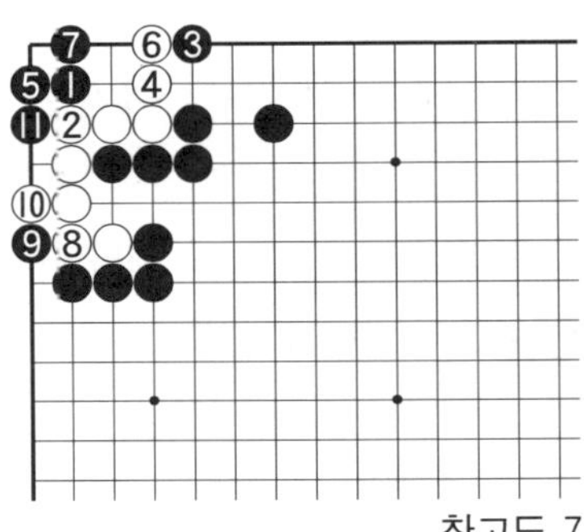

참고도 7

  도사쿠가 받은 메이진 고도코로의 증서에
는 '칫수를 정당히 정하되 스승인 도에쓰와는 호선으로 하라'는 단서가 붙어
있었다고 기록되어 있다. (그래서 일본 바둑사에 메이진 격(格)으로 기록되어
있는 기사는 도에쓰 단 한사람뿐이다. 일본 바둑사상 단 하나의 메이진 격 도
에쓰는 권세를 탐하지 않고 유유자적하면서, 91세의 나이로 1727년 혼인보 5
세 도치(道知)와 같은 해 타계한다.)

이 칫수 제도는 메이지(明治), 다이쇼(大正) 시대까지 답습된다.

도사쿠는 1667년 22세 때 7단으로 오시로고를 처음 둔 뒤 도합16국을 두었는데, 그 성적은 14승 2패. 이 2패는 당대의 일류기사였던 야스이 슌치(安井春知)의 2점 접바둑에 대해 1집을 패하고, 또 4세 야스이 센가쿠(安井仙角)의 2점에 대해 1집을 패한 것이다. 오시로고(御城棋)의 기록으로서는 슈사쿠(秀策)의 19전 전승이 있지만, 이 기록은 그것에 비해 내용 면에서 결코 손색이 없다. 이 정도 경지의 기량에서 2점의 핸디캡이란 대단히 큰 것이기 때문이다. 이쯤 되고 보면, 기력13단이라는 칭호도 무리가 아니다. 당시 다른 대부분 기사의 생각으로는, 도사쿠의 존재가 선탈(蟬脫)의 세계에 있는 양 착각하고 있었을 수도 있다.

그러나, 그러한 도사쿠의 이론적 고찰의 이면에 또 하나의 선각자가 있었음을 간과해서는 안된다. 이른바 수할론(手割論)이라 부르는 합리적 돌의 능률 분석이론인 '수나누기' 이론의 창안자 나카무라 도세키. 이노우에가의 시조인 나카무라 도세키(中村道碩, 1582~1630)는 본래 혼인보 1세 산사(算砂) 명인의 문하였다.

1603년 21세로 산사, 가시오 리겐(鹿鹽利玄, 1583~1667), 고 산데쓰(古 算哲, 1590~1652)와 더불어 천황(天皇)의 어전에서 대국을 하고 또 도쿠가와 이에야스(德川家康), 히데타다(秀忠) 두 장군 앞에서도 대국을 했다. 1623년 산사에게 메이진 고도코로를 물려받았고, 혼인보 2세 산에쓰(算悅, 1611~1658)의 후견인이 되었다.

이노우에 2세(1605~1673)는 이른바 고 인세키(古 因碩)라 하여 인세키란 이름은 이 사람에서 시작되지만, 나카무라 도세키(中村道碩)를 시조로 하기 때문에 보통 2세 인세키라 불린다. 3세는 도사 인세키(道砂因碩, 山崎道砂 : ?~1702), 4세는 메이진 인세키(구와바라 도세쓰〈桑原道節〉, 1646~1719).

야스이 산치(安井算知, 1617~1703)가 메이진으로서 손색은 없다 하지만, 도사쿠, 도치 이전의 뛰어난 인물로는 나카무라 도세키를 거론하지 않을 수 없다. 그 이유는, 역사적으로 산치의 스승인 고(古) 산데쓰와 백 이십국의 대접전에서 40국 정도를 도세키가 앞서고 있기 때문이다. 그보다 주목할 것은, 역전형의 야스이류에 대응한 그의 세련된 행마다. 당시로서는 이론적 분석이 뒷받침된 그의 행마나 국면전략이 이해되지 않을 만한 소지가 역력하며, 후일 도사쿠의 바둑관에 깊은 영향을 끼친 수할론(手割論)이 여기서 잉태되었다는 주장이 상당한 설득력을 가지고 있다는 것을 느낄 수 있다.

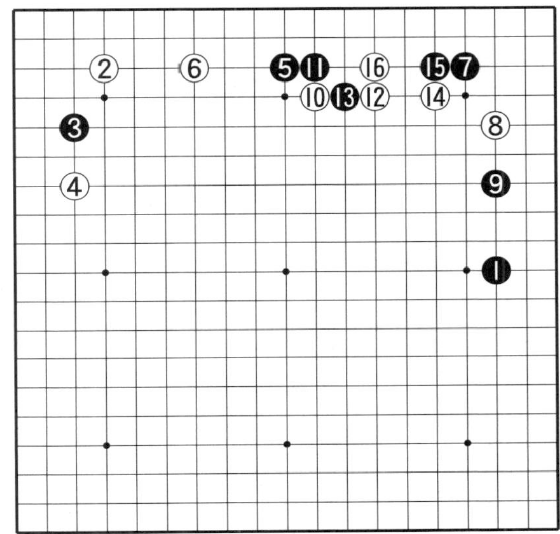

기보 2

기보 2는 도세키의 행마가 얼마나 세련된 것인지를 보여주는 좋은 예다.

이 진행은 흑번 제1착을 변에 둔 바둑으로, 당시로서도 희귀한 것인데, 어쩌면 완력형의 야스이류가 세련된 도세키의 바둑을 격파하기 위해 노심초사한 흔적이라고도 할 수 있을 것 같다.

이 진행을 눈여겨보면, 흑이 우상귀를 거점으로 상변과 우변에 집중하고 있는데 반하여, 백은 그 집중하는 힘을 역용(逆用)하여 흑의 중복을 유도하고 있다는 것을 알 수 있다. 백10과 12는 상대의 힘을 역용하는 것이며, 흑13을 유도하여 이번에는 백14로 귀를 봉쇄하는 수순을 얻고 있다. 또 흑15의 완력에 백16으로 비껴가고 있는 일련의 진행은, 현대바둑의 안목에서 볼 때에도 그다지 어색하지 않으며, 이 흐름은 결국 도사쿠가 초반 상대진영의 중복을 유도하는 흐름과도 일치하는 것이다.

일부 평론가의 논지에 따르면, 마땅한 적수가 없었던 메이진 도사쿠의 바둑

생애를 '불운'이라는 말로 비유한 글도 있지만, 비유(譬喩, parable)란 어찌 보면 과장도 있게 마련이어서, 그의 기보를 분석했던 20세기 이전의 자료들은 거의가 메이진이라는 절대적 권세자에 대한 선입주견으로 일관된 것이었다.

단 한 사람 이론(異論)이 있었다면 물론 이노우에의 11세 겐안 인세키(幻庵因碩, 1798~1859)가 있기는 했지만.

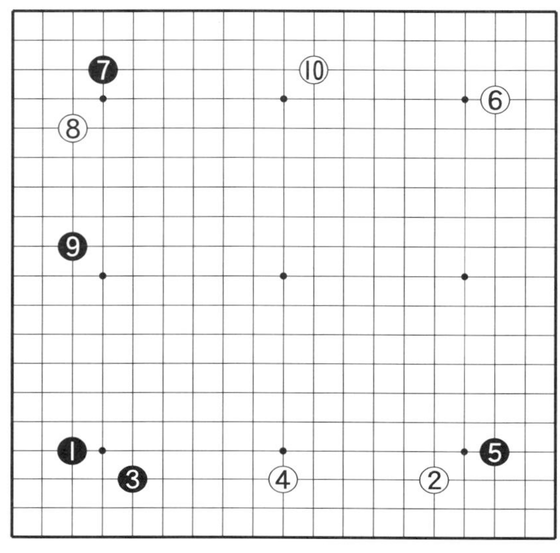

기보 3

그렇다면 도사쿠의 기보 중 그의 바둑관을 엿볼 수 있는 기보를 몇 개 분석해 보기로 하자.

우선 현대에 와서 유행하고 있는 중국식 포진, 조금 더 구체적으로 말한다면 미니 중국식 포진이 되는데, 이 포진의 발상이 바로 이 시기 도사쿠의 시도에 의해 이루어지고 있었음을 주목해야 한다.

이 포진의 아이디어는 소목에서 변으로 전개한 돌의 간격에 대한 고찰이 주된 것인데, 아마도 두칸 낮은 협공이 만연하던 당시 세칸 낮은 협공을 처음 시도한 도사쿠의 연구와 전혀 무관한 것은 아닐 것이라 판단된다.

이 포진의 아이디어가 처음 비친 시기는 도사쿠가 메이진 고도코로 증서를 받던 1678년 바로 그 해에 해당한다.

기보 3과 기보 4는 시기적으로 약 5년 간의 차가 있는데 앞서 말한 바 있지만 상대인 3세 인세키는 도사쿠의 친동생으로 도사 인세키(道砂因碩, 山崎道砂)라는 인물이다. 기보 3에서 보이는 바와 같이 귀의 굳힘 대신 백10의 전개

가 그것이다. 백4와 같은 전
개가 아직은 유행하고 있던
시기여서 현대의 포석과 비
교하기에는 다소 미진한 감
이 있지만, 도사쿠의 외목
은 이 미니 중국식 포진과
사실상 성격이 다르기 때문
에, 이 시도는 실험적인 자
세로 보는 것이 타당할 것
이다. 그러나 이러한 실험
이, 다른 곳이 아닌 오시로
고(御城碁)에서 시도되고
있다는 점이 중요하며, 이
실험기간을 거쳐 이로부터
5년 후, 이 형태의 결정체

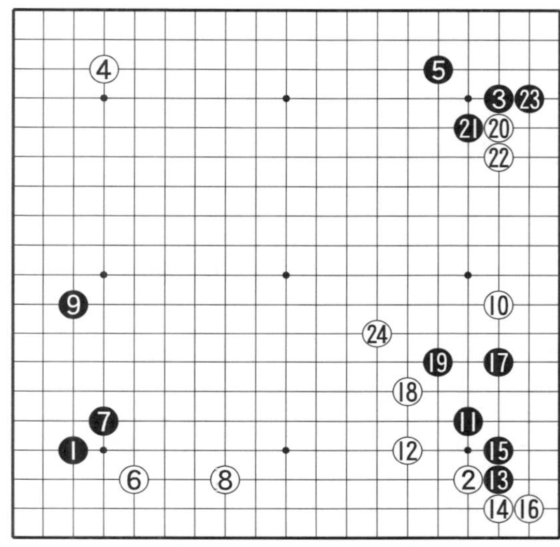

기보 4

가 만들어졌다는 점도 대단히 중요한 바둑사적 가치가 있다.

기보 4를 보면 그것을 확연히 알 수 있다. 5년 전에 비해 얼마나 세련된 흐름인가? 이 포진을 활용하기 위해 도사쿠는 결국 과감히 자신의 외목 포진을 버리고 있다. 그리고 더욱 중요한 사실은, 우하귀 형태가 만들어지는 일련의 수순이다. 낯익지 않은가.

이 수순에 의한 형태의 완성은 현대에도 결코 낯선 것이 아니다.

백18의 한칸 뜀까지는 현대에도 정석화되었던 수순이다. 다른 점이 있다면 백24의 행마 정도인데, 이런 것까지 일치하기를 기대한다는 것은 무리이고, 또 우상 방면도 현대와 비교하여 다른 배치이므로, 이 포진이 거의 완성단계에 들어섰음을 확신할 수 있다.

기보 5와 기보 6은 오시로고에서 도사쿠가 기록한 2패의 바로 그 대국이며, 특히 기보 5는 도사쿠가 비록 1집을 졌지만 "내 생애 최고의 걸작"이라고 자랑했던 2점의 명국이다.

야스이 슌치(安井春知 : 生沒年代 不確實)는 야스이 가의 2세 산치(算知)의 아우 혹은 친아들, 제자라는 설이 분분한 인물이고, 야스이 센가쿠(安井仙角, 1673~1737)는 야스이가의 4대 당주이며, 혼인보 5세 도치(道知, 1690~1727)와의 소고(爭碁)로 유명한 인물이다.

기보 5를 볼 때, 백5의 위치는 흑2를 세칸 낮은 협공으로 대응하고 있으며, 백3

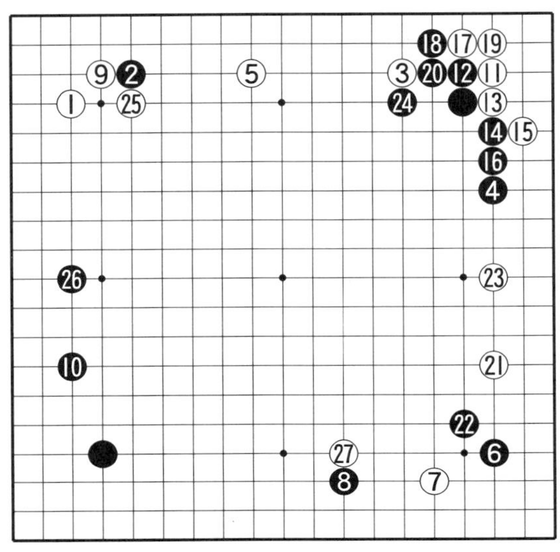

기보 5

과는 적절한 간격의 전개에 해당한다. 원래 도사쿠의 세칸 낮은 협공은, 외목과 더불어 고도코로가 되기 이전에 애용하던 착점들이었다. 그래서 이 포진의 아이 디어가 이러한 고찰에서 연유된 것이 아닌가하는 심증이 더욱 굳어진다.

도사쿠에게는 사실상 적수가 없었다. 따라서 목표도 있을 수 없다. 연구란, 상대가 없을 때는 완벽을 추구하는 길밖에 없다. 목표가 없어진다면 극단적인 상실감이 올 수도 있기 때문이다.

기보 6을 본다면 이때는 시간적으로 기보 5보다도 13년이 더 흘렀다. 그렇다면 그 사이 과연 또 무엇이 변했는가.

그것은 바로 백5의 외목이 재시도되고 있다는 점이다. 미니 중국식 포진과 잘 어울리지 않는다는 그 외목이 재시도되고 있다는 의미는, 굳이 해석하지 않아도 알 수 있는 양지양능(良知良能)의 바둑변천사일 것이다.

이제 도사쿠의 '수나누기' 이론분석에 대표적으로 이용되고 있는 4점 접바둑에 관해 알아보기로 하자.

1682년 류쿠(琉球 : 오늘
날 일본 남단에 있는 오키
나와, 沖繩 지역)의 왕은 메
이진 도사쿠의 명성을 듣
고, 자국의 명수 베이친 하
마이가(親雲上 浜比賀)를
대동하고 내방했다. 하마이
가는 도사쿠에게 4점으로 1
국을 패하고, 간청하여 2국
에는 3집을 이겼는데, 이때
둔 1국이 도사쿠의 놀라운
기량을 보여주는 대표적 소
재로 회자(膾炙)되고 있는
이유는, 소재의 내용으로

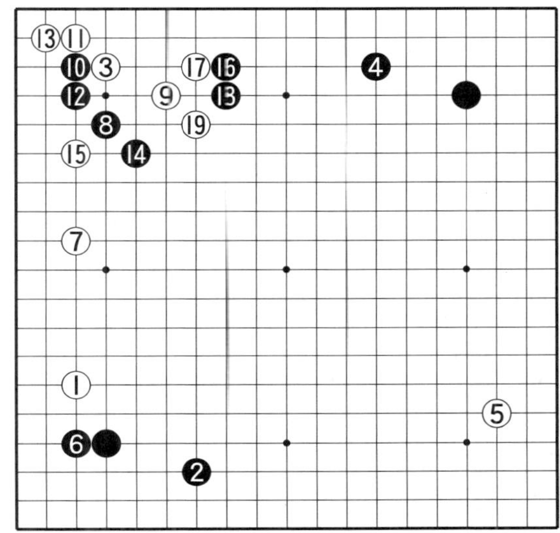

기보 6

볼 때 지극히 당연한 것 같다. 바둑의 차원이 다르다는 것이 무엇인지, 도사쿠
는 이 바둑에서 확실히 보여주고 있다. 이 단정은 고전 기보의 분석을 해본 수
많은 명인급 기사들의 공통된 견해이며, 여기에는 어떠한 이론(異論)도 없다.

이 대국 내용의 분석은 여러 서적에서 다루었으므로 접어두기로 하고, 다만
여기서는 시간적으로 28년의 격차가 있기는 하지만, 바둑사적 흐름을 비교하
기에 충분한 하나의 자료를 놓고 비교 분석해 보기로 하자. 비교할 기보는 혼
인보 5세 도치(道知)가 1710년 내방한 류쿠(琉球)의 야라 사토노시(屋良里之
子)라는 소년기사와 둔 3점 대국이다. 왜 이 대국이 비교대상으로 적합한가 하
면, 도사쿠의 4점 바둑이 있은 지 28년이 흐른 이 시기라면, 비교하기에 아주
긴 세월도 아니며, 이 기간 동안 바둑의 기술적 진보는 어느 정도 이루어졌느
냐도 동시에 연계 분석할 수 있기 때문이다.

더욱이 이 시기에는 류쿠인의 바둑도 도사쿠식 초반전술을 익힘으로써, 기

술적 진보가 상당하여 6단 격의 실력을 갖추었다고 하는 사이토 도레키(齊藤道曆)라는 기사에게 선·2로 두어 팽팽했다는 기록도 있어 비교분석하기에는 더 없이 적합하다. 어쨌거나 이만한 기력을 3점으로 제압했다면, 도치의 기량이 어느 정도였는지는 상상하고도 남음이 있다. 그러나 당시 도치의 단위는 상수(上手 : 7단)에 불과했다.

기보 7은 도사쿠의 4점 접바둑이다.

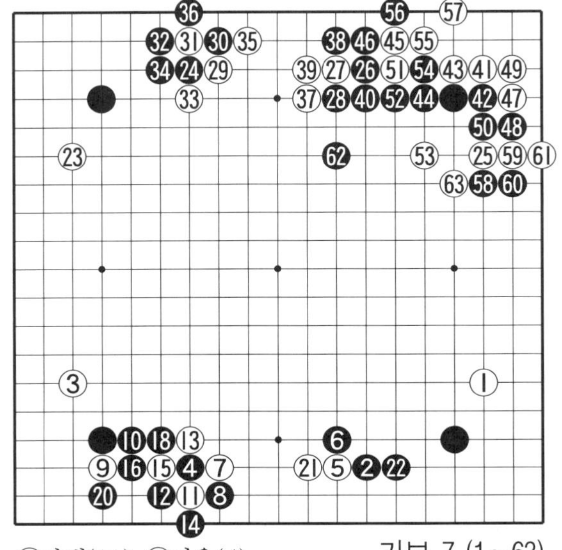

분석 방향은 도사쿠가 연구했던 돌의 투입비례에 따른 능률의 판단이 중점이며, 바로 이것이 바둑사상 후세의 바둑연구가들에 의해 수할론(手割論)이라 명명된 최초의 논리적 분석이론이다.

흑2·4의 눈목자 받기는 우칭위엔 선생이 날일자로 받기까지 약 300여년 동안 재론의 여지가 없는 정석이었다.

이것은 일본의 바둑이 중국을 통해 들어왔다는 결정적 증거이기도 한데, 그 이유는 이 눈목자 받기가 三國志通俗演義(羅貫中 著)에서 등장하는 오(吳)나라의 손책(孫策)과 여범(呂範)이 둔 바둑에도 보이고,(이 기보는 후세의 僞作일지 모른다는 설도 있다. 그러나 사실이라면 시기적으로 A.D. 3세기에 해당한다.) 중국 원나라 시대에 완성된 고전 현현기경(玄玄棋經)에서도 정석화된 형태로 굳어져 있기 때문이다.

이 눈목자 받기에 대해, 도사쿠가 얼마만한 연구를 했는지는 기보의 진행을 보면 확연히 알 수 있다. 네 귀에 모두 붙임이라는 현란한 수법을 사용하여 상대 돌의 중복과 진영의 편재를 유도하고 있는 수순은, 당시의 관념으로는 도저히 이해할 수 없는 매커니즘이 아니었을까. 백의 현란무비(絢爛無比)한 수법에 비한다면, 흑의 대응은 지나친 견실이 위축으로 구현된 착점 일색이라고 볼 수 있다.

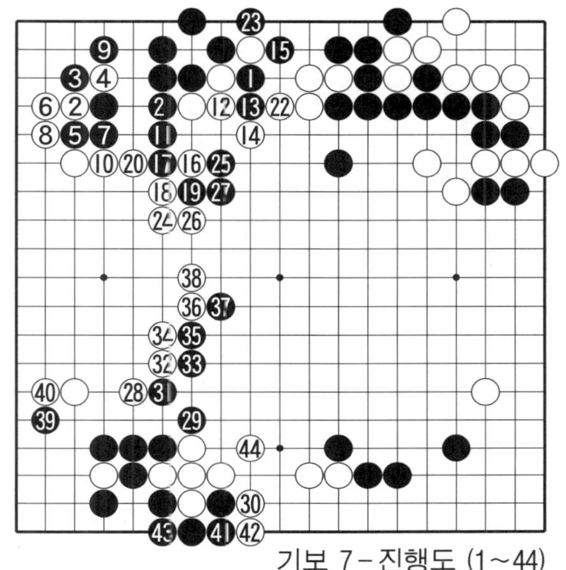

기보 7 - 진행도 (1∼44)

"설마 4점에 질 리야 있겠나." 하는 자부심 가득한 심리의 이면에는 언제나 "혹시 질지도 모른다."라는 불안이 숨어있게 마련이다. 만약 "절대 그럴 리 없다."라는 확신이 지나치게 강하다면, 그것은 세상의 넓음을 아직 경험하지 못한 오만의 치기(稚氣)일 뿐이다. 그리고 우리는 허다하게 이러한 실계상황을 목도(目睹)해 왔다.

베이친 하마이가의 기력수준을 현대의 안목으로 평가하자면 어느 정도나 될까. 현대 아마추어 강자보다 훨씬 약한 수준이라고 보아야 하지 않을까. 아마 그럴 것이다. 눈목자 받기의 언저리에서 보이는 흑의 대응수법은 시대적 안목의 차이에서 오는 것이라 이해한다 쳐도 흑53·60과 같은 착각은 지적하지 않을 수 없다.

기보 7의 **진행도**를 보면 흑의 위축된 자서가 더욱 역력히 드러난다.

백2·4는 **기보 7**의 붙이고 끊는 현혹스러운 수법과 일맥상통한 것인데 흑은 아직도 자신의 중복을 깨닫지 못하고 있다. 이쯤이면 목산(目算)이라도 어느 정도 되어있어야 할 장면임에도 흑은 백의 사석작전에 스스로 보조를 맞춰 주고 있다.

흑에게 아무리 후한 점수를 주려해도 대국적 견지의 판단, 즉 대국관(大局觀)에는 아무래도 본질적 결함이 있어 보인다.

이후에도 흑은 이 이상의 기력을 발휘하지 못하고 알기 쉽게 무너지고 말았는데, 내용적으로 거의 도사쿠의 화려한 수법에 시종일관 끌려 다녔다고 보아도 좋을 정도이다. 물론 한판을 더 간청하여 2국 째는 하마이가가 3집을 이긴 것으로 기록되어 있기는 하지만, 도사쿠의 기량에 본질적으로 다른 차원의 바둑관이 있었다는 논증에는 의심의 여지가 없다.

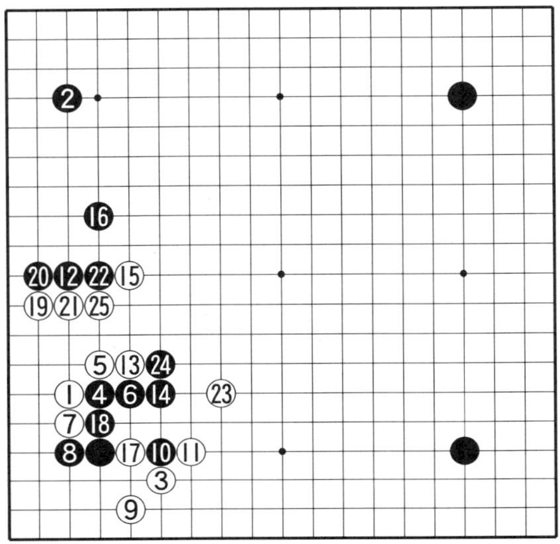

기보 8 (1~25)

대국 후, 도사쿠는 하마이가에 대해 고도코로의 신분으로 상수(7단)에게 2점을 인정하는 면장을 발행하는데, 이 기력은 3단에 해당하는 것이다.

그렇다면 도사쿠 시대의 3단과 이로부터 28년이 지난 후의 3단은 어떤 차이가 있었을까.

우선 기보 8을 보자.

이 바둑은 힘이 강한 하수자를 번롱(翻弄)한 접바둑 명국으로 손꼽히는 작품이다. 이 바둑의 진행을 보면, 도사쿠식 접기와 비교할 때, 초반의 진행이 일정한 격식에서 벗어난 자유로움이 느껴지며, 이것은 28년 동안 사고의 진보가 있었음을 반증하는 것이다.

그리고 전술한 바와 같이, 류쿠의 소년기사 야라의 기량도 28년 전의 하마이가와 비교할 때, 상당한 기술적 진보가 있었음을 느낄 수 있다.

다만 아직도 개안(開眼)의 혼적이 미미한 것은 어쩔 수 없을 것이다. 흑10의 수비나 흑12의 공격위치가 그것을 말해주고 있다.

기보 8 – 진행도 1을 보면 흑의 전투력에는 꽤나 자신감이 있어 보이며, 흑40을 보면 전투 바둑이면서도 집의 차지에 그다지

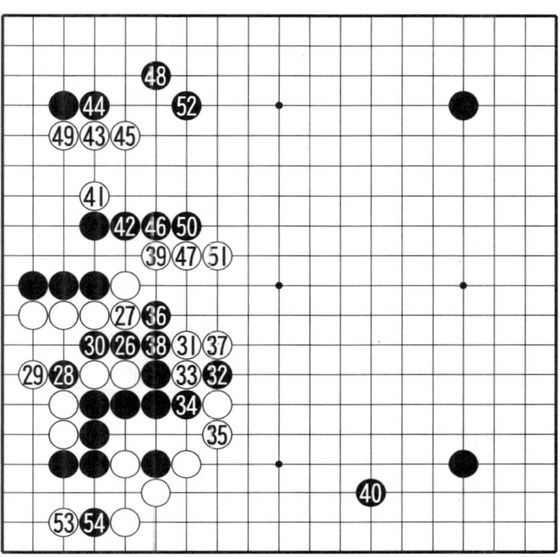

기보 8 – 진행도 1 (26~54)

게을러 보이지 않는다. 또 흔히 '잔수'라 일컫는 섬세한 부분의 수보기에도 어느 정도 충실하다.

흑26·28의 수순과 흑54의 수가 그것이다. 그러나 잔수는 어디까지나 잔수일 뿐, 바둑의 골격은 그것으로 형성되는 것이 아니라 훨씬 더 규모가 큰 구성력(構成力)에 의해 형성되는 것이다. 도치의 행마는 주로 야라의 이러한 잔수 감각을 자극하여 부분전에 집중하도록 유도하는 감이 짙다. 백31로 허술히 포위하여 흑의 탈출을 유도한 후, 백39에 돌을 배치하여 흑40을 허용하고, 백41로 다시 교란을 시작하는 등의 수순이 바로 그런 것들이다.

이 일련의 수순은 주도적 행마(主導的 行馬, ascendancy move)에 의한 작전적 기동(作戰的 機動, operational movement)에 해당한다. 돌의 흐름에 이와 같이 줄거리(story)가 있다는 것은 분명 그의 바둑에 생명력이 있다는 증거라 할 수 있다.

기보 8 – 진행도 2를 보면 하나의 일관된 구성력이 결실을 맺어가는 과정을 한눈에 볼 수 있다.

흑이 전투에 집중하면서도 집에 충실하려는 것은 귀를 등한시하지 않으려는 의지로 표출되고 있지만, 이 사고가 본질적으로 결함이 있다는 것은 현대에 와서 거의 증명되고 있는 것이다. 속된 말로 '집도 챙기고 공격이나 반격에도 능하다.'는 것은 무지의 욕망일 뿐 현상(現象)이 될 수는 없다.

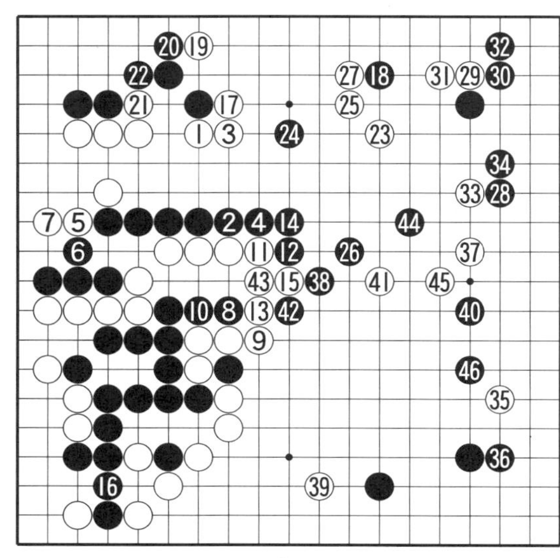

기보 8 - 진행도 2 (1~46)

특히 접히고 두는 사람이 이러한 욕망을 가졌다면 바둑의 기본적인 이치에 대해 다시 생각할 필요가 있다. 아니 어쩌면 바둑에 관련된 모든 기억을 송두리째 포맷(format)해야 할지도 모르는 일이다.

기보 8 - 진행도 2를 볼 때, 중앙 흑 대마가 백의 거대한 포위망 속에 천천히 갇히고 있는 이유는 그만큼 백의 기동에 구성력이 완벽했음을 의미하는 것이다.

현재의 상황을 분석하자면, 3점의 치수라면 이미 대세는 백에게 기울어져 있다고 보아야 한다. 흑은 이 대마의 안위를 걱정할 여유가 없기 때문이다. 대마에 손질을 두 번 정도 하는 순간, 새로 생성되는 백집을 당할 흑집이 없다는 것은 한눈에도 알 수 있는 일이다.

어쩌다 이 지경이 되었을까. 분명 흑은 패착이라고 단언할 만큼 큰 과오를 저지른 적이 없었다. 그렇다면 과연 무엇 때문일까.

원인은 쉽게 말해 이렇다. 흑의 작은 실수가 계속 누적되면서, 바둑 전반의 흐름이 줄곧 백에게 주도되어 왔기 때문이다. 기보를 살펴보면 알 수 있지만,

시종일관 흑은 단 한차례의 주동적 자세도 가져볼 수 없었다. 따라서 중앙 말의 타개에 승부를 걸게 되는 필연의 흐름이 계속되었고, 이 심리적 불균형으로 인하여 결국 집에서 앞서가려는 흑의 분투에도 불구하고, 거대한 중앙의 흑 대마는 비명에 횡사하고 말았던 것이다.

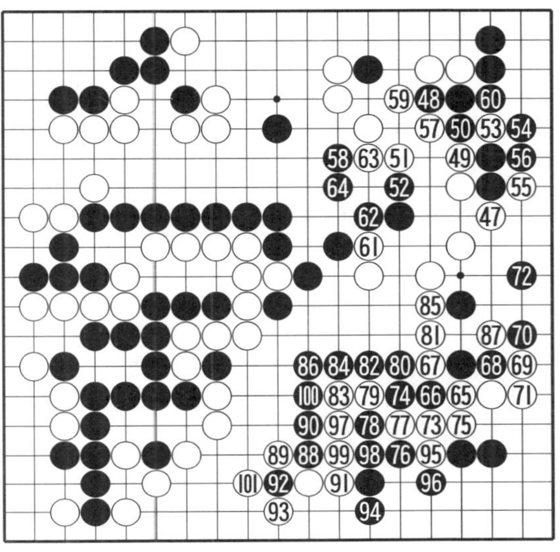

기보 8 – 진행도 3 (47~101)

기보 8 – 진행도 3이 흑 대마가 비명횡사하기 직전의 진행인데, 백이 백65로 준동하여 교란을 획책하는 것은 그 뜻이 중앙 흑말의 포위공격에 있다. 만약 사석작전에 말려든다면 그것으로 바둑도 끝이다.

백은 흑의 이러한 약점을 추궁하여 백87까지 득을 취하고 있다. 이젠 집으로도 백이 뒤지지 않게 되었다. 그렇지만 흑은 아직도 속수무책이다. 이 과정을 하나의 스토리로 본다면 백의 수순에는 필연성이 있다. 이 부분은 도사쿠의 바둑과 비교할 때, 또 다른 차원의 작품성이라 할 수 있으며, 섬세함에 있어 뒤지지 않으면서 힘의 실체가 극명하게 나타나는 한 단계 진보한 바둑관이다.

그러나 사실상 어찌 보면 이것도 기량의 차이일 뿐인지 모른다.

이 바둑을 보면, 세고에 겐사쿠(瀨越憲作, 1889~1972) 선생을 위시하여 수많은 전문 바둑인들이 "세습제 명인의 시대에 있어 일본 역대 최강의 기사는 도치"라고 평가하는 그 견해에 전적으로 동감하게 된다. 시간적으로 28년이라는 기간은, 기술적 진보가 이루어지기에는 사실상 짧은 시간이다. 그러나 **기보 7**과 **기보 8**을 비교할 때 느껴지는 차이는 생각보다 크다. 도사쿠에 비하여 도치의 바둑에는 단순한 수읽기나 수할론에 의한 합리성보다는 근본적으로 다른 운영체계가 있다는 것이다.

운영체계란 바둑의 깊이를 헤아리는데 매우 중요한 부분이다.

현대바둑이 우칭위엔 선생에 의해 획기적으로 발전된 부분이 있다면, 바로 초반 운영체계의 규명이라 할 수 있다. 현현기경이나 관자보와 같은, 중국의 고전에 실려있는 정석과 포석분야는 현대에 와서 무용지물이 되고 말았다. 그 이유는 운영체계에 대한 새로운 인식이 대두되었기 때문이다.

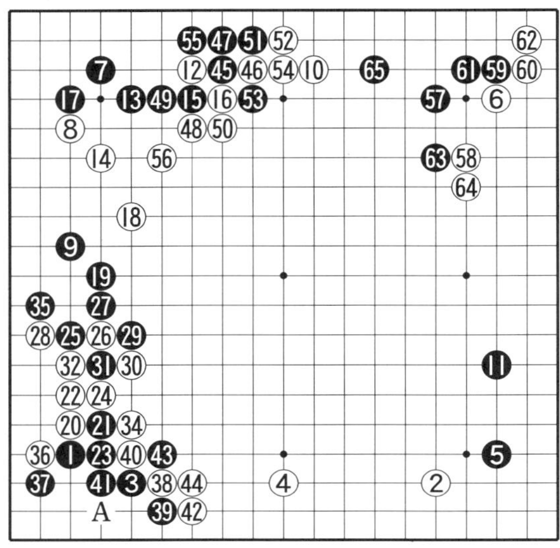

㉝이음(26)

기보 9

실제로 도사쿠 시대의 운영체계에는 미흡한 부분이 적지 않게 발견되고 있으며, 특히 대국적 견지의 형세판단에는 오늘날 번복될 만한 자료도 꽤 있다.

그 중 하나의 예를 들어보면, **기보 9**와 같은 대국이 있다.

이 바둑은 **기보 3**의 연장이 되는데, 상대는 도사쿠의 친동생이며 이노우에 가의 3세 인세키이다. 이 바둑의 논제는 후세에 이르러 기경중묘(碁經衆妙), 기경정묘(碁經精妙), 난가당기화(爛柯堂棋話)의 저자로 유명한 하야시가의 11세 당주(堂主)인 겐비(元美)가 이 바둑을 지나치게 과장하여 칭찬한 평에 대한 반론이다.

하야시 겐비(林元美, 1778~1861)는 8단인 준명인의 위치까지 올랐던 기사로 바둑 외에도 학식이 대단히 깊었던 인물이다.

우칭위엔 선생은 이 바둑에 대해 하야시 겐비의 평이 지나친 칭찬이었음을 지적하고, 흑의 대응방법과 형세판단에 오류가 있었음을 조목조목 열거하고 있다.

기보 9를 보기로 하자.

흑65까지의 진행 이후 전
단이 시작되는데, 여기까지
를 간략히 평하면, 흑41은
이해할 수 없는 악수로 흑
A로 호구치는 것이 정수다.

여기까지의 흐름은 흑41
의 악수에도 불구하고, 백
이 뚜렷하게 우세를 견지하
고 있다는 느낌은 들지 않
는다.

아마도 백4나 백12 등의

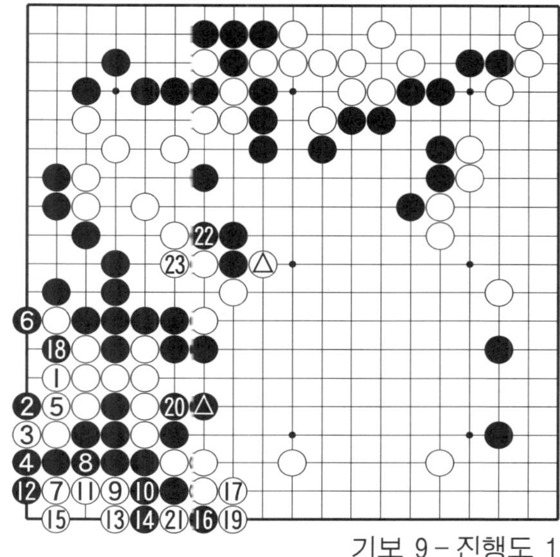

기보 9 - 진행도 1

수가 완만하여 이러한 결과가 된 것이 아닌가 싶다.

이 흐름은 장장 100수까지 지속되어 백에게 역전의 전단은 보이지 않았다.
오히려 흑의 공세가 주효하여 백이 곤경에 빠지고 만다.

그러나 여기서 문제의 장면이 등장한다.

"귀에서 생기는 패의 수효까지 확인하고 손을 빼어 중앙을 보강한 것은 가
히 신기(神技)라 하겠다."라고 말한 하야시 겐비의 평이 이 대목에서 등장한
다. 그러나 우칭위엔 선생의 연구에 의하면, 도사쿠가 이 귀의 패싸움을 전부
확인하고 그렇게 처리했다고는 생각되지 않는다는 것이다. 그리고 그 이유는
패싸움이 일단락된 뒤의 형세는 아직도 흑쪽이 유리했기 때문에, 역시 패싸움
을 완전히 읽어낸 신기라는 말은 지나친 칭찬이라는 분석이다.

기보 9의 진행도 1을 보자.(중간의 과정은 생략했다.)

겐비가 평한 문제의 발언은 귀의 백이 흑▲에 의해 패가 되는 것을 감수하
고 백△로 중앙을 보강한 것에 대한 견해였다. 그러나 현재의 국면에서 우선
백이 백△의 곳을 두지 않으면 좌중앙의 백대마는 봉쇄를 피할 수 없으며, 봉

쇄되는 순간 역전의 기회는 없다고 보아도 좋다. 그리고 백△의 방법도 팻감의 수효를 완전히 읽었다고 보기에는 어렵다. 팻감의 수효를 모두 완벽히 읽었다면 그보다 한 칸 아래 두어야 한다. 그래야 팻감이 적게 나오지만, 그것도 어디까지나 결과론적인 허구일 뿐, 이 문제의 핵심은 전혀 다른 곳에 있는 것이다.

그 이유는 조금 후에 자연적으로 알게 되겠지만, 우선 **진행도** 1에는 흑의 착각이 있었다. 백에게 백9로 두는 수가 있음을 간과한 것이다. 백9는 절처봉생(絕處逢生)의 한 수였다. 어쩌면 이러한 판단을 하게 되는 이유에는, 이노우에가의 11세 당주였던 겐안 인세키(幻庵因碩, 1798~1859)의, 상대의 실수에 편승하여 이기는 이른바 '운의 기예론(運의 技藝論)'이 작용하는 것 같기도 하다.

어쨌든 패는 이렇게 해서 만들어진 것인데, 흑은 백이 선택한 팻감에 대해 제대로 대응하지 못하고 만다. 하야시 겐비의 평에 대한 반론이 왜 신빙성이 있는지는 **진행도** 2를 보면 그 내막을 알게 된다. 결과를 먼저 말하면, 흑이 14집의 대패를 했는데 흑이 흑27로 패를 해소한 시점에서는 아직도 우세를 견지하고 있었다.   문제는 흑33의 수비였다. 우칭위엔 선생의 연구에 따르면 이 수로는 흑A로 두어 선수를 뺀 후 흑B로 붙이고 2선으로 젖혀 이었다면 근소한 차이지만 흑승은 부동이었을 것이라 한다. 자세히 계산해 보면 과연 그렇다.

흑이 이기는 코스는 이처럼 많았던 것이다. 그러나 강자는 운도 좋은 법이다. 결국 흑은 지는 코스를 선택하고 말았다.

백34부터 백40의 연타를 허용해서는 흑에게 역전의 기회란 없다.

하야시 겐비는 이 코스를 두고 신기라고 평한 것이다. 도사쿠의 기량을 무조건 맹신했던 겐비의 선입주견이 분석의 자세를 흩트린 것은 아닐까. 이 대국을 냉정히 분석하면, 겐비의 평처럼 도사쿠의 수읽기가 그토록 오묘무진(奧妙無盡)한 것만은 아니라는 근원적 실체에 접근하게 된다.

이야기를 다시 원점으로 돌리면, 더욱 확연한 사실이 있다는 것을 알 수 있다. 좌하귀에서 발생한 패의 사활에서 우칭위엔 선생은 애초에 흑이 선택한 패의 수단에 문제가 있었음을 지적하고 있다.

기보 9의 **참고도**가 우칭
위엔 선생이 제시한 패싸움
의 가상도이다.

흑은 처음부터 흑1로 패
를 시작하는 것이 좋았다는
것이며, 이 지적은 대단히
명쾌한 분석이 아닐 수 없
다. 그리고 이 분석은 흑59
에 이르러 확실하게 흑의
10여집 승리를 보장하고 있
다.

어찌 되었든 이러한 분석
도 중요하지만, **진행도 2**의
결과마저도 흑이 우세할 수 있었
다고 한다면 겐비의 이러한 분석
은 현대에 철저히 재조명되지 않
으면 안된다.

물론 도사쿠의 수법에 참으로
경탄할 만한 것이 많다는 사실은
재론할 필요가 없다. 그리고 분석
의 방법에 겐안 인세키의 '운의 기
예'라는 단서도 달고 싶지 않다.
그러나 선철(先哲)에 대한 분석은
분명 계승의 차원에서 다루지 않
으면 안된다. 따라서 분석도 냉정

하지 않을 수 없는 것이다. 기보 9의 분석을 이렇게 하는 것은 그러한 연유에
서일 뿐이다.

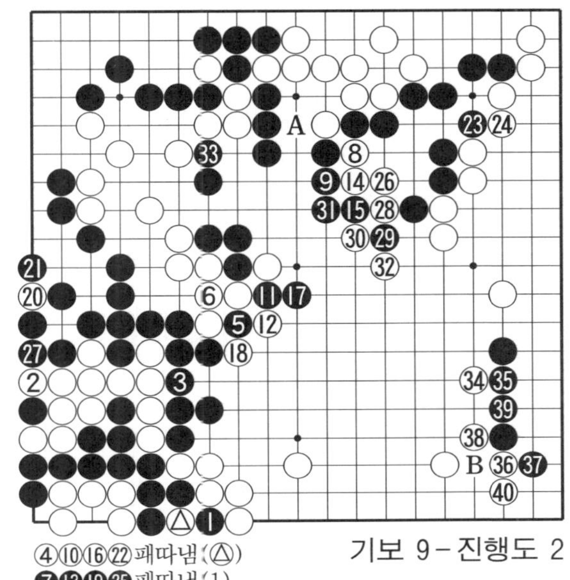

④⑩⑯㉒패따냄(△)
❼⓫⓳㉕패따냄(1)

기보 9 - 진행도 2

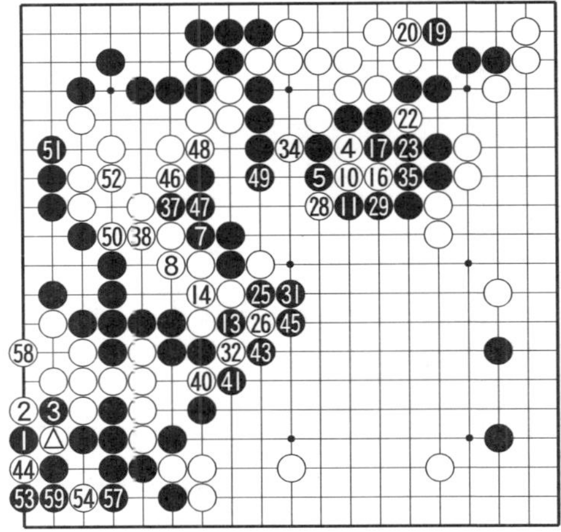

⑥⑫⑱㉔㉚㊱㊷패따냄(△)　기보 9 - 참고도
❾⓯㉑㉗㉝㊴패따냄(3)

㊿따냄(1)　㊌이음(3)

이와 비슷한 사례를 또 하나 보일까 한다. 이 내용도 마찬가지로 도사쿠의 지나친 간과가 빚어낸 실수의 예다. 도사쿠의 당시 바둑 흐름에 돌의 기능을 최대한 활용하려는 데서 비롯되는 무리수가 종종 등장한다는 우칭위엔 선생의 분석은 아마도 정확할 것이다.

기보 10을 보기로 하자. 상대인 산데쓰는 고(古) 산데쓰의 장자(長子)로 7단에 도달해 오시로고에도 참석했으며, 시부가와 하루미

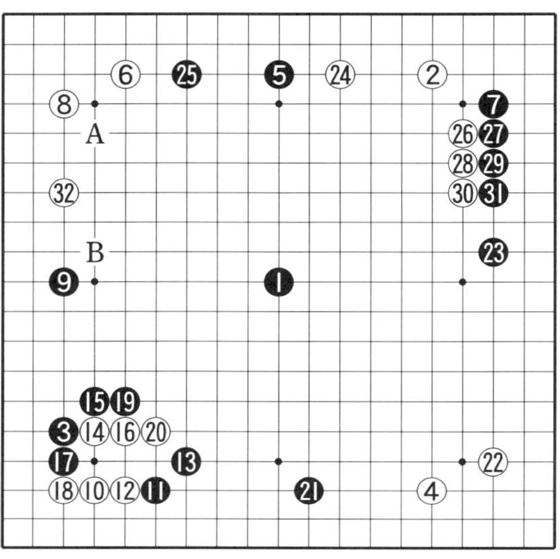

기보 10

(澁川春海)라는 이름의 천문학자이기도 했다.

그 견식으로, 흑1의 천원과 흑5, 9의 변을 의식한 포석을 시도했는데, 천원을 활용하는 기술은 미숙했던 것으로 보인다.

산데쓰는 이 바둑을 패배한 뒤, 다시는 첫점을 천원에 두는 일이 없었다고 한다. 기보 10을 보면 알 수 있지만, 흑5로 A에 두지 않은 것이나 흑9로 B쯤에 두어 '선위(線位)의 조화'를 맞추지 못하고 있는 것을 보면, 천원의 포석적 개념이 바둑의 기술과 연계하여 아직 채 연구되어 있지 않은 원시적 사고의 수준이라 판단된다.

또 흑23의 전개도 백26 이하로 태연히 압박당하는 것을 보면, 천원을 둔 취지와는 전혀 맞지 않으며, 좌하귀의 정석이 당시 유행하던 것이긴 했지만, 흑19로 민 점은 기술적으로 이해할 수 없는 것이다.

어쩌면 도사쿠의 입장에서는 이처럼 타이트하지 못한 상대밖에 없어 무리수

가 자주 등장했는지도 모르
겠다.

이 진행이라면 백이 무리
없이 집으로 이길 수 있는
순조로운 흐름이 아닐 수
없다. 그런데 이 진행에
100수도 되기 전 흑에게 역
전의 기회가 있었다면 믿을
수 있을까. 기력 13단이라
는 명인의 기량에서.

우선 기보 10의 진행도
를 보자. 백1은 실전의 백
84에 해당한다.

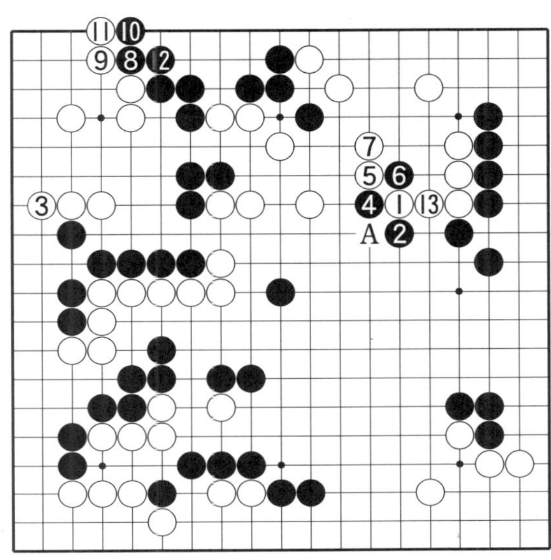

기보 10 – 진행도

흑2로 둔 시점에서 백3은 거의 손바람에 두었을 법한 큰 실수였다. 백3으로
는 백A로 젖히고 흑13때 흑4의 자리를 이어 중앙을 두텁게 하는 것이 우위를
견지하는 진행이었을 것이라는 우칭위엔 선생의 분석이 있었다. 사실 그 진행
이었다면 흑의 하변과 중앙이 엷어 백은 두난히 이길 수 있다. 흑에게 기회가
왔다. 그러나 백이 간과한 실수에 대해 무심코 대응함으로써, 흑은 천금같은
기회를 놓치고 말았다. 흑8 이하로 구차한 삶에 연연해하는 동안, 백13으로 잇
게 되자 이제는 흑에게 기회가 없다.

결정적인 순간에서 자신의 대마 사활을 견밀히 읽지 못했던 것이다.

물론 도사쿠의 실력으로 미루어 짐작할 때, 이 사활의 수읽기를 못했을 것
이라는 생각은 할 수 없다. 결론을 먼저 말하면, 이 사활은 수상전이다. 그 규
모와 갈래를 볼 때, 도사쿠의 기력으로 읽지 못한다면 말도 안되는 소리다. 도
사쿠는 간과했을 것이다.

흔히 상수자가 하수자를 상대로 습관적으로 응수타진하다가 무심코 저지르
는 실수와 같은 종류라고나 할까.

흑에게 어떤 수단이 있었을까 하고 궁금해하는 독자를 위하여 **참고도**를 보여 주겠다. 그리고 이 **참고도**의 분석은 우칭위엔 선생의 고견이 거의 참고되었음을 일러둔다.

흑에게는 **기보 10**의 **참고도**처럼 흑1로 밀어 흑11의 곳에 단점을 만들어 둔 후, 흑3으로 따내는 강력한 대응이 있었던 것이다. 백이 손해를 만회하기 위해서는 이 흑을 잡아야 한다.

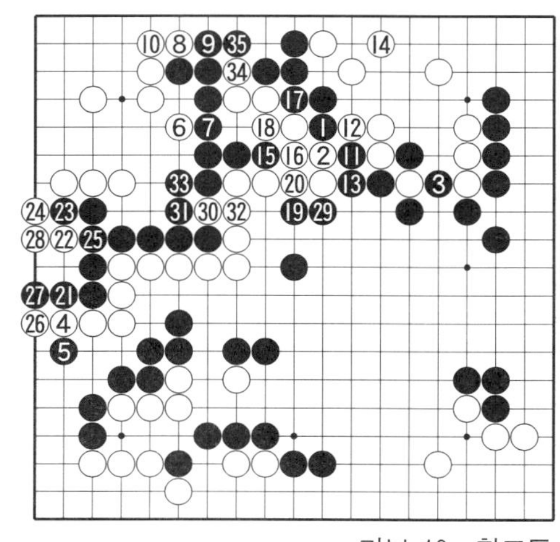

기보 10 – 참고도

그러나 백이 끝까지 이 흑을 잡으려 하면, 흑11로 절단하는 수순이 흑에게 돌아오게 되어 이 수상전은 어떻게 변화해도 백이 이길 수 없다.

이 수상전의 결과는 흑14수, 백12수로 흑이 2수 빠르다. 수순 중 백14로 수를 줄이려 해도 1수 부족이거나 유가무가가 되고, 백20으로 흑29의 자리에 두는 것도 수가 늘지 않는다. 그리고 백8로 각생하는 것은 흑3의 따냄이 너무 컸기 때문에 형세는 흑이 유리하다.

순간적인 기회에, 이런 내막이 있었다는 것을 나중이라도 산데쓰가 알았더라면 아마 통탄했을 지도 모르겠다.

이 바둑처럼 천원에 첫수를 두는 것을 가리켜 다이코센(太閤先)이라 한다. 이 말은 일찌기 다이코(太政大臣의 경칭)였던 히데요시가, 천원에 놓고 흉내를 두면 한집승이나 최소 무승부가 될 것이라고 말한 데서 유래하는데, 이런 이론은 삼국지의 조조도 이런 말을 했다고 하고, 여기 저기 이런 류의 말이 많으므로 진위는 알 수 없다. 그러나 당시 도사쿠는 산데쓰의 다이코센을 예상했다고 한다.

일본의 바둑사로 보면 도사쿠가 위대했을지는 모르지만, 일본의 전체 역사

를 보여주는 단적인 사례라 하겠다.

본래 산데쓰는 도에쓰의 상대였다. 두 사람은 똑같이 같은 해, 오시로고에 출전하여 2승 2패 1무의 기록을 남기고 있었다.

교류전 직후, 산데쓰는 도사쿠에게 배우는 자세로 둘만의 대국을 청하는데, 여기서 에사키 선생의 '名人碁所'에 묘사된 도사쿠의 산데쓰에 대한 평가를 보기로 하자.

"산데쓰는 몇번을 지고서도 깨끗한 태도를 유지했고, 지위를 지키기 위해 술수도 부리지 않았다. 도사쿠는 산데쓰의 그러한 태도에서 오히려 무언지 모를 두려움을 느끼고 있었다. 도에쓰와 산치처럼 차원 낮은 승부를 벌이지 않는 그가 사실은 진짜 무서운 인물일지도 모른다는 생각이 들었다."

이것은 산데쓰가 재능이 난봉(鸞鳳)이었음을 말하는 것이지만, 그 내면에는 도사쿠가 바둑 외적으로도 비범했음을 간접적으로 시사하고 있는 것이다. 도사쿠의 출중한 안목은 산데쓰가 바둑에서 펼치지 못한 재능을 발견하여 권력자에게 천거하는 과정에서 확연하게 나타난다.

당시의 음양료(陰陽寮 : 천문관할관청)의 관료들은 800년전 당(唐) 시대에 만들어진 선명력(宣明曆)의 문제성을 알고 있으면서도, 이를 해결하고자 하는 의욕도 능력도 없는 퇴영적(退嬰的)인 집단이었다.

도사쿠가 마키노(牧野) 비고쿠(備後國) 영주의 후광을 업고 있었다는 이야기는 전술한 바 있다. 도사쿠는 권력을 잡은 쓰나요시의 측근 마키노 영주에게 산데쓰를 강력하게 천거한다.(천거라기 보다는 쓰나요시가 그를 먼저 알고 있었다고 보는 것이 옳겠지만, 만약 도사쿠가 산데쓰의 재능을 질시했다거나, 적어도 무관심했다면 산데쓰의 재능은 사장되었을 수도 있는 것이다.) 도사쿠는 산데쓰의 입지가 위태롭게 되어서는 안된다는 감정을 가지고 있었을 것이다. 호감의 정도가 감정의 차원을 넘어 능력을 인정하는 차원까지 발전하게 되는 것도, 호감을 가진 사람의 그릇을 평가하는 잣대로 충분하다.

도사쿠의 측면지원에 힘입어 산데쓰는 자신의 천재성을 국가에 바칠 수 있게 된다. 1684년 정향력이 완성되면서 초대 덴몬가타(天文方)로 취위한 시부가와 스케자에몬 하루미(澁川助左衛門春海)가 야스이 산데쓰 바로 그다.

도사쿠가 없었더라면 이 위대한 역학의 거장은 역사의 표면에 등장하지 못했을는지도 모른다. 인물을 알아볼 줄 안다는 것은 역시 그도 그 이상의 안목을 가지고 있다는 뜻이다. 도사쿠의 안목은 국가가 이와 같은 걸출한 인물을 배출시키는데 크게 공헌한 셈이다.

도쿠가와 바쿠후(德川幕府) 260년간 고도코로(碁所)의 역사는 곧 당시의 일본 바둑사 자체다. 그 시대 모든 기사의 염원은 명인이 되어 고도코로가 되는 것이었다. 그러나 도쿠가와 260년 바둑사에 무소불위의 권력자 고도코로는 여덟명에 그치고 말았다. 그 중 도사쿠는 1677년부터 1702년 타계할 때까지 26년간 재위했으며, 이 기간은 역대 고도코로 중 최장수의 기간이었다. 만약 죽지 않았다면 더 오래했을지도 모르는 일이다. 도사쿠는 그런 존재였다.

도사쿠 시대에 바둑이 성행하고 보급도 원활했던 것은, 시대 상황이 정치적 경제적으로 안정되었던 요인도 일단 큰 것이겠지만, 도사쿠라는 인물 자체가 고도코로로서 정치적, 경제적 감각이 뛰어난 수완가였기 때문이었음은, 바둑사에 기록되어 있는 여러 사실로 미루어 거의 확실하다. 도사쿠의 천재는 비단 바둑뿐 아니라, 바둑외적으로 인정될 수 있는 것이었다 해도 과언이 아니다.

당시 중국에서 건너와 일본에 귀화하여 바둑보급에 공로가 컸던 주순수(朱舜水)라는 인물이 "하늘이 하나의 도(道)의 성인을 내리는 것은 그 인물이 꼭 필요할 때다. 만약 동시에 많은 천재가 나타났다고 하면 반드시 젊어서 일찍 죽는 사람이 생길 것이다."라고 예언했다고 한다. 그 예언이 맞아 도사쿠 이상의 천재였다고 전해지는 15세의 첫 아토메 오가와 도데키(小川道的, 1669~1690)와 더불어 두 번째 아토메였던 스케야마 사쿠겐(佐山策元, 1675~1699), 홋세이 핫세키(星合八碩, 1666~1692), 구마가이 혼세키(熊谷本碩 : 23세 타계)와 같은 제자들이 주순수의 예언대로 20대의 젊은 나이로 모두 요절한다.

이 예언이 맞는다면, 도사쿠는 필시 하늘이 내린 인물이라는 역설도 성립하겠지만, 그 역시 도치에게 대물림하는 과정에서 자신이 직접 관장하지 못하여, 고도코로를 바라지 말라는 유언을 저버리고 도치에게 돌아가야 할 그 자리를

10년 간이나 비워주지 않은 제자 구와바라 도세쓰(桑原道節, 4세 인세키 : 1646~1719)가 오히려 73세까지 장수하여 존재했다는 사실에 비교해 보면, 보다 큰 역사적 관점에서 볼 때, 천재도 하늘이 오직 한 사람에게만 내려주는 것은 아닌 것 같다.

이렇게 말하면, 도사쿠를 경원(敬遠)하는 후학들에게 질책을 받을 만한 행위지만, 본시 경원이란 분석을 거부하는 속성이 있으므로 이 또한 분석하는 입장에서는 대립을 피할 수 없는 노릇이다.

알다시피 敬遠이란 '공경하여 이를 멀리한다.'는 뜻이다. 그렇지만, 본래는 하늘에 제사를 지내거나 조종(祖宗)의 영(靈)에 고하지 않고, 양친의 야합(野合)에 의해 태어났다고 하는 공자(孔子)의 지론이다. 공자를 모욕되게 하려는 의도는 추호도 없지만, '신적 존재에 대한 경원'이라는 공자론에 관한 견해는 이렇다. 우선 인간 공자가 "나는 금수와 다름없는 교합에서 태어난 아들이다."라는 열등감에서 벗어나기 위해서 정상적인 쿠부관계에서 태어난 사람 이상으로 도덕적으로 완벽한 인간이 되지 않으면 안되었다는 후세의 '공자 평가'에 동감한다.

즉 하늘에 인정받지 않으면 안되었던 것이다. 공자의 지나칠 정도로 집요한 자기수업은 그러한 결의에서 비롯된 것이었다.

그러나 도덕적으로 완벽한 인간이 되고자 부모의 행위를 부정하면 불효가 되고 불효를 피하여 부모의 행위를 인정하면 배덕이 된다.

근대 지성에서도 흔히 볼 수 있는 이러한 양자택일의 궁경(窮境)에 처하여, 공자는 어쩌면 표리부동(表裏不同)이 될지도 모르는 독선적 태도를 취했다. 도덕은 도덕으로 공경하고, 부모는 부모대로 공경하여, 서로의 관계에 대해서는 서로 관여하지 않는 길을 택한 것이다.

이것은 문제 중심적인 사고를 기피하여 어떠한 대상에 대해서도 자기만은 정도(正道)로 존재하려는 자기중심주의적 사고다.

그러나 그 결과, 도덕과 정신의 대립이라는 본질적 문제를 저버리는 결과를 초래하게 되어, 자신의 윤리관에 창조적 견해를 부여할 계기를 잃었다. 따라서 인간의 의지를 초월하여 존재하는 일체의 권위에 대해 사실상 굴복하고 말았다. 초월한 존재에 대한 통찰보다는, 어떻게 복종하는가 하는 실천의 방법으로 일관되었던 것이다.

예를 들어, 공자는 대학(大學)에서 3강령(三綱領)과 8조목(八條目) 중 격물치지(格物致知)의 2항목에 대해 언급하지 않았다. 그렇다면 격물치지를 모를 때 8조목의 출발점부터 분명치 않게 된다.

간단히 용어만을 풀이하면, 格物致知란 "사물의 이치를 깊이 연구하면 지식을 얻을 수 있다."는 뜻이지만, 주희(朱熹, 朱子)는 "존심양성(尊心養性)의 수도법(修道法)으로 치국제가(治國齊家)의 근본인 수신(修身)을 위한 지침"이라 하여 지적 분석을 통한 '지선후행(知先後行)'을 주장하여 이기설(理氣說)을 근간으로 했고, 왕양명(王陽明)은 실천주의적 차원에서 '심즉리설(心卽理說)' 즉 "앎(致良知)과 도덕적 행위(格物)는 같은 행위의 두 측면"이라 하여 '지행합일(知行合一)'을 주장하여 자연과학적 지식을 근간으로 했다.

그래서 송대 이후의 유학자들 사이에서 이 해석으로 이견(異見)이 백출했고, 유학철학의 근본문제로서 논쟁의 근원이 되었음은 널리 알려진 사실이다. 이렇듯 통로가 없거나 해결방도가 찾아질 수 없는데서 오는 어려움과, 해결할 수 없는 문제의 막다른 골목에 이르는 아포리아(aporia) 현상은 누구의 책임인가.

이러한 모든 문제의 발원이 경원(敬遠)의 사상과 같은 일종의 교조주의(敎條主義, dogmatism)에 있다고 생각하면 무리일까.

'비방(誹謗)의 나무'나 '감간(敢諫)의 북'이나 '진선(進善)의 기(旗)'가 요순(堯舜)의 시대에 있었다는 기록은 결코 경홀(輕忽)히 들을 일이 아닐 것이다.

시대적 상황으로 도에쓰와 도사쿠의 시기에는 다이묘(大名 : 지방영주) 세력이 몰락해 가고 상인계층이 서서히 부상하고 있었다.

도쿠가와 바쿠후의 신진세력이 집권하게 됨에 따라, 다이묘를 섬기던 기존 무사계급도 무력에 의한 경제권수탈이 불가능하게 되어, 부를 축적하기 시작한 상인계급에게 그 위치를 넘겨주지 않으면 안되었던 것이다. 도쿠가와 3대 이에미쓰(家光) 시대까지 권력이동이 거의 완료되자, 5대 쓰나요시(綱吉)의 원록(元祿, 1688~1703) 시대에 이르러서는 기존 권력의 대부분이 상인계급의 금권에 의존하지 않을 수 없게 되었다. 원록의 시대는 에도(江戶) 시대 260년 사상 최고의 바둑 중흥기가 된다.

또한 원록 시대는 도사쿠가 메이진 고도코로의 증서를 받는 해(1688)부터 도사쿠의 타계(1702)와 정확히 일치하는 시기다.

이 시대 메이진 고도코로가 권력의 중추에 있었음을 고증하는 기록들은 곳곳에서 발견되고 있다. 바둑과 권력. 고도코로와 권력자.

어찌 생각해보면 그다지 어울릴 것 같지 않아 보이는 이 두 개의 화두는 본래 같은 성정(性情)을 가졌을지도 모르는 일이다.

그리고 재미있는 현상은, 바둑의 명인이 발상국인 중국에서는 그다지 높은 지위를 가지지 못했던 것과 비교하여, 일본에서는 국가적 차원의 장려를 받아 권력자의 대열에 합류하고 있다는 점이다.

또 이러한 장려에 힘입어 일본 바둑이 중극 바둑을 이 시기에 확실히 추월했다는 것이 오늘날의 정설이다.

그러나 이것은 어디까지나 표면적인 분석이고, 이면에는 근원적인 배경이 있다고 보아야 한다. 산사(算砂, 1558~1623) 이전에 발견된 기보로는, 1253년 니치렌슈(日蓮宗)의 종조(宗祖) 니치렌 쇼닌(日蓮上人)과 니치로(日郞 : 요시죠 마루〈吉祥丸〉)가 둔 바둑(이 기보는 하야시 겐비의 위작이라는 설이 있다.) 이 있고, 1561년에는 신다 마사유키(眞田昌幸)와 이즈모리 노부유키(伊豆守信幸)가 둔 바둑이 있으며, 1570년경에는 센고쿠 시대의 무장 다케다 신겐(武田信玄)과 가신 다카사카 단쇼(高坂彈正)가 둔 바둑이 있다. 그러나 이 바둑들은 모두 중국식 포진으로 미리 깔고 시작되는 것이다. 잠깐 여기서 살펴볼 점이 있다.

산사와 리겐이 둔 '혼노지의 바둑'이 1582년의 일이었으므로, 다케다와 다카사카가 둔 바둑과는 불과 10년의 차이밖에 나지 않는다.

이 사실은 중요한 것이다. 산사의 바둑이 현대의 바둑을 있게 한 증거가 되기 때문이다. 산사의 바둑은 기착점이 없이 자유로운 현대의 바둑과 일치한다.

그리고 이전의 전투를 위주로 한, 이른바 기술만의 바둑과는 달리 요소를 선점하여 전투에 대비하고 영토를 얻는 기략의 바둑이다. 자! 이제 본론으로 들어가기로 하자.

주제는 '전투를 통한 이득의 쟁취와 이득을 위한 전투의 선택'이다.

전자는 산사 이전의 바둑이었고, 후자는 산사 이후의 바둑이다.

과연 무엇이 다르고 왜 중요한가. 전자는 바둑의 목적이 전투이고, 후자는 바둑의 목적이 이득이라는 점이 다르다. 쉽게 말해 이것은, 전자에 비해 후자가 바둑의 차원이 한 단계 높아진 것을 의미하는 것이다. 그리고 전자는 무장의 사고라 할 수 있고, 후자는 전략가의 사고라 할 수 있다. 만약 당신이 장군이며 왕이라면 누구를 선택하겠는가. 당연히 전략가라 말할 것이다.

바로 이것이 아닐까. 산사의 바둑을 본 노부나가가 그의 바둑에서 전쟁에 절대적으로 필요한 전략적 가치를 발견한 것이 아닐까.

또 바둑의 가치를 통해 산사라는 한 인간을 가까이 관찰하게 됨에 따라 산사의 덕목을 확인하게 되었다면 이야기는 더욱 확실해진다. 만약 산사의 바둑이 그토록 오묘하게 보이지 않고, 그전의 바둑과 같았어도 자주 만났을까.

아마 아니었을 것이다. 산사에 대해 아무런 느낌도 없었을 것이다. 어느 한 인간에게 흥미를 느끼지 못했을 때, 그 사람과의 교류란 시작자체가 불가능한 법이다. 노부나가와 같은 권력자에게 있어서는 특히 더 그랬을 것이다.

중국의 바둑이 일본에게 추월당한 근본적 이유는 바로 여기에 있다고 본다. 역사적으로 중국의 바둑은 예기(藝技)의 한계를 벗어나지 못했다. 산사와 같은 선각자가 배출되지 않았기 때문이다. 고수(高手)는 있어도 각자(覺者)가 없다면, 진보는 있어도 개안이 없는 것과 같다.

예기는 권력자의 절대적 필요조건이 아니다. 그런 점에서 누가 뭐라 해도 세계 바둑사에 있어 산사는 코페르니쿠스와 같은 존재다.

이렇게 본다면 산사는 일본 바둑사의 최대 공로자이며, 마찬가지로 현대 바둑사에도 최대 공로자가 된다고 하겠다. 그리고 도에쓰와 도사쿠는 산사가 개척한 이 길을 확실하게 닦아놓았다는 중요한 공적이 있다. 그것은 아무리 시

대적으로 운 좋게 부합했다 하더라도 오도되어서는 안되며, 사장되어서는 안
되는 사실(史實)이다.

물론 전술했던 바와 같이 이 시기 권력자의 정치적 필요에 의해 바둑이 그
가치를 인정받고 바둑인의 신분이 수직 상승하게 됨에 따라 바둑사의 어느 부
분이 과대포장되어 구비전승되었을 가능성을 전혀 배제할 수는 없는 노릇이지
만 어쨌든 바둑인으로서 바둑계의 발전을 바라보는 입장은 반가운 일이 아닐
수 없다.

게임 이론(game theory)으로 볼 때, 바둑을 가장 흔한 2인 영합(零合,
zero-sum)게임으로 보는 시각에서 찬성하기 어렵다. 게다가 친절하게도 경
쟁자가 취하는 전략의 수가 무한이므로 연속게임에 해당된다는 등의 이론에는
황당하다는 생각마저 든다.

바둑이 제한적 합리성(bounded rationality)이 있는 비협조적 게임(non-
cooperative game)이며, 결정이론(decision theory)과는 다른 전략적(s-
trategic) 게임이라는 점 때문에, 오늘날 가치부여의 동기가 되고는 있지만, 그
것이 무슨 경제이론과 연관하여 거시경제학이나 화폐금융론 등에서 활용되는
것은 결코 아니다. 다만 군사전략학적 측면에서 연구되고 있는 것은 사실이다.
군사전략적 가치가 있을지도 모른다는 뜻일 것이다. 그러한 실정에서 보면, 바
둑인으로서는 자부심을 가질만한 일이겠지만, 사실 이 역시 완벽히 증명될 만
한 충분한 근거를 가지고 하는 소리들은 아니다.

바둑이 완전정보게임(complete information game)이냐 불완전정보게임
(incomplete information game)이냐를 논할 때만 해도 우리는 그에 대한 설
명을 할 연구도 되어있지 않다.

물론 전쟁에 비한다면 바둑이 거의 완전정보게임에 가까운 것임은 의심할
여지도 없는 것이지만, 바둑의 수를 완벽히 읽거나 상대의 의도를 파악하고 바
둑을 두는 법은 없다.

또 실력의 격차가 있어 접바둑을 둘 정도라면, 오히려 비대칭정보게임
(asymmetric information game)이 될 수도 있는 것이다.

단순히 협상이 이루어지지 않는 특징과 승패의 결과가 합이 제로가 된다는 이유만으로 제로섬게임(zero sum game)이라 한다면, 우리는 비제로섬게임(non-zero sum game)이라는 반대개념의 이론에 대해서는 아무 것도 생각해 보지 않고, 일방적인 선택을 한 어리석음을 범하게 된다. 실제로도 제로섬 이론을 주창한 경제학자 레스터 C. 더로 교수의 핵심은 원래 인간의 환경파괴에 관한 자연의 보복을 논제로 한 것이다.

또 바둑이 두 대국자의 갈등 때문에 협상이 이루어지지 않는다는 논리도 정확한 것이 아니다. 실제로 두다 보면 바둑은 어쩔 수 없이 협상을 하는 과정이 더 많다는 것을 알게 된다. 이것은 무엇을 뜻하는가. 그 과정에 2인이 가진 정보만으로 협상이 이루어진다는 것은, 어떤 형태로든 해(solution)가 존재한다는 뜻이다.

죄수의 딜레마(prisoners' dilemma)라는 하나의 예를 보자.

2인의 공범이 존재할 때, 죄를 고백하면 1년형을 받고 함구하다 들통나면 10년을 받는다는 전제 하에 심문을 한다면, 상대의 함구를 믿을 수 없어 2인 모두 고백하게 된다는 것이 일반적인 학설이다.

또 이는 의리나 배신과는 별 상관없는 인간의 단순하고도 보편적인 심리이며 현상일 뿐이다. 여기서 알 수 있는 것은 함구하는 전략이 고백하는 전략보다 열등전략(dominated strategy)이라는 사실이다. 바둑에서도 실력이 없어서 그랬든 실수를 해서 그랬든, 일단 불리한 상황이 벌어진 다음에는 불리한 만큼의 타협을 하지 않으면 안된다.

또 타협의 도중 지나친 요구에 대한 전술적 갈등이 발생하면, 다시 새로운 형태의 해를 만들어 가게 되는 것이 바둑의 일반적 현상이기도 하다. 그렇다면 바둑에 비제로섬 이론도 개입될 수 있다는 충분한 근거가 된다.

마치 제로섬이론이 아니면 안된다는 식의 짜 맞춘 듯한 논리로 바둑의 이론을 일방적으로 몰고 가려는 것은 학문적 자세로서는 결코 찬성할 수 없다. 이처럼 바둑의 이론적 체계가 충분한 연구없이 타학문과 마구잡이 식으로 비교 분석되고 있는 것은 갑자기 나타난 현상은 아니다. 예전에도 그랬고 어쩌면 고쳐지지 않는 병폐일지도 모른다.

이렇게 되는 근본적 이유는, 기술의 양산과 발전이 이론적 연구와 병행되지 않았다는 점과 승패의 결과만으로 강약을 판단하여 강자위주의 바둑사가 만들어졌기 때문이다. 물론 전쟁이라는 개념에서 볼 때도 현상은 비슷하다. 전술발전의 역사 중 가장 중요한 점은, 전술적 사고의 발전은 무기기술의 발전보다 항상 뒤쳐져 진행되었으며, 대부분의 경우 값비싼 희생을 치르고 나서야 과거의 낡은 전술적 사고에서 겨우 벗어나 새로운 무기 체계의 변화에 적응할 수 있었다. 따라서 새로운 무기체계에 맞는 교리를 주입한 상태에서도, 실제상황에서는 새로운 전술이 제대로 실행되지 못한 예를 얼마든지 찾아볼 수 있다. 이는 군이라는 집단의 보수성 때문에, 새 체계를 실천에 옮기는 과정이 쉽지 않다는 것을 시사하고 있는 것이다.

바둑도 마찬가지로 이론의 발전은 기술의 발전에 비해 거의 발전하지 못한 것이 사실이다. 전쟁에서 무기란, 바둑에서 접근전의 전술이며 부분적인 수법에 해당한다.

아무리 '손자병법'이나 '육도삼략(六韜三略)'을 통달하고 '전쟁론'과 '전략론'을 훤히 꿰고 있어도 실전에 임하면 강력한 무기 앞에서는 무용지물이다. 따라서 이론은 현실적으로 중요한 것이 아니었다. 기술이 필수였다. 현실이 그러니까 기술의 발전이 우선이 될 수밖에 없다는 괴상망측한 논리도 이렇게 만들어졌다.

그러나 과연 이것이 제대로 된 방법이었을까. 어쩔 수 없는 현상임을 내세워 옳다고 주장하기만 해서 될 일인가. 방법론적으로 볼 때, 이것은 한마디로 무지라고 밖에는 볼 수 없다. 지금 바둑이 상아탑으로 들어간 지도 몇 년이 됐다. 그러나 졸업생이 나오려는 현재까지도 교재하나 변변한 것이 없다는 괴상한 현실은 강자위주의 바둑사가 증명하고 있는 엄연한 현주소이고, 또 바로 이것이 바둑의 본질을 하나의 눈으로만 보아왔던 역사적 오류이며, 사회과학이론으로 해명되어야 할 오만과 편견이다.

산사가 바둑사의 코페르니쿠스라면 도사쿠는 케플러(J. Kepler, 1571~1630)

라고 말할 수 있다. 코페르니쿠스의 발상은 획기적인 것임에는 틀림없었지만 모든 행성의 궤도를 원으로 간주했기 때문에 이론 자체는 완벽했던 것이 아니었다. 마치 산사가 그랬던 것처럼.

그러나 그의 뒤를 이은 신봉자 케플러는 그의 결점을 보완하여 행성 운동의 3법칙을 발견하고, 새로운 이론에 입각한 천체력(天體曆) 루돌프표(1627)를 작성하였으며, 또 이에 따르는 삼각함수의 계산 지식까지 광범위하게 발전시켰던 것이다. 코페르니쿠스의 이론이 일치하지 않는다는 고뇌 속에서 케플러가 '타원궤도론'을 착상하게 되고, 이 이론의 계산 과정 속에서 '미적분'의 발상이 꿈틀대며 마침내 탄생의 신호를 알리고 있었다는 역사적 사실을 바둑사의 흐름과 비견한다면 지나친 무리가 될 것인지.

여기서 우리는 잠시 주목할 사실이 있다. 그것은 이 시기의 권력자 쓰나요시의 양면성이 사회 전반에 끼쳤던 영향에 관한 것이다.

1680년 5대 쇼군이 된 쓰나요시(綱吉)는 초기에 적극적인 정치개혁을 시도하고 유교 사상을 정치적으로 실현하려고 노력했다. 이 시기는 임진왜란(壬辰倭亂, 1592), 정유재란(丁酉再亂, 1597~1598)을 거쳐 조선에서 약탈한 수많은 과학 서적의 연구에 힘입어 학문의 개화가 이루어지고 있었다. 전술한 바와 같은 정향력의 발명도 이 시대의 산물이며, 또한 대표적인 예로 에도 중기 수학자 세키 다카카즈(關孝和, ?~1708)의 등장을 들 수 있다.

겐로쿠(元祿, 1688~1703) 시대에는 상품 유통이 활발해지고 역학, 수학, 본초학, 의학 등의 분야에서 일본의 독자적인 발전이 이루어졌다. 그런데 산목(算木)을 사용하는 중국의 천원술(天元術)을 이어받은 종래의 수학으로는 복잡한 계산을 하기가 힘들었다.

세키 다카카즈는 바쿠후에 출사하여 일본 수학을 독학하고 중국의 계산 방식에서 벗어나 점찬(點竄)이라 부르는 필산식(筆算式) 수학을 고안했다. 이것은 서양 수학의 대수에 해당한다. 또 행렬식, 방정식론을 만들고 기하학 방면에서는 정다각형의 이론이나 원리(圓理)인 원주, 원호의 계산 방법에 이르는 고등 수학을 개척했다.

세키 다카카즈의 수학은 '세키류(關流)'라고 부르며, 근세 일본 수학의 주류를 이룬다. 세키 수학은 당시 서양 수학의 수준과 비교해도 우수한 것으로 일본 수학 발달에 큰 공헌을 했다. 그의 저서로는 발미산법(發微算法) 등이 있다.

겐로쿠 중기에는 쵸닌(町人)이라는 상공업자가 문화의 주체가 되었다. 사치풍조를 띤 의식주를 비롯한 생활양식, 극장과 출판 등의 대중매체가 성행하였다.

그러나 겐로쿠 시대 후반기에는 사치스런 분위기가 조장되었으며 기강이 해이해지고 있었다. 1685년 쓰나요시가 공포한 살생금지령(生類憐み令)은 그러한 분위기를 부채질하고 있었다. 처음에는 개와 고양이를 방사하는 것을 허가하고 새나 조개류를 에도성에서는 식용으로 쓰지 말 것 정도였는데, 1687년 이 법령은 동물 전체로 확대되고 1694년에는 금붕어까지 보호 대상이 되었다. 이렇게 된 데에는 쓰나요시에게 "대를 이을 아들이 없는 것은 전생에 살생을 많이 했기 때문이며, 따라서 죄를 씻기 위해서는 살아있는 동물을 애호해야 하며 특히 쇼군은 개띠여서 개를 소중히 하는 것이 좋다."는 어머니 게이쇼인(桂昌院)과 고고쿠사(護國寺)의 주지 류코(隆光)의 권유 때문이었다. 이에 민중들은 쓰나요시를 '이누쿠보(犬公方)'라고 비난하며 법령의 폐지를 강하게 요구했다. 이 법령은 24년 동안 계속되다가 1709년 쓰나요시가 죽자 즉시 폐지되었다.

이와 같은 사실로 미루어 겐로쿠 초기 쓰나요시의 개혁정책은 과학의 발전과 더불어 바둑계에도 과학화의 바람을 불러 일으켰다는 추측을 얼마든지 가능케 한다. 도세키와 도사쿠의 '수할론'은 바로 그러한 시류의 산물이 아닐까. 또한 한편으로 겐로쿠의 말기 권력자의 실정(失政)을 틈탄 바둑계의 부패 또한 만연했다는 추측 역시 얼마든지 가능하지 않을까.

르네상스 시대의 빛과 어둠

구와바라 도세쓰(桑原道節, 1646~1719)는 도사쿠보다 한 살 아래로 1646 년생. 뒷날의 메이진 인세키(名人因碩)로 '위기발양론'(圍棋發陽論, 일명 不斷 櫻)의 저자다. 도사쿠는 오가와 도데키(小川道的)를 후계자로 지목하는 과정에 서 도세쓰가 이를 불복하고 소고를 간청하였던 바, 이 주장을 물리치고 대신 친아우인 3세 인세키(道砂因碩, 山崎道砂 : ?~1702)의 뒤를 이어 도세쓰로 하 여금 4대 이노우에가(井上家)를 이어받게 했다. 서열이 위였던 도세쓰보다 먼 저 도사쿠의 동생 센마쓰(千松 : 道砂因碩)를 보내 3대 이노우에가의 대를 잇 게 하였던 것은, 도세쓰가 혼인보가에 등을 돌릴 것을 우려한 도에쓰의 생각 이었다고 한다. 센마쓰는 야마자키 도사(山崎道砂)라는 이름으로 이노우에의 후계자가 되어 3세 인세키가 되었다.

　도사쿠는 계속되는 제자들의 요절로 시름하던 차에 어린 천재를 발견한다.

가미다니 마사노스케(神谷正之助).

자신은 당시 10세에 불과했던 이 소년의 훈육에 열정을 쏟았다. 그가 바로 가미다니 도치(神谷道知, 1690~1727)로 훗날의 5세 혼인보 도치다.

도사쿠는 1702년 임종을 앞두고 도세쓰에게, 자기가 죽은 뒤 나이 어린 도치의 후견자가 되어 주도록 부탁을 한다. 그 대가는 도데키의 후계자 선정때 이미 만들어준 이노우에가의 4대 당주 자리와 임종을 앞두고 내린 準名人(8단)의 지위. 대신 도사쿠는 "너 자신은 명인기소를 원하지 말도록"이라는 무리한 유언을 남겼다.

도사쿠와 도세쓰는 비록 사제지간이지만, 나이로는 불과 1살 차이다. 다른 제자들에 비해 나이도 실력도 월등한 것이다. 불만이 없을 리 없다. 그러나 그 유언에 대해 거부할 수도 없는 신분이다.

그러나 도사쿠의 안목에 비추어 볼 때, 그가 도세쓰보다 자질이 떨어지는 후계자를 지목하지는 않았을 것이라 생각된다. 그러나 또 하나의 관점에서 볼 수도 있다. 도사쿠 자신이 죽음에 이를 때까지 고도코로에 재위했다는 사실에 직면하여 이를 욕심이라 본다면, 도세쓰만한 천재에게 그런 부탁을 했다는 자체도 지나친 욕심이 될 수 있다. 자신의 스승 도에쓰가 은퇴하면서 자신에게 고도코로의 지위를 추천하는 과정을 되새기면, 이 사실은 도사쿠의 편협한 윤리관이라 볼 수도 있는 것이다.

권력에 대한 인간의 욕심이란 그런 것일까. 도세쓰 역시 "도세쓰 자신은 명인기소를 원하지 말도록"이라는 유언에 대해 야심이 없음을 맹세했으나, 그 뒤 1710년(도치는 20세 7단) 琉球人의 면장수여에 임하여 임시로 고도코로에 취임한 후, 자진하여 은퇴하지 않고 73세로 타계할 때까지 10년 간 바둑계를 통솔했다.

그러나 도세쓰도 명인의 반열에 들어있음은 분명한 사실이다.

이 평가는 저서인 '발양론'의 내용이 후세의 전문기사 수업용 교재로 현대에까지 애독된다는 표면적 사실보다, 당시 아두도 이러한 업적을 만들지 못했다고 비교할 때, 그만이 그것을 창작할만한 수읽기 능력을 가지고 있었다는 이면

적 사실이 신빙성을 더하게
해 준다. 또 그 기량에 비
추어 초반전술에 대한 연구
의 흔적도 그에 못지 않았
을 것이라는 생각이 든다.

기보 11은 도세쓰가 도치
의 후견인 시절, 수업바둑
에서 도치를 상대로 상눈목
자(上目字)라 하여 눈목자
굳힘을 5선에 둔 바둑이다.

도세쓰의 이 같은 실험
은, 현대의 기술적 관점에
서 볼 때는 거의 무의미한
것이다. 그러나 이러한 실
험을 통해서 하나의 이론이

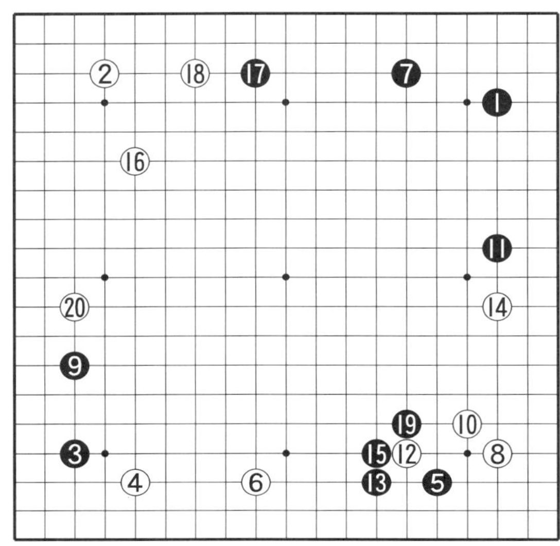

기보 11

정립되는 역사의 계승적 속성을 충분히 인식한다면, 비록 소멸된 것이라 해도
가치가 없다고는 볼 수 없다. 천원의 포석이 그랬듯이.

이 기보는 도세쓰가 도치의 후견인 자리에서 물러날 무렵, 10번기 중 제6국
이며 이 대국에서도 도세쓰는 실험적 자세로 막강 도치의 정선에 대해 3집을
이기고 있다.

당시 기록에 의하면, 6단이었던 도치의 정선에 대해 10번기 6승 3패 1빅으
로 제압했음에도 도세쓰는 도치를 7단으로 승단시키고 있다. 이것은 무엇을 의
미하는가.

자신이 곧 명인의 수준임을 간접적으로 공표하는 것이다. 그러나 이 실력 또
한 누구도 부정할 수 없는 것이었으며, 또 이 시기에 이를 증명할 수 있는 하
나의 사건이 있었다.

도치의 승단이 있기 약 6개월전, 1705년 11월부터 이듬해 3월까지 벌어진

3번의 대국으로, 상대는 당시 6단이었던 야스이가의 4대 당주 야스이 센가쿠 (安井仙角, 1673~1737)다.

야스이 센가쿠는 야스이가(安井家)의 산치(安井算知), 지데쓰(安井知哲, 1644~1700)의 가르침을 받았다. 1692년 지데쓰의 후계자가 되어 8년 후에 야스이가의 우두머리가 되었다. 이 센가쿠를 바둑사에서 유명하게 한 것은 도치와의 바로 이 소고 쟁탈전이었다.

1705년 오시로고에서 센가쿠 6단, 도치 4단으로 치수상으로는 도치가 정선이지만, 도세쓰(당시 8단)가 "도치는 4단이지만 나와 정선으로 두고 있으므로 호선으로 두라."하는데 센가쿠가 불복하여 문제가 제기되었다. 센가쿠는 "2년 전의 오시로고에서 도치의 선바둑에 패하기는 하였으나, 단번에 호선은 인정할 수 없다."고 공식원서를 제출했고, 결국 바쿠후의 재결에 의하여 선상선으로 20번기의 소고를 두게 되었다. 이때 센가쿠 32세, 도치 15세.

그러나 실력과 권위란 당시의 제도에 있어서 언제나 인정할 수밖에 없는 엄연한 현실이었다. 결과는 1국 도치 흑1집승. 2국 도치 흑15집승, 3국 도치 백3집승. 마침내 센가쿠는 소고를 취하고 호선을 인정하고 말았으나, 도세쓰는 자신의 권위에 도전한 센가쿠에 대해 끝까지 둘 것을 고집했다 한다. 만약 대국이 계속되었다면 야스이가는 이대로 멸문지화를 당했을지도 모른다고 후세 사가들은 평가하고 있다.

또 이 1국은 도치가 이질로 몸을 앓아 중반에 역전된 후, 추불서(雛不逝…戰國策)의 막다른 형세였음에도 종반 끝내기에서 묘수를 두어 1집을 이긴 것으로 너무도 유명하며, 이 1집 패배를 납득할 수 없었던 센가쿠는 3번이나 복기를 해보고, 마침내 다음 대국부터는 "두번째 바둑, 15집의 패배임에 틀림없음."이라고 각서를 쓰는 촌극까지 연출하게 한 화제의 일국이었다고 전해진다.

당시 절대적이라 할 수 있는 도세쓰의 권위에 대해 도전했던 센가쿠는 64세인 1737년, 8단으로 타계했다.

여기서 참고로 도치가 종국직전 역전한 그 바둑의 현장으로 가보자. **기보 12**가 그것이다.

기보 12에서, 흑이 두기 전의 형세는 백이 2집쯤 앞서있다고 판단된다. 여기서 도치의 묘수순이 등장하는 데, 그것이 바로 흑1의 단수부터 흑9·11로 젖혀 잇는 수순이다.

흑5에 대해 백은 달리 저항하는 수단이 없다. 흑9·11의 젖혀이음에 백12의 가일수가 뼈아프지만, 손을 빼면 빅이 되므로 어쩔 수 없이 여기까지가 필연이다. 그러나 이 때문에 후수로 생각하고 있었던 흑9·11

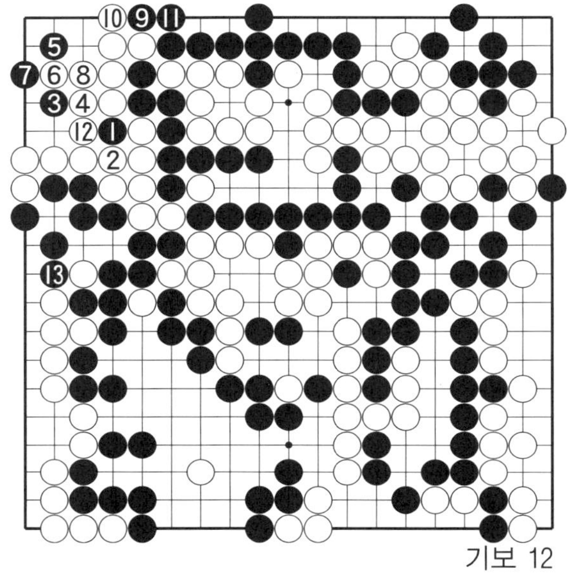

의 젖혀 이은 끝내기가 순식간에 선수로 둔갑했다.

젖혀 이은 수는 2집의 크기이고, 백이 가일수했으므로 또 1집 득, 합하면 이 수순에 의해 흑은 선수로 3집을 득본 셈이 된다.

여기서 다시 선수를 잡은 도치는 대망의 흑13을 둠으로써 기적같은 대역전극을 만들었다.

그러나 여기에는 하나의 의문이 있다. 의문스러운 점은 당시 스승인 도세쓰마저도 이 수순을 보지 못하고 있었다는 기록이 있는 것이다. 과연 이 수순이 명인의 눈에도 읽히지 않을 만한 묘수였을까. 아니면 도치가 하늘이 내린 명인의 그릇이어서 신령스러운 조화가 일어난 것이었을까.

아마 둘 다 아닐 것이다. 왜냐하면, 전문가의 감각으로는 좌상귀의 백집은 어딘가 모르게 수단의 냄새를 풍기는 모양이기 때문이다.

그리고 흑1의 단수 이후 다음 형태의 급소도 흑3의 곳 외에는 없다. 또 흑3

과 연계될 수 있는 장소도 흑5의 곳 외에는 없다.

다시 말해 거의 필연적인 수순이라는 얘기가 된다. 문제는 이 곳의 모양에 의심을 가졌느냐 못 가졌느냐의 차이일 뿐이며, 가졌다면 무조건 볼 수 있었을 것이라는 확신이 든다. 그래서 도치 이외에 아무도, 심지어 도세쓰마저 이 곳을 눈여겨보지 않았다는 사실 자체가 좀처럼 믿어지지 않는 것이다.

물론 슈사쿠의 '이적(耳赤)의 묘수'처럼 표현한 것이라 한다면 달리 할 말은 없다. 그러나 '이적의 묘수'는 형세를 판단하는 대국관과 그에 따른 감각이기 때문에 수읽기의 개념과는 거리가 멀다. 따라서 현대 기사의 단순한 수읽기가 당시보다 진보된 것은 없다고 가정한다 해도 이 의문에는 변함이 없다. 만약 현대의 젊은 기사들이 여러 명 모여 이러한 장면을 공동 분석한다면, 그 중 누군가의 입에서 이곳을 손가락으로 가리키며 이러한 수단이 있지 않느냐고 반드시 의문을 제시했을 것이라고 감히 단언하고 싶다.

그러나 이러한 견해의 이면에 도치의 천재성이나 도세쓰의 기량을 부정하려는 저의는 결코 없다. 어디까지나 이러한 견해의 목적에는, 선대에 대한 의문은 후학이 새로운 후학을 위해 반드시 가져야만 한다는 절대적 명제가 있기 때문이다.

도세쓰와 도치의 시대에 있어 아직까지는 도사쿠가 이루어 놓은 업적의 그늘이 있었다. 바둑을 제외하고서라도 물질적 풍요에 의한 낭만적 사고와 예도의 엄격함이 숨쉬고 있었다. 그것이 설사 전쟁이 종식된 시대적 번영기의 배경에 힘입은 바 있다 해도, 물질의 풍요가 정신적으로도 반드시 비례하는 것은 아니기 때문이다.

도세쓰가 고도코로를 얻고자 도치를 배척한 적도 없으며, 도치도 도세쓰에게 고도코로를 내놓도록 욕심부린 적도 없다.

따라서 적어도 이 두 사람의 사이에는 가문이 다름에도 사제의 정이 엄격함을 넘어 정신적 풍요로 이어지고 있다고 보아야 한다.

물론 말년의 도세쓰가 고도코로에 대한 욕심으로 제자인 도치에게 그 자리를 물려주지 않고 눌러앉았던 사실은, 스승 도사쿠와 제자 도치에 대한 과실이라고 할 수 있다.

그러나 권력자의 과실은 이 정도면 그다지 비난받을 일도 아니다.

과실의 내막도 생각해 보면 단순할 것이라는 생각이 든다. 풍요로웠던 시대적 상황으로 볼 때, 축재(蓄財)를 위한 것은 아니었을 것이고, 있다면 스승 도사쿠에게 인정받지 못했다는 데에 대한 보상심리와 노년의 향유심리(享有心理) 정도가 아니었을까.

그렇다면 이 두 사람 외에 바둑가문에 속한 바둑인들은 어떠했을까. 우리는 이 시점에서부터 바둑전문 집단이 부패하고 있었다는 사실에 주목할 필요가 있다.

이 시대는 새로운 권력(도쿠가와 바쿠후)이 완전히 뿌리를 내리고 기존 권력(다이묘〈大名〉: 봉건 영주)이 와해되고 있었던 시기다.

이 시대의 권력이동은 키다죠·아시카가(北條·足利)부터 오닌(應仁)의 난을 거쳐 센고쿠(戰國) 시대에 이르기까지의 권력이동이 수평적이었던 관계로 경제적·문화적으로 서민들에게 크게 영향을 주지 않았던 것과는 달리, 수직적이었던 관계로 경제 지배체제에 큰 변화가 있었다. 변화란 대부분의 봉건체제가 붕괴될 때 일어났던 현상과 같은, 부를 축적한 상인계급의 부상이었다.

상인계급이 새로운 계층으로 자리잡는다는 것은 정치적으로 안정되었다는 증거다. 이에 따라 권력의 중추에 있어 자연스럽게 상류층이 된 바둑가문도 태평성대를 누리고 있었다. 그러나 물질의 풍요는 안주(安住)를 구가(謳歌)하여 결국에는 나태를 낳는 법이며 나태의 끝은 혁명이다. 이 진리는 어김없이 바둑계에도 찾아왔다. 메이진 고도코로로서 바둑계를 10년 동안 지배하던 도세쓰가 도치에 대한 아무런 유언도 없이 갑자기 타계한 것이다. 그 동안 스승에 대한 예의 때문에 아무소리 없던 도치였지만, 도세쓰의 죽음 이후에도 다른 세 가문이 아무런 움직임이 없자, 10년을 참았던 도치가 분통을 터뜨리고 말았다. 이때 도치가 세 가문에게 보내는 폭탄선언은 세 가지였는데, 이 중 두 가지는 그간의 내용이므로 넘어가기로 하고, 마지막 세 번째의 협박은 당시 바둑계의 저변을 확인하는데 중요한 단서가 된다. 내용은 이런 것이다.

"만약 나를 고도코로에 추대하지 않고 적당히 넘어갈 생각이라면, 앞으로의 오시로고에서는 사전 담합에 의해 승부를 조작하는 행위를 일체 거부하고 내 실력껏 두겠다. 그래도 좋은가."

사전 담합. 바로 이것이다. 사전 담합은 구엇을 의미하는가. 그것은 글자 그대로 승부를 조작하는 것이다. 그리고 그 증거도 남아있다. 1706년부터 도세쓰가 죽은 1719년까지 13년 간 도치의 오시로고 성적은 흑으로는 무조건 5집 승, 백으로는 무조건 2집내지 3집패로 기록되어 있다. 바로 사전 담합이 있었다는 증거다.

이처럼 겉으로는 평온하고 융성했던 바득계의 속사정은, 사실상 부패할 대로 부패해 있었던 것이다.

다시 도사쿠의 말을 상기해 보자. "도세쓰, 너는 고도코로를 바라지 말라." 이 말은 무엇이었던가.

바둑계를 총괄해야 할 권력자가 재위기간 어떻게 했기에 이토록 썩었는가. 도세쓰의 죽음까지 그 시기가 썩어 있었다는 것은 다시 말해 모두 권력자 도세쓰의 책임이라는 얘기가 된다.

도사쿠는 과연 도세쓰의 그릇을 간파했던 것일까. 그래서 도세쓰에게 고도코로를 바라지 말라고 했던 것일까.

어쨌거나 5대 메이진 고도코로 도세쓰는 이 시기가 썩어있었다는 책임을 면할 길이 없을 것 같다.

도치의 폭탄 선언에 놀란 세 가문이 황급히 도치를 준명인에 추대하면서, 곧 메이진으로 추대할테니 마지막으로 한번만 승부조작을 해달라고 사정하기에 이르는데, 기보가 남아있기는 하지만 당시 도치의 기량을 헤아리기에는 충분치 않다.

이 기보는 스승 도사쿠와 요절한 그의 제자 구마가이 혼세키(熊谷本碩)가 두어 도사쿠가 1집 이긴 바둑을, 흑147수 째브터 고묘하게 두어 빅으로 만든 걸작품이라는 평이 있다. 그러나 현대의 끝내기 수준으로 볼 때는 그다지 큰 의미가 없으므로 생략하기로 하겠다.

1721년 6월, 도치는 대망의 메이진 고도코로에 오른다. 나이 31세, 역대 최연소 메이진이었다. 바둑 4가문이 생긴 이래 다른 가문의 반대 없이 메이진 고도코로에 오른 기사는 도사쿠 이외에는 도치 밖에 없다. 그만큼 실력이 타의 추종을 불허했기 때문이다.

그러나 취임이 10년이나 늦었고, 더욱 애석한 것은 재위 6년째인 1727년 타계한 것이다. 만약 그가 20년쯤 더 살았더라면 일본의 바둑사는 크게 달라졌을지도 모른다.

현대에 후성(後聖)이라 부르는 슈사쿠(秀策, 1829~1862)가 도사쿠 이래 150년만의 천재라고는 하지만, 그가 타계한 33세 때에 상수인 7단에 머물렀던 점과 비교하면, 도치는 그 나이에 이미 메이진이었으므로 사실상 역대 최강이었다고 할 수 있다.

도치의 죽음 이후 6세 지하쿠(知伯, 1710~1733), 7세 슈하쿠(秀伯, 1716~1741), 8세 하쿠겐(伯元, 1728~1754) 등도 준재였으나, 모두 20대의 젊은 나이로 요절하면서 9세 사쓰겐(察元, 1733~1788)이 등장하기까지 혼인보 가문뿐 아니라 바둑계 전체가 약 30년의 침체기에 빠졌었던 점으로 미루어 보면, 그의 이른 죽음은 더욱 애석한 일이 아닐 수 없다.

에도 바둑 260년사의 천재이며, 사실상 기력 최강이라는 도치의 진정한 기량과 바둑관을 엿볼 수 있는 주옥같은 기보를 많이 남기지 못했기 때문에 더욱 그런 것이다.

한편 도치의 고도코로 추대에 의한 대타협은 바둑계의 부패를 지속시키는 결과로 이어진다. 도치의 고도코로 추대와 관련하여 다른 세 가문이 얻어낸 대가는 '사전 담합의 묵인' 바로 이것이었다.

흔히 '끼리끼리 해 먹는다'는 식의 안정론(安定論)은 개혁적이나 발전적 사고가 묵살되기 마련이어서, 언제나 부패의 온상이 되기 십상이다.

이 시기 바둑계도 그러한 조류를 타고 순항했다. 권력의 암투에는 실력에 의한 쟁취보다 기득권을 놓치지 않으려는 안정의식이 팽배했으며, 그 결과 뛰어난 인물이 배출될 만한 토양이 만들어지지 못했다. 오히려 '아키야마 센보쿠(秋

山仙朴)의 필화(筆禍) 사건'㉮ 같은 편협한 집단이기주의만이 만연했던 것이다.

그러기를 30여년 이 흐름은 혼인보가의 9세 사쓰겐이 등장하면서 일대 변혁을 맞이하게 되는데, 그가 한 일은 우선 담합으로 얼룩진 진부한 바둑계의 흐름에 종지부를 찍고 모든 것을 실력에 의한 쟁취의 방식으로 바꾸어 놓은 것이다. 1770년 제7대 메이진 고도코로에 취위한 사쓰겐은, 1788년 타계할 때까지 19년간을 통솔하면서 바둑계 전체를 깊은 잠에서 깨어나게 했다.

그리고 10세 레쓰겐(烈元, 1750~1808)으로부터 '겐조·지도쿠(元丈·知得)'의 시대로 유명한 11세 겐조(元丈, 1775~1832)를 거쳐 '後聖'으로 불리웠던 12세 조와(1787~1847)에 이르는 바둑 황금기의 문을 열어놓았다.

사쓰겐의 시대에 특이할 만한 사건은 일어나지 않았으나, 이 시기부터 '실력만이 말을 한다'는 실력지상주의가 서서히 고개를 들기 시작했다는 추측은 쉽게 할 수 있는 일이다.

사쓰겐의 활약상에 힘입어 바둑계는 점차 활황의 국면을 맞이하게 되고, 이 흐름은 개혁과 개화로 가속화되기 시작한다.

그러나 바둑계의 개화와는 반대로 사쓰겐의 시대는 경제적으로 암울한 시기였다. 도쿠가와 정권은 이 무렵 이미 부패가 진행될 만큼 진행되어 있었으며, 권력자들은 생산적인 활동보다 무사계급의 힘을 빌어 수탈과 착취에 급급하고

㉮ **아키야마 센보쿠(秋山仙朴)의 필화(筆禍)**

아키야마 센보쿠는 처음에 도에쓰에게 입문하였지만, 후에 도사쿠의 고참 문하생이 된 사람이다. 도에쓰와 거의 같은 연배라는 것과 부슈(武州)출신이라는 것 외에 다른 내력은 거의 알려져 있지 않다.

도사쿠 사후, 도세쓰가 도치의 후견인이 되자 거취가 곤란하게 되어 혼인보가를 떠났는데, 그로부터 10여년 후 '고금당류신기경(古今當流新棋經)'이라는 책을 임의로 출간함으로써 혼인보가와 마찰이 생겼다. 당시 혼인보가의 당주는 5세 도치였는데 교토에 은거 중이던 도세쓰가 센보쿠의 처벌을 강력히 주장했지만, 센보쿠가 가문의 대선배인지라 어쩔 수 없이 묵인하고 말았다.

그러나 그로부터 3년후, 센보쿠가 당류기경대전(當流棋經大全)이라는 책을 또 발간함에 따라 도치는 지샤부교(寺社奉行)에게 그의 처벌을 청원했다. 이에 따라 책은 절판(絶版)되고 센보쿠는 10일간 문밖으로 나오지 못하는 근신을 당해야만 했다.

문제가 된 책의 서문에는 "바둑 4가문은 비밀주의를 엄수하여 기보가 외부로 유출되지 못하게 엄금하고 있다. 이 때문에 세상에 유포된 바둑책들은 모두 보잘 것 없는 것들뿐이다. 이러한 실정을 통감하여 도사쿠에게서 직접 전수받은 것을 책으로 엮었다. 당대에 도사쿠식 바둑을 배운 사람은 필자 밖에 없다. 후세들을 위해 특별히 기록해 두는 바이다."라고 쓰여 있었다고 한다.

있었던 바, 농민들의 저항은 극에 달하고 있었다. 수탈, 착취와 더불어 기근, 화재, 질병 등으로 도쿠가와 시대 중 백성들이 가장 비참한 지경에 처해 있었던 것이다.

어쩌면 사쓰겐 이후 조와를 거쳐 바둑계가 1868년 메이지 유신(明治維新)으로 함몰의 위기에 처하는 것이나, 정치적으로 부패의 권력이 혁명에 의해 거듭나는 것이나, 역사의 필연적 순환의 섭리였을지도 모르는 일이다.

도사쿠의 죽음 이후, 1703년 에도의 대지진과 1707년 후지산(富士山)의 분화(噴火)와 같은 천재지변은 정변의 암시였을까.

아무튼 사쓰겐의 출현으로 바둑계는 새로운 가치관을 필요로 하게 되었다. 바둑계 전체가 개화되면서 그에 맞추어 혼인보가의 10세 레쓰겐을 거쳐 11세 겐조가 차세대의 주자로 등장할 무렵, 야스이가에도 한 명의 기린아가 탄생하는데, 바로 야스이가의 8대 당주 지도쿠 센치(知得仙知, 1776~1838)다.

바둑을 문명에 빗댄다면 이 두 인물이 활약한 시기를 중흥기라고 표현할 수 있다. 이 시기가 권력암투로 점철되었던 여느 시기와 다른 점이 있다면, 기술적 진보보다 정신세계의 구축에 있을 것이다.

다만 역사적으로, 같은 시대에 명인은 단 한 명밖에 있을 수 없는 불합리한 제도로 인하여 둘 다 메이진 고도코로에 오르지 못하는 불운을 겪게 된다. 그러나 이 두 사람 사이에는 메이진 고도코로라는 무소불위의 권력과는 상반된 품격의 교류가 있었다고 기록되어 있다. 그것은 "메이진이란 원한다고 해서 되는 것이 아니다."라는 철저한 무욕의 정신이었다.

후세 사람들이 양웅의 50번기를 평하여 이르기를, "겐조와 지도쿠는 공히 메이진의 위치에 있었지만, 두 사람의 기량이 너무나 백중지세여서 둘 다 8단에서 더 이상 나아갈 수 없었다."고 한다.

후세에 '공배의 묘수'라 하여 널리 알려진 대국이 바로 이 두 사람의 50번기에서 있었던 대국이며, '준명인들이 서로 축을 착각한 대국'이라 하여 유명한 대국도 바로 이 전 시기 10세 혼인보 레쓰겐과 야스이가의 7세 센가쿠(仙角, 安井仙知)의 작품이다.

이 두 대국은 많은 책에 서 다루었던 기보이므로, 상세히 설명하는 것은 생략 하고 참고로 간략히 소개할 까 한다.

우선 **기보 13**은 레쓰겐 과 센가쿠의 대국이다.

이 대국은 겐안 인세키의 저서 '위기묘전(圍碁妙傳)' 에서 날카롭게 질타(叱咤) 당하여 더욱 유명해진 대국 이다. 기보의 진행으로 볼 때 당시의 준명인들 끼리 둔 대국이라고 보기에는 미 흡한 점이 너무 많다.

다른 점은 다 차치하고라도 흑 이 15의 한 점을 가볍게 보지 않 고 있는 것은 사고의 탄력이 너무 경직되어있다는 감이 짙다.

그리고 시작된 전투를 보면, 어 느 시점에서 백의 착각이 있었는 지는 모르겠지만, 흑 역시 마찬가 지의 착각을 하고 있었던 셈이 된다.

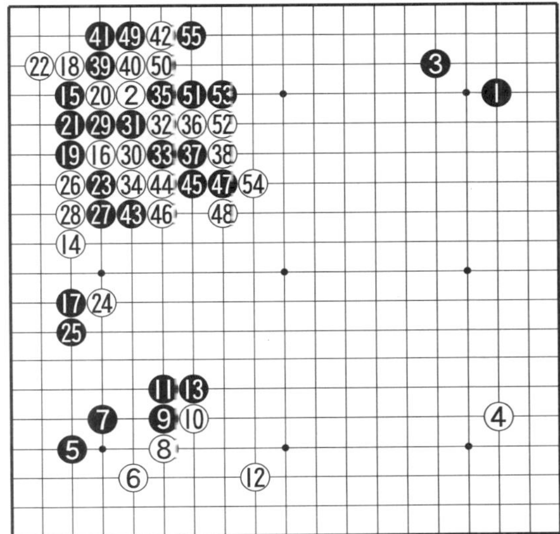

기보 13

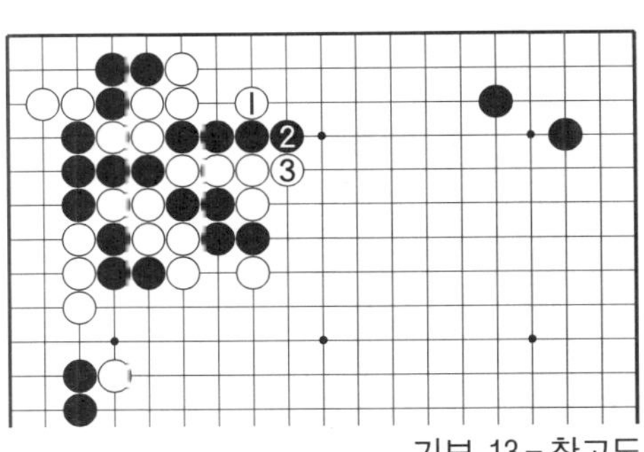

기보 13-참고도

실전에서는 **기보 13**처럼 일대 바꿔치기가 되어버렸지만 이 수순에는 쌍방 모두 오류가 있었다.

흑53의 시점에서 백에게는 **기보 13**의 **참고도**처럼 백1로 붙이고 흑2때 백3 의 빈삼각으로 웅크려 상변과 축을 동시에 방비하는 수단이 있었던 것이다.

‘위기묘전(圍碁妙傳)’의 기록에 의하면 “옆에 있던 3단 정도의 立長이라는 사람이 이 수를 발견하자 둘 다 얼굴을 붉혔다.”고 한다.

기보 14는 겐조와 지도쿠의 대국이다. 겐조가 무가출신답게 돌의 위치를 중시한 두터운 기풍임에 반하여, 지도쿠는 ‘실리후 수습’을 능기로 하였다고 한다. 기보 14를 보면 알 수 있듯이, 지도쿠는 집의 차지에 대단히 민첩하다. 백68까지 진행된 시점에서 형세는 흑의 집이 백의 두터움을 상회하고 있는 것 같다.

문제는 좌상귀에서 길게 뻗어나온 흑말의 수습인데 지도쿠는 어떻게 두었을까. 지도쿠의 선택은 기보 14의 진행도 흑1의 선택이었다. 이 수가 바로 ‘공배의 묘수’라고 말하는 지도쿠 회심의 한 수였다고 전한다. 그러나 이 수는 현대에 이르러 의견이 분분하다. 이 수는 분명 백A의 건너붙임, 백B의

● 야스이 지도쿠(安井知得 8세)
○ 혼인보 겐조(本因坊 元丈)

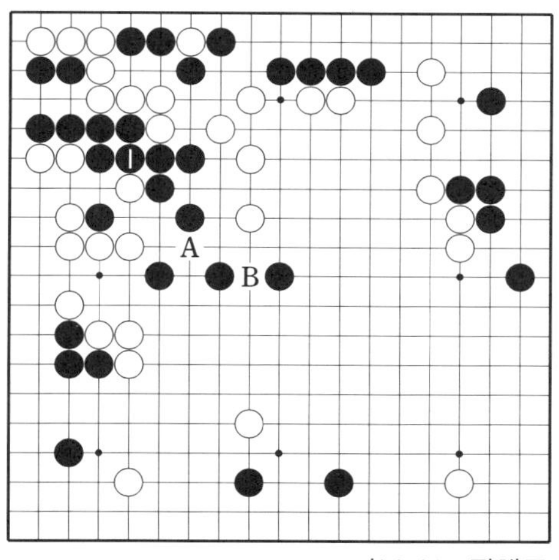

기보 14

기보 14 – 진행도

끼움수를 동시에 방비하는 뜻밖의 호착이다. 그러나 한 수를 손빼다시피 하여

상대의 투석을 재촉했다는 설도 있으며, 이 수 외에는 달리 수가 없었겠느냐 하는 분석도 있다.

물론 없을 리는 만무하다. 그러나 이러한 부분에까지 너무 민감할 필요는 없을 것 같다. 특히 이러한 고전의 홍미로운 사건을 접할 때 조어를 하나 만들어 미화할 수 있는 것은, 그 나라만이 가질 수 있는 독특한 문화적 소양이나 환경에 기인하기 때문이다.

그러나 굳이 말하자면, 겐안이 말한 '운의 기예론'에 동의하는 것은 아니지만 그가 지적한 '명인의 실수론'은 사실상 음미할 만한 것이라고 생각된다. 왜냐하면 그가 "명인도 상대의 실수에 편승하여 7, 8할을 승리한다."고 말한 뜻에는 "상대가 실수하지 않았다면 명인도 이길 수 없다."라는 뜻이 있으며, 또 그 속에는 "이미 그 이전에 명인의 실수가 있었다."라는 뜻도 있기 때문이다. 겐안 자신이 그 의도로 말한 것인지는 분명치 않지만, 의도와는 무관하게 명인들 바둑의 현상이 그렇게 나타나고 있는 것도 사실이다.

원래 바둑은 성인군자나 현인이 잘 두는 것이 아니다. 바둑에 정진한 바둑의 명인이 잘 두는 것이다. 예수나 싯다르타나 마호멧이나 공자와 같은 4대 성인이 바둑을 두었다는 기록을 본 적이 있는가.

아니 두기는커녕 공자가 그나마 바둑을 홀대(忽待)한 기록 정도가 있을 뿐이다. 그런데 만약 이러한 성인들의 성역에 메스를 가한다면 그 추종자들에게 얼마나 많은 핍박을 감수해야 할까.

코페르니쿠스의 후학 갈릴레이가 종교재판에서 끝내는 굴복하고, 죽음의 순간까지 연금당했던 사실은 참으로 끔찍한 것이다. 마찬가지로 바둑계라는 집단 속에서 명인이나 기성을 모독하는 발언을 한다면, 이것도 신성불가침에 해당한다. 적어도 그 시대에는 그랬다.

그러나 우상(idol)은 적정한 시간이 경과하면 파괴되어야 한다. 우상이 파괴되지 않은 채 지속된다는 것은 인간의 생장이 사물을 통찰하는 단계에 이르지 못하고 정지했다는 것을 의미한다. 또 신화(Mythology)란 상징으로 존재하기만 하면 될 뿐 개연성을 가진 사실로 존재해서는 안된다. 인류는 조작된 우상과 조작된 상징으로 인하여 얼마나 많은 희생을 치러왔는가. 신격화(神格化, deification)가 오랜기간 진행되려면 상징조작(象徵操作, miranda)이 필요하게 되며 이것은 음모(conspiracy)라는 매개체를 필요로 한다.

1973년 비림비공운동(批林批孔運動)에서 철저히 비판받았던 공자사상이, 비록 전면적 긍정이 아닌 발췌적 긍정이긴 하나 부민사상(富民思想)으로 재평가하여, 1985년 6월 베이징에 공자연구소를 설립하고 재조명하게 되는 사건을, 단순히 문화혁명(文化革命)의 부정에 의해 이루어진 것으로 볼 수만은 없다. 이것은 좋게 말하여, '성역으로의 회귀'라고 한다면 유림들이 쌍수를 들어 환영할 일이지만, 한편으로는 체제의 유지를 위한 '구 시대의 회귀' 즉 하나의 방편으로 볼 수도 있는 것이다.

혁명의 당위성과 혁명세력의 체제를 유지하기 위해서는 상징적인 우상이 있어야 했기 때문이다. 모든 권력자가 그랬듯이, 처음 시작의 모든 것은 획기적이며 신선한 법이다. 그러나 혁명이란 역사적으로 하나의 권력찬탈 내지 권력이동으로 그쳤을 뿐이며, 그것은 새로운 권력의 탄생에 지나지 않았다.

역사학자 김기협씨가 언젠가 중앙일보를 통해 소개한 여러 책 중 우상과 관련된 흥미있는 책이 있었다.

책의 내용은 서부영화 'OK 목장의 결투'에 관한 것이었고 제목은 '만들어진 영웅 와이어트 어프'(Inventing Wyatt Earp : 캐롤&그라프 출간), 소제목은 '그의 생애 그리고 많은 전설들'(his life and many legends)이라고 쓰여 있는 책이었다.

알다시피 올드 팬들의 기억 속에 남아있는 'OK 목장의 결투'는 미국의 신화적 영웅 와이어트 어프(1848~1929)를 탄생시킨 유명한 서부활극이다.

월 스트리트 저널지의 저명한 스포츠 칼럼니스트 앨런 배러(Allen Barra)는 이 책에서, 영화의 내용과는 정반대인 사실을 치밀한 고증을 통해 날카롭게 지적했다. 그는 이 책에서 악당 와이어트가 정의의 사도로 날조 내지 변조된 이유로 첫째, 오래 살았다는 사실(이것은 중요한 사실이다. 오래 살면 살수록 과거의 사실을 변조할 시간적 여유가 많은 법이다. 우리네 친일파의 행적이 그렇지 않은가.) 둘째, 헐리우드 가까이어서 만년을 보내며 영화업계 사람들과 교분을 나눈 사실(이것도 중요한 사실이다. 가깝고 붙임성이 좋고 말재간이 좋으면 끼리끼리 어울리게 되므로, 얼마든지 날조되기 쉬운 법이다. 우리네 정치인들이 그렇지 않은가.)을 원인으로 꼽았다.

그러나 무엇보다도 큰 원인으로 와이어트와 같이 보안관 업무 수행에 철저하면서 개인의 원한을 갚는데도 철저한, 그리고 적을 파괴할 수 있는 능력과 총을 맞고도 결코 죽지 않는 행운을 동시에 가진 인물의 이미지를 20세기 미국이 추구했다는 점을 들고 있다.

바로 이것이 상징조작이며, 그 미국은 지금도 힘의 우위에 의한 미국식 질서를 고수하려는 전근대적 방식으로 일관하고 있다. 그런데도 과연 이 시대의 미국에 대한 음모론(conspiracy theory)의 제기가 타당성이 없을까.

바둑에서 불리한 사람이 변화를 요구하듯, 사회에서도 소외된 자는 변화를 추구할 수밖에 없다. 또 그것에는 물리적 수단도 불사한다는 호전성(好戰性)이 내재되어 있다. 호전성이란 소외시킨 계급에 대한 적개심과 그로 인한 투쟁의식이다. 만약 이 의식조차 없다면 최저 생존에 필요한 에너지마저 고갈되어 자멸할 수밖에 없다.

그런데 흔히 말하는 '왕따'라는 집단 학대가 물리적 수단까지 동원된 린치였다면, 거기에는 반드시 집단의 체제를 유지시키려는 묵계(墨契)가 숨어있게 마련이다. 막말로 '끼리끼리 해먹기' 위해서인 것이다.

이 원칙을 고수하기 위해서는, 반대의견이나 행동을 철저히 분쇄하지 않으면 안된다. 그것도 잔인하게. 적당히 했다가는 제2, 3의 반대세력이 또 고개를 들지도 모르기 때문이다.

그러나 그 반대편의 입장은 어떠한가. 소외되고 고립된 자의 호전성이란 역사적으로도 이미 개연성을 가지고 있다. 예를 들어 유럽의 배타적 민족주의는 이스라엘의 정치적 시오니즘(Zionism)을 끌어냈고, 나치의 극단적 민족우월주의는 유대인 학살을 불러 이스라엘 건국의 당위성을 만들어 주었다. 그러나 이스라엘의 피해의식은 나치가 없어졌음에도 불구하고, 아랍권과의 반목이나 팔레스타인의 박해라는 엉뚱한 결과로 나타났다. 소외되고 고립된 북한의 피해의식이 미사일 개발의지를 부추겨 주변국에 대해 전쟁논리로 일관하고 있는 것처럼.

일본의 폭력조직으로 잘 알려진 '야쿠자'란 화투의 망통(八九三)에서 유래한 말이라 한다. 그네들의 행위나 야쿠자라는 어감이 그런지 시쳇말로 '막가는 인생들의 집단' 정도나 '별 볼일 없는 자들의 규합' 정도로 인식되겠지만 실상은 그게 아니다. 지금은 거대한 폭력조직이지만, 곰곰이 생각해 보면 이들도 소외될 뻔한 시기가 있었다고 봐야 한다. 1868년 바쿠후 정권이 붕괴되며 메이지 유신이 일어난 바로 그 시기다. 바쿠후 300년간 찬란했던 무사계급을 한순간에 몰락시킨 메이지 천황의 왕정복고도 평화를 가져다 주진 못했다.

자본의 축적으로 금력을 거머쥔 상인계급이 이들의 위치를 대신했을 뿐이었다. 상업자본의 대두로 인해 결국 무사 계층은 점차 소외되기 시작했고, 그들이 소외의 벼랑 끝에서 생존을 위해 뭉치기 시작한 것이 오늘날 야쿠자의 전신이라는 것이다. 그러나 이 생존권을 얻기 위해 시작된 작은 조직도 비대해지자 새로운 명분이 필요했다. 그것이 바로 '사무라이 정신'이라고 하는 극우 사상이다.

본디 사무라이(侍)란 무사 일반의 명칭으로 한자로는 사(士)자를 쓰기도 한다. 원래는 귀인(貴人)옆에서 시중든다는 뜻의 동사 '사부라우'의 명사형인 '사부라이'에서 나온 말이라고 한다. 헤이안 시대에는 귀족의 신변 경호를 담당한 사람을 사무라이라고 불렀는데, 헤이안 중기에는 궁궐의 경호를 맡기기 위해 때마침 대두하고 있던 지방의 무사 세력을 채용한 뒤 점차 무사 일반을 가리키게 되었다. 가마쿠라 시대에는 무사 중에서도 부하를 거느리고 말을 탈 자격이 있는 상급 무사를 사무라이라고 했으며, 사무라이는 쇼군과 주종 관계를 맺은 고케닌(御家人)과 그 밖의 비고케닌으로 나뉘었다.

에도 시대에는 농공상에 대해 치자(治者)인 '사(士)'를 의미하며 성을 쓰고 칼을 차고 다니는 특권을 갖는 자가 되었다. 에도 바쿠후에서는 쇼군의 직속 가신 가운데 쇼군을 알현할 수 있는 하타모토(旗本)를 사무라이라고 칭해서 그 아래 하급 무사와 구별했다. 한(藩)의 가신은 주고쇼(中小姓) 이상이 바쿠후에서 사무라이로 취급받았다. 또한 사무라이의 대기소인 사무라이도코로(侍所)도 사무라이라고 했다. 그리고 이 말은 일본사 전체를 망라하여 가장 일본다운 손노조이(尊王攘夷) 정신을 가리키는 말이기도 하다.

이 사상은 사무라이를 숭상한다고 하지만 부정적인 특성만을 특화한 희화(戱畵)일 뿐이라는 견해가 지배적이기는 하지만, 어쨌거나 체제가 커지면 커질수록 더 큰 결속을 필요로 하고, 체제의 유지와 결속의 맹종을 얻기 위해서는 물리적 힘과 상징조작은 필수적인 것이다.

겐로쿠 시대 17세기 후반부터 농업은 눈부신 발전을 거듭했다. 지조(地租)를 주요 재원으로 하는 바쿠후나 한(藩)의 적극적인 권농 정책은 신전(新田)의 개발로 이어져 농작 면적을 크게 증대시켰다.

농업기술의 진보로 용수 확보도 수월해졌다. 치수(治水) 기술의 진보로 각지에 저수지가 만들어졌으며, 비료와 농기구의 개발은 10배 이상의 작업 능률을 가져다 주었다. 정책적으로 관영 개발에서 민영 개발을 유도하여 상공인은 대자본으로 용수 시설을 정비, 대규모 신전을 개발했다.

기록에 의하면, 17세기 초 164만 정보였던 경작지 면적은 1720~30년대에는 297만 정보로 증가했는데, 1874년 305만 정보였던 것을 생각하면 17~18세기에 집중적으로 개발되었음을 알 수 있다.

과거 1630년 경 과중한 지조(地租)와 부역으로 농민들의 생활이 피폐해지고, 1637년의 시마바라(島原)의 난과 한발, 병충해, 냉해가 겹쳐 1641~42년의 대흉작인 간에이(寬永) 기근이 발생하기까지의 경제상과 비교하면 겐로쿠 시대는 그야말로 황금기였다.

그러나 이러한 발전도 잠시였다. 17세기 말부터 농업의 발전과 더불어 상품경제가 발전함에 따라 지주, 소작 관계가 성립되었다. 그러자 재정상태가 궁핍해진 바쿠후와 다이묘들은 겐로쿠(元祿) 시대(1688~1703) 이후 화폐의 개조, 가신들의 토지, 봉록 차용, 어용금(어용 상인에게 부과하는 임시 부과금) 징수 등을 자주 실시했다.

일본사의 수많았던 이키는 이러한 사회상에 연유한 것일지도 모른다. 에도 바쿠후사의 3대 개혁은 8대 쇼군 요시무네(吉宗)가 시행한 교호(享保) 개혁(1716~1745)과 함께 11대 쇼군 이에나리(家齊)가 시행한 간세이(寬政) 개혁(1787~1793), 1841년 오고쇼(大御所) 이에나리가 사망하자 12대 쇼군 이에요시의 신임 로쥬 미즈노 다다쿠니(水野忠邦)가 복고정책의 시정 방침으로 시도했던 덴포(天保) 개혁(1841~1843)을 말한다.

그렇지만 이러한 개혁은 일시적인 효과는 있었으나 농촌의 피폐화, 농민 봉기의 격화, 상인의 왕성한 활동 등을 막지는 못했다.

특히 바쿠후는 덴포 개혁을 통해 에도, 오사카 주변 지역을 바쿠후 직할지에 편입시키는 아게치령(上知令)을 공포했지만 후다이(譜代) 다이묘나 하타모토(旗本)들이 반대하여 실패했다. 이는 사실상 바쿠후 지배체제의 종언을 암시하는 것이었다.

이러한 상황은 결국 외교적 난관과 맞물려 손노조이(尊王攘夷)파의 득세로 이어지면서 그것은 결국 1865~1868년 전개된 반(反) 바쿠후 운동이었던 토막(討幕) 운동(도막〈倒幕〉 운동이라고도 한다.)을 정점으로 대정봉환(大政奉還), 즉 메이지 유신으로 끝을 맞게 된다.

그와 마찬가지로 바둑계는 도치 시대를 거쳐 겐조·지도쿠 시대라는 바둑사의 르네상스를 누렸지만, 그에 따른 그만한 부조리 또한 공존할 수밖에 없었다. 어디 이러한 야누스적 시대상이 비단 바둑사에만 국한되었겠는가. 모든 인류의 역사가 그래왔던 것처럼 바둑사 역시 빛과 어둠을 동시에 수반할 수밖에 없었다고 생각해야 할 것이 아닌지.

한편, 겐조·지도쿠의 시기와 거의 비슷하게 이노우에 가문에도 한 사람의 준재가 탄생한다. 미노국(美濃國) 에자키(江崎)촌의 핫토리 인슈쿠(服部因淑)라는 사람으로 인슈쿠는 이노우에가를 총괄하면서 제자양성에 힘을 기울이는데, 겐안(幻庵), 유세쓰(雄節), 쇼데쓰(正徹) 등은 모두 그의 문하에서 배출된 인재들이며, 이들은 모두 바쿠후 말기에 이르는 동안 바둑사에 커다란 발자취를 남기게 된다.

화정(和政)의 암쟁(暗爭)

에도(江戸) 260년 바둑사를 논함에 있어, 12세 혼인보 조와(本因坊 丈和, 1787~1847)와 겐안 인세키(幻庵因碩, 1798~1859)라는 두 인물을 빼놓고서는 아무런 얘기도 할 수 없다.

조와라는 인물에 대해 좌은담총(坐隱談叢)에는 "만학의 경향이 있다는 평을 받았음에도 불구하고, 뒷날에 이르러 세평(世評)을 뒤엎고 명인의 경지에 도달하여, 기성 도사쿠에 버금가는 대국수가 되었다." 라고 써 있는데, 조와의 일대기는 겐안 인세키와 맞물려 권모와 술수가 난무하고 중상과 모략, 약속과 배신 등이 뒤엉킨, 그야말로 드라마틱한 한편의 시나리오와도 같다.

비록 권력의 암쟁(暗爭)으로 얻은 지위이기는 하지만, 메이지 유신 이후 후성(後聖)이라는 칭호를 시대적 필요에 의해 슈사쿠(秀策)에게 내어주기까지, 조와는 8대 메이진 고도코로로서, 또 기성으로서 결코 부족하지 않았던 기량임을 후세에 확실하게 인정받아 왔다.

그러나 에도 260년사의 마지막 메이진 고도코로 조와의 바둑생애는 시작부터 순탄치는 않은 것이었다.

조와의 출생과 초기 바둑수업에 대해서는 정확한 기록이 없다.

출생지나 연령 모두 관가에 제출한 것과는 다르다. 젊었을 때의 기보도 남아있는 것 없이 어느 날 홀연히 바둑사에 모습을 나타낸 수수께끼와 같은 인물이다. 어쩌면 신분상의 핸디캡을 의도적으로 사장시켰을 수도 있고, 주변의 누군가가 조작을 했을 수도 있다.

그러나 바둑의 내용으로 유추할 때, 과거의 흔적 없는 진실에 연연해하지만 않는다면, 남아있는 기보만으로도 그의 기량을 헤아리는 데는 부족함이 없다. 명실공히 기성의 바둑이라 할 수 있다.

그렇지만 아깝게도 인품을 살피자면 별 것은 없다. 고도코로 쟁탈의 암투에 있어 동료인 하야시 겐비나 친아들 미즈다니 메타로(水谷梅太郎, 구즈노 츄자에몬〈葛野忠左衛門〉: 훗날 이노우에가를 계승하여, 1848년 12세 이노우에 슈데쓰〈井上秀徹〉·세쓰야마 인세키〈節山因碩〉가 되었으나, 실성하여 제자를 죽이는 비극적인 인물이다.)를 희생시키는데 전혀 개의치 않을 만큼 권력지향적 속성을 유감없이 발휘했다. 또 당시의 정세가 농민의 봉기와 외국선박들의 내항으로 사회불안이 비등하고 있을 무렵이었음에도, 이러한 사회적 환경을 도무지 인식하지 못했음을 보면, 바둑외적으로는 숙적 겐안 인세키의 학문적 성취와 비교하여 대단히 무지했다고도 볼 수 있다.

그러나 만약 이러한 콤플렉스가 바둑수업의 원동력으로 작용했다고 가정한다면, 조와는 가장 바둑적인 인생을 산 바둑인이라고도 할 수 있다.

조와가 혼인보가문에 입문할 당시, 혼인보가문에는 겐조의 후계자감으로 지목받던 한 사람의 기재가 있었다.

한살 연장이었던 오쿠누키 지사쿠(奧貫智策, 1786~1812).

지사쿠와 조와가 두었던 바둑에 대해 평한 것을 보면 "조와의 선은 매우 잘 싸워서 이겼다고 하겠으나, 지사쿠의 선은 승리가 부동인 것 같다." 라고 되어 있다. 조와로서는 이 지사쿠가 건재하는 한, 후계자로 12세 혼인보가 된다는 것은 생각할 수 없었다.

당연히 겐조는 지사쿠를 후계자로 지목한다. (혼인보 가문의 12대 째에 그의 이름이 없는 것을 보면 정식으로 지목되었던 것은 아닌 듯 하다. 슈사쿠도 후계자로 지목되었지만, 혼인보 가문에는 이름이 올라있지 않다. 당주가 되어야만 이름이 올라갔던 것이다.)

조와의 실의는 눈으로 직접 보지 않아도 알 수 있는 일이다. 더구나 이보다 앞서 25세의 조와에게는 훗날 고도코로의 문제를 놓고 격렬하게 대립했던 핫토리 릿데쓰(服部立徹 : 뒷날의 겐안 인세키)가 14세의 나이로 도전해오고 있었다.

그러나 하늘은 조와에게 명인의 길을 열어준다. 5단의 기량으로 앞서 가던 지사쿠가, 후계자로 지목된 그 해, 돌연 26세의 나이로 타계한 것이다. 그의 요절로 조와는 1819년 5월에 겐조(元丈)의 아토메(跡目 : 후계자)가 되었다.

후세의 평에 의하면 조와의 기량은 지사쿠의 죽음 이후 26세를 기점으로 괄목할 만한 진보가 있었다고 전하는데, 만성형의 대기가 천재일우의 기회를 만난 것이었을까. 후계자의 자리를 향하여 맹진하는 조와의 모습은 마치 그의 바둑처럼 승부처를 맞이하여 괴력을 발휘한 듯한 인상이 짙다. 그의 가공할 만한 힘은 아토메로 추인될 즈음 그 빛을 더욱 발하게 된다.

이 무렵 조와는 7단이며 전성기. 1820년 4월 야스이 센치(安井仙知, 나카노 지도쿠〈中野知得〉: 1776~1838)에게 고전한 바둑이 한판 있을 정도였다. 그러나 이 바둑도 용케 역전하고 2집을 이기고 있다. 이 바둑은 조와를 선으로 괴롭혔다 하여 지도쿠 일생의 수작이라 불리고 고금의 명국으로 전해진다. **기보 15**가 그것이다.

백100수까지의 진행은 현대적 안목에서 보아, 포석부분이 다소 둔하다는 느낌이 없지 않지만 접근전의 감각은 볼만하다. 이때까지만 해도 바둑은 전투위주로 짜여지는 것이 보통이었던 모양이다. 한가지 의문스러운 점이 있다면, 야스이 센치의 특기가 '선 실리 후 타개'였다는 기록으로 볼 때, 오늘날의 타개수

법과 같은 계산상의 전략이
나 전술은 거의 보이지 않
는다는 것이다. 기술적인
측면에서 보아도, 좌변의
공방은 어딘지 완력위주의
공방으로 밖에는 생각할 수
없고, 또 백28과 같은 전개
는 감각적으로 찬성하기 어
렵다.

그건 그렇고, 백100까지
진행된 상황에서, 조와가 2
집 승리를 확신하고 두었다
는 전설적인 흑의 승착이
등장한다. 이 부분에 대한
당시의 기록을 19세기의 바

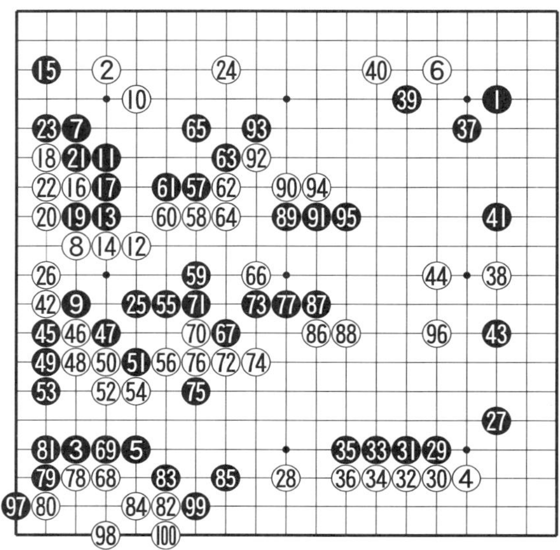

기보 15

둑 평론가와 비교하여, 20세기의 바둑 평론가 야스나가 선생의 감상을 들어보
기로 하자. 당시 이 바둑에 대한 기록은 죽림자(竹林子)로 되어 있는데, 그는
바쿠후 말기 무가 출신의 세키야마 센다이우(關山仙大夫, 1784~1859)라는 사
람으로 슈사쿠와 20번기의 사교형(?) 바둑을 둔 사람이다.

아마추어 당대제일이었다고 한다. 항상 고인(故人)의 예(藝)는 신비화되어
후세에 전해지며, 이 바둑 역시 다분히 그러한 요소들이 있지만, 그의 말에 의
하면, "101수로써 조와는 두집승을 확인하고, 센치가 이 101수를 보고 가슴이
덜컹 내려앉는 듯하였으며, 여기서 이 바둑을 도저히 승리할 수 없음을 느꼈
다. 지더라도 한 집 차 정도까지는 줄일 수 있을 것이라 생각하였지만 그 이
상은 도저히 불가능하였다."라고 되어있다. 이 바둑은 그만큼 전설적인 바둑이
다.

그러나, 이에 대해 야스나가 선생은 이렇게 논평하고 있다.

나는 솔직히 말해서, 바둑이라는 것은 이런 곳에서 종국까지 완벽한 수읽기를 해내는 것은 불가능하다고 생각한다. 어쩌면 죽림자가 말한 "조와는 101수로써 2집승을 확인하였으며, 센치는 이 한 수로 말미암아 그 차이를 어쨌든 한 집이나마 줄이려 고심했다."는 식의 말은 소위 전설이나 건국신화와도 같이, 누군가에 의해 어떠한 목적으로 꾸며진 말이라고 생각된다. 건국신화가 그 정치권력의 정치적 헤게모니를 확립하기 위해 만든 것이라면, 바둑계에서는 당시의 권위자인 센치와 조와를 신격화하려는 의도가 자연발생적으로 나타나 표현된 희언(戱言)에 불과하지 않을까? (그러나 실제로 쌍방 서로 3시간씩이나 사용한 것으로 기록되어 있으며, 이곳이 승부처인 것만큼은 틀림없다.)

센다이우가 "본국은 당대의 가장 절묘한 바둑이다."라고 감탄하고 있는 이 바둑을 야스나가 선생은 "무엇이 그렇게 감탄할 만한가?"하고 반문하고 있는 것이다. 실제로 그의 평을 보노라면, 조목조목 날카롭고 합리적인 사고가 면면히 보여 신선하기만 하다. 그는 '수읽기'에 관해서도 자신의 소견을 이렇게 밝히고 있다.

"완벽한 수읽기에 대한 이야기로 내가 알고 있는 사례가 또 하나 있다. 메이진 혼인보 슈사이(秀哉, 1874~1940)가 젊었을 때, 나카가와 가메사부로(中川龜三郎)와의 대국에서 140 몇 수인가에서 7시간을 장고하여 최후의 반집 패까지 완벽한 수읽기로 확인했었다는 이야기다.(중략)… 슈사이의 수읽기에는 그 수로부터 두 가지 길이 준비되어 있었으며, 이 두 길을 모두 완벽하게 확인했지만, 불가사의한 점은 전혀 다른 이 두 가지의 길이, 결과는 어느 쪽이나 똑같이 나왔다는 것이다.

'완벽한 수읽기의 한 수'는 예전부터 전승되어 오는 것이기에 믿어도 되고 믿지 않아도 된다. 사실, 그 진위를 파악하려해도 막연할 뿐이다. 그러나 그 작업이 다만 후배들의 분발에 도움이 된다면, 그 진위 자체를 놓고 왈가왈부할 필요는 없다고 생각한다."

날카로운 지적이다. 그리고 명쾌하다. 과연 자신의 말 그대로 리버럴리스트(liberalist)의 감회라고나 할까.

다만, 야스나가 선생이 말하는 대국은 19세 혼인보 슈에이가 타계하던 해, 1907년 12월 2일에 두어진 것으로, 당시 슈사이는 32세로 그리 젊은 나이는 아니었다. 그리고 그 수란 148번째의 수이며, 8시간의 장고라고 기록되어 있다.

참고로 조와가 2집 승리를 확신했다는 그 바둑의 장면을 감상해 보자. 기보

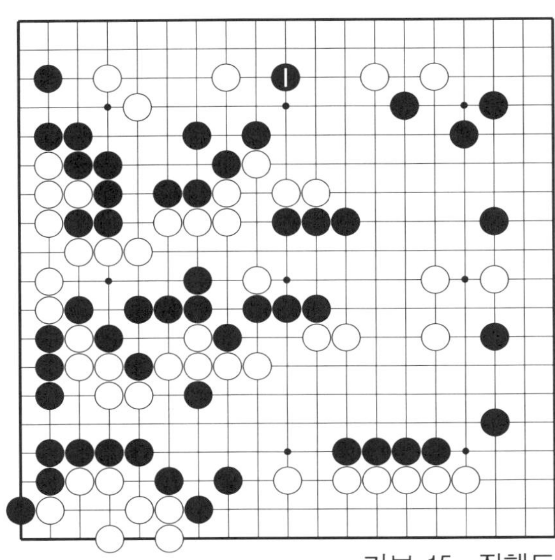

기보 15 - 진행도

15 - 진행도의 흑1이 실전의 101이다. 공감이 가든 안가든 그건 감상하는 사람의 자유다. 조와가 이것으로 두 집승을 확신하고 센치 또한 그랬다는 식의 기록은 한마디로 허구다. 오늘날의 명인들은 결코 그런 말을 하지 않는다. 그것은 조와 시대의 명인보다 실력이 떨어지기 때문에 그런 것이 아니다. 흑1 이후의 변수는 무수히 많다. 이것으로 흑이 유리하다는 데에는 현대 기사들 모두 의견이 일치할 것이다.

이 수로 상변을 갈라쳐 좌우를 위협하는 동시에, 좌변에서 중앙으로 이어진 백대마의 가일수를 유도하여 다시 우변과 중앙으로 연결된 대마의 결점을 추궁한다면 충분히 흑에게 승산이 있기 때문이다. 그러나 복잡미묘한 전투는 계속 이어질 것이고, 전투는 정밀한 계산을 방해할 것임에 틀림없다. 따라서 그것을 두 집이라고 단언한다는 것은 무리다. 수읽기만의 문제도 아니고 계산상의 문제만도 아닌, 그러한 차원에서 판단해야 하므로, 두 집승이라는 확증을 내릴 수 없게 되는 것이다. 이러한 식의 역사 전승방식이 바둑에 국한되는 것만은 아니겠지만, 그래왔기 때문에 바둑의 역사관이 아직도 상고시대의 수준

에 머무르고 있음을 통감하지 않을 수 없다

한편으로 조와에게는 단 한사람의 두려운 존재가 부상하고 있었다. 11세 연하의 핫토리 릿데쓰, 훗날의 겐안 인세키였다.

겐안을 뺀 조와를 말할 수 없는 것처럼, 조와를 뺀 겐안을 말할 수 없다. 그 이유는 19세기 초반부터 고도코로 쟁탈을 둘러싼 모든 바둑사가 이 두 사람을 축으로 하여 1868년 메이지 유신에 이르기까지 역동했기 때문이다.

세고에 선생은 생전에 이렇게 말했다고 한다. "이들의 관계야말로 악적수라고 할 만한 것으로, 조와의 말년 인생은 거의 인세키의 반상반외에 걸친 추적에 대한 대책에 소비되었다 해도 과언이 아니다."

겐안은 1798년 하시모토(橋本)라는 하급구사의 집안에서 출생하여 1859년 61세로 타계할 때까지, 파란만장한 일생을 보낸 사람이다.

그의 전반에 걸친 생애는 조와와의 암투로 온통 얼룩진 것이며, 1853년경의 말년에는 고도코로에 운이 닿지 않음을 한탄하고, 큰 뜻을 펴보려 대국인 중국으로 밀항을 기도하기도 했다.

그는 6세 때 핫토리 인슈쿠(服部因淑)의 문하로 들어가 12세 때 양자 릿데쓰(立徹)로 개명하고, 1824년 26세에 인세키 가문을 이어받아 11세 인세키가 되었다.

그는 조와가 바둑 외에는 거의 무관심했고, 있다면 화투와 같은 도박에 심취했던 것과는 달리, 바둑외적으로도 정치가나 군사전략가와 같은 소양이 풍부했던 것으로 보인다. 그가 그처럼 학문에 뜻을 두게 된 시기는 가문을 이어받은 그 해의 일로, 이에 대해서 '좌은담총'의 저자 안토 뇨이(安藤如意)는 다음과 같이 기록하고 있다.

자신의 무식을 비웃는 자를 만난 때부터, '황전외권(皇典外卷)'을 배우기 시작하고, 이후 자나깨나 서적을 놓지 않더니 뒤에는 더욱 발을 선림(禪林)에 옮겨 화신통봉(花晨痛棒)과 설조열갈(雪朝熱喝)을 견디며 세존불설(世尊不說), 가섭불문(迦葉不聞) 등 세문(說聞)의 이치를 캐고 이상소친(理上疎親)을 끊어 법중(法中)에 피차(彼此)가 없다고 달관함'

어느 정도의 학식인지는 분명치 않지만, 아무튼 손자병법을 자주 인용한 것을 보면 병법에 조예가 깊었고, 본래 가문이 불교이므로 그쪽에도 조예가 있었을 것으로 추정된다.

그의 정치가적 면모는 그의 나이 46세 때인 1844년 에도성에 화재가 났을 때, 각 지방 영주에게 헌금을 요구하던 쇼군 이에요시(家慶)에게 이를 중지해 줄 것을 진언하여, 쇼군으로 하여금 응하게 한 일에 비추어 보면 잘 알 수 있다. 그 시기 통수권자에게 그러한 요구를 할 수 있으려면 여간한 배포와 능력을 갖지 않고서는 불가능했을 때였기 때문이다.

또 그의 바둑관의 한 단면을 느낄 수 있는 것으로, 바둑의 정도(正道)란 무엇인가에 대한 확신을 보여주는 대목이 있다. 당시의 바둑계 분위기를 개탄하면서 바둑을 두는데 있어서의 마음가짐을 여러 가지로 설명하고 있는데, 그 중 눈길을 끄는 것은 바둑의 사회적 가치에 대한 분명한 소신이다. 내용은 이렇다.

"애당초 우리들 기사가 바쿠후의 보호 아래 녹을 받고 있는 것은, 바둑을 병법연구에 응용해 보려는 도쿠가와씨의 깊은 배려에 따른 것인데, 근래에는 그 뜻을 잊고 도박이나 다름없이 승패에만 집착하고 있다."

이 대목을 보고 느끼는 점은, 혹시 그가 조와와의 고도코로 쟁탈에서 패하게 된 원인 중 하나가 바로 '승패에 대한 집착'이라는 것에 대한 정신적 거부감, 다시 말해 숙적 조와 따위가 즐기는 도박에 대한 이질적 거부감이 투지를 반감시킨 것은 아닌가 하는 의혹이다.

그것은 충분히 그럴 수도 있다. 겐안의 심리적 내면에, '무식하고 도박 따위나 즐기는 자에게 일인자의 자리를 탈취당했다'는 수치심이 작용하지 않았을까.

이러한 추리는 일반적인 사회의 통념이라는 측면에서 얼마든지 가능하다. 자신보다 조건이 좋은 사람이 출세하게 되면 조건에 대한 콤플렉스를 갖게 될 가능성은 높다. 그렇다면 모든 조건이 좋은 사람이 자신보다 못한 사람과 경쟁해서 진다면 어떻게 될 것인가.

평범히 생각하면 아무 일도 아니지만, 수치심이 일어나는 것이 보통이며, 개

중에는 극단적 수치심을 이기지 못해 병적 현상을 보이는 사람도 있다. 이러한 모든 심인성 현상은 보편적인 것이다.

그러나 집착에 대한 지나친 거부 역시 다른 형태의 집착이다. 더러운 것을 싫어하는 것은 당연하지만 그것이 지나쳐 깨끗함을 고집하는 것은 결벽증(潔癖症)이 될 수도 있다. 겐안의 글 중에는 바둑을 다소 비하하는 듯한 대목도 보이고, 바둑의 길을 택한 것에 대해 후회하는 듯한 대목도 보인다. 물론 그러한 글들은 모두 조와와의 싸움에서 패하고 난 후 쓰여진 것이므로 속단할 수는 없다. 패자의 변명이라고도 할 수 있는 것이니까.

겐안은 자신의 저서 위기묘전(圍棋妙傳)의 서문(序文)이라 할 학기연병총개(學碁練兵忽槪)에 이렇게 쓰고 있다.

"나는 철들기 전인 5세 가을부터 이 기예를 익히기 시작했거니와 원래 무가에서 태어난 이상 문무를 익혀야 비로소 청운의 뜻에 일심불란할 터인데도, 부친의 엄명을 어길 길이 없어 21세 때 이노우에가의 양자가 되어 어찌할 수 없이 졸기(拙技)를 닦아야 할 처지에…(생략)"

이 말은 '길을 잘못 들어 바둑꾼이 되었으나 원래는 문무를 배워 정치가로서의 길을 걸어야 했다.'라는 뜻일 것이다. 그러나 이 책이 쓰여진 1852년에는, 겐안의 나이 이미 54세였으므로 진실이라고 믿기는 어렵다. 왜냐하면 전술한 바와 같이 그가 학문에 정진한 것은 24세 때였다고 기록되어 있기 때문이다.

심리학적으로 이와 같은 현상에 대해 연구된 바가 있다. 스트레스에 관한 것인데, 겐안이 조와에게 가진 수치심이나 고도코로를 얻지 못한 상실감을 일종의 스트레스라 한다면, 다음과 같은 연구내용과 일치하는 것이다.

일반적으로 스트레스에 대해 적응하는 현상을 크게 나누면, 직접적 대처(直接的 對處, coping strategy)와 방어적 대처(防禦的 對處, defense strategy)로 나눌 수가 있는데, 전자의 경우는 목표를 수정하거나 아예 포기하는 현상이고, 후자의 경우는 현실을 왜곡하거나 회피하는 현상으로 나타난다고 한다. 그렇다면 겐안은 일단 직접적 대처를 하고 있다고 보아도 좋을 것 같다. 말년에 스스로를 대국수(大國手)로 칭하고 중국으로 밀항하려 했던 것은, 자국 내에서 일인자로 군림할 수 없음을 깨닫고, 목표를 수정하여 타국에서 새로운 인생을 시작하려 했던 것이기 때문이다.

또 방어적 대처의 방편으로는, 자기 합리화(rationalization)를 하고 있으며, 자기가 느끼고 있는 스트레스에 대해 정반대적인 입장으로 표현하여 사실을 위장하는, 반동형성(反動形成, reaction formation)의 현상을 보이고 있다. 그러나 이런 현상들보다 겐안이 취한 가장 중요한 현상은 동일시(同一視, identification)라는 현상으로, 이것은 자신이 성취할 수 없었던 목표를 '간접적인 성취'를 통해 성취한 대상들에 대해 동일한 증명을 함으로써 안정감을 얻으려 했다는 것이다.

무슨 말인가 하면, 바둑에 관심이 있는 분들이라면 거의 아는 사실이지만, 바둑사상 가장 드라마틱하게 전해져 오는 이른바 '토혈국(吐血局)'에 대한 이야기다. 겐안이 자신의 수제자였던 아카보시 인데쓰(赤星因徹, 1810~1835)를 조와에게 두게 하여, 그가 자신의 제자로서 승리하게 되면 '간접 성취'가 되므로 이것을 노렸던 것이라는 뜻이다. 물론 이러한 시도나 현상은 예전이나 지금이나 상식으로 통한다. 이것은 부모가 자식의 성공을 통해 대리 만족하는 것과 같고, 심지어 폭력영화에서 배우들의 격렬한 격투장면을 보며 쾌감을 느끼는 것과도 같다.

그러나 겐안의 이러한 심리적 요구에도 불구하고, 가장 아끼던 수제자 인데쓰는 조와의 3묘수를 맞고 굴복하고 말았다. 그리고 그 자리에서 피를 토하고 쓰러졌다 하여 '토혈국'이라는 이름이 붙여지게 되었다는데, 그 자리에서 죽은 것은 아니고, 이때가 1835년 7월 27일이며 그로부터 약 2개월 뒤인 8월 하순에 죽었다 한다.(이 해는 윤7월이 있었던 해다.)

기보 16이 그 유명한 '토혈국'이다. 이 바둑에 대해 간략히 설명하자면 '토혈국', 또는 '조와의 3묘수' 등으로 회자되어 온 것이 사실이지만, 이것도 따지고 보면 역사적으로 사건화된 사실에 수많은 상상력이 동원되어 의미가 과대 포장되었다고 볼 수 있다. 이 바둑에 대해서는 이미 슈호, 슈사이 명인을 위시하여 기타니, 다카가와, 사카다 등의 기라성같은 대기사들이 분석한 바 있고, 그렇게 분석한 자료에 입각하여 살펴보면 부분적인 기술도 그러하지만, 전체적인 대국관에 있어 쌍방 무수한 문제점이 노출되었다고 판단된다.

예를 든다면, 초반 백28과 같은 수는 전투에 아무리 자신이 있다 하더라도 이는 무리다. 이를테면 명인의 수가 아니다. 이에 대해 슈호는 '위기신보(圍棋新報)'에서 "백28은 흑33을 감안하여 기세를 재촉한 수일 것이다."라고 두둔했지만, 흑43까지는 누가 보아도 백의 실패임에 분명하다.

또 하나는, 흑57이 당대의 일류답지 않은 수였다는 것이다. 이 수는 사실 교과서적인 수법이지만, 참고도 1의 흑1로 두는 것이 맞다. 이런 부분적인 수법을 간과했다는 것은 도무지 이해되지 않는다.

참고도 1의 흑1로 두면 백귀를 위협하게 되므로, 이것은 큰 차이다. 마지막으로 인데쓰가 대국적 견지에 판단하지 못한 부분을 보면, 백72때 흑73으로 달아나는 척 하며 은근히 좌상귀의 부활을 노린 점이다.

● 아카보시 인데쓰(赤星因徹)
○ 혼인보 조와(本因坊 丈和 12세)

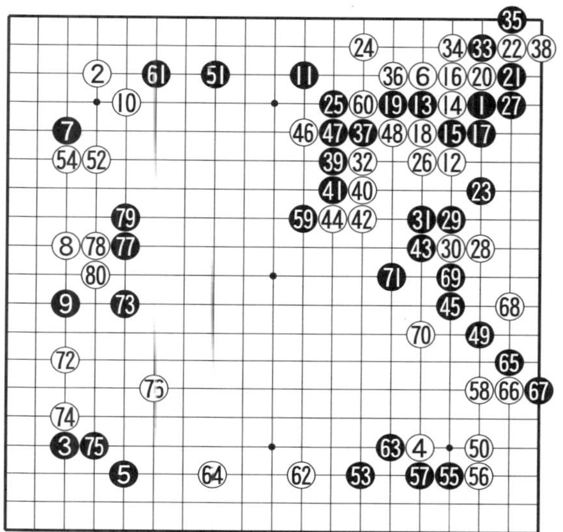

기보 16

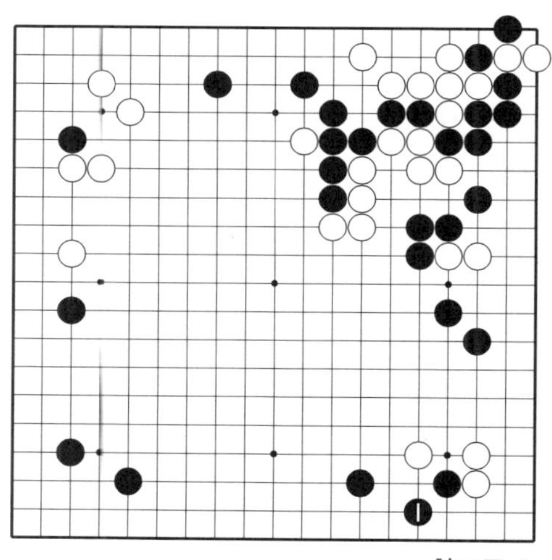

참고도 1

이 수로는, **참고도 2**처럼 두어
알기 쉽게 승세를 굳힐 수 있었다.
이와 같은 문제점은 두 참고도 외
에도 그 이전, 이후의 진행 도중
에도 무수히 지적되고 있다.

두 사람 모두 수읽기에 자신이
넘치는 인물들로서 특히 인데쓰는
'현람(玄覽)', '수담50도(手談五十
圖)'의 저자였기 때문에, 조와를 상
대로 '수읽기에서의 승리'를 목적
으로 한 듯, 불필요한 전투를 이
끌어내려는 인상이 강하다.

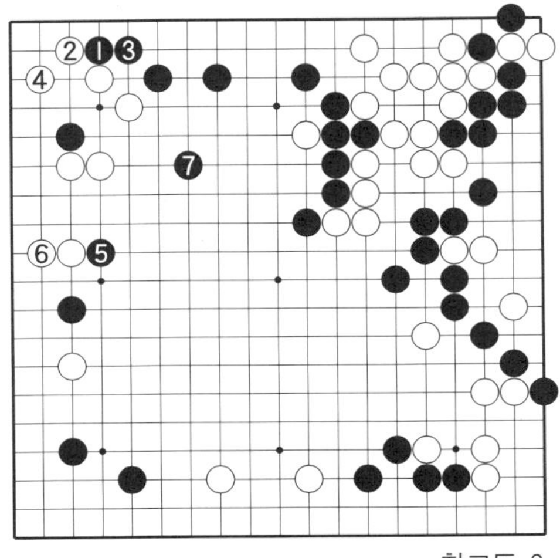

참고도 2

이러한 전투력 위주의 바둑은 당시 일반적인 흐름으로 보여지지만, 그토록
많은 시간을 소비하여 두었음에도 수읽기에 절대적으로 필요한 판단력이 부족
했다는 것은, 오히려 현대바둑의 수준이 어느 정도 향상되었는가를 가늠할 수
있는 좋은 사례가 될 것이다.

더 나아가 1900년대에 분석된 자료의 상당수마저도 대국관의 폭이 더 넓어
진 오늘날의 관점에서 볼 때, 더 새로운 분석이 절실하다고 생각한다. 그리고
그것은 역사의 재조명, 재인식이라는 차원에서 긍정적으로 검토되어야 하지 않
을까. 그러나 현대의 기사들은 그것을 외면하고 있는 것 같다.

조와의 저서 중에 '국기관광(國技觀光)'이라는 것이 있는데, 이 책은 1826년
조와가 39세 때 출간된 것으로, 내용은 명인이 되기 위해 미리 선전해 두려는
성격이 짙다. 예를 들어 여기서 '觀光'은 "나라의 빛을 본다."는 역경(易經)의
말인데, '國技'를 합한다면 '나라의 가장 좋은 문물제도를 본다.'라는 뜻이 되므
로, 결국 국기인 바둑의 가장 좋은 것을 보려면 이 책을 보면 된다는 말이다.
교만이 가득 보이는 말이 아닐 수 없다. 그러나 조와는 이런 책을 쓸 수 있을
정도로 그렇게 유식하진 않았다. 이것은 필경 해바라기 성향의 어느 학자의 작

품일 것이라고 밖에 생각되지 않는다.

이 책에서 '이제 중국에 지지 않게 되었다' 따위의 말도 등장하고 있지만, 이미 100여년 전 도사쿠 시대에 그것은 실현되었으며, 1685년 시부가와 하루미(澁川春海)의 정향력(貞享曆) 발명과 위대한 수학자 세키 다카카즈(關孝和, ?~1708)의 출현, 1722년에는 수학 분야에서 建部賢弘(1664~1739)이라는 수학자가 등장해 저서인 '불휴철술(不休綴術)'에서 π값을 소수점 아래 41자리까지 셈하는 등 본고장인 중국의 수준까지 끌어올렸다는 당시의 기록이 남아 있으므로 과장이 심하다 하겠다.

그렇게 자신만만한 조와의 속내를 알 수 있는 이야기가 좌은담총에 기록되어 있다. 어느 날 문하생이 조와에게 물었다. 가문의 큰 스승 도사쿠와 둔다면 승패가 어떨 것이냐는 질문이었다.

숙고 끝에 조와는, "20번기를 둔다면 처음 10극은 틀림없이 반반의 승부겠지만, 다음 열 판은 어찌될지 모르겠다."라고 했다는데 이 대답이 사실인지의 여부도 분명한 것은 아니지만, 만약 사실이라면 이에 대해 어떤 평가를 내려야 할까. 그가 과연 이길까 질까.

그러나 문제는 승부의 결과가 아니다. 그러한 조와의 사고방식이다. 한마디로 무지하다고 할 수밖에 없는 것이다. 1702년 타계한 스승이라면 100년도 넘는 시간의 차이가 있다. 만약 승리를 자신했다 허도 그는 두 가지의 우를 범하고 있는 것이다.

비교할 수 없는 것을 비교하는 것처럼 어리석은 것은 없다.

만약 옛날이 오늘이 되어 돌아온다면, 그것은 옛날도 아니며 오늘도 아니다. 그런 일은 결코 일어나지 않는다. 그런 식의 비교가 사실이 될 수 있다면 인간의 역사는 이루어질 수 없다.

따라서 자신의 승리를 문하생에게 각인시켰다면 첫째, 큰 스승에 대한 불경이 되며 둘째, 시간의 개념도 모르는 치완(癡頑)의 행위를 한 것이다.

조와는 훗날 '나의 일생 중 文政(1818~1830)년간 시노미야 요네죠(四宮米藏, 1768~1835)와 대국한 시기는 가장 원기왕성한 때여서 유리한 바둑은 말할 것도 없거니와, 이기기 어려운 바둑도 곧잘 역전시킬 수 있었다.”라고 했다. 요네죠는 누구인가.

요네죠에 대해서는 다음과 같은 하야시가의 11대 당주 하야시 겐비(林元美, 1778~1861)의 혹평이 있다.

“아파(阿波) 땅에 시노미야 요네죠(四宮米藏)라는 인물이 있었는데, ‘亨和, 文政’(1801~1830) 연대에 각처를 떠돌며 내기 바둑을 일삼고 하수들을 골탕 먹였다. 뒤에 에도에 나와 혼인보의 문하가 되었는데…”

이런 혹평이 있게 된 데에는, 요네죠가 겐비에 대해 불손했던 점이 크게 작용한 것 같다. 그러나 요네죠라는 인물은 시쳇말로 ‘천하 2점’이라고 자부했고, 또 그만한 바둑을 보여주었다는 점으로 볼 때 전혀 실력이 없었던 인물은 아니다. 다만 명인을 제외한 나머지 인물에 대해 전혀 인정하지 않겠다는 식의 자세를 보면, 좋게 말하여 고지식했다고 말할 수 있고, 나쁘게 말하면 ‘꿈을 못 깬’ 사람이었다고나 할까.

그러나 이를 탓할 수만은 없다. 인간의 심리상 가까이 근접해 있는 상수는 상수로 느껴지지 않고, 도달하기 어려운 경지의 존재만을 존경하는 것은 지극히 보편적인 현상이니까.

또 조와가 요네죠를 빗대어 자신의 기량을 과시하고 있는 것을 보면 조와 역시 그와 동질의 성향이었을 것이다. 조와의 저서 ‘국기관광’에 요네죠와 둔 바둑 11국이 전부 수록된 점을 보면 그 의도적 과시가 확실하게 느껴진다.

조와와 겐안의 이야기에 요네죠라는 인물을 등장시킨 것에 독자 여러분은 의아해 할지도 모른다. 그러나 이 두 사람의 바둑을 상대적으로 비교할 수 있는 적임자가 바로 요네죠다.

요네죠는 조와와 2점으로 4승 6패 1빅을 기록하고 있고, 한편 겐안과는 선으로 1승 2패 1중단이라는 기록이 남아있다.

전적만으로 본다면 조와가 겐안을 확실히 능가하고 있다. 그러나 이것만을 가지고 논한다면 이야기가 너무 단순하게 된다.

문제는 내용이다. 내용 속에서 두 사람의 질적 요소와 개성이 다른 사람을 상대했을 때는 어떤 형태로 구현되었을 것인가에 초점을 맞추지 않으면 안된다. 먼저 조와와의 바둑을 보자.

기보 17이다. 우하귀의 접전에서 보듯 명인 조와를 대하여 요네죠는 한치의 위축됨 없이 맞받아 싸우고 있다.

흑34는 명인을 상대로 시비를 거는 것이다. 독학으로 단련되기는 하였지만 수읽기에서 만큼은 자신있다는 태도다.

기보 17-1에서 보듯 백35의 반격을 유도하여 난전으로 치닫고 있다. 오늘날이라면 이런 식의 바둑은 질책의 대상이 된다. 수읽기가 아무리 강하더라도 무작정 시비를 건다는 것만큼 무모한 것은 없기 때문이다.

백51까지 조와의 완력에 걸려들었다고 생각되는 순간, 요네죠는 기다렸다는

● 시노미야 오네죠(四宮米藏)
○ 혼인보 조와(本因坊 丈和 12세)

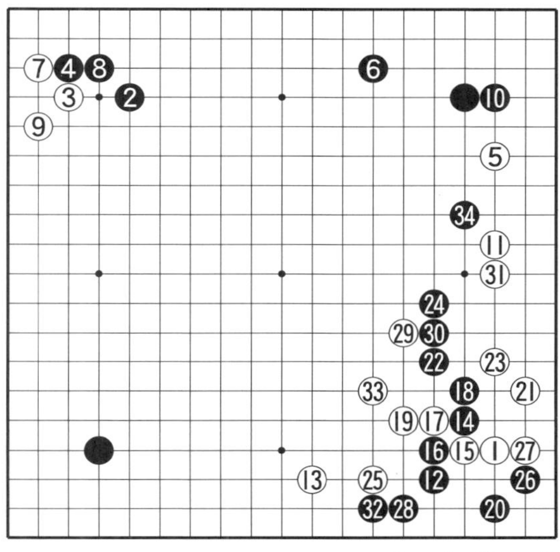

기보 17 (1~34)

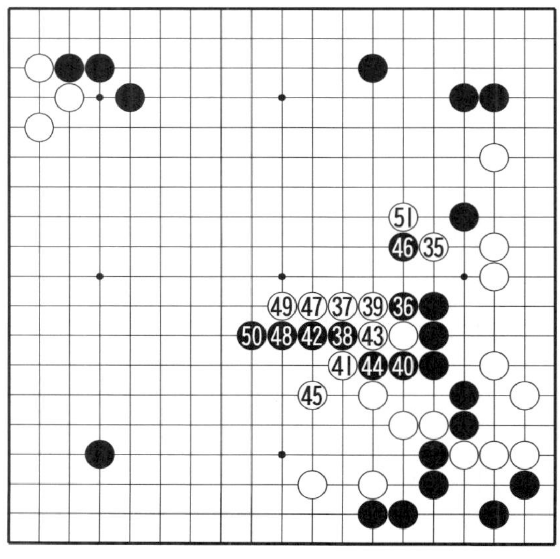

기보 17-1 (35~51)

듯 역습을 감행하고 있다. 기보 17-2의 수순은 요네죠가 읽어둔 수순일 거라고 생각된다.

이제 여기까지 와서는 타협이 이루어질 수 없다.

결론을 말하면 이곳은 패가 최선이다. 그러나 이상한 것은, 패의 결과는 우상귀의 백이 함몰하고 그 대가로 우하귀를 얻는 정도인데, 백이 이 수순을 선택했다는 점이다. 이런 상황은 어떻게 판단하는 것이 좋을까.

문제는 어느 시점에서 이 전투의 결과를 예측했을 것인가에 대한 의문이다. 전술했던 것처럼, 조와가 어느 시점에서 두집승을 확인했다는 식의 수읽기가 과연 이 바둑에서도 있었겠는가 하는 것이다.

여러분은 그 바둑과 이 바둑 중 어느 바둑을 읽는 것이 어렵다고 생각되는가.

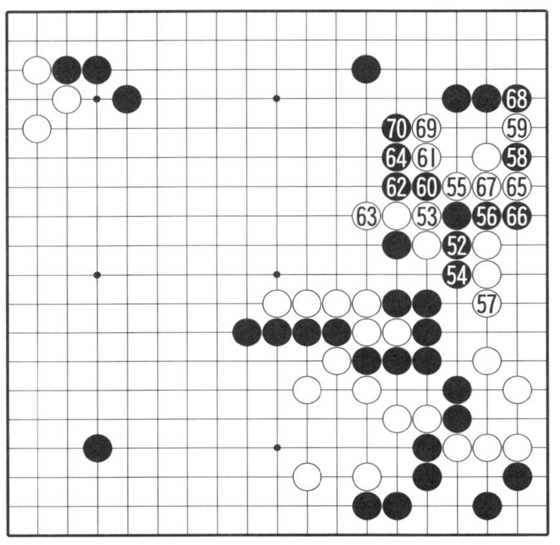

기보 17-2 (52~70)

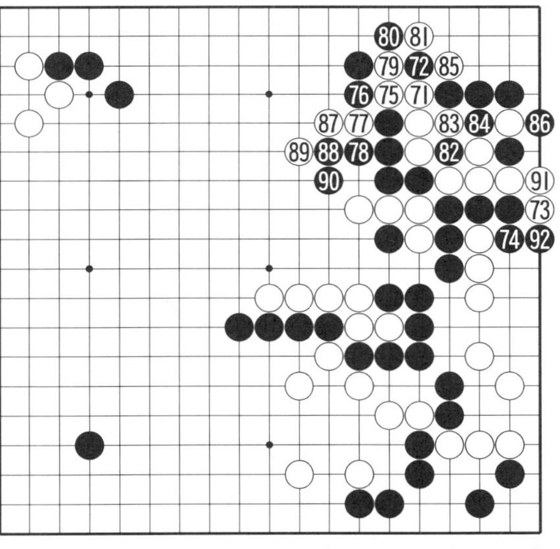

기보 17-3 (71~92)

이 바둑은 한마디로, 외길이라고 하여 형세판단과는 무관한 것이다. 다시 말해 흑60으로 끊긴 순간부터는 백이 이기는 수는 없다. 자. 그렇다면 요네죠는 읽

었고 조와는 못 읽었을까. 아니면
조와도 알고 있었지만 기호지세로
둔 것일까.

　기보 17-3은 요네죠의 수읽기
가 비범하다는 것을 보여준다. 이
접전은 최소한 흑60 이전에 요네
죠의 수읽기 속에 들어 있었다고
보아야 한다. 그리고 여기서부터
의 수읽기는 전문가가 아니더라도
읽을 수 있는 정도의 것이다.

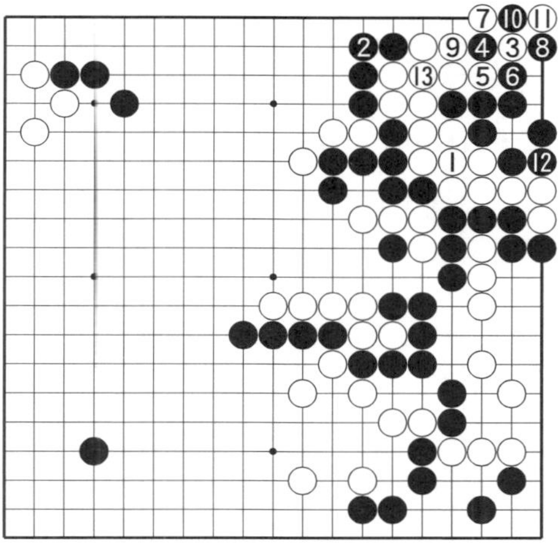

　참고도가 이 싸움의 결말이다.

❶따냄(10)　　　　　　　　　　참고도

백이 유리한 이단패임에는 틀림없지만 백에게는 불행하게도 패감이 없다. 백
은 패감으로 우하귀를 잡는 수밖에 없으므로 우상귀 백이 잡혀서는 그것으로
바둑도 끝이다. 그러나 결론을 말하면, 이 바둑은 빅이 되었다. 이후 흑이 주
춤하는 순간 백의 추격을 허용하고 만 것이다.

　이 바둑은 요네죠와 둔 7국째의 바둑으로 조와가 크게 자랑하는 바둑 중 대
표적인 것이다. 요네죠도 이 바둑을 두고 비로소 조와의 바둑에 대해 승복하
고, "조와야말로 명인이다. 일찌기 2점이면 천하무적인 줄 알았는데…운운" 하
고 말했다 한다.

　그러나 이는 공감하기 어려운 사고방식이다. 이 바둑을 이기지 못했다고 "조
와 명인 운운"했다는 것은 픽션화된 기록이 아니라면 더욱 납득하기 곤란하다.
또 이 바둑을 자랑하는 조와 역시 명인답지 않다.

　이 바둑의 내용은 그다지 훌륭한 것이라고 볼 수도 없고, 따라서 배울 점도
없다. 두 점으로 두는 입장에서 명인과 대적하여 물러서지 않고 격렬하게 싸
웠다는 것일 뿐, 백의 무리와 흑의 실수가 뒤엉켜 한 수로 바둑이 끝날 수도
있었던 것이다. 그렇다면 이번에는 1822년 겐안(당시는 井上安節이었다)과의
대국을 살펴보기로 하자.

화정(和政)의 암쟁(暗爭)　105

시간상으로 이 대국은 앞의 대국과 1년 반 정도의 격차가 있다. 이때는 요네죠가 조와와의 대국을 통해 바둑이 한 단계 높아졌을 무렵이다.

기보 18의 초반진행을 보면 예전보다 많이 세련되어졌다는 것을 알 수 있다. 여기서 흑27과 같은 수가 요네죠의 개성을 보여주는 변칙수법이다. 그러나 그에 대한 백28, 요네죠의 의표를 찌르고 있다. 겐안의 임기응변이 확실히 한 차원 높아 보인다. 이 대국 이전 겐안은 요네죠에게 이미 한판을 지고 있다. 이 판 마저 진다면 조와에게 접근할 자격조차 위태롭다. 좌변의 타협은 어쩔 수 없다. 흑35까지 요네죠도 마구잡이식의 전투는 삼가고 있다. 세련되어졌다는 증거다.

기보 18-1의 백36은 상변으로 흑이 들어오기를 유도하는 수다. 이 수로 상변

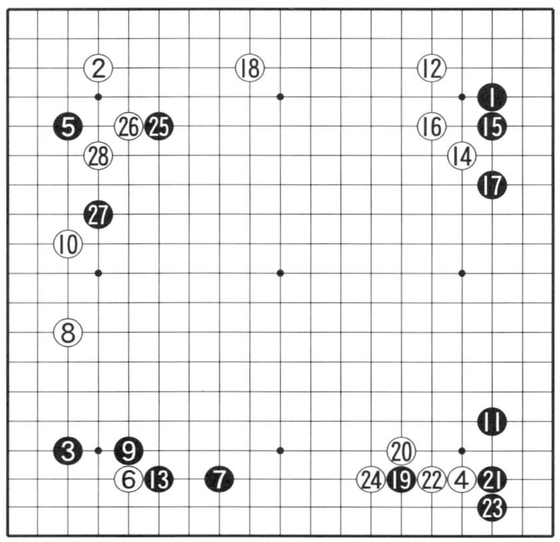

기보 18 (1~28)

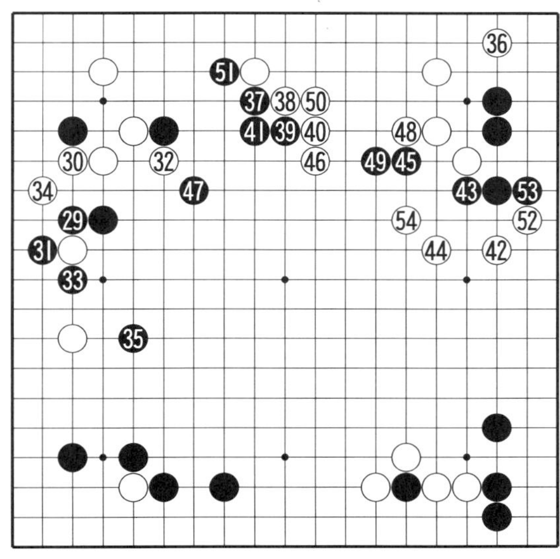

기보 18-1 (29~54)

을 지키게 되면 집바둑의 양상이 되기 쉽고, 그 진행은 두 사람 모두 반갑지 않은 것이다. 드디어 흑37, 요네죠가 교란을 획책하기 시작했고, 겐안은 이를 기다려 원대한 작전을 구상하고 있다. 바둑전반의 전술적 묘미는 이런 데 있다. 전투가 일어나고 그 전투가 끝나면 또 다시 싸우는 식의 전술은 하등한 차원의 기술이다. 전술이란 판 전체를 읽는 힘이 필요하다. 부분적인 전투는 잔수에 불과한 것이다.

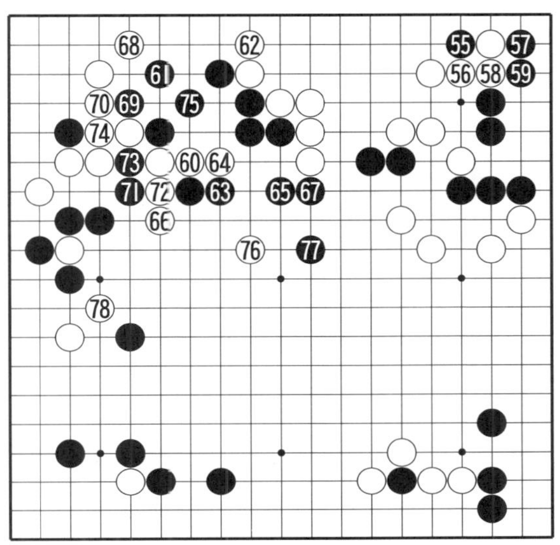

기보 18-2 (55~78)

전체가 유기적으로 움직이는 과정에 필연성을 만드는 것이 전술의 핵심이고, 이 전술의 아이디어를 제공하는 것이 전략이다.

백54까지의 진행을 전략적으로 설명한다면, 대규모 기동(機動)을 통해 상변 흑과 우상 흑을 전장으로 끌어내려는 것이고, 공격을 통해 전과를 획득하려는 것이다. 단 이 작전을 보조할 수 있는 요소는 좌변에 갇힌 백 한 점이 될 가능성이 높다. 이 돌을 어떤 시기에 움직여 상변을 공격하는데 유효 적절히 이용할 것인지는 전술적 차원에서 취급할 일이다.

기보 18-2는 백78로 움직이는 타이밍을 보여준다. 흑59까지 우상귀를 살리는 것은 흑으로서 어쩔 수 없다. 여기까지 백이 얻은 전과는 상변의 흑이 우상으로 연결될 수 있는 퇴로를 차단한 것이다.

또 상변과 중앙을 공격하는 듯 하다가 잠시 보류하고, 백78로 이 곳을 움직여 흑의 움직임을 타진하고 있다.

과연 스케일 큰 겐안 일류의 구상력이다. 기보 18-3은 겐안의 작전이 어떻

게 결실 맺어가는가를 보여
주고 있다. 백100에 이르러
작전의 실체가 모습을 드러
냈다. 좌변의 백을 이용하
여 상변에서 중앙으로 길게
연결된 흑대마를 큰 포위망
속에 가두고 있는 것이다.

실전의 마지막에 결국 이
흑 대마는 백의 치밀한 계
획과 수순 아래 전멸하고 말
았다.

여기까지의 수순을 현대
의 군사전략용어로 말한다

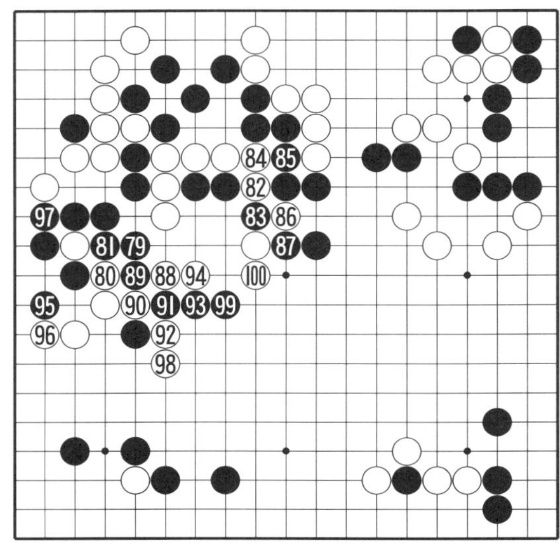

기보 18-3 (79~100)

면 '작전적 기동(作戰的 機動)'이라 할 수 있다.

이것은 전술적 전투(戰術的 戰鬪)가 일어나기 전 대규모 전술적 상황을 주도
하는 것으로, 전략을 최초로 실행하는 단계다. 바둑의 행마를 영어로 move라
고 한다면, 기동은 movement라 할 수 있다. 대규모 작전을 통한 장기적 공세
로 흑을 지치게 하여 결국 대마를 포위, 섬멸했던 이 바둑은 공격이란 무엇인
지를 보여주는 작전적 기동의 백미라 할 만하다.

조와와 겐안의 시대에 특징적으로 나타나는 초반의 전술적 성격은 크게 세
가지가 있다. 조와로 시작된 빈 귀의 화점착수에 관한 것, 대각선 소목포석의
시도, 대사(大斜)정석의 발전이다.

예로부터 빈 귀의 화점착수가 금기시되어 온 이유는 분명치 않다. 이러한 부
분은 마치 바둑사의 미스테리처럼 느껴지기도 하는 것으로, 조와 이전의 바둑
에서는 아직까지 발견되지 않고 있다.

공식적으로 처음부터 기착점 없이 두는 포석 발상은 초대 혼인보 산사(算砂,
1558~1623)때부터라고 보는 것이 정설이다. 그 이전에 그러한 시도가 전혀

없었다고 볼 수는 없지만, 시기적으로 이렇게 분류하는 것이 타당할 것이다.

그런데 그 시기부터 200여년 동안 화점포석이 없었던 이유는 무엇일까. 이 부분에 대해서는 그 시대의 문화와 속성을 분석해 볼 필요가 있을 것이다.

알다시피 접바둑은 화점에 미리 놓고 시작하는 것이다. 그렇다면 화점을 두지 않는 전문가의 저의는 무엇인가. 화점이 좋은 곳이라면 당연히 두었을 것이 분명하므로, 이곳을 기피했던 전문가는 화점이 좋지 않다고 보았음을 어렵지 않게 짐작할 수 있다.

하수로 하여금 좋지 않은 곳에 미리 놓게 하고 두려는 상수의 사고방식은 무엇을 의미하는가. 이것은 어떤 의미로든 납득시킬 수 없는 이율배반적 행위이며 모순이 아닐 수 없다.

예를 들어 화점에 일자(日字)로 걸었을 때, 목자(目字)로 받는 수법도 같은 맥락의 모순이다. 왜 목자만이 두어졌을까.

이것은 그 시대의 사고방식을 반영하는 상징물이다. 한 마디로 권위에 대한 맹종을 강요하고, 체제유지를 위한 강압된 세습으로 점철된 동양적 마인드다. 중국적이고 유교적인 타성의 결과이다.

권력이 만들어지면 권위가 필요하게 되고, 권위를 지키기 위해서는 체제가 필요하다. 체제를 유지하기 위해 선택된 자들은 정치적 성향을 띠게 된다. 권력을 수호하고 재창출을 해야 하기 때문이다.

정치적 성향의 인간은 '의를 위하여', '국민 또는 민중을 위하여', '무엇을 위하여'라는 도의적인 말을 좋아할 뿐 아니라, 타인에게 그렇게 하기를 강요하기 좋아한다. 위정자가 국민에게 사회 미풍양속의 습관을 강요해 온 것은, 중국의 춘추전국시대 이후로부터 '교화(敎化)'라는 말로 전해 내려왔다. 이것은 체제 유지를 위한 정치적 목적을 가진 수단으로, 쉽게 말해 일종의 '길들이기'였다. 그러나 중요한 것은 이 '길들이기'의 목적이 공존과 화합에 있었던 것이 아니라, 교화(tame)를 위장하여 그 이상의 것, 즉 위정자들의 욕구를 만족시키는 지배적 교화(domestication)에 있었다는 것이다.

따라서 정치와 교화는 동의어가 되고, 위정자는 민중을 잘 교화하는 것을 잘

하는 정치라고 인식하게 되었다. 미풍양속이라고 교화하여 답습케 하려는 정치적 목적은 그 속의 진실이야 어떻든 겉보기에는 훌륭하여 이른바 대의 명분이 있다. 더구나 위정자의 공권력은 강력하기 때문에 쉽게 교화시킬 수 있다. 따라서 대개의 민중은 교화되게 마련이고, 설사 교화가 되지 않았다 하더라도 교화된 것처럼 행동하기도 한다.

또 어떤 경우에는 교화됨으로써 훌륭한 인간이 되었다고 착각하는 사람도 나타나며, 심지어 교화에 앞장서서 위정자 세력에 합류하는 사람도 나타난다.

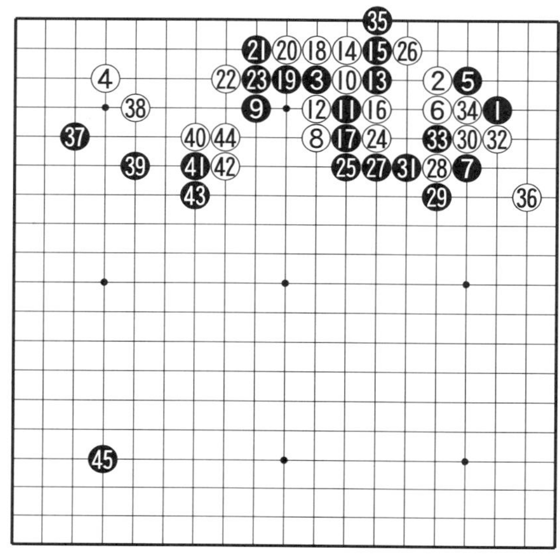

기보 19

사실 그렇게 하지 않으면 살기에 불가능한 시기도 있었다. 역사는 그것을 너무도 극명하게 보여주고 있다. 충직하고 선량한 국민이라는 테두리 속에 갇히게 되고, 혹은 자진해서 밑에 들어가 국민을 위해 희생했다고 착각하는 현상은 오늘날에도 쉽게 볼 수 있다.

중국은 긴 역사가 내려온 동안에 유교사상에 묶여 있었고, 한국에 있어서도 일본에 있어서도 그 사정은 다르지 않았다.

바둑계에 속한 집단체제에도 이러한 마인드가 없을 리 없는 것이다.

기보 19는 조와의 화점이 처음 등장한 대국이다.

흑45가 그것인데, 이에 대해서는 평가가 구구하다. 바둑 평론가 하야시 유다가(林裕) 선생의 지론은 "우상의 흑과 관련된 것으로 전국의 밸런스에 의해 두어진 데 불과하다."는 것이지만, 흑45는 밸런스로 따지면 좌변 쪽으로 더 가서 외목이나 고목이 더 나을 것이다.

또 조와의 시도는 연령적으로 20세, 기력도 2, 3단 정도였으므로 그 수준에서 전국의 밸런스를 따지기에는 미흡했을 것이 분명하다.

따라서 모험적이고 의도적인 냄새가 풍긴다. 자유란 처음부터 풍요롭게 누리는 것은 아니다. 첫 발아의

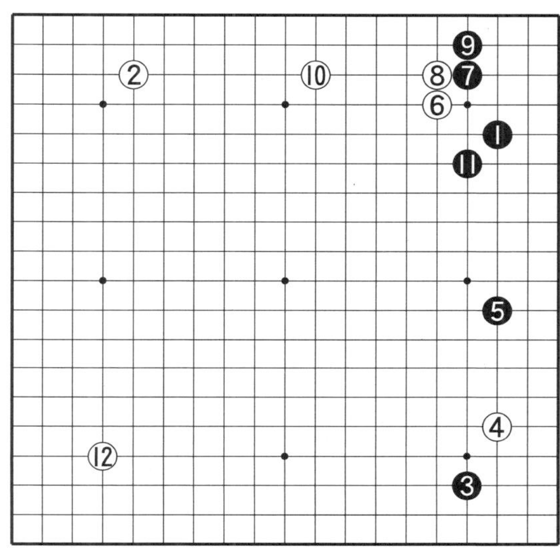

기보 20

과정은 눈에 잘 띠지 않는 법이다. 하야시 선생의 지론대로라면 슈와가 화점 포석의 선구자라 할 수 있지만 싹은 스승 조와의 영향에서 온 것이 아닐까.

기보 20은 그로부터 14년이 흐른 35세의 조와가 연하의 숙적 겐안을 상대로 시도한 대국이다. 이번에는 때 이르게 백12에 화점을 선택하고 있다. 발전된 것이라고 보면 무리가 될 것인가.

슈와의 화점이 2, 4수째 두어져 발전된 형태가 된 것은 사실이지만, 조와의 화점보다 비약적이라고 하기에는 미약하다.

그것은 슈사쿠에 있어서도 슈호에 있어서드 마찬가지다. 화점을 포석시기의 화점답게 운영한 사람은 누가 뭐라해도 슈에이라고 할 수 있다. 또 그것을 부활시켜 오늘날의 화점포석으로 뿌리내리게 한 공로자는 우칭위엔 선생이다.

흔히 대각선 포석이라 하는 전투형 포석은 이 시기에 만들어진 것이다. 앞서 감상했던 토혈국도 여기에 해당하는데, 이 포석을 전투형이라고 하는 것은

진영이 갈라져 전투가 불가피해질 확률이 매우 높기 때문일 것이다.

바둑사적으로 볼 때에 대각선 포석의 출현은, 슈사쿠의 1·3·5 포석의 태동이 이때부터 시작되었다는 의미가 있어 연구가치가 크다.

또 1·3·5 포석의 모체와 슈사쿠의 마늘모가 이때 겐안에 의해 이미 시도되었다는 사실도 짚고 넘어가야 할 부분이다.

기보 21을 보기 바란다. 이 바둑은 '이적(耳赤)의 묘수'로 유명한 겐안과 슈사쿠의 대국이다.

이 바둑은 이노우에가(井上家)의 11세 인세키가 은퇴하여 겐안 인세키(幻庵因碩)로 개명하던 해의 바둑이다.

주목할 점은 흑이 1·3·5로 포진하고 있다는 것과 흑9의 마늘모다. 단 수순 중 백6, 흑7, 백8을 잘 살펴보기 바란다.

백6은 겐안의 새로운 시도다. 이 수순과 비교하여 **참고도** 1을 보자.

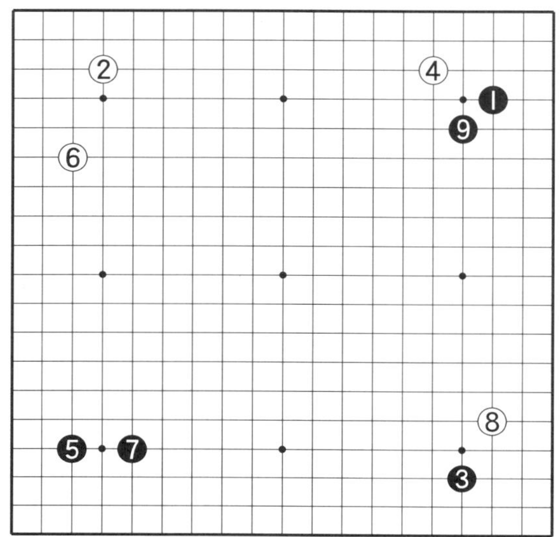

기보 21

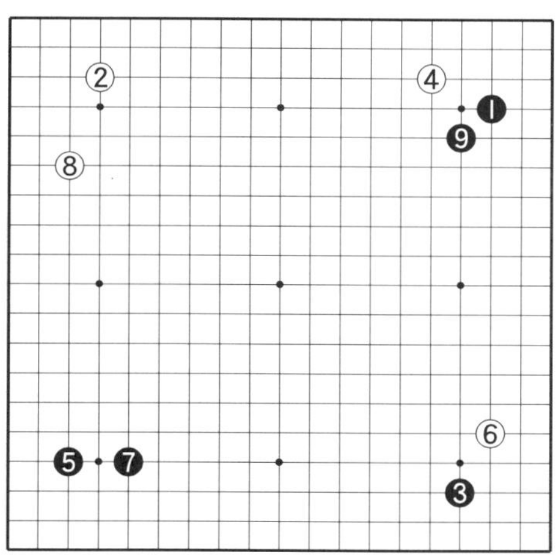

참고도 1

슈사쿠가 둔 1·3·5는 30여년 전 겐안이 이미 시도한 것이고, 백6, 흑7, 백8의 수순만 다른 똑같은 포진이라는 것을 알 수 있다.

참고도 1은 슈사쿠가 태어나기 16년 전의 것이고, **기보 21**은 슈사쿠가 17세 때의 것이다.

참고도 2는 '耳赤局'이 두어지기 3년 전의 바둑이다. 흑7의 마늘모는 **참고도** 1의 굳힘을 생략하고 단순히 먼저 둔 것이지만, 이러한 수법은 초반에 대한 깊은 연구가 없이는 시도되지 않는다.

슈사쿠의 어린 시절에 대한 이야기를 보면, 그 어마어마한 천재성에 경악을 금할 수 없게 되지만 그 사실 여부는 그렇게 중요한 것이 아니다.

그러한 것은 항상 와전되거나 과장될 수 있는 소지가 있으므로 역사 속의 일화는 일화로서 이해하는 것이 좋다.

기보 21-1은 기보 21의 진행도인데 이 진행을 잠깐 살펴 볼 필요가 있다.

대사정석이 이루어지고 있기 때문이다. 전술한 바와 같이 조와와 겐안의 시

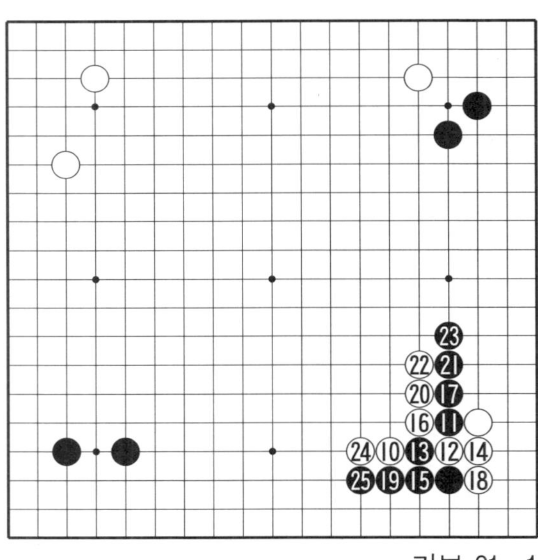

참고도 2

기보 21-1

대에 이 정석의 연구가 활발했었다는 점에서 당시 신수의 한 부분을 음미해 보는 것도 좋을 것이다. 우선 이 진행에서 백20은 겐안의 신수라고 한다. 그런데 백22는 수순에 문제점이 있는 것 같고, 흑25는 실착이다.

흑25로는 **참고도 3**과 같이 일자(日字)로 달리는 것이 옳다. 슈사쿠가 축을 착각한 것은 아닐까. 다른 변화가 일어날 수 있지만 실전보다 못하지는 않을 것이다.

또 백22는 **참고도 4**와 같이 두는 것이 수순이다. 백3으로 지킨 자세는 이 자체로 좋은 모양이며, 실전처럼 한번 더 밀 필요가 없기 때문이다. **참고도 4**도 일종의 정석이다.

이 변화는 정석책에 있으므로 궁금한 분은 책을 보기 바란다.

기보 21 -2는 실전진행이다. 백28·30의 이단젖힘을 당해 백40

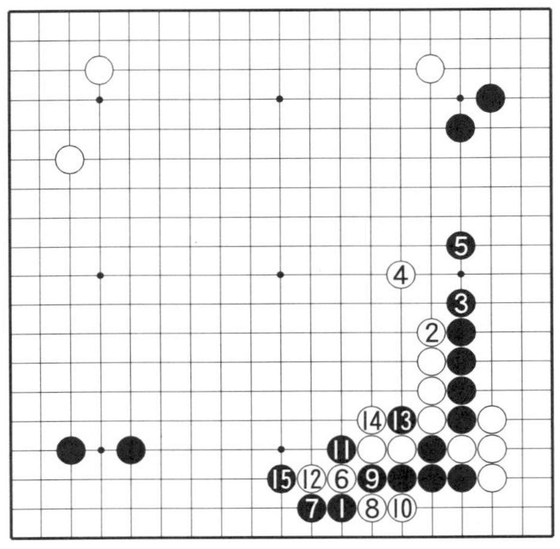

참고도 3

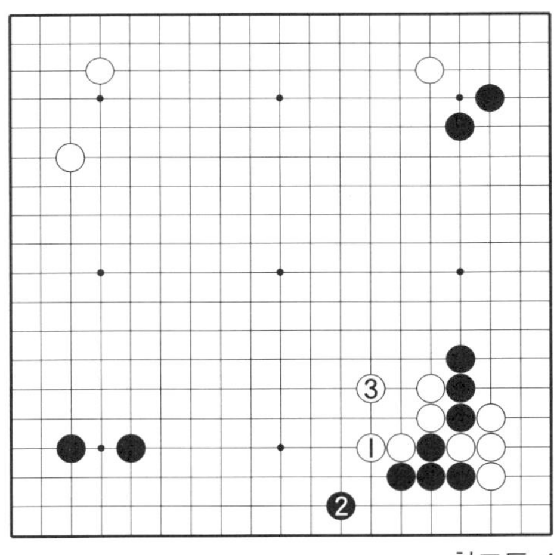

참고도 4

까지 패가 되어서는 때이른 흑의 고전이 예상되고 있다.

실제로 이 바둑은 중반까지 겐안의 화려하고 노련한 수법에 말려든 슈사쿠가 고전을 면치 못했다. 그러나 중반에 겐안이 전혀 예상치 못했던 '耳赤의 手'를 중앙에 둠으로써 역전시켰다는 전설적인 기록이 남아 있다.

참고로 '이적의 수'는 **참고도 5**의 흑2를 말한다. 이 수는 실전에서 127수 째에 해당한다. 이 수는 당시의 바둑관에서 어떤 경이로움을 느낄만한 한 수였음에는 틀림없다. 그러나 우칭위엔 선생이 말했듯이, 요즘의 젊은 일류의 기사라면 쉽게 둘 수 있는 수라고 생각된다. 또 이 수를 두기 전에 다른 응수타진도 얼마든지 있을 수 있다.

재미있는 것은 흑2를 두기 전에 당시 모든 기사들이 백의 필승을 의심하지 않았다는 점이다. 심지어 당사자인 겐안마저도 백1로 필승을 예상했다는 것인데, 만약 흑2가 필연의 수였다면 이미 형세는 흑에게 기울어져 있었다는 이야기가 된다. 백1은 대단히 큰 곳이다. 따라서 백이 손을 뺄 수는 없다. 흑A가 너무 좋기 때문이다. 물론 선수는 아니지만 흑B가 선수이므로 반상 최대인 것이다.

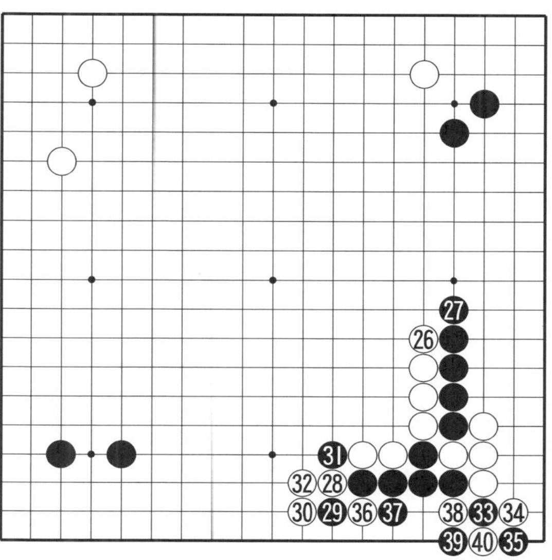

기보 21-2

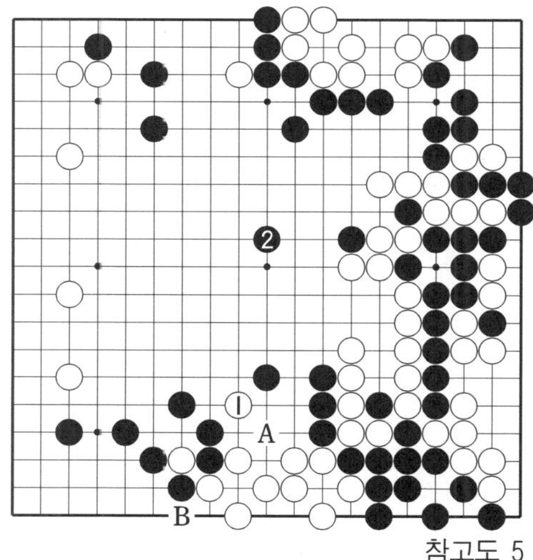

참고도 5

지금의 형세는 어떠한가. 이것으로 역전일까. 아니 그렇지 않다.

이적의 수로 흐름이 역류했다고는 하나 사실은 지금도 흑이 완전히 역전한 것은 아니다. 혼돈의 상태가 된 것뿐이다. 만약 이 바둑을 백이 이겼다 해도 '이적의 묘수'니 어쩌니 하는 미사여구와 일화가 만들어졌을까. 결코 그렇지는

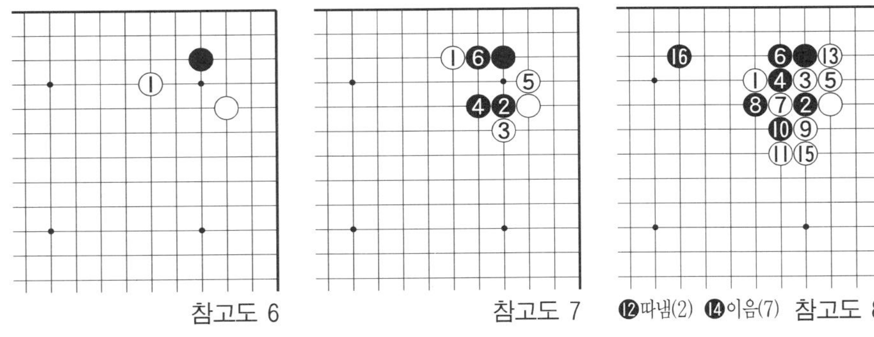

참고도 6　　　　　　　　　참고도 7　　　❶❷따냄(2)　❶❹이음(7)　참고도 8

않을 것이다.

원래 대사정석이란 대사백변(大斜百變), 또는 대사천변(大斜千變)이라 하여 대단히 복잡하고, 암수성 짙은 수법 또한 수두룩하여 기력이 약한 사람은 선택하기 힘든 난해한 정석이다.

또 대개가 판의 4분의 1을 차지하는 대형 정석이다 보니 현대에는 사용빈도가 크게 줄어들었다. 보통 대사는 **참고도 6**으로 알고 있으나 그 원형은 **참고도 7**에서 출발한 것이다.

참고도 7은 도사쿠 시대에 잠시 유행했던 정석이었다. 이 아이디어가 도치(道知)시대에 이르러 **참고도 6**을 탄생시킨 것이다.

그러나 이 시기까지 대사는 단순한 외목정석의 하나였다.

조와와 겐안의 시대 초기에도 이 수법은 진보하지 않았다.

중기에 들어 나타나기 시작한 형이 **참고도 8**이다. 그러나 이것은 흑이 백의 주문을 거슬려 단순화시킨 데 지나지 않으며 무조건 흑이 불리하다.

참고로 이 진행은 슈사쿠가 흑의 입장으로서는 단 한차례도 사용하지 않았다는 사실을 들어 흑의 부당성을 지적하고 싶다.

이것을 기점으로 대사는 글자그대로 백변하기 시작한다. '토혈국'에서 이노우에가의 연구되었던 비수(秘手)가 나타나는가 하면, '耳赤의 대국'에서 겐안의 신수가 나타나는 등 신형이 백출했다. 그것은 **참고도 9**와 같이 흑8로 시작되어 서로 양보하지 않으려는 치열한 접전으로부터 시작됐다. 그러나 한편으로

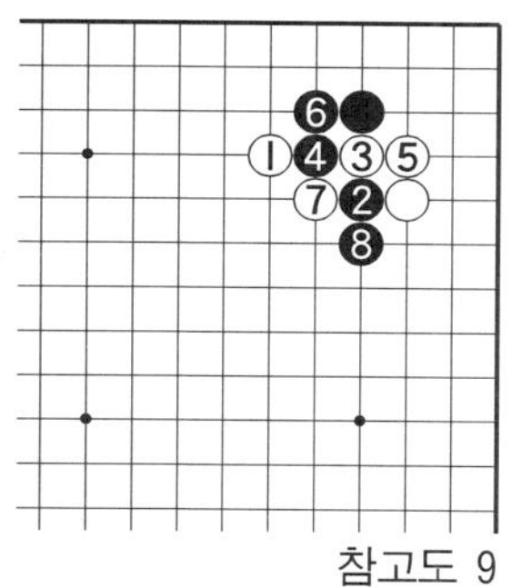

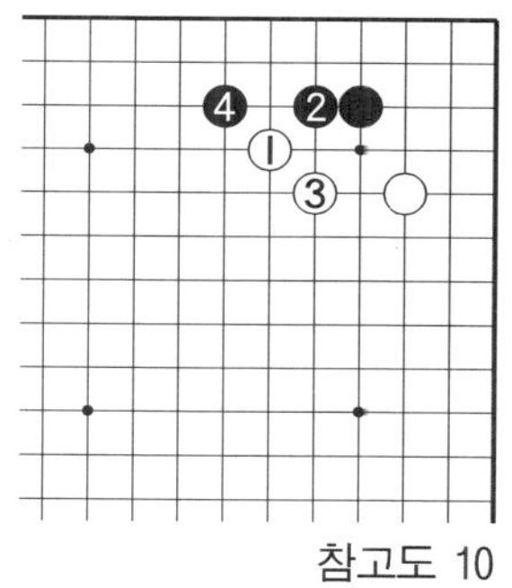

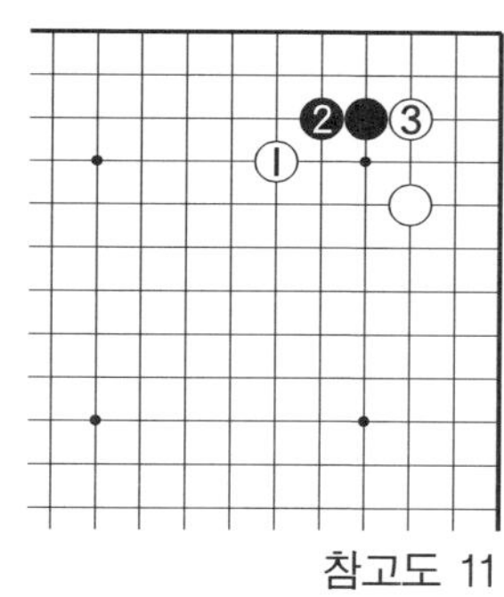

참고도 9 참고도 10 참고도 11

정석의 간결함을 추구하는 기풍은 복잡한 대사를
기피하기 시작했다.

　그것은 **참고도 10**에서 백1에 대한 흑2로 백3이
불가피할 때, 흑4로 두어 간결하게 처리하여 초반
의 접전을 피하고 중반에 폭넓은 전술을 펼치려는
의도가 주된 것이었다. 그러나 대사백변은 그 취지
가 정석으로부터 복잡한 변화를 이끌어내어 기선

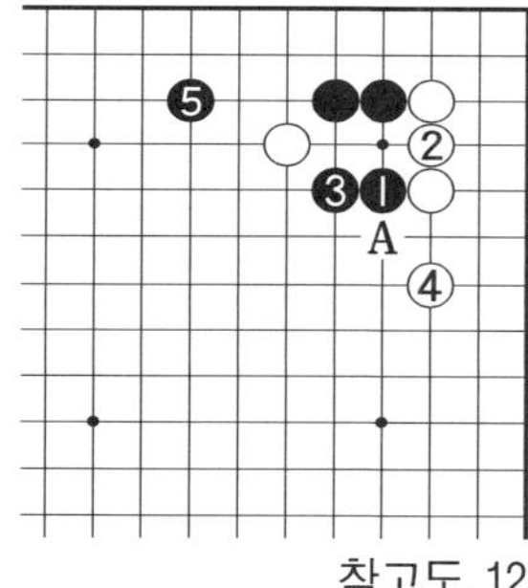

참고도 12

을 제압하려는데 그 목적이 있으므로 그 입장에서는 **참고도 10**이 그리 달갑지
는 않았을 것이다.

　그래서 등장한 것이 **참고도 11**의 백3이었을 것으로 추정된다.

　이 수는 겐안의 신수다. 겐안으로서는 조와를 제외한 나머지에 대해서는 모
두 백으로 두는 입장이다. 자신은 준명인, 즉 8단인 것이다.

　준명인의 권도로 난해하게 두어 하수자를 다루고 싶은 충동이 일어날 수도
있다. 간결하게 두려는 상대를 끝까지 추궁하는 것이 본래 상수의 권도인 것
처럼 알고 있으나 실은 그렇지 않다.

　이러한 경직된 사고는 혼인보가의 17, 19세 당주이자, 14세 혼인보 슈와(秀
和, 1820~1873)의 둘째 아들 슈에이(秀榮, 1852~1907)에 이르러 개화된다.

　참고도 11의 취지는 **참고도 12**의 흑1을 유도하려는 것이다. 흑1은 누구라도
차단하고 싶은 곳임에 분명하다. 그러나 백2로 둘 때 흑은 3이나 A를 선택할

수밖에 없다. 그러나 **참
고도** 12의 결과는 백돌
이 A에 있지 않고 백4
에 있으므로 이는 백이
좋다.

　그러나 흑이 **참고도**
13처럼 두면 수순만 바
뀌었을 뿐, 대사백변으
로 환원되어 이는 백이 바라는 바다.

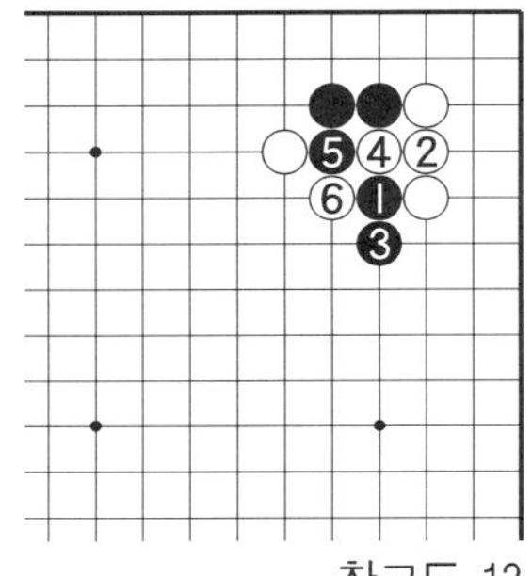

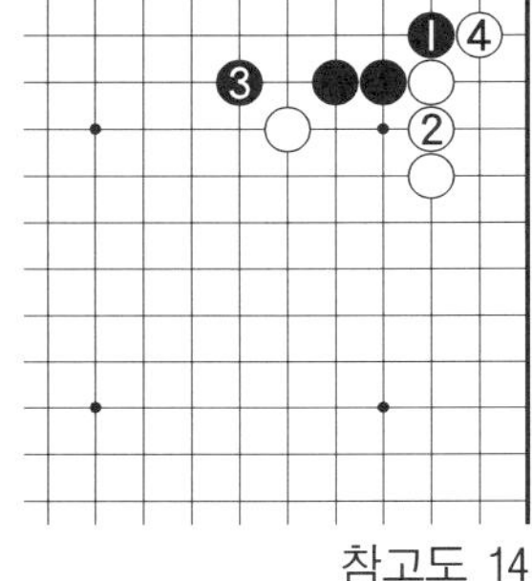

참고도 13　　　　　　　참고도 14

　따라서 흑은 이 두 가지를 선택할 수 없다.

　그래서 **참고도** 14도 두어졌는데 이 결과도 역시 백이 좋다. 흑이 선수이기
는 하지만 백의 실리가 너무 견실하고 크다. 그에 비해 흑은 아직 변쪽에서 공
략당할 소지가 남아있다.

　흑3으로 백4의 곳에 두는 변화는 당시 개발되지 않았다. 아마도 봉쇄되는 것
이 싫어서였을 것이다.

　어쨌든 그렇다면 결론은 난 셈이다. 겐안의 신수는 위력적인 것이며, 따라서
대사로 씌운 이상 접전은 피할 수 없다는 얘기가 된다. 그래서 대사정석의 발
전은 오늘날까지 거듭하여 백변으로, 천변으로 책 한권의 분량만큼 는 것이다.

　참고로 **참고도** 15는 겐안의 신수가 두어진 대국이다.

　슈와는 부분적인 접전은 간결하게 처리하고 집으로 앞서려는 생각이고, 겐
안은 상변으로 흑을 유도하여 공격의 전단을 만들려는 생각이다. 슈와의 이러
한 사고는 현대의 사고와 부합한다. 슈와 이전에는 이와 같은 흐름의 기보를
찾을 수 없다. 그렇다면 현대바둑에 초석을 깐 사람이 슈와라고 하는 것도 무
리는 아닐 것이다.

　바둑에 현대적 감각이 나타나기 시작한 것은 시대적 상황과 전혀 무관하지
않다. 혹자는 바둑 두는 사람이 세상물정 돌아가는 데 마냥 무감각하여 딴 세
상 일처럼 생각할 것 같지만, 시대 흐름에 의한 사회적 영향을 전혀 안 받는

다는 것은 있을 수 없는 일이며, 또 그 중에는 깬 사람도 있고 민감한 사람도 있는 것이다.

슈와 시대의 일본은 급변하는 세계 정세 속에 놓여져 있었다. 특히 젊은 세대에 있어서는 각자(覺者)가 속출하고 있었으며 서양문물에 대한 연구도 활발하게 진행되고 있었다.

일본의 바둑계가 제7대 메이진 혼인보 사쓰겐(察元)의 시대(1770~1788)로부터 10세 레쓰겐(烈元, 1750~1808)을 거쳐 '겐

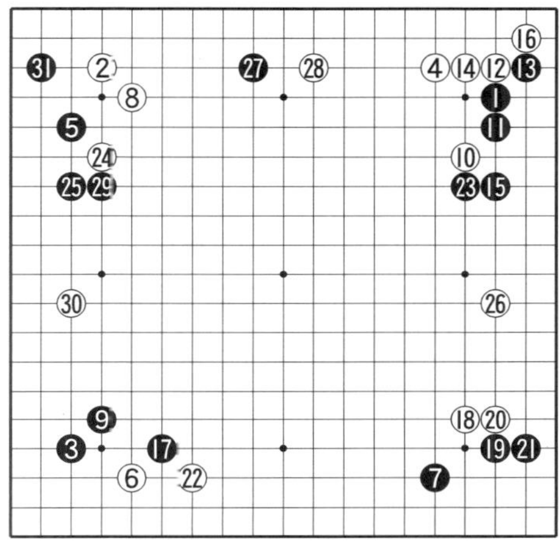

참고도 15

조·지도쿠(元丈·知得)'의 시대, 12세 조와 시대에 이르는 동안 세계 열강들의 움직임은 구 시대의 모순을 청산하고 새로운 질서를 찾기 위한 사상적 갈등의 소용돌이에 휩싸여 있었다.

미국의 독립전쟁(1775~1783)은 프랑스혁명(1789~1795)의 사상적 배경이 되어 유럽 전체를 뒤흔들어 놓았고, 이러한 사상적 갈등은 마치 14세기에서 16세기에 이르는 동안 종교적 도그마(dogma)에 대해 눈을 뜬 지성들이 저항했던 것처럼 새로운 시대의 르네상스(renaissance)를 부채질하고 있었다.

헤겔(Georg Fridrich Wilhelm Hegel, 1770~1831)과 같은 철학자는 소크라테스(Socrates, B.C.469~399) 시대의 대화문답형 변증법(辯證法)을 탈피하여 논리학적 인식론을 근거로 한 새로운 개념의 변증법(辨證法, dialectic)을 주창하였고, 영국의 자연학자 찰스 다윈(Charles Darwin, 1809~1882)은 '진화론'을 주창하여 지난 모든 역사를 지배해 왔던 '창조설'에 찬물을 끼얹었다.

신대륙이었던 미국은 1830년 유럽 각지로부터의 집단 이민이 줄을 이었고,

그들은 개척시대의 주역이 되었다. 1848년 캘리포니아의 금광이 발견되면서 일확천금을 꿈꾸는 사람들은 너도나도 서부로 서부로 몰려들었으며, 1869년 개통된 대륙간 횡단철도는 이민의 쇄도에 박차를 가했다. 또 남북전쟁(1861~1865)은 미국의 산업혁명을 촉발시켜 세계 제1의 공업국으로 비약하는데 결정적 기여를 했다.

그러한 와중에, 1853년 일본과 미·일 통상교섭의 책임을 맡은 미국의 페리(Perry, Matthew Calbraith, 1794~1858)가 함선을 이끌고 통상을 강요한, 이른 바 페리호 사건이 발생하는 등 일본도 세계의 추세에 편승해 메이지 유신(1867년)이라는 대변혁의 소용돌이로 치닫고 있었던 것이다.

겐안의 어린 시절은 그의 후일담에 이렇게 기록되어 있다.

"소인 5세에 바둑을 배워 어린 몸으로 침식을 잊고 정진하여 11세에 초단 면허를 얻게 된 뒤는 17세까지 벼개를 대어본 밤이 없었으며, 또 더욱 26세의 봄까지 이틀 낮 이틀 밤, 사흘 낮 사흘 밤 자리를 뜨지 않는 수업을 몇 십번 겪은 탓인지 20세에 벌써 어금니 4개가 빠졌습니다."

무시무시한 말이다. 사실인지 아닌지는 알 수 없지만 말대로 하자면 상상도 못할 정도로 초인간적인 바둑공부를 한 셈이다.

그런데 아이러니칼하게도 겐안은 '위기묘전(圍棋妙傳)'을 통해 이렇게 말하고 있다.

"25세까지의 바둑은 티끌 같은 것, 신(申), 유(酉) 양년간에 졸연(猝然)히 향상되었음을 마음으로 깨달았다."

이게 무슨 말인가. 그 동안의 공부가 티끌이었다니.

신유는 1824, 5년이다. 갑자기 깨달았다는 그 해 이후에 숙적 조와와의 대국 중 단 1국을 위기묘전에 싣고 있다. 그리고 "이것이 바로 나의 바둑이다. 12세 혼인보 조와, 11세 이노우에 인세키"라고 크게 적어 놓았다.

이 바둑은 겐안으로서는 조와와의 마지막 대국이 된다. 중단은 되었지만 흑 불계승이 분명하다. 기권인 셈이다.

'위기묘전'에서는 조와 뿐 아니라 오가와 도데키나 기성 도사쿠, 레쓰겐과 야

스이 센치가 둔 바둑(축을
착각한 기보) 등을 평하면
서 바둑은 '운의 기예'임을
애써 강조하고 있다.

　그러나 과연 자신이 명인
이 되었어도 그렇게 말했을
까. 아마 그렇지는 않을 것
이다. 명인이 되지 못했기
때문에, 그토록 염원했던
명인의 지위에 오르지 못했
기 때문에 그 한을 이렇게
변명처럼 실토하는 것일 뿐
이다. 명인에의 한이 그토
록 컸을까.

　겐안이 메이진에 오를 수

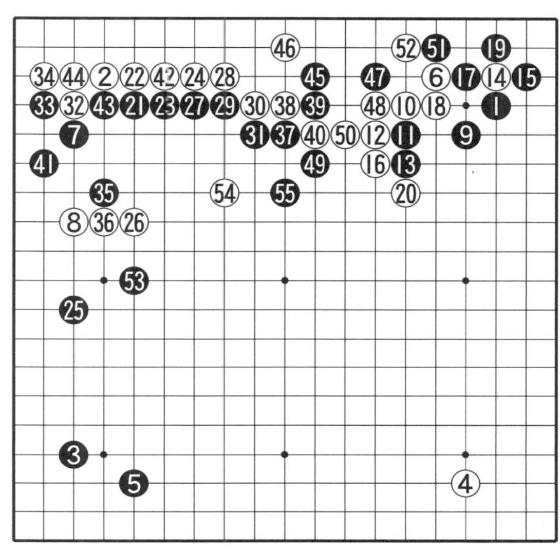

기보 22

있는 기회가 전혀 없었던 것은 아니다.

　조와의 정치적 수단에 농락되어 명인 취위에 실패했던 겐안에게 마지막 기
회가 찾아 온 것이다. 1839년 11월 말 조와가 은퇴하자 겐안(43세)은 그 이듬
해 1840년 메이진 고도코로를 신청했다.

　조와 은퇴의 이면에는 겐안의 반격도 있었지만 그보다는 하야시 겐비의 원
한이 작용한 바 크다. 또 조와의 은퇴는 자진해 이루어진 것이 아니고 권력에
의해 불명예 퇴진한 것이다.

　본래 조와의 1831년 메이진 고도코로 취위는 조와의 능력 때문은 아니었다.
8단으로 승단시켜 준다는 조와의 감언에 넘어간 겐비가 로비를 한 결과였던
것이다. 겐비의 후원자는 도쿠가와 고상게(德川御三家)의 하나인 미토게(水戶
家)의 실력자 수이오공(翠翁公)이었다.

　고상게란 도쿠가와 이에야쓰의 아들을 한슈(藩主 : 봉건제후)의 원조로 삼는

오와리(尾張), 기이(紀伊), 미토(水戸)의 3한슈를 말한다.

이에야쓰의 후손은 쇼군(將軍) 직계의 쇼군게와 고상게, 또 마쓰다이라게(松平家)로 나뉘는데, 쇼군 직계의 대가 끊기게 되면 그 후계자를 고상게 중에서 나오도록 했다. 여기서 마쓰다이라게란 서출(庶出)로서 '토혈지국'이 벌어졌던 바로 그곳이다.

'메이진 고도코로 조와'란 이름은 자기를 고도코로에 추천만 해 주면 곧 8단으로 승단시켜 주겠다는 조와의 속임수에 넘어간 겐비가 수이오공에게 청탁하여 사실상 실현되었던 것. 그러나 뒤늦게 속은 것을 알게 된 겐비가 수이오공에 대한 죄책감으로 죽음을 각오하고 관아에 호소함으로써 조와의 퇴진은 전격적으로 결정되었던 것이다.

그 시기에 맞물려 겐안의 고도코로 청원은 수순대로 진행되었으나, 진작부터 이를 예견했던 조와의 대책이 있었던 것이니, 그것은 바로 슈와로 하여금 소고(爭棋)를 두도록 하는 것이었다.

그러나 조사쿠와 슈와의 이의신청에도 불구하고 겐안의 고도코로 취위는 시간문제로 보였다. 사전에 겐안이 바쿠후 요직에 교섭도 해두었던 터라 순풍을 탄 것처럼 착착 진행되어 갔다.

그렇지만 조사쿠의 끈질긴 설득으로 이의서는 결국 상부에 보고되었으며, 바쿠후는 소고를 명했다. 조사쿠와 겐비는 슈와를 지명했고 소고는 4번기로 결정되었다.

제1국은 그 해 11월 29일부터 시작하여 12월 13일까지 8주야가 걸린 끝에 슈와의 4집승. 겐안은 이 동안 두 번이나 피를 토했다.

그리고 고도코로 청원을 취하했다. 자신을 잃은 것이다.

건강을 되찾은 1842년 5월, 재기를 노렸으나 6집을 패했고, 같은 해 11월, 3일에 걸친 대국마저 4집을 패하자 겐안은 시대를 못 만났음을 통감하고 고도코로의 꿈을 접고 말았다.

고대 중국 춘추전국시대의 사상가들은 오늘날과 달라서 자신의 사상을 피력할 상대가 수많은 민중이 아닌 몇 몇 안되는 사대부에 국한되고 있었다. 그 사대부는 한 나라의 가신이며, 그 나라의 정치에 참여하는 사람이다. 참여의 방법에는 여러 가지가 있겠지만, 이들의 최대 관심사는 어떻게 하면 백성을 잘 다스리고 나라를 편안하게 할 수 있느냐에 있었다.

사상가들은 자기의 이론이 군주에게 이용되는 것을 기대하고 활동했다. 따라서 그들의 이론은 왕과 재상에 대한 진언의 형식을 취했다. 무욕의 상징 노자의 경우도 그와 같은 사회 속의 한 사람인 이상 사대부와 군주를 상대로 하여 설득하고 있으며, 관심은 정치에서 떠나지 않았다. 이 모든 사상의 발원은 정치에 근거하는 경향이 강했던 것이다. 다만 노자의 지론은 권력자에게 이롭지 못했기 때문에 채택되지 않았을 뿐이다.

후세의 사람들이 지어낸 말인지는 모르지만, 그러한 노자가 공자에게 이르기를 "양고(良賈)는 깊이 간직하고도 비어있는 것과 같다."(史記 老子列傳) 하며, "당신의 유창한 말솜씨의 내용은 알고 보면 모두 고인이 된 인간의 말에 불과하다. 언어는 본디 그 사람과 함께 있는 것, 그러므로 당신의 말은 죽은 말과 같은 것이다."라고 했다.

물론 유교는 상고주의(上古主義)이며 옛 성인과 전통적인 가르침만을 존중했다. 따라서 내용도 죽은 자의 것이다. 그와 같은 것은 단지 말에 불과하다. 살아있는 자에게 얼마나 도움이 될 것인가.

그러나 지금 노자 또한 죽어 사라지고 없으며, 남은 것은 말 뿐 더구나 실제로 그 말이 그의 것인지 아닌지도 알 수 없다.

그렇다면, 고인의 언변이 부정이었다면 그 역시 부정되는 것 또한 하나도 이상할 것이 없다. 그 또한 지극히 자연스러운 것이다. 피차 결승(結繩)의 시대로 돌아가지 못하는 것은 마찬가지가 아닌가.

겐안이 선대의 기성 도사쿠나 심지어 숙적 조와에게 이렇게 말한다 해도 그것 또한 말일 뿐이며, 그런 말이 쌓여 역사로 만들어지는 과정은 모두가 자연스러운 것이다.

일본의 바둑사가들은 한결같이 말한다. "바둑 역사상 두 사람의 걸출한 인물이 있다. 한 사람은 겐안 인세키요, 또 한 사람은 무라세 슈호(村瀬秀甫, 1838

~1886)다.” 라고.

한편, 조와는 1834년 14세의 슈와(秀和, 1820~1873)가 성장할 때까지 우선 후계자에 스승 겐조의 친아들 조사쿠(宮重丈策)를 앉힌 후, 1838년 고도코로를 반납한다. 또 그 해 18세의 슈와를 조사쿠의 후계자로 지목하는 등 치밀한 구상을 마친 후, 1839년 1월 슈와와 1국을 시험하고 뒷걱정 없이 은퇴한다.

은퇴한 이듬해 1840년 관가에서 하사한 집에 이사한 조와는 가끔 도장에 나타나 후진의 바둑을 보아주거나 지도바둑을 두었다고 한다. 싸움바둑으로 알려져 있는 조와지만, 그의 바둑교육에 관한 훈계를 보면 인상은 전연 다르다. 만년에는 두는 것보다 가르치는 것에 익숙해졌을 수도 있는 것이지만, 어쨌든 바둑을 배우는 문하생들에게 강조한 조와의 다음과 같은 훈계가 좌은담총에 기록되어 있다.

“수업에는 정(正)과 사(邪)가 있다. 사도(邪道)란 과욕을 말한다. 사도의 수법은 안 보이는 수를 찾아내려 굳이 시간을 끌어서 억지로 만드는 수법이다. 모르는 수는 생각을 해도 여간해서는 보이지 않는 법이다. 따라서 둘수록 후퇴한다. 정도(正道)란 욕심이 크지 않음을 말한다. 그 기술은 속기로서도 맥법을 잊지 않는 데에 있다. 빠르면 욕심이 생길 여지가 없다. 욕심이 안 생기면 수법이 훌륭하여 차츰 진보한다.

이는 초보자가 첫째로 유의할 일이다. 또 집 취하기, 말 잡기, 적지에 깊이 들어간 돌을 달아나는 따위는 모두 좋지 않다. 무릇 집 취하기는 틈이 생기고 돌 잡기는 무리하다. 깊이 들어가는 것은 욕심이다. 돌이 달아나는 것은 비겁하다. 그러므로 집 취하기, 돌 잡기를 하지 말 것이며, 깊이 들어갔으면 돌을 버리고 두어라. 집을 취하지 않으면 견고하고, 돌을 잡지 않으면 온건하고, 깊이 들어가지 않으면 무욕하다. 돌을 버리는 것은 날카로움이다.”

과연 이러한 말이 바둑을 수업하는데 있어 얼마나 도움이 될 것인지는 모르겠지만, 이런 류(類)의 말은 현현기경 등의 고전에서도 나타나는 동양적인 교육관에서 전승된 것이며, 시대적인 관념의 차이이므로 현대와 비교할 일은 아닐 것이다.

화정(和政) 시대가 260년 에도(江戶) 바둑 사상 수많은 인물을 배출했지만 유독 이 시기의 바둑사가 조와·겐안의 시대로 압축되고 마는 것은 그들의 암투가 그만큼 치열했다는 것을 의미하는 것이기도 하지만, 한편으로 손에 땀을 쥐게 할 만큼 드라마틱하게 이 두 사람의 관계를 묘사한 좌은담총의 저자 안토 뇨이(安藤如意)의 치밀한 구성력에 힘입은 바 크다.

물론 두 인물의 투쟁사가 좌은담총에만 기록되어 있어 그런 것이기도 하지만, 사실상의 역사 또한 메이지 유신이라는 격변기를 눈앞에 둔 시점이었기 때문에 더욱 실감나는 일일 것이다.

격변기의 철인(哲人) 슈와(秀和)

　일본 바둑사를 보면, 위기사철(圍棋四哲)이라는 4명의 인물과 덴포사걸(天保四傑)이라는 4명의 인물이 등장한다.

　원래부터 작명(作名)이나 조어(造語)를 좋아하는 나라이기도 하지만, 이 조어들은 그야말로 그 인물들을 평가하는데 가장 잘 부합한다는 느낌이 든다. 위기사철이라 함은 곧 4명의 바둑 철인(哲人)이라는 뜻일 것이고, 덴포사걸이라 함은 덴포시대, 즉 천보(天保, 1830~1843) 시대를 풍미했던 4명의 바둑 호걸이라는 뜻일 것이다.

　호칭의 이미지를 보아도 알 수 있지만, 사철은 사걸보다 차원이 높다. 사철은 명인의 실력을 갖추었으면서 명인이 되지 못한 사람들을 칭하는 것이고, 사걸은 준명인격의 실력을 가졌던 사람들을 칭하는 것이다.

　위기사철을 거론할 때, 그 중 가장 먼저 입에 올리는 인물이 바로 슈와(秀

和, 1820~1873)다. 이를테면 태두(泰斗)격인 셈이다. 사철에는 이 사람 외에 조와의 숙적이었던 겐안 인세키와 조와의 스승이었던 겐조(元丈 11세, 1775~ 1832), 그 겐조와 일대의 명승부를 펼쳤던 지도쿠 센치(知得仙知 8세, 1776~ 1838)가 포함된다. 겐조와 지도쿠는 동 시대에 두 명의 명인이 있을 수 없었 기 때문에 두 사람 모두 명인이 되지 못했고, 겐안은 슈와의 저지로 인해 끝 내 명인을 차지하지 못했다. 그러나 슈와 역시 이노우에가의 13대 당주 마쓰 모토 인세키(松本因碩, 1828~1891)로 인해 명인의 꿈을 단념해야 했는데, 그 이유가 겐안의 원혼 때문이었다는 전설같은 이야기가 전해지고 있다.

또 덴포사걸이라는 인물들은, 슈사쿠로서는 가장 난적이었다는 도쿄의 멋쟁 이 오다 유조(太田雄藏, 1807~1856), 천하의 호주가였다는 이토 쇼와(伊藤松 和, 1801~1878), 주색잡기의 팔난봉이었다는 야스이 산치(9세 安井算知, 1809 ~1858), 1861년을 끝으로 영원히 사라진 으시로고(御城碁)의 최후를 장식했 다는 사카구치 센도쿠(坂口仙得, 1801~1861)가 바로 그들이다.

슈와는 알다시피 1840년 혼인보가의 후계자로 지목되어 53세로 타계하는데, 말년에 '메이지 유신(明治維新)'이라는 격변의 동란을 겪는 인물이다. 메이지 유신이란 1867년 도쿠가와 바쿠후의 15대 쇼군 도쿠가와 요시노부(慶喜)로부 터 정권을 빼앗고, 그 해 12월 메이지 천황이 왕정복고를 선언한 것을 말한다.

이 사건은 형식적으로는 바쿠후에서 조정으로 정권이 이양된 것에 불과하지 만, 실질적으로는 봉건제도에서 근대 자본제로 주축이 바뀐 혁명적 사건이다. 이 사건이 역사적으로 일대 변혁이었던 것만큼, 일본 바둑계에 끼친 영향도 엄 청난 것이었다. 이러한 동란의 과정에는 제도의 혁신이 일어나게 마련이어서, 낡은 구습과 안이한 제도는 우선적인 타파의 대상이 된다. 따라서 그 동안 바 쿠후 정권이라는 우산 아래 보호받던 바둑계는 하루아침에 설 자리를 잃게 되 었고, 기사들은 봉록이 끊겨 생계수단마저 위협받게 되었던 것이다.

더구나 유신의 과정에서도 보수집단과 개혁을 요구하는 집단의 투쟁도 가세 하여 세상 전체가 어수선하기 이를 데 없었다.

그러한 동란의 소용돌이 속에서는 정치적 속성을 갖지 못한 기사들은 도태되기 십상이다. 평생을 바둑만 두며 살던 사람은 이런 경우 사회적으로 바둑 이외의 어떤 일도 할 수 없는 것이 보통이다.

슈와도 예외는 아니었다. 더구나 가문의 내부에서는 메이지 유신이 일어나기 5년 전 후계자였던 슈사쿠를 잃고 다음 후계자를 지목하는 과정에서, 슈사쿠 다음 세대의 명인으로 일찌감치 인정받고 있던 무라세 슈호를 12대 혼인보 조와의 미망인이 반대함으로써 이미 갈등의 불씨를 안고 있었다.

이 사건을 빌미로 슈호는 훗날 1879년 혼인보를 이탈하여 호엔샤(方圓社)를 창립하게 된다.

1870년 무렵 슈와는 대대로 이어 온 소쇼마치(相生町)의 대지에 가건물을 짓고 임대를 놓아 그것으로 생계를 유지했다.

그마저도 화재가 발생해 건물이 전소되는 등 가문의 액운은 끊이지 않고 계속되었다. 후계자였던 장남 슈에쓰(秀悅 15세, 1850~1890)는 그러한 가문의 횡액과 경제적 어려움을 견디다 못해 정신이상이 되었고, 그것이 원인이 되어 죽음으로까지 치닫고 말았다는 기록이 남아 있다.

메이지 유신 이래 아버지 슈와와 형 슈에쓰를 비참한 죽음으로까지 내몰았던 가문의 혹독했던 시련은, 훗날 하야시가의 마지막 13세 후계자로 갔다가 다시 가문에 복귀한 차남 슈에이(秀榮 17, 19세, 1852~1907) 대에 이르러서야 진정되었다.

슈와의 바둑은 그 이전의 바둑에서는 볼 수 없었던 다양한 포진의 시도에 있을 것이다. 현대에 중국식이나 2연성과 같이 이름이 붙여진 것이 아니므로 포진이라 말하기는 어렵지만, 포석이라는 관점에서 슈와처럼 다양한 포진을 구사한 기사는 없었다.

그렇다고 그의 수읽기가 명인의 그것에 비해 부족했다는 뜻이 결코 아니다. 수읽기 역시 발군이었지만, 슈와의 수읽기는 종전의 기사와 색다른 면모를 가지고 있었다. 주도면밀한 수읽기의 차원을 한 단계 높여, 우선 형세를 정확히 판단하고 약간이라도 우세가 확실하다면 그것으로 냉정하고 간결하게 마무리 하는 명쾌한 바둑을 구사했던 것이다.

슈와는 가끔 문하생들에게, "내 바둑이 결코 너희보다 강하다고 말하지는 않겠다. 다만 나는 바둑을 둘 때, 모든 변화를 감안해 포진하기 때문에 같은 모양의 바둑은 없다는 것이다. 이 점이 너희와 다를 뿐이다."라고 말했던 것은 바로 그러한 다양한 포석의 시도를 의미한다고 볼 수 있다.

슈와의 일화 중에는 '토혈지국'에 관한 것을 빼 놓을 수 없다.

기보 23은 전술한 바 있는 '토혈지국'의 기보인데, 이 장면에서 스승 조와의 수순에 오류가 있음을 지적하여 일설에는 스승의 자존심을 상하게 했다고도 하며, 또 일설에는 조와를 감탄시켰다고도 한다.

문제의 수순은 기보 23의 백1 이하 5까지로, 이 진행은 우변의 백2점이 고사(枯死)하여 백의 때 이른 고전이 예상되는데, 여기서 슈와의 견해는 **참고도** 1이었다.

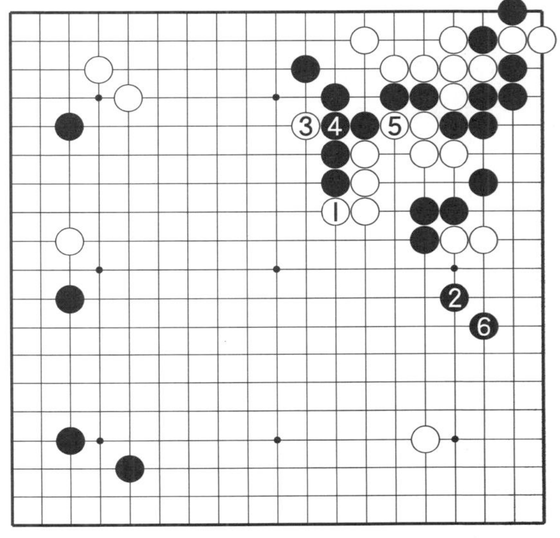

기보 23

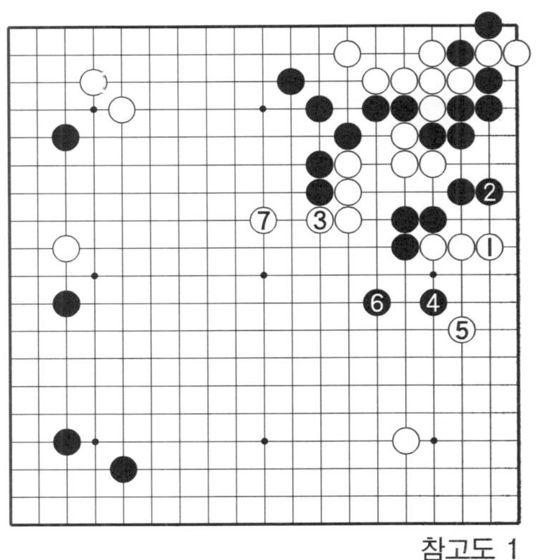

참고도 1

먼저 백1로 두어 흑2로 보강하게 한 후, 벅3이 올바른 수순이었다는 지적이다. 백7까지, 이 진행이라면 실전처럼 백이 때 이르게 고전하지는 않았을 것이라는 견해는 정확하다. 실전은 마치 백이 거북이 걸음으로 흑을 쫓아가는 듯한 느낌을 주기 때문이다.

이 부분은 현대의 대기사들에 의해 수많은 검토가 있었다. 그리고, 슈와의 견해는 정확한 것이었다고 평가하고 있다. 이곳에는 생각보다 많은 변화가 숨어 있지만, 생략하기로 하고 참고도 2의 백1에 흑이 2로 공격했을 때의 변화만 살펴보는 것으로 만족하자.

한마디로 참고도 2의 백3때 흑4로 가두는 것은 성립하지 않는다. 백5·7로 끊는 수가 있기 때문이다. 흑14까지는 외길이며, 백15에 이르러 흑은 더 이상 수가 없어 궤멸되고 마는 것이다.

이 바둑이 두어졌던 때는 슈와의 나이 겨우 15세였

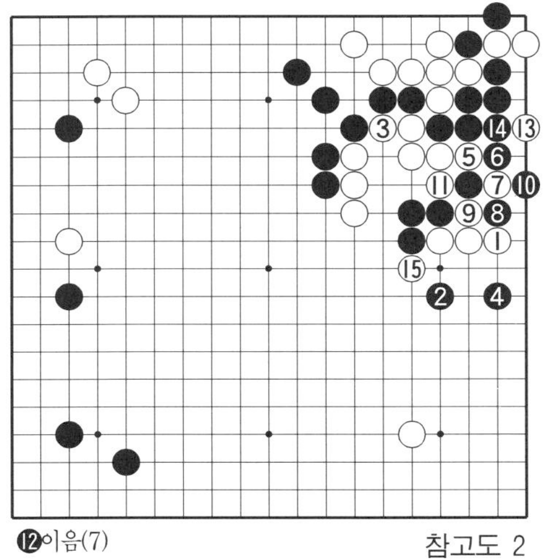

⑫이음(7) 참고도 2

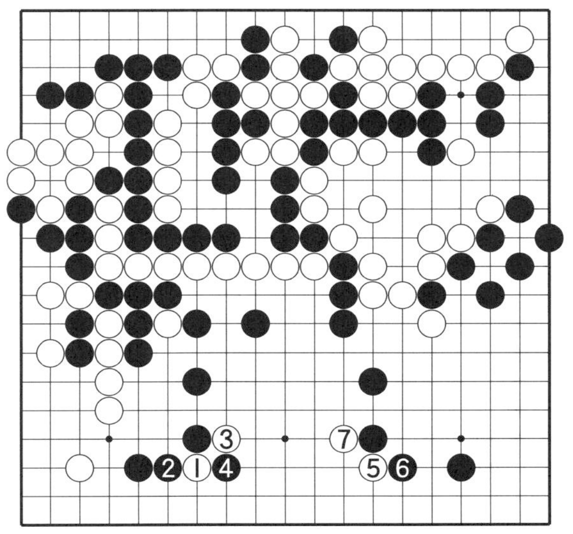

기보 24

는데, 그 나이에 명인의 바둑을 이처럼 날카롭게 분석 평가할 수 있었다는 것은 그가 명인의 그릇이 분명했음을 확인할 수 있는 단적인 예라 하겠다.

이번에는 슈와의 형세판단과 수읽기를 알아볼 수 있는 기보를 감상하자. 기보 24는 그가 22세때, 겐안의 메이진 취위를 둘러싸고 벌인 대국으로, 문제의 장면은 하변에 침입한 백에 대해 흑이 어떻게 대응할 것인지 묻는 것이다.

백1 이하 7까지는 거의 접바둑에서 상수가 하수의 진영을 교란하는 듯한 수법인데, 과연 이 장면에서 슈와는 어떻게 형세를 판단하고 있었을까.

슈와의 선택은 놀랍게도 **참고도** 1의 흑1이었다.

이것으로 이 부근의 맛은 깨끗이 해소된 것이 틀림없지만, 이 백을 알기 쉽게 살려주어도 승산이 있다고 본 것일까.

흑21까지 분명 국면은 혼미하다. 이 진행을 검토한 대부분의 현대 기사들은 흑의 승산을 믿지 않는다. 그리고 **참고도** 2를 추천하고

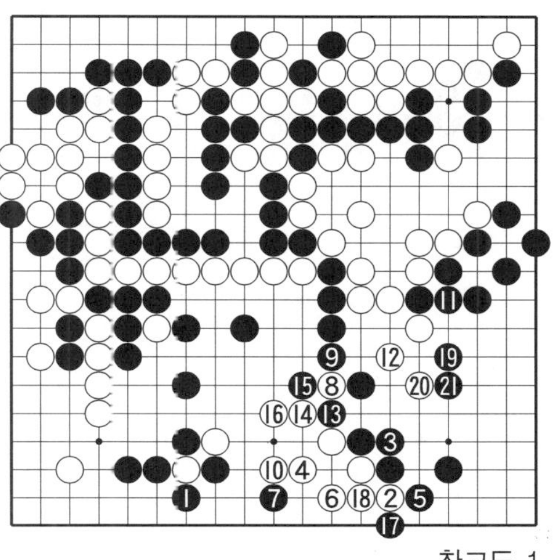

참고도 1

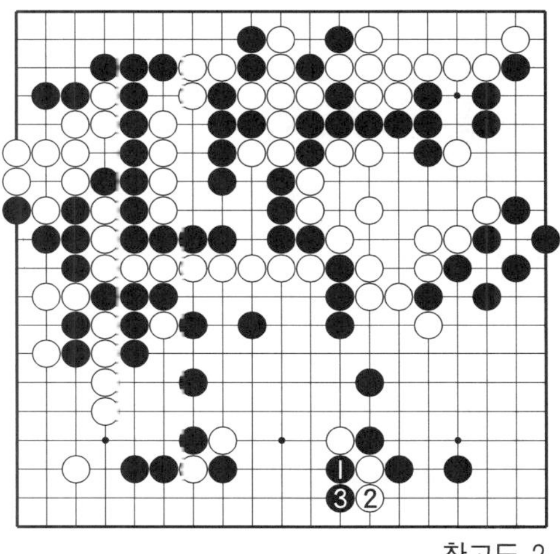

참고도 2

있다. **참고도** 2에서 백에게는 무슨 수가 있을까. 슈와가 가장 먼저 검토할 수 있는 이 진행을 읽어보지 않았을 가능성은 없다. 그런데 이 진행을 외면하고 백을 살려주는 선택을 한 것은 무슨 연유였을까.

그러나 결론을 보면, 이후 좌상귀에서 백이 끝내기의 묘수까지 터뜨렸음에도 종반의 형세는 박빙으로 흘러갔고, 결국 흑 1집승이 확정되는 순간이었다.

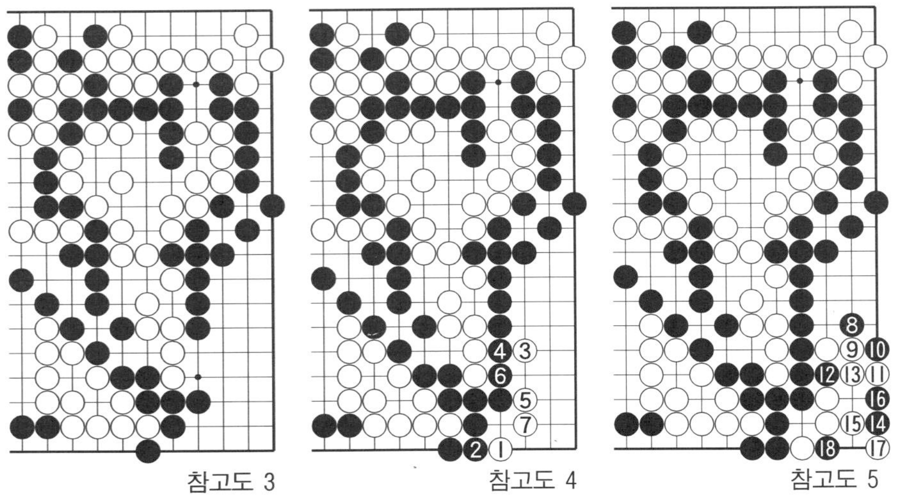

참고도 3   참고도 4   참고도 5

참고도 1의 시점에서 슈와가 승리를 확신했는지는 알 수 없는 일이다. 다만 확실한 것은 결과가 그리 되었다는 것뿐이다.

참고로 이 바둑은 지금까지의 진행도 불가사의한 구석이 있지만, 막바지 종국 직전, 흑 1집승이 결정 난 순간에는 더욱 더 수수께끼와 같은 사건이 벌어진다.

참고도 3의 장면에서 우하귀 흑집에는 수단의 여지가 있을까.결론을 말하면 아무 수도 성립하지 않는다. 이 모양은 귀에서 만들어지는 기초사활 중 약간의 난이도가 있는 정도로서 전문가가 못 볼 수준의 문제는 결코 아니다. 그런데 무슨 생각에서였는지 겐안은 참고도 4를 결행했던 것이다. 그러나 슈와가 이를 모를 리 없다. 참고도 5 흑18에 의해 자충이 되므로 이 백은 귀곡사가 되어 살지 못한다.

이것으로 백은 5집이 강하게 손해를 보았다. 따라서 흑의 6집승. 이런 수를 끝내기 단계에서 한다는 것은 전문가로서 명예에 관한 문제다. 어차피 진 바둑이므로 시도해 보았다기에는 명인을 노리고 있는 겐안의 명예에 관한 문제인 것이다.

이 모양은 사실상 귀의 3 · 三정석에서 파생되는 실전형과 같은 유형이다. 따라서 실전형과 생김새만 약간 다른 것일 뿐, 풀이과정이 다른 것은 아니다. 원리는 그와 똑같은 것이다. 재미있는 것은 이 사활이, 2000년 새해 벽두를 장식했던 이창호 9단의 착각으로 리바이벌되었다는 점이다.

참고보가 바로 그 대국인데, 최규병 9단이 흑1 이하 흑5로 치중했을 때 믿을 수 없는 일이 발생했던 것. 이창호 9단이 **진행도**의 백6 (실전의 백90)을 두어 흑7로 뻗게 하여 귀의 백을 죽이고 말았던 것이다. 예상도를 보기 바란다. 흑13.

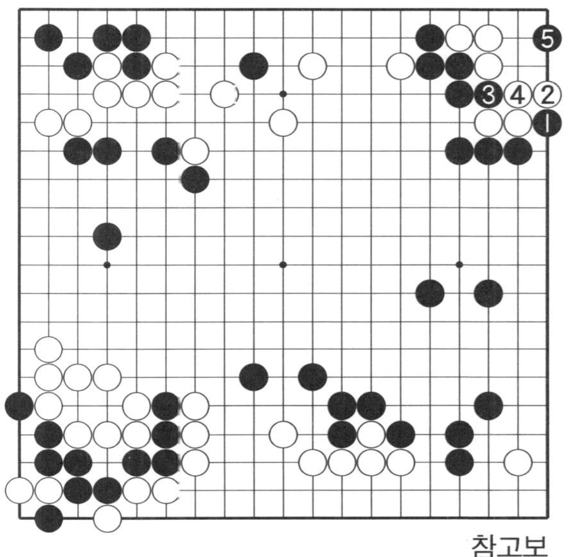

이 수는 바로 슈와가 겐안의 돌을 잡을 수 있었던 바로 그 수가 아닌가.

본래 **참고보**의 흑5로 치중한다 해도 이 백은 죽지 않는다. 1선에 뻗은 돌이 없다면 **참고도**에서 보는 바와 같이 백3이 성립하여 죽음은 없었던 것이다.

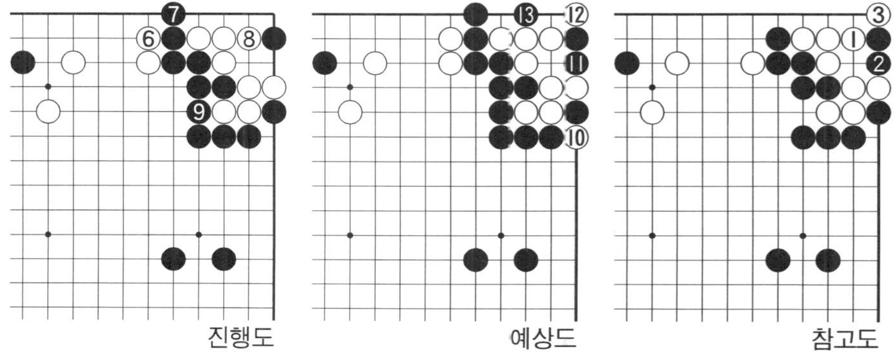

조화와 겐안 시대의 패권을 둘러싼 고도코로(碁所) 쟁탈은 처절하다 못해 참혹하여 좌은담총에서 역사가 안토 뇨이는 암투로 시종일관된 이 시대의 흐름과 양웅을 철저히 비판하고 있다.

그러나 대개의 역사가 그런 흐름을 갖지 않을 수 없는 것은, 인간의 권력지향적 속성 때문이다. 이 시대 역시 인간의 그러한 속성이 빚어내었던 한편의 필연적인 드라마일 뿐이다.

기보 25는 기보 24가 두

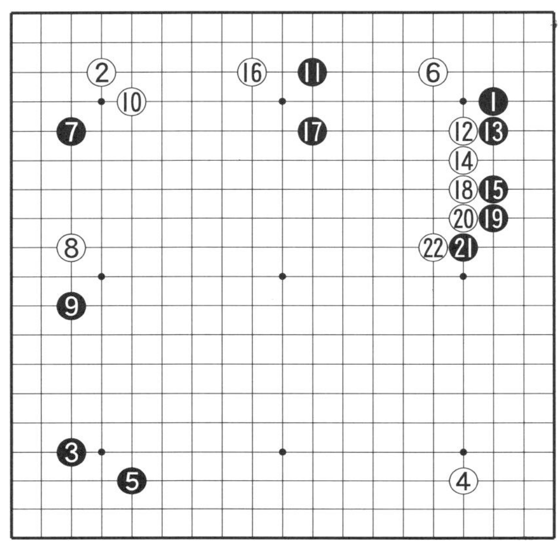

기보 25 (1~22)

어지기 약 2년 전에 두어진 바둑으로, 겐안은 이 9일간에 걸친 대국 도중 두 번이나 각혈을 하여 건강을 해침으로써, 대국 후 1년여에 걸쳐 요양을 하게 된다.

백12 이하의 압박은 근대바둑의 특징이라 할 수 있는데, 그 이전에는 귀의 집을 굳혀준다는 단순한 이유만으로 시도하지 못했을 것이라 추측된다. 대사 정석 대신 이 수가 등장하기 시작한 것은 이 무렵부터로, 공격위주의 플레이를 선호하는 겐안의 새로운 개화가 엿보이고 있다.

백22까지는 현대에도 볼 수 있는 수법인데, 철인 슈와는 여기서 어떻게 대응했을까.

"이해득실에 관한 한 신의 경지다."라고 극찬을 받았던 철인 슈와.

이 말은 메이지 말기 풍운의 기객 노자와 지쿠초(野澤竹朝)의 말이라고 하는데, 과연 철인 슈와를 생각할 때, 공감하지 않을 수 없는 평가라 하겠다.

슈와는 **진행도 1**의 흑23을 선택했다. 집차지에 강하면서도 약점을 노출시키지 않는 슈와의 기풍이 그대로 드러난 수다. 이 시기 슈와의 바둑은 이런 스타일이었다. 어쩌면 슈사쿠의 기풍도 이 시기 슈와의 영향을 받아 그토록 견실했던 것은 아닐까.

흑23은 상변 흑 두점의 삶도 동시에 보고 있는 두터운 호착이었던 것이다. 흑31까지 슈와는 단단하게 집을 챙기며 상변 흑의 타개에 승부를 걸고 있는 것 같다. 아니 승부를 건다기 보다는 자신만만, 확신이 넘치는 것 같은 느낌이다.

이에 반해 백32의 수순에는 겐안의 고심이 담겨있다. 백34를 두기 전에 흑을 무겁게 하려는 의도지만, 백 모양도 따라 약해졌기 때문이다.

진행도 2는 전도로 인해 백이 약해졌다는 것을 보여주고 있다. 흑이 35 이하 45

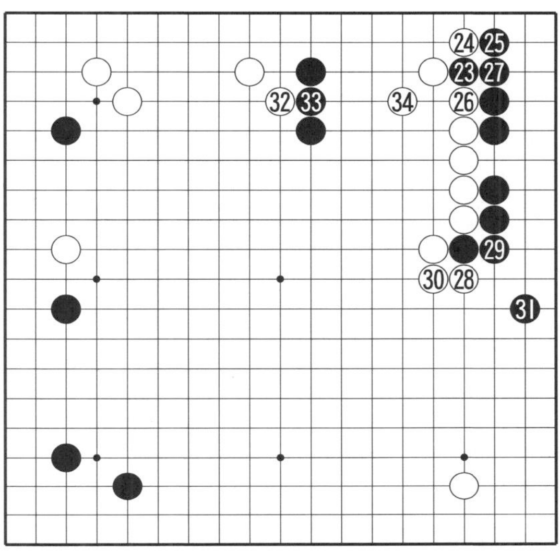

기보 25 – 진행도 1 (23~34)

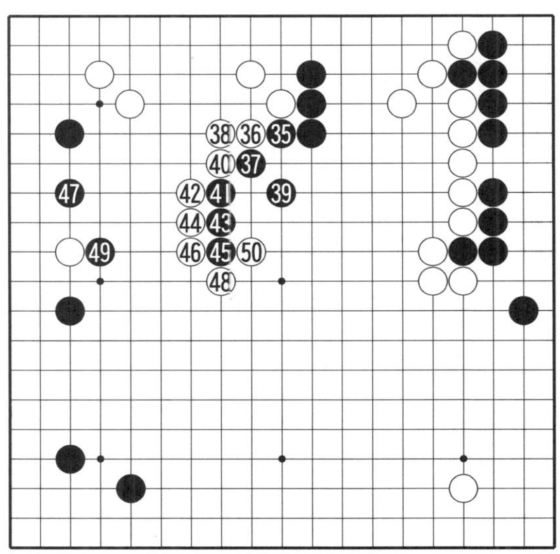

기보 25 – 진행도 2 (35~50)

까지 우측 백의 두터움을 반감시키며 중앙으로 진출할 수 있는 것은 그래서다.

이때 흑47은 다시 집차지에 민감한 슈와의 전환 감각을 보여주는 것이다. 백

48에도 동요하지 않고 흑 49. 어디까지나 확신에 찬 자기 주장의 한수다. 백50에 이 흑은 무사할 것인가. 만약 그렇다면 바둑도 사실상 끝이다.

진행도 3의 흑51 이하 55의 수습은 슈와가 이미 보아둔 수순이다. 이것으로 흑은 살 수 있다고 본 것이며, 따라서 바둑도 끝이라는 확신에 찬 결단이었다. 만약 그런 확신이 없었다면 이 흑을 방치하지는 않았을 것이다.

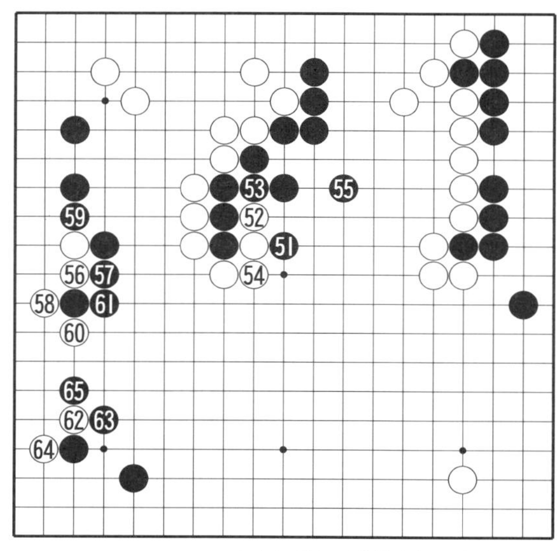

기보 25 - 진행도 3 (51~65)

백도 더 이상의 공격은 소용이 없다고 판단하고 좌변에서 전단을 모색한다. 백은 56으로밖에 둘 수 없다는 것이 자존심 상하는 일이지만, 이 수는 달리 도리가 없다. 그 이유는 평상시처럼 **참고도 1**의 백1로 두는 것이 의미가 없어졌기 때문이다. 흑2·4로 간단하게 처

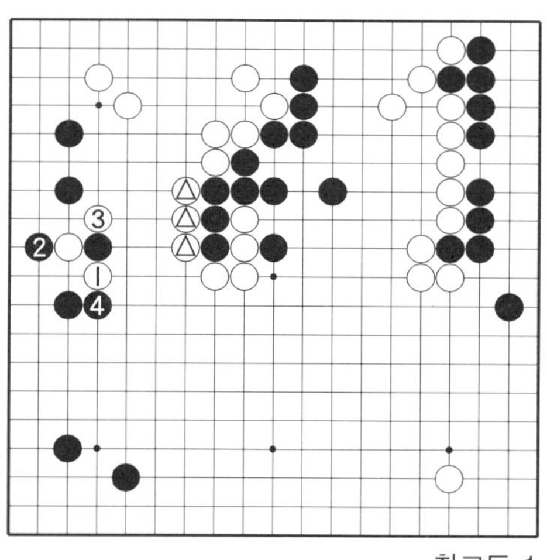

참고도 1

리하면, 백△들은 중복이 되어 가치가 없어지는 것이다.

백62로 분란을 촉구하는 겐안은 이 무렵 이상하다는 느낌을 받았을지도 모르겠다.

이런 바둑 스타일은 예전에 없었기 때문이다. 상대가 무엇이든 간단명료하

게 처리하는데도 자신의 뜻
대로 움직여지지 않는다면
심리적인 압박은 커지기 마
련이다.

　자기가 싸우고자 할 때는
피해가고, 자신이 적당히
타협하려 하면 갑자기 투지
를 불태우는, 그런 상대는
정신적으로 자신을 앞서고
있는 것이다.

　그러나 사실은 그것이 바
둑의 승부를 좌우할 수도
있는 정신적 기량임을 어찌
할 것인가.

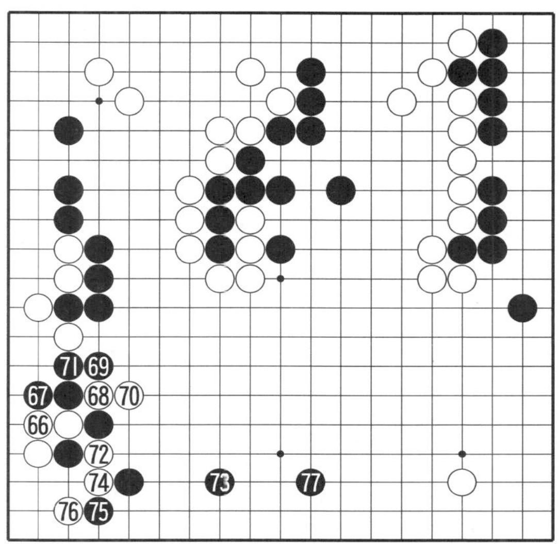

기보 25 - 진행도 4 (66~77)

　이 곳에서도 그러한 상황은 계속 일어나고 있다. 백64의 도발에 대해 슈와
는 단호히 겐안의 의지를 거부하고 있는 것이다.

　다시 한번 언급하지만, "이해득실에 관한 한 신의 경지다."라고 극찬을 받았
던 슈와다. 지쿠초의 말이 맞다면 이 부근의 읽기에서도 슈와는 그러한 냉정
한 판단을 하지 않았을까.

　흑73과 77의 두 수는 과연 현대적 안목으로 보아도 명쾌하다.

　바로 이것이다. 상전벽해의 변화 속에서 찾아낸 슈와의 득실에 대한 판단은,
귀를 뺏긴다 해도 흑77로 하변을 선점함으로써 충분하다는 계산이었던 것이
다. 과연 명쾌한 판단이 아닐 수 없다.

　겐안이 백78 이하로 흑 대마를 위협하는 것은 잡으려는 것이 아니다. 중앙
을 봉쇄한 후, 하변에서 분란을 획책하려는 의도다.

　백90까지 봉쇄되었지만, 이 흑은 자체로 살아있다. 또 그런 와중에도 슈와
는 흑89와 91을 두며 겐안의 추격을 허용하지 않는다. 다시 말하지만, 이 당

시 슈와의 견실함은 극치의 기량을 보여준다.

마지막 승부처가 다가오고 있다. 백92·94에 대해 백96의 절단을 허용한 흑95는 그야말로 슈와의 수읽기의 진수를 보여주는 한 수였다.

마치 겐안에게 "나도 명인이다."라고 당당하게 외치고 있는 듯하다.

그러나 겐안은 "그렇다면 증명해 보라."는 듯, 힘차게 절단을 감행한다. 이 상황에서 축은 성립하지 않는다는 믿음으로.

순간 슈와의 귀수가 폭발한 것이다. 일견 착각수와 같은 흑97. 백98을 두면서 겐안은 무슨 생각을 했을까.

"갑자기 이게 무슨 수야?"라고 어리둥절했을 것인지, 아니면 "아니, 이런 수가!" 하며 경악을 했을 것

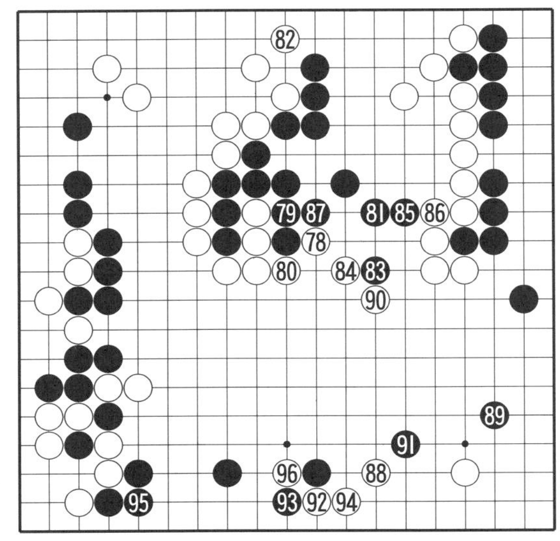

기보 25 - 진행도 5 (78~96)

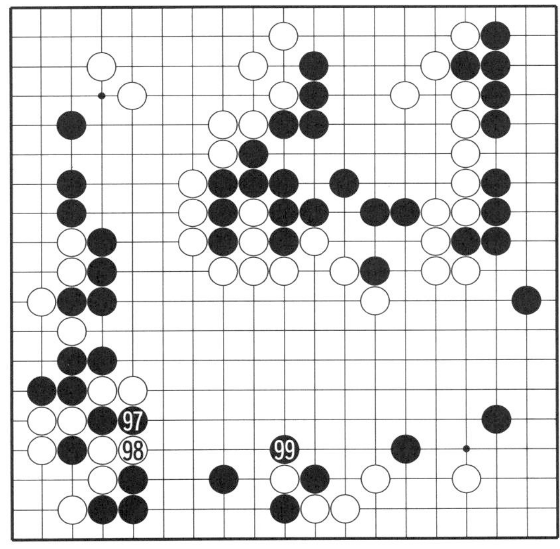

기보 25 - 진행도 6 (97~99)

인지 이 부분은 기록에 없으므로 각자의 상상대로 생각해도 좋다. 흑99로 몰았을 때 알았다면 전자였을 것이고, 흑97에 알았다면 후자일 테니까. 다만 끊

는 그 순간까지는 몰랐다는 것이
확실하다.

흑99에 축이 안된다고 탈출하려
는 것은 무리다. **참고도 2**와 같은
수순이 기다리고 있기 때문이다.
흑12 이후 귀를 포기하면 설사 중
앙 쪽을 얻는다 해도 집이 부족하
다. 중앙을 차지하려면 우하귀를
흑에게 양보해야 하기 때문이다.

여기까지가 슈와의 수읽기였다.
슈와가 흑99로 몬 순간, 겐안은 무

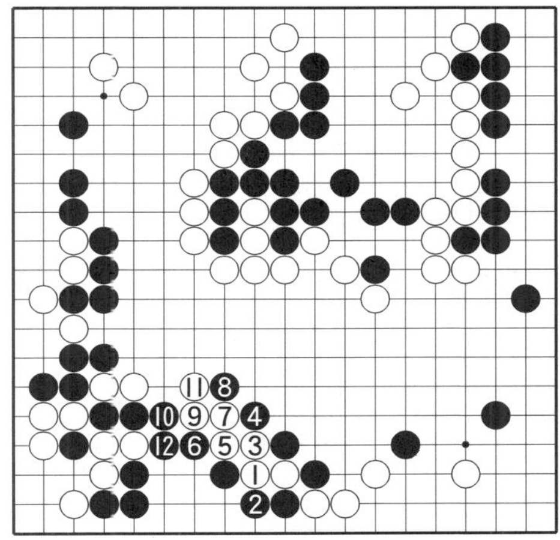

참고도 2

언가로부터 뒷머리를 맞은 듯한 느낌이 들었을 것이다. 초반부터 뜻대로 풀리
지 않던 바둑은 그렇다 치더라도 이런 수읽기에서 조차 슈와가 자신을 앞서고
있다는 사실은 충격이 아닐 수 없다.

이 바둑은 조와·겐안 시대의 바둑과 비교할 때, 이 바둑의 백미라 할 수 있
는 흑97·99는 차치하고라도, 그 외의 내용에 있어서도 분명한 경계선이 그어
져 있다는 것을 증명한 대국일 것이다.

뒷 물결이 앞 물결을 밀어내는 것은 자연의 이치며 섭리다. 시대는 언제나
젊은 세대의 손에 의해 개척되는 것이 인간 역사의 순환에 따른 진리였다. 이
것을 거부하려는 구세대의 지나친 고집은 역사의 흐름을 과거로 역류시키려고
했을 뿐이다.

겐안도 이미 세대교체의 순환이 이루어지고 있는 그 속에 존재했던 것이며,
따라서 그 역시 조와와의 대결을 끝으로 서서히 역사 속으로 들어가지 않으면
안되었던 것이다.

야스나가 선생은 이렇게 말했다. "나는 조와야말로 위대하다고 생각한다. 인
세키가 과거의 연장선 속에서 부끄럽고 창피한 짓을 계속하고 있을 때, 만년
의 조와는 이미 인생항로에 있어 한발 앞서가고 있기 때문이다."

이번에는 슈와의 끝내기
에 관한 안목을 보기로 하
자. 본래 현대에 와서도 슈
와의 끝내기는 정평이 나
있다.

기보 26의 바둑은 중반
으로 들어설 무렵 65수째
끝내기를 했다고 하여 물의
(?)를 빚었던 유명한 대국
이다.

오늘날에는 초반전에도
끝내기를 하는 경향이 있어
이런 일이 사건화되지 않지
만, 그것도 따지고 보면 이
창호 9단같은 신산(神算)이
시도했기 때문에 그런 것이
지, 그 이전만 하더라도 그
런 바둑을 두면 고참기사들
에게 훈계감이었다. 그것은
바둑계가 강자위주의 조직
체계이기 때문일지도 모른
다.

이 시기도 마찬가지로 슈
와가 제일인자로 군림했기
때문에, 슈와의 한 수가 '슈
와다운 수'라는 평판을 받
았을 것이다. 그러나 한편

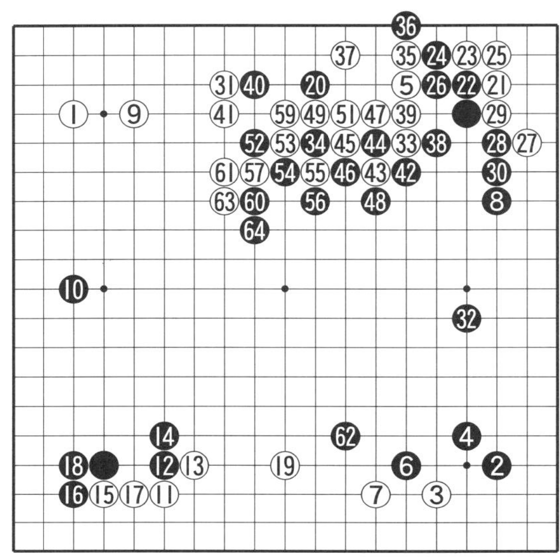

기보 26

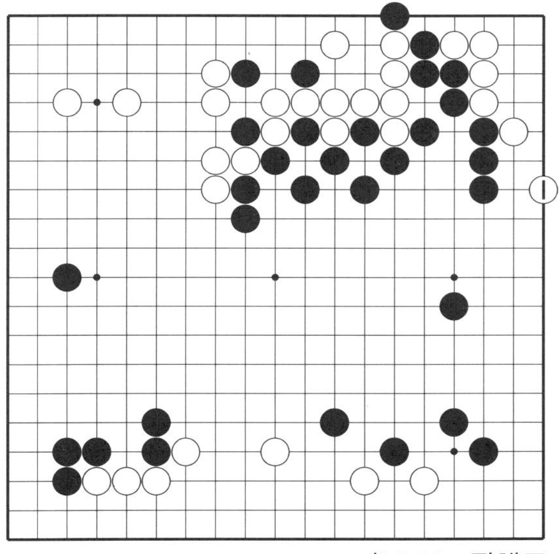

기보 26 - 진행도

으로 그 수가 진짜 슈와다운 수일 수도 있다는 느낌이 드는 것은, 때이른 끝내기임에도 불구하고 무언가 신선한 감동을 주기 때문이다.

슈와의 한 수란 **진행도**의 백1이었다.

이 수는 실전의 65수째에 해당하는데, 곰곰이 생각해 보면 실제로 슈와 이전의 기보에서는 이러한 사고의 수를 본 적이 없는 것 같다.

그래서 신선한 것일까. 이 수는 가치를 떠나 마인드의 문제라고 본다. 흔히 초, 중반 하면 우선 떠오르는 말이 대세점이라는 말이다. 그러나 '대세, 대세' 하면서 말은 하지만, 그 정확한 실체는 잘 설명하지 못한다.

그에 비해 백1은 둔 이유나 가치가 사활만큼이나 선명하다. 현대의 기사들이 이런 수를 서슴없이 두는 것은 단순히 계산에 밝아서 만은 아니고, 불분명한 가치보다는 명료한 가치를 추구하기 때문일 것이다.

이 수가 당시의 모든 기사들에게 논란을 일으켰던 것은, 구습의 파괴행위와 비슷한 뉘앙스를 풍겼기 때문임은 확실하다. 오늘날 이 수는 충분히 둘 수 있는 수다. 크기에 있어서도 그렇다.

이 수의 크기는 얼마나 될까. 우선 **참고도 1**을 보면, 흑4까지 흑이 후수를 감안하여 받아준다고 했을 때, 선수 4집의 크기다.

우변과 중앙 쪽은 거의 막혔으므로 백1은 분명히 큰 끝내기다. 그러나 실상은 그게 문제가 아니다. 선수 4집으로서만이 아니라, **참고도** 2의 흑1로 막는 수가 문제인 것이다.

만약 흑1이 선수가 된다면, 이 수는 양선수 4집이 되므로 가치가 더 커지게 된다.

당시의 해설을 보면 **참고도** 2의 "흑1은 백A가 듣고 있기 때문에 선수가 아니므로, 슈와의 끝내기

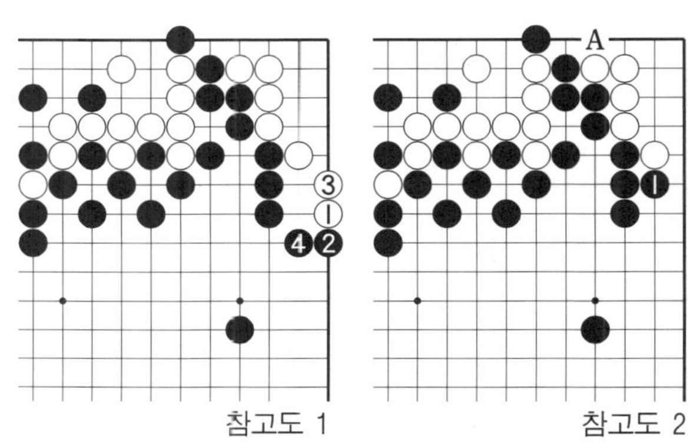

참고도 1   참고도 2

는 급한 곳이 아니다."라는 말이 있는데 그것은 틀린 말이다.

흑1은 분명히 선수의 자격이 있다. 그 이유는 **참고도 3**을 보면 알 수 있다. 백이 이곳을 손빼게 되면, 흑은 1로 젖혀 패로 잡으러 가는 수단이 있는 것이다. 패를 피해 백2로 살려는 것은, 흑5까지 기초 사활의 한 패턴으로 패도 안나고 그냥 죽는다.

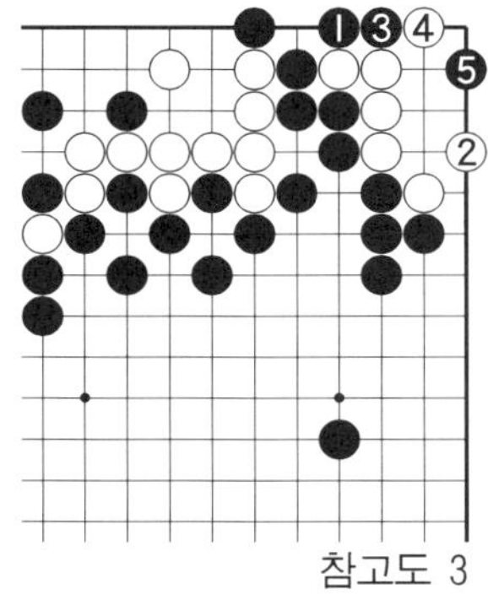

참고도 3

슈와의 판단에는 이러한 것이 모두 전제되어 있었다고 보는 것이 타당하다. 단순히 '당대의 슈와가 두었으니까' 또는 '상상하지 못한 수' 정도로는 내면을 분석하지 못한다. 이러한 수가 시대를 앞서가는 선각자의 마인드에서 비롯된 것이기 때문에, 더 더욱 합리적인 분석이 필요하지 않을까.

개화기의 모든 사물은 희생을 필요로 하는 것이 역사의 순리일지도 모른다. 모든 역사가 그랬던 것처럼 격변기의 철인 슈와도 한 알의 밀알처럼 그 역사의 엄숙한 부름 앞에 청종(聽從)해야 했던 것이다.

통석(痛惜) 슈사쿠(秀策)

슈사쿠의 추모에 일생을 바친 사람이 있다. 슈사쿠가 생전에 둔 기보를 30년도 넘게 수집한 후, 100국을 모아 책으로 인쇄하여 고옥여운(敲玉餘韻 : 1897년 출간)이라는 이름으로 펴낸 이시가야 고사쿠(石谷廣策, 1818~1906)가 그 사람이다.

그는 1842년 혼인보 조사쿠의 문하에 들어가 슈와, 슈사쿠 등과 함께 수업한 사람으로 슈사쿠와는 동향이다.

슈사쿠보다 11세나 연장이었지만, 슈사쿠의 역량에 탄복하여 마음의 스승으로써 존경했다고 한다. 그러나 1862년 에도를 강타한 콜레라로 슈사쿠가 급서(急逝)하자, 정신적 지주를 잃게 된 그는 은둔생활 1년 만에 남은 여생을 슈사쿠의 유덕을 기리기로 결심하고 추모사업을 시작한다.

고사쿠라는 이름도, 추모사업을 하고 있다는 소식을 전해들은 슈와가 슈사쿠의 이름 한 글자인 '策'자를 주어 '廣策'으로 하도록 권한데서 만들어진 이름이다. 원래 아명은 히데요시(秀吉)였다 한다.

슈사쿠의 일화는, 이 사람의 기억을 더듬어 추억담을 구술하는 대로 다자카 신타로(田阪信太郞)가 기록한 것이 '슈사쿠의 어린 시절'이라는 제목으로 1912년 잡지 '이고세카이(圍棋世界)'지에 게재되었다.

슈사쿠 하면 우선 오시로고(御城碁) 19연승이라는 위업을 떠올리게 되고, 바둑의 기성이라는 호칭 외에 예의 바른 인격자로서의 그를 생각하게 된다.

도사쿠를 전성(前聖)이라 칭하고 슈사쿠를 후성(後聖)이라 칭하게 된 것은, 본래 후성이었던 조와가 인격적인 결함이 있었음을 빌미로, 후세의 바둑사가들에 의해 타의 모범적인 인격자 슈사쿠에게로 양위된 것이라 말한다. 그러나 바둑계로서도 그러한 인물이 필요했다는 시대적 요청이 어느 정도의 당위성과 개연성이 있으므로, 정치성을 배제할 수 없는 현실에 입각한 처사로 보여진다.

다만 중요한 것은 명인의 자질이 있었든 어쨌든, 현실적으로 7단에 머무르고 또 33세의 나이로 요절했다는 점에서 볼 때, 기성의 칭호를 부여했다는 것은 아무리 생각해도 신중함이 다소나마 부족한 평가가 아니었을까 하는 것이다.

그것은 오시로고 19연승의 위업이 만들어진 성적이라는 말도 어느 정도 일리가 있기 때문이며, 좌은담총에 기록된 내용 중에서, 오시로고의 무패 행진과 겐안에 5연승한 것, 조와로부터 150년 만의 기호(棋豪)라는 찬사를 받는 등의 예를 들어, 당시 바둑 관계자들이 "슈사쿠의 재능은 비범하여 당대에 필적할 자가 없다."고 했을 때, "나는 그렇게 생각하지 않는다."며 슈사쿠의 당대 제일론에 이의를 제기했던 덴포4걸 중의 오다 유조(太田雄藏, 1807~1856)를 완전히 제압했다고 볼 수 없기 때문이기도 하다.

오다 유조는 삭발을 거부하여 오시로고에 참가하지 못했던 특이한 인물로, 슈사쿠는 그와 무려 82국을 두고 있으며, 2점부터 시작하여 1856년 그가 에치고(越後)의 여관에서 객사하기 전까지 호선에 머물고 말았다.

오시로고 19연승이 만들어진 성적이라는 것은 하야시 유비(林有美)와의 대국에서 유비가 5단이므로 선2의 첫수임에도 두 번째 판에서도 계속 선으로 두어 이기는 등의 그런 기록 때문이다. 승부는 맞바둑이라는 신념으로 2점을 사양했을 것이라는 점은 사실상 추측일 뿐이며, 납득시킬 수 있는 단서가 될 수는 없다.

유비는 12세 하야시 몬뉴(林門入, 또는 柏榮門入 : 1805~1864)의 문하로, 1856년 후계자로 책봉(25세)되었다가 31세의 나이로 요절, 다음 아토메(跡目)로 혼인보가의 차남이었던 슈에이가 상속한다. 현재 기록상으로 슈사쿠의 절국(絶局)은 이 유비와의 오시로고 19번째 대국이다.

그러나 우연의 일치일지는 모르지만, 슈사쿠가 타계한 1862년, 오시로고가 중단되는 저간의 사정은 그가 오시로고 250년 역사를 매듭지었다고 해도 무방할 만큼 극적인 요소를 가지게 하는 것임에 틀림없다.

또 그가 18세에 스승 조와와의 대국에서 보이는 새로운 감각은 그의 요절이 안타깝기에 더욱 더 신선하게 느껴진다.

기보 27이 그것이다.

흑18을 보자. 선악을 차치하고 초반에 이렇게 굳히는 수법은 바쿠후 250년 사상 없었던 것이다. 또 연이은 흑20의 굳힘은 구태의 관습을 벗어나 슈사쿠의 바둑이 새로운 비전으로 태동할 수 있음을 알리는 전조였을는지도 모른다.

1847년 2월 13일 중단

● 구와바라 슈사쿠(桑原秀策)
○ 혼인보 조오(本因坊 丈和)

기보 27

그것은 괴력을 무기로 두어왔던 조와 시대의 바둑이 선탈(蟬脫)하려는 징조였을 지도 모르며, 더 이상의 발전을 기대할 수 없었던 구 시대의 바둑이 새로운 세계를 구가하며, 사고의 자유를 천명하는 듯한 단초였을 지도 모른다.

조와는 이 바둑에서 자신이 '도사쿠 이래 150년만의 기호(棋豪)'라고까지 극찬했던 어린 제자 슈사쿠의

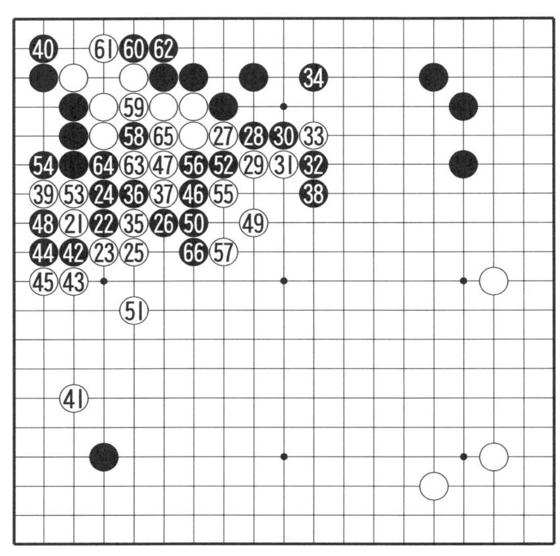

기보 27 - 진행도

기량을 자신의 완력으로 마음껏 시험해보자 했을 것이다. 2점으로 자신의 완력을 못 견딘다면 자신이 슈사쿠를 잘못 판단한 것이 된다.

그러나 슈사쿠는 스승의 기대를 저버리지 않았다.

기보 27 - 진행도에서 보는 바와 같이 조와의 완력에 대해 똑같이 힘으로 대항하여 접전은 사활로 치닫는다. 흑66까지의 결과는 흑의 선패가 되어 이것으로 바둑도 끝이다.

백에게는 패감이 없는 것이다. 실전은 이보다 더 진행되었지만 의미가 없으므로 생략한다. 이 바둑은 슈사쿠가 조와의 완력에 대응하여 얻어 낸 빛나는 수읽기의 승리이며, 가문의 앞날을 염려하는 스승 조와의 기우를 말끔히 없애버린 보은의 일국일 것이다.

기보 28을 보자.

전술한 바 있지만, 우리가 흔히 1·3·5 포석이라고 하는 슈사쿠류는 흑7의 마늘모로 완성되는 것이다. 이 마늘모가 슈사쿠가 '불멸의 한 수'라고 확신했던 수였다. 그러나 당시는 덤이 없었던 시대였으므로 그것이 진리처럼 받아들

여겼던 것이지만, 현대처럼 덤의 비중이 커진 상황에서는 환영할 수 없는 수가 되고 말았다. 그 이유는 견실함에서는 거의 완벽하지만, 속도가 떨어지는 단점이 있어 계가바둑의 양상으로 진행되면 덤을 내기가 용이하지 않다는 판단 때문이다.

그러나 중요한 것은, 전술했던 바, 1·3·5 포석이라고 하는 슈사쿠류가 연구불비(硏究不備)의 상황에서 와전된 것이라는 점이다. 이 포석이 1843년 최초

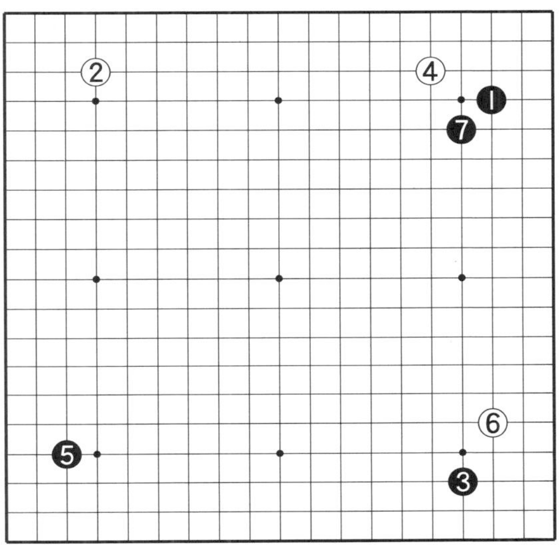

기보 28

로 시도된 것으로 알려져 왔지만, 1·3·5 포석 자체는 이로부터 30년 전, 1813년에 겐안과 조와의 대국에서 이미 보이고 있고, 따라서 이 마늘모의 한 수 역시 슈사쿠의 창작은 아니라는 것이 확실하다.

전술한 바와 같이, 이 수의 원조는 겐안 딘세키로, 1813년의 대국은 1846년 그 유명한 '이적의 묘수'를 탄생시킨 바둑과 정확히 일치하고 있다. 겐안으로서는 흑과 백의 입장이 뒤바뀐 상황일 뿐이다. 따라서 이 부분은 겐안의 아이디어에서 출발된 패턴으로, **기보 28**의 흑7은 좌하귀의 굳힘을 생략한 수법이며, 슈사쿠의 변화수법이라고 결론짓는 것이 타당할 것이다.

슈사쿠가 혼신의 힘을 다해 수업한 시기는 1842년부터 1844년까지의 3년간이다. 나이로는 13세부터 15세, 가장 총명할 때의 기간이다. 1842년에는 유조에게 계속 도전하고, 1843년과 1844년에는 유조를 비롯하여 산치, 쇼와 등의 고수들과도 수많은 대국을 거듭했다. 따라서 이 시기에 슈사쿠의 마늘모가

발견되는 것도 무리가 아닐
것이다.

하지만 이 시기 슈사쿠의
바둑은 아직 고전 수법을
벗어나지 못하고 있으며,
따라서 거친 면이 많이 보
인다. 수업시절의 바둑은
아무래도 수읽기를 통한 전
투를 위주로 하는 경향이
강하므로 그럴 수밖에 없을
것이다. 특히 접바둑에서
상수가 권도를 행사하게 되
면 더욱 전투를 피할 수 없
으므로 당연한 현상이라 하
겠다.

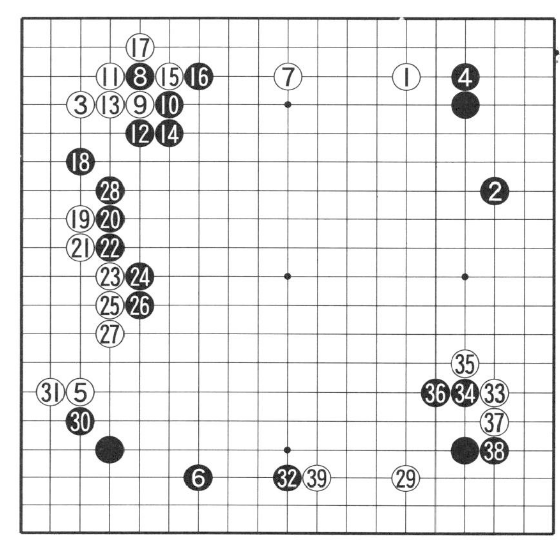

기보 29

다만 전투의 패턴에 있어 전략적인 면이 부족하다는 것이 아쉬운 부분이다.
기보 29는 슈사쿠가 입단한 지 4개월 후 두어진 것이다.

이때까지는 슈사쿠가 배웠던 모든 기법이 고전적인 것에 국한되어, 스스로
생각하여 수법을 시도할 수 있는 실력은 아니었을 것이다. 흑2나 6과 같은 수
법은 당시로서는 왜 그렇게 두어야 하는지 알지도 못하면서 맹목적으로 흉내
냈던 것처럼 판에 박은 것이었다.

흑20 이하는 좌상 흑을 안정시키려는 것으로, 수법은 느슨하지만 훗날 '공격
당하지 않는 슈사쿠'의 기풍과 흡사한 면이 있다. 그런데 흑32. 이 수, 즉 이
자리는 바쿠후 시대의 접바둑에서 가장 많이 볼 수 있는 흑의 단골 메뉴로, 이
런 착상은 아마 1970년대까지도 고정관념화되어 전승된 것으로 기억한다. 취
지는 '협공과 전개'가 동시에 가능한 일석이조의 호처라는 것인데, 요즘 그런
이론을 말하면 웃음거리가 된다. 전문가가 된 슈사쿠가 이곳을 두고 있는 것

을 보면, 당시 고단 기사들의 생각도 이와 같았을 것이라는 생각이 들어 고개가 가로저어지는 것을 막을 수 없다.

이러한 것은 시대가 만드는 안목의 차이가 분명하지만, 어쩐지 전문집단의 교습 방법과 이론에 의혹을 금할 길 없어 느낌이 씁쓸한 것은 왜일까.

아무튼 백39로 붙여 교란을 획책할 수 있는 시빗거리를 만들었으므로, 3점 접바둑으로서는 흑이 피곤

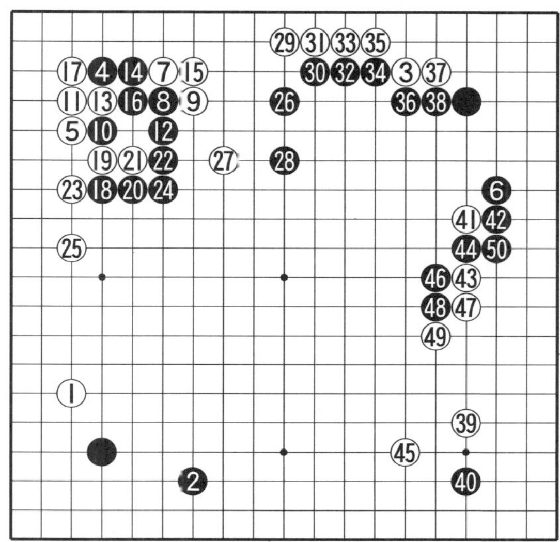

기보 30

하다고 하겠다. 그러나 슈사쿠는 이 바둑을 역투하여 4집의 차이로 신승했다.

기보 30은 그로부터 2년이 흐른 13세의 나이로 3단격이 된 슈사쿠의 대국이다.

상대는 22세의 몸으로 이미 7단이 되어 혼인보가를 짊어진 철인 슈와.

아직도 흑2의 눈목자는 계속되고 있다. 그토록 오랜 기간을 답습해 온 관념이 하루아침에 사라질 리는 없겠지만, 그러나 무언가 달라진 점이 있다.

백3에 대해 흑4로 빈 귀를 선점했다는 것이 달라졌다. 이것이 무어 그리 대단한 것이냐고 반문하는 분도 있겠지만, 이것은 큰 차이가 아닐 수 없다.

그 이유는 **기보 29**와 비교할 때, 백3 이후 흑이 6으로 받아 좌상귀 일대의 지역이 백의 주도권 아래 놓였던 것을 방비했기 때문이다.

또 이곳을 둘 수 있으려면 우상귀의 흑 한 점이 양협공을 당했을 때, 그에 대한 대비책도 있어야 하므로 단순히 기분만으로 둘 수 있는 수법은 아니다.

흑30 이하로 압박한 것은 변함 없는 슈사쿠의 견실한 수법이다. 여기서 흑 44때 백45로 전환한 것은 슈와다운 경쾌한 수순이지만, 흑46 이하 50까지는 또한 슈사쿠다운 견실한 수비다.

슈사쿠의 바둑은 한마디로 견실 그 자체다. 이 바둑에서도 형세가 불리한 슈와가 패로 반격했으나, 슈사쿠가 초반에 워낙 견실하게 두었기 때문에 결국 슈와는 팻감 부족으로 던져야 했다.

2년 전에 비하면 놀랄만한 진보가 아닐 수 없다. 부드럽지만 강인한 슈사쿠의 수법이 엿보이고 있다.

슈사쿠의 성취는 공부에 전력을 다했던 시기보다는, 그 후 여행 도중에 두었던 실전을 통해 나타나고 있다. 그 시기는 1846년이었다.

겐안을 4전 전승으로 이기며 '耳赤의 수'를 탄생시킨 것도 이 무렵의 일이며(7월), 슈사쿠류의 1·3·5 포석을 완성하는 것도 이 무렵의 일이다.

또 1년 반의 귀향여행을 마치고 돌아온 슈사쿠는 그 해 10월부터 이듬해인 1847년 9월까지 1년에 걸쳐, 슈와에게 선으로 17국의 지도대국을 받게 된다. 결과는 슈사쿠의 13승 4패.

지도대국이라고는 하지만, 이 정도면 칫수가 잘못된 것이라고 하겠다. 사실상 슈사쿠는 이 시기, 즉 1846년부터 1847년에 걸쳐 성취단계에 들어섰다고 보여진다.

슈와와의 17국은 거의가 슈사쿠류로 두어졌으며, 슈와도 이를 거부하지 않고 맞받아 주었다. 만약 슈와라는 뛰어난 인물의 협조가 없었다면 슈사쿠류는 완성되지 않았을지도 모른다.

37세의 슈와가 겐안을 이기고 전성기를 구가하며 세대교체의 선두에 서 있을 때, 그 밑으로는 9살 연하의 천재 슈사쿠가 그 뒤를 이어 다음 주자로 대기하고 있었고, 또 그 밑으로는 슈사쿠보다 9살 연하의 준영이 커 가고 있었다.

무라세 미키치(村瀬彌吉). 훗날 18세 혼인보가 되었던 무라세 슈호(村瀬秀甫, 1838~1886)가 바로 그다.

기보 31은 그 해 슈사쿠와 미키치가 두었던 지도대국이다. 슈사쿠의 화점포진이 어느 정도의 수준이었는지 감상해 보자.

당시에도 백4의 화점은 희귀한 것이었다.

화점은 권위에 대한 일종의 도전이며 혁명이다. 그리고 그 동기는 사고의 자유와 비약에 있다. 집이라는 고정관념에 의해 굳어진 지역만능의 사고는, 일본 바둑의 원조인 산사의 바둑관을 왜곡시킨 후대의 산물

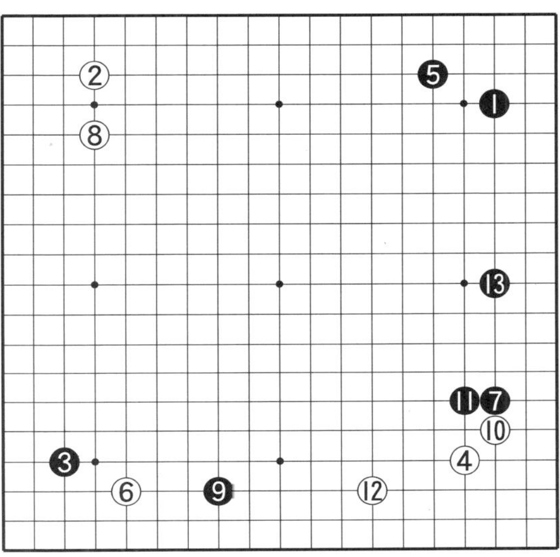

기보 31

이었다. 오늘날 중국 바둑의 룰에서 보는 것처럼, 돌과 집을 동등한 가치로 보는 자공개지(子空皆地)의 개념이 결여됐던 당시의 빗나간 바둑관이었으며, 그것은 곧 집 많은 자가 이긴다는 결과론적 논리로, 과정의 중요성을 망각했던 아키타이프(archetype)적 현상이었다.

이렇게 생각을 해보자. 이를테면, 화점은 3·三 이 비어있어 껍데기 같은 느낌이 드는 것은 하수자들의 공통된 심리다. 그것은 상수자에게 그만한 고통을 겪었기 때문에 생기는 자연스런 현상이다. 그런데 상수들은 화점을 두지 않는다. 소목을 자주 두는 것이다. 가만히 하수자가 구경해 보니, 과연 그곳은 침입하기 어렵다. 따라서 나도 그렇게 두고 싶다. 그러나 상수들은 화점에 깔고 두라 한다. 억울하다. 그렇게 두고 싶은 소목을 두지 못하게 하고 꼭 화점에 놓고 두라는 것은 무슨 심보인가. 참으로 소박한 하수자의 심리지만, 이것을 이해하지 못한다면 바둑의 대중노선도 요원한 일이다.

전문가간에 그토록 기피한 화점을 접바둑에서 하수자에게 강요했던 흑막에 대해 심증이 안가는 바 아니지만, 지나친 비약일 수도 있어 이 정도에서 끝내는 것이 좋겠다.

각설하고, 이 시기 슈사쿠의 화점도 원시적인 사고에 그치고 있는 것 같다. 그러나 그것은 당연할 것이다. 아무리 혁명적 사고를 한다 해도 그 기능에 대한

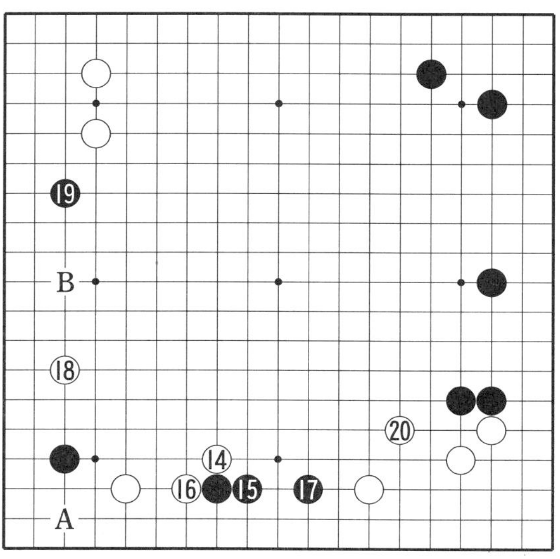

기보 31 – 진행도

성취가 따르려면 실전을 통한 연습이 필요하다. 슈와를 상대로 슈사쿠류를 완성했듯이 미키치를 통해 백번의 화점을 실험해 보려는 것일까. 처음부터 포진의 허점을 보이고 있다.

백8이 그렇고 10이 그렇다. 현대라면 백8은 한칸으로 받아 두는 것이 거의 상식에 가깝고, 백10은 요즘 아마추어도 두지 않는 수법이다.

진행도의 백14는 일종의 상수의 권도이며, 국면을 복잡하게 유도하려는 뜻이다.

흑19에 대해 훗날 슈호는 '재미있는 수'라고 자랑했다고 하는데, 과연 무엇이 재미있는지는 알 수 없다. 아마 백20이 지나친 완착이었기 때문에 그랬는지도 모르겠다. 백20은 아직도 귀가 비어있고, 하변의 흑이 생각보다 단단하여 완착임에는 틀림없지만, 당시 이 부근의 해설은 납득할 수 없는 점이 많다.

일단 백20으로는 A나 B가 상식일 것이다. 해설에는 이 수로, **참고도 1**의 백1로 봉쇄하면 흑4까지 백 세력이 중복되어 백이 좋지 않다는 의견이 일치되었다고 한다. 따라서 둔다면 **참고도 2** 정도로 지켜 A의 공격을 노린다는 것인

데, 과연 이 곳을 타이트하게 공략하는 수는 없었을까.

아마 그렇지는 않을 것이다. 문제는 **참고도 1**의 백1만이 단 한수의 봉쇄수단이라고 생각하는데 있다.

봉쇄의 수단으로는 **참고도 1**의 백1이 가장 먼저 떠오르는 것이 상식이지만, 좌변 돌의 배치상 조금 더 강력한 봉쇄수단도 검토할 수 있는 것이 아닐까.

봉쇄수단으로는 **참고도 1**보다 **참고도 3**의 백1이 더 강력할 것이다. 이곳은 매우 큰 곳이기 때문에 무조건 흑은 응수하지 않을 수 없으며, 응수 방법 또한 A나 B, 둘 중 하나 밖에 선택할 수 없다.

그러나 흑은 A 역시 선택하기 힘들다. 그 이유는 **참고도 4**의 진행을 보면 알 수 있지만, 백5까지 진행된 후 흑의 그 다음 행마가 마땅치 않은 것이다.

백5로 이 백은 확실한 근거를 만들고 있으므로, 이렇게 되어서는 좌변 흑 한점과 하변 흑 석점이 연계되어 양동작전에 휘말릴 수 있어 흑이 선택할 수 있는 수단이 아

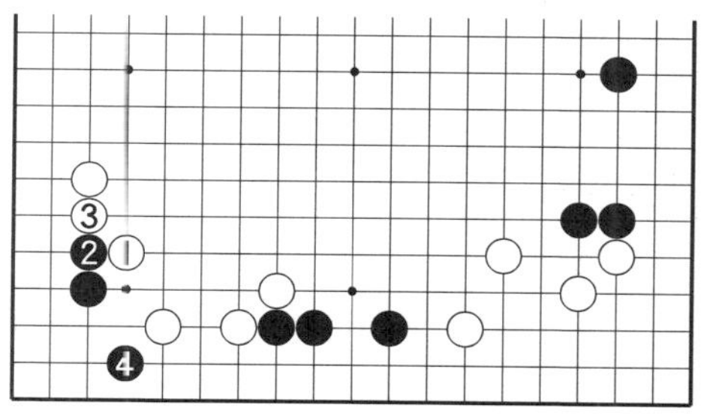

참고도 1

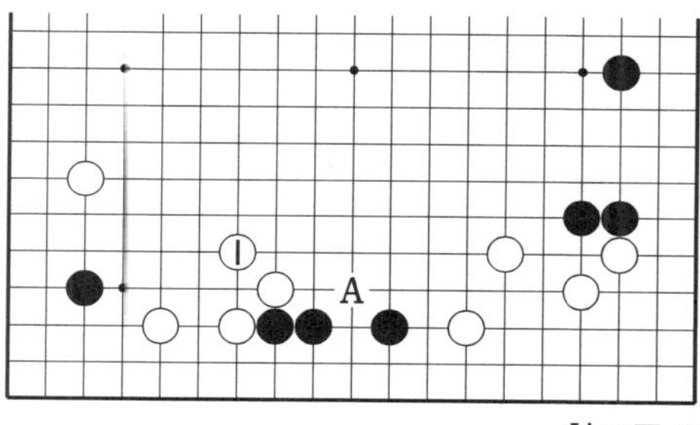

참고도 2

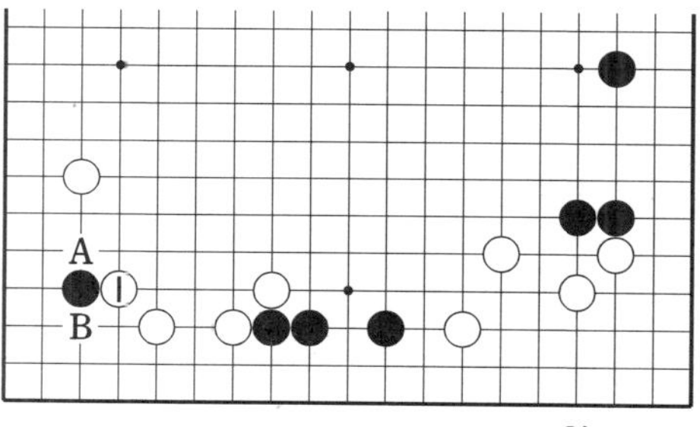

참고도 3

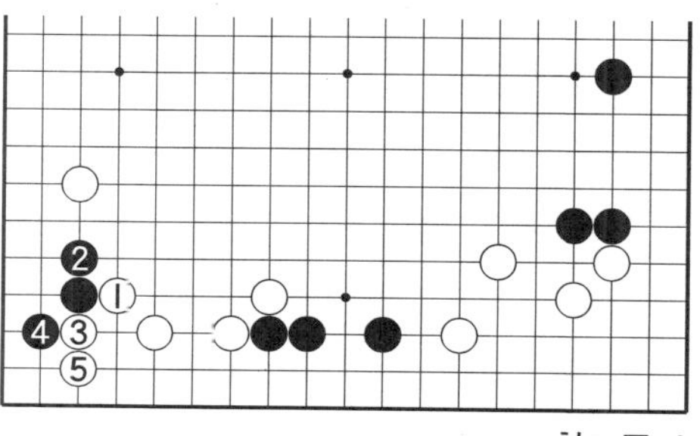

참고도 4

니다.

따라서 흑의 선택은 **참고도 5** 밖에 없다.

흑8에 백9로 둔다면 흑12까지는 필연이다. 이때 백은 13으로 둘 수도 있고, 좌변의 흑 한점을 선공할 수도 있다. 다만 백13이 현실적으로 큰 이유는, 이 수가 놓이면 우측 흑 석점에 대한 공격력이 더 강화되는 효과와 또 귀의 흑에 대한 사활을 노릴 수 있는 뒷맛이 있기 때문이다.

뒷맛이란 **참고도 6**의 패를 말하는 것인데, 물론 이단패가 되므로 현재로서는 그다지 큰 노림은 아니다. 그러나 어쨌든 이런 뒷맛이 남아 있다는 자체는 일단 흑의 부담이 아닐 수 없는 것이다.

여기까지의 변화만 보아도 흑19가 그다지 재미있는 수는 아니었다는 생각이 드는데, 백에게는 사실 더 강력한 수단이 있었다.

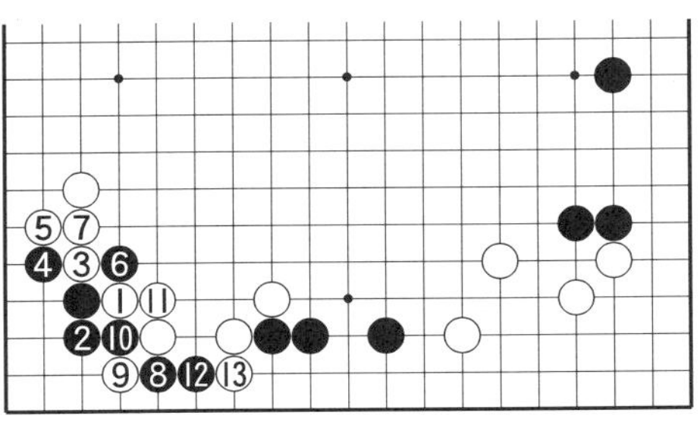

참고도 5

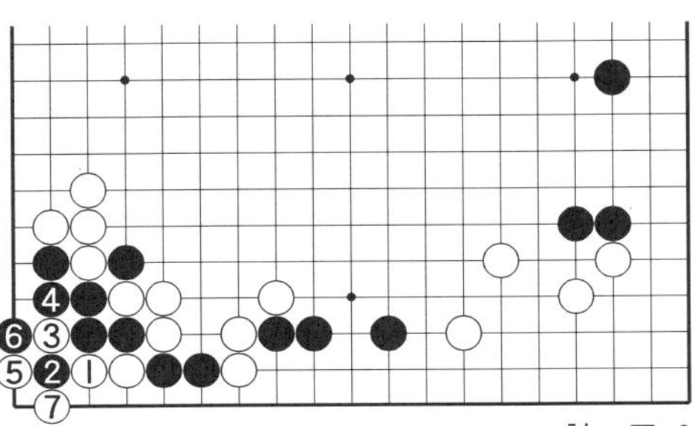

참고도 6

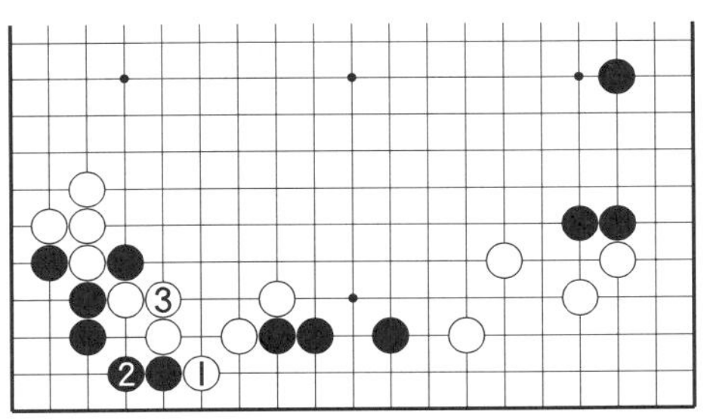

참고도 7

참고도 7의 백1·3으로 두는 수가 있었던 것이다. 백3 이후 흑은 귀를 가일수 하지 않으면 안된다. **참고도 6**은 이단패로 여유가 있었지만, 지금은 상황이 다르다.

참고도 8과 같은 수순으로 단패가 되기 때문이다. 따라서 좌변 흑 한점과 하변 흑 석점에 대한 공격은 백의 선공으로 시작된다.

이 진행이 **참고도 1**의 봉쇄와
다른 점은 흠집없이 봉쇄되었다는
것과, **참고도 7**의 백1을 둠으로써
우측 흑 석점에 대한 공격력이 강
화되었다는 점이다. 이 차이는 생
각보다 큰 것이다.

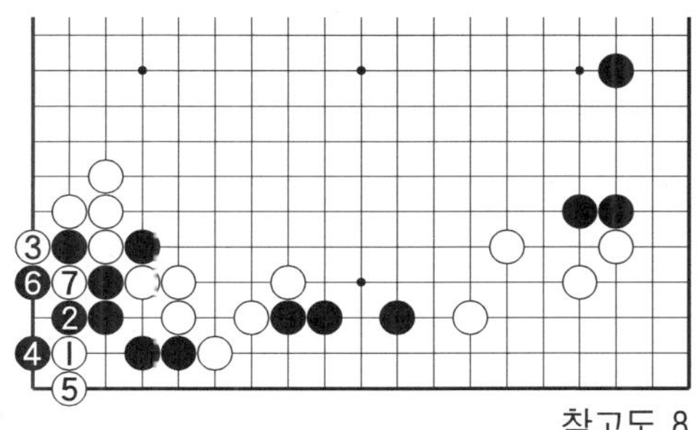

참고도 8

　슈사쿠의 화점 운영이 이처럼
미숙하게 보이는 것은 현대의 감각으로 보기 때문이다. 그러나 이러한 시도가
없었다면 훗날 슈에이의 화점에 대한 개화도 늦어졌을 것이 분명하며, 우칭위
엔 선생의 신포석 또한 마찬가지가 아닐까.

　조와로 시작된 화점의 시도는 슈와, 슈사쿠를 거쳐 슈에이 대에 이르러 꽃
피우게 된다. 화점의 혁명적 성격으로 보면 아무래도 우칭위엔 선생으로부터
시작되었다고 보는 것이 타당하겠지만.

　다이쇼(大正, 1912~1926) 시대의 기재였던 노자와 지쿠초(野澤竹朝, 1881
~1931)는 "나는 슈사쿠 선생에게 4점을 놓고 두어도 어려울 것이다." 라고 말
했다 한다. 자기는 슈사이에게 선, 슈사이는 슈에이에게 선, 슈에이는 슈호에
게 선, 슈호는 슈사쿠에게 선이기 때문이라는 뜻인데, 대기사들의 칫수가 그런
식으로 될 리는 없는 것이지만, 사실상 슈사쿠는 생애를 통해 만족할만한 호
적수가 없었다. 동문의 슈와하고는 9살 차였고, 타 가문으로서 가장 젊은 安井
俊哲(9세 산치)와는 19살 차이였다. 오다 유조가 호적수였다고는 하지만, 그와
는 무려 22살의 차가 있었다. 진정한 의미에서의 호적수는 현실에 존재하지 않
았던 것이다.

　평론가 하야시 유다가 선생은 이렇게 적고 있다.

　"당시 겐비와 겐안이라는 두 강적의 필사적인 저항을 받고 있던 조와로서는,
슈와라는 뛰어난 인재와 이어 장래가 촉망되는 또 하나의 대기(大器)가 방문
에 들어온 것이 대단히 마음 든든했을 것이다.

　하지만 그것은 혼인보가의 생각이다. 지금 후세의 입장에서는, 차라리 슈사

쿠가 겐안의 제자로 들어갔더라면 어떻게 되었을까 하는 경우를 상상해 본다.
그랬더라면 슈와하고도 동문간이나 사제간의 대국이 아니고, 적대관계에서 각
축전을 벌여 보다 더 진지한 대국을 했을 것이다. 그렇게 해서 불후의 명국을
100국쯤 남겼더라면 그야말로 바둑계의 성사(盛事)가 되었을 것이라는 생각이
든다."

메이지의 영웅 슈호(秀甫)

"슈사쿠가 현재 살아있다 하더라도 슈호에게 미치지 못할지도 모른다." 이 것은 슈에이의 말이다.

기성이라 추앙받고 있는 불세출의 천재 슈사쿠보다 나을지도 모른다는 이 말은 후대의 논란을 불러 일으키기도 했다. 그러나 이 말은 전혀 신빙성이 없 다고 할 수는 없다. 이것은 어느 정도의 근거를 갖고 있다. 알다시피 슈에이는 철인 슈와의 둘째 아들이다. 슈호는 슈사쿠보다 9살 밑이며, 슈에이는 그런 슈 호보다 14살 밑이다.

슈에이가 하야시가의 마지막 아토메가 되기 위해 양자로 가게 된 것은 슈사 쿠가 타계한 1862년의 일이다. 12세 하야시 곤뉴(林門入, 또는 柏榮門入 : 1805 ~1864)의 문하로, 1856년 후계자로 책봉되었다가 31세의 나이로 요절한 하 야시 유비(林有美, 1831~1862 : 1861년 말 슈사쿠와 마지막 오시로고의 絶局

를 두었고, 슈와의 '65수째 끝내기' 바둑을 두었던 바로 그 사람이다.)를 대신
하여 후계자가 되기 위한 것이었다. 어린 시절 10살까지 혼인보가에서 슈에이
는 두 사람의 바둑을 구경하며 자랐다.

슈에이는 그런 기억을 모두 감안해서 하는 말일 것이다. 또 그런 심증을 더
욱 굳혀주는 점은, 슈에이가 슈호를 좋아하지 않았다는 점이다. 좋아하지 않은
정도가 아니라, 세속적인 슈호의 성격을 경멸한 흔적도 여기저기 찾을 수 있
다. 경멸하는 상대의 바둑을 인정하고 있다는 것은, 슈에이의 품격이 좋아서라
는 관점보다, 실제로 슈호의 실력이 그러했기 때문이라는 분석으로 보는 편이
타당하다.

무라세 미키치(村瀬彌吉, 1838~1886). 1886년 18세 혼인보로 추대된 혼인
보 슈호(本因坊 秀甫)가 바로 그다.

1879년 호엔샤(方圓社)의 창립을 주도하여 가히 일본 바둑계의 '공명(孔
明)'이라는 극찬을 받았던 슈호는, 혼인보 가문에서도 그 기재의 출중함을 일
찍부터 주목받아 오던 슈사쿠 이후 차세대의 주자였다. 이미 18세 때 슈와와
슈사쿠에게 정선의 칫수를 넘어가고 있었던 만큼, 그러한 세인의 평가는 지극
히 당연한 것일 수밖에 없다.

1862년 슈사쿠가 갑자기 타계하여, 차기 혼인보는 슈호의 것으로 공공연히
인정하고 있었는데, 14세 혼인보 슈와가 타계한 그 해, 1873년 혼인보가는 차
기 후계자 문제로 한 차례 소용돌이에 휘말리게 된다. 슈와가 공식적으로 슈
호를 지목하지 않은 채 세상을 떠났기 때문이었다. 믿을만한 기록에 의하면,
슈와가 슈호를 아토메로 지목하지 않은 근본적인 이유는, 슈호의 행실 때문이
었다고 하는데, 여기서 행실이란 세속적인 성격을 뜻하는 것 같다.

바둑의 예도와 청정을 중시하는 슈와, 슈사쿠 대의 정신 사고로는 그것을 용
납할 수 없었던 모양이다. 그러나 한편으로 슈호의 세속성이란 스승 조와의 권
모술수 같은 것과는 성격이 다르다.

세인들이 슈호에 대해 "슈호가 바둑을 두면서도 호엔샤의 경영에 관해 손님
을 접대하는 등의 사교성을 발휘했기 때문에, 바둑계가 발전한 것이다. 따라서

이처럼 팔방미인같은 재기가 그를 명인에 오르지 못하게 했다."라고 말했던 것은 틀리지 않은 말일 것이다.

아무튼 조와의 미망인이 그를 반대함으로써 후계자는 슈와의 장남 슈에쓰가 된다. 기록에는 이에 낙담한 슈호가 혼인보가를 뛰쳐나와 방랑 유람의 길을 떠난 것으로 되어 있다.

그러나 이때의 정황이나 슈호의 성품으로 볼 때, 방랑이나 유람을 떠난 것은 아닌 것으로 보여진다. 다만 혼인보가에 더 눌러앉아 있어봐야 자신의 기개를 펼쳐보지 못할 것으로 판단하여, 절치부심 재기를 노리며 넓은 세상으로 나가 경세를 꿈꾼 것이 아닐까.

이때 그의 나이 35세였으므로 이 추측이 갖을 것이다. 더욱 심증을 굳게 하는 것은 이로부터 6년 후, 바둑계의 혁명이 일어났기 때문이다. 당시 바쿠후 제도 하에서 만들어진 가문은 혼인보가를 제외하고는 이미 소멸된 상태였다. 금권력에 의존했던 체제가 메이지 유신의 폭격을 맞은 지 벌써 12년이 지나고 있었기 때문에 자체 생산능력이 없는 바둑계의 종말은 이미 예견된 수순을 밟고 있었던 것이다.

바둑계의 혁명이란 가문제도의 도태에 따른 대안세력의 등장을 말하는 것으로 그것은 다름 아닌 호엔샤의 창립이었다.

당시 호엔샤에 찬조한 사람들은 유신과 밀접한 관계를 맺고 있는 권력자 층의 인물들과 각계 각층의 사회 저명 인사들로 구성된 인원만도 수백명에 달했다.

호엔샤는 그 동안의 가문위주의 제도적 모순점을 과감히 타파하고, 대중 속으로 뛰어들었다. 그러나 아직은 잔존된 구습을 완전히 탈피하지는 못했다. 아직도 금권력의 비호에 의존하는 방식을 떠나지 못한 것이 그것이고, 따라서 사장 슈호의 권력형 독재 역시 옛 사상의 틀을 벗어날 수 없었다. 단순한 권력의 이동이었던 것이다.

호엔샤도 가문제도 때와 마찬가지로 숙생제도(宿生制度)라는 문하생 제도를 두었는데, 이를 통해 이시이 센지(石井千治, 1869~1928), 다무라 호쥬(田村保

壽 : 훗날 21세 혼인보 秀哉, 1874~1940) 등이 배출되었다. 그러나 슈호의 일인체제는 어쩌면 당연한 것이었다. 호엔샤의 운영능력은 탁월한 것이었고, 더욱이 바둑의 기량은 타의 추종을 불허했다. 당시 슈호를 상대로 선을 유지한 기사로는 나카가와 가메사부로(中川龜三郎 : 조와의 아들, 1837~1903), 슈에쓰, 슈에이 뿐이었다. 그 외로 한 사람의 이재(異才)가 있었는데, 미즈다니 느이지

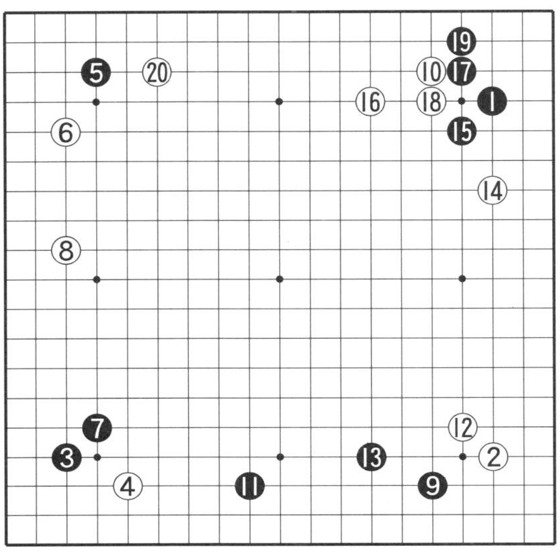

기보 32 (1~20)

(水谷縫治, 1846~1884)라는 인물로 슈호를 선상선으로 밀어붙인 준재였다고 한다.

슈호가 말하기를, "천하에 두려워할 사람은 슈에이와 느이지다."라고 했었던 것은, 느이지라는 인물이 얼마나 출중했는지를 가늠할 수 있는 기록이다. 다만, 슈에이는 느이지의 바둑을 논외로 격하했다는 기록도 남아 있다.

덤이 없는 바둑에서 선착의 효를 어떻게 지킬 것인가에 대한 모범국으로 슈호는 느이지와의 대국을 추천했다고 한다. 기보 32가 바로 그 바둑인데, 과연 오늘날에도 비슷한 생각을 할 것인지는 보는 사람의 자유다.

백2의 위치만 틀릴 뿐, 흑은 슈사쿠류의 1 · 3 · 5 포석을 구사하고 있으며, 또 흑7은 이른 바 슈사쿠의 마늘모다.

흑13까지는 거의 견실한 슈사쿠의 바둑과 흡사하다. 슈사쿠가 타계한지도 어언 20년이 되가는데, 아직도 이 시기까지는 슈사쿠의 체취가 살아있는 듯 흑

번의 바둑은 대개가 이런 식이었다.

그러나 덤이 없다고 이렇게 둔다는 것은 오늘날에 통용되지 않는다. 다시 말해 귀를 중시하는 경향 자체가 모호해졌기 때문이기도 한데, 어쩌면 견실이란 말도 시대적으로 해석이 달라질 수 있다는 뜻이리라.

흑15 이하의 간결한 정석 선택도 견실하게 두겠다는 의지의 표현이다. 백20

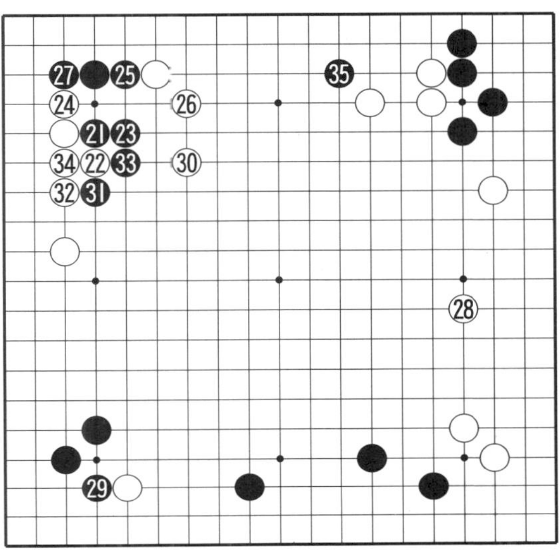

기보 32 - 진행도 1 (21~35)

은 그러한 견실에 대해 변화를 촉구하는 의미가 있다.

덤이 없다면 흑이 무조건 유리한 것은 당연하다. 따라서 불리한 백으로서는 변화를 구해야 한다. 변수가 많아지면 백에게도 기회가 온다. 그러나 한편으로 이해할 수 없는 것은, 기량의 차이를 무시하고 이길 수 있는 방법이 과연 존재할 것인가이다.

치수는 기량의 차이로 결정되는 것이다. 견실하게 둔다는 것은 하나의 두는 방법일 뿐인데, 기량이 그것을 극복하지 못한다면 이는 분명 모순이다. 그렇다면 견실하게 둔다는 것은 방법론을 떠나 또 다른 무엇이 존재한다는 말인가.

진행도 1의 흑21 이하 25까지 역시 귀를 중시한 정석이며, 백28과 흑29는 일종의 맞보기에 해당한다. 드디어 백30으로 상변을 부풀리기 시작한다. 세 귀를 흑에게 허용한 백으로서는 이렇게 둘 수밖에 없다.

이 바둑이 유명한 이유는 슈호가 느이지의 바둑을 인정하는 두 곳의 명수를 지적해 놓고 있기 때문이다.

그 중 첫 번째가 흑35의 침입이다. 한눈에도 기발한 침입이다. 슈호는 이 수를 예상하지 못했던 것 같다. 느이지의 기지가 번뜩이는 한 수였다고 그는 감탄하고 있다.

흑35로 물론 달리 두는 수가 없을 리는 없다. 그러나 의표를 찔린다는 것은 그 자체로 심리적 동요로 직결된다.

또 백36 이하의 진행 외에 다른 진행도 얼마든지 있다. 슈호는 여기서 흔들리지 않았을까. 예상치 못한 곳을 상대가 두어 왔을 때, 자기 쪽의 대응책이 마땅치 않다면 그것처럼 당혹스런 것은 없다. 그럴 때는 그 이전의 수까지 후회스러울 수 있기 때문이다. 그런데 여기서 슈호가 극찬했던 느이지의 두 번째 명수가 작렬했다. 슈호의 자책이 채 가시기도 전이다.

슈호를 당혹케 한 느이지의 명수란 바로 **진행도 3**의 흑59다.

이 수는 전술한 바 있는 슈와의 65수째 끝내기보다 더 앞선 것이다. 그뿐 아

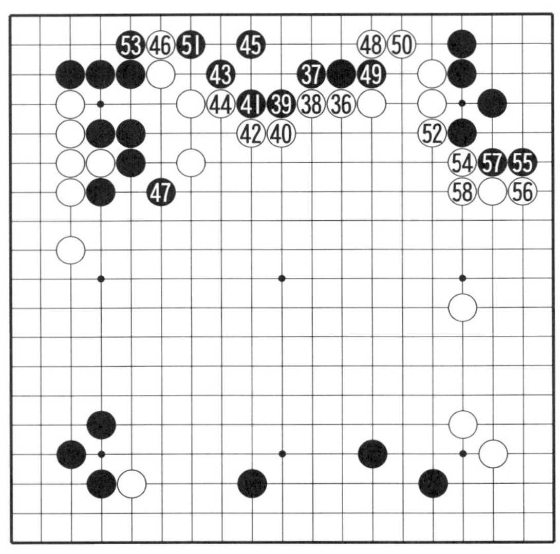

기보 32 - 진행도 2 (36~58)

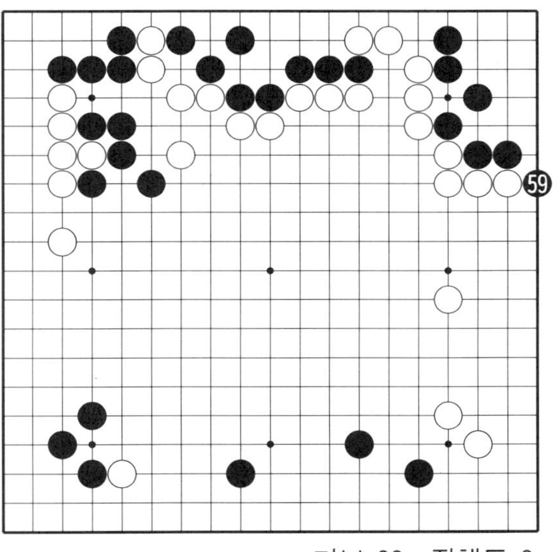

기보 32 - 진행도 3

명인 중 명인 슈에이(秀榮)

바쿠후 말기의 철인 슈와가 실의 속에 죽어갔을 때, 혼인보가의 궁핍함은 끼니를 걱정할 정도였다. 15세 혼인보는 장남 슈에쓰(秀悅, 1850~1890)에게 계승되었다. 훗날 무라세 슈호(村瀨秀甫)가 평하여 "슈에쓰의 예는 아버지 슈와의 이름을 조금도 부끄럽지 않게 하는 탁월한 것이었다."고 말했지만, 가문의 몰락과 궁핍한 형편을 견디다 못한 젊은 가장 슈에쓰는 23세의 나이로 급기야 정신이상이 되고 말았다.

당시 차남 슈에이(秀榮, 1852~1907)는 하야시가의 양자로 입적해 13세 당주로 있었다. 본가의 참상을 전해듣고 가문에 복귀했으나, 그때는 1879년 무라세 슈호(村瀨秀甫)를 주축으로 나카가와 가메사부로(中川龜三郎, 1837~1903), 고바야시 데쓰지로(小林鐵次郎, 1848~1893) 등에 의해 창립된 호엔샤가 시대의 조류에 편승해 그 위세가 번창하고 있었다. 슈호의 혼인보가문 이탈

경위는, 전술한 바와 같이 조와의 미망인이 반대함으로써 후계자로 지목되지 못한데 있다. 슈에쓰의 정신분열 현상도 어쩌면 슈호의 탁월한 재능과 비교되는 자신의 무능을 비관했던 때문이 아니었을까.

혼인보는 가문으로서 마지막 보루에 지나지 않았기에 여기서 예인(藝人) 슈에이는 현실에 일단 굴복하는 와신상담의 형극을 선택한다. 먼저 슈호와 타협하여 그에게 18세 혼인보를 물려주고, 그 댓가로 경제적 어려움을 해결한다. 그 댓가란 슈호와 슈에이 사이에 화해가 이루어졌을 때, 그 조건으로 호엔샤 발행 면장에는 반드시 혼인보가의 오서(奧書 : 인정서)를 필요로 한다는 조항을 삽입했던 것을 말한다.

그것으로 면장 발행에 따른 수입원을 얻은 것이다. 예인 슈에이를 죽을 때까지 괴롭혔던 수치스런 기억은 바로 이것이었을 것이다. 돈으로 예도를 팔아먹었다는 수치심과 자괴감.

메이지 유신이래 아버지 슈와와 형 슈에쓰의 비참한 죽음 속에서 맛본 혹독한 생활고. 이에 비해 시대에 편승하여 일세의 추앙을 받으며 출세가도를 달려가는 슈호를 볼 때마다 응어리진 분노를 억누르기 힘들었을 것이다. 슈에이의 인고는 그렇게, 자존심을 구기지 않고서는 해결되지 않는 추함 그 자체였다.

본래 단위란 기력의 척도로 누가 뭐라고 할 성질의 것이 아니다. 그럼에도 바둑계의 이면에는 면장 발행에 관한 이권 문제가 숨어 있다. 권위가 지배하는 이러한 이권문제는 오늘날에도 비판없이 수용되고, 또 지속되고 있다. 이러한 현상은 사회적 퇴행성을 의미한다. 교환가치도 없고 질권 설정도 되지 않는, 한 장의 종이에 불과한 이 면장이 무슨 대단한 것이라도 되는 것처럼 큰 돈으로 매매하는 행위가 용인되는 것은, 사실상 대중기만이며 가진 자의 횡포다.

슈에이는 슈호의 호엔샤 경영능력을 부러워 한 것 같지는 않다. 아니 오히려 경멸한 것으로 보인다. 마치 억지로 그렇게 하는 것처럼, 슈호와는 정반대적 성향을 저 자신 강하게 부각시키고 있다. 이것은 슈호처럼 그렇게 살기는 싫다는 뜻일 것이다. 지금은 곤궁에 처해 어쩔 수 없이 얹혀 사는 입장이지만, 본심은 그렇지 않다는 강력한 자기 주장이기도 하다.

메이지 유신의 격동 속에 물밀 듯 쏟아져 들어오는 서구 자본주의의 세력은 일본 전역을 체제의 혼돈으로 몰아 넣었다. 청직(淸直)한 슈와는 이런 변화에 몸을 실을 줄 몰랐기 때문에 가문이 화재를 당했을 때도, 남에게 손을 벌리지 못하고 타다 남은 헛간에서 식구들마저 곤궁을 짊어지게 했다. 가장이 부양능력이 없으면 그것으로 가문이고 명예고 없어지는 것은 뻔한 이치다.

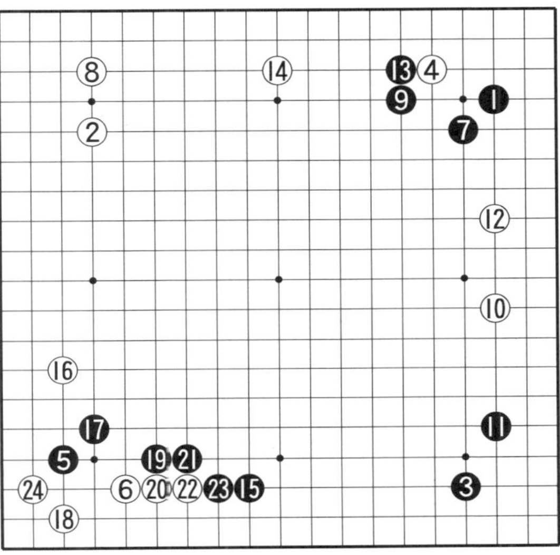

기보 33 (1~24)

슈에이는 그것을 뼈저리게 느꼈다. 후계자로 선택되지 못한 슈호의 원한이 있었다면, 보은에 소홀한 슈호를 바라보는 슈에이의 반감도 당연히 있다. 그러한 시기에 두 사람은 마주 앉았다.

기보 33은 슈에이의 그러한 심정을 가장 극명하게 보여준 대국이라고 한다. 역시 흑번은 아직도 슈사쿠류로 흐르고 있다.

흑7때 백8이 이채롭다. 흑9때 백이 이곳을 받아준다면 흑은 백10의 자리를 차지해 중국식 포진과 흡사한 대모양을 구사하게 된다. 따라서 백10은 당연하다.

그러나 당시에는 이 수를 슈호의 독특한 포석관으로 인식했던 것 같다.

귀를 중시하는 당시의 사정으로서는 이렇게 변을 중시하는 발상이 덜 깨어 있었다는 얘기가 되는데, 여기서 잠시 야스나가 선생의 평을 보기로 하자.

"옛 사고를 벗어나 귀보다 변을 중시하는 발전된 철학적 사고였다. 슈호의 백10·12·14는 슈사쿠에게서도 볼 수 없었던 수법으로, 이는 기성 권위에 대한 조반(造反)이며, 슈호다운 영단이었다.”

오늘날 이러한 수법은 이론적으로도 설명할 수 있을 정도의 상식적인 수라고 할 수 있다. 물론 당시로서는 그랬을 수도 있다.

그러나, 슈호의 이 수법은 사실 그의 창작이 아니다. 야스나가 선생은 이로부터 23년전 슈사쿠가 슈호를 상대로 이와 똑같은 수법을 슈호에게 시도했던 기보를 빠뜨린 것 같다. 따라서 이 수법은 슈사쿠의 창안이었던 것이다.

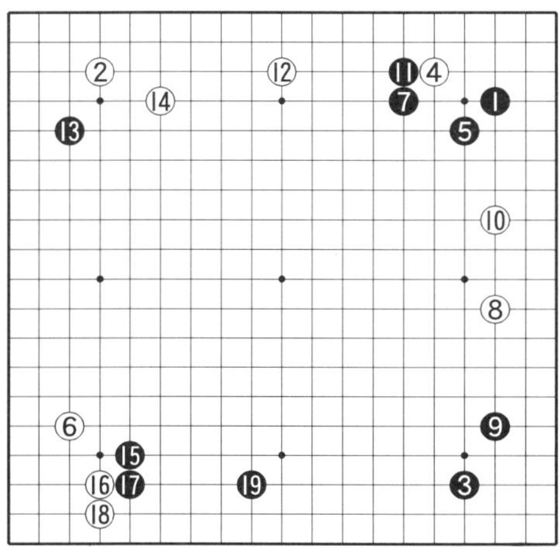

참고보

참고보를 보자.

이 바둑이 바로 23년전 슈사쿠가 슈호를 상대로 둔 것으로, 진행을 살펴보면 수순이 약간 다르고 좌측 백돌의 포진이 다를 뿐 나머지는 **기보 33**과 똑같지 않은가.

또한 나중에 나타나는 우상귀의 공방 역시 두 기보가 일치함을 보이고 있는 것은 우연의 일치라고 보기에는 너무 닮았다.

어쩌면 이러한 흐름은 같은 혼인보 가문이었으므로 쌍방 모두 연구가 되었던 것인지도 모르는 일이다.

진행도 1은 평소의 슈에이 답지 않은 격렬함이 배어나는 진행이다.

이렇게 과격한 방법으로 싸우는 것은 슈에이의 기풍과는 거리가 멀다. 슈호가 조와만큼이나, 아니 조와보다 더 역동적인 바둑을 구사한다는 것은 익히 알려진 사실이며, 거기에다 현란 화려한 수법까지 능숙하게 구사한다는 것 역시 슈호의 트레이드 마크다.

그런데 이 바둑은 마치 흑백이 바뀐 듯한 흐름을 타고 있다. 슈에이의 기풍은 물 흐르듯 고요한 가운데, 어느 순간 잠재력이 발휘되면서 서서히 눌러가는 그런 타입이다.

이와 같은 격렬함은 호엔샤의 권력에 대한 적개심이 그의 투혼을 일깨운 것이라고 밖에는 설명할 길이 없는 것이다. 또 이러한 것은 연령차에서 오는 젊음의 투지가 있기 때문에 가능하다.

이 바둑을 두던 당시, 슈에이는 32세로 원숙기에 들어섰을 때이며, 슈호는 46세로 원숙기였지만, 이미 연령적으로 젊은 주자에게 물려줄 나이였던 것이다.

진행도 2는 슈에이가 슈호의 창작품을 역으로 사용한 진행이다.

이 진행만 본다면, "흑51

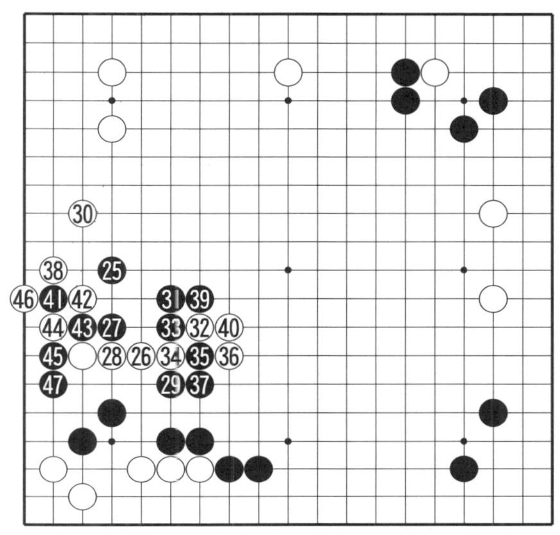

기보 33 – 진행도 1 (25~47)

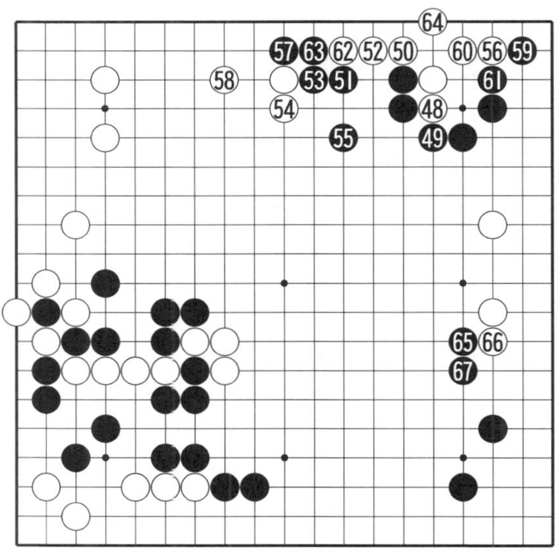

기보 33 – 진행도 2 (48~67)

은 기지가 번뜩이는 수법이며, 이 곳의 공방에서 선수를 뽑아 대망의 흑65를 선점할수 있었던 것은 역시 슈에이의 놀라운 감각이라 할 것이다." 운운 할 수

있겠지만, 사실은 그런 것이 아니
다.

흑51은 참으로 유연한 발상이
며, 좋은 수임에는 틀림없다. 그러
나, 앞에서 이미 약간의 힌트를 준
것처럼, 흑51은 슈에이의 발상이
아니라 바로 지금 두고 있는 당사
자, 즉 슈호의 창작이었던 것이다.

다만 이 수순을 밟을 수 있는 것
은 선후수의 관계에 놓여 있었다.
그것은 흑65의 곳이 너무
도 빛나는 것이기 때문이
다. 이곳을 흑이 선점하게
되어서는 백은 회복불능이
다.

참고보 - 진행도는 슈사
쿠와 슈호가 두었던 참고보
의 진행이다. 보다시피 백3
에 대해 슈호는 흑4로 응수
하고 백5에 대해서도 흑6
으로 응수하고 있지 않은
가. 다시 말하지만 이 바둑
은 기보 33보다 23년전의
것이다.

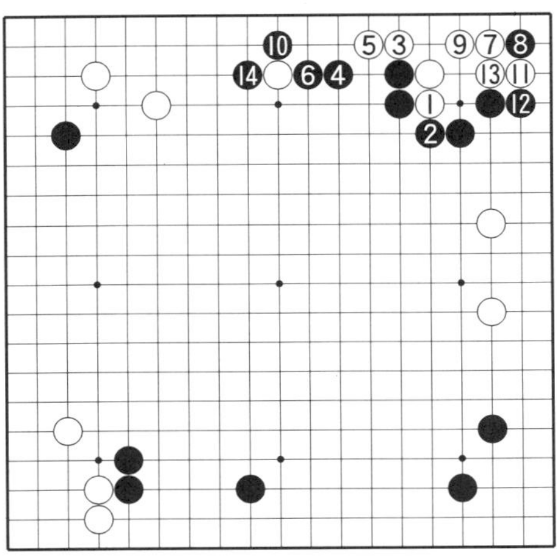

참고보 - 진행도

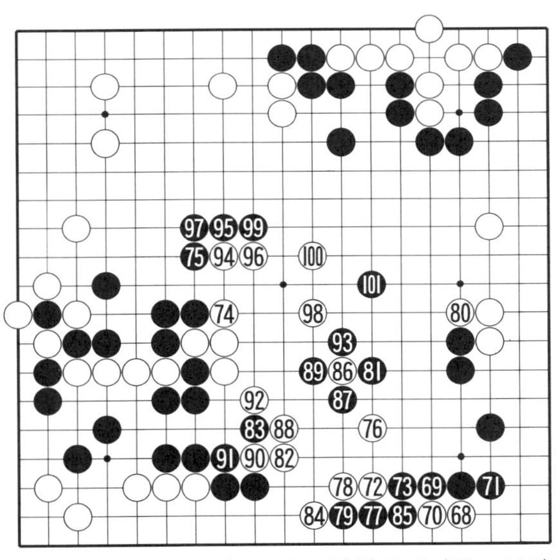

기보 33 - 진행도 3 (68~101)

따라서 슈에이는 슈호의 창작품을 그대로 따라 두었다고 할 수 있다. 다만
그렇게 꼭 두어야 했는지, 또 왜 싫어하는 상대의 수를 흉내내려고 했는지는
알 수 없다.

진행도 3은 슈에이가 이미 슈호의 기량어 근접하고 있다는 것을 보여주는 진행이다.

진행의 수순에 의혹이 없는 것은 아니지만, 이미 대세가 기울었으므로 더 이상 설명할 필요는 없을 것 같다. 중요한 것은 슈에이가 이처럼 격렬하게 부딪쳐 가는 바둑을 구경한다는 것 자체로 흥미롭기만 하다는 것이다. 슈에이의 기세와는 정반대로 수세로 일관하며 난조에 빠져버린 슈호의 무력함도 이해가 되지 않는다. 바둑 외적으로 기세가 꺾였던 것일까. 슈호는 힘 한번 써보지 못하고 12집이라는 차이로 대패했던 것이다.

슈에이가 이렇듯 적개심을 가지고 있던 것은 사실이지만, 그러나 한편으로 슈호의 바둑을 말할 때만큼은 그 기량을 대단히 높이 평가하고 있었다. 전술한 바 있지만, 슈에이는 "슈사쿠가 현재 살아있다 하더라도 슈호에게 미치지 못할지도 모른다."고 까지하면서 슈호의 기예를 극찬하고 있는 것이다.

그 이유를, 솔직 담백한 그의 성품으로만 돌리는 것이 맞을까. 슈호를 어릴 적부터 알고 있으므로, 전혀 신빙성이 없는 것은 아니다. 그러나 슈호는 슈사쿠의 경계를 넘지는 못했다는 것이 오늘날 전문가들의 공통된 견해다.

또 슈에이가 슈호의 기량을 높이 평가했던 것은 사실이지만, 슈호 또한 슈에이를 두려워했던 것은 확실하다.

슈호가 말하기를, "천하에 두려워할 사람은 슈에이와 미즈다니 느이지(水谷縫治)다."라고 했던 것이다. 그러나 정작 슈에이는 느이지의 바둑을 격하했다.

다시 말하지만, 슈호 생전에 그를 상대로 선을 유지한 기사는 나카가와, 슈에쓰, 슈에이 뿐이었다. 그 외로 미즈다니 느이지라는 태도불량한 준재가 있어, 슈호를 선상선으로 밀어붙이고 있었다는 것은 말한 바 있다. 명실공히 당대 최고였던 셈이다.

일설에 의하면, 슈에이는 일만국의 포석패턴을 분석해 놓았다는 말이 있다. 진위야 어찌 되었든 설사 그만큼은 못되더라도 그 십분지 일만 해도 어마어마한 양이 된다. 이 시기, 그는 가문의 명예를 되찾기 위해 끝없이 노력했을 것이 분명하며, 그 노력의 내면에 바둑에 대한 정진이 없었다면 훗날의 슈에이도 있을 수 없다.

"누구에게나 그 사람에 따른 기풍, 예풍의 차이는 있지만, 전국의 조화를 이루면서 담담히 두어나가는 듯한, 슈에이만이 지니고 있는 무위에 이른 듯한 기량은 성인의 경지에 오른 느낌이 들어 과연 명인 중의 명인이라 해도 지나치지 않을 것 같다. 마치 완성된 예술품을 보는 듯하다." 평론가 야스나가 선생은 이렇게 말했고, 호엔샤 출신의 이와사 게이(岩佐 銈, 1878~?) 7단은 이렇게 말했다고 한다.

"슈에이 선생에게 두 점으로 대국했는데, 선생은 그다지 깊이 생각하지 않았다. 내가 한참을 고민한 끝에 망설이다 한 수를 두면 선생은 기다렸다는 듯이 응수해 왔는데, 거기에는 반드시 다음 착수점으로 두 개의 좋은 점이 나타났다. 내가 호기롭게 그 어느 쪽을 선택하면 선생은 즉시 남아있던 하나의 호점을 차지했다. 바둑이 이런 추세로 계속되다가 결국 내가 지고 말았으니 놀라지 않을 수 없었다."

1886년(명치 19년) 슈호의 갑작스런 타계로 바둑계는 새로운 국면을 맞는다. 후임으로 나카가와 가메사부로(中川龜三郎), 이와자키 겐죠(巖崎健造, 1842~1914) 등이 호엔샤의 사장으로 취임하지만, 슈호의 능력에 못 미쳐 모두 슈에이를 중심으로 집결했던 것이다. '시쇼가이(四象會)'란 이러한 과정 속에 탄생하게 된다.

슈에이가 전국의 기사와 관계자들에게, 시쇼가이라는 모임을 만들어 매월 1회씩 돌아가면서 자신과 대국하고, 그 자리에서 함께 강평회를 갖자고 제의하자, 전국의 기사들이 그의 산하로 집결했다.

이시이 센지(石井千治), 히로세 헤이지로(廣瀬平次郎, 1865~1940) 호엔샤를 떠났던 다무라 호쥬(田村保壽, 21세 本因坊 秀哉)도 이에 가세했다.

이 사실은 바둑사적으로 대단히 중요한 사건이다. 그 이유는 바둑사상 처음으로 공개 토론이라는 형태가 등장한 것이기 때문이다. 바쿠후 역사에는 이런 제도가 없었다. 각 가문 내에서 타 가문을 이기기 위해 자기들끼리의 연구가 없었던 것은 아니지만, 그것은 어디까지나 가문만의 비전(秘傳)이었을 뿐 공개적인 것은 아니었다.

동서양을 막론하고 토론이란 역사적으로 그 가치를 인정받아 왔다.

고대 중국 제(齊)나라 위왕, 선왕 시대(B.C. 357~300)에는 두 왕이 학문을 좋아하여 도성 근처에 큰 강당을 마련하고 많은 학자와 선비를 초빙하여 자유로운 토론을 할 수 있게 했다. 여기에는 유가, 노·장 계통의 학파, 묵가, 법가 등 가장 영향력있는 4개의 학파 외에도 음양오행 학파 등 심지어 혜시(惠施 : 궤변가)들까지 모두 모여 토론을 할 수 있었다. 이러한 학자들을 총칭하여 '직하의 학(稷下之學)'이라 말하는데, 고대 그리스의 '폴리스·아테네'를 연상케 하는 이 제도는 사마천의 '사기'에도 명시되어 있으며, 이 사실은 매우 중요한 역사 의미를 갖는다는 뜻이기도 하다. 제자백가(諸子百家)의 백가쟁명(百家爭鳴)은 어떤 의미에서는 난장(亂場)의 역사이기도 하지만, 전국시대의 학문적 풍요를 가져왔다는 것만큼은 부정할 수 없다.

고대 그리스의 폴리스 아테네 역시 그러한 곳이었다. 소크라테스(Socrates, B.C. 469~399)에 이어 플라톤(Platon, B.C. 427~347), 아리스토텔레스(Aristoteles, B.C. 384~322) 등은 모두 그러한 문화적 환경 속에서 만들어진 거인들이다.

당대의 일인자와 직접 대국을 하고, 또 강평까지 들을 수 있다는 자체만 가지고도 감격스런 일이 아닐 수 없다. 바쿠후시대 이후 이런 파격적인 체제는 없었던 것이다. 물론 이와 같은 체제는 슈호가 닦아 놓은 것이다. 그러나 슈호조차도 그렇게까지는 파격이 없었기 때문에 이 선언은 전국의 바둑인을 하나의 우산 아래로 결집하게 만들었던 요인이 되었다.

슈에이의 시대가 열리고 있었던 것이다. 시쇼가이는 순풍에 돛을 단 듯 순항했다. 무소불위의 권력자 슈호가 가버린 지금, 슈에이는 바둑계의 중천에 떠있는 태양과 같은 존재였다. "바둑은 만인에게 평등하다."는 슈에이의 선언은 바둑을 배우고자 하는 사람들에게 꿈과 희망을 가져다 주었다.

슈에이의 기량도 이미 명인의 반열에 우뚝 서 있었다. 이 시기의 슈에이는 지금까지의 바둑관을 뿌리째 흔들어 놓았다. 20세기의 바둑이 나아가야 할 방향을 세워 놓은 것이다.
슈에이의 전성기 시절 그의
기량이 타 명인들과 어떤
점이 확연히 다른지 느낄
수 있는 기보를 감상해 보
기로 하자.

기보 34는 시쇼가이 2회
때의 대국으로 상대는 다무
라 호쥬. 훗날 마지막 혼인
보이자 메이진이었던 슈사
이다. 첫수는 다무라의 선2
선으로서 선번의 차례.

이 바둑을 둘 당시 슈에
이는 44세로 가장 원숙했
을 때였고, 슈사이는 22세

1895년 12월

● 다무라 호쥬(田村保壽)
○ 혼인보 슈에이(本因坊 秀榮)

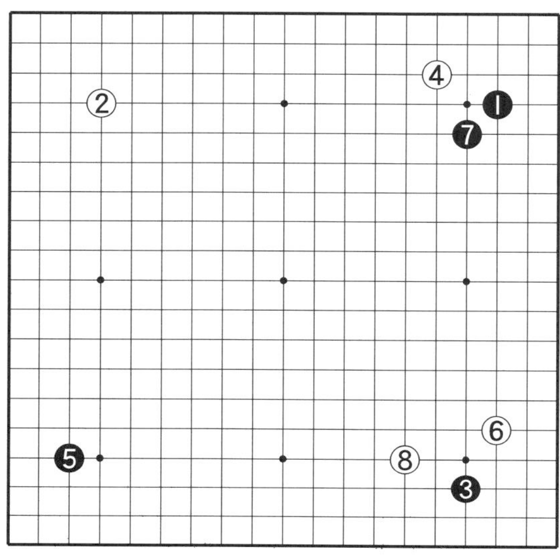

기보 34

로 가리가네 준이치와 함께 차세대의 주자로 공히 인정받고 있을 때였다. 슈
사이는 한때 호엔샤에 입사하여 슈호에게 그 기재를 인정받았던 대기였으나,
한때의 객기였는지 모르나 어떤 사건을 계기로 호엔샤를 뛰쳐나와 미국으로
밀항을 기도한 적이 있었다 한다. 사전에 발각되는 바람에 그 꿈이 무산되었
지만, 어쩌면 조와의 젊은 시절이나 슈호의 그것을 비교해 볼 때, 젊은 날의
시련이 훗날 그를 마지막 메이진의 권좌에 오르도록 한 것은 아니었을까.

기보 34에서 보듯, 이 시기에도 흑번은 아직 슈사쿠류를 벗어나지 못하고 있
음을 알 수 있다. 그런데, 백2의 화점. 갑자기 신선함을 느끼기 시작한다. 흑7
의 슈사쿠의 마늘모에 대해 변으로 가지 않고 곧바로 백8, 이처럼 굳힘의 타
이밍을 주지 않고 변화를 모색하는 것은 스피디한 착상이다. 무언가 빠르게 생
동감이 넘치고 있다.

진행도 1에서 우하귀의 정석은 대사백변의 초기 정석으로 오늘날에는 사용

하지 않는다.

흑이 불리하기 때문이다. 그러나, 흑이 이렇게 둔 것은 정석을 몰라서가 아니라 아직 포석과 정석의 함수관계에 대해 슈에이에 비해 덜 깨어있기 때문일 것이다.

백은 당연히 선수를 잡아 백24로 둘 수 있다. 간발이기는 하지만 스피드 면에서 백이 벌써 앞서가고 있는 듯 하다.

진행도 2의 백32로 둘 수 있는 것은 흑33의 침입에 대해 대비책이 있기 때문이다. 이곳은 백이 두어도 집이 되는 곳도 아니고 우측 흑이 워낙 견고해 별다른 수단의 여지가 없다.

따라서 백은 흑33을 유도하여 이곳을 가볍게 처리하려는 것이다. 만약 이곳이 백의 뜻대로 가볍게 정리된다면 흑은 집부족이 될 우려가 있다. 흑이 우하귀의 정석 선택을 잘못했다는 이유가 바로 거기에 있는 것이다.

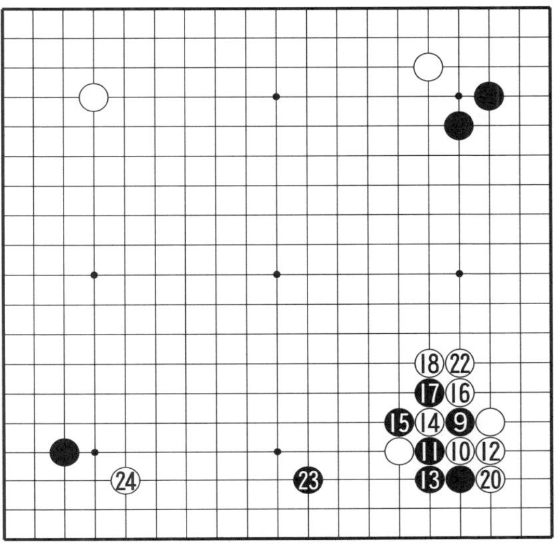

⓳따냄(9) ㉑이음(14)   기보 34 – 진행도 1

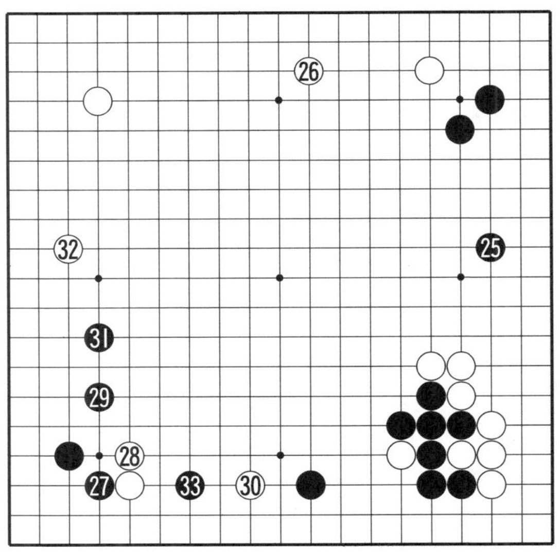

기보 34 – 진행도 2

슈사이가 호엔샤를 이탈하여 밀항을 기도했다는 소식이 슈에이의 귀에 들어가자, 이때 슈에이는 "호엔샤는 호랑이를 들에다 풀어놓았다."고 했다는 말을 했을 정도로, 당시의 슈사이는 출중한 기량을 보였다고 한다.

그러나 지금 진행을 보면 슈사이의 출중한 기량은 볼 수 없다. 상대적으로 슈에이의 기예가 너무 높아서였을까.

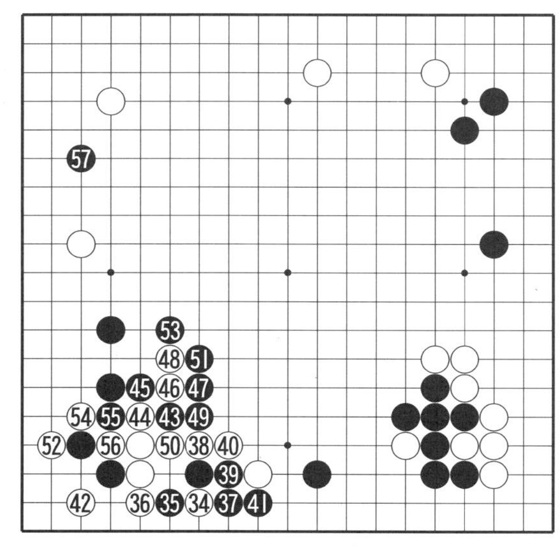

기보 34 - 진행도 3

진행도 3의 백34 이하 백40까지는 정해진 수순이다. 백44·46의 절단은 백50을 두기 전에 취해 둘 수순이었지만, 흑49는 51로 먼저 밀어 두는 편이 강력했다.

무언가 흑이 백의 뒤를 쫓는 느낌을 지울 수 없다. 당연한 듯 무심히 둔 흑55가 이 바둑을 슈에이의 명국으로 만들어준 자충이었다는데, 어디까지나 이는 결과론적으로 하는 말일 뿐이다.

백이 40쪽으로 흑세력을 흠집 낸 이상 이곳은 흑집이 제한된 상태이고, 우변쪽을 향한 흑 세력도 목표가 없다. 본질적으로 세력은 공격대상을 갖고 있어야 하지만, 공격대상이 없어지면 집으로 만들 수 있어야 한다. 그런데 그 집마저 중복되어 버린다면 쓸데없는 짓을 한 꼴이 된다. 세력 운용의 어려움이 여기에 있는 것이다.

흑57의 침입은 어쩔 수 없는 침입이다. 그러나 이것으로 큰 소득이 있을까. 완력으로 해결하기에는 상대의 기예가 너무도 높은 명인의 그것이 아니었던

가.

　슈사이가 호엔샤 계보였
음에도 불구하고 슈에이의
문하에 투신하게 된 것은,
밀항이 실패한 이후에도 사
업실패가 잇달아, 생계가
어려워지자 호구지책으로
바둑지도교실을 열었는데,
그때 찾아온 조선의 망명객
김옥균의 권유로 이루어졌
다. 김옥균은 슈에이의 가
장 가까운 벗이다. 당시 나
이 19세임에도 슈에이는 파

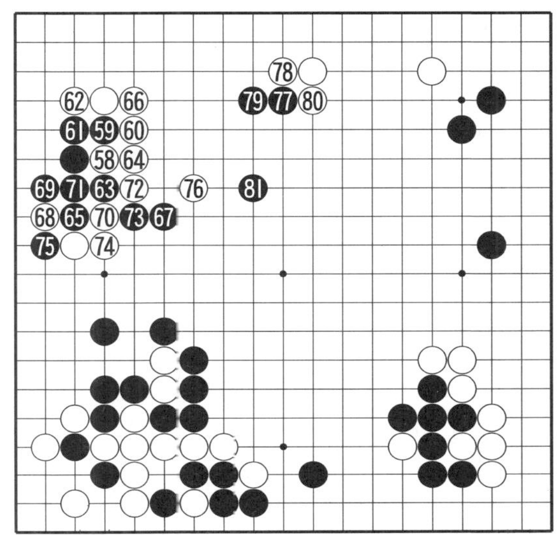

기보 34 – 진행도 4

격적으로 4단의 대우로 그를 맞아들인다.

　진행도 4는 바둑이 완력만으로 해결되지 않는다는 것을 여실히 보여주고 있
다.

　슈에이는 백58 이하 백66까지 흑의 중복을 유도하고, 흑67을 기다려 흑진
속에서 교란을 획책한다.

　그리고 백76으로 상변을 확장하고 있다. 흑75까지 된 시점에서도 이 흑진
속에는 아직 백이 준동할 여지가 있는 고약한 맛이 남아 있다.

　여기까지의 진행을 종합해 보면, 흑이 투지를 블태우며 부딪쳐 간다는 것을
알 수 있다. 그에 비해 백은 피해가는 듯하다가 다시 돌아와 허를 찌르는 수
법을 구사하고 있으며, 그 수순이 억지로 이루어지는 것이 아님을 느낄 수 있
다. 상변을 확장하기 전 백68 이하의 수순이 그런 예다. 흑도 77로 어깨 짚어
상변의 확장을 견제하는 수순을 얻고 있으나, 이는 백이 억지로 집을 만들려
고 하지 않는데서 얻어지는 수순이다. 그 이유는 조금 있으면 알게 되겠지만,
여기서부터 백은 기나긴 수순의 함정을 파 놓았던 것이다.

진행도 5의 수순으로 백은 방치해 두었던 좌변의 백돌들을 움직이기 시작한다. 그리고 일단 백86 이하의 득을 보고 있다. 치밀한 수순이다. 마치 죽이기 전에 끝내기를 하는 듯한 동작으로 밖에 볼 수 없다.

그러나 이미 이곳은 수단이 완성되어 있었다. 백90 때에도 흑91은 어쩔 수 없다.

그런데 과연 이 곳에는 무슨 수단이 있다는 것일까.

슈사이가 자신의 완력이 통하고 있다는 자신감이 들었을 무렵, 슈에이는 명인의 보검을 뽑고 있었다.

진행도 6의 백92. 기나긴 수순 속에 숨어 있었던 명인의 칼은 이 곳에 숨어 있었던 것이다.

날카로운 수는 아니었다. 목을 베는 듯한 무게도 느

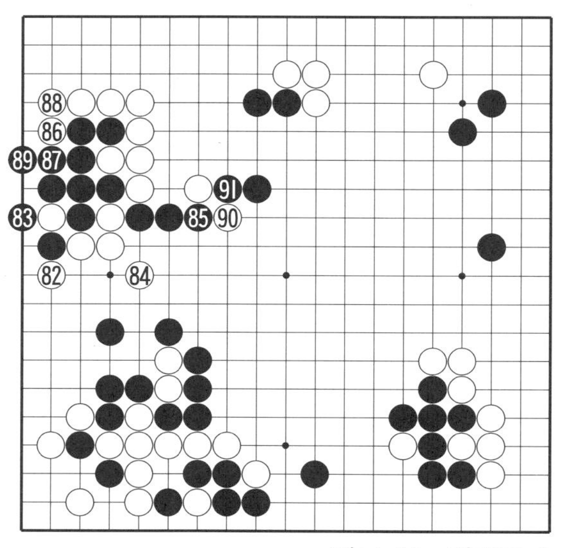

기보 34 – 진행도 5

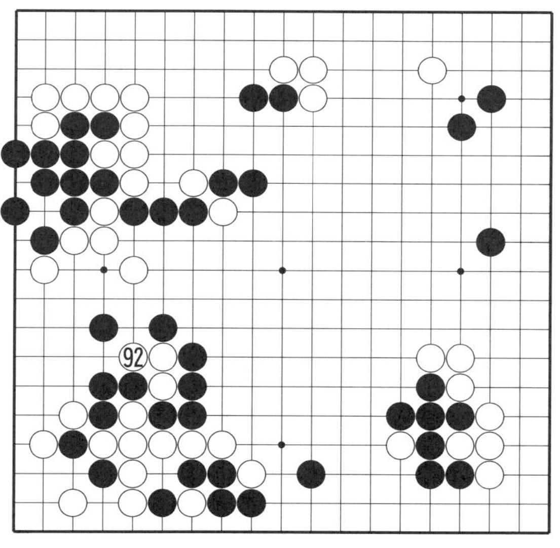

기보 34 – 진행도 6

낄 수 없는 그런 칼이었다. 그러나 사실상 바둑은 이것으로 끝나게 된다. 명인의 바둑이 어디 섬멸전으로 가겠는가마는, 이처럼 허무하게 끝날 수도 있는 것일까.

이런 수는 사실 생각하기 어렵다. 일단 보고 나면 "아하!" 하고 무릎을 칠 수는 있지만, 본질적으로 열심히 수를 읽는다고 보여지는 것은 아닌 차원이다. 이것은 마치 앞에서 본 겐안과 슈와와의 대국에서 슈와가 겐안의 돌을 축으로 몰기 전에 다른 쪽의 돌을 슬그머니 끌고 나온, 바로 그런 유형의 수이기 때문이다.

이 수의 정체는 이런 것이다. **참고도**를 보기 바란다. 흑이 1쪽에서 잡는다면 백은 2로 단수를 치게 되는데, 이때 흑은 이 단수를 이을 수 없는 것이다. 그 자체만도 견디기 어렵지만, 그보다 이후, 흑은 A로 두어 이 백을 잡아야 하는데, 그때 백은 B로 중앙을 움직이게 되므로, 이렇게 되어서는 영원히 복구할 길이 없다.

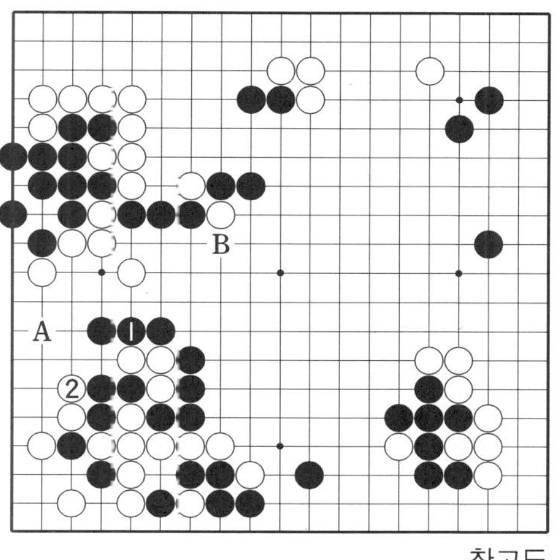

참고도

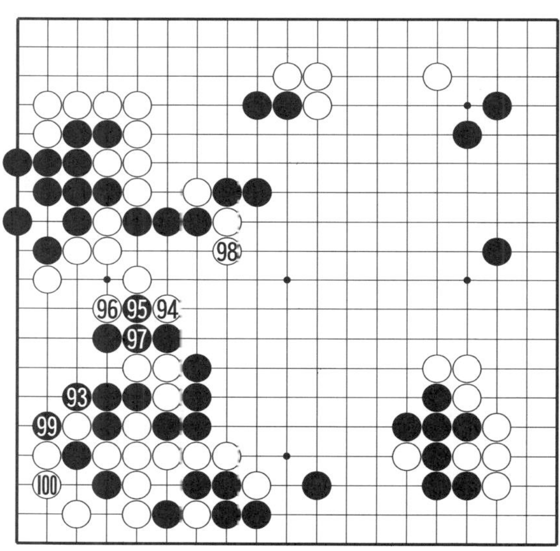

기보 34 – 진행도 7

명인의 보검은 실체가 이런 것이었다.

슈사이는 순간 아찔했을 것이 분명하다. 그리고 찰나적이나마 이렇게 생각했을 것이다. "아, 명인이란 이런 것이구나."하고.

그렇지만 손실은 생각보다 큰 것이 아니다. 다만 추격이 불가능하다는 것 뿐.

슈사이는 권토중래, 계속 두어 갔다. 자주 배울 수 있는 기회가 있는 것도 아니므로 마지막까지 최선을 다해 두어 갔던 것이다. 최후에 두집을 졌다는 것을 확인할 때까지.

시쇼가이는 1904, 5년 러·일 전쟁의 소용돌이에 휘말려 문을 닫기까지 약 18년 동안 슈에이의 지휘아래 순조롭게 지속됐다.

약 2년에 걸친 러·일 전쟁은 일본의 승리로 끝났다.

러·일 전쟁 직후 바둑계는 전쟁 승리의 분위기 속에 공전(空前)의 성황을 구가했다. 다무라 호쥬, 가리가네 준이치 등의 준재들은 대기사의 반열에 오르면서 일세를 풍미하고 있었다. 이러한 호황과 더불어 바둑계 또한 다시 시쇼가이와 같은 결집을 필요로 하게 되었고, 이 시대적 요구에 힘입어 니혼이고가이(日本圍碁會)라는 단체가 탄생했다.

초대 회장에는 당연히 기단의 부동의 일인자 슈에이가 추대되었다. 그러나 그렇게 바둑계가 다시 재건의 깃발을 드높이고 있을 때, 메이진 슈에이에게는 죽음의 그림자가 닥쳐오고 있었다. 메이지 말기의 파란은 이렇게 시작되고 있었던 것이다.

슈에이가 메이진 칭호를 받은 그 다음해, 1907년 지병인 천식으로 갑자기 쓰러지자, 바둑계는 또 다시 동요하기 시작했다. 지도자를 잃은 무리의 혼란이 항상 그래왔던 것처럼 바둑계는 다시 군웅할거의 양상을 보이고 있었다. 이 난국은 당시 은거 중이었던 슈겐(秀元 16, 20세, 1855~1917)이 재등장하여 국면을 수습했다.

균열의 조짐을 보이던 바둑계의 종가는 다무라 호쥬를 후계자로 추대하는 것으로 가까스로 진정되었으니, 21대 혼인보 슈사이(秀哉, 1874~1940)가 바로 그다. 이 시기의 분규과정에 대해서는 잠시 후 다시 설명하기로 하겠다.

니혼이고가이가 결성되었을 때 약간의 마찰이 빚어진 사건이 있었다. 본래

시쇼가이의 발전은 귀족, 재벌의 후원 덕이었지만, 일본기원이 통일을 이룰 때도 거의 재벌 고쇼기 기시치로(御曹子喜七郎, 오쿠라 기시치로〈大倉喜七郎〉) 한 사람의 출자에 의해 이루어졌던 것처럼, 시쇼가이 역시 다카다 진죠(高田愼藏)의 부인 다카다 다미코(高田民子)의 후원에 힘입은 바가 가장 컸던 모양이다.

니혼이고가이의 발족과 더불어 명예회원으로 다미코 부인도 참여했는데, 모집과정 중에서 쥬고 은행(十五銀行)장이었던 소노다 고기치(園田幸吉)라는 사람이 가입을 거부하며, 슈에이를 가리켜 "바둑은 강하지만, 의리나 인정이 없는 사람이다. 다미코 부인에게 많은 은혜를 입었으면서 다카다 가(家)를 우습게 보고 고자세로 대하고 있다."고 비난하고 나섰던 것이다. 그 내막은 이런 것이었다.

슈에이의 아끼던 제자 중 노자와 지쿠초(野澤竹朝)는 성격적으로 한량기질이 있었던 모양이다. 이 노자와가 어느 날 다미코 부인에게 결례를 하여 그녀가 슈에이에게 그의 처벌을 요구하자, 슈에이는 일언지하에 거절하며, "아무리 은인이라고는 하지만, 남의 가문 일에까지 참견하는 일은 있을 수 없다. 은혜를 입었다 해도 자신의 예나 식견까지 팔아먹을 수는 없지 않은가."라고 격분했다는 일화가 있다. 이러한 일화는 동서서양을 막론하고 자주 발견되는 것으로, 후원자가 명예욕을 가지고 후원했을 경우, 여능인이 마음 속에 묻어두었던 수치심이 폭발하는 케이스라고 보아야 할 것이다.

슈에이와 같은 예인들에게는 예도와 재물이라는 딜레마가 있게 마련이다. 자신의 예를 돈으로 팔아먹었다는 자괴감(自愧惑)이 항상 심리를 괴롭히는 요인으로 작용하기 때문에, 그것을 건드리면 언젠가는 터지게 되어 있다. 예인 슈에이에게는 그러한 심리적 속성을 뒷받침해 주는 사례가 또 있다. 하루는 어느 지인(知人)이 이와자키(岩岐)라는 돈 많은 상인의 집으로 데려가 그에게 소개하자, "저 따위 집은 바둑두는 사람을 일반 예인(藝人)처럼 생각하기 때문에 싫다."고 거절했다는 일화도 있다.

좌은담총에 기록된 그의 성품은 이렇다.

"슈에이는 성격이 근엄강직했으며, 허식을 배척했다. 또한 교만을 증오했으며, 솔직함을 존중했다. 항상 묵묵히 있어 담소가 적은 이 고목한엄(枯木寒嚴)의 풍모는, 다른 이에게 오히려 오만하게 보이고 불손하게 보여 오해를 불러일으키는 경우도 자주 있었다. 말은 눌변이었지만, 폐부를 찌르는 듯한 그의 품격은 경외의 대상이었다."

사교에 능했던 슈호와는 극단적인 비교가 된다.

참고로, 슈에이의 애제자 노자와 지쿠초는 슈사이가 혼인보가를 계승하자마자 파문을 당하고, 잡지 위기평론(圍棋評論)에 '평의 평(評의 評)'이라는 제목으로 슈사이의 강평을 비평하여 세인의 주목을 끈 인물이다.

고균 김옥균(古筠 金玉均)

슈에이의 일대기 중에서 조선의 선각자 고균 김옥균(古筠 金玉均, 1851~1894)과의 우정을 빼 놓고 이야기할 수는 없을 것이다.

조선의 역사에는 고균이, 1883년 차관 교섭 차 일본에 파견되어 이듬해 1884년 4월 교섭에 실패하고 귀국한 후, 그 해 10월 17일 박영효(朴泳孝)와 함께 갑신정변을 일으킨 것으로 되어있다. 그러나 정변은 청군이 개입하여 3일 천하로 끝나고, 고균은 19일 일본공사관에 피신, 인천을 거쳐 일본으로 망명했다. 그는 1894년 상하이(上海)의 미국 조계에서 홍종우(洪鐘宇)에게 암살당했다.

슈에이는 고균의 일본 망명시절 알게 된 유일한 벗이었다. 이 두 사람의 교우는 물론 바둑이었을 것이다. 정치, 외교가로서 못지 않게 일본 망명 10년 동안에 있었던 바둑인 고균의 발자취는 지금도 일본 바둑사 곳곳에서 발견된다. 좌은담총을 빌어 잠깐 두 사람 사이의 이야기를 감상해 보자.

망명의 고독과 우국정열을 바둑에 의지하며 탄식의 세월을 보내고 있던 고균은, 어느 날 그보다 한 살 아래인 본인방가 당주 슈에이와 사귀게 되었다. 이 두 사람은 첫 눈에 의기투합하여 마치 오랜 지기처럼 친숙해졌다. 한 사람은 조국을 등진 망명가요, 한 사람은 영락해가는 가문의 당주. 높은 학식과 고고한 성품의 고균과 기도에서 닦은 깊은 수양과 남에게 굽힐 줄 모르는 강직, 청정한 성품의 슈에이는 서로가 동정하며 존경했다.

슈에이는 고균이 묶고 있는 도쿄 유라쿠죠(有樂町)의 소모(小暮)라는 하숙집의 어둠침침한 방을 찾아 와 늘 그를 위로해 주었다. 망명 2년째인 1886년 가을, 일본정부의 외교정책의 제물로 고균이 남해(南海)의 오가사와라(小笠原)라는 절해고도에 추방당했을 때는, 우국으로 한숨짓고 있을 벗을 못 잊어 그곳을 찾았다.

섬에 머문 지 무려 3개월. 한 나라의 국수가 이국의 망명객을 위하여 이토록 오랜 시간을 함께 지냈다면 얼마나 이들의 사이가 절친했는지 짐작할 수 있지 않을까. 머무는 동안 그들은 세속의 모든 것을 잊고, 오직 자연에 묻혀서 풀을 베고 흙을 날라 정원을 가꾸며 소일했다.

그러나 회자정리의 법칙은 어김없이 그들을 찾아왔다. 슈에이는 다시 만날 것을 기약하며 돛배에 몸을 실었다. 슈에이가 떠날 즈음하여 고균은 당자서(唐子西)의 "헤어짐이 슬프다, 슬퍼 말 것이요. 만남이 즐겁다, 즐거워 말진져(悲莫悲兮新別離 樂莫樂兮 新相知)"라는 시구와 함께 협서(脇書)에 다음과 같이 써서 주며 이별을 아쉬워했다 한다.

"本因坊秀榮我師也我友也. 非獨碁道不師焉. 以義而友焉. 餘于丙戌秋被追南海小笠原島. 其簸寄孤絶. 幾無與此世人亦其知也. 其翌年丁亥春君忽至焉. 爲念我孤寄窮島也. 其出入氣義. 豈獨在我而有感而己哉. 爲留三個月. 余之所寓在于亂山中於日無人見. 每日只事搬土鋤草小築. 一庭苑卽君與吾消笑. 法夏初般至. 君將歸京. 爲書以贈. 留作異日握手一笑之資"

망명생활도 서럽기만 한데 죄수취급까지 당하며, 고균이 다시 일본 최북단에 있는 미개지 홋카이도(北海島) 삿포로(札幌)에 이송될 때의 일이다. 배가 잠시 요코하마(橫濱)에 닿았을 때, 고균을 위로하려고 뛰어 온 슈에이가 그간의 정회를 미처 풀 사이도 없이 출항의 닻이 올려지고 있었다.

배가 떠나려 할 때, 슈에이는 그만 격정을 이기지 못하고 배에 올라타고 말

있다. 두 사람은 서로 붙들고 말없이 눈물만 흘렸다.

고균을 위해서 삿포로까지 동행한 슈에이의 우정에 사람들은 모두 감탄하지 않을 수 없었다. 나중에 우인(友人)들의 협력으로 일본정부의 귀양조치에서 해방된 고균은 슈에이의 문하에서 수업, 초단에게 선 둘의 치수에까지 올랐다. 고균은 당시의 국내 바둑 수준에 비하면 국수급이라 할 수 있을 것이다.

슈에이의 부정과 저항

슈에이에게는 부정(否定, denial)과 저항(抵抗, resistance)의 정신이 있었으며, 그것은 곧 권세와 예(禮), 교(敎)의 허위의 질서와 상식에 대한 부정과 저항이기도 했다. 또한 그것은 도연명(陶淵明, 365~427)식 부정과 혜강(嵇康, 223~262)식 저항이었다.

죽림의 명사 혜강은 친구였던 산거원(山巨源)에게 보내는 '절교의 편지'에서 "나는 탕(湯)왕과 무(武)왕을 부정하고 주공(周公)과 공자(孔子)를 가볍게 여긴다."고 저항하여 위(魏)를 찬탈하고 진(晋)을 세운 사마(司馬)씨에 의해 처형되었지만, 그 기개는 지금도 펄펄 살아 숨쉬고 있지 않은가.

도연명이 살았던 고대 중국에서의 관리의 세계는 때때로 가장 천하고 부정한 세계였다. 그 세계에 산다는 것은 자기를 거짓말쟁이로 만드는 것이고 굴욕적인 것이었다. 그러나 선비의 계급에 속하는 사람들은 이 관리의 세계에 속하는 것이다. 도연명과 같이 가난한 선비는 이 체제에 굴복하지 않았기에 궁핍할 수밖에 없었다. 슈에이가 처했던 궁경(窮境)의 세계도 이와 다른 것이 무엇이 있을까.

도연명의 다음 시구는 슈에이를 연상케 하는 숙연함이 있다.

나는 깊은 산속이 아닌 이 마을에다 초막을 지었다.
마을이라고 하지만 거마(車馬)를 타고
찾아 오는 사람이 없어 고요하구나.

왜 그런가 하고 나는 생각해 보았으나

마음이 속세를 떠나 멀리 있으면

초막 또한 자연히 벽촌 땅으로 가 있다.

동쪽의 울타리에서 국화꽃을 따고

홀로 유연하게 남산을 바라보면

석양에 산 기운이 넘쳐흘러

나는 새 두 세 마리 함께 날아온다.

아- 이 속에 확실한 진실

그 진실을 말로 표현하고 싶다고 생각했을 때

나는 이미 할 말을 잊어버렸도다.

슈에이의 일화 중에, 하급자들의 바둑을 진지하게 구경하고 있는 장면을 목격한 누군가가 의아해 하자, 하급자들의 수법을 통해 가르치는 방법을 공부하고 있다는 대답은 유명한 것이다.

이는 그의 공부가 단순한 기술의 차원을 넘었음을 암시하는 것이며, 바둑 외적인, 예를 들면 인간의 심리 따위와 같은 븐야까지 섭렵하려 했다는 것을 의미하는 것이다.

이와 같은 슈에이의 하수관(下手觀)은 사뭇 인간적인 것으로 마치 '칸트(Immanuel Kant, 1724~1804)의 반성'과 같은 엄숙함을 느끼게 한다.

칸트는 철학사상 가장 명확하게 모든 철학적인 문제를 인간에의 반문에 연관시킬 수 있다고 서술한 최초의 철학자로 널리 알려져 있다. 그래서 철학적 인간학의 창시자로 불리우기도 했다.

그러나 30대 중반까지의 칸트는 주요 관심을 뉴튼(1642~1727)으로 대표되는 자연학이나 형이상학, 논리학적 방면으로 달리고 있었다

그러한 그가 30대 후반부터 모든 관심을 자연어서 인간으로 크게 방향을 바꾸는 것은, 루소(Jean-Jacques Rousseau, 1712~1778)로부터의 충격과 그로 인한 인간의 존엄성에 대한 인식이 결정적인 것이었다. 칸트에게 미친 루

소의 영향이 얼마나 큰 것이었는가는 루소의 '에밀'을 탐독하다가 규칙적인 산책일과를 잊었다는 일화로도 유명하지만, 루소는 칸트의 인간관에 결정적인 전환을 야기시켰다고 할 수 있다. 이 점을 칸트는 수상록에 메모로 고백하고 있다.

"나 자신은 성향으로 말하면 학자이다. 나는 인식에 대한 견딜 수 없는 갈망과 인식에서 더 나아가고 싶다는 탐욕스런 불만을 느끼는 터이지만, 또한 인식을 획득하는 것에 만족도 느낀다.

이것만이 인류의 영광이 되리라고 믿은 때가 있었다. 한편으로는 아무 것도 모르는 민중을 멸시했다. 그러나 루소가 나를 올바르게 해 주었다. 이 현혹적인 우월감은 사라지고, 나는 인간을 존경하는 것을 배운다. 또한 내가 만약 이러한 고찰로써, 다른 모든 사람들에게 인간성의 권리를 회복하는 것에 대해, 가치를 부여할 수 있다는 것을 믿지 않는다면, 나는 일반 노동자보다 훨씬 쓸모 없는 사람일 것이다."('미와 숭고의 감정'에의 메모)

칸트에 의해 스스로의 인간이해의 심각한 반성과 아울러 고발되고 있는 것은, 지적 우월감을 수반한 편지적(篇知的)인 능력주의적 인간관이다.

칸트는 다른 곳에서 이런 사람을 '학문의 이기주의자'라고 부르고, 자신의 대상을 타인의 입장에서 바라보는 '사회성'이라는 눈이 결여된 '외눈박이 거인(一眼巨人)'이라는 신랄한 호칭을 사용했다.

현재도 학자나 연구가는 곧잘 전통적인 신분질서에 의한 인간차별이나 인종차별 등은 격렬히 비난하지만, 지적 능력에 따른 인간차별의 인간관에는 자신도 모르는 사이에 빠져들고 만다. 사회의 능력주의적 경쟁은 이와 같은 사태를 조장하고 있는 것이다.

여기서 지적 우월감이라는 말을 바둑을 성취한 고수의 우월감이라 바꾼다면 어떨까. 정확히 일치하지 않을까.

바둑을 인생의 축소판이라고 확신한다면 그렇게 생각하는 바둑인들의 착각은 생각보다 심각한 것이다. 그 사람이 가진 바둑관을 통해 그 사람의 인생관을 엿볼 수 있을지는 모르지만, 결코 기력의 고하로 그 사람의 인격을 평가할 수는 없지 않은가.

　어디까지나 바둑은 고도의 지적 능력을 필요로 하는 전략게임일 뿐이다. 그러므로 바둑 자체는 인간이 경험할 수 있는 수많은 기능 중 하나일 뿐이며, 인생과 굳이 비교한다면 그것의 작은 부분집합에 불과한 것이다. 바둑을 잘 둔다는 것은 바둑이라는 어느 한 분야에 능통하다는 것이지, 인생을 달관하여 성인의 경지에 들어선 것이 결코 아니다. 그리고 이 정도는 이제 상식의 수준일 것이다.

　그렇다면 하수들의 바둑을 진지하게 바라보는 명인 슈에이의 모습에서, 인간을 배울 수 있다는 그것으로 행복한 것이 아닐까.

　마키아벨리(Niccolo' Machiavelli, 1469~1527)는 "교회는 자신의 목적을 위해 신을 점유했다."고 말했다.

　마찬가지로 바둑의 전문집단이 독점했던 바둑의 모든 사유는, 대중을 부정한 죄과로 시대적 변화에 대응하지 못하고, 그때마다 좌절을 거듭해야 하지 않았던가. 이 모든 것은 자업자득이다.

　눌변(訥辯)이며 삽어(澁語)였다는 고목한엄(枯木寒嚴)의 슈에이가 오늘날에도 바둑인들의 정신을 사로잡는 이유는 그가 명인 중의 명인이라서기보다 죽림 속을 걷는 듯한 고도청정(高道淸淨)의 여인 정신(藝人精神)을 몸으로 보여주었기 때문이 아닐까.

쇼와(昭和)의 각축

　앞서 혼인보가문은 슈에이의 갑작스런 타계로 한 차례 혼란에 빠지게 되는데, 그것은 슈에이가 후계자 지목을 하지 못한 채 세상을 떠났기 때문이다. 슈에이의 미망인과 일부 문하는 슈에이의 유언이라 하여 가리가네를 추천했다. 기록에 보면 슈에이는 가리가네를 매우 아꼈던 것으로 되어 있다. 그에 반해 슈에이는 다무라의 기량만큼은 가리가네보다 앞섰다고 인정했지만, 다무라의 성품 자체는 그다지 좋아하지 않았던 것 같다.

　다무라 측에서는 실력을 내세워 강력하게 반발하고 나섰다. 16세 혼인보를 계승했다가 은퇴한 슈겐도 다무라를 지지했다.

　따라서 차기 후계자 계승문제는 가리가네와 다무라가 경합을 벌이는 양상이 되었고, 급기야는 극단적인 반목으로 치달았던 것이다. 다무라 측은 슈겐이 잠정적으로 맡게 하는데 성공했다.

그러자 가리가네는 고교구카이(敲玉會)를 결성하고, 다무라측과 호엔샤 모두와 단절했다. 이에 따라 다무라는 자연스럽게 슈겐의 추천을 받아 이듬해인, 1908년 21세 혼인보를 계승하면서 슈사이로 개명하고 동시에 8단으로 승단, 1914년 메이진으로 추대되었던 것이다. 이와 같이 바둑계는 서로 입장이 정리되지 않은 채, 서로 자기 노선을 갔기 때문에 불씨는 여전히 남아 있었다. 기성 바둑계의 특성을 그대로 답습했던 슈사이는 스승의 그림자도 못 밟는 이른바 유교적 사고를 탈피하지 못했다. 따라서 생산에 참여치 않는 등 시대에 뒤질 수밖에 없는 사고구조로 일관된 것이었다.

따라서 슈사이가 통솔하는 바둑계는 슈에이 때와는 달리 자발적인 분위기로 흘러가지 못했던 것이다.

슈사이를 성토하는 사람들은 곳곳에서 머리를 내밀었고, 슈사이는 이러한 산발적인 도전을 무력행사로 대응했다. 권위에 복종하지 않는 자는 가차없이 파문했다. 바둑계 전체는 그렇게 흉흉한 가운데 퇴색되어가고 있었던 것이다.

예를 들면, 슈에이의 제자였던 노자와 지쿠초(野澤竹朝)가 슈사이에게 파문당했던 이유는, 1918년 10월 위기평론을 발행하여 바둑계 소식란에서 '評의 評'이라는 제목으로 대가들을 예리하게 비퐁, 공격했기 때문이다. 전자의 평은 주로 슈사이의 평이었다.

원래 '평의 평'은 야노요시 지로(失野由次郎)가 주재하는 잡지 '圍棋虎之卷'에 게재되었던 것인데, 슈사이의 압력으로 중단되자 나중에 위기평론에 연재된 것으로, 전문가들도 참고가 될만한 것이었다고 한다. "슈사이는 슈에이에 미치지 못한다."도 그의 말이다.

이노우에 고헤이(井上孝平, 1877~1941) 역시 마음대로 바둑을 게재했다는 이유로 파문됐다. 그런 식의 구시대적 폭력이 가해지는 것은 오늘날에도 마찬가지일 것이다. 이들은 일본기원 창립시에도 파문사건의 후유증으로 참여조차 하지 못했다.

기보 35는 앞서 조와·야스이 산치의 대국에서 101수째 2집승을 확인하고 두었다는 기보의 연장선상에서, 평론가 야스나가 선생의 지적을 다시 생각해 보고자 선택한 것이다.

흑147로 붙였을 때, 슈사이의 다음 응수가 지금까지 바둑사에 빼놓지 않고 등장하는 전설적인 일화로서, 앞서 야스나가 선생의 기억은 이런 것이었다.

"슈사이가 어렸을 때, 나카가와 가메사부로(中川龜三郎)와의 대국에서 140 몇 수인가에서 7시간을 장고하여 최후의 반집 패까지 완벽한 수읽기로 확인했었다는 이야기다.(중략) 슈사이의 수읽기에는 그 수로부

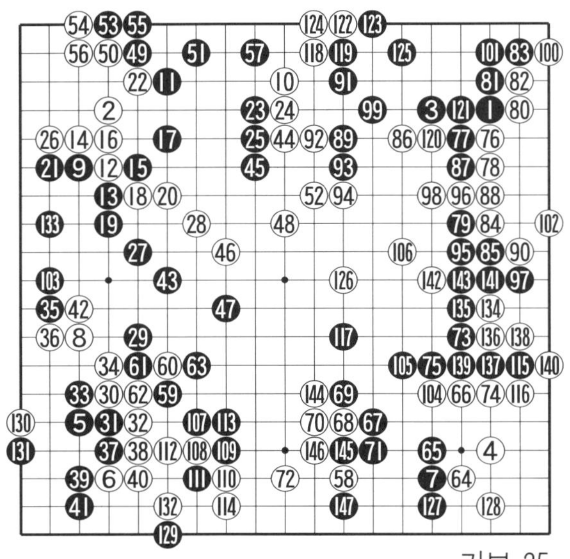

기보 35

터 두 가지 길이 준비되어 있었으며, 이 두 길을 모두 완벽하게 확인했지만, 불가사의한 점은 전혀 다른 이 두 가지의 길이, 결과는 어느 쪽이나 똑같이 나왔다는 것이다. '완벽한 수읽기의 한 수'는 예전부터 전승되어 오는 것이기에 믿어도 되고 믿지 않아도 된다. 사실, 그 진위를 파악하려해도 막연할 뿐이다. 그러나 그 작업이 다만 후배들의 분발에 도움이 된다면, 그 진위 자체를 놓고 왈가왈부할 필요는 없다고 생각한다."

야스나가 선생의 '140 몇수인가'란 바로 진행도의 백148을 말하는 것으로, 지금까지 인구에 회자되는 그 유명한 '완벽한 수읽기의 한 수'라는 것이다.

이 부분에 대해서는 현대의 기사들에게 묻고 싶다. 특히 끝내기에 관한 한 '신산'이라는 이창호 9단에게 묻고 싶은 것이다. 과연 그런가 하고 말이다.

당시의 기록을 보면, 관전기를 맡았던 고시마 가쓰오(古島一雄, 1867~1952)씨는 이렇게 쓰고 있다.

"148의 일착이…(중략) … 8시간의 긴 장고 끝에 두어진, 처음에는 마치 시인이 괴롭게 신음하고 있는 듯한 모습을 보여준 고심의 일착이었다." (잡지 '일본 및 일본인' 주최 10번기 제1국)

파문 사건으로는 또 하나, 오사카 이노우에가의 상속 싸움에서 에게다 에이호(惠下田榮芳, 16세 井上因碩 : 1884~1961)도 이

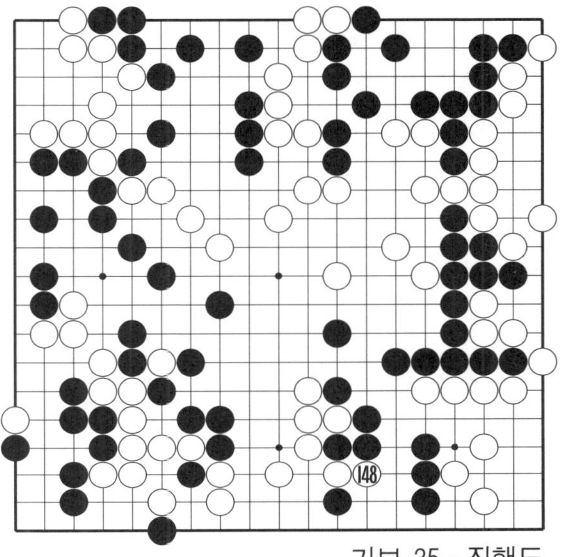

기보 35 – 진행도

노우에가의 미망인에게 파문된 사건도 있었던 것이다.

혼인보와 호엔샤가 극단적인 대립을 하고 있던 1920년, 혼인보 문중에는 슈사이의 총애를 받고 있던 준재가 한 사람 있었는데, 고기시 소지(小岸壯二, 1898~1924)라는 인물로 당시 기력은 4단이었다. 당시 이 사람 외에 인물이 없었던 혼인보 가문으로서는, 호엔샤의 거장들을 상대하기에는 역부족이었던 것이다. 호엔샤는 욱(旭) 장군이라고 부르는 스즈키, 세고에 등과 흑갑(黑甲) 장군이라 부르는 가토 진, 오노다 지요타로 등이 포진되어 있었다. 혼인보 가문을 대표로 이 거장들을 상대로 고군분투했던 고기시는 일본기원 창립 직전 젊은 나이로 타계했는데, 만약 그가 살아 있었다면 당시 바둑계의 판도도 많이 달라졌을 것이라 한다.

'만물에 씩씩함이 깃들면 곧 늙는다.(物壯則老 謂之不道… 老子제55장)'고 했던가. 그런 인물의 요절은 언제 보아도 아깝다.

그러한 고기시와 친했던 야스나가 선생의 회고가 있다.

그것은 호엔샤의 거장들과 상대하여 화제를 일으켰던 고기시와 세고에에 관

한 얘기로서, ─당시 10대였던 이와모토 가오루(岩本薫, 1902~?)가 스즈키에게 두점은 전승했으나, 정선 첫수로는 한판도 이길 수 없었을 때, 고기시가 필자에게 "스즈키 선생의 바둑은 역시 놀랍다. 나라도 정선으로는 힘들지 모른다. 두점 치수라면 혹시 한판 정도는 얻을 수 있을 것이다." 라고 말한 적이 있다. 그 후 고기시・이와모토전은 이와모토가 선으로 3연패하고 말았는데, 세고에에게 고기시의 말을 전했더니, 평소 냉정을 잃지 않던 세고에가 무엇을 잘못 들었는지 안색이 바뀌면서, "고기시가 강하다고는 하나, 나는 지지 않을 자신이 있다."고 딱 잘라 말했다. 당황하여 "아, 지금 내가 한 말은 이와모토가 한 말인 것 같다."고 둘러댔지만, 고기시 얘기만 나오면 과잉반응을 보인 것은 뿌리깊은 적개심을 지녔던 것으로 추측된다. 후에 세고에의 언동에는 '혼인보, 그 작자'라는 표현이 자주 등장한다.─

이것은 잘 알려진 사실이다. 훗날 슈사이의 회갑기념 대국에서 슈사이・우칭위엔전 도중 "160의 묘수는 마에다가 발견한 수다." 라고 잘라 말해 혼인보의 노여움을 사서 일본기원 이사의 자리에서 물러나는 등 강경태도를 고수했던 세고에의 적개심은 이미 오래 전부터 싹 터 왔던 것이다.

슈사이와 세고에. 이 두 인물의 성향은 참으로 극단적이다.

勝本哲州씨가 쓴 슈사이의 이야기에는 이런 부분이 있다.

"메이지의 초기, 철도마차라는 것이 있어서 레일의 위를 말이 수레를 끌고 다녔다. 도중에 말이 똥을 누게 되는데, 그 똥치기를 슈사이가 했다고 한다. 당시 이미 4단쯤이었을 것이라고 생각하는데 바둑으로는 밥을 먹을 수 없으니까 이런 일도 하면서 자신이 바둑꾼이라는 게 한심스럽게 생각되었다고 술회하고 있었다. 여인숙의 경리도 했다니 직업을 전전했던 것 같다.

극빈한 생활을 경험했던 탓으로 돈에는 집념이 강했다. 나중에 출세하여 현대의 돈으로 환산해서 몇십억엔이라는 재산을 모았다. 예사로운 돈부자가 아닌…

나카가와 가메사부로 8단이 죽고 난 다음에는 단 한 사람의 8단마저 없어져, 명인의 아래로는 7단뿐이어서 막강의 권위자였다.

혼인보가는 대대로 세습제였다. 슈사이에게도 고기시 소지라는 귀재의 제자
가 있어 후계자로 결정해 두고 안심하고 있었는데, 33세의 나이로 요절해 버
렸다.(여기서 고기시 소지의 나이 부분은 아마 잘못된 것일 것이다. 그는 일본
기원 창립 직전 타계했고, 야스나가 선생보다 세 살 많았으니까 1924년, 26세
에 타계한 것이 맞을 것이다.) 그렇게 되자 후계자를 뽑자니 후보들은 모두 도
토리 키재기로, 후쿠다 마사요시(福田正義, 1899~1981), 무라시마 요시노리
(村島誼紀, 1905~1983), 마에다 노부아키(前田陳爾, 1907~1975) 등이 있고,
그 가운데서 마에다가 셌지만 후배이기도 하고, 도 한편 밖에서는 기타니, 하
시모토, 우칭위엔 등과 같은 마에다 이상의 젊은이가 수없이 나타나고 있는 형
편이었다. 그래서 혼인보가를 단절시키고 혼인보의 명칭을 마이니치신문(每日
新聞)에 기증한다는 영단을 내렸던 것이다.

나중에 가서 생각해 보니, 이것이 신문기전을 융성하게 만든 도화선이 되어
주었다. 슈사이의 영단이 성공을 거둔 것이다."

슈사이와 비교하여 세고에라는 인물을 생각하면 우선 '죽음'이라는 단어가
떠오른다. 일반적인 죽음이 아닌 죽음, 즉 '자살'이다.

일반적으로 바둑을 두는 기사들은 비극적긴 삶을 영위하다가 죽음에 이른
경우는 있어도 자살이라는 죽음을 맞은 경우가 거의 없다.

자살에 이르게 된 경위가, 황혼에 맞아들인 마지막 제자 조훈현 9단의 귀국
이었다느니, 또 막역했던 교우 가와바타 야스나리(川端康誠)의 자살이 동기가
되어 만년에 우울증에 빠졌었다느니 하는 많은 이야기가 있지만, 고인이 다시
살아 나와 직접 말해주기 전까지는 추측에 불과할 뿐이다. 그러나, 단 한가지
주목하고 싶은 것은 금권(金權)에 관한 한 극단적 거부(拒否) 성향이 있었다
는 사실이다.

이러한 극단적 결벽이 교육관과 결합되어 현실의 벽을 넘지 못할 때, 그 좌
절의 반응 역시 극단적이라는 것은 상식일 것이다.

세고에 겐사쿠는 1889년에 태어나 1972년 7월 27일 그렇게 세상을 떠났다.
향년 83세.

아무도 경험할 수 없는 것, 죽음에 대한 극단적인 사고와 실행은 위험한 것이지만, 어찌 보면 아름다울 수도 있기에 인간은 죽음을 꿈꾸고 있는 것일까. 알베르 카뮤는 이렇게 말했다.

"참으로 중대한 철학적인 문제는 하나밖에 없다. 자살이라는 것이다. 인생이 삶을 영위할 가치가 있는지 없는지를 판단하는 것, 이것이 철학의 근본문제에 답하는 것이다. 그 이외의 것, 다시 말해서 이 세계는 삼차원으로부터 이루어지는가, 정신에는 아홉 개, 또는 열두 개의 범주가 있는가 하는 따위는 그 이후에 있는 것이다."

1919년(大正 8년) 제1차 세계대전의 종막과 함께 난립의 양상으로 치닫던 바둑계도 대 단합의 분위기가 조성되기 시작했다. 대중 속에 뿌리를 내리지 못한 혼인보 가문과 신흥 호엔샤는 대중부재라는 결정적인 약점을 노출시키고 있었다. 따라서 서로 단결하지 않으면 공멸할 수밖에 없는 처지에 놓이게 되었던 것이다.

항상 그래왔던 것이지만, 생산기반이 없는 바둑계는 금전적인 후원과 권력층의 비호가 절대적으로 필요했다. 그러나 현실적으로는 그것만으로도 부족했다. 전쟁종식과 함께 새로운 권력으로 급부상한 대중매체의 필요성을 절실하게 통감하게 되었던 것이다. 뒤늦게 눈을 뜬 바둑계도 저널리즘의 도움을 요청하기에 이른다.

이에 따라 시사신보(時事新報)를 배경으로 한 언론인과 국회의원 오쇼 히사오(大繩久雄)의 발기로 '일본위기협회'가 발족된다. 메이진 슈사이를 필두로 나카가와 가메사부로(中川龜三郎), 히로세 헤이지로(廣瀬平次郎), 가리가네 준이치(雁金準一, 1879~1959), 또 젊은 나이로 촉망받던 스즈키 다메지로(鈴木爲次郎, 1883~1960), 세고에 겐사쿠(瀬越憲作, 1889~1972), 고기시 소지(小岸壯二, 1898~1924), 관서쪽에서는 구보마쓰 가쓰기요(久保松勝喜代, 1894~1941) 등 기라성같은 고수들이 모두 모여 일단 바둑계는 대동 단결이 이루어지는 듯 했다. 창립 당시 유력 인사 수는 150명을 헤아렸다.

1922년 합동의 분위기 속에 편승해 호엔샤 사장 히로세 헤이지로(廣瀬平次

郞)가 바쁘게 움직이고 있었다. 약간의 모금으로 중앙기원을 창립했다. 그러나 중앙기원은 독단으로 전횡하는 히로세에 대해 내부적으로 다시 갈등을 겪게 된다. 그러한 갈등은 히로세의 건강 악화로 새로운 전기를 맞게 되는데, 히세이가이(裨聖會) 창립 사건이 그것이다.

히로세 헤이지로(廣瀨平次郞)의 독단전횡에 불만을 품고 있던 가리가네, 이와사, 다카베 도헤이(高部道平, 1882~1951), 스즈키, 세고에 등 대부분의 기사들은 히로세가 쓰러진 것을 빌미로 호엔샤를 탈퇴하여 히세이가이(裨聖會)를 결속했다. 히세이가이(裨聖會)의 대의명분은 "바둑계 전통의 폐습을 타파하고, 조직을 새롭게 하여 새로운 추세에 순응하지 않으면 안된다."는 것이었다. 이것은 당시로서는 절대적 권위에 대한 모반이며 혁명이었으므로, 세인을 주목시키기에 충분한 것이었다. 히세이가이는 모든 것이 새로웠다. 지난 300년간의 단위제도를 버리고 과감하게 총 호선제도를 채택했고, 덤 4집반이라는 혁명적 제도도 채택했다.

한편 호엔샤는 사장 히로세 헤이지로(廣瀨平次郞)가 폐인이 되고, 이에 앞서 이와사, 스즈키, 세고에 등 핵심 인물이 떠나게 되어 슈호 시대 번창했던 만큼이나 빨리 퇴행하고 있었다. 마지막까지 호엔샤를 지키고 있던 가토 진(加藤信, 1891~1952)은, 국면 타개가 절실한 상황에 봉착하여 혼인보를 찾아가 제휴를 요청하기에 이른다. 혼인보 가문과 호엔샤가 제휴하여 중앙기원이 재구성되는 배경에는 바로 히세이가이 이 신흥세력에 대항키 위한 책략이 숨어 있었던 것이다.

그러나 이러한 대립의 양상은 그리 오래 가진 않았다. 1923년에 발생한 간토(關東)의 대진재(大震災…大地震)가 혼미한 바둑계의 내부적 갈등을 일거에 해소했으며, 그 폐허 속에 일본기원은 탄생했던 것이다.

혼인보, 호엔샤, 히세이가이의 주역들 역시 바둑은 잘 두었지만, 세상 돌아가는 상황이나 경제감각에는 문외한들이었다. 또 이들이 뭉치게 된 배경 역시 소승적인 차원의 단합이었기 때문에 따라서 결국 후원자가 있느냐 없느냐라는 공통적인 문제에 다시 부딪치고 말았던 것이다.

이때 구세주처럼 등장한 인물이 재벌 오쿠라 기시치로(大倉喜七郎, 1882~
1963)로, 대지진의 후유증이 가시지 않은 1924년 4월, 바둑계의 대합동 단결
은 그의 주선으로 성대하게 개막됐다.

그때까지 슈사이는 스즈키에게 선으로 진 회수가 2국 더 많았고, 세고에에
게는 3점으로 연전연패, 정선으로 몰렸으며, 정선에서도 1패하여 이후 대국을
아예 중지하고 말았다. 스즈키와의 대결은 일본기원 창립 후, 1940년 그가 타
계하기까지 단 한차례도 실현되지 않았다. 다만 세고에와의 대국에서 선으로
무승부, 2점으로 무승부를 만들어 겨우 체면을 유지하는데 그쳤을 뿐이다.

이 모든 것은 기성권위를 지키기 위한 눈물나는 몸부림이었으나, 오늘날의
역사는 그것의 부당성을 정확히 지적하고 있다. 신흥 일본기원은 시대적 조류
인 자유주의를 받아들여 구시대의 특권을 부정했던 것이다.

이것은 시대적 조류를 이루고 있던 다이쇼 데모크라시(大正 democracy)의
사상적 배경에 힘입은 바 크다. 다이쇼 데모크라시란 러·일 전쟁부터 다이쇼
시대(1912~1926) 말기 사이에 사회 전반에 나타난 민주주의와 자유주의적 경
향을 말한다.

다이쇼 데모크라시가 요구한 정치적 시민적 자유는 왜곡된 형태로 실현되었
지만, 태평양 전쟁 후의 민주화는 사상이나 인재면에서 그 유산을 계승했던 것
이다.

그러한 와중에도 슈사이를 성토하는 분위기는 아직 남아있었다.

오쿠라가 총애하던 세고에는 일본기원에 남게 되지만, 슈사이와 구원관계에
있던 가리가네를 필두로 기정사(棋正社)가 결성되고, 거기에는 가리가네, 다카
베, 스즈키, 오노다 등이 일본기원을 상대로 분투하기 시작한다. 이러한 분위
기를 틈타 요미우리 신문은 이른바 원사대항전(院社對抗戰)을 기획하기에 이
른다..

이에 앞서 기획된 가리가네·슈사이전은 슈사이의 압승으로 끝나고 말지만,
대항전은 계속 진행되어 자유주의적 기조에 의해 숨막혔던 권위의 질곡에서
해방된 젊은 세대들의 활약 무대로 세대교체를 이루게 되며, 그것은 결국 1928

년 중국이 낳은 불세출의 천재 우칭위엔의 도일로 새로운 시대를 열고야 말았던 것이다.

이 시기의 정치·경제·사회적 불안도 바둑계의 정신 개혁을 막지는 못했다. 18세기 후반부터 19세기 후반에 걸쳐 영국을 중심으로 발생된 산업혁명의 조류는 일본을 강타하여 청·일 전쟁을 전후한 시기에 경공업을 중심으로 제1차 산업 혁명으로 이어졌고 이어서 러·일 전쟁을 전후한 시기에 중공업을 중심으로 제2차 산업 혁명을 경과한 뒤 제1차 세계 대전을 거치면서 산업 혁명을 완성하고 있었지만 역사의 기록으로 볼 때, 간토의 대진재는 너무도 큰 재앙이었다.

1923년 9월 1일 오전 11시 58분 간토 지방에서 발생한 진재의 피해는 이재민 약 340만 명, 사망하거나 행방불명된 사람은 14만여 명, 57만여 채의 주택이 파괴되거나 불탔다. 정부는 계엄령을 내리고 혼란을 수습했지만 진재 공황이라는 사태가 발생해서 1927년의 금융 공황을 일으켰다. 또 이 흐름은 1929년 세계대공황으로까지 이어지게 된다.

지진이 발생한 날부터 조선인과 사회주의자들이 소요를 일으켰다는 유언비어가 퍼지면서 수많은 조선인과 사회주의자가 체포되었고 이 과정에서 약 6,000여 명의 조선인, 200여 명의 중국인, 소수의 일본인이 군경과 민간인들에 의해 학살당했다.

그러나 이와 같은 격변의 소용돌이 속에서도 바둑계의 흐름은 기호지세처럼 달려가고 있었던 것이다. 히노마루(日ノ丸)와 기미가요(君が代)를 앞세운 군국의 물결과 함께.

불멸의 기성 우칭위엔

우칭위엔(吳淸源)

1914년 중국 福建省 출생

12세, 13세 때 베이징을 방문한 이와모토 가오루, 이노우에 고혜이 등 당시 고단 기사들과 대국하여 그 천재성이 일본에까지 알려짐에 따라 14세 때 도일하여 세고에 겐사쿠의 문하생이 되었고, 그 해 12월 시험기에 합격하여 일약 3단을 인정받았다.

1933년 혼인보 슈사이 명인과의 회갑기념 대국에서 3·三, 화점, 천원의 혁명적인 신포석을 시도하여 바둑계의 이목을 집중시켰으며, 1939년부터 1956년까지 두어진 치수고치기 10번기 승부에서 기타니 미노루, 가리가네 준이치, 후지사와 호사이, 하시모토 우타로, 이와모토 가오루, 사카다 에이오, 다카가와 가쿠 등 당대의 일류기사들을 모두 굴복시켰다.

1952년 자유중국(대만)을 방문하여 '대국수'의 칭호를 받았고 그 해 천재소년 린하이펑을 발굴했다.

1974년 대국집을 출간하면서 "바둑의 원리는 조화"라고 설파한 것은 너무도 유명한 말이며, 1984년 은퇴한 이후에도 21세기의 바둑을 연구 발표하는 등 바둑인의 자세를 몸으로 실천하여 '불멸의 기성'으로 추앙받고 있다.

뚜렷한 기풍은 없지만 명쾌한 대국관과 은영체계는 현대의 바둑 사고를 정립할 수 있게 했다.

신사고의 태동

기보 1을 보자.

여러분은 현대의 감각이 물씬 풍겨나는 이 진행이 과연 누구의 대국이라고 생각하는가?

그리고 여러분이 흑이라면 이 장면에서 어떤 선택을 하겠는가.

아마도 현대의 젊은 기사들에게 백10으로 둔 장면

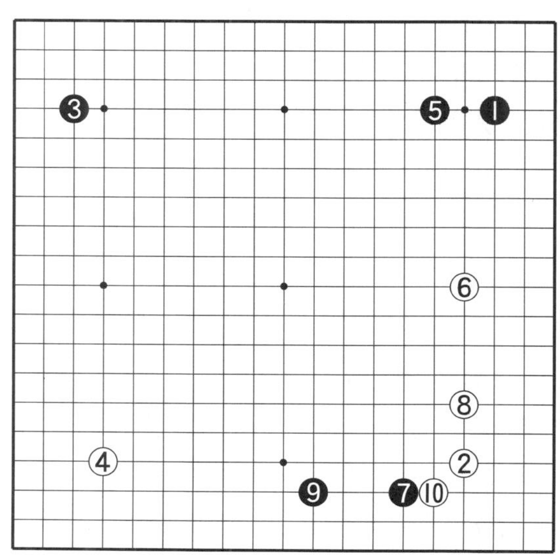

기보 1

에서 흑의 응수를 묻는다면 십중
팔구 **참고도 1**을 제시할 것이다.

이 진행이 아마도 최근의 바둑
흐름일 것이다. 스피드를 중시하는
현대의 바둑은 부분적인 사소한 손
실을 감수하고 과감하게 선수를 잡
아 요처를 앞서 선점하는 전환의
이론이 통념화되어 있다.

이미 현대바둑계의 준영들은 '돌
을 버리더라도 선수를 다투어라'
「위기십결(圍棋十訣)의 네 번째 비

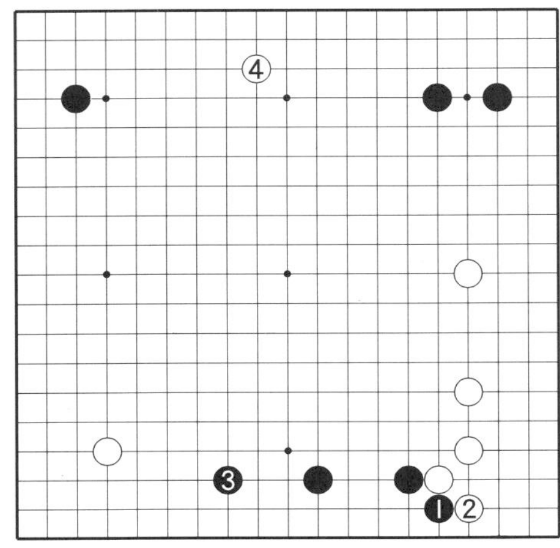

참고도 1

결—기자쟁선(棄子爭先)」라는 고전적 원리를 현대의 군사전략적 사고인 집중
(集中, concentration of mass)과 절약(節約, economy), 분산(分散, disper-
sion)의 개념으로 발전시켜 이를 중반전투가 아닌 포석의 시기부터 적용하고
있다.

형이상학적이고 추상적이던 전략이라는 개념이 머리 속에만 맴돌았던 예전
의 사고와는 달리 신체의 일부처럼 관념화되어 머리끝에서 손끝까지 연결되어
있는 것이다. 그전 같았다면 아마도 주저없이 **참고도 2**의 흑1로 두었을런지도
모른다.

예전에는 지극히 당연했던 흑1이 현대의 준영들에게 발이 느리다는 이유로
외면당하기 시작한 것은 언제쯤일까?

현대적인 해석을 하자면, "흑1과 백2가 두어진 상태에서 판단할 때, **참고도**
1은 **참고도** 2에 비해 하변의 흑이 좌하귀 쪽에 미치는 영향력이 크며, 그 차
이는 두 그림이 우하귀에 대해 가지는 영향력의 차이보다 크다."라는 명쾌한
결론이 질문과 거의 동시에 나올 것이다. 그러나 이러한 사고의 도출이 자유
를 찾아 현대바둑의 상징이 된지는 그리 오래 전의 이야기가 아니다. 불과 10
년도 채 안된 일이 아닐까? 실제로 이러한 흐름이 공식적으로 타이틀전 도전

기에 등장한 것은, 정확하지는 않지만 고바야시 고이치(小林光一) 9단의 전성기시절 1990년대에 선보였던 것으로 기억된다.

그렇다면 이러한 사고의 매카니즘은 과연 언제 어디서 또 누구에게서 만들어진 것일까 하는 의문이 들지는 않았는지. 이런 이야기를 장황하게 늘어놓는 데에는 이유가 있어서이다. 그것도 아주 많은.

한번도 이러한 문제에 대하여 의문을 갖지 않았다면, 글쎄? 바둑에 대한 관심과 정진이 조금은 결여된 것이라 보아도 좋을 것이다.

혹자는 조훈현 9단이나 이창호 9단과 같은 천재의 등장이 이 흐름을 주도했을 것이라 믿을지도 모른다. 어쩌면 그럴 수도 있을 것이다. 그러나 우리는 바둑의 역사적 측면에서 볼 때, 간과해서는 안될 중대한 사실이 있다는 것을 깨달아야 한다.

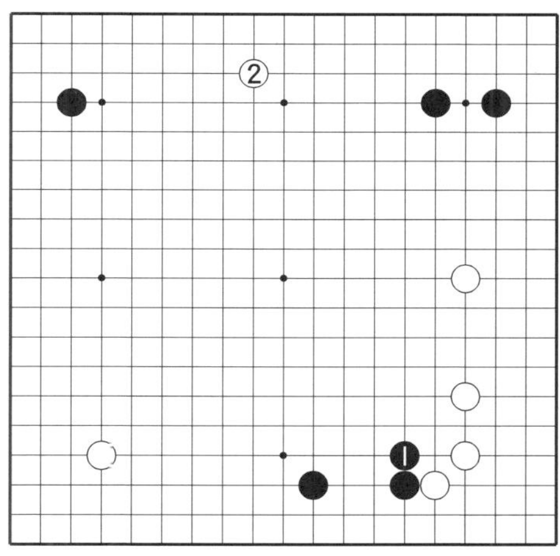

참고도 2

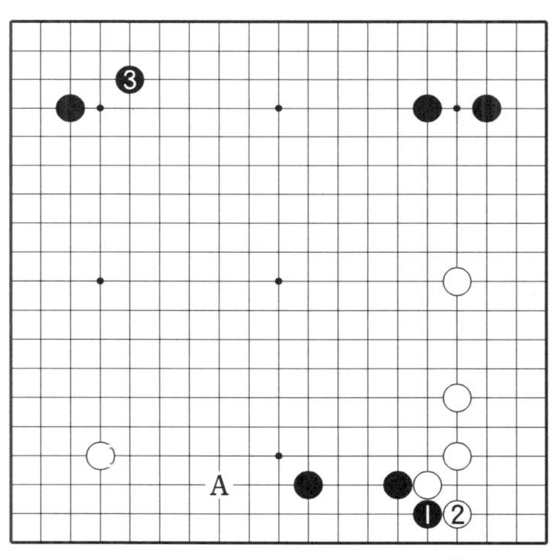

참고도 3

참고도 3을 보기 바란다. 이 그림에서 흑은 1만을 교환하고 흑3으로 굳혔다. 이 그림의 진행이 현대의 젊은 기사들과 의견이 다를 수 있는 부분은, 흑3으로 어디를 두었느냐의 차이다. 그러나 흑3으로 두든, A에 두든 그 가치의 차이를 판단하는 길은 없다.

문제는 흑1이 중요하다
는 것이다. 이제 이야기를
정리해 보기로 하자. 현대
바둑의 관점과 똑같은 흑1
과 같은 수는 과연 누가 둔
수일까. 여러분은 누구일
것이라고 생각하는가.

정답은 바로 현재에도 생
존해 있으며 현대의 기성으
로 추앙받고 있는 불세출의
대기사 우칭위엔(吳淸源)
선생이다.

상대는 당시 혼인보(本因
坊) 타이틀 보유자였던 슈
가쿠(秀格) 8단으로 본명은

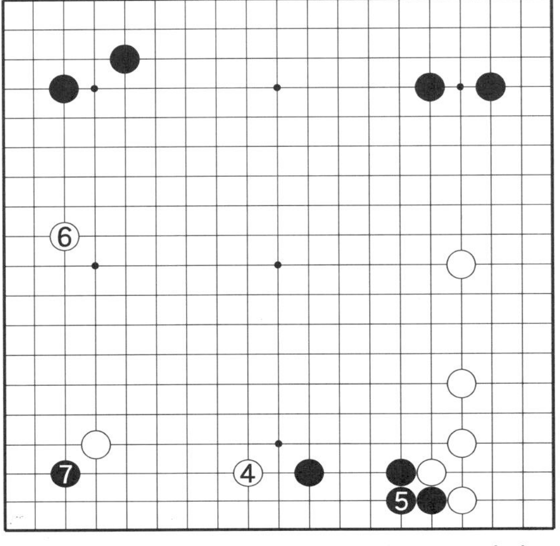

기보 1 - 진행도

다카가와 가쿠(高川 格)이며, 이 타이틀을 9연패한 신화적인 기사. 기보는 지
금으로부터 42년전 1958년(昭和 33년) 2월 25일과 26일 양일간에 걸쳐 靜岡
縣伊東溫泉에서 벌였던, 마이니치신문주최 3번기 제3국이다.

그 이후의 진행을 보면 흑1로 둔 의미가 더욱 더 확연해진다.

진행도를 보기로 하자. 흑3의 큰 곳을 두기 위해 백4와 흑5를 맞보기로 만
들고, 이후 백6의 전개와 흑7의 침입을 맞보기로 설정하여 항상 백보다 한발
앞서 갈 수 있다는 이러한 사고의 생동하는 듯한 자유로움.

당시로서는 상상할 수조차 없었던 새로운 세계의 바둑관이었던 것이다. 이
후에도 이러한 사고의 흐름을 바탕으로 한 진행이 계속되었음은 말할 필요도
없다.

이처럼 도처에 넘쳐흐르는 이 위대한 선각자의 자유로운 바둑관은 이제 현
대의 젊은 기사들에게 음으로 양으로 전파되어 초반전술의 혁명을 최촉(催促)

하고 있는 것이다.

이 기보는 우칭위엔 대국
집에 실려 있으므로, 이후
의 진행이 궁금한 분은 책
을 보기 바란다.

각설하고, 기보 2를 보자.
또 하나의 비슷한 사례를
보이겠다.

이 대국도 이듬해 1959
년(昭和 34년) 마이니치 신
문 주최 3번기 제3국에서
혼인보 슈가쿠 (다카가와
가쿠. 당시 8단)와 靜岡縣
伊東溫泉에서 2월 12일과
13일 양일간에 걸쳐 둔 대
국이다.

흑이 흑15로 달린 시점에
서 여러분이 백이라면 어떻
게 구상할 것인가. 만약 현
대의 젊은 기사들에게 이 장
면을 묻는다면 그 대답도 필
경 십중팔구 일치할 것이다.

여러분이 두고 싶은 진행
을 머리 속에 그려본 후, 다
음의 진행도를 보기 바란
다.

백1로 붙인 수. 이 수가

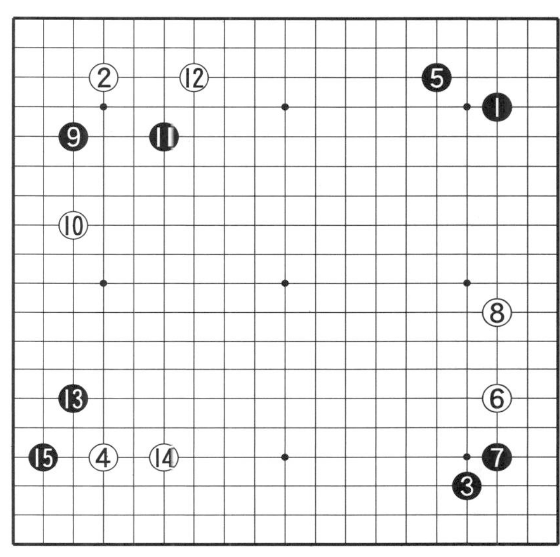

기보 2

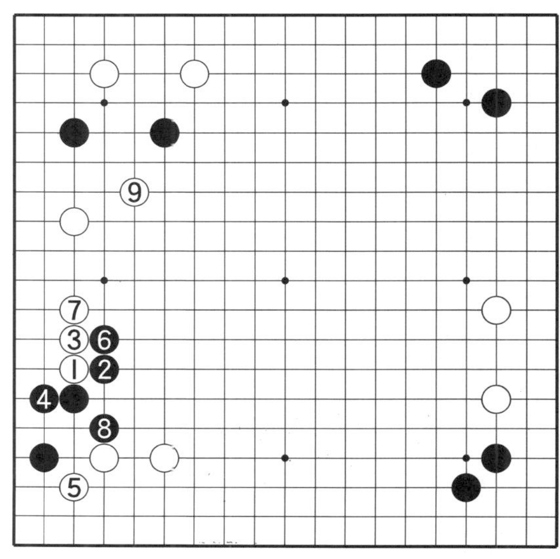

기보 2 - 진행도

당시 위대한 선각자의 선택이었던 것이다.

그런데 우리가 이 수에 대해 전혀 거부감이 없고 낯설지도 않은 것은 어째서일까. 그 이유는 단지 현대의 기보에서 너무도 자주 보아 왔기 때문일 뿐이다. 그러나 당연한 듯한 이 수가 40여년 전에도 당연했을 것인지.

그리고 지금 이 자리에서 과연 이러한 일이 있었다는 사실이 그저 그럴 수도 있으려니 하고 지나칠 수 있는 일인지. 이 수가 현대에 재 시도되기까지 무려 30년 이상이 걸렸다는 것은 무엇을 의미하는 것일까.

권위적이고 교조주의(教條主義, dogmatism)적인 쇼와(昭和) 바둑계의 진부한 흐름에 혁명을 일으키고 바둑인의 자세를 온몸으로 보여준 이 위대한 선각자의 바둑관을, 강자의 논리로만 해석이 가능한 현대의 바둑계가 그처럼 무심히 아주 무심히 관조만 하고 있는 것은 아닐까.

그 동안 바둑인들은 과연 무엇을 생각하고 있었는가를 스스로 조용히 각성해야 할 필요가 있을 것이다.

바둑계의 이러한 정적(靜寂)과는 궤를 달리 하는, 우칭위엔 선생의 바둑관을 엿볼 수 있는 한 가지 이야기가 있다.

어느 책에선가 일본 역대 최고의 기사로 인정받는 요절한 천재 혼인보 슈사쿠(本因坊 秀策)와 일본바둑사의 위기사철(圍棋四哲) 중 한 명이자 위기이걸(圍棋二傑)중 하나인 겐안 인세키(幻庵因碩)의 대국에서, 슈사쿠가 둔 '이적(耳赤)의 묘수'에 대해 선생이 간략히 평한 것을 보았다. "현대의 젊은 일류 기사들이라면 '귀가 빨개진 수' 정도는 금방 두리라고 생각합니다." 라는 내용이었다.

이 말이 전혀 거슬리지 않고 자연스럽게 와 닿는 오늘날의 현실에서 이러한 말의 의미를 할 일 없이 너무 깊게 생각하는 것은 아니냐고 책망을 할 분도 더러 있을 것이다.

그러나 여기서 무언가를 느낀다는 것이 과연 이상한 일일까.

장강(長江)의 뒷 물결이 앞 물결을 밀어낸다는 평범한 진리에 입각하여 나날이 새로워지는 젊은 기사들의 기량을 누구보다 더 깊이 관조하고 있는 이

노기사의 통찰력을 피부로 느끼고 절로 숙연해지는 것이 과연 이상한 일일까. 이런 말은 바둑계의 완고함에 비추어 기예의 정점에 섰던 명인의 입장에서 자연스럽게 피력할 수 있는 성질의 것이 아니다.

그럼에도 불구하고 스스럼없이 준영들의 기량을 이처럼 높이 평가할 수 있는 것은, 유전(流轉)하는 진리를 선각(先覺)한 기성의 경지에 서 있기 때문일 것이다. 우리는 이 말속에서 선생의 천재가 얼마만큼 함축된 것이며, 그 깊이가 얼마만큼 무애(無厓)한 것인지 측량할 수 없는 거인의 심안(心眼)을 보는 것 같아 감동할 수밖에 없다. 이 거인의 심안이 외경스러울 뿐인 것이다.

지금 선생의 주변에서 어쩌면 언제 절멸할지도 모르는 위대한 천재의 호흡을 느끼는 몇몇 기사들이 세계를 제패하기도 하며, 연일 승승장구하는 것이 결코 우연한 일로 보이지 않는 것은, 평생의 정진으로 얻어진 보석같은 바둑관을 자신을 따르는 젊은 후학들에게 남겨주려는 지고한 사명감이 바둑계에 이미 뿌리내리고 있기 때문일 것이다.

이제 선생의 주변을 더듬어 선생이 후학에게 설파하고자 한 바둑의 정신을 본격적으로 유추해 볼까 한다. 아무려면 선생의 놀랄만한 기예를 논평할 수 있겠느냐만, 여기서는 일반적인 바둑론이나 선생이 남긴 주옥같은 기보를 평가하려는 유치한 발상은 애초부터 없는 것이며, 또한 할 능력도 없다. 다만 바둑을 통하여 직접 보여주었던 바둑의 승부와 예도를 판단하는 명료한 가치관과 진리에 접하려는 경건한 인생관 등, 바둑인으로서 당연히 가져야 할 바둑관을 여러 각도에서 추측해 내려는 것뿐이다.

그렇지만 이 일을 하면서, 고대유적을 발굴한다는 심정만큼이나 조심스러이 접근하게 되는 것은 현빈(玄牝)의 문을 들어서는 듯한 두려움이 앞서기 때문이다. 그렇게 궁금하면서도 자칫 거인을 논하려다 화호불성반유구자(畵虎不成反類狗子 … 後漢書 馬援傳)가 되는 것은 아닐까 하는 그런 ….

그러나 이 일은 바둑을 사랑하지만 바둑에 대한 이해가 부족할 수 있는 일반 애기가에게 바둑의 올바른 이해를 위해서도 꼭 필요하지만, 전문가를 지망하는 예비 기사들에게도 선험적 정신의 메시지가 될 것으로 믿는다. 선생의 기

보를 놓아본다는 것이 기력
함양에 필수적이라 생각한
다면, 선생의 주변을 관찰
하는 것은 기량함양에 필수
적인 것이다. 그것은 선생
의 정신을 배우는 것이기
때문이다.

여러분이 알고 있는 선생
과 현대의 바둑이 어떤 관
계에 놓여 있는지 심도있게
분석한 책을 본 일이 있는
지. 본 일이 없다면 아마도
선생이 엄청나게 강했다는
사실만을 알고 있는 것이
다.

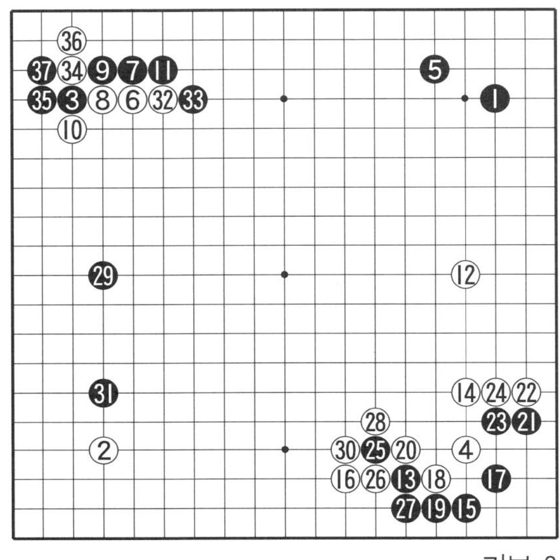

기보 3

그러나, 공전절후의 기량
도 시간이 흐르면 역사에 묻히고 마는 법이다. 현대의 최강과 비교하면 어떨
까하는 따위의 발상은 호사가들의 몫이며 구경꾼들의 권리일 뿐이다.

역사는 흘러갈 뿐 어떤 척도로도 비교되지 않는다. 정작 바둑을 사랑한다면,
도대체 선생이 무슨 이유로 현재까지 추앙받고 있는지 그것이 궁금해야 마땅
한 것이 아닐까.

앞서 두 개의 기보는 선생의 바둑관을 유추하는데 있어 물론 빙산의 일각에
지나지 않는다. 여러분은 지금부터 보일 기보들을 감상하면서 현대의 바둑이
생성된 흐름을, 선생의 궤적을 통해 한 눈에 꿰뚫을 수 있을 것이다.

선생의 초창기시절 기보는 조금 후에 감상하기로 하고, 우선 현대 바둑의 흐
름과 관련된 기보를 먼저 감상하기로 하자.

기보 3을 보기 바란다. 이 바둑은 큰 밀어붙이기(일명 큰 눈사태, 大崩雪型)

정석의 혁명이 탄생한 유명한 대국이다.

공교롭게도 연속 동일인과의 대국을 보게 되었는데, 여기서 보고자하는 것은 정석의 혁명이 아닌 명쾌한 돌의 흐름이다.

일단 우하귀의 진행이 현대적인 감각과 견주어 손색이 없음을 감상하면서, 흑이 선수를 잡아 축머리를 이용하여 흑29 · 31의 요소로 전환하는 흐름에 주목

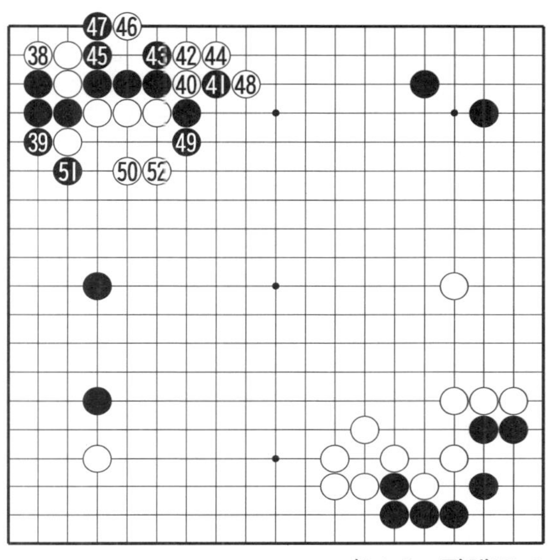

기보 3 – 진행도 1

하자. 이 곳을 차지하는 발상은 어디까지나 우하귀 정석의 선택과 연관되어 있는 것이다.

그리고 이제 좌상귀의 정석을 감상하자. 백36까지는 그간의 정석이었는데, 여기서 흑37의 안쪽 꼬부림이 정석의 혁명이었다. 이 수로 말미암아 한동안은 이 정석이 자취를 감추게 되며, 이 정석이 다시 등장하게 되는 과정도 아이러니컬하게 선생이 "백의 편에서도 둘 수 있다."며 역으로 시도하게 되어 유행을 하게 된다.

진행도 1을 보자.

정석의 진행중 백38과 40이 현대의 정석과 수순이 바뀐 것은 최초의 형태인 점을 감안하기로 하자.

이 정석의 혁명은 이미 잘 알려져 있으므로 더 이상의 부연 설명은 필요가 없을 것이다. 정작 감상해야 할 이 기보의 핵심은 다른 곳에 있는 것이다. 백52까지 진행된 후 흑이 과감하고 명쾌하게 이 정석을 이탈하는 흐름을 감상하자는 것이다.

기보 3 - 진행도 2를 보라.

정석이라면 의당 흑53으로 백58의 자리에 뛰어야 하지만, 흑 석점을 주고(실은 잡을 수밖에 없도록 강요하는 것이지만) 흑53으로 우하의 백 세력을 자연스럽게 견제하면서 흑57의 큰 곳까지 선수로 둘 수 있고, 선수를 잡아 흑59까지 전환하여 백을 한발 앞서 갈 수 있다는 발상의 자유.

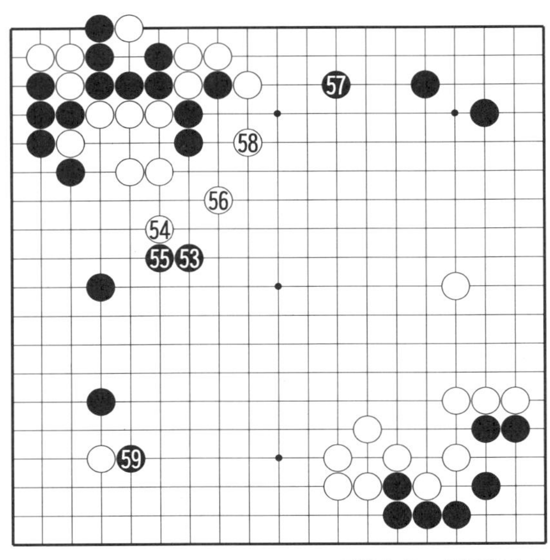

기보 3 - 진행도 2

포석과 불가분의 관계에 있는 참정석의 의미가 무엇인가를 명쾌하게 설명하고 있다는 생각이 안 드는지.

이러한 흐름이 바로 기자쟁선(棄子爭先)의 원리이며, 집중과 절약, 집중과 분산의 원리가 아니고 무엇이겠는가. 바로 이것이 기동(機動)의 원리이며 행마의 집합이라는 것이다. 이러한 기보를 감상하면서 이제는 선생의 돌들이 이처럼 돌 하나만의 생명이 아닌 돌 전체의 조화 속에 어우러져 끝없이 약동하는 집합체임을 직접 피부로 느껴보기 바란다.

선생에게 있어 정석이 무엇인가를 명료하게 배울 수 있는 기보를 10년을 사이에 두고 두 가지만 더 살펴보기로 하자.

기보 4를 보면 백이 초반에 난해하기로 유명한 대사정석으로 유도하고 있다. 여러분이라면 어떻게 두고 싶은가. 정석을 알고 있는 분이라면 회심의 미소를 지을 수도 있을 것이다. 그러나 대사는 그 별명이 글자그대로 백변(百變)이다. 상대에게 무슨 연구가 있었는지 알 수 없는 일이다.

그러나 천하의 명인이 이 정도의 정석을 모를 리 없건만, 선생은 정석진행을 알기 쉽게 피해버리고 말았다. 어떻게 피했을까.

기보 4 - 진행도를 보자.

선생은 이처럼 흑23으로 젖혀 흑 3점을 버리고 흑 31의 큰 곳으로 전환했다. 우하귀의 모양은 분명 백이 다소 두텁지만, 흑31의 큰 곳을 선점하여 포석에서 흑이 한발 앞선다는 판단이며, 바로 이것이 정석의 요체인 것.

어디까지나 부분의 합은 전체를 앞지를 수 없기 때문이다.

참고로 수순중 백24로는 29자리로 젖힐 수 없다. 흑에게 백28의 자리를 당하면 그 즉시 정석자체가 무너지기 때문이다. 이 변화는 정석책에 실려있으므로 생략한다.

이번에는 1940년 10월 19일부터 11월 13일까지 요미우리신문에 게재되었던 그 유명한 가마쿠라 십번기(鎌倉 十番棋) 제6국을

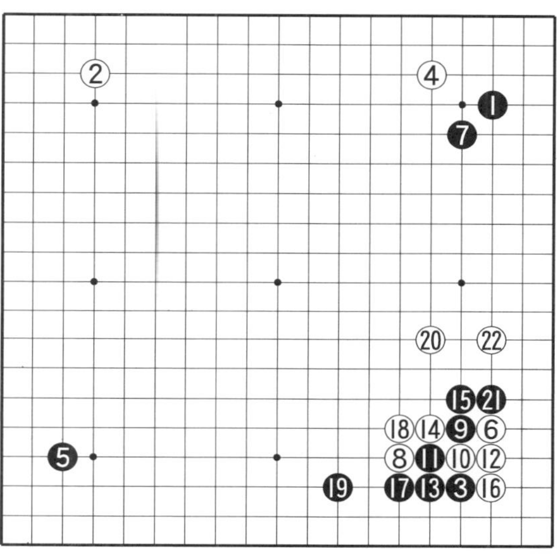

기보 4

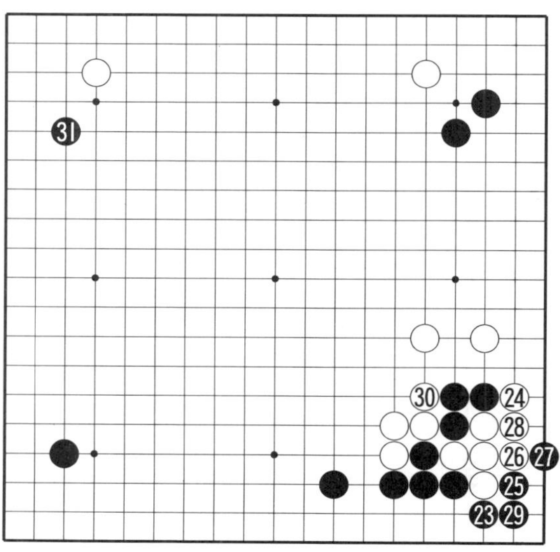

기보 4 - 진행도

감상해 보자. 이 대국은 여러분의 바둑관에 강렬한 충격을 줄 것이다.

이 대국에서 치수가 선상선(先相先)으로 고쳐진 기타니 미노루(木谷實) 선생은 다음과 같이 술회했다고 한다. "우칭위엔의 직관력은 전류처럼 빠르다."라고.

이 바둑을 감상하기 전에 한마디 덧붙이고 싶은 말이 있다.

이 바둑은 기보 3·4와 같은 정석단계를 한 단계 벗어나 중반전투가 일어나기 전의 변신과 완급까지,

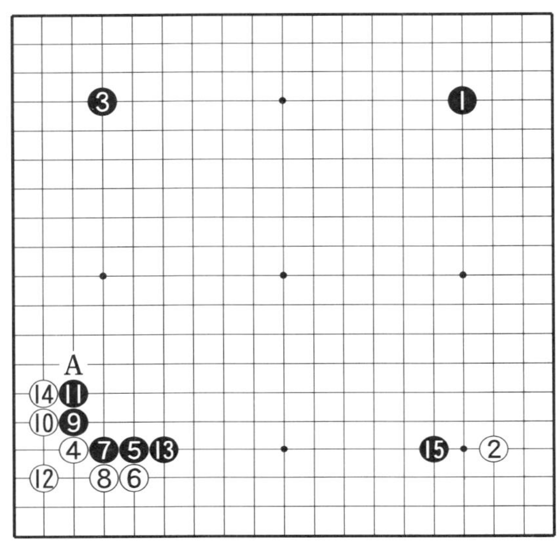

기보 5

탄성이 절로 나오는 돌의 흐름이 있다는 것이다. 정석으로 시작되어 그것을 탈피하는 과정과 중반으로 연결되는 돌의 배치와 기동이 어떤 수순으로 흘러가는지 그 큰 흐름을 명화 한편을 감상하는 기분으로 감상해 보기 바란다. 부분부분만을 보거나 작은 수단에 연연해서는 이러한 대하 드라마같은 감동은 결코 맛볼 수 없을 것이다.

초반 15수째 거의 절대점으로 보이는 A의 두점머리를 방치한 채 흑15로 전환한 이유는 무엇일까.

아마추어에게는 절대 A와 같은 자리를 맞아서는 안된다고 가르치고 있는 전문기사로들서도 당황할 수밖에 없는 장면이다. 그만큼 A는 정석과정에서 손뺄 수 없는 곳이기 때문이다.

진행도 1을 보자. 역시 백16과 18로 두수를 더 들이게 한 후 흑17과 19의

큰 곳을 선점하여 폭넓게 포진하고 있다. 또 백26에 대해서도 응수하지 않고 흑27로 굳혀 세 귀와 우변을 장악한다. 이 진행은 백에게 좌하귀로 집중하게 한 후 흑은 세 귀와 우변으로 보다 넓게 포진한 것이다. 좌하귀에서 투입된 흑돌과 백돌의 수차이는 5대 9로 무려 4개의 차이가 있다.

그러나 이 흑돌들은 아직 생명력이 다한 것이 아니다.

이렇게 초반에 두점머리나 맞으면서 두고도 바둑이 될 수 있는가 하고 의아하게 생각하는 분이 대부분일 것이며, 또 그것은 지극히 당연하며 자연스러운 것이다. 당시의 전문기사들로서도 무어라 논평할 수 없었던 부분이 바로 선생의 이러한 독창적인 초반전술이 아니었을까.

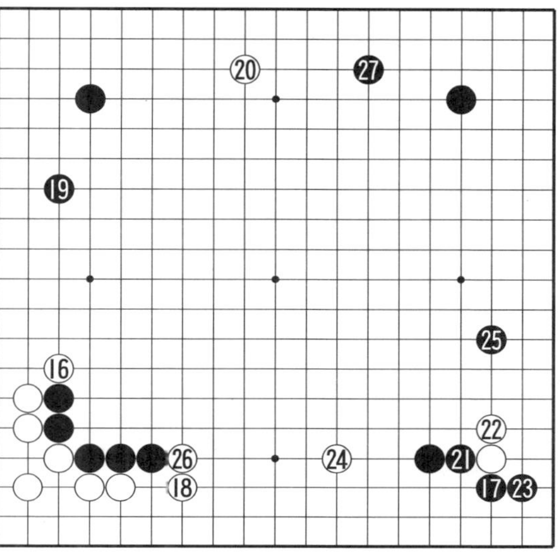

기보 5 - 진행도 1

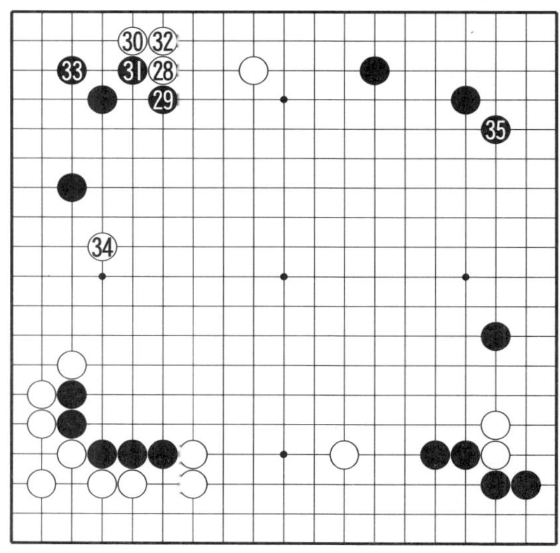

기보 5 - 진행도 2

현대의 기사들은 아직도 선생이 보여준 이러한 독창적 바둑관속에서 공부하고 있는 것이라 해도 과언이 아닐 것이다.

진행도 2를 보자. 흑은 34의 확장에도 응답하지 않고 우상귀를 굳히고 있다. 아직은 기회가 아니라고 생각하기 때문이다. 좋은 수순이란 항상 마지막 순간에 결정적인 수법으로 표출되는 것이 가장 능률적인 법이다.

여기까지의 국면은 어떤가. 좌상귀의 흑은 백보다 앞서며, 우상귀에서 우하귀에 이르는 흑진은 백이 뛰어들 소지는 많으나 넓다.

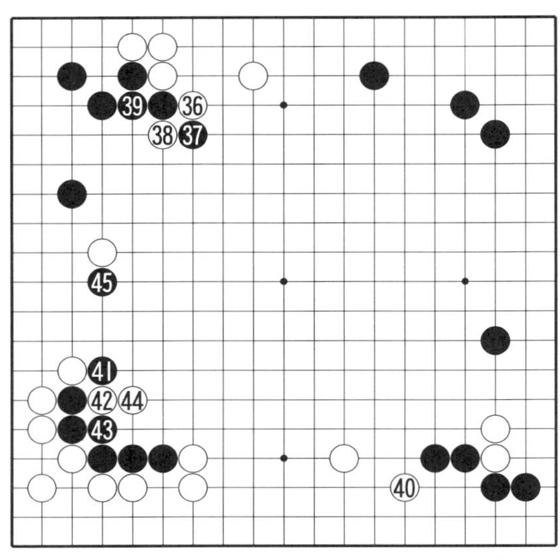

좌하귀에서 형성된 백진은 흑이 뛰어들 소지는 없으나 5점의 흑돌들이 아직 숨이 붙어있다. 이 흑이 조건없이 살아버리면 백은 집이 현저히 부족하게 될 것이다. 그러나 이 돌들은 가볍기 때문에 흑은 이 부근에서 다른 대가를 구할 수 있을 것이다.

자. 여기서 **기보 5**로 돌아가 생각해 볼 때, 백16의 두점머리를 자청해 얻어맞은 것이 지금까지의 흐름을 유도하려는 계획된 시나리오였다는 생각이 들지는 않았는지.

그래도 못 믿겠다면 계속된 **진행도 3**을 감상해 보기 바란다.

백도 이 흑을 한 수 더 들여 잡을 수는 없다. 움직이게 하여 공격하는 길 뿐. 백이 40으로 큰 곳을 차지하자 흑도 마침내 이 돌을 움직이기 시작한다. 그러나 사실은 흑41로 움직이는 척 하면서 45로 붙여 교란을 하는 것이다.

흑은 이 흑돌들을 버림돌로 이용하여 어떻게든 좌변에서 대가를 구할 수 있을 것이다.

이제 충분히 감상이 되었으리라 생각한다. 이후의 진행은 우칭위엔 십번기 집을 보기 바란다. 물론 이 대국 외에도 선생의 기보에는 이와 비슷한 사례가 무수히 많다. 여기서 느껴야 할 점은 선생이 무수히 많은 신수와 신형을 창작했다는 사실보다, 부분적인 형태가 전체의 흐름을 주도하지 않는다는 것을 직접 보여주고 있다는 사실이다. 쉽게 말해 정석이나 모양과 같은 부분은 포석을 위해 존재하는 것일 뿐 독립적으로는 존재하지 않는다는 것이다.

참고로 재미있는 사실은 이 대국의 상대였던 기타니 선생은 이 대국이 두어지기 약 7년 전쯤 포석과 정석을 통합한 이른을 연구했었다고 한다.

현대의 바둑에서 주창하고 있는 포석이론도 따지고 보면 이러한 사고를 바탕으로 만들어지고 있는 셈인데, 아직까지도 체계화된 이론서가 보이지 않는 것을 보면 이는 결국 '잘 둘 수는 있어도 설명하지 못한다.'는 학문적 불비(不備)가 초래한 냉엄한 현실이라고나 해야 할 것인지.

화점에 대하여

백번의 화점은 14세 혼인보 슈와(秀和)를 거쳐 17세 혼인보 슈에이(秀榮 : 메이진으로 추대되면서 19세 혼인보에 再襲되었다.)에 이르러 대각선 포석으로 발전되었음은 잘 알려진 사실이지만, 사실상 화점은 그보다 앞서 후성(後聖)으로 평가받는 혼인보 조와(丈和)가 먼저 시도한 것이다. (백번 12수째, 흑번 45수째)

그러나 초반 흑번의 화점은 사실상 거의 두어진 바가 없는 것으로 되어있다. 그런데 1928년(民國 17년, 昭和 3년) 선생의 소년시절 베이징(北京)에서 둔 기보중 흑번의 화점이 보이고 있음은 무엇을 의미하는 것일까. 선생이 이미 이때부터 여러 가지의 포석형태를 나름대로 생각하고 있었음을 반증하는 것이 아닐까. 그렇다면 이제 선생의 소년시절부터 차근차근 그 사고의 발자취를 더듬어 보는 것이 좋을 것이다.

기보 6에서 흑5의 화점은 당시의 일본 바둑계에서는 두어지지 않고 있는 수였다. 기보상으로 선생의 흑번 화점이 다시 등장하는 것은 이로부터 3년 후 일본 기원 공식대국이다.

선생이 일본에 알려지기 시작한 것은 1926년 8월 이와모토 가오루(岩本 薰) 6단과 고스기 데이(小杉 丁) 4단이 베이징을 방문하면서부터라고 한다. 이때 선생은 이와모토 6단에게 3점에는 불계승했으나 2점으로는 2집을 패한 것으로 기록되어 있다. 그러나 이듬해 1927년 이노우에 고헤이

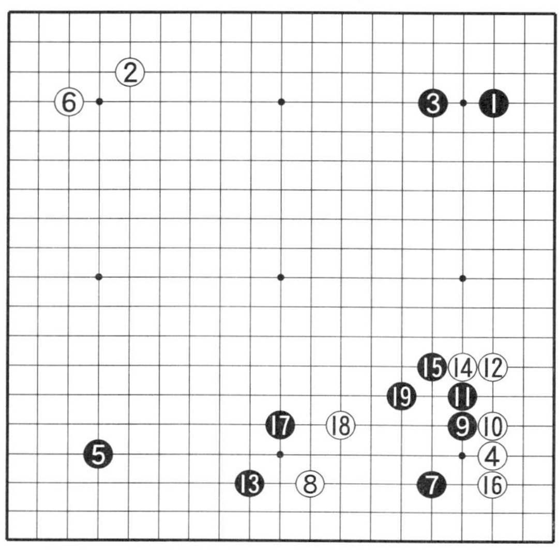

기보 6

(井上孝平) 5단이 베이징을 방문했을 때는 2점으로 두어 완승, 선으로 3국을 두어 1승 1무 1패를 기록하게 되는데, 그 기보를 본 세고에 겐사쿠(瀨越憲作) 선생은 "혼인보 슈사쿠의 젊은 시절을 생각하게 한다."며 놀라워했다 한다.

그도 그렇지만 그보다 직접 대국한 이노우에 5단의 선생에 대한 평을 주목할 필요가 있다.

"소년은 일본바둑의 구형을 모두 알고 있었으며, 더욱이 그 구형에 대해 나름대로 개정을 한 것 같은 대목도 있었다. 소년은 이미 대성해 있었다. 내가 소년으로 하여금 선을 놓게 하고 한판이라도 이긴 것은 요행스런 일일지도 모른다. 2점 바둑은 2국, 선으로 1국, 합해서 3국을 중단하게 된 것은 시간이 늦은 탓도 있으나, 내게 승산이 적은 바둑들이었다."는 말이다.

이중에서 '나름대로 개정한 것 같은 대목이 있었다.'는 이 말. 바로 이 말이 중요한 것이다. 단순히 암기한 것으로 두는 것이 아니라 자기가 분석한 것으

로 두고 있었다는 이 말은
결국 둠으로써 얻어지는 경
험적 지식 외에 논리적 사
고가 겸비되어 얻어지는 합
리적 바둑관이 벌써 깊이
자리잡고 있었다는 증거가
아니고 무엇인가.

실제로 1933년 선생과
기타니 선생의 포석관을 야
스나가 하지메(安永一) 선
생이 그 특유의 변증법적
달변으로 통합시켜 일본 바
둑계에 신포석법이라는 이
름으로 발안하여 폭발적인
인기를 얻었지만, 선생의
바둑에서는 이미 그 이전에

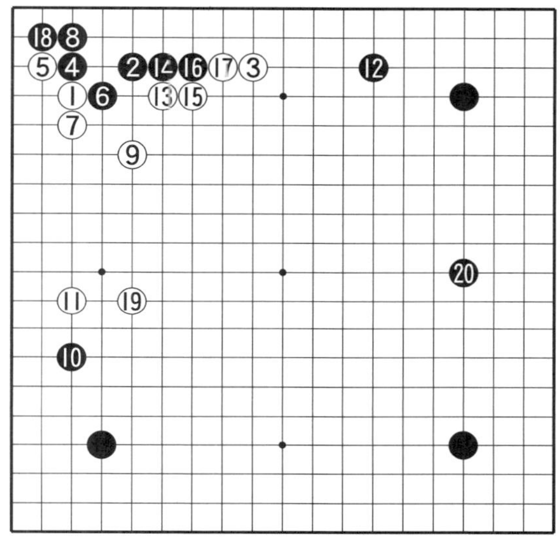

기보 7

화점과 3·三을 이용한 다양한 포석이 실험되고 있었던 것이다.

그뿐 아니라 현대에는 너무도 당연히 사용되는 초반 화점에서 일자로 굳히는 수비라거나 중국식 포석과 흡사한 돌의 배치(그러나 중국식 포석과 맥락이 동일한 돌의 배치는 4세 혼인보 도사쿠가 먼저일 것이다.), 심지어 현대에 잠깐 선보였던 이창호 신수라는 형과 맥을 같이 하는 형태도 이 시기에 시도되고 있었다.

"아니, 그럴 수가!"하고 놀랄 일이 아니다. 앞으로도 놀랄 일이 한참 남아 있기 때문이다.

자, 그렇다면 이제부터 그 실험의 현장을 감상해 보기로 하자.

기보 7을 먼저 감상해 보자. 지금은 너무도 당연한 3연성.

비록 석점 접바둑이긴 하지만 흑20의 3연성은 당시로선 획기적인 포진이라

**일본기원 춘계 승단대회
8회전**
1931년 4월 21일~22일

● 우칭위엔(吳淸源)
○ 하세가와 아키라(長谷川 章)

할 수 있는 것이다. 기타니 선생의 3연성은 이로부터 3년 반의 시간이 흐른 뒤에 첫 시도가 이루어진다.

기보 8에서는 흑7의 화점이 시도되고 있다. 그리고 흑9의 한칸 받기는 날일자받기의 상식을 완전히 거부하고 있다. 이러한 시도들이 이 시기에 이루어지고 있는 것을 보면서도 아무런 감흥이 일어나지 않는다면 진정한 바둑인이라 할 수 없을 것이다.

이 대국을 기점으로 이듬해까지 선생의 기보에서는 화점과 3·三을 이용한 수많은 포석실험을 거쳐 무적을 자랑하는 흑번 2연성의 포석까지 완성시키는 정진을 실전에서 보여주고 있다.

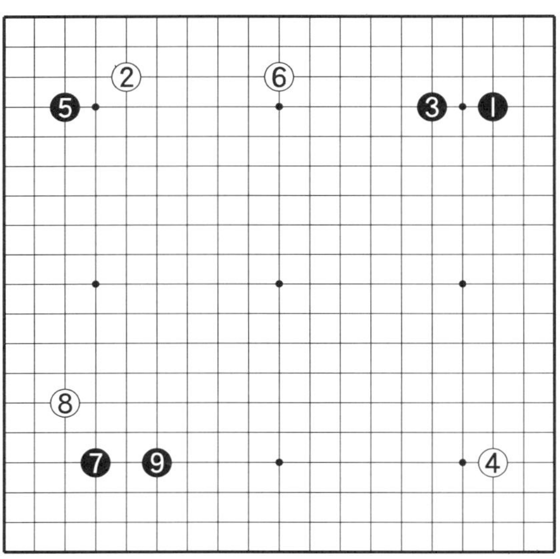

기보 8

時事新報 主催 '時事 棋戰'
1930년 5월 23일~6월 4일 신문게재

● 우칭위엔 (吳淸源)   ○ 하야시 류타로(林有太郎)

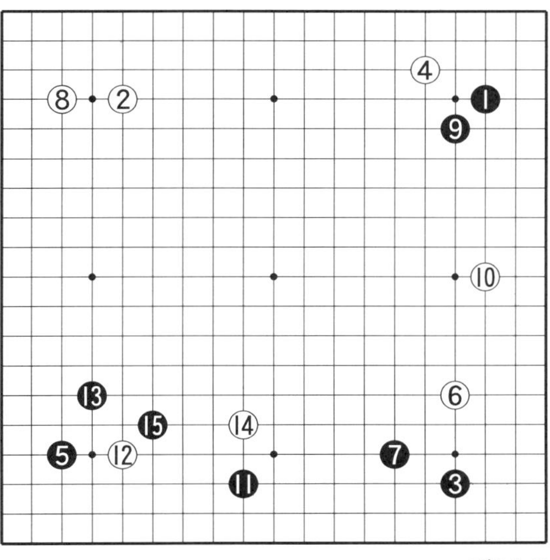

기보 9

일본기원 춘계승단대회 결승전
(東京 朝日新聞 主催)
1931년 7월 21일~
8월 31일까지 신문게재

● 우칭위엔(吳淸源)
○ 무라시마 요시가쓰
　(村島義勝)

기보 9에서, 귀의 굳힘 대신 흑11의 포진과 백12의 걸침에 대한 흑13의 날일자받기는 현대 중국식 포진의 전형적인 초반전술이다.

기보 10도 같은 흑11의 포진과 15의 날일자받기지만 시간적으로 기보 9와는 14개월의 격차가 있다.

3·三에 대하여

기보 11은 선생의 대국에서 3·三이 처음 등장하는 기보일 것이다.

3·三은 당시 쇼와 바둑계에서 귀문(鬼門)이라 하여 금기시되어 있던 곳이다. 선생은 이러한 3·三을 이로부터 3년 후 혼인보가의 마지막 메이진이며 일본

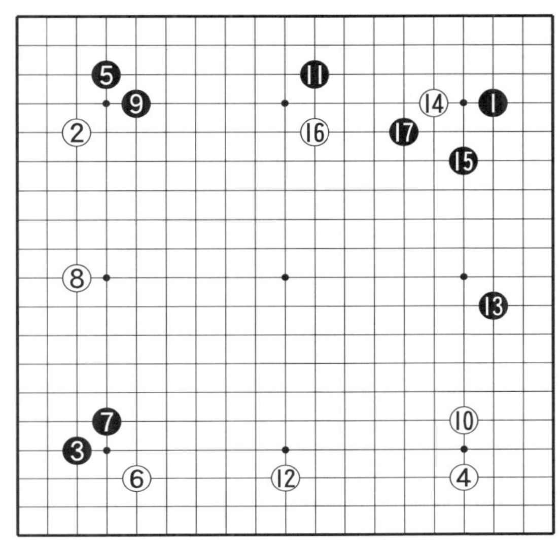

기보 10

일본기원 추계 승단대회 7회전
1931년 11월 18일~19일

● 우칭위엔 (吳淸源)　○ 고지마 슌이치 (小島春一)

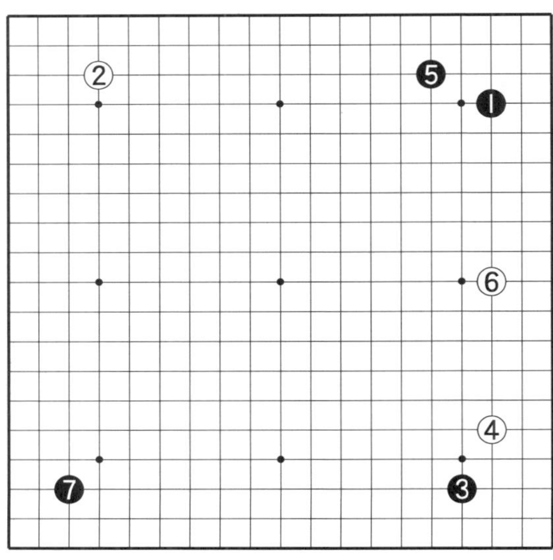

기보 11

바둑계의 최고 배분(輩分)인 슈사이 메이진에게 시도하게 된다.

당시 3·三이 시도되면서 기성 바둑계는 이러한 시도에 대해 내심 불쾌함을 감추지 못했을 것이다.

그러나 바둑계의 새로운 흐름을 갈구하던 신세대는 이 경이로운 신선함에 아낌없는 갈채를 보냈을 것이 분명하다.

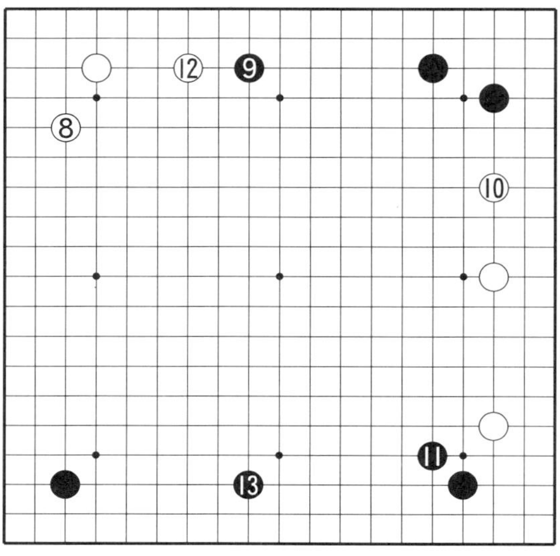

기보 11 - 진행도

당시의 정황으로 보아 시대적으로 억압된 사회의 질곡에서 해방되는 듯한 자유를 느끼기에 충분한 감동이었을 것이다.

격동기. 무언가 답답한 현실을 타파하고 싶은 시기에 이러한 시도는 격동기가 다가와 있음을 알리는 혁명의 전주였던 것이다.

그러나 경악의 시선이 집중되고 있는 그 순간에 정작 당사자는 대단치 않은 듯 말하고 있었다고 당시의 관전기는 기록하고 있다.

그럴 지도 모를 일이다. 정진하는 구도자에게 진리를 탐구하려는 자기 성찰만이 있을 뿐 주위의 찬사가 무슨 소용이며 혁명이 무엇이랴. 3·三의 출현은 결코 무심히 이루어진 것이 아니다.

진행도에 그 증거가 있다. 흑11과 13의 포진을 자세히 관찰하기 바란다. 무엇과 닮았는가.

흑13의 배치는 바로 중국식 포진의 아이디어에서 나온 것이다.

아마도 선생은 이 포진의 능률적인 점을 이미 간파하고 있었을지도 모른다. 선생의 왕성한 실험정신은 결국 현대에 완성되어 바로 지금 이 순간에도 젊은 기사들의 애용포석으로 확실히 자리잡고 있지 않은가.

선생 자신의 말에 의하면 자신이 일본에서 (중국에서 성장기의 공부는 논외로 생각하는 듯하다.) 가장 열심히 공부한 기간은 1929년부터 1932년이었으며 공부의 방법으로 흑번은 혼인보 슈사쿠의 기보를, 백번은 혼인보 슈에이의 기보를 주로 연구하였다 한다.

그러니까 이 시기 수많은 실험적 포석이 시도되었음은 지극히 당연하다 할 수

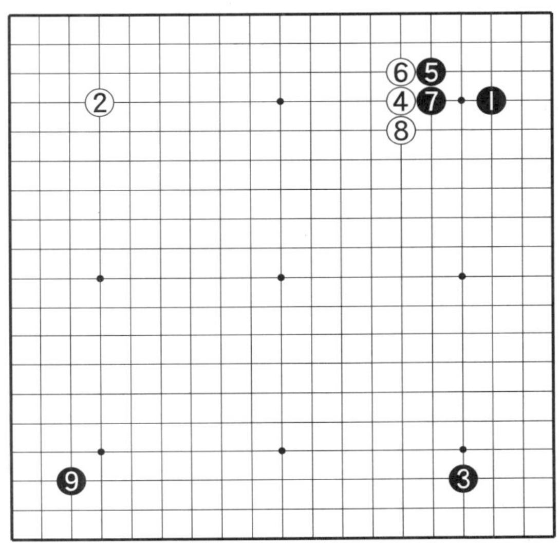

기보 12

있으며 결국 이 부분에 대한 재조명이 없고서는 선생의 바둑관을 이해할 수 없다고 보아야 한다. 선생은 이 기간중의 집중된 공부로(물론 중국에서의 성장기가 기본 바탕이겠지만) 바둑에 관한 합리적 체계는 끝난 것으로 보여진다. 몇 년씩 바둑과 등지고 살다가 다시 등장하여 다시 제자리에 우뚝 선다는 것은 웬만한 공부가 밑바탕이 되지 않고서는 불가능할 것이다. 아무리 종교적 자세가 바로 서 있다 하더라도 그것이 신앙의 힘만으로 가능한 일이겠는가.

기보 12를 보면 선생을 상대하는 다른 기사들의 개안(開眼)이 느껴지기 시작할 것이다. 백2의 화점이 그것을 대변해 주는 것이다. 여기서 선생은 1·3·5 포석의 변형을 보이기 시작한다. 흑9의 3·三이 그것이다. 선생은 결국 흑번에서 1·3·5 포석의 5의 수를 3·三에서 화점까지 발전시켜 마지막에는 2연성으로 완성하게 된다.

2연성에 대하여

기보 13은 흑번 2연성이 출현한 최초의 대국이다.

축머리를 이용하여 흑13의 곳을 한 수로 선점하고 백14의 빵따냄을 기다려 흑15까지 차지하여 4귀를 모두 선점하는 스피디한 초반 진행을 보여주고 있다.

이 대국에서도 역시 선생은 상대에게 부분적인 집중을 유도하여 폭넓은 초반전술의 기동력을 유감없이 보여주고 있다.

이러한 흐름은 현대의 바둑에서도 흔히 볼 수 있는 것이다.

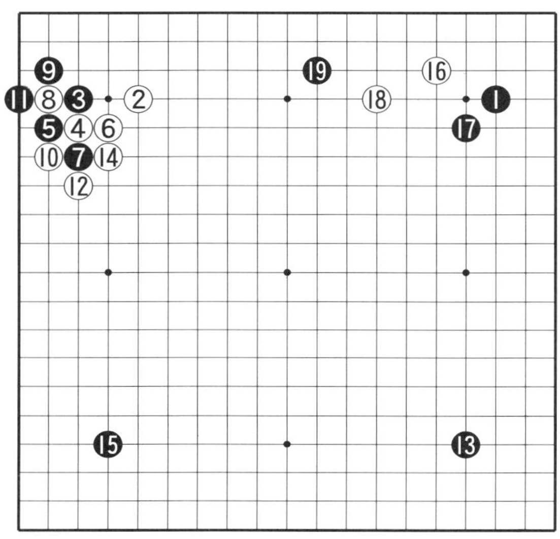

기보 13

계속하여 백16의 걸침에 대한 흑17은 지나친 속도를 자제하는 견실의 상징이며, 백18의 수비에 대해 즉시 흑19로 육박할 수 있는 힘을 비축하고 있다.

이러한 2연성의 포석은 다시 보완되어 1년 후 기타니 선생을 상대로 재시도되는데, 그때는 이미 실험을 거쳐 확신의 단계로 들어선 전술적 완성도를 함께 보여주게 된다.

선생의 흑번 2연성은 확실히 기념할만한 것이다.

현대에 흑번 2연성이 한국형 포석으로 자리잡게 되는 것도 계보를 같이하는 조훈현 9단(조9단이 선생과 더불어 같은 세고에 선생의 문하임은 다 알려진 사실이다. 다시 말하면 조9단은 약 40년의 연령차가 있지만 선생의 사제〈師

弟)가 된다.)의 치열한 실험정신에 의해서 이루어졌다는 것이 우연의 일치만은 아닐 것이다.

조9단의 속도감있는 초반전술이 선생과 일맥상통한 점이 있는 것처럼 기맥도 동류가 아닐까? 물론 한국이 낳은 천재 이창호 9단과의 사제 합작품이라는 것은 추호도 의심의 여지가 없는 것이겠지만.

그런데 여기서 시기적으로 이때쯤의 사건 중 으리는 한가지 짚고 넘어가지 않으면 안될 사실이 있다.

전복형(轉覆型)에 대하여

여러분은 전복형(轉覆型)이라는 정석을 알고 있는지.

전복형이라는 말은 몰라도 그 형태를 보여준다면 선생에 대해 관심이 있었던 아마추어 중에서는 "아! 그거."하는 분이 의외로 많을 것이다. 지금부터 이 형태에 대해 잠깐 살펴보기로 하자.

참고도 1의 진행을 보면 현대의 수순과 다른 점을 알 수 있다.

현대에는 백4로 먼저 붙이지 않고 백6에 먼저 붙이지만, 당시는 이 수순으로 두는 것이 보통이었던 모양이다.

여기서 흑은 A, B중 하나를 선택할 수 있는데, 일반적인 진행은 A였다. 이 형태가 한 걸음 발전하게 되는 것은 **참고도** 2의 날일자수비와 결합하면서부터일 것이다. 흑3의 날일자수비는 A의 마늘모에서 한 걸음 진보된 행마라 할 수 있다. 견고함에 있어 뒤떨어지는 것은 당연하지만 스피드에 있어서는 앞선다. 그러나 이 수의 첫 시도가

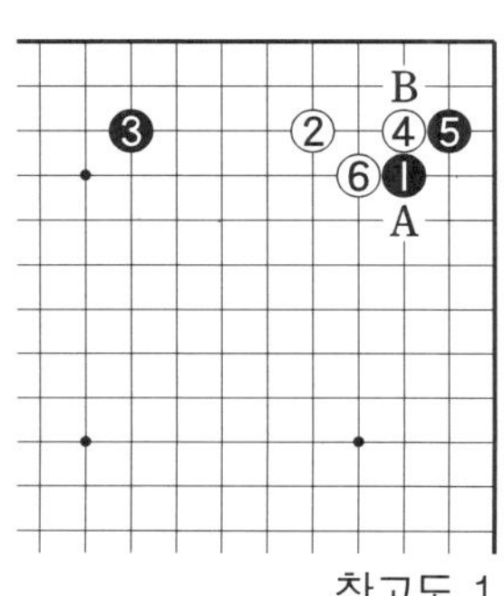

참고도 1   참고도 2

누구부터인지는 확실치 않지만(아마 슈사쿠가 아닐지?) 선생에게 처음 시도한 기사가 시노하라 마사미(篠原正美)였던 것은 확실하며 그 대국이 **기보 14**이다. 그리고 이 수비가 어떤 과정을 통해 **참고도 1**과 결합되었는지 알 수 있는 최초의 대국이 **기보 15**이다. 먼저 결합되는 수순을 전후로 살펴보면 **참고도 3**이 시발점이 될 것이다.

흑이 흑6으로 반발할 수 있는 이유는 흑2의 곳에 기착점이 있기 때문인데, 반발한다는 전제에는 **참고도 4**의 흑6으로 끊는 수가 성립한다는 계산이 있어야 가능한 것이다. 이러한 배경의 원리가 깔려있는 가운데 전복형의 전신이 탄생한 것으로 보여지고 그 최초의 대국이 바로 **기보 15**가 아닐까 생각된다.

또한 **참고도 2**의 날일자 수비는 슈사쿠의 전성기 때 보이기 시작한 것으로, 그것을 한 걸음 더 응용하여 재구성한 사람이 결국 선생이었다는 것을 알 수 있다.

선생의 기보에는 이처럼 다른 기사들이 무심히 실험해 본 듯한 수에 대해 철저히 분석한 흔적이 여러 곳에 보이고 있다. 그러나 창작이란 본래 모방에서 비롯된 것일 수도 있는 법이다.

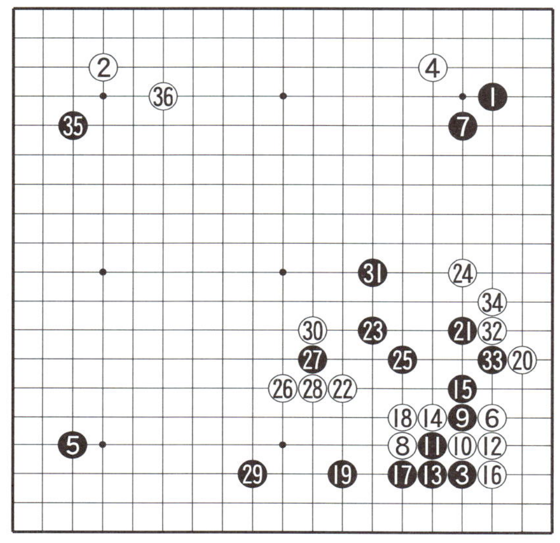

기보 14

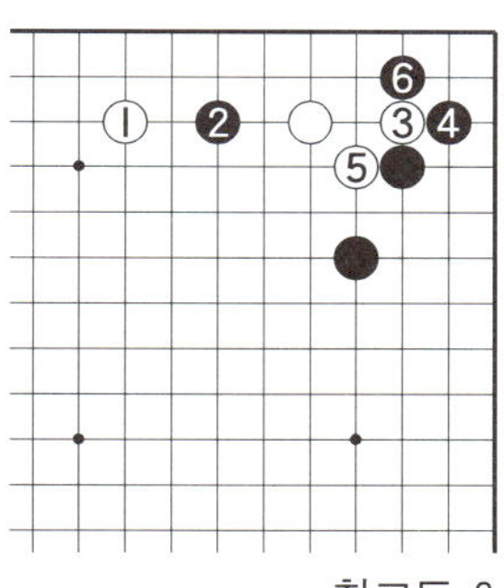

참고도 3

널려져 있는 수많은 정보를 얼마나 밀도있게 정리하여 자기 것으로 소화하는가가 바로 능력이며 재창출의 표본이 아닐까.

지금 설명하고 있는 전복형이 바로 이런 경우인 셈인데, 그러나 결론을 먼저 말하자면 전복형을 최초로 시도한 기사는 우리가 그동안 알고 있었던 사실과는 달리 선생이 아니다.

1945년 이후 기존 이론을 완전히 뒤엎은 선생의 전복형 정석은 이미 13년 전 1932년 최초의 완벽한 형태가 있었던 것이다.

요미우리신문 주최 '特選對局棋譜'
1930년 10월 1일~27일까지 신문게재

● 우칭위엔(吳淸源)
○ 오노다(小野田千代太郎)

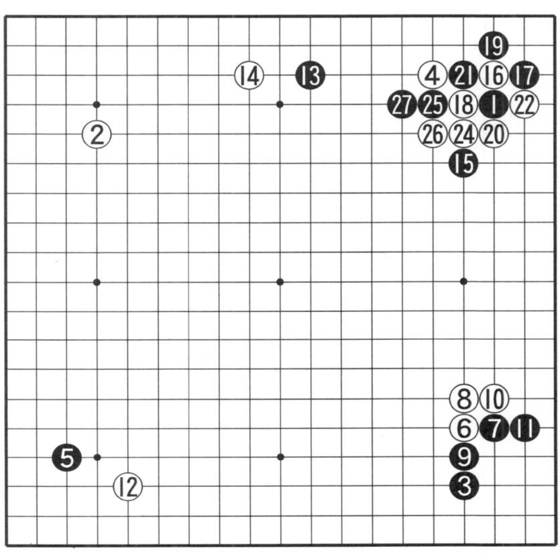

❷❸이음(16)　　　　　　　　　기보 15

먼저 전복형이라는 형태를 보면 **참고도 5**의 흑1로 두칸 높은 협공에서 흑5로 단수하여 반발하는데서 시작된다. 그 진행이 **참고도 6**인데 이 형태가 흑의

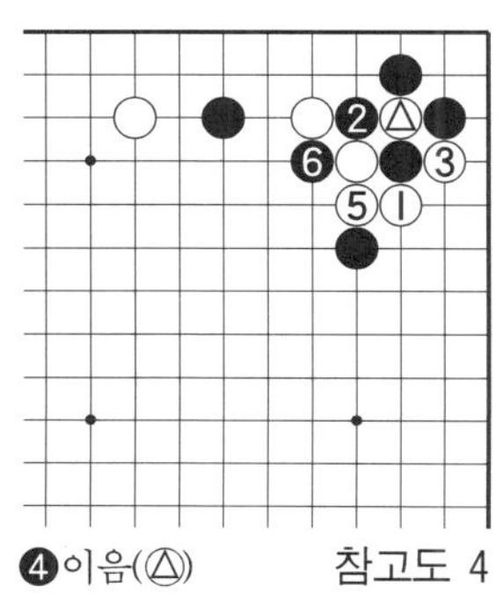

❹이음(△)　　　참고도 4

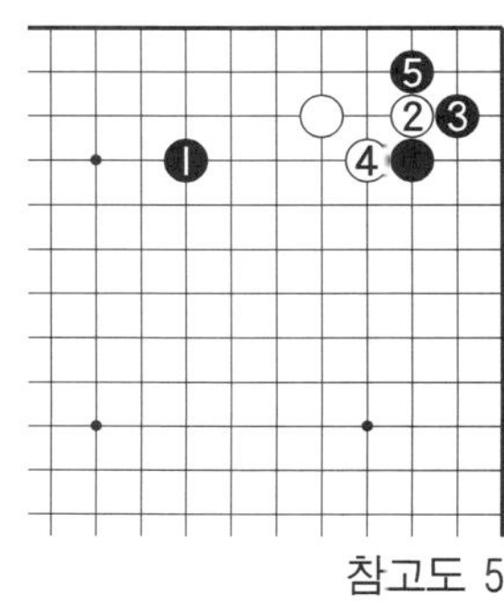

참고도 5

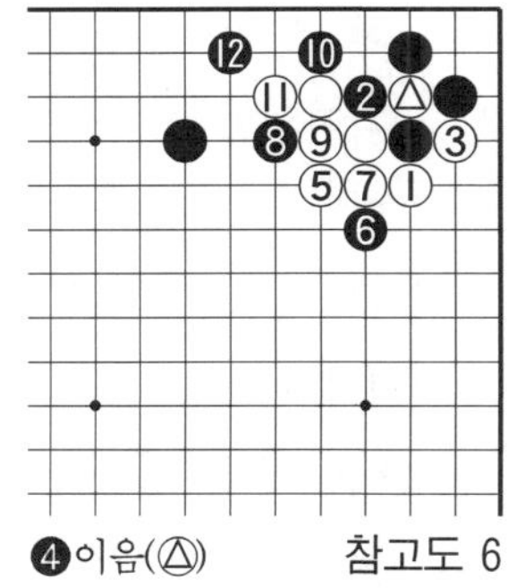

❹이음(△)　　　참고도 6

우세로 판가름나기까지 실로 20여년은 족히 걸렸다고 보아야 한다. 참으로 납득하기 어려운 일이 아닐 수 없다.

현대의 기사들이라면 이 정도의 분석은 어려운 일이 아닐 것이다.

그렇다면 선생을 상대로 이 전복형을 최초로 시도한 기사는 과연 누구였을까. 당시 6단이었던 미야사카 신지(宮坂宋二)라는 기사로 다무라 호쥬(田村保壽 : 훗날의 혼인보 슈사이〈秀哉〉 명인)의 문하.

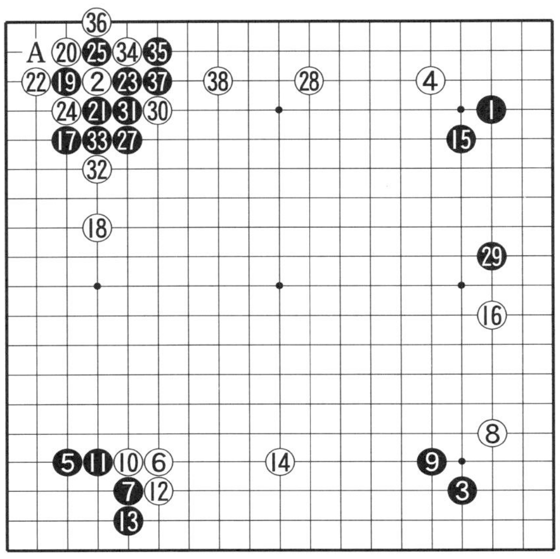

기보 16이 그 기보인데, 선생은 좌상귀의 결과가 내심 불만스러웠던 것으로 보여진다. 당시의 기록에 의하면 선생의 대국자 감상을 이렇게 적고 있기 때문이다. "흑21로는 A로 이단젖힘하는 것이 좋았을는지 모릅니다."

이러한 형태의 분명한 기억은 결국 13년이라는 시공을 넘어 재창출되어 혁명의 한 조각으로 남게 되었지만, 지금 우리가 다시 돌이켜 생각해야 할 부분은 선각자의 이렇듯 부단한 정진을 무심히 바라보는 것만으로는 족하지 않다는 것이다.

적어도 당시의 구태의연한 바둑계를 닮아서는 곤란한 일일 것이다.

선생이 팔순을 넘긴 현재에도 21세기의 바둑에 관해 끝없이 연구, 발표를 하고 있다는 점을 생각해서라도. 형(型)에 관한 얘기가 나온 김에 한가지 더 감상하는 것도 좋을 것 같아 기보 하나를 소개하겠다.

기보 17을 보기 바란다. 이창호 9단의 신수라고 말하는 흑13의 막음. 이와 맥을 같이 하는 수법이 60여년 전에 이미 시도되었다면 여러분은 믿을 수 있겠는지.

그러나 이는 엄연한 사실이며 기보 18이 그것이다.

다만 이 형태가 기보 17과는 달리 소목에서 만들어졌다는 것뿐 그 취지가 다른 것은 없다고 보아도 좋은 것이다.

신포석 전야

실제로 조·이 사제의 바둑에는 선생의 전성기 시절 다카가와 9단과의 바둑과 흡사한 기보가 있는데, 그 이유는 다카가와 9단이 백번 2연성을 즐겨 사용한 탓도 있지만 평명류(平明流)라 이름 붙인 그대로 현대감각과 부합하는 바둑을 두었고 그에 상응하는

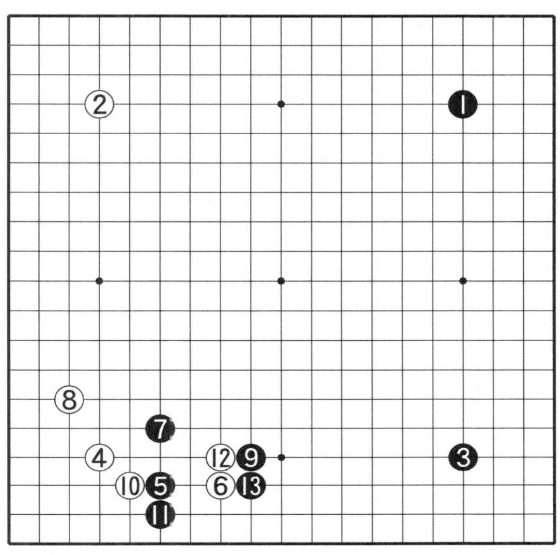

● 이창호　　○ 조훈현　　　　　　기보 17

본사 특선대국 기보 (요미우리신문 주최)
1932년 6월 21일～7월 7일까지 신문게재

● 우칭위엔(吳淸源)　　○ 시노하라(篠原正美)

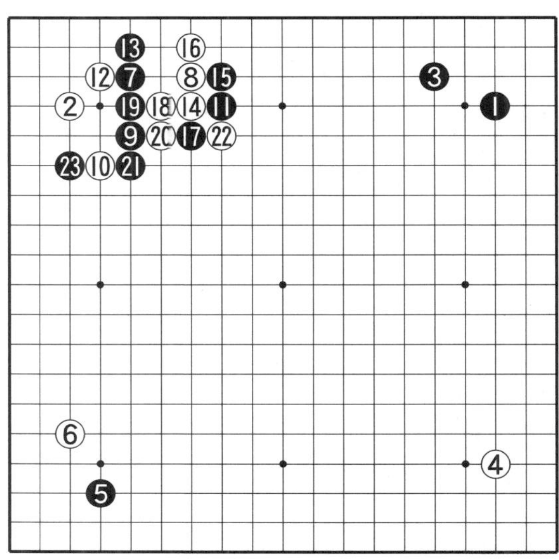

기보 18

선생의 신사고에도 연유할 것이다.

선생의 바둑은 시간이 흐르면서 그 연구의 산물이 점차 다양함을 띠기 시작하게 되는데, 그 시기는 선생 자신이 말한 바와 같이 가장 열심히 공부했던 기간(1929~1932)의 마지막 해인 1932년이 된다.

1932년 선생은 현대 바둑과 맥을 같이 할 수 있는 새로운 포석의 형태들을 선보이기 시작하고 있다. 신포석의 이론이 공표되기 한 해 전의 일이다.

기보 19의 백번 2연성도 그중 하나라 할 수 있을 것이다.

선생의 당시 감상을 살펴보면 "백6으로는 백8이 보통이지만 백6의 화점으로 둔 이유는, 흑이 참고도의 흑1로 협공했을 때 백2로 어깨짚으려는 취향이었다."라고

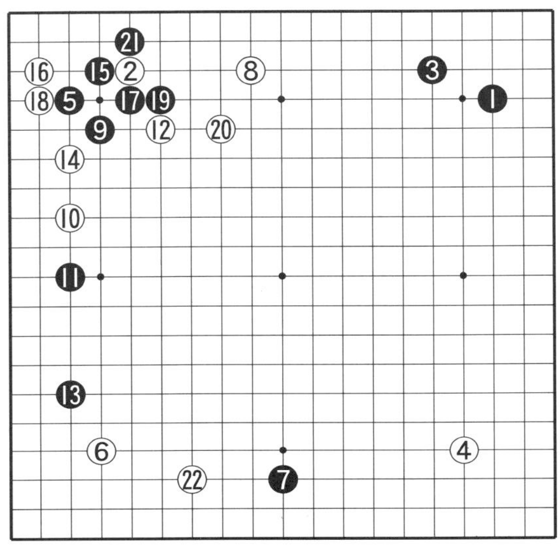

기보 19

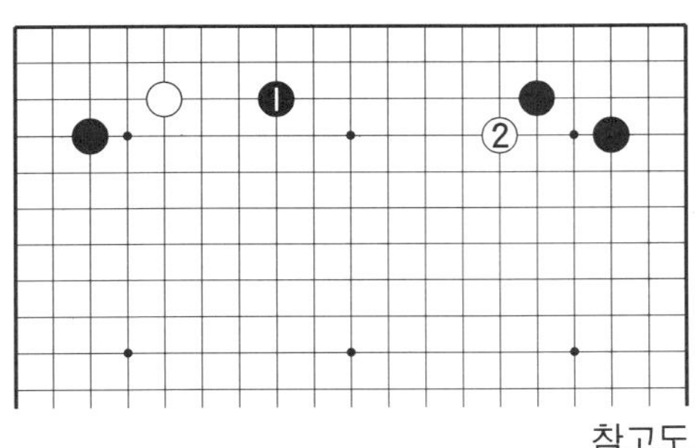

참고도

되어 있는데 이 말의 뜻을 풀이하면 결국 흑으로 하여금 상변에 집중적으로 투자하도록 유도하여, 폭넓게 포진하려는 착상이었음을 알 수 있다.

선생은 같은 해 1·3·5포석과 연계된 흑번의 화점포석을 계속 실험하고 있는데, 이러한 실험은 소목, 3·三, 화점을 결합한 다양한 포석실험으로 확대되

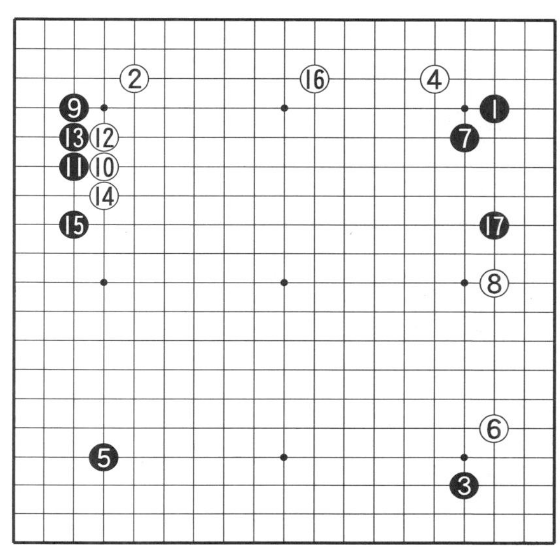

기보 20

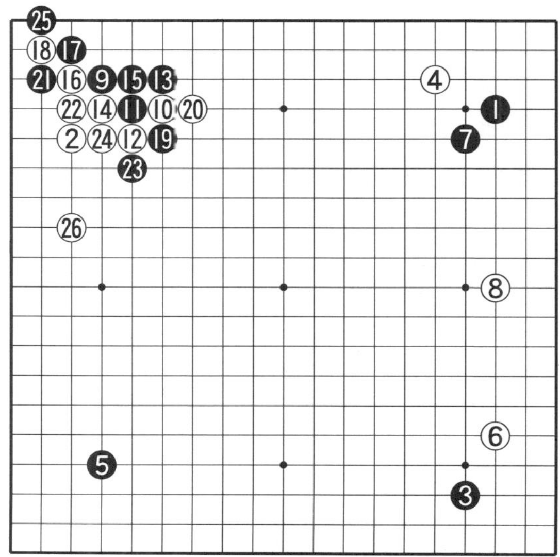

기보 21

어 훗날 흑번 2연성의 포석을 완성하는데 필요한 초석을 깔아놓았다고 볼 수 있을 것이다. 아마도 이 시기는 선생이 연구의 정점에 선 상태에서 가장 유력한 포석이론을 확립하는 통합적 차원의 실험기가 아닌가 생각된다.

지금부터 몇 개의 당시 기보를 보면서 선생의 시기적 연구의 흐름을 감상해 보기 바란다.

기보 20과 기보 21은 1·3·5 포석의 변형이라 할 수 있을 것이다.

흑5를 화점에 둠으로써 3선의 저위에서 벗어나 선위(線位)의 조화를 시도하고 있음을 실감하게 된다.

특히 기보 21에서 좌상귀의 대사변화를 간단명료

하게 처리하고 우상으로 전환하는 수법도 과연 선생다운 수법이다. 이처럼 선생의 바둑에서는 복잡해질 수 있는 변화를 간결하고도 명쾌하게 처리하고 다른 곳으로 전환하는 주동적(主動的) 발상을 너무도 자주 발견할 수 있다.

기보 22와 기보 23도 시기적으로나 내용적으로 비슷하다.

다만 이 시기는 1933년으로 넘어가는 시점이므로, 이 해에 신포석의 개진이 있었음을 미루어 볼 때 이미 선생은 이러한 포석의 사고가 거의 정리되어가고 있었음을 유추하기에 충분하다.

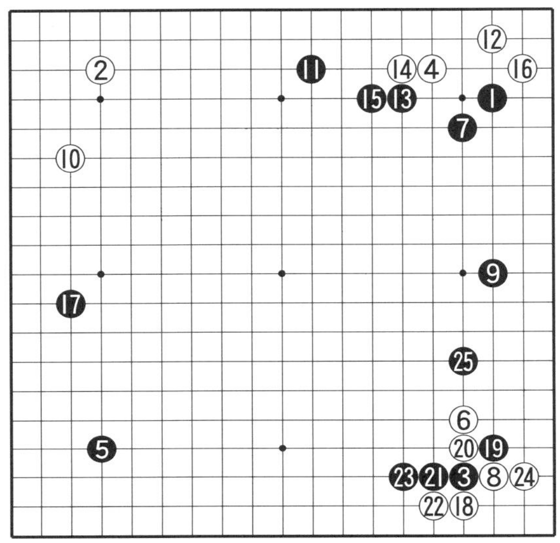

기보 22

참고로 **기보 23**의 흑21로는 백24의 곳으로 협공하는 것이 좋았다는 당시의 평이 기록되어 있는데, 현대라면 흑23으로도 A의 곳이나 백24의 곳을 두는 것이 정형화되어 있다. 그러나 여기서 우리가 되새기고 넘어가야 할 부분이 있다는 것을 눈치가 빠른 분이라면 기억할 것이다. **기보 23**의 A의 붙임수와 동일한 수법이 1959년 시도되었다는 사실을. 궁금한 분은 **기보 2**를 다시 확인해도 좋을 것이다.

이러한 과정을 통하여 같은 해 1933년 2월 드디어 최초의 흑번 2연성 포진이 탄성하게 되는데 이후 약 6개월이 지나 신포석법이 당시 바둑계의 흐름에 혁명적 역할을 하게 되는 것을 연관지어 추론하면, 이 시기의 왕성한 연구와

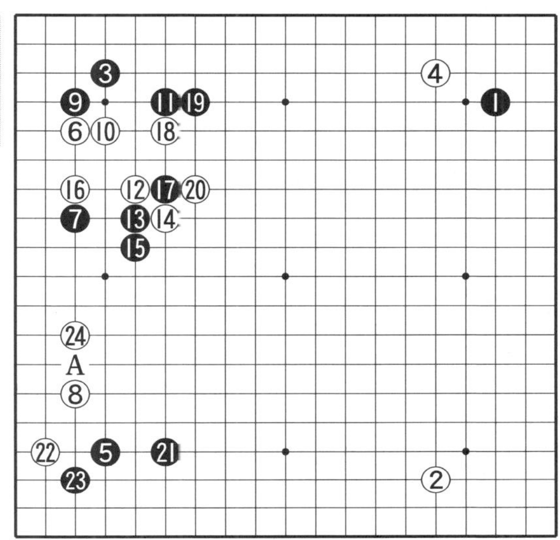

기보 23

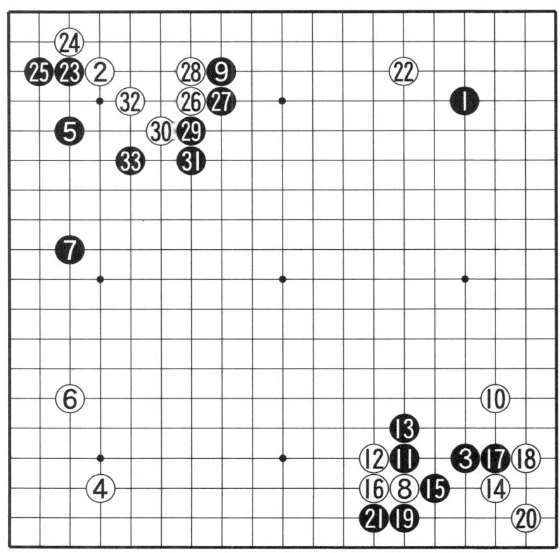

기보 24

결코 무관하지 않다는 것을 깨달을 수 있으며 아울러 신포석이 어느 날 갑자기 이루어진 우연의 사건이 아닌 운명적 역사였음을 다시금 절감하게 될 것이다.

여기서 선생은 다시 화점과 소목, 3·三을 병행하거나 대각선 화점을 혼합하는 등 다양한 형태의 실험과 화점의 수법을 보완하는 마지막 단계의 실험 기간을 보여주고 있다.

기보 24는 2연성이 처음 시도된 대국이다.(흑1·3 포석 시기의 2연성을 말하는 것이다.) 특히 상대가 신포석법의 공동창안자인 기타니 선생이었음은 더욱 뜻깊은 사실이다. 이후 기타니 선생이 신포석에서 3연성을 처음 시도하게 되는 것도 우연은 아니겠지만.

아무튼 이 시기 선생의 기력은 타의 추종을 불허하여 8, 90%의 경이적인 승률을 기록하고 있다. 새로운 사고를 실전에 직접 시도하여 이처럼 높은 승률을 기록한 기사는 아마도 없을 것이다. 더구나 연구의 정점일 뿐 기량의 정점이 아닌 시기에서….

어쨌든 가장 강렬한 기억이라면 전성기를 구가하던 시기에 선생의 흑번 2연성은 가히 천하무적이었던 것이 사실이지만, 그보다 현

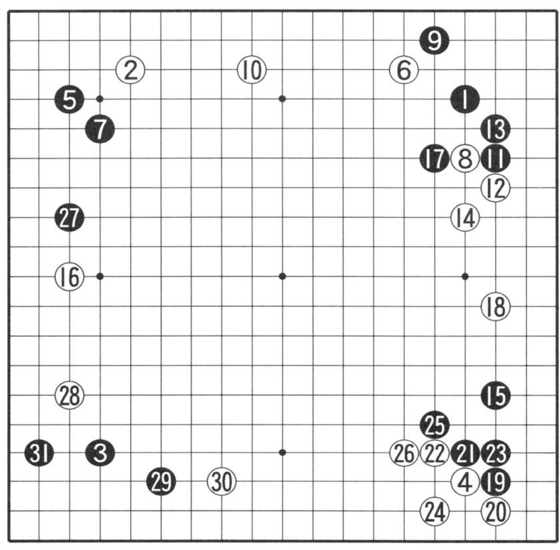

기보 25

대에 와서 흑백간 너도나도 2연성을 폭발적으로 시도한 시기가 있었다는 것은 60년의 시공을 넘는 신선한 충격일 수밖에 없다.

기보 25와 기보 26을 감상하면 선생이 포석의 안배와 더불어 부분적 형태의 세밀한 수법에도 결코 무심히 지나치지 않았다는 것을 깨닫게 된다.

대개의 경우 부분적 수법에 치중하면 대국관에 결함이 생기고 대국적 사고가 편재되면 치밀함이 결여되게 마련이다. 구시대의 수법들이 신포석의 등장과 함께 서서히 사라지는 것과 마찬가지로 수법상의 치밀함이 결여된 신포석의 많은 연구결과도 신사고의 합리적 정리기에 접하여 마찬가지로 같이 소멸되었음은 부정할 수 없는 역사의 순리일 것이다.

기보 25의 흑9와 같은 일명 처진 날일자수비는 중국의 고대 기보에도 보이는 행마지만, 현대에는 공격적 행마로도 각광받고 있는 착점이다.

더 주목해야 할 점은 흑 15의 눈목자걸침이나 29의 날일자받기, 31의 한칸수비들이다. 이 모든 수법이 이제 모두 부담없이 사용하는 현대적 기법이지만, 선생의 독창적 사고에서 출발된 치밀한 부분전술임을 부정할 수 있을까?

흑29의 날일자받기는 과거에 능률적인 면에서 소외된 행마였다. 이러한 행마를 바라보는 시각이 여느 기사와 다름은 과연 그 시기의 강자로 군림하였기 때문만일까. 현대에 만들어진

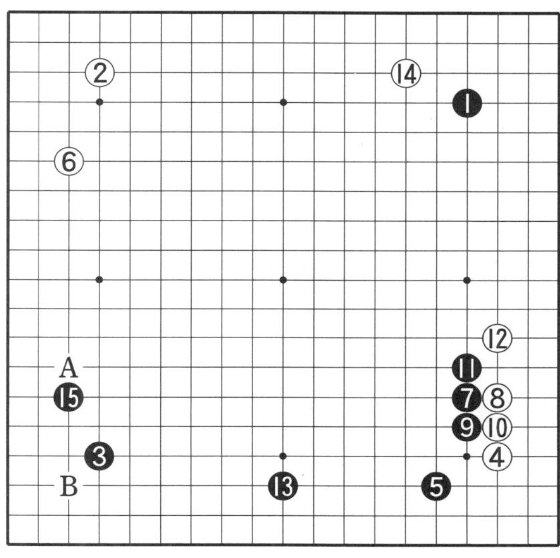

기보 26

보편적 사고란 이렇듯 선각자의 실험적 자세와 노력, 즉 기존의 고정관념을 타파하는 시점에서부터 만들어진 것이다.

기보 26의 흑15를 보라.

이 한 수는 현대바둑에서 소목의 날일자굳힘과 더불어 가장 많이 사용되는 화점의 수비수법이다. 그러나 당시는 아직도 A의 눈목자가 가장 보편적이었던 시절이었으며, 이 굳힘은 초반 화점의 수비수법으로는 최초로 시도된 것이다. 변의 영향력과 귀의 침입을 동시에 고려한 가장 균형있다는 이 착점의 장소를 찾기까지 시간은 왜 그리도 많이 필요했는지 알 수 없는 노릇이지만, 분명한 것은 어떤 자연의 현상도 마찬가지로 그것들의 단순함을 이해하는데 필요한 시간이 적었던 적은 없다는 사실이다.

당시의 소감이 기록된 것을 보면 "흑15로 A에 벌리지 않은 것은 B의 침입

일본기원 춘계 승단대회 4회전
1933년 3월 22일~23일

● 우칭위엔(吳淸源)
○ 후쿠다 마사요시(福田正義)

을 약간 견제하려는 의미입
니다." 하는 정도이지만 시
기적으로 기보 25와 거의
비슷한 것으로 미루어 이
시기에 목자수비와 일자수
비의 장단점에 관한 표리적
고찰이 이루어지고 있었다
고 보아도 무방할 것 같다.

선생의 흑번 제1착으로
화점이 자주 등장하면서 덩
달아 상대 기사들도 여러
패턴의 포석을 구사하기 시
작하는 시점이 이 무렵이
다. 천재의 독주가 구태의
연했던 바둑계를 깊은 잠에
서 깨어나게 했을 것이라
추측되는 시기다.

기보 27과 기보 28을 감
상해 보자.

이 두 기보를 보면 선생
의 흑번 화점에 대하여 상
대 기사들의 연구도 활발했
음을 알 수 있다. 백번으로

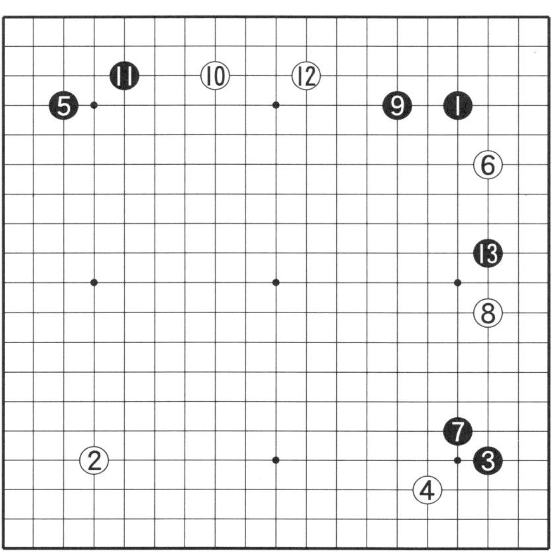

기보 27

일본기원 춘계 승단대회 5회전
1933년 4월 5일~6일

● 우칭위엔(吳淸源)
○ 시노하라(篠原正美)

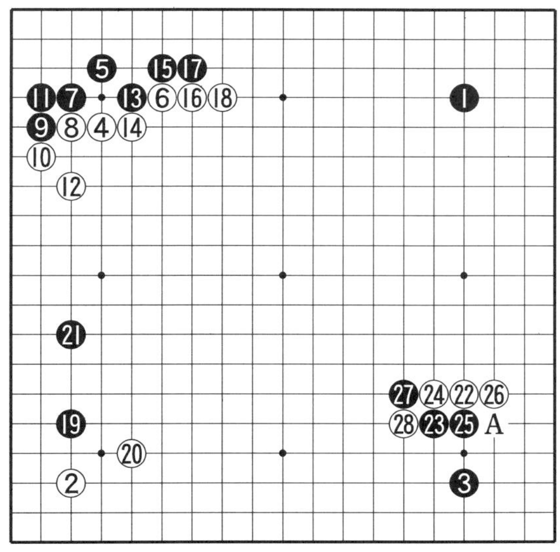

기보 28

일본기원 춘계 승단대회 7회전
1933년 4월 19일~20일

● 向井一男
○ 우칭위엔(吳淸源)

대각선의 화점이나 3·三
에 두고 있음을 보면 그것
을 확실히 느낄 수 있는 것
이다.

주목할 것은 이에 대응하
는 선생의 다양한 포진이
다. 백번의 상대가 한수로
귀를 점거하면 선생은 다시
소목으로 대응한다는 사실
이다. 참으로 자유자재의
변환(變幻)이며 무애(無碍)
의 극치가 아닐 수 없다.

신포석으로 가는 역정에
있어 선생의 4년여 정진한
기간은 바둑계로 볼 때 찬
연히 빛나는 보석과 같은
것이다.

참고로 **기보 28**의 흑23
이 새로운 시도였으며, 흑
27의 젖힘은 A로 막는 것
이 무난했다는 당시의 소감
이 있었음을 밝혀둔다.

이처럼 다음에서 보듯 기

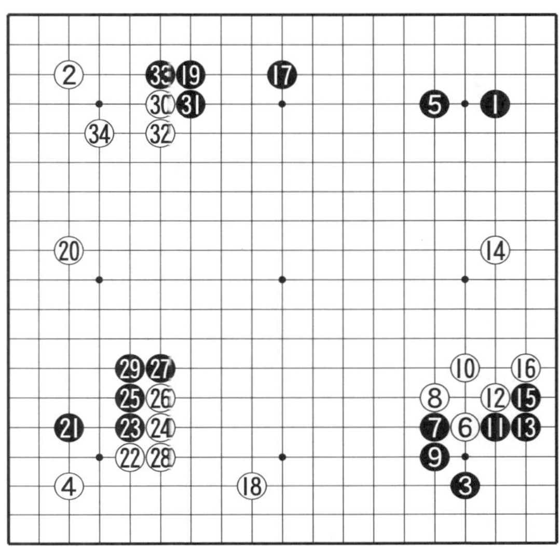

기보 29

일본기원 춘계 승단대회 8회전
1933년 4월 26일~27일

● 하시모토 우타로(橋本宇太郎)
○ 우칭위엔(吳淸源)

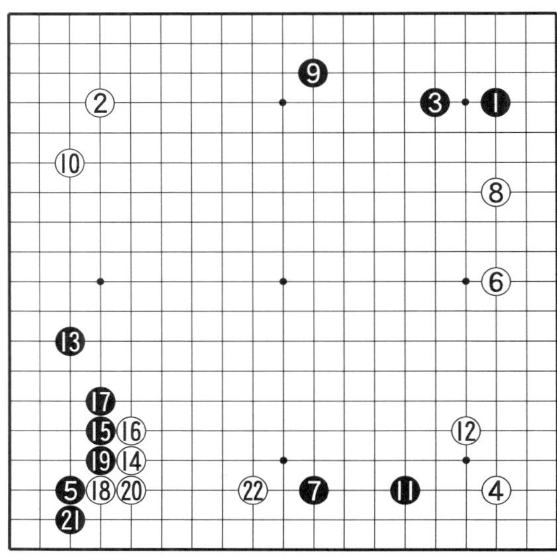

기보 30

보 29의 백번 양 3·三이
나 기보 30의 백번 화점과
3·三, 기보 31의 흑번 양
3·三 등의 현란한 시도는
바둑계에도 새로운 시대가
도래하고 있음을 암시하고
있었던 것이다.

기보 30의 흑5가 상대 기
사에게서 거꾸로 시도되고
있는 점은 **기보 28**과 일맥
상통한 부분일 것이다. 또
백10의 일자굳힘이 다시 등
장하는 점으로 미루어 이
수의 타당성에도 어떤 확신
을 가졌던 것으로 보여진
다.

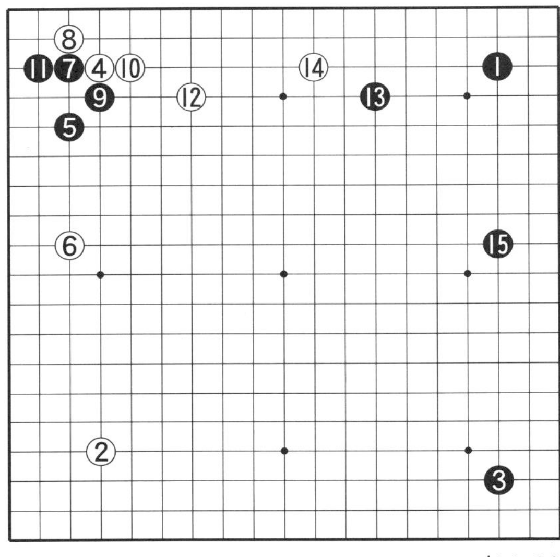

기보 31

당시의 기보를 볼 때 초
반의 흐름이 현대의 바둑보다 매끄럽지 못한 느낌이 드는 것은 시대적 격차에
서 오는 것일 뿐 안목의 차이는 아니다. 이 차이는 혼인보 도사쿠시대와 신포
석시대가 갖는 안목의 차이와는 근본적으로 다른 것이다.

현대의 모든 바둑이론은 이 시기를 기점으로 이론의 기조가 만들어졌기 때
문에, 이러한 격차는 오히려 현대바둑의 안목을 재조명할 필요성을 더 갈구할
지도 모를 일이다.

기보 31의 흑번 양 3·三에 대한 당시의 평이 재미있다.

"흑1·3의 이상한 착수에 대해선 평할 말이 없으나, 옛날부터 그렇게 둔 예
가 전연 없었던 것은 아니다."—이와사 게이(岩佐銈) 7단 평

그러나 흑1·3과 같은 수가 이상한 착수라는 오명을 벗는 데에는 그리 오랜

시간이 필요하지 않았다.

계속된 실험을 통하여 이 한 수의 가치는 차츰 입증되기 시작하였으며, 결국 같은 해 일본 선수권전에서 우승하여 성사되었던 기념 대국에서 혼인보 슈사이 메이진(名人)에게 흑번으로 3·三, 화점, 천원을 차례로 두어 전 일본 바둑계를 경악케 했던 사실은 바둑인이라면 거의 알고 있는 사실일 것이다.

그 대국의 초반 흐름을 감상해 보는 것도 좋을 것이다. 기보 32가 그것이다.

이 바둑은 여러모로 화제가 되었던 일국으로 아마추어에게는 가슴이 뚫리는 듯한 신선한 감동을, 전문 바둑계에는 대국 진행방식의 제도적 필요성을 함께 불러일으켰으며 당시의 시대적 분위기로는 마치 중국과 일본의 국가대항전 성격을 띠게 된 바둑이었다고 전한다. 바둑계로만 생각해 보아도 이런 점은 이데올로기의 충돌과 같은 것이다.

참고로 흑21로는 A의 마늘모에 두는 것이 현디적인 감각일지도 모른다.

초기 바둑으로는 마지막으로, 신포석이 발표되기 직전의 기보중 눈길을 끄는 기보가 하나 있어 소개할까 한다.

기보 33의 백번 대각선 화점이다.

이 포진은 혼인보 슈와 시대를 거쳐 혼인보 슈사쿠가 혼인보 슈호에게 백번

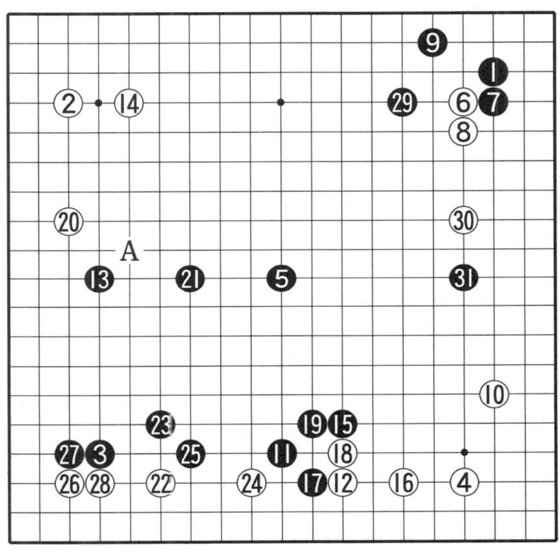

기보 32

으로 연구 실험한 포진이
며, 이 포진의 완성은 혼인
보 슈에이에 이르러 그 골
격이 만들어진 것으로 후세
의 평론가들은 진단한다.
(그러나, 흑번이든 백번이
든 화점의 원조는 혼인보
조와일 것이다.)

선생 자신도 백번의 포석
은 혼인보 슈에이의 기보로
연구했음을 밝힌 바 있다.
그러나 이 포진의 흐름도
흐름이지만, 눈길을 끈 것
은 이 기보에서도 현대에
보이고 있는 신형의 자취가
숨어있다는 것이다.

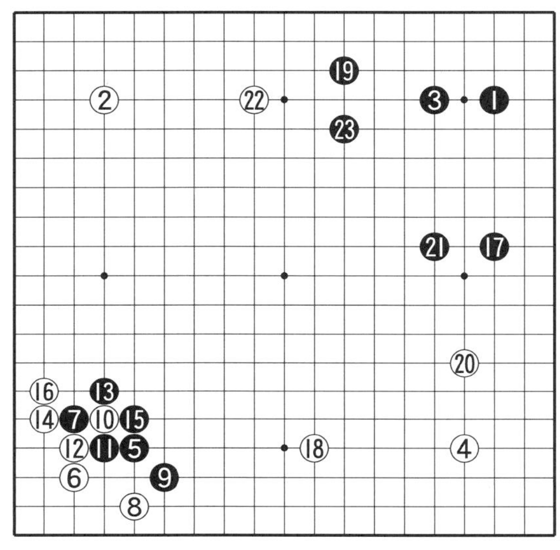

기보 33

그 수법은 진행도에서 보
기로 하고 우선 **기보 33**에서 우상을 중심으로 한 흑의 운석은 견실함이 지나
쳤다는 당시의 평이 있었다.

우상귀의 한칸 굳힘을 주축으로 변으로 너무 좁게 전개되어 6개씩이나 되는
돌이 구축하고 있는 진영의 폭이 좁아 중복된 감을 지울 수 없는 것이다. 현
대라면 이렇게 좁은 전개를 할 리는 없겠지만 당시의 흑번은 덤이 없는 관계
로 흑의 포석은 견실 위주의 구도가 주류였다. 그러한 흑번의 견실을 속도로
견제하려는 발상이 슈에이의 백번 대각선 화점포진이라 할 수 있는데, 이 기
보에서도 백의 흐름은 결국 상대 진영의 중복을 유도하는 진행이 되었다.

진행도 1은 중간과정이 생략된 것이지만 백돌의 배치와 흑돌의 배치를 보면
그간의 흐름을 유추할 수 있을 것이다.

진행도 1에서 흑1 이하 7까지의 형태는 현대에서도 흔히 볼 수 있는 상형이라 할 수 있다.

여기서 현대의 감각이라면 백은 어떤 수순을 밟을까.

아마도 **진행도 2**의 백8로 치받는 한 수일 것이다. 그리고 흑의 응수도 9로 받는 한 수가 될 것이다.

이후의 흐름은 다소의 견해차이가 있을 수 있겠지만, 현대적 감각으로도 결국 백이 16의 자리를 차지하여 흑의 견실함을 속도로 추격하는 진행이 될 수밖에 없을 것이다. 이렇게 백이 한발 앞서 전환할 수 있는 이유는 그 아이디어의 뿌리가 **진행도 1**의 흑1로 걸친 데 대해 백8이라는 현대적 수법을 미리 보아둔 것에 기인할 것이다. 물론 현대의 젊은 일류기사들이라면 처음부터 이런 식의 진행이 되었을 리 만무하겠지만….

선생을 말하게 되면 바둑의 혁명, 신포석을 말하지 않을 수 없다.

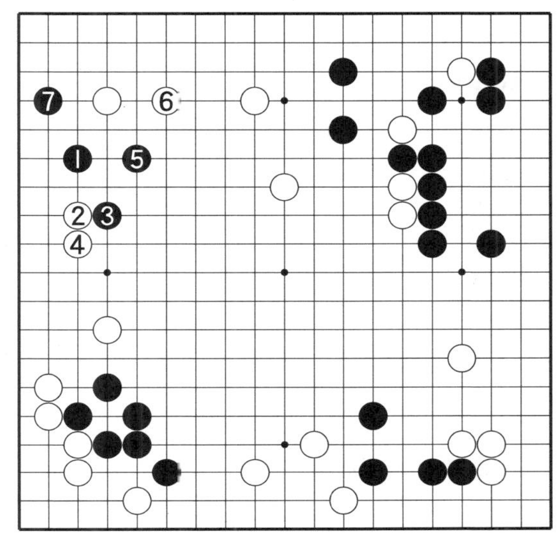

진행도 1

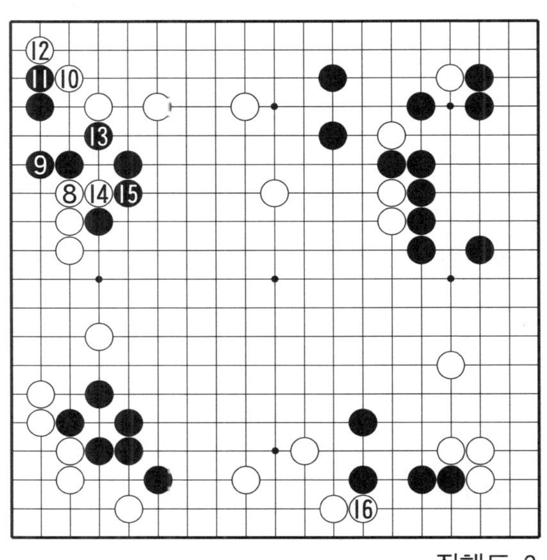

진행도 2

그리고 기타니 선생도 같이 말하지 않을 수 없다. 또 한 사람 야스나가 하지메(安永一) 선생. 신포석의 사고는 전술한 대로 이미 태동되고 있었으나 본격적인 개진이 시작된 것은 1933년 3월부터 시작된 양웅의 십번기중 제5국이 30수째 진행된 후 일시 중지되어 약 1개월의 공백기를 지나고 일어난 일이다.

지금까지의 평론이나 회고록을 통하여 알 수 있는 사실은 신슈(信州)의 지고꾸타니(地獄谷) 온천에서 의기투합한 양웅의 바둑관이 서로 전이(轉移)되어 생성된 결정체가 바로 신포석의 이론이다. 따라서 재개된 대국 31수 째의 삭감수단이 본격적인 신포석의 탄생을 알리는 첫 국, 첫 수의 신호탄인 셈이다. 그러나 정확히 말하면 신포석이 선풍적인 인기를 얻고 있었던 가을에는 아직 이론적 체계가 정립된 상태는 아닌 것으로 보여진다.

선생은 자신의 회고록 '이문회우(以文會友)'에서 신포석이 일반에게도 유포된 것은 야스나가 씨가 쓴 '위기의 혁명 신포석법'이 나온 다음부터임을 밝히고 있으며, 또한 3인이 그해 섣달 그믐날 기타니 선생 집에서 만나 밤새도록 숙론한 내용을 야스나가 선생이 정리하여 이론화시켰음도 인정하고 있다.

그러나 사실상 이 이론의 진수는 매우 추상적이어서 바둑뿐 아니라 바둑외적으로도 어지간한 지식인이 아니고는 이해가 쉽지 않은 것이 분명하다.

"선위(線位)의 기능에 입각하여 균형과 속도를 합리적으로 활용한다."는 신포석의 이론적 체계는 어쩌면 바둑의 전문가가 철학까지 섭렵하여 분석해도 일반 아마추어들을 이해시키기에는 부족할지 모른다. 어쩌면 여러 이론들을 보여줌으로써 스스로 추측케 하는 것이 더 확실할 지도 모르는 일이다.

예로부터 지식인들의 점유물은 시간이 흐를수록 점점 더 지식으로 무장되어 비지식인들의 접근을 권위로 차단해 온 것이 역사의 현실이었으며, 비지식인들의 혁명이란 그 시기만의 보복적 포만감으로 결국 지식의 부재와 함께 역사의 뒤로 명멸해 간 것도 엄연한 역사의 현실이었다. 어쩌면 선생이 설파한 '조화'의 의미가 적게는 자신의 바둑관을, 크게는 바둑이 가진 철저한 양면성에 비추어 기성 권위의 타파만이 아닌 일반 아마추어들의 각성도 함께 촉구하여 이 두 개의 모순적 사회현상을 조화롭게 공존시키려는 사명감이 내재된 것은 아니었을까? 아니 이 부분은 의문시할 일이 아니다.

선생의 여러 어록에 보이는 단순명료하고 평범한 견해에서 면면히, 그러나 신념에 가득 찬 침묵의 성음(聖音)을 분명 들을 수 있다. 모순의 공존이라는… 그러한 대목이 있는 어록을 한군데 들춰보기로 하자.

회고록 '以文會友'의 말미에 있는 '문무양도론(文武兩道論)'이라는 구절이다. 선생의 '문무양도론'에 의하면 선생이 천명한 바둑의 본질이 승부에 이르는 과정이었음을 상기할 때 승부와 과정이라는 두 개의 양면성에 대한 이해를 하지 않는 한 선생의 바둑관에 접근한다는 것은 불가능한 일이다. 선생은 여기서 모순의 공존을 말하고 있다.

"본시 승부를 다투는 일은 무도의 영역이다. 그런 뜻에서 바둑이나 장기도 무도에 속하며 치수고치기 십번기가 관전기 등에서 무예자(武藝者)의 진검승부(眞劍勝負)에 비유되는 것은 당연하리라. 그런데 예로부터 문무양도라 일컬어지듯 인간은 문과 무 양쪽의 조화가 필요하며, 승부일변도(勝負一邊道)라면 무에 기울어져 인격에 조화가 결여될 것이다. 내가 지금까지 바둑과 신앙을 두 개의 기둥으로 삼고 인생을 보낸 것은 기사로서 엄한 승부의 세계에서 무의 길을 걷는 한편으로 홍만(紅卍)의 종교사상이나 동양철학을 배우고 그것을 일생의 지침으로 삼음으로써 정신의 풍요를 길렀다. 나는 그와 같은 모양으로 문무양도를 걸어온 것이며 그 어느 쪽도 나로서는 필수불가결한 것이었다. 그러나 바둑은 승부라는 점에서는 무에 속하나, 승패에 그다지 구애받지 않고 바둑을 즐긴다, 또는 훌륭한 기보를 남긴다고 하는 것은 창조의 측면을 보면 아주 문화의 영역에 가까운 것이다.

도교(道敎)가 설파하는 바에 의하면 바둑판, 바둑돌의 발상은 천문을 관측하고 음양의 기를 점치는 도구였다고 하니까 바둑의 생장은 문화였다. 그런 만큼 바둑은 예술에도 가깝고 돌을 잡혀도 반드시 지는 것이 아니며 승부의 입김이 긴 점도 평화적이다. 이와 같은 바둑의 성격으로 보아 이것이 세계에 보급되고 국제교류가 성행하면 기필코 평화와 국제친선에 커다란 역할을 수행하리라 기대할 수 있겠다.…(중략) 나는 현역기사는 은퇴했지만 이제부터는 바독과 종교의 양면을 통하여 새로운 모양으로 세계평화를 위하여 이바지하고자 한다.”

과연 바둑의 승부와 종교의 평화라는 모순된 두 세계를 공존시켜 바둑의 본질을 ‘조화’라는 자신의 바둑관에 담아 소유함으로써 현대 바둑의 몸체를 완성시킨 위대한 선각자의 전음(轉音)이 아닐 수 없다. ‘본질을 소유한다’는 깨달음의 경지. 이것은 결국 불법(佛法)이 말하는 만다라(曼茶羅, mandala)의 경지가 아니던가?

종교에 대하여

바둑공부에 전념하던 1931년 가을, 선생의 일생에서 운명적이라고 말할 수 있는 종교적 스승을 만나는 시기가 있었음을 회고록은 전하고 있다.

사이온지 킹타케(西園寺公毅). 기타니 선생의 소개로 만나게 되는 이 인물에 대해 회고록에도 일련종(日蓮宗)의 한 유파였다는 정도 외에 자세한 언급은 없다. 그러나 만약 이 회우(會友)를 운명적 관점에서 본다면 선생의 일생을 관철하게 되는 모든 정신의 진원이 여기에서부터 비롯되었음을 부인하기 어렵게 된다. 선생의 회고에 의하면 이때부터 선생은 이른바 기타니 선생과의 신 포석 구상을 거의 그의 집에서 같이 했으며 바둑인생의 정신적 기둥인 종교와 신앙에도 깊은 관심을 갖게 되었다는 것이다. 물론 선생의 일생에 기타니 선생과의 운명적 만남이 이러한 會友를 만든 것이겠지만.

그리고 이 정신적 스승이 서거(逝去)한 그 해 1935년 10월 1일 선생이 접령(接靈)의 상태를 경험하고 홍만(紅卍)에 입신(立身)하기 위해 단신 텐진(天津)으로 향한 일화는 너무도 유명하다. 또한 이 시기 선생이 바둑이 아닌 종교의 공부에 전념하였음을 술회하고 있는 것을 보면, 이듬해 1936년 여름에 무리한 대국으로 건강을 해쳐 약 2년간을 요양하게 되는 그 기간 어쩌면 선생은 신앙의 도움으로 바둑의 정신을 명경(明鏡)처럼 닦을 수 있는 시간을 얻었는지도 모른다. 그리고 1년간의 회복기를 거쳐 선생이 바둑계에 다시 등장하는

1939년 9월 그간의 충전된 기량을 볼 수 있는 첫 대국이 기다리고 있었다.

그 유명한 가마쿠라(鎌倉) 십번기이다. 상대도 병세가 호전되기를 마치 기다렸다는 듯 기타니 선생. 참으로 운명적이다.

이 대국은 결국 선생의 5승 1패로 칫수가 고쳐지게 되는데, 이후 양웅은 재대결의 기회를 갖지 못한 채 한 사람은 끝없이 비상(飛翔)하고 한 사람은 일본 제일의 바둑도장을 만드는 대역사(大役事)를 맡게 된다.

이로부터 1956년 다카가와 혼인보와의 10번기를 마지막으로 18년간은 선생이 기성(棋聖)으로 세인에게 공증받게 되는 기간이다.

쇼와(昭和)의 마지막 쟁기라 할 수 있는, 치수고치기 십번기라는 이름의 마지막 진검 승부로.

다만 이 시기의 사회적 여건으로 인하여 홍만의 종교활동을 할 수 없게 되자 선생은 홍만과 비슷한 새우(璽宇)에 몸담게 되고, 급기야 1944년부터 종교의 변질을 알면서도 1948년 12월 교조 새광존(璽光尊)과 결별할 때까지 약 4년간의 종교적 방황을 하게 된다. 이런 파란의 기간이 있음으로 인해 선생의 인생에서 바둑외적인 부분으로 후학들에게 각인되어 있는 사실이 종교관이라는 확신을 가지게 하는 것이다.

알려진 바와 같이 선생에게 있어 종교는 바둑과 더불어 선생의 가치관을 형성하는데 대단히 큰 영향을 주었다. 그런데 이 점에 있어서 선생의 종교관은 신앙의 형태에 확실한 일관성을 가지고 있는 것으로 보여진다. 선생이 한때 새우교(璽宇敎)에서 새광존(璽光尊)을 따랐다그 해서 처음과 현재의 신앙인 홍만(紅卍)의 본질을 바꿔 개종했던 것은 아니기 때문이다. 새우교가 종교의 속성을 변질시키면서 선생과 결별하게 되었던 사실이 이를 증명하는 것이다.

자신의 정신 깊이 자리잡고 있는 투철한 종교관이 변질된 종교의 맹신과 맹종을 거부한 것으로 보아도 좋을 것이다. 선생은 새광존과 4년간의 신앙 생활을 청산하는 과정에서도 그의 신랄했던 훈겨에 대해 자신의 자만심을 반성케 했으며 자신을 보다 깊이 알 수 있었음을 고갑게 생각한다고 회고록에서 밝히고 있다. 분명한 자기성찰이 종교적 정진에서 비롯되었음을 확신할 수 있는 대목이다.

본래 harmony라는 말속에는 '일치한다'라는 뜻이 있으며 consistency라는 말속에는 '조화'라는 뜻이 있다. 이러한 선생의 일관성은 선생의 바둑관을 이해하는데 대단히 중요한 단서가 된다.

이번에는 '과정'이라는 화두(話頭)를 생각해보기로 하자.

선생이 '바둑의 원리는 조화', '바둑의 본질은 승부에 이르는 과정'이라는 신념을 1974년 자신의 전집간행에 맞추어 공식적으로 천명한 지도 어느덧 25년이 흘렀다. 그리고 '조화'가 전술한 것처럼 '승부와 과정'이라는 모순의 공존을 의미하는 것은 확신하고 있지만, 과연 선생의 '과정'은 바둑에서 어떻게 구현되는 것일까? 알 듯 알듯하면서도 가슴에 화살이 꽂히듯 선명한 자각을 주지 못하는 이 화두(話頭)의 일각(一脚)은 무엇일까.

느낄 수 있는 것은 선생이 천명한 '과정'도 그 농밀(濃密)함에 있어 적어도 process의 개념보다는 광심(廣深)함이 분명하다는 것이다. 마치 종교와 religion이 다른 것처럼.

이러한 확신을 가지고 선생의 800여 국에 달하는 기보와 회고록, 또 그를 옆에서 이 날까지 바라보던 많은 사람들의 논평, 이런 사실들을 면면히 분석하던 중 선생이 다른 기사와 크게 대비되는 점이 있음을 발견할 수 있었다.

그것은 바로 선생의 기보와 더불어 그의 인생관 심저(深底)에 도도히 흐르고 있는 하나의 함축된 일관성(consistency)이었다.

많은 기사들의 회고에 비추어 명인의 반열에 오르는 동안 겪는 경험적 굴곡이 필수적이었음은 누구나 다 스스로 인정하는 것이다.

그런데 유독 선생의 바둑과 인생에서 그러한 점을 발견할 수 없음은 무슨 이유일까. 같은 시기에 신포석을 공동으로 연구했던 기타니 미노루(木谷 實) 선생이 깊은 수읽기를 바탕으로 한 역전형에서 저위의 견실로, 다시 대모양의 세력지향형으로 변신했다가 다시 극단적 실리지향으로 탈바꿈한 후 마지막으로 실리와 세력의 균형잡힌 바둑을 완성하기까지 무려 네 번의 굴곡을 겪었음에도 불구하고, 선생의 바둑은 다소 거칠거나 매끄러운 차이만 보일 뿐(기실

이런 부분은 수법상의 문제일 뿐 본질은 아닐 것이다) 시종여일(始終如一)했다는 것이다. 물론 바둑관과 그것의 일관성이 기사의 재능과 무슨 관계인가 하고 반문한다면 이에 명쾌하게 고증할 답변자료는 없다. 그러나 예를 들어 5, 60년대에 걸쳐 일본 최강의 기사로 군림했던 사카다 에이오(坂田榮男) 9단이 스스로 자신의 바둑이 변모한 과정을 피력한 내용을 보면, "바둑은 균형의 게임이다. 한참 혈기왕성할 때는 빠르게 전환하여 먼저 챙기고 수습의 묘수로 상대를 경악시켜 '수습의 사카다'라는 별명을 얻은 적도 있었지만 상대의 강완에 대마가 횡사하거나 체력이 떨어지는 후반에 극단적 패배를 당하기도 했다. 뻔히 알면서도 위험을 범한다는 것은 정도가 아닐 것이다. 주관이 고집이 되는 경우는 편협을 피할 수 없어, 역시 바둑은 조화에 있음을 통감하게 된다."라고 한 구절이 있다.

그처럼 강했던 기사의 입에서 자신의 전성기 시절 바둑이 사실은 극히 위험한 것이었다고 솔직히 고백하는데 이르러서는 더 이상 무슨 말이 필요할 것인가. 확실히 사카다 9단의 바둑은 그것만으로 적어도 한번의 굴곡을 겪은 것이다. 굴곡이란 바둑관의 변화를 의미한다. 그리고 바둑관의 변화란 곧 바둑에의 정진을 의미하는 것이다. 그렇다면 굴곡이 보이지 않는 선생의 바둑관은 정진이 결여된 것일까. 본질적으로 바둑도 사람의 일인지라 바둑의 무수한 승패의 결과에 의해서도 굴곡은 만들어질 수 있으며, 바둑 외적인 요인에 의해서도 굴곡은 만들어질 수 있을 것이다. 가령 자주 지게 되면 승리를 얻기 위해 자기 바둑의 변화를 꾀하려 할 것이 분명하며 심리적인 동요로 잦은 실수를 한다면 스스로 반성하여 성격적인 자기 변신을 시도할 것이다.

그렇다면 과연 선생의 정진이란 다른 종류의 것이었을까. 그럴 리는 없다. 그렇다면 무엇이 원인일까. 일관성? 아마도 그럴 것이다.

가치관의 신념이 투철하면 달리 변신을 할 이유가 없게 되며 오히려 그 신념을 더욱 강건히 다져 정신적으로 승화시키게 될 것이다. 바로 이것이었을 것이다.

선생의 이러한 일관성은 '자유'라는 이념적 가치관과 접합되어 그 빛을 더

발하게 된다. 앞서 말했듯이 선생 자신이 일본에서 가장 열심히 공부한 기간은 1929년부터 1932년이었으며 공부의 방법으로 흑번은 슈사쿠의 기보를, 백번은 슈에이의 기보를 주로 연구한 것이다. 그리고 그 이후에는 종교공부에 시간을 할애하였다고 말한 바 있다. 선생의 인품으로 미루어 결코 거짓이 없다고 단언한다면 이러한 공부의 방법은 현대의 기사들이 선택해도 좋을 만한 충분한 근거가 되며 실제로도 수많은 기사들이 이 방법을 선택해 온 것으로 알고 있다. 그러나 선생의 종교공부란 도대체 바둑과 무슨 관련이 있다는 말인가. 종교를 공부하지 않으면 바둑의 깊이에 한계가 있다는 뜻인가? 이러한 의문에 여러분은 어떻게 생각하는지? 불행히도 선생은 자신의 성장과정만을 피력했을 뿐 공부의 본질에는 함구하고 있다. 후학들의 의문이 이토록 절망의 늪으로 가라앉고 있는데… 과연 그럴까? 과연 선생은 함구한 것일까?

아니다. 선생은 결코 화두(話頭)를 던진 것이 아니다. 선생은 자신의 공부방법을 그대로 던져준 것이다. 그리고 그것은 바로 '자유'라는 것이다. 어떤 방법을 통하든 자유로와야 한다는 것이다.

선생 자신이 자유롭게 선철의 기보를 선택하여 공부한 것처럼, 또 선생 자신이 자유롭게 자신의 종교를 선택하여 공부한 것처럼.

슈사쿠의 기보를 놓아보든 슈에이의 기보를 놓아보든 새광존(璽光尊)을 믿든 홍만(紅卍)을 믿든 그것은 자신의 자유로 선택한 것이지 그 자체를 따라 공부하라는 뜻이 결코 아닌 것이다.

비단 바둑이 아니더라도 이러한 사고의 자유가 없다면 어떠한 창조의 발상도 없으며 발전도 기대할 수 없을 것이다.

물론 '자유'라는 개념의 이면에 '절제'와 '정진'이라는 서릿발같은 과정이 함축되어있음을 간과하는 것은 언어도단이겠지만….

선생이 린하이펑(林海峰) 9단의 어린 시절, 그의 도일 유학에 관한 준엄한 한마디로도 선생의 바둑관을 엿볼 수 있다.

"스승을 찾아 바둑을 배우려 일본에 오려면 오지 않는 것이 좋다. 스승은 제자가 공부할 수 있도록 보살펴 주는 것일 뿐 공부는 스스로 하는 것이다."

'조화'라는 이름의 바둑관

선생의 대국보에서 현대바둑의 발전된 사고를 자주 발견하게 되는 것은 이제 더 이상 흥미있는 일이 못된다. 다만 경이로울 뿐.

그러므로 이러한 자료는 이제 검증의 차원을 달리하는 수밖에는 없을 것이다. 기존의 틀에 박힌 단순한 관찰로 이 천저의 광대무변한 사고의 영역에 접근한다는 것은 치기만만한 무례의 도를 넘어 통찰의 바다를 무지의 다리로 유영하는 것이나 다를 바 없다.

'목숨을 걸고 둔다'는 조치훈의 철학이 승부사의 좌우명처럼 되었지만 그 이전에 불꽃과도 같았던 사카다 에이오(坂田榮男) 9단의 귀기스런 자세에도 그것은 이미 있었던 것이다. 다만 이 두 승부사의 승부관이 선생과 다른 점이 있다면, 세습적 관행의 바둑계가 지녔던 속성으로 죽음을 불사한 승부가 엄연히 존재했던 그 시대의 명멸이 다가오던 마지막 순간에 십번기(十番棋)라는 이름의 쟁기로 바둑사의 대미에 종지부를 찍은 인물이라는 점이다. 그러나 선생이 이것으로 시대의 명멸과 동반했다면 아마도 강자라는 이름으로만 남아있을지도 모르는 일이다. 선생의 가르침이 새로운 강자들의 출현과 천재의 등장으로 바둑의 흐름이 바뀌고 세기가 바뀌어 가는 현실 속에서도 홀로 태산처럼 우뚝 서있는 이유는 죽음을 각오한 승부의 이면에서 새로운 바둑의 원리를 끄집어내어 '조화'라는 자유의 정신으로 승화시킨 데 있다.

1974년 신춘 전집간행을 마친 소감의 내용을 간략히 소개하겠다.

"나로서 바둑은 곧 우주였습니다. 나는 바둑과 함께 성장을 하고 바둑 속에서 인간과 그 사회에 접해 왔습니다. 나는 바둑을 통하여 지기를 얻었고 나의 전 생활은 361로의 반상에 펼쳐지는 음양(흑백)의 전개 속에서 형성되었습니다.…(중략) 세상에서는 내가 많은 신수를 창조했다고 말하기도 합니다. 사실 몇 가지 정석은 나의 창작에서 나온 것이고 혹은 종래에 상식으로 통하던 것이 나의 의견으로 뒤집힌 일도 있습니다. 특히 기타니씨와 합작으로 이루어진 '신포석법'은 매우 신기한 까닭으로 일세의 관심을 끌기도 했습니다. 그러나 당시의 내 심경을 말하면 일부러 신기를 추구하려는 게 아니고, 구형에 속박됨이 없이 바둑의 진리를 추구하자는 데에 있었을 따름입니다. 그 후 내가 도달하여 현재도 그대로 품고 있는 신념은 '바둑의 원리는 조화이다'라는 한마디에 그칩니다. 승패를 전혀 무시한다는 것은 아닙니다마는 바둑의 본질은 어디까지나 승패에 이르는 과정에 있을 것입니다.…"

이제 바둑인이 꼭 알아야 할 일은 선생이 시도했던 수많은 실험의 끝을 우리가 아직도 다 열어보지 못했다는 것이며, 따라서 십분의 일도 채 이해하지 못하고 있을지도 모른다는 점이다.

선생의 관념 곳곳에는 창의란 독존이 아니며 독자 생성되는 것이 아님을 면면히 보여주고 있다. 이 관념은 단순한 겸허를 떠나 수많은 원리와 진리를 발견한 선각자들에게서 나타나는 계승적 사고의 단면이다. 적어도 범인이 보지 못한 것을 본 것이 자력의 소산이 아닌 '거인의 어깨' 위였기 때문에 가능했다는 사실을 겸허히 인정하고 있는 것이다. 구형에 속박되지 않으려는 자유로운 사고의 발상은 결코 선철을 오도하려는 것이 아니다. 그저 바둑은 원래 있는 것이므로 그것이 가진 물성을 통찰하기 위한 구도자적 자세일 뿐인 것이다.

일본의 바둑평론가이며 '위기백과사전'의 저자인 하야시 유다가(林裕) 선생이 어느 바둑잡지에 '도사쿠, 슈사쿠, 우칭위엔'이라는 글을 기고한 적이 있는데 글의 내용의 핵심은 이런 것이었다 한다.

"슈사쿠 이후 明治・大正(1868~1926) 시대에도 슈호, 슈에이, 슈사이같은 거장이 나왔지만 우칭위엔이야말로 150년래의 천재라고 생각한다. 현대기계(현대의 기예라고 보아도 좋을 것 같다.)는 대단히 현란(絢爛)하여 예전의 명인, 상수를 둘러싼 기사들보다 수준이 높다. 우칭위엔은 그 수준에서 단연 두각을 나타낸 것이다.(사실 당시 우칭위엔의 존재는 단연 압권이었다.) 그리고 가장 큰 매력은 그 풍부한 독창성이다. 우칭위엔의 매력은 바로 그 풍부한 독창성에 있다."

노벨문학상 수상작가로 너무도 저명한 가와바타 야스나리(川端康成) 선생도 평론에, 기성의 존재를 함축하여 피력한 바 있다. "그는 동양정신의 정수(精

髓)이다. 나는 그처럼 순결(純潔)한 예술가를 본 일이 없다."

동양정신의 정수. 과연 문단의 거장다운 필치가 아닐 수 없다.

이 거장은 승부의 세계에 몸담은 바둑의 성인을 예술의 관점에서 바라보고 있는 것이다. 어쩌면 이 말은 책 한 권의 내용을 이 한 마디로 함축하고 있다고 보아도 좋으리라. 순결한 예술가라는 평을 받을 수 있는 기사는 오직 우칭 위엔 단 한 사람일 것이다.

선생의 말처럼 바둑을 승부와는 별개의 관점에서 하나의 자연현상으로 본다면 어떨까. 20세기 말에 와서 일본의 바둑사를 바꾼 조치훈 9단이 선생의 바둑에 대해 이런 말을 했다고 한다.

"오선생의 진수는 한마디로 자유의 정신입니다."

이 한마디는 과연 조치훈 9단다운 통찰일 것이다. 다만 그 자유가 무엇을 의미하는지, 바둑이라는 하나의 조건에서 형성될 수 있는 자유란 무엇이 집약되고 함축된 언어인지 그것을 느끼고 인식하는 것은 독자의 몫일 수밖에 없을 것이다. 바둑을, 바둑의 물성을 깨닫기 전에는 접근하기 어려운 이러한 언어를 조금 더 가까이 다가갈 수는 없는 것일까. 선생의 자유란 freedom을 의미하는 것일까. 아니면 liberty를 의미하는 것일까. 아니면 또 다른 것일까.

선생의 모든 사고가 이원적 양면성을 공유하고 있다는 것을 앞서 말한 바 있을 것이다. 그렇다면 조치훈 9단이 말한 자유를, 바둑을 하나의 자연적 현상으로 볼 수 있는 선생의 바둑관에서 찾아본다면 어떨까. 자연적 현상이란 글자그대로 우리가 모든 만물을 보고 느끼는 그런 것이다. 그러나 우리가 자연에서 일어나는 무수한 일들을 관찰하면서도 그것에서 인류사에 남을 만한 위대한 원리를 발견하는 것은 결코 쉬운 일이 아니었음을 우리는 잘 알고 있다. 한 개의 사과가 떨어지는 자연현상에서 f=ma라는 뉴튼의 공식이 도출되기 전까지, 셀 수도 없는 수많은 사과가 인류의 눈앞에서 떨어졌을 것이며 지금도 떨어지고 있으며 앞으로도 떨어질 것이다.

자연현상이란 이런 것이다. 일찌기 선대의 선각자들이 갈파한 것처럼 진리란 숨어있는 것이 아니었다. 다만 찾지 못했을 뿐.

'조화'라는 이름의 바둑관　249

선생은 이러한 바둑의 원리를 바둑의 자연적 현상이라는 관점에서 발견하고 있는 것이다. 우리는 그것을 창조라는 발명적 관점의 언어로 표현하는 그것이 다를 뿐이다. 조치훈 9단도 이러한 창조의 관점에서 선생의 자유를 표현한 것은 아닐까.

틀에 박히지 않은 사고의 자유가 언제나 창조라는 문화적 산물을 얻어냈다고 생각했기 때문에, 우리는 그 자유를 창조적 자유로 알고 있는 것이지만, 실제로 이러한 자유는 발견적 자유라 해야 옳을 것이다. 굳이 말하자면 수식어조차 필요없는 글자그대로의 절대적 자유(freedom)가 창조를 잉태하는 것이며, 기존의 틀이라거나 기득권층의 고식한 관점 따위의 억압된 조건을 뛰어넘는 사고의 자유(liberty)는 무수한 자연현상 속에서 그것의 원리를 발견하는 안목을 가지게 하는 것이다. 선생의 바둑관에서 볼 때, 바둑에서의 창조란 어쩌면 아예 없는 것일지도 모른다.

더 나아가서 승부라는 말조차도 모습은 인위적인 것처럼 보이지만 그 이면은 자연적 현상의 범주에 속한 것일지도 모르는 일이다.

승부를 겨루는 두 사람의 심리속에 이기고 싶다는 욕망(desire)과 이겨야겠다는 의지(will)가 있어도 이길 수 있는 능력(ability)이나 이기거나 지는 현상(appearance)은 별개의 것이기 때문에.

자, 이쯤에서 사고의 자유가 바둑에서 어떻게 구현되었는지 앞에서 보았던 기보 3과 기보 5를 다시 음미해 보기 바란다.

두 기보는 공통점이 있다. 무엇이었을까.

그것은 초반전의 명쾌한 사석작전이다. 대개의 사석작전이 봉쇄의 수단으로 활용되는 점과 비교할 때, 사석작전이라고 보기에는 조금 이상할 지도 모르겠다. 그렇다면 생소한 말이 되겠지만 다른 이름을 붙여보는 것도 괜찮을 것이다. 전환전술(轉換戰術)이 어떨까.

우리는 바둑을 두면서 흔히 손뺀다는 말을 자주 사용한다. 손뺀다는 말은 바둑을 한 수 안 둔다는 뜻이 아니고, 지금 두는 곳에서 떨어진 다른 곳에 둔다는 말이다. 말하자면 손빼기는 한 곳의 보류를 통한 다른 곳에의 전환인 셈이다. 이와 같은 선생의 전환전술은 변신과 완급의 극치를 보여주고 있다.

요석과 폐석을 구분하는 과정에서 절대적 가치가 존재하지 않는다는 것, 부분적 정석의 선악도 전체의 흐름에 의해 결정된다는 것 등 이러한 원리가 그것인데, 그 차원의 정도가 여타의 다른 기사와는 근본적으로 차이가 있는 것이다. 우리는 아직까지도 이런 정도의 자유르운 바둑을 구경하기 힘들다고 보아도 좋다.

현대적 관점에서 초반전술이 개발되는 것은 거의가 암기해야 하는 것들 뿐이며, 또한 그 생명력이 극히 짧다. 이렇듯 유한한 수법들이 개발되어야 하는 바둑계의 현실이 나름대로의 이유가 없는 것은 아니겠지만, 결코 바람직한 현상은 아니라고 본다.

결국 전문기사를 지망하는 어린 인재들도 이런 것을 암기위주로 답습하고 배우는 현상을 초래하기 때문이다.

적어도 자칭이거나 타칭이거나를 막론하그, 선각자라는 위치의 자격자에게 부여되는 책임에는 조건적 책임(liability)은 없더라도 무조건적인 책임(responsibility)은 있게 마련이며, 그 의무 또한 법적 구속력을 가진 의무(obligation)는 아니더라도 도덕적 의무(duty)는 마땅히 가지고 있다고 보아야 할 것이다.

각설하고, 선생의 이와 같은 능력을 일찍이 기타니 도장의 맏형이자 소사부(小師父)인 오다케 히데오(大竹英雄) 9단은 '바둑판을 축소시키는 능력'이라고 말한 바 있는데 참으로 미(美)의 역학적 관점에서 판단한 예리한 통찰력이 아닐 수 없다. 바둑판을 단순화시킬 수 있다는 것은 도형을 축약시킬 수 있다는 것이며, 이러한 능력은 한마디로 축형력(縮形力, figured reduction ability)이라 볼 수 있다.

얼마나 단순하며 명쾌한가. 보면 볼수록 단순한 실체.

그러나… 알아보면 알아볼수록 베일속의 환영(幻影)과 같은 느낌을 받게 되는 것은 어찌된 일인가. 그토록 단순하며 명쾌한 이 사실이 파고들수록 안개 속을 걸어가고 있다는 이 느낌은.

이 느낌에 관하여 당시의 관전기에 기록된 하나의 이야기를 소개하겠다. 1954년 5월 23일부터 24일에 걸친 선생과 사카다 에이오(坂田榮男) 9단과의 요미우리신문 주최 치수고치기 십번기 제7국의 관전기에서 당시의 관전 필자인 覆面子의 관전기록이다.

"谷川岳이라는 언덕이 있다. 얼른 보기엔 평범해서 나막신을 신고도 오를 것 같은데 실은 조난자가 끊이지 않기로 유명한 곳. 그런데 이 십번기에서 우칭위엔이 바로 그런 존재라는 생각이 든다. 앞서의 6번기에서 4승 1빅 1패라는 대단한 성적을 올린바 있는 사카다지만 제대로 갖추지는 못할 망정 구두끈이라도 단단히 매었어야 했는데, 그것을 게을리하고 산에 올랐기 때문에 제6국에서는 안개에 싸여 인사불성이 되어버린 거나 다를 바 없이 되었다."

한국의 바둑계에는 두 기사를 지칭하여 흔히 사용되는 말이 있었고 지금도 있다. 조훈현 9단과 같은 천재 기사와 그의 제자이며 현대바둑계의 세계 최강이라는 이창호 9단. 이 두 기사를 두고 세월의 격차가 있지만 "왜 그 기사를 만나면 힘을 전혀 쓸 수 없는가?"에 대한 대답이다. "당신도 당해 보라."는 말이 그것이다. 이 말은 아마도 "그들과 직접 바둑판을 사이에 두고 그 엄청난 기량과 부딪쳐 보지 않으면 아픔을 느낄 수 없다."라는 뜻일 것이다.

그러나 이러한 말은 이제 사장(死藏)시켜도 좋을 만큼 진부한 말이라고 확신해도 좋다. 바둑계에도 경험적 가치관이 지배하던 시대는 막을 내리고 있기 때문이다. 정보가 부재하던 시대의 문화적 유산은 역사적 가치는 있을지언정 모조리 답습할 필요는 없는 법이다.

바둑의 모든 정보가 지구촌 곳곳을 누비는 만국 공용의 시대에 아직도 경험할 수 없는 정보는 없다고 보아도 무방하며, 그 타성이 계속 지배하리라 생각하는 것은 고루(固陋)한 사고방식에 불과하다.

견문이 넓지 못한 것은 모두 누구의 탓도 아닌 자신의 탓이며, 정보에 대한 분석이 부족한 것도 자기 정진의 결여로 인한 나태의 소산일 뿐 사회가 속박한 부조리의 결과는 결코 아닌 것이다.

선생에 대해 마치 막고사의 산(藐姑射山…莊子 寓言 逍遙遊篇)을 비유하는 듯한 다카가와(高川格) 9단의 품평에서 선생의 무애(無厓)와 다카가와 9단의 깊은 통찰력을 느껴 보기 바란다.

"함께 사인회에 출석했을 때 오씨의 앞은 문전성시여서 당연하겠거니 하고 물끄러미 바라보다가 깜짝 놀랐다. 오씨는 상대의 이름을 듣자, 그 이름에서 글자 하나를 따서 중국의 고사성어를 즉석에서 써주는 것이었다. 이런 사람과 바둑을 두니 이긴다는 게 예사가 아니구나 라는 생각이 들었다."

다카가와 9단의 탄복. 이 경이로움은 바둑과 직접적인 것이 아니다. 실제로 선생의 지인들이 말하는 바로도 선생의 학식은 사서오경(四書五經)을 모두 암송하는 수준이라 말하고 있지만, 바둑인으로서 바둑외적인 소양을 바둑과 연관하여 기량의 깊이를 헤아리기는 쉽지 않은 일이다. 그러나 다카가와 9단은 이러한 관점에서 선생의 깊이를 측정하고 있는 것이다. 직접 부딪쳐 보지 않고도 외적 관찰로 내적 깊이를 통찰하는 것. 바로 이것이 바둑관인 것이다. 다시 말해 당해보지 않고도 알 수 있는 것이 뛰어난 능력이며 이것은 또한 부단히 정진한 자에게만 주어지는 신의 선물이다.

다카가와 9단의 이러한 보이지 않는 능력이 혼인보 9연패라는 위업을 쌓게 된 내적 동기가 되었음을 부인할 필요가 있을까. 그리고 1968년 제7기 명인전에서, 자신의 혼인보 10연패를 저지한 숙적 사카다 9단을 마지막으로 꺾고 도전자가 되어, 사카다 9단의 아성을 무너뜨린 린하이펑(林海峰) 9단에게 명인위를 탈취하는 놀라운 저력에서 앞서 말한 내적 동기를 부여한다면 과연 지나친 비약일까. 이때 그의 나이 53세. 독자 여러분도 이러한 부분에 대해 자신만의 바둑관으로 넉넉히 판단할 수 있을 것이다.

기력이 쇠진하고 집중력이 현저하게 떨어지는 50대의 박력. 이러한 저력을 세상에 보여준 기사는 지금까지 불과 10명도 되지 않는다는 사실이 이를 충분히 입증해 주고도 남기 때문이다.

작전적 기동(機動)

선생의 포석관을 보면 신포석의 수많은 실험의 과정을 거쳐 하나의 중대한 결론을 내리는 시점이 발견되는데, 시기적으로는 다른 기사들이 아직도 온통 신포석의 열기에 휩싸여 있던 1935년 7월쯤이 아닌가 생각된다. 선생의 포석관에서 중대한 결론이란 다름아닌 2연성의 포진이다.

그 이전의 신포석 시기에는 3연성을 제외하고 나면 사실상 고목, 외목, 심지어 대고목 등의 다양한 시도로 이루어진 기보가 거의 전부

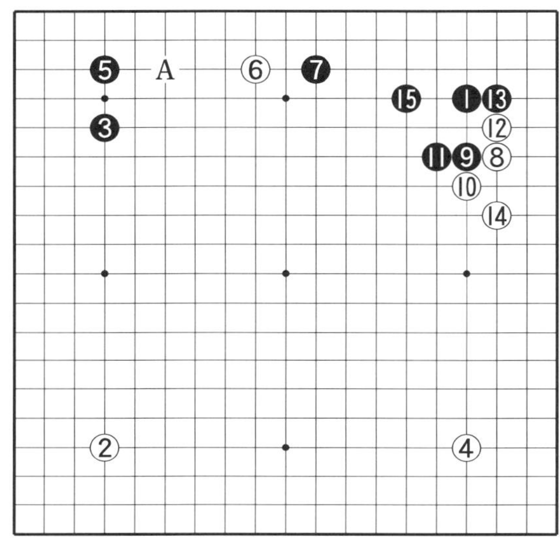

기보 34

이며, 패국도 상당히 기록되어 있다. 그러나 그러한 패국이 있었음에도 성적이 발군이었던 점은 부인할 수 없는 사실이다.

선생의 2연성은 백번으로 재개되었다. 신포석의 혼란기를 거쳐 선생은 같은 해 12월까지 6개월 동안 이 포진을 다시 실험하고 있다.

그 첫 대국이 바로 **기보 34**이다.

백6의 갈라침에 흑7로 다가서도 선생은 A로 자리잡지 않고 태연히 백8쪽으로 걸쳐간다. 바로 이러한 부분이 우칭위엔류의 백미다.

이러한 발상은 감각만으로는 해결되지 않는다. 이것은 어디까지나 논리적 해석이며 합리적 운용의 징표가 되는 것이다.

선생의 사고에 의하면, 백6은 흑 진영의 완성을 방해한 하나의 활용이며, 흑 진영의 중복을 유도하는 일관된 초반전술일 것이다. 도사쿠의 중복유도와 비교할 때 유사한 점이 없는 것은 아니지만, 드사쿠가 형태에서 출발된 중복이었다면, 선생은 바둑의 시작부터 포진 전체를 중복시키는, 쉽게 말해 한 걸음 더 발전된 작전적(operational) 성격을 띠는 것이다.

작전이란 전술보다는 그 성격이 대규모이며 한 단계 높은 운영방식이다. 현대의 군사전략학에서도 전략(strategy)과 전술(tactics)사이에 작전전략(operational strategy – 그냥 작전이라고도 한다)이라는 용병운영체계가 독립된 분야로 존재하고 있음을 분명히 하고 있다.

의심스럽다면 **진행도**를 보면서 음미하기 바란다. 백은 애초의 의도를 관철하기 위해 백16으로 붙여 진영의 중복을 강요하고 있다.

흑17의 반발에 교묘하게 변신하여 백36까지 바꿔치기로 대응하고 있는 것을 보라. 흑은 다시 우상귀와 상변에 편재되고 있는 것이다.

왜 이런 같은 현상이 자주 발생함에도 선생과 대국하면 다시 재현되는 것일까. 이 점은 의문시할 일도 불가사의한 일도 아니다. 이미 도사쿠 시절에도 형태의 중복이 비일비재한 현상이었지만 아무도 그 현상을 뛰어넘지 못했다. 이러한 현상의 주된 요인은 결과의 판단에 대한 오류일 뿐이며 대국관의 차이겠지만, 더 나아가서는 결국 바둑관의 차이가 되는 것이다. 옳다고 생각되는 사고가 계속 반복되는 것은 인간의 속성

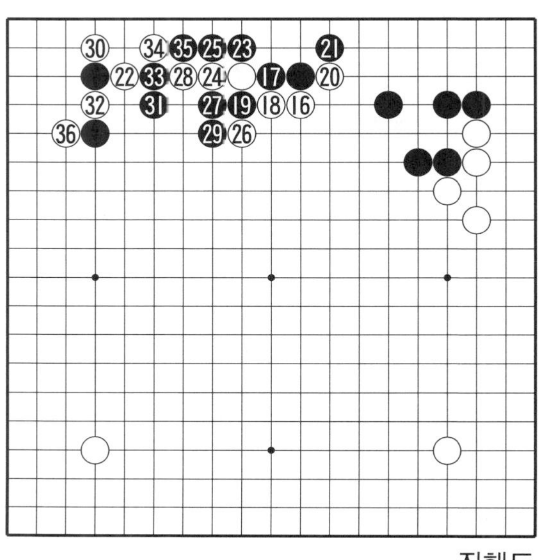

진행도

상 지극히 당연한 것이다.

선생의 2연성은 확실히 이 시기를 거쳐 확신의 단계로 접어든다.

그리고 이 포진은 1936년을 기점으로 1950년부터 1953년 사이에 다소의 변화를 보이기는 했으나, 이 시기까지 무려 18년간을 무적의 흑번 2연성이라는 신화를 남기게 되며, (1954년부터는 소목의 포진이 자주 등장하며 다시 슈사쿠류의 견실한 1·3·5 포석 등으로 회귀하게 되는데, 1961년 잠깐 흑번 2연성이 등장하기도 하지만 이 해를 그 전후로 현대의 모든 아마추어들이 배웠던 포석의 형태가 모두 등장한다. 참고로 이 해 8월에 선생은 운명적인 오토바이사고를 당했다.) 백번 2연성은, 빠른 승단으로 백번이 많아짐에 따라 추격하는 상대 기사들의 흑번 2연성에 대응하여 다양한 실험을 거쳐 향소목이라는 포진으로 변화하게 된다.

선생의 백번에는 독보적인 두 가지의 취향이 있다. 그 하나는 흑의 소목에 두 칸 높이 걸쳐가 손을 빼는 취향이고, 다른 하나는 소목에서 눈목자로 수비하는 취향이다. 이 두 가지의 취향 중 전자는 선생의 21세기 포석에도 일관성 있게 주장되고 있는 것으로 보아 확실한 근거가 있다고 보아야 할 것 같다.

그보다 앞서 이해가 필요한 부분은 21세기 포석이란 무엇인지 그 의미이다. 그러나 중요한 것은 21세기의 포석이라는 명제도 21세기에는 이러한 포석으로 두어야 한다거나 이러한 포석이 유행할 것이다라는 식의 이해는 곤란하다는 것이다.

그렇다면 과연 21세기 포석이란 무엇을 의미하는 것일까.

신포석은 그 의미가 "선위(線位)의 기능에 입각하여 균형(均衡)과 속도(速度)를 합리적으로 활용한다."에 있었음을 우리는 알고 있다. '균형과 속도를 합리적으로 활용한다'라는 이 말의 개념이 한 단계 더 발전된다면 무엇이 될까. 균형이란 결국 집과 세력을 뜻하는 것이겠지만 이 말은 결국 엷음과 두터움을 뜻하는 것이며, 속도란 크게 보아 상대보다 한발 앞서 간다는 뜻도 있겠지만, 앞에 균형이라는 말이 있는 것으로 보아 돌의 가벼움과 무거움을 뜻하는 것이다.

선생의 모든 대국으로 보아 부분적 행마보다는 행마의 집합이라고 말할 수

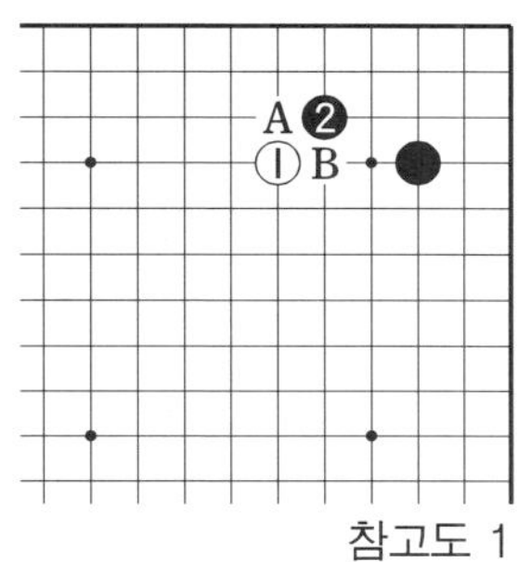

참고도 1

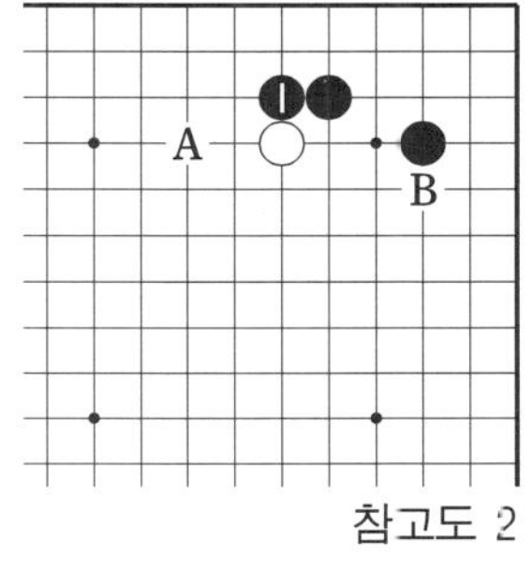

참고도 2

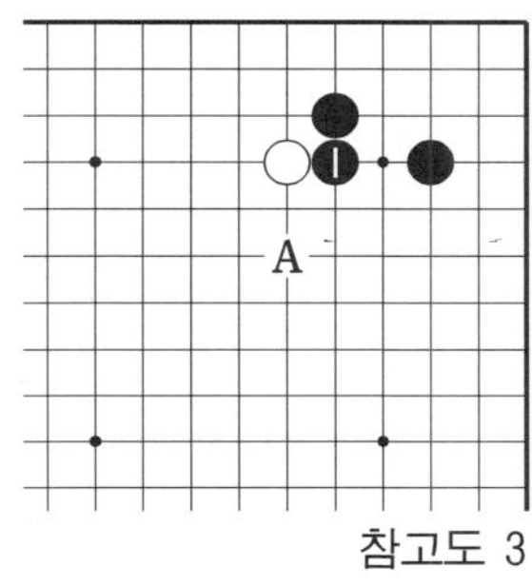

참고도 3

있는 전체적 움직임, 즉 작전적 기동에 그 본질이 있었다.

그렇다면 21세기 포석의 내용도 본질은 결국 같지 않을까? 만약 21세기 포석을 굳이 4자성어로 말한다면 이렇게 될 것이다.

경중후박(輕重厚薄). 가벼움과 무거움, 두터움과

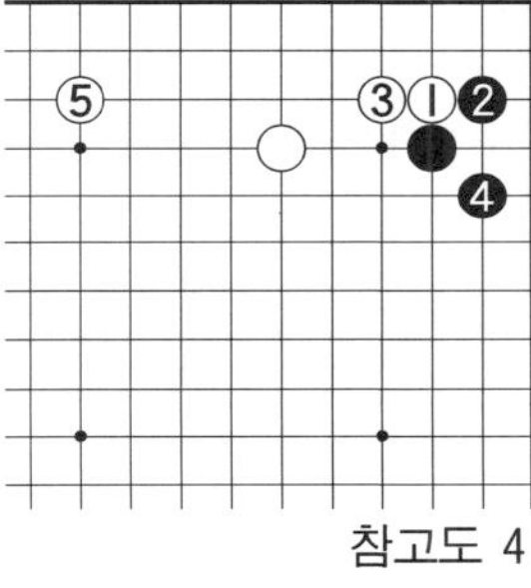

참고도 4

엷음. 조금 더 확실하게 표현한다면 경중후박의 실체를 규명하는 것이 바로 선생이 설파하고 있는 21세기의 포석이 될 것이다.

참고도 1을 보자. 백1의 걸침에 흑2의 응수가 기본형인데 백은 여기서 더 이상 응수하지 않는다. 백의 취지는 A로 막을 것인지 B로 누를 것인지 보류하겠다는 것이다.

참고도 2처럼 흑이 계속 1로 둔다면 백은 한 번 더 보류할 수도 있고, A로 가볍게 뛰거나 B로 붙여 변화할 수도 있다.

백의 의도는 흑으로 하여금 이 곳에 돌을 더 투자하게 만들어 중복시키고 다른 곳에 넓게 포진하려는 것이다.

참고도 3처럼 흑1로 밀어 올려도 백은 한 번 더 보류하거나 A로 가볍게 처리할 수도 있다. 어쨌든 이 곳의 응접은 흑돌이 백돌에 비해 2개가 많은 것이며 그만큼 백은 다른 곳을 두고 있는 것이다. 그보다 중요한 것은 흑이 이 곳을 보류하고 다른 곳으로 전환했을 때 그 결과가 별로 좋지 못하다는 데 있다.

참고도 4처럼 백이 1로 붙였을 때 흑이 2로 받는 것은 백의 포진이 넓어 흑의 손해임에 분명하며 그렇다고 **참고도 5**처럼 흑 2로 받는 것은 일반적으로 예전의 이 정석 수순처럼 된다면 둘 수도 있겠지만 (수순 중 백13으로는 A로 두는 수도 있

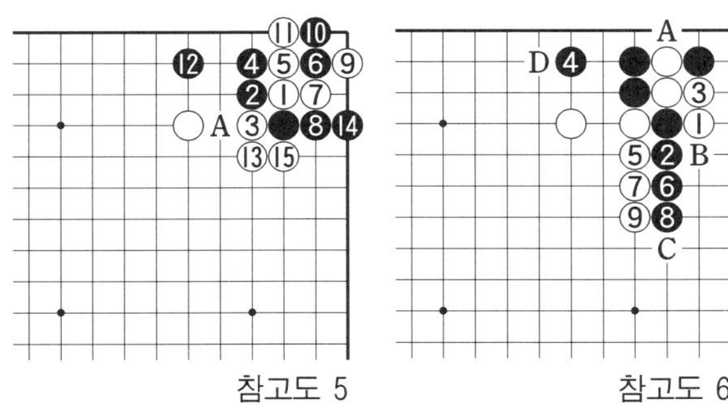

참고도 5　　　　참고도 6

으나 그 부분은 정석책을 참고하기 바란다.), 백에게는 매우 통렬한 수단이 준비되어 있는 것이다. **참고도** 6처럼 백1로 두는 수단이 그것인데, 백9까지 진행되었을 때 흑의 응수가 난처한 것이다. 흑A라면 백D로 두어 흑B로 잡을 때 백C로 봉쇄하게 되는데 흑B로는 C로 둘 수 없는 것이다. 패의 수단이 있기 때문이다.

흑C라면 백D로 막아 일단 봉쇄된 상황에서 귀의 백이 다시 패가 되는 수단이 있다. 어쩌면 흑A때 백은 B로 난해하게 둘지도 모르는 일이다. 이것은 어쨌든 백의 권도에 속하는 전투라고 볼 수 있는 것이다.

이러한 점으로 미루어 볼 때, 선생의 바둑관 속에는 돌의 효율이라는 측면에서 **참고도** 1, 2, 3과 같이 보류를 통해 중복을 유도하려는 작전적 사고뿐 아니라, 돌의 사활과 수읽기라는 측면에서 **참고도** 4, 5, 6과 같이 그 내면에 깔린 전기적(戰技的) 수법마저도 모두 정교하게 분석되어 있을 것이라는 확신이 든다.

그러나 아무리 교묘하더라도 전기적 수법은 경중후박의 대명제에 거역할 수는 없는 것이며, 그리고 경중후박의 원리는 그 목적이 전투에 있지도 않은 것이다. 바둑은 집도 많고 두텁기는 어려운 법.

직설적으로 표현하자면, 선생은 상대의 두터움을 더 두텁게 만들어주어 중복을 유도하고 있다. 강한 돌을 더 강하게 만들어주어 중복을 유도하는 돌의 편재나 상대의 진영을 한쪽으로 고립시키는 공간의 편재를 자유자재로 구사하고 있는 것이다. 다시 말해 **기보 34의 진행도**는 진영을 고립시키는 공간의 편재를 의미할 것이다.

선생의 해박한 지론에 의하면 바둑은 의학과도 상통하는 것이며, 국수(國手 : 중국과 한국에서는 일본에서 사용하는 名人이라는 칭호 대신 국수라는 칭호를 사용하고 있으며, 선생은 1952년 대만에서 大國手라는 칭호를 받았다.)라는 칭호도 의학에서 전래된 것이라 한다.

어쩌면 강한 것을 이기는 방법은 더 강하게 만들어 주는 것이라는 이율배반적 속성, 바둑에서 볼 때 중복과 편재라는 가변적 속성도 의학적 관점에서 인체의 내면적 불가분성과 일맥상통하는 것이다.

선생의 작전적 기동(作戰的 機動, operational move)이 그 내면은 결국 전술한 바와 같은 동질성을 갖고 있다고 생각한다면 속단일까?

의학적으로 볼 때, 콜레스테롤이란 너무 많으던 질병을 유발시키는 해로운 존재지만, 그것이 만약 결여된다면 자손도 기대할 수 없을 뿐 아니라 아예 제로라면 그것은 곧 죽음을 의미하는 것이다.

권력적 속성을 가진 카리스마의 실체 역시 콜레스테롤과 동질의 성격을 가지고 있어 지나치다면 독재가 되지만, 없다던 인간으로서 줏대도 없는 존재가 되고 만다. 따라서 인체도 조화로움으로 밸런스가 잡혀있어야 건강한 것이며, 결국 선생이 말하는 바둑의 조화도 이와 같은 원리에서 도출되었음을 깨달을 수 있다.

유불선(儒佛仙)에 정통한 선생이 말하는 조화가, 공자(孔子)의 과유불급(過猶不及)같은 경구와 결코 다르지 않은 것이지만, 이것을 인문과학적 고찰이라 본다면, 이와 같은 조화의 원리는 자연과학이나 사회과학으로도 설명될 수 있는 것이다. 예를 들어 물리학적으로는 "비가역 상태에서 엔트로피(entropy : 에너지의 혼란상태)는 감소하지 않는다."는 열역학 제2법칙은 바둑에서 첨예하게 대립된 두 대국자의 기세가 항상 충돌하는 것으로 설명될 수 있으며, 사회학적으로는 엔트로피가 낮다는 것은 불안한 혼돈의 상태지만, 가장 역동성이 강하므로 바둑이 불리해진 상태와 동일하며, 엔트로피가 극대화된 상태란 안정과 평온의 상태지만, 그것은 결국 정체된 죽음의 상태가 된다는 것은, 바둑의 형세가 유리한 사람이 주춤거리게 되어 심리적 위축의 상태가 되는 것으로 설명될 수 있는 것이다.

이데올로기(ideology)가 어떤 사회든 변화와 개혁은 빈자(貧者)의 몫이며
평화와 안정은 부자(富者)의 몫인 법이니까.

십번기에 대하여

1939년 대(對) 기타니전의 카마쿠라(鎌倉) 십번기로부터 1956년 대 혼인
보 슈가쿠전의 십번기에 이르기까지 약 18년 동안은 선생이 쇼와 시대의 기성
으로 검증되는 기간이다. (1933년 3월부터 1934년 1월에 이르는 대 기타니전
의 최초의 십번기가 없었던 것은 아니지만, 이 대국은 6국까지 3대 3인 상태
에서 기타니 5단이 6단으로 승단하는 바람에 단위가 존중되는 시대적 상황으
로서는 어쩔 수 없이 중단되었으므로 역사적으로는 생략된다.)

십번기란 바쿠후 시대를 거쳐 쇼와 시대까지 일본의 바둑사를 연결하는 유
일한 승부의 방법이었으며 목숨까지도 내건 쟁기였다.

승자만이 살아남는 처절한 승부의 세계였기 때문에 패자는 무대에서 전락
(轉落)하여 바둑사의 뒤로 사라지게 되는 것이다. 실제로도 쇼와 시대에 선생
과 정면으로 대결하여 깊은 상처를 입고 다시는 비상하지 못한 인물도 있다.
후지사와 호사이(藤澤朋齋) 9단이다.

후지사와 9단은 일본기원 공식 최초의 9단이다. 풍채나 기질이 마치 사무라
이를 연상케 했다고 전하는 것으로 보아 바둑인으로서 가장 일본적 이미지가
강렬했던 기사였다고 보여지며, 실력으로 보아도 일본의 차세대 기수였음에 틀
림없을 것이다. 그러한 그가 2차, 3차에 걸친 승부에서 계속 패퇴하여 치수가
정선으로 고쳐진 후 극단적 상실감에서 벗어나지 못하고 기사로서 부활하지
못했다는 것은 그만큼 10번기의 패배가 기사의 생명에 치명적이었음을 반증
하는 것이다. 또 다른 예로 기타니 선생도 10번기의 패배 이후 승부의 세계에
서 한 걸음 물러서 도장을 세워 후학의 양성으로 상실감을 보상받게 되는 역
사의 과정을 보아도 알 수 있는 일이다.

그러나 무적불패의 신화를 만든 선생 자신으로서는 역사상 가장 강한 기사라 불리워지는 것을 자랑스러워하지 않을 것임이 너무도 자명한 일이며 이것은 어쩌면 선생에 대한 모독일 수도 있다. 물론 승부에 이김으로 강함의 실체를 보여주었지만 실존이 본질에 앞선다는 논리만으로 선생의 계승적 본질이 희석된다면 불후(不巧)의 걸작을 방치하는 우를 범하는 것이 될 것이다.

유무(有無)의 이변(二邊)을 버린 수도승에게 승자의 면류관이란 하잘 것 없고 불편하기만 한 스노비스트(snobist)의 선물일 뿐이다.

시대의 강자만을 추종하는 오클로스(ochlos)의 논리인 것이다.

승패로서 강함만을 굳이 논한다면 10번기 시대의 선생이 얼마나 강했는지 알 수 있는 기보를 하나 소개하겠다.

기보 35를 보기 바란다. 상대는 묘수풀이의 대가로 유명한 마에다 노부아키(前田陳爾) 당시 7단. 일설에 의하면 선생과 슈사이(秀哉) 명인과의 회갑기념 대국에서 백160의 끝내기의 묘수를 발견하여 역전을 성공시켰다고 알려진 바 있는 바로 그 사람이다.

1949년 선생이 당시 혼인보 타이틀 보유자였던 이와모토 가오루(岩本薰) 9단을 5승 1패로 격파하자, 더 이상의 상대가 없어 이례적으로 기획된 고단자 총 대항 10번기 중의 일국이다. (고단자 총 대항 10번기는 당시 기계를 총동원하여 그

고단자 총 대항 10번기 (요미우리신문 주최)
1950년 1월 31일~2월 13일 신문게재

● 우칭위엔(吳淸源)
○ 마에다 노부아키(前田陳爾)

기보 35

중에서 가장 우수한 일본 기원 7명, 관서기원 3명 모두 10명의 기사를 선발, 차례로 한 판씩 부딪치게 한 이례적인 10번기였다.)

기보 35의 백6은 마에다 9단의 수읽기를 엿볼 수 있는 책략의 한 수인데 여기서 그만 선생은 무심코 선택한 정석에서 마에다 9단이 쳐놓은 축의 함정에 걸려들고 말았다. 어떻게 걸려들었을까?

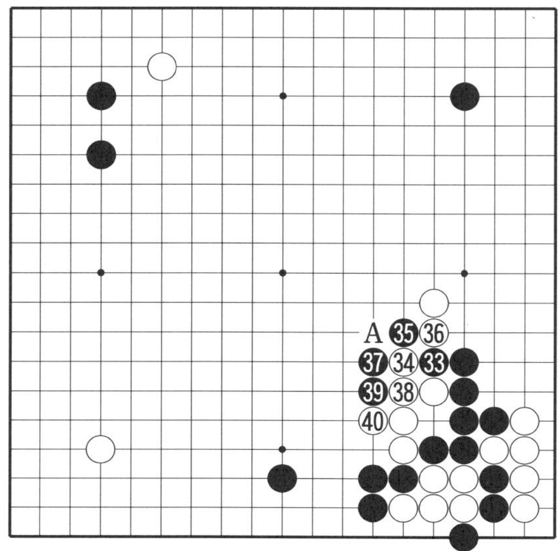

기보 35 – 진행도 1

진행도 1을 보자. 흑이 33 이하로 백을 잡으려 한 것은 선생의 대착각이었다. 백이 슬그머니 40으로 나오자 A로 끊는 축이 있어 그만 흑의 응수가 두절되고 말았다.

그러니까 앞서 책략의 한 수라고 말했던 **기보 35**의 백6은 이 정석을 예측한 마에다 9단의 축머리였던 것이다. 초반의 정석과정에서 이 정도로 된다면 전문가의 바둑은 이것으로 끝났다고 보아도 과언이 아니다. 그런데…

결론을 먼저 말하자면 이 바둑은 183수만에 흑의 불계승으로 끝나게 된다. 정석에 실패한(망했다고 표현하는 것이 맞을 것이다) 선생의 눈부신 추격으로 역전된 이 바둑은 선생의 기량이 타 기사와 어느 정도의 격차가 있었는지를 극명하게 보여주고 있는 것이다.

진행도 2를 보면 흑41로 일찌감치 우하귀를 포기하고 신천지를 개척하는 끈질긴 선생의 박력을 느낄 수 있다.

흑41 이하 흑77까지 우하귀를 사석으로 처리하고 집으로 추격하는 박력이 볼 만한 것이다. 무릇 강한 기사들이 가진 공통적인 속성은 버티기, 혹은 견뎌내기라고 말할 수 있는 끈기가 있다는 것이며, 따라서 이것은 기사로서 필수적인 소양이라 할 수 있다.

물론 던져야 할 장면을 놓치는 지나친 끈기는 기사로서의 품격과 품위를 저버리는 무례한 행동임에는 틀림없는 것이겠지만….

선생의 일반 대국도 그러하겠지만 특히 10번기 대국은 현대 바둑사의 보고(寶庫)라 할 수 있다. 앞서 말한 바 있는 전복형(轉覆型) 정석이 소목쪽의 유리라는 판정으로 확고히 자리잡는 변화의 과정도 이 시기에 있으며, 정석의 이탈, 보류와 전환, 중복과 편재의 유도 등의 현란 화려한 기법이 총망라되어 있기 때문이다.

예를 들어 기보 36을 보자. 흑이 29로 걸쳤을 때 백30으로 협공한 후 흑31을 기다려 정석을 이탈하여 백32로 전환하는 스피디한

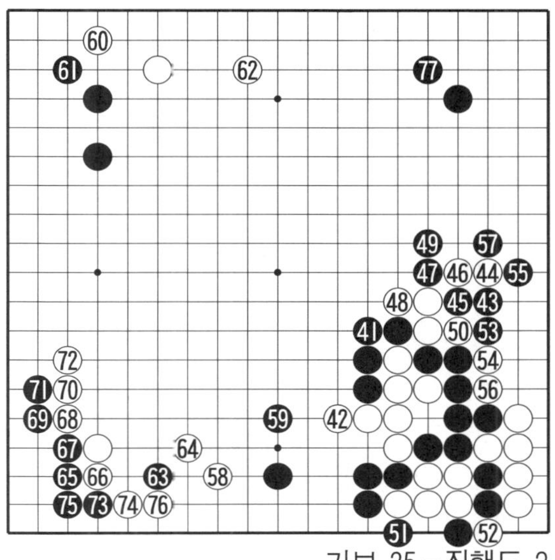

기보 35 – 진행도 2

● 혼인보 쇼우(本因坊 昭宇)
○ 우칭위엔(吳淸源)

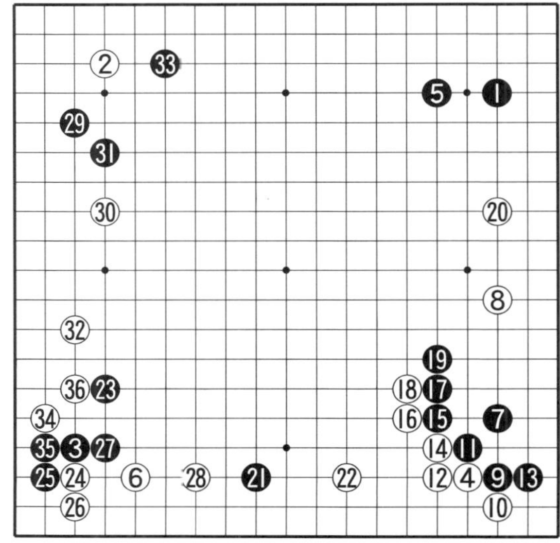

기보 36

흐름은 선생만의 독특한 발상임에 틀림없으며 이 발상은 좌하귀에서 만들어진 흑 일단을 돌의 중복으로 유도하여 주도권을 행사할 수 있다는 확신에 찬 수순임에 틀림없는 것이다.

진행도를 보면 저절로 고개가 끄덕여질 수 있을 만큼 '보류에 의한 전환'이라는 명쾌한 돌의 흐름이 아닌가.

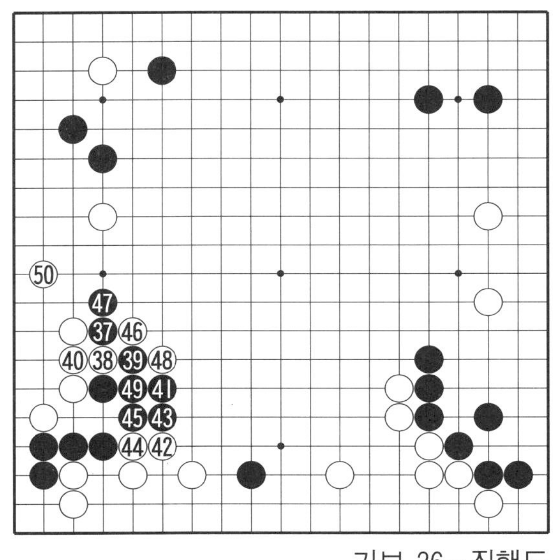

기보 36 - 진행도

진행도에서 보듯 흑37 이하 백50까지 좌하귀에서 시작된 흑 일단은 포도송이와 같은 응형으로 비능률적인 형태가 되었으며, 이로써 백은 공세를 통한 주도권을 얻게 되며 결국 좌상귀의 백 한 점도 선수로 살려낼 수 있게 되어 새로운 공세의 흐름도 가지게 될 것이다.

앞서도 여러 기보를 선택하여 누누히 설명하였지만, 선생이 무수히 시도하였던 정석의 이탈이란 이처럼 정석이라는 존재가 초반의 전략적 전술을 위해 만들어진 작위적 형태의 결론일 뿐 절대적 가치가 부여된 것이 아님을 명쾌하게 보여주고 있다.

사실상 바둑 서적으로 현존하는 가장 오래된 고전이라 할 수 있는 현현기경(玄玄棋經)도 우리가 지금까지 재조명할 가치가 있는 부분은 사활문제가 실린 진롱편(珍瓏編)뿐이며, 포석과 정석의 분야는 현재와 비교하여 그 수준이 매우 낮은 것이다. 그 이유는 사활이 바둑의 규칙에서 출발한 것이므로 그 룰이 바뀌지 않는 한 불변이기 때문이며, 정석과 포석은 바둑의 룰과 무관한 판단의 개념자체가 시대의 흐름에 따라 변화하는 유동성을 가지고 있기 때문이다.

기보 37을 보면서 그 시대의 선각자가 내뿜는 정석의 이탈과 관련된 보류와 전환의 기론(棋論)이 시대의 바둑사적 유산으로만 남아 있어서는 그 진가의 일각(一脚)만을 볼 수 있을 뿐이라 단언하고 싶은 것은 우연일까.

아직 현대의 기론은 선생의 이와 같은 발상과 관련된 흐름이 바둑계 전반적으로 분석 표출된 바 없으며 다만 ○○○포석이나 □□정석 등이 유행하다가 사라지는 출몰(出沒)의 현상만이 그 시대와 다를 바 없이 구태의연하게 진행돼 왔을 뿐인 것이다.

기보 37의 백6은 흔히 말하는 요도(妖刀)정석의 유도지만, 흑7에 대한 백8은 정석의 이탈이며 보류에 의한 전환이다. 흑9로 집중하게 하여 백은 좌하귀를 중심으로 좌변과 하변에 이르는 폭넓은 진영을 구축하려는 것이다.

진행도에서 보면 더 확실하게 알 수 있다. 좌상귀의

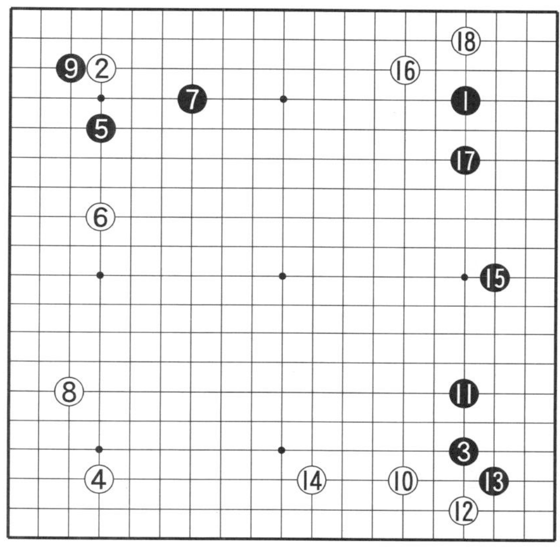

기보 37

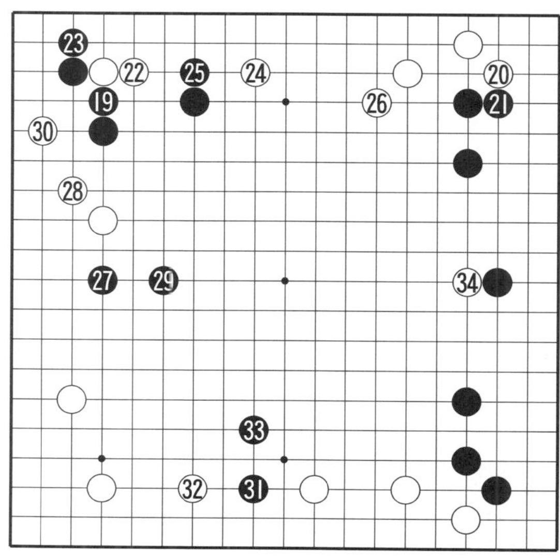

기보 37 - 진행도

흑집에 대해서는 백의 적절한 활용으로 충분히 보상받고 있으며, 흑31로 뛰어들기를 기다려 백34로 우변을 교란하게 되는 이러한 작전적 흐름의 수순은 모두 필연성을 내포하고 있다해도 과언이 아니다. 우변에 대한 백의 교란은 하변의 흑 두 점과 연관하여 삭감책도 될 수 있는 가장 평범한 수법이지만 흑의 응수는 거의 선택의 여지가 없는 상태가 되고 말았기 때문이다.

치수고치기 10번기 제3국 (요미우리신문 주최)
1955년 10월 11일~12일

● 우칭위엔(吳淸源)
○ 혼인보 슈가쿠(本因坊 秀格)

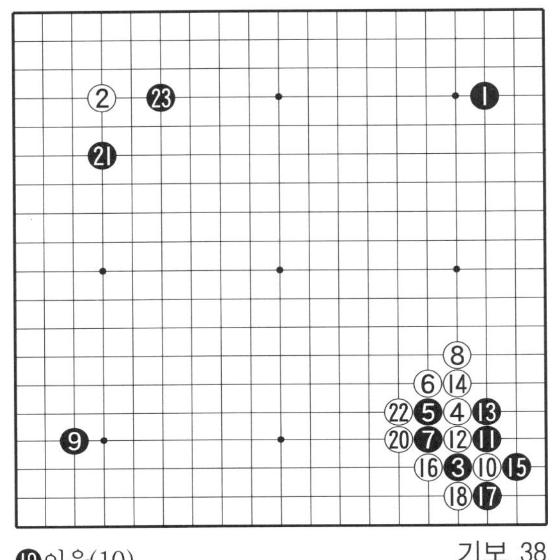

⑲이음(10)

기보 38

기보 38과 기보 39를 보자. 선생과 마지막으로 10번기를 치루었던 평명류의 다카가와 가쿠(高川格) 바로 그 사람과의 대국이다.

한 눈에 보아도 동일한 수법이 진행되고 있음을 알 수 있다.

소목의 한칸 걸침에 대해 위로 붙여가는 수법도 그러하지만, 사실은 이 정석의 선택과 수순이 축머리를 이용한 초반전술임을 눈치 빠른 독자들이라면 쉽게 느낄 수 있을 것이다. 좌상귀의 한칸 양걸침은 일자 양걸침에 비하여 매우 준엄한 수법이다. 우하귀 두점의 축머리를 이용하여 얻은 보상이다. 그런데 성미가 급한 독자 중에는 지금 이러한 지지부진한 애기를 계속하는가에 짜증이 날 것이다.

그래서 이 두 기보 외에도 이러한 동일한 수법은 더 있지만 조금 후 하나의 기보를 더 보이는 것으로 이 부분은 마무리할까 한다.

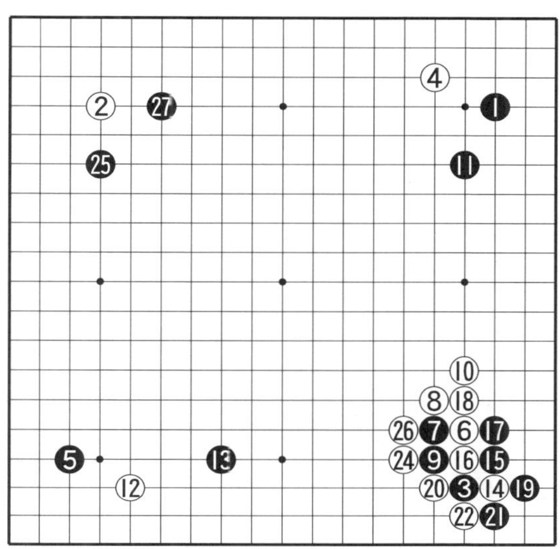

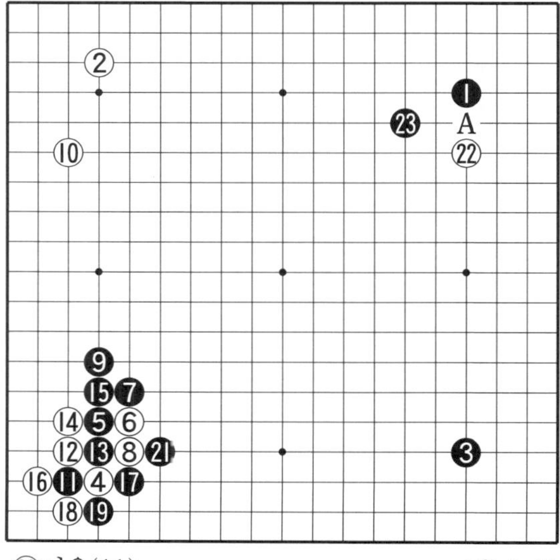

자. 우리는 이러한 방식으로 축머리를 이용하는데 이미 익숙해져 있다. 현대 바둑의 관점으로는 이러한 수법이 매우 당연한 것이다.

그러나 그 시대에도 당연했을 것인지. 이 글의 서두부터 계속 반복하는 말이지만 결론을 말하면 결코 그렇지 않다는 것이다.

우리가 익숙해져 있는 이러한 수법은 8, 90년대의 천재들이 만든 것이 아니고, 바로 그 시대의 선생이 만들어 놓은 작품이다.

이 부분은 고증할 근거가 있다. 당시 이 수법이 처음 등장한 기보와 당시의 해설을 살펴보기로 하자.

기보 40은 이 수법이 공식적으로는 최초로 등장한

대국이다.

당시의 해설을 요약하면 이런 것이다.

"백22는 파격적인 수였다. 흑이 21로 몰기까지의 정석 때 백이 우상귀에 축머리를 둘 경우 A로 붙여두는 것이 지금까지의 사고방식이었던 것이다. 다음 흑23이 또한 새로운 수법이었다."

그러고 보니 과연 그런 것 같지 않은가.

우상귀의 수법은 흑백 쌍방간 최근 10년도 채 안된 듯한 현대적 수법의 체취가 물씬 풍기고 있는 것이다.

붙여서 교란하여 축머리를 이용한다는 고정관념이 한칸의 양걸침으로도 충분하다는 결론에 도달하기까지 300년이 걸렸다고 결론짓는 것은 지나친 비약이거나 무리한 발상이라는 비난을 면할 수 없을 수도 있겠지만, 그러나 바둑사의 순환이 그러했다는 느낌을 지울 수 없음에 사고가 멈추고 마는 지식의 불급인 것을 어찌하랴.

소년시절 선생의 기보를 받아 본 스승 세고에 겐사쿠(瀨越憲作) 선생이 말했듯 "슈사쿠(秀策)의 어린 시절을 연상케 한다."는 이 말에 대해 잠시 생각해 보기로 하자. 슈사쿠라면 1862년 애석하게도 33세의 나이로 요절한 혼인보 14세 후계자를 말한다. 요절할 당시의 기력이 상수(上手…7단을 말한다)였음에도 불구하고, 오시로고(御城棋) 19연승이라는 대위업을 쌓은 당대무적의 기량과 타의모범이 되는 인품으로 기성의 칭호를 받게 된 대기사다. 선생의 스승이 선생의 자질을 슈사쿠에 비견했다는 것은 무엇을 의미하는 것일까.

알만한 독자들이라면 다 아는 사실이지만, 슈사쿠의 흑번은 그야말로 철옹성이었다고 전한다. 승패를 묻는 상대에게 "선번(先番-흑)이었습니다."라고 대답했다는 기록이 있는 것으로 보아 흑번불패였음을 쉽게 짐작할 수 있는 일이다. 전대의 기성으로 추앙받고 있는 혼인보 도사쿠(本因坊 道策)는 다른 기사들에 비해 기량이 워낙 출중하여 흑을 만질 기회가 없었으므로 논외로 치고 조와(丈和) 역시 메이진(名人)이었으므로 마찬가지. 흑번의 기량을 선생과 비견할 수 있는 기사는 역대 일본의 메이진급 기사 중에 유일하게 슈사쿠 단 한 사람뿐인 것이다. 흑번이 무적이었다는 것.

이 말은 현대적 관점에서 볼 때 시사하는 바가 참으로 큰 것이다.

권위가 지배하던 메이진 독재의 시대가 무너지고, 어느덧 당대 최강의 흑번은 어느 정도 강한가에 대해 증명할 수 있는 경쟁의 시대가 도래했기 때문이다. 현대의 바둑계는 이념의 변천에 부응하여 자본주의가 지향하는 자유경쟁이 가속화되어 저단진도 고단진과 맞두는 것을 원칙으로 하고 있다. 다시 말하면 단위보다 기력 우선의 시대가 된 것이다. 그러나 현대의 경쟁체제는 선생 이전의 시대에 이미 태동된 것이다. 19세기에서 20세기로 바뀌는 어두운 태동기를 거쳐 40년대에 이르러 혼인보 타이틀전이 개막되면서 윤곽을 드러내기 시작한 경쟁체제는 1961년 제1기 명인전을 신호탄으로 개방이 가속되기 시작한다. 이 해에 선생이 운명적인 교통사고를 당한다는 것은 앞서 말한 바 있다. 그러니까 이 시기 이전의 20년을 더듬어 살펴보면 선생이 어째서 슈사쿠와 비견되는지 알 수 있을 것이다.

슈사쿠와 공통되는 점은 과연 무엇일까. 한마디로 흑번의 완벽함 바로 그것이다. 현대의 대다수 기사가 흑번을 선호하고 있는 것은 주지의 사실이며 덤이 8집이나 되는(이 룰은 잉창치배가 유일한 것이다. 다만 계가의 산정방법에서 일본 룰과 다른 점이 있어 복잡하므로 이 부분은 설명하지 않겠다. 여타의 다른 책에서 이미 많은 설명이 있었기 때문이다. 참고로 잉창치 룰의 8집은 일본 룰의 7집 반에 해당한다고 보는 것이 통설이다. 또한 조선일보사 주최 LG배 세계 기왕전은 현재 6집 반의 덤을 채택하고 있다.) 기전에서도 흑을 가지고 싶어하는 기사가 상당수가 있을 만큼 먼저 두는 쪽의 기득권을 인정하고 있는 것이 오늘날의 현실이다.

그렇다면 흑번의 완벽함이란 무엇인지 곰곰히 생각해 보기로 하자.

슈사쿠 이래 범접하기 어려운 흑번의 위용을 가졌다고 공공연히 인정되는 기사는 선생과 또 한 사람 현대의 세계 최강이라고 말하는 이창호 9단 외에는 없다. 이것은 무엇을 의미하는가.

어떤 책을 둘러보아도 이 세 사람 외에 흑번 무적이라는 논필을 읽어 본적이 없다. 다만 강하다고 말할 뿐이다.

사실 이창호 9단은 아직 검증된 기사는 아니다. 왜냐하면 아직 그의 나이 20대이므로 그의 기량이 완성되었다고 볼 수 있지는 않기 때문이다. 그럼에도 불구하고 그의 존재를 인정하지 않을 수 없는 이유는 현재까지의 결과만으로 볼 때에도 그의 적취(積臭)가 너무도 뚜렷하고 혁혁하다는 것이다.

선생 이후 최강으로 군림했던 기사들은 앞으로 계속 거론되겠지만 모두가 하나같이 군계일학(群鷄一鶴)이며 낭중지추(囊中之錐)의 대기사들이다. 그러나 흑번의 완벽함을 실현한 기사는 없다.

이것은 바둑사를 논하는데 있어 원초적 갈등의 실마리이며, 필연의 단서(端緒)일 수밖에 없다. 슈사쿠가 그러했듯이, 선생의 흑번도 경이로움 그것이었으며 이러한 대통은 현재에 이르러 이창호 9단 한 사람에게 전이되고 있다고 보아도 무리는 아닐 것이다.

하시모토, 다카가와, 사카다, 슈코, 린하이펑, 이시다, 다케미야, 가토, 오다케 9단을 거쳐 일본의 바둑사를 다시 쓴 조치훈 9단까지, 더 말하면 고바야시 고이치 9단까지도 흑번 무적이라는 찬사를 받은 적이 없으며, 심지어 바둑황제 조훈현 9단도, 서봉수, 유창혁 9단도 그러한 찬사를 받은 바 없다. 이것은 무엇을 의미하는가.

사실 슈사쿠 외에 흑번의 완벽함은 없다. 그러나 그 시대는 덤이 없었던 시대였으므로 약간의 이해가 필요하다. 여기서 완벽이란 거의 완벽에 가까운 것을 말하는 것이다. 승률 100%에 근접하다면 완벽이 되지 않을까. 바로 이것이다. 완벽.

약 20년간 당시 선생의 흑번은 완벽한 것이었다. 오늘날 이 현상을 재현하고 있는 기사는 이창호 9단 단 한 사람일뿐이다.

흑번의 완벽이란 기량이라는 관점에서 대단히 중요한 것이다. 이것은 바둑의 원리를 지배하는 가장 중요한 규칙, 즉 교호착수(착수교대)의 원리를 가장 잘 알고 있다는 뜻이기 때문이며, 선착자(先着者)의 어드벤티지(advantage)를 마치 자기 몸의 일부처럼 체득하고 있다는 의미이기 때문이다. 다시 그리

고 또 다시 되물어 보는 혼
자만의 우문(愚問)일지도
모르지만, 현대 바둑사에
그토록 많은 대가가 배출되
었음에도 불구하고 이처럼
바둑사의 뿌리를 송두리째
뒤흔든 기사가 선생 이외에
또 누가 있었는가.

　이야기 도중이지만, 잠시
쉬어가는 기분으로 흥미있
는 형태를 하나 소개할까
한다. 이 형태는 선생의 대
국에서 몇 번인가 등장한
형태이며 **기보 21**에서도 선
보인 바 있는 대사(大斜)의
눈목자 걸이인데, 그 바둑

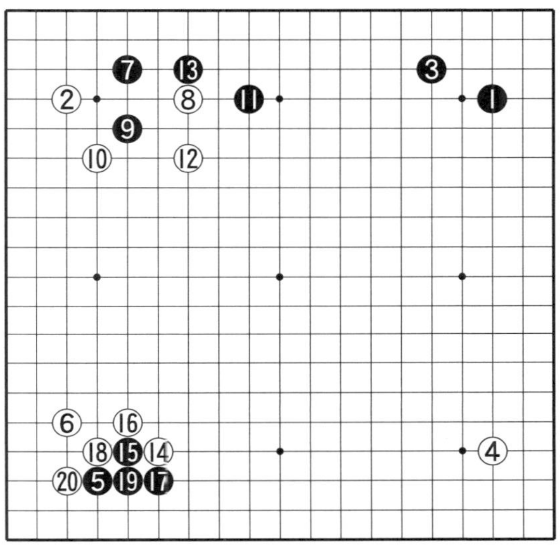

기보 41

이 이 형태가 처음 출현한 대국인 것으로 추정된다.

　기보 41을 보기 바란다. 우선 좌상귀의 진행은 정석의 과정에서 풍부한 뒷맛을 고려한 과연 선생다운 보류의 수법이다.

　그리고 좌하귀의 진행을 살펴보자. 알다시피 선생은 거의 본능적으로 대사백변(大斜百變)같은 복잡한 정석을 기피하는 스타일이다.

　그런데 좌하귀의 백14는 대사백변으로 유도하고 있다. 이것은 물론 좌상귀의 형태와 연관된 착상일 것이다. 그러나 여기서 말하고자 했던 흥미있는 형태가 등장한다. 그것은 바로 흑이 15·17로 변화했을 때의 진행이다.

　백이18·20으로 두는 수법이 선생의 연구가 있었던 수법인데, 분석의 결론을 먼저 말하자면, 이 수법은 백의 입장에서 대단히 유력하다고 보여진다. 다만 이 형태의 실전 결과는 만들어지는 과정의 수순을 전후로 다소의 의문이 있다는 것이다.

그리고 이 의문은 흑의 입장에서 볼 때, 선택할 수 없는 부적절한 형태로 결말이 나므로 정석이라고 보기에는 약간 미흡하다.

우선 실전의 진행을 보기로 하자. **진행도 1**에서 보듯 백은 흑에게 27의 단수로 굴복하여 심한 우형을 자청하고 있다. 물론 이 결과만으로 백이 둘 수 없다는 것은 결코 아니다. 문제는 흑의 수순에 백이 동조했다는 데에 있는 것이다. 이 형태의 문제점은 조금 후에 분석하기로 하고 우선 실전의 진행을 살펴보기로 하자.

진행도 1에서 흑35의 한 칸은 사카다 9단의 복선이 깔려있는 수읽기 만점의 한 수였으며, **진행도 2**에서 백 40의 젖힘은 사카다 9단의 흉중을 간과한 선생의 실

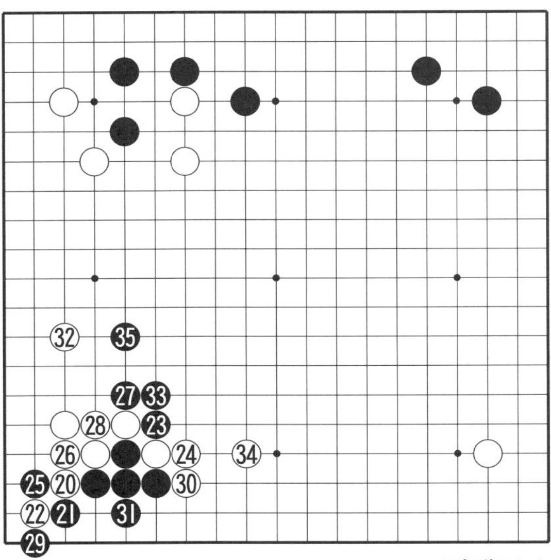

진행도 1

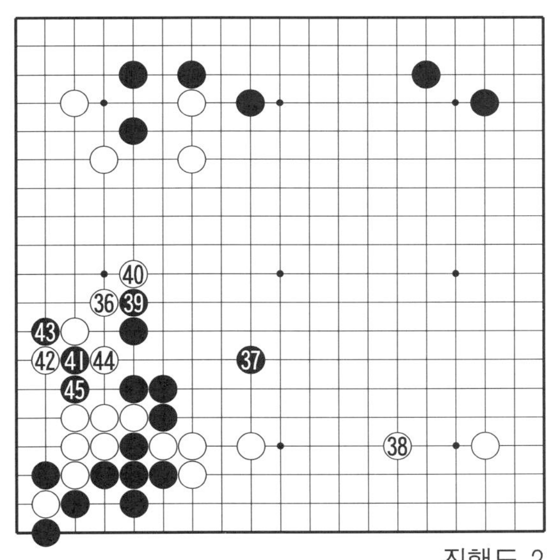

진행도 2

착. 흑41의 면도날과도 같은 예리한 붙임으로 즉시 진위가 밝혀지고 말았다.

백44의 단수에 흑45로 먼저 빠지는 절묘한 수순이 면도날 사카다 9단 회심

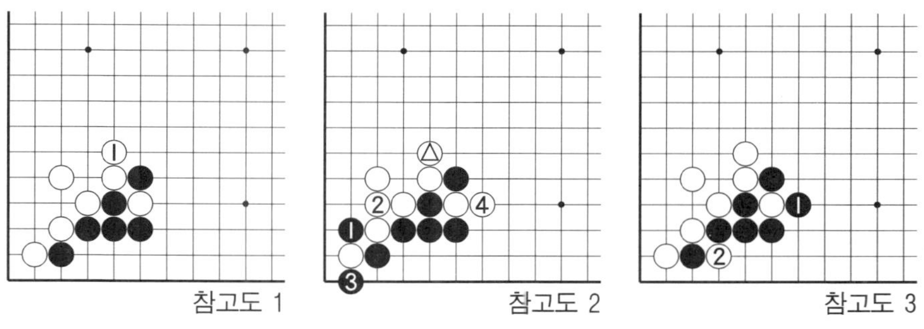

참고도 1   참고도 2   참고도 3

의 귀수(鬼手)였던 것이다. 이 수순의 변화는 독자 여러분이 직접 그려 보기 바란다. 이 바둑은 여기서 입은 손실을 만회하려는 선생의 추격을 뿌리치고 사카다 9단의 5집승으로 종국되었다.

그렇다면 이 형태의 수순을 전후로 어떤 의문이 있는지 분석해 보겠다. 실전으로 말하면 **기보 41**의 흑23의 단수 끊음부터가 분석의 대상이 되는데, 문제는 이 단수에 대한 백의 응수가 반드시 백24로 한 점을 살려야만 되는가 하는 것이다.

참고도 1을 보자.

백1의 뻗음은 어떤가. 이 곳을 흑에게 얻어맞아 우형을 강요당했으므로 백은 이 곳을 허락하는 발상을 바꿀 필요가 있는 것이다.

그렇다면 흑의 다음 진행으로는 어떤 선택이 있을 수 있을까?

참고도 2를 보자. 흑은 1 이하 3까지의 진행 말고는 선택의 여지가 없다고 보아야 한다. 이때 백이 4로 둔다면 백△의 자리를 흑에게 허락하지 않았으므로, 백의 자세가 실전과 비교해 볼 때 대단히 훌륭해지는 것이다. 이 형태라면 백 유리라는 판정이 내려질 수 있지 않을까? 만약 흑이 **참고도** 3처럼 흑1로 잡는다면 백도 2로 잡아 이 결과는 백의 횡재가 된다. 흑의 빵따냄에 비해, 중앙 백의 자세도 그럴싸하지만 귀의 백집이 너무 크므로 이 그림은 흑의 입장에서 생각할 가치도 없는 것이다. **참고도** 2가 겨우 흑이 선택할 수 있는 최선의 진행이고 이 결과가 백이 유리하다면, 이 형태는 백의 유력한 수법일 수도 있지만, 거꾸로 흑의 입장에서는 선택하기 곤란한 진행이다. 따라서 이 형태는 정석으로서의 가치가 없지 않을까.

의문은 있더라도 크게 중요한 것은 아니므로 작은 형태의 부분적 분석은 이 정도로 마치고 선생 자신이 창안한 정석의 과정에서 선생 스스로가 수순을 그르친 유명한 일국을 소개하겠다.

이 바둑은 선생이 교통사고를 당하던 그 해에 처음으로 창설된 요미우리신문 주최 제1기 명인전 대국 중 일국으로, 상대는 제1기 명인위를 쟁취한 후지사와 히데유키(藤澤秀行 : 지금의 후지사와 슈코) 당시 8단이다. 참고로 이 해에 교통사고를 당하고 후유증에 시달리면서 토로한 바에 의하면 "승부신(勝負神)으로부터 버림을 받았다는 느낌이었다."는 함축된 회고의 한마디가 있었음을 덧붙인다.

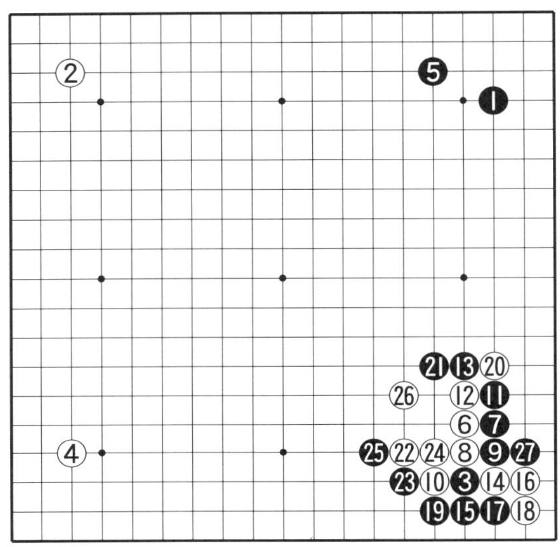

기보 42

기보 42를 보기 바란다. 우하귀의 정석진행은 당시 유행했던 '큰 밀어붙이기 정석'으로 일명 대붕설형(大崩雪型, 큰 눈사태)이다.

정석의 진행에서 흑17의 안쪽 꼬부림이 선생의 창안이었음은 앞서 **기보 3**에서 설명한 바 있을 것이다. 이때 백의 정확한 수순은 20의 곳을 먼저 끊어두는 것인데 정말 승부신이 멀어지고 있는 징조였을까? 여기서 선생은 함정의 나락으로 빠져드는 기나긴 수순의 오류를 범하고 만다. 그나마 백26으로 27의 자리에만 두었어도 무사했을 것을, 흑17과 백18의 교환이 손해였음을 의식한 탓이었을까(실제로 이 교환은 2집쯤 손해일 것이다), 흑에게 27의 수순을 허락한다.

진행도 1에서 보듯 백34
까지의 진행은 흑의 빈틈없
는 수순에 의한 필연이다.
여기까지 진행된 후 후지사
와 9단의 회심에 찬 일격이
작렬한다. 어디였을까.

진행도 2를 보자. 흑35의
곳. 이 곳이 봉쇄의 급소였
던 것이다. 흑37의 젖힘도
후지사와 9단이 준비해 둔
한치의 오차도 없는 수순의
묘였으며 이 수순에 의하여
백은 완벽하게 봉쇄되고,
흑은 선수를 잡아 대망의
45을 선점하여 일찌감치 필
승의 국면을 만들게 되었
다.

이와 같은 국면은 선생의
바둑에서 극히 보기드문 하
나의 사건이랄 수밖에 없는
일이다. 이후 선생은 필사
의 추격을 했지만 결국 초
반의 열세를 만회하지 못한
채 종국되고 말았다. 이 1

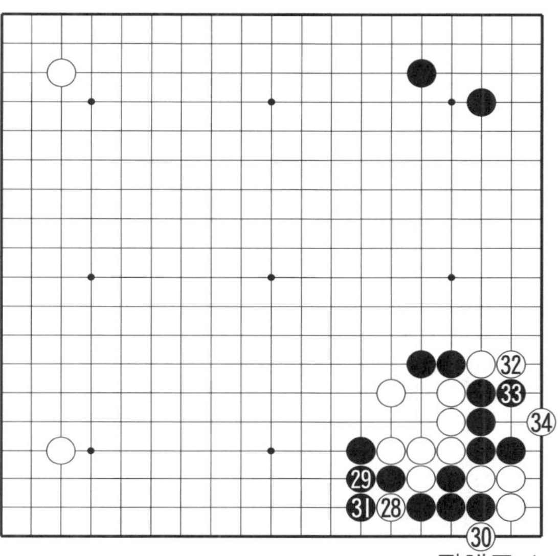

진행도 1

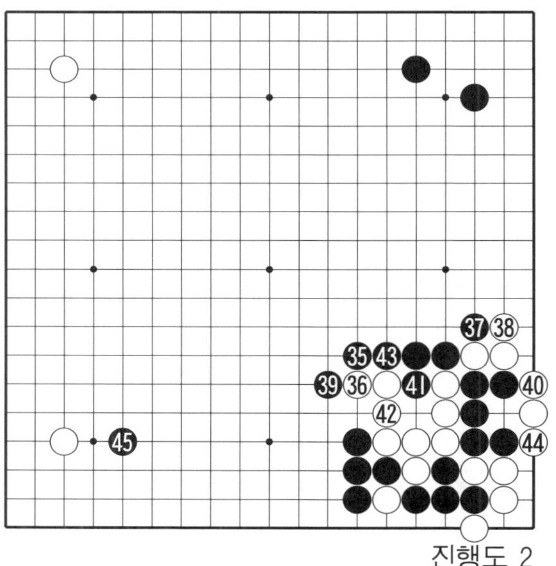

진행도 2

패는 치명적인 것이었다. 앞서 시마무라(島村俊宏) 9단에게 불의의 일격을 당
한 것과 더불어 2패가 되고 교통사고의 후유증에 시달리는 상황에서 10번기

의 숙명적 상대였던 후지사와 호사이(藤澤朋齋) 9단에게 1패를 더하여 9승 3패로 순위는 두 번째. 결국 제1기 명인위는 후지사와 9단의 차지가 된다.

10번기와 같은 장거리 승부에는 그토록 강했던 선생이었지만, 단판승부였던 타이틀전과는 인연이 없었던 것이다. 참으로 승부의 신이 멀어져 가고 있었다는 징조는 아니었을까 하는 우연적 발상은, 선생이 이 해 운명적인 교통사고를 당하고, 그 후유증에 시달리면서 회고한 '버림받은 충격'을 생각할 때 더욱더 확연해지는 느낌이다.

선생 개인의 입장에서 보면 불운이 아닐 수 없는 일이지만, 어떻게 보면 승부의 신이 아닌 바둑의 신이 선생에게 새 시대의 문을 열어주라는 신표(神票)를 숙명의 섭리처럼 전이(轉移)한 것은 아닐까.

실제로도 1965년 제4기 명인전에서 선생은 교통사고의 후유증이 재발하여 리그전 전패를 기록하는 부진의 늪에 빠지고 말지만, 이 해 그의 유일한 제자였던 약관 23세의 린하이펑(林海峰) 8단이 도전자가 되어 사카다 명인을 격파하고 세대교체의 첫 삽을 뜬다.

세대교체. 이 말은 언제 들어도 신선하다. 그러므로 아무리 생각해 보아도 바둑의 신이 존재한다고 단언한다면, 이 징조도 선생의 시대에서 새로운 바둑사의 장으로 바꾸려는 신령(神令)의 계시였을 것이라는 느낌을 지울 수 없는 이유가 여기에 있는 것이다.

육신의 고통에 따른 성적의 저하가 아무리 그렇더라도 선생이 바둑사의 뒤안길로 홀연히 사라지고 만 것은 결코 아니었으며, 계승의 도정(道程)에는 언제나 선생이 새로운 바둑의 메시지를 들고 우뚝 서 있었음을 부인할 수 없다. 승부의 신에게 버림을 받았을지언정 기력이 쇠진해 가고 있던 이 시기부터, 노후의 마지막 순간까지도 불꽃처럼 정열적으로 바둑의 연구와 보급에 매진하고 있는 선생의 공적은 바둑사의 한 장을 장식하고도 남을 문화적 유산이리라.

컴퓨터에 대하여

선생의 주옥같은 역사적 기보와 수많은 연구의 흔적은 기회있을 때 더 감상하기로 하고, 여기서는 선생의 바둑관을 엿보는 것으로 만족하기 바란다. 이제 선생의 바둑관을 엿볼 수 있는 한 가지의 사건을 소개할까 한다. 굳이 사건이라는 말로 표현하는 데에는 나름대로 그 이유가 있다. 독자 여러분은 바둑이 인류의 혁명을 일으킨 컴퓨터와 언제 조우(遭遇)하게 되었는지 상상해 본 적이 있는지.

컴퓨터 시대에 살고 있는 우리들 중 통신으로 바둑을 두고 인공지능의 바둑프로그램과 대국하는 현실이 우연발생적 산둘이라고 생각한 사람이 있다면 지금부터라도 그 생각을 바꾸는 것이 좋을 것이다.

바둑계에 혁명이 일어나 그 혁명의 기류가 바둑계 전반에 골고루 널리 퍼지고 있을 무렵, 과학계에는 인류문명의 역사를 바꾸는 커다란 혁명의 전주가 깔리고 있었던 것이다. 컴퓨터의 혁명이었다.

선생이 승부의 신으로부터 버림받았다는 느낌을 받은 지 7년 후인 1968년, 바둑은 컴퓨터와 역사적 조우를 하게 된다. 이 만남을 그야말로 사건이라고 표현한 것이 과연 부적절한 표현이었을까?

그리고 이 역사적 만남의 주역에 선생이 있었다. 이 때 선생의 나이 이미 54세. 우리는 이러한 만남에 대해 어떻게 생각해야 하는 것일까. 알려진 바에 의하면, 역사적 조우의 이전부터 이 흐름의 태동이 있었으며, 태동의 주체는 당시 선생을 흠모한 후지쓰(富士通)의 젊은 중역 이케다 도시오(池田敏天)라는 사람이었다고 한다.

결국 이러한 만남은 이케다씨와 선생이 손발을 맞추어 묘수풀이를 컴퓨터로 구현하는 실험을 즐긴 것이 직접적인 인연으로 작용되었으며, 더 나아가 오늘날의 후지쓰배 세계바둑선수권전을 탄생시키는 동기가 되었음은 어렵지 않게 짐작할 수 있다.

선생과 컴퓨터를 동시에 떠올리면 무언가 어울리지 않는 듯 느껴지겠지만,

이 사건은 엄연한 사실이며 우리는 여기서 선생의 사고가 과연 선각자의 그것이구나 하는 경이로움에 다시 한 번 고개숙이지 않을 수 없는 것이다.

바둑이 컴퓨터와 만났다는 말은 바둑이 과학과 만났다는 것을 의미하며, 이 말은 결국 우주와 같은 무한(無限)의 속성이 과학으로 차근차근 규명되어 가듯 바둑도 과학으로 분석되고 이해될 수 있음을 암시하고 있는 것이 된다. 실제로도 바둑과 과학의 만남은 이 시기를 기점으로 눈부신 진보가 있었으며, 현대에 이르러 인공지능의 컴퓨터바둑 프로그램이 사람과 직접 대국하는 놀라운 발전이 진행되고 있음을 알만한 바둑인이라면 다 알고 있는 사실이다.

바둑이 컴퓨터를 처음 만났던 당시는 그야말로 황무지였을 것이다.

아날로그적 사고를 필요로 하는 바둑이 디지털 방식으로만 구현이 가능한 컴퓨터를 만났다는 이 사실만으로도 혁명이었음에 틀림없는 일이지만, 우리가 초점을 맞추어야 할 부분은 이 부분이 아니다.

그 당시 바둑계의 정체된 관념은 "과학이나 컴퓨터 따위는 바둑과 무관하다."는 것이 거의 통념화되어 있었을 것이 분명하다. 90년대 중반까지만 해도 전문 바둑인 중에 컴맹이 수두룩했었다는 사실이 이를 충분히 입증해 주고 있는 것이다.

그러한 진부한 흐름을 타파하고 과학과 동반하려한 선생의 사고는 참으로 깨어있는 선각자만이 실행할 수 있는, 모순의 공존을 통한 고도의 바둑관이며, 이것이 바로 우리가 알아야 할 부분이다.

54세의 나이에 이처럼 자유로운 사고와 풍요로운 사상을 가진 기사가 선생 외에 또 있었던가.

바둑을 논함에 있어 바둑외적인 사유(思惟)에 그 물성의 통찰이 이토록 심오하고 광무(廣無)한 기사가 선생 외에 또 있었던가.

선생과 이케다 도시오(池田敏天)씨의 노력으로 바둑을 숙지한 인공지능 컴퓨터가 세인에게 처음 모습을 나타낸 것은 1970년 도쿄(東京) 박람회였던 것으로 기억된다.

기억이 틀리지 않는다면, 이 때 당시 명인과 혼인보 타이틀을 동시에 석권하고 있던 린하이펑(林海峰) 9단(이 해에 명인 타이틀은 후지사와 슈코 9단에게 빼앗기지만, 그때까지는 보유하고 있었으므로 이 기록으로 하겠다)이 컴퓨터에 사활문제

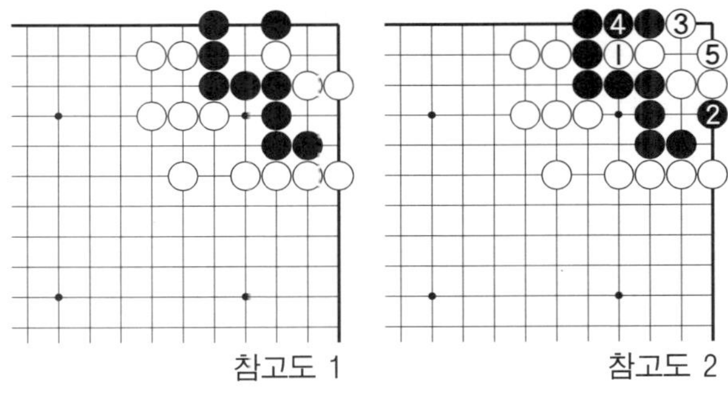

참고도 1   참고도 2

를 내고 그것을 푸는 행사가 있었을 것이다. 그리고 그리 어렵지 않은 궁도사활이었던 것으로 기억된다. 똑같게는 만들지는 못하겠지만, 기억나는 데로 그와 동일한 맥락의 형태를 만들어 보이겠다. 독자여러분도 재미삼아 풀어보기 바란다.

참고도 1이 문제인데 백으로 흑을 잡으라는 것이다. 패가 되면 실격인데 컴퓨터는 과연 풀었을까 못 풀었을까. 결론은 실패. 자살수라고 할 수 있는 간단한 수를 미처 생각하지 못해 그만 패를 내고 말았던 것이다.

참고도 2가 단 하나의 정답이다.

백1로 마치 자살하는 듯한 수로 시작하여 백5까지, 이 그림은 매화6궁이라는 죽음의 궁도이다.

실패한 결과만으로 "역시 컴퓨터는 안돼."라고 단정지었던 사람들이 많았던 모양인데, 이는 컴퓨터의 매카니즘을 아직 잘 모르는 분이다.

앞을 못 보는 사람에게 2년을 가르쳐 이 문제를 던져 주면 풀 수 있을 것인지 생각해 보면 쉽게 알 수 있는 일이다.

사람으로 말할 때 바둑도 모르고 앞을 못 보는 사람에게 바둑을 가르치는 것이 바로 컴퓨터에 바둑의 원리를 입력하는 것이다.

인간보다 우수한 점이 있다면 두 가지, 엄청난 기억력과 연산능력이다. 그러나 기억력이라는 것이 한계가 있어 현재의 컴퓨터로는 모든 패턴을 기억하게 할 수 없으므로, 원리적인 분석을 통한 인공지능을 부여하는 방식으로 구현하고 있는 것뿐이다.

현재 가장 강한 프로그램이 기원 급수로 10급 이하지만, 이 상태로 계속 진행된다면 21세기 초에는 5급 정도의 실력을 충분히 갖출 것으로 전망되며, 더 중요한 것은 빠른 연산능력으로 볼 때, 끝내기의 대소는 거의 정복될 것이라고 생각한다.

이러한 바둑의 놀라운 과학적 발전을 이미 선생이 30년 전에 간파하고 있었을 것이라고 단정짓는다면 무리한 판단일까?

이시다 요시오(石田芳夫) 9단의 별명인 '컴퓨터'도 야마베 도시로(山部俊郎) 9단이 지어 주었다는 설이 있기는 하지만, 아마도 선생이 지어준 영예로운 별칭이었을 것이라는 바둑평론가 에사키 마사노리(江崎誠致)씨의 관찰이 맞다는 생각이 든다.

우연이었을까, 선생이 지어준 이 칭호에 걸맞게 컴퓨터 이시다 9단은 기타니(木谷) 문하로는 최초로, 1971년 린하이펑(林海峰) 9단에게 당시 양대 빅 타이틀 중 하나인 혼인보(本因坊)를 탈취하여 장장 5연패의 위업을 달성한다. 명예 본인방의 칭호를 받을 수 있는 이 기록은 당시 다카가와(高川格) 9단의 9연패와 사카다(坂田榮男) 9단의 7연패가 전부인 만큼 대기록인 것이다. 지금은 한국의 조치훈 9단의 10연패라는 대기록이 만들어져 다소 퇴색한 감이 있겠지만.

선생이 과학과 만난 것도 어쩌면 거의 필연일 것이다.

우주란 신학이며 철학이지만 과학이기도 한 것. 바둑의 깊이와 넓음이 원소(元素)의 세계와 우주의 광활(廣闊)을 닮았다면 이 지론은 더욱 바둑이 과학으로 설명되어야 할 근거가 되는 것이다.

결국 선생이 주창(主唱)하는 육합(六合)과 삼유(三維)의 사상도 우주의 원리를 역경(易經)으로 설명한 것일 뿐이며, 그 근본은 과학적 관찰을 통한 우주의 실체와 다르지 않다.

다만 전자는 파토스(pathos)적 통찰이고, 후자는 에토스(ethos)적 통찰이라는 점이 다를 뿐이다. 분명 선생의 실전은 전류처럼 빠른 직관에 의한 운영이었으나, 연구의 과정은 책을 통한 분석의 흔적이 역력한 것이다. 이처럼 이원적(二元的) 사고가 뚜렷하고 명쾌함을 선생에 필적할 수 있는 기사가 또 있는가.

바둑 외의 관찰로 보아도 선생의 사고는 글자그대로 우주적이다.

사회주의 체제 속에서 바둑의 발전이 침체되었던 중국바둑계의 발전에 기여하는 선생에게, 애국이라는 상투적인 말로 표현하는 것은 아마도 국수주의적인 발상일 것이다. 애국은 좋은 말임에 틀림없지만 사실은 부분적인 것이며, 선생에게는 적어도 바둑문화의 교류와 공유, 공감을 통한 전 세계의 화해와 공존을 당부하는 커다란 세계관이 있는 것이다.

데땅트란 우리가 언제부터 얼마나 갈구하던 말인가.

그러나 부자(富者)와 빈자(貧者)의 화해와 공존은 아직도 자본주의의 영원한 숙제이다. 이데올로기의 화해와 공존도 우리는 성공하지 못하고 있다. 이 점에 비추어 볼 때, 선생의 세계관이 얼마나 가치가 큰 것이며, 선생이 얼마나 크게 평화주의자이자 휴머니스트로 우뚝 서 있는지를 알 수 있는 것이다.

이러한 이야기를 계속하고 있으면 어떤 분들은 우칭위엔 신봉자나 중독자쯤으로 생각할 수도 있으리라. 그러나 생각해 보라.

20세기의 바둑계를 통 털어 이만한 공적을 남긴 기사가 있는지.

생각하면 할수록 관찰하면 할수록 더욱 더 위대하게만 다가오는 거인의 실체를 생생하게 느끼는 것일 뿐, 우리는 우중(愚衆)도 아니며 데마고그(dema-gogue)는 더욱 아니다.

여성관에 대하여

자웅(雌雄)을 결(決)한다는 말이 있다. 이 말은 물론 누가 이기는지 승패를 가르자는 말이다. 그렇다면 독자 여러분은 정말 자웅을 결하면 누가 이긴다고 생각하는가.

여기 노자(老子)의 해답이 있다. "곡신불사 면면약존(谷神不死, 緜緜若存 … 곡신은 죽지 않고 면면히 존재하는 것이다). 지기웅 수기자 위천하계(知其雄

守其雌. 爲天下谿 … 雄을 알고 雌를 지키면 천하의 溪谷이 된다).” 자, 이쯤
되면 승패는 뻔한 것이 아닌가. 그래도 자웅을 결할 승부욕이 난다면 철리(哲
理)를 꿰뚫은 시대의 스승 노자에 대한 모독이다.

　이러한 이야기를 하는 이유는 선생의 강인함이 모태성(母胎性) 사고에 뿌리
를 두고 있다는 생각이 들었기 때문이다.

　선생의 회고에 의하면 선생은 일찍 아버지를 여의었다고 한다.

　선생의 아버지는 33세의 젊은 나이로 폐결핵에 걸려 요절했다고 기록되어
있다. 이때 선생의 나이 열한 살. 이 나이라면 아버지에 대한 기억이 그다지
많을 리 없는 것이다.

　선생의 어렸을 적 환경은 도교(道敎)의 울타리였으며, 장례도 도교의 의식
으로 치러졌음을 기억하고 있다. 그런데 선생에게 아버지의 죽음을 앞둔 시점
에서 눈에 띠는 기억의 잔영(殘影)이 있었다.

　아버지의 죽음을 앞둔 어머니의 신에 대한 기도인데, 내용은 이런 것이다.
선생은 3형제였는데, 어머니가 “사내애 셋의 목숨을 각각 5년씩 줄여서 그만
큼 목숨을 아버지에게 더 주십사”하고 빌었다는 대목이다. 어머니의 아버지에
대한 목숨을 신과 흥정하는 장면은 흔히 동양적 환경에서 겪는 일이지만, 이
장면은 어린 나이로는 아버지의 기억에 대한 단절을 의미하며, 이후는 재가하
지 않고 홀로 어린 자식들을 어렵게 키우는 고결한 어머니의 기억만이 남게
되는 법이다. 실제로도 선생의 기억으로는 형제 중 자신이 가장 연분이 깊었
음을 회고하고 있으며, “격동의 백년을 긍지를 잃지 않고 요지부동으로 살아
오신 어머니”였음을 밝히고 있다.

　선생이 공개한 어머니의 편지 한 대목을 보면 더 확실한 어머니의 성정이
구구절절히 배어있는 것이다.

　“내 묘지와 관은 벌써 마련하였으니 염려하지 말라. 내가 죽더라도 무리해
서 장례식에 오지 않아도 된다. 무엇보다도 가족을 소중히 하며 건강에 십분
주의하거라.”

　선생이 모태적(母胎的) 사고가 뿌리깊이 자리하고 있다는 유추는 이처럼 강

인하고 고결한 어머니상이 종교와 더불어 승화되어 있는 듯한 회고에 근거를
두고 있는 것이다.

이러한 것은 남자에게 있어 여성관을 형성하는데 결정적인 영향을 끼치는
것이다. 선생의 여성관은 여기서 비롯되어 있다고 확신해도 좋을 것 같다. 왜
냐하면 선생이 바둑의 국제보급에 더딘 것에 대하여 합리적인 해결방법으로
두 가지의 제안을 내놓았는데, 그 중 하나는 룰의 개정이며 다른 하나는 여성
에게 중점적으로 가르치는 것이다. 선생의 지론은 이런 것이다.

"여성이 바둑을 배우면 그 친구에게 가르칠 뿐만 아니라 남편에게 가르치고
아이에게 가르친다. 특히 여성의 지위가 높은 서구에서 바둑을 성행시키려면
우선 여성 사이에 보급시키는 방법이 제일이다. 한 사람의 여성에게 가르치는
것은 다섯 사람의 바둑애호가를 획득하는 결과로 이어지기 때문이다. 그런 뜻
에서 여류기사도 자꾸 해외로 가서 여성 가운데 보급시켜 주기 바란다."

실제로도 선생의 마지막 제자는 여류기사다. 현재 세계 최강의 여류기사인
루이 나이웨이(芮乃偉) 9단이 바로 1993년 삼배(三拜)의 예로 정식 입문한 여
류 제자인 것이다.

그러나 선생은 이러한 여성관을 심어준 어머니가 1978년 12월 24일 아흔의
나이로 임종하는 슬픔을 맛보게 되며, 더욱이 어머니의 편지가 예언이라도 되
는 것처럼 귀화문제가 복잡하여 장례식에도 참가하지 못하는 더한 슬픔도 맛
보게 된다.

그러나 선생은 여성우월론자도 아니고 페미니스트도 아니다.

우리가 지금까지 분석한 선생의 모든 사유의 중심은 언제나 평등의 정신으
로 충만해 있었으니까.

평등을 벗어나는 그 어떤 것도 권력의 이동의 한 현상이었을 뿐, 본래의 혁
명적 취지를 벗어나고 말았던 시대의 개혁을 우리는 너무도 많이 보아왔다. 선
생에게 이런 정도의 역사관이 없을 리 만무한 것이며, 다만 그런 천박한 권력
의 속성을 도외시할 뿐인 것이다.

선생의 이러한 지론은 쉽게 말해 여성의 장점을 면밀히 파악하여 합리적 판

단에 따른 현명한 선택을 당부하는 것뿐이다.

이처럼 선생은 진리를 추구하는 구도자임에도 불구하고 논리와 합리를 부정하지 않는다. 일반적으로 진리는 논리를 거부하는 법이지만 그러나 또한 논리는 진리에 의해 거부당할 때가 가장 논리다운 것이다. 선생은 이와 같이 진리와 논리가 공존할 수 있음을, 공존하는 아름다움을 조화의 원리로 설명한 바 있다.

진리가 논리를 거부한다고 해서 논리도 진리를 거부할 수 있다는 사고는 논리의 목적도 모르는 가장 비논리적인 발상이며, 무릇 진리의 진자도 모르는 자와 논리의 논자도 모르는 자가 논쟁을 하는 것이 가장 역겨운 법이다.

바둑을, 바둑의 원리를 승부라는 윈−루즈(win−lose) 구조의 경쟁원리에서 조화라는 윈−윈(win−win) 구조의 화해와 공존을 통한 창조적 만남의 원리로 승화시킨 선생을 바둑인이기 전에 위대한 사상가이자 철학가로 평가하는 것이 과연 지나친 생각일 것인지.

현대의 바둑계가 바둑을 배우는 수많은 어린이들과 부모에게 바둑의 인성적 이로움을 강조하고 있지만, 현실은 아직도 승부라는 경쟁을 통한 강자가 되는 것을 목표로 공부하고 있으며, 그 척도도 승패의 우열로만 결정짓는다. 바둑을 어떻게 사고하느냐가 아니라 바둑을 얼마나 잘 이기느냐가 관건인 것이다.

백 명의 어린이를 가르친다고 모두 전문가가 되는 것이 아닐진데, 바둑을 통해 어떤 인성적 진보가 있는가를 관찰해야 할 시간에 승리에 대한 도취만을 조장한다면 결국은 바둑을 차라리 안 배우느니만 못한 것이다. 지나친 호승심은 결국 극단적 상실감으로 귀결되기 십상인 것이며, 정신적 괴리와 딜레마만을 수반할 뿐이다.

선생이 이 시대에 다른 기사에 비해 더욱 더 찬연히 빛나 보이는 이유도, 바둑의 강함에 그 본질이 있는 것이 아니고, 반목으로 얼룩질 수 있는 승부관의 어두운 일면에 대해 공존을 통한 조화의 정신으로 불을 밝혀야 함을 예지적 차원에서 천명했기 때문이리라.

있는 자의 없는 자에 대한 아량과 배려, 지식인의 비지식인에 대한 계몽과 같은 사상은 바둑계에도 절실한 시대적 요구인 것이다.

선생에게 이와 같은 사상을 확립하게 한 배경은 필경 한 가지만은 아닐 것이다. 어린 시절의 환경도 영향이 있었을 것이며, 부모의 영향도 있었을 것이다. 그리고 그 암울했던 격변의 시대도 선성의 세계관을 형성하는데 큰 영향을 주기에 충분한 것이었으리라.

선생의 도일에 결정적 역할을 한 스승 세고에 겐사쿠(瀨越憲作) 선생의 보살핌도, 홍만(紅卍)과 새광존(璽光尊)의 종교적 만남도 모두 영향을 끼쳤을 것이다.

그러나 선생을 말하자면, 선생의 도일 후 선생의 바둑관에 가장 큰 영향을 끼친 사람을 짚고 넘어가지 않을 수 없게 된다.

기타니 미노루(木谷實)

현대 일본 바둑사상 훌륭한 제자를 가장 많이 배출한 기타니 도장의 창설자 기타니 미노루(木谷實) 선생이 바로 그 사람이다.

선생보다는 다섯 살이 연상이며, 당시의 일본기계에서 가장 촉망받던 기재였다고 전하고 있다. 선생의 도일 당시 기타니 선생은 19세, 스즈키 다메지로(鈴木爲次郎)의 문하였다.

선생과 더불어 1933년 신포석을 공동연구하여 세상에 발표했다는 것은 앞서도 이미 말한 바 있는 사실이며, 기타니 문하는 1970년대에 이르러 250단을 돌파하는 성황을 누렸을 만큼 독보적인 준영들의 배움터였던 것이다.

선생은 도일하여 이듬해부터 온 기계가 주목하는 신성(新星)으로 떠올랐지만, 기타니 선생에게만은 성적이 좋지 않았던 모양이다.

그도 그럴 것이 당시의 기타니 선생이 다른 기사들에게 얼마만큼 두려움의 대상이었는지 기록을 살펴보면, 당시 혼인보 슈사이(本因坊秀哉) 명인과 가리가네 준이치(雁金準一) 8단의 대결로 세상이 떠들썩했던 일본기원과 기정사

(棋正社)의 대항전에서, 괴
동환(怪童丸) 기타니 선생
은 기정사의 가리가네, 오
노다(小野田), 다카베(高
部) 세 기사를 각각 3회씩
격파하여 혼자서 대항전을
끝냈다는 엄청난 기록이 있
다. 이러한 강자를 상대로
자신이 없었던 것일까.

선생이 궁리 끝에 내놓은
작전이 흉내바둑이었음은
유명한 일화로 기억되고 있
다. 참으로 기발한 착상이
아닐 수 없는 것이다.

참고로 초반 진행을 보기
바란다.

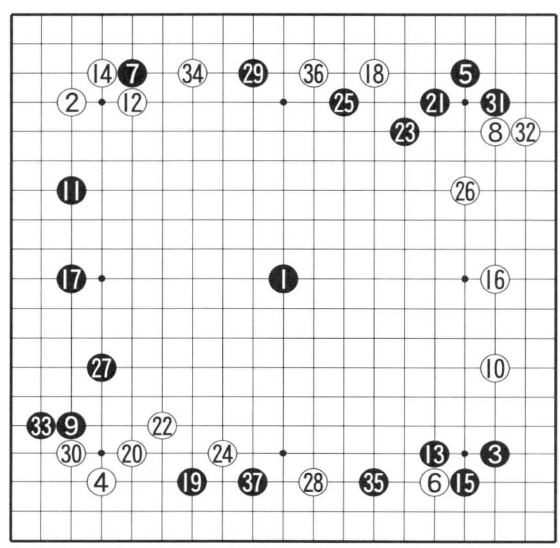

기보 43

선생으로 하여금 이러한 작전을 생각하게 하였다는 것은 당시의 기타니 선
생이 얼마나 강했었는지를 추측할 수 있는 단적인 예다.

그 시대의 양웅이 내면적으로 가까워지는 계기는 오히려 기타니 선생 자신
이 만들고 있다. 앞서 말한 적이 있을 것이다. 선생에게 정신적인 스승이 있었
다는 것을. 사이온지 킹타케(西園寺公毅).

이 사람이 기타니 선생에게 선생을 데리고 오게 했다는 기록이 있는 것으로
보아, 이 세 사람의 만남은 정녕 우연의 일치로 보기에는 너무도 잘 짜여진
픽션이다.

그리고 정진. 사이온지 킹타케 선생의 집에서 날이 가는 줄 모르고 기타니
선생과 연구에 몰두하는 장면이 보지는 못했어도 어떠했는지 너무도 자연스럽
게 영상처럼 그려지는 것은 어쩐 일일까.

1931년부터 1934년 사이온지 킹타케 선성의 임종에 이르기까지 약 4년간, 이때의 정진은 선생으로서도 기타니 선생으로서도 바둑관의 골격을 형성하는 데 필연의 시간이었음에 분명하며, 그 증거로 신포석도 이 시기에 발표된 것을 보면 능히 알 수 있는 일이다.

그러나, 정신적 스승의 갑작스런 임종으로 이 두 사람은 서로 다른 길을 가게 된다. 이 사건의 정신적 타격은 선생이 거 컸던 것으로 보여진다. 선생의 일생에 방황이라는 시간은 분명 기나긴 암흑의 터널이었지만, 그것은 동시에 바둑외적 사유의 기틀을 다지는 계기로 정화시켜 극복한 인간승리의 한 예다. 선생의 방황 속에는 정신의 결핍 외에도 병마와의 투쟁이 있었다.

그 사이, 기타니 선생은 바둑계의 중심에 들어서 대기사로서의 위용을 갖추기 시작한다. 선생의 방황과 기타니 선생의 약진.

너무도 대조적인 삶이 아닐 수 없다. 그러나 숙명은 마침내 선생을 깊은 방황의 수렁에서 건져내어 역사적 대결의 한 장을 만들고야 만다. 운명적인 10번기가 그것이다.

결과적으로만 따진다면 궤변이 될지도 모르는 일이지만, 기타니 선생으로서는 이 10번기가 자신의 기사로서의 운명을 결정짓게 될 줄 몰랐을 것이다.

검객은 자신의 의지로 승부의 기회를 만들 수 있지만, 바둑은 그렇지 못하다. 10번기는 알다시피 기타니 선생의 패배로 끝을 맺었고, 여기서 패한 무적 괴동환(怪童丸)의 투지는 정체(停滯)의 늪에 빠지기 시작한다.

다시 겨루고 싶어도 겨룰 수 없는 상대. 코앞에 있으면서도 만날 수 없는 연무(煙霧)의 실체. 오로지 바둑에만 전념했던 자신이 바둑계의 저편 알 수 없는 소요(騷擾)의 나락에서 갓 깨어난 상대에게 무너진 괴리(乖離).

그러나, 시대는 두 사람의 재대결을 원치 않았다. 전쟁의 전황과 새로운 효웅(梟雄)의 출현이 모두 그 기회를 빼앗아 버린 것이다. 효웅이란 바로 후지사와 호사이(藤澤朋齋) 당시 6단. 1944년 다시 부딪힐 기회를 얻었다고 생각됐을 때, 또 상대는 바둑계의 울타리를 벗어나 새광(璽光)이라는 종교의 그늘 속으로 홀연히 자취를 감추고 만다.

상대를 놓쳐버린 상실감. 전쟁의 소용돌이가 끝나고 바둑계의 정적(靜寂)이 깨일 무렵, 1946년 마침내 선생의 복귀가 발표되었지만, 10번기를 위한 시대의 선택은 당시 2기 혼인보였던 하시모토 우타로 8단이 된다. 이미 알고 있듯이 이 10번기도 선생의 승리로 끝났다.

이로부터 상대의 존재를 확인한 기타니 선생의 재기는 참으로 눈부시다. 선생과 재대결을 하려면 일인자가 되지 않으면 어렵다는 현실을 인정하였던 것일까. 정진을 거듭한 기타니 선생은 그 해 하시모토 8단에게 혼인보를 탈취한 이와모토 가오루 7단에게 이듬해 1947년 제4기 혼인보전의 도전권을 쟁취한다. 그러나 후진을 양성하라는 기신(棋神)의 명령은 기타니 선생의 열망을 마지막까지 외면했다.

이와모토 혼인보에게 3대 2로 분패하고 만 것이다.

다시 6년 후, 1953년 8기 본인방전에서 도전자가 됐지만, 다카가와 혼인보에게 4대 2로, 1959년 14기 본인방전에서도 역시 다카가와 혼인보에게 4대 2로 패퇴하고 말았다.

이것으로 기타니 선생은 우칭위엔이라는 멀고 아득한 존재와 10번기라는 승부의 공간에서는 다시는 만날 수 없었다. 운명. 참으로 운명적인 만남이라 하지 않을 수 없다.

1975년 기타니 선생의 타계로 도장은 문을 닫게 되지만, 그 텃밭에서 자란 준재들이 일본 기계에 끼친 공로는 참으로 지대하다.

그러나 그 공로는 바로 기타니 선생의 것이라 하지 않으면 안된다.

선생으로 말미암아 기사로서 정상 등극에는 비록 실패하였지만, 그 시대의 바둑계에 지워지지 않는 기사로서의 족적도 충분하거니와, 미래의 동량들을 거두어 일본 바둑계의 주춧돌로 키워냈다는 사실은 그만이 가능했던 위대한 선택이었다.

지금 기타니 선생은 가고 없지만, 바둑의 흔적으로도 현대까지 살아있다고 볼 수 있다. 고증될 수 있는 것 중에 현대에 스스럼없이 자주 쓰여지고 있는 대표적인 두 개의 정석이 있다. 모두 기타니 선생의 체취가 묻어있는 정석들이다.

기보 44를 보기 바란다.
우하귀의 정석진행은 1930
년도에 두어진 것이다.

이 정석은 흔히 '밀어붙
이기 정석'이라고 부르는
것인데, 당시로서는 무리라
고 하여 시도되지 않던 것
이었다.

최초의 발안자가 누구인
지는 확실치 않지만, 기타
니 선생의 확신이 들어있는
시도임에는 틀림없는 듯하
다.

그리고 또 하나. 이 정석
은 '기타니 정석'이라는 이
름이 정식으로 붙어있는 대표적인 것이다.

참고도를 보기 바란다. 백7까지 우리가 현대에도
부담없이 채택하고 있는 이 정석은 기타니 선생 회
심의 작품인 셈이다. 이 정석 하나 만으로도 기타니
선생은 바둑인의 곁에 살아 숨쉬고 있는 것이 아닐
까.

60년이 흐른 지금에도 사용될 수 있는 정석을 당
시의 상황에서 창안했다는 것은 바둑관이 그만큼 현
대적이라는 것을 의미하며 그만큼 자유롭다는 것을
의미하는 것이기도 하다.

그러나 기타니 선생에게 이러한 자유로운 사고와

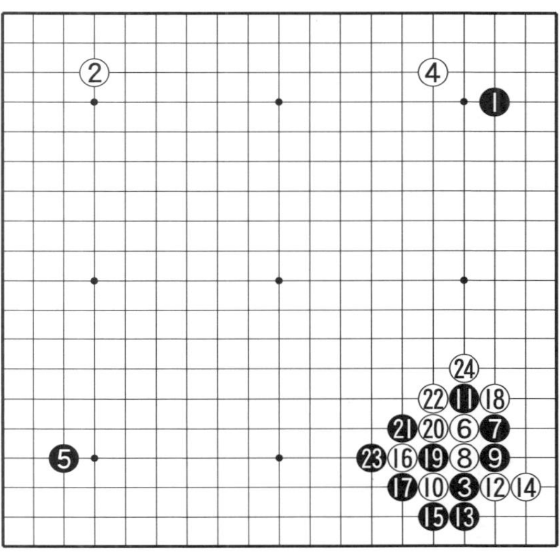

기보 44

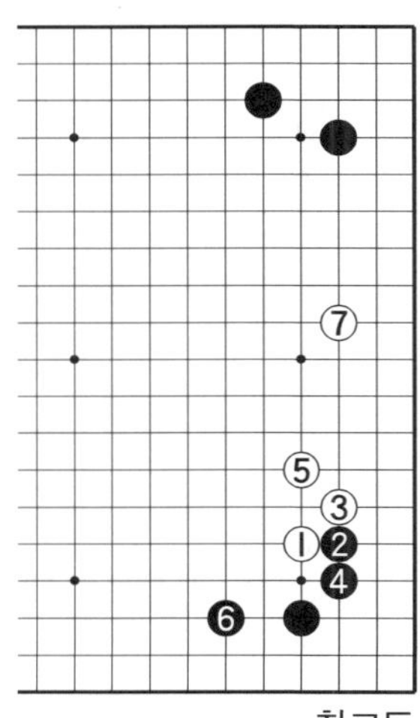

참고도

정면으로 대비되는 원칙주의자와 같은 일면이 없는 것은 아니다. 예를 들어, 기타니 선생에게는 한번 원칙을 세우면 끝까지 관철시키려는 고집스런 일면을 엿볼 수 있는 유명한 일화가 있다.

1938년, 세습제도 하의 마지막 명인이라고 할 수 있는 혼인보 슈사이(秀哉) 메이진과 기타니 선생의 명인 은퇴기념 대국이 성사되는 과정에서 있었던 일이다. — 이 대국은 선생이 병상에서 해설을 담당하였으며, 관전기는 가와바타 야스나리(川端康成)에 의해 수년 후 소설 '名人'으로도 출간된다. 슈사이 메이진은 이 바둑을 둔지 약 1년 후(이 대국은 1938년 6월 26일부터 시작되어 그 해 12월 4일 종국되었다.)인 1940년 1월 18일 파란의 생애를 마쳤다.—

이 대국의 성사과정에서, 기타니 선생이 공정하지 못한 구습(舊襲)하의 규정으로는 대국할 수 없다고 강력하게 버틴 것이다.

여기서 공정치 못한 구습이란, 현대의 대국규정에서는 당연히 받아들이고 있는 봉수(封手)제도가 없다는 것을 의미한다. 앞서 말한 바 있지만 1933년부터 1934년에 걸친 슈사이 메이진과 선생의 회갑기념 대국에서 명인의 일방적인 중단(당시까지는 봉수라는 개념조차도 없었다. 명인은 마음만 먹으면 언제든지 중단할 수 있었으며, 몇 날 몇 일을 공동 연구해 대국을 재개해도 아무 소

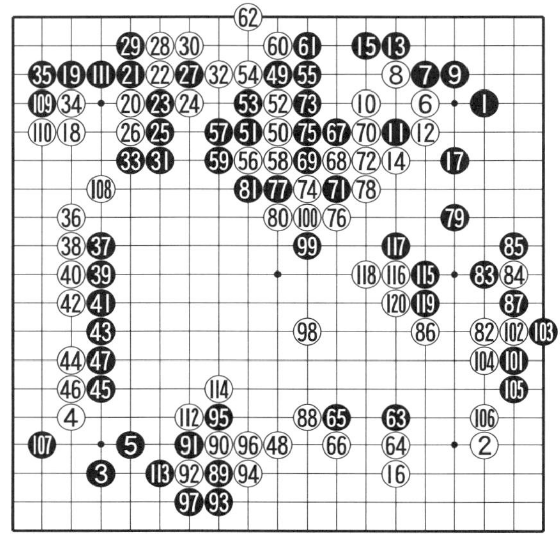

기보 45 (1~120)

리도 할 수 없는 것이 관례로 되어 있었던 것이다.)으로 급기야 백160의 묘수를 당해 역전되었다는 것을 기억하는지.

그러한 기억이 기타니 선생으로 하여금 이러한 규정의 불공정성에 대해 정면으로 도전하게 한 것일지도 모르는 일이다. 그러나 이것은 단순한 도전이라기보다 구 시대 악습의 중심을 향해 혁명이라는 화살을 당

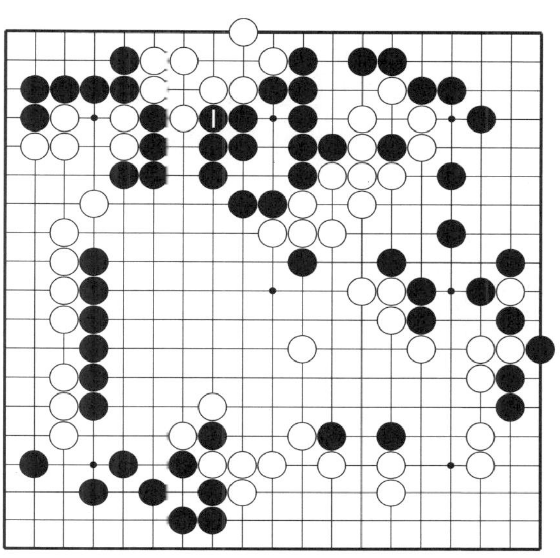

진행도

긴 것이라고 해야 더 적확(的確)할 것이다.

결국 기타니 선생의 의지가 관철되어 봉수제로 대국은 시작되었고, 장장 6개월에 걸친 신구(新舊)의 역사적 대결은 기타니 선생의 5집승으로 끝나게 된다. 세대교체의 파란 불이 켜진 것이다.

기보 45가 바로 그 역사적인 대국이다.

봉수제의 첫 대국이었기 때문일까. 백120까지 진행된 시점에서 흑의 봉수 차례가 되었는데, 이때 문제가 발생한다.

기타니 선생은 과연 흑121을 어디에 두었을까. **진행도**의 흑1이 바로 그 곳이다. 당시의 기록에 의하면 봉수한 기보를 개봉하는 순간, 이 수를 본 슈사이 메이진 측에서는 아연실색했다고 한다.

기껏 봉수했다는 자리가 언제든지 흑의 권리인 3, 4집 짜리 끝내기였던 것. 슈사이 메이진으로서는 불쾌감을 넘어 괘씸하기조차 했을 만도 하다.

메이진에 대한 불손도 이만저만이 아니라는 주장과, 착수에 이유가 있다는 기타니 선생의 반론이 당시의 첨예하게 대립된 신구(新舊)간의 갈등을 잘 대

변해주는 기록이라 하겠다.

현대에도 이러한 단순한 봉수는 잘 하지 않는다. 어쩌면 이렇게 두고 다음 수를 연구할 수 있는 시간을 벌거나 상대의 심리를 건드려 바둑외적 승리를 획책하려 한다는 질타와 비난을 면할 수 없을 수도 있다. 봉수제가 정착하는 과정에서 봉수하는 기사의 심리적 고충은 전문기사간에 공공연히 거론된 사실이다.

현대에는 기사의 건강을 이유로 이틀씩 걸리는 바둑이 거의 없어졌지만,(일본의 大三冠이라 하는 기성전, 명인전, 본인방전만이 이틀 바둑이다.) 이 대국처럼 각 40시간이라는 엄청난 양의 제한시간을 생각해 볼 때, 봉수란 필연의 시대적 요구가 아닐 수 없다.

그러나, 이 대국으로 인하여 슈사이 메이진은 건강을 심하게 해침으로써, 결국 1년여의 간병도 무위로 1940년 1월 18일 파란많았던 바둑외길의 생애를 마치고 만다. 이해 그의 나이 66세.

슈사이 메이진을 죽음으로까지 몰고 간 이 대국을 끝으로, 이듬해 1939년 세습 혼인보는 하나의 바둑가문에서 전문기사 전체가 출전하는 본격적인 총호선의 타이틀전으로 새로 태어나게 되며, 이 탈태(脫態)의 일선에 기타니 선생이 있었다는 것은 그만큼 일본 현대 바둑사에 그가 차지하는 비중이 크다는 것을 의미한다.

그러나 기력의 강함과는 반비례하여 선생이나 기타니 선생처럼 타이틀과 거리가 먼 기사는 바둑사에 눈을 씻고 찾아봐도 찾을 수 없다. 우선 기타니 선생의 타이틀 쟁취는 1956년 동경신문이 주최했던 제1기 高松宮賞東京新聞杯爭奪 위기선수권전에서 처음 우승한 것을 필두로 1957년 2기 일본기원 大手合(승단대회) 최고위전과 3기의 연속 우승, 마지막으로 1960년 제7기 NHK배를 우승한 기록이 전부이다. 이 4번의 우승은 사실 모두 큰 시합이 아니다. 정작 중요한 큰 기전에서는 단 한번의 우승도 하지 못했다.

선생의 경우는 그 정도가 더 심하다. 어쩌면 명인전의 전신이라 할 수 있는 1958년 제1기 최강위전에서 8승 2패로 우승한 것을 비롯하여 1960년 제3기

에서 6승 3패 1빅으로 사카다 에이오 9단과 동률 우승한 것이 전부이다.(제2
기에서는 8승 1패 1빅으로 사카다 9단이 우승했다.) 도대체 어떻게 이런 일이
있을 수 있을까.

물론 선생의 경우 제1기 명인전 도중 교통사고를 당하는 비운이 있었기는
하지만, 1939년부터 시작된 혼인보전에서 단 한차례의 우승도 하지 못한 것은
그야말로 미스테리가 아닐 수 없다.

10번기에서 당대의 타이틀 보유자들이나 최고의 실력자들을 상대로 모조리
치수를 고쳐버린 실력을 생각한다면 더욱 그렇다.

모순의 공존

선생이나 기타니 선생을 관찰하다보면, 이 결과가 우연이나 단순한 아이러
니로 보기에는 미흡한 그 무엇인가가 있다. 우리는 이것을 두 거인만이 가질
수 있는 바둑관에서 찾지 않으면 안된다.

승부관도 결국은 바둑관속에 포함되어 있는 부분집합이 아니던가.

이기지 못하면 밤새 괴로워하는 승부사적 기질이 하나의 자연현상으로 승화
되면, 그 승벽은 새로운 양태로 변모한다는 것을 많은 기사들이 회고한 바 있
다. 이것은 무엇을 의미하는가.

예를 들어, 승부에 있어서는 타의 추종을 불허하는 사카다 9단이 많은 자신
의 책 속에서 패기가 넘치던 젊은 날의 기량이 무모한 것이었음을 고백하고
있으며, 그 고백의 시점부터 그의 승부사적 기질도 부드러워져 일인자의 자리
에 다시 복귀하지 못했다는 것을 기억해야 한다. 굳이 말한다면 "예도(藝道)가
익으면 승부관(勝負觀)도 변한다."는 것이다.

다만 치열한 승부관이 없어도 강한 것은 결국 강한 것일 뿐.

"농(隴)을 얻고 촉(蜀)을 바란다."(後漢書 光武紀)는 것이 인간의 속성일지
는 모르지만, 어차피 인간의 욕심은 만족을 모른다.

승부를 잃었다고 바둑을 잃은 것은 결코 아니며, 승부관이 형체도 없이 녹

아 없어졌다 하더라도 결국은 바둑판 속에 들어있는 법이다.

이론적 지식이 실제적 능력이 되기까지, 한 귀퉁이에 독립되어 있던 승부관이 바둑관 속에서 녹고 또 녹아 바둑관 전체에 골고루 퍼지게 된다면, 이것이 바로 "긍경(肯綮)에 닿는다."(莊子 養正主篇)는 무심의 경지가 아니겠는가?

이런 식의 논리를 전개하다보면, 내 코가 석자인 사람에게 어줍잖게 공자왈 맹자왈을 한다는 비판도 더러 있으리라 생각된다. 본질적으로 바둑을 배우는 사람에게는 기술의 향상이 화급하다는 것쯤은 충분히 공감하지만, 또 그래야 숙적 아무개에게 이길 수 있는 것이지만, 지금은 명인의 바둑관을 추측해보는 경건한 시간이라고 생각하고 참아주기 바란다. 아무리 급해도 철부(轍鮒)의 급(急)(莊子 外物篇) 만이야 하지는 않을테니까.

바둑은 어차피 다기망양(多岐亡羊 … 列子 說符篇, 莊子 駢拇篇)의 사고로는 배움의 한계가 극히 짧을 수밖에 없다. 바둑도 다른 것과 마찬가지로 지식의 집적(集積)과 이론의 분석이 필요한 것은 말할 것도 없지만, 그렇다고 부질없이 지엽말절(枝葉末節)을 꼬치꼬치 캐고 살피는 일에 빠져 근본 목표를 잃어버리는 우를 범한다면 본말이 전도된 것이라 하지 않을 수 없는 것이다.

프로이센의 클라우제비츠(Karl von Clausewitz, 1780~1831) 장군은 명저 '전쟁론(Vom Kriege, 1832)'에서 이런 말을 남겼다.

"이론은 관찰에서 멈추어야 하며 행동의 규칙이 아니다."

그러나 이 말이 꼭 맞는 것이라고 주장하고 싶은 생각은 없다. 어디까지나 선택은 여러분의 자유일 뿐이다. 같은 격물치지(格物致知)라도 주자(朱子)는 지적 분석을 통한 지선후행(知先後行)을 주창(主唱)했고, 왕양명(王陽明)은 지행합일(知行合一)을 주창했다. 이 두 개의 논제 중 어떤 것을 택하든 그것은 여러분의 선택이라는 것이다. 둘 다 선택하거나 아예 아무 것도 선택하지 않는 그 선택까지도.

"당랑의 도끼"(螳螂之斧…文選－陳琳, 韓詩外傳)라는 말이 있다. 이 말의 의미를 문선(文選)에서 진림(陳琳)은 무모한 필부의 만용이라고 했고, 한시외전(韓詩外傳)에서는 불굴의 용기라고 했다. 그렇다면 수레바퀴에 대항하여 싸우려는 사마귀의 용기를 여러분은 어떻게 생각할 것인가. 필경 전자가 더 많을 것은 틀림없는 일이지만, 후자를 선택하는 사람도 꽤 있을 것이다. 그러나 그 사람을 바보로 인식해서는 곤란하다.

논리란 다수가 소수를 몰아붙이라고 있는 것이 아니다. 증명할 길이 없는 논리는 어차피 공존하지 않으면 안된다.

헤겔(Georg Fridrich Wilhelm Hegel, 1770~1831)은 '소논리학(小論理學)'에서 "일반적으로 세계를 움직이는 것은 모순이다. 모순이라는 것을 생각할 수 없다는 것은 가소로운 일이다."라고 말했고, '대논리학(大論理學)'에서 "모순은 모든 운동과 생명성의 근원이다. 어떤 것은 자기 자신 속에 모순을 가짐으로써만이 운동하고 충동과 활동성을 가진다."고 말했다. '자기모순'이라는 말을 들으면 대개는 비합리, 역리(逆理)를 연상하지만, 변증법(dialectic)에서는 합리와 비합리는 상대적인 것이다.

이러한 말을 장황하게 하는 것은 선생이나 기타니 선생을 어떻게 생각하든 결국 여러분의 자유이기 때문이다. "바둑과 컴퓨터"가 선생의 가치를 어떤 관점에서 어떻게 관찰하였든 그것은 우리의 관점일 뿐이고, 여러분은 여러분 나름대로 관찰할 자유가 있다. 공감을 하는 것과 반감을 가졌다는 것이 옳고 그름의 척도는 분명 아니며, 그것은 아마도 여러분의 바둑관이 작용하는 자연현상의 하나이다.

일본의 바둑평론가이며 선생및 기타니 선생과 더불어 신포석이론을 공저한 야스나가 하지메(安永一) 선생의 경험담을 하나 소개하겠다.

"'수 나누기' 또는 '돌 나누기'란 단어는 내가 센다이(仙台)의 대학시절 초엽에 노자와 지쿠초(野澤竹朝)의 '評의 評'이란 난을 통하여 처음 접하게 되었다. 소위 '이심전심(以心傳心)'격인 바둑의 세계에 하나의 과학적 판단을 가미한 이 '수 나누기' 이론은 당시 이과(理科) 학생이었던 나에게는 암흑 속에서 빛을 보는 느낌이었다. 그것은 서구의 자연과학이 갖고 있는 실증적 합리성(實證的 合理性)이 있었기 때문이기도 하지만, 이때 이후 자연과학적인 분석주의에 입각한 형식적인 합리주의가 잠시 나의 철학적 기조를 이루게 되었다. '수 나누기'

이론이, 특히 학생시절의 나에게 강한 충격을 준 것은, 종래의 강제 명령식인 '이 수는 좋다'에서 일보전진하여 '이러이러한 이유에서 이 한 수가 훌륭한 수이다'라고 설명했기 때문이다."

'수 나누기'란 수할론(手割論)을 말하는 것으로, 이노우에(井上)가의 1세이며 2대 메이진인 나카무라 도세키(中村道碩, 1582~1630)가 창안하고 오늘날에 기성(棋聖)이라 부르는 4대 메이진이며 4세 혼인보인 도사쿠(道策, 1645~1702)가 정립한 부분적 분석이론이다. 또 노자와 지쿠초(野澤竹朝)는 슈사이 메이진이 강평한 기보를 다시 평한 '평의 평'을 기고하여 슈사이 메이진에게 파문당한 인물이다. 그러나 그보다 여기서 말하고자 하는 것은 암흑 속에서 빛을 보는 느낌이라는 대목이다. 여러분은 바둑에 대하여 이처럼 암흑 속에서 빛을 보는 느낌을 가져본 적이 있는지. 열심히 공부하는데도 그런 느낌을 받은 적이 없다면, 그것이 바로 다기망양(多岐亡羊)의 현상이며, 새로운 지식과 예전 지식이 충돌하는 이른바 부적전이(負的轉移, negative transfer) 현상이 일어나고 있는 것이다.

선생의 바둑관을 분석하면서, 누누히 역설한 것처럼 모순의 공존을 인정하지 못한다면, 그것은 곧 자기발전을 자기 스스로 막는 정신적 공황상태(恐慌狀態)로까지 연결될 지도 모르는 일이다.

아는 것이 힘일 수도 있지만, 모르는 것이 약일 수도 있다는 상반되는 이치가 공존하는 것은 결코 어색한 일이 아니다. "늙으면 기린(騏驎)도 노마(駑馬)보다 못하다."(騏驎 : 麒麟이나 吉兆의 동물이 아니다. 하루에 천리를 가는 명마를 말한다.…戰國策, 齊下, 閔王下)라는 말이 있지만, "기린은 하루에 천리를 가지만, 노마도 열흘이면 그 곳에 가게 된다."(漢 劉安의 淮南子)는 말도 있는 것이다.

과거 바둑계를 보나 현대의 바둑계를 보나, 항상 문제되는 부분은 공존을 거부한 이기적 독선에서 비롯된 것이 대부분이며, 체제의 부조리에서 비롯된 것이 아니었음을 기억해야 한다.

선생이 설파한 바둑의 문화적 세계화나 여성의 바둑교육에 대한 진보적 합리주의는 대중화의 평등 속에서만이 프로페셔널의 빛이 발할 수 있다는 모순의 공존을 의미하는 것이며, 그간의 권위와 독선이 전문바둑계에 얼마만한 해악이 있었는지 다시 생각할 수 있게 하는 자비에 가득 찬 경구(驚句)라고 보아야 할 것이다.

우리가 노기성(老棋聖)의 이러한 성음을 귓전어 흘린다는 것은 참으로 진리를 개천에 버리는 것이나 다를 바 없으리라.

천왕봉(天王峰)의 꽃 사카다(坂田)

사카다 에이오(坂田榮男)

  1920년 도쿄 출생. 1928년 마쓰부치 다쓰코의 문하생이 되었다.

  1961년 본인방전에서 당시 10연패를 노리던 다카가와 가쿠 9단을 물리치고 본인방 타이틀을 쟁취한 후 이듬해 1962년 후지사와 히데유키 9단에게 명인 타이틀마저 쟁취하여 슈사이 명인 이후 최초로 명인·본인방을 동시에 보유하는 기록을 세웠으며, 1964년에는 '십단'을 제외한 7개 타이틀을 독점하여 도전기 사상 30승 2패라는 전무후무한 기록을 남기며 60년대 일본 바둑의 황제로 군림했다.

  닉네임은 '면돗날 사카다', '견디기의 사카다', '수습의 사카다' 등 많지만 무엇보다도 접근전의 수읽기가 타의 추종을 불허한다는 평가는 거의 절대적이다.

  2000년 3월 15일 은퇴하기까지 통산 64개의 타이틀을 획득하여 이 부문 최다기록을 보유하고 있다.

귀(鬼)의 화(花)

사카다 에이오! 과연 이 인물은 어떤 존재일까.

그 위명을 결코 몰라서 하는 말은 아니지만, 우리는 그 동안 이 존재의 기술적 예도와 실증적 전력이 너무 화려했던 까닭에, 표면적 가치에만 치중한 나머지 존재의 이면에 깔려있는 바둑관의 고찰에는 다소 무심했던 것은 아니었을까 하는 어쩌면 막연한 의구심이 전혀 없었던 것은 아니었다.

흔히 "귀기(鬼氣)가 서려있다."는 표현이 자주 인구(人口)에 회자(膾炙)되었으며, '면도날 사카다', '무딘 날의 사카다', '수습의 사카다', '타개의 사카다', '견디기의 사카다' 등 온갖 수식어를 동원해도 부족한 이 인물에 대해서, 그냥 '절대적 강자'라는 의미의 수식어는 어째서 없는 것일까 하는 것이 의구심의 동기였다고나 할까.

우리가 이러한 점에 대해 한번쯤 새로운 관점으로 관찰해 보는 것이 어쩌면 치기만만한 무례가 될 수도 있으며, 심하다면 역린(逆鱗…韓非子 說難篇)을 건드리는 위험천만한 일일 수도 있다는 것쯤 모르는 바는 아니다. 그러나 바둑사적으로 위대한 거인의 바둑관을 작은 공감대나마 느껴보고 싶은 충동은 바둑인으로서 용서받을 수 있는 무지의 소치였다고 변명할 수밖에 없다.

승부욕의 본질

사카다 9단을 말하자면 우선 승부(勝負)라는 말의 분석이 필요하다.

흔히 이 세계에서 말하는 勝負라는 언어는 무엇을 의미하는 것일까. 이 말은 분명 승패(勝敗)라는 말과는 그 본질이 다르다. 승패란 하나의 결과론적 현상일 뿐이며, 승부라는 언어가 갖는 숨막히는 뉘앙스와는 그 느낌자체가 전혀 다른 것이다.

승부라는 언어가 바둑에서 가지는 역사적 근거를 긍정한다고 보면, 아마도 센고쿠(戰國) 시대와 바쿠후(幕府) 시대에서 그 가치가 부여된 가장 일본적인 조어(造語)라고 보는 것이 타당할 지도 모른다.

이 언어는 우리가 일본을 생각할 때 가장 일본적인 것으로 연상되는 것 중, 대표적인 언어를 말하라면 사무라이(武士)가 되는 것과 같은 맥락이다.

승부욕(勝負慾)에 대해 고찰하자면, 이와 비슷한 심리현상으로 호승심(好勝心)과 자존심(自尊心)을 들 수 있다.

어린이들에게서 흔히 발견되는, 하고 싶은 것을 못하면 신경질적이 되는 심리나, 가지고 싶은 것을 못 가지면 발을 동동 구르며 떼를 쓰는 고집, 심지어 도가 지나쳐 발작적 증세를 보이는 극단적 심리현상은, 일반적으로 보면 대부분 인정되는 소아적(小兒的) 심리현상이다.

그러나 이러한 심리가 어른이 되어도 지속되는 경우를 우리는 주변에서 자주 발견할 수 있다. 그렇다면 이것을 정상이라고 보는 것이 과연 타당할까. 이 심리적 현상은 사실상 소아병적(小兒病的)인 것이라고 해야 옳을 것이다. 전문가의 말에 의하면, 어린 시절에서 성인으로 성숙하는 과정에서 미처 성숙하지 못한 한 부분이 성인의 심리를 지배한다는 것이다. 그런 관계로, 어린이에게 똑똑하다고 한다면 칭찬이 되지만, 어른에게 똑똑하다고 하면 욕이 되기 십상이며, 어린이에게 착하다고 한다면 칭찬이 되지만, 어른에게 착하다고 한다면 바보라고 놀리는 말이 될 수도 있다.

현대에 이르러 부부간에도, "남편은 하늘", "내 자존심을 건드리면 용서할 수 없어", "너만 잘해봐" 따위와 같은 전근대적인 사고를 가지고 있다면 시대를 거꾸로 사는 것이다.

바둑의 사고와 더불어 빗나간 승부욕은 인간의 만남에서도 자기 견해의 관철을 위해 상대의 견해와 수도 없이 충돌하고 있다. 심지어 부자지간에도 마치 전쟁의 양상이나 군신간의 대립처럼 끝없는 히게모니의 쟁탈을 하고 있는 것이다. 분명한 것은 바둑을 어떻게 생각하느냐에 따라 인생의 축소판이 될 수도 있고, 전쟁의 축소판이 될 수도 있다는 것. 여러분이라면 어느 쪽을 선택할 것인가.

바둑을 복기(復碁)함에 있어서도 여지없이 드러나는 대목은, 복기에서 절대 지려고 하지 않는 사람이 많다는 것이다. 이 현상은 오래된 구태의 연속이며 문화적 영향이다.

바둑의 역사를 돌이켜 볼 때, 승부욕은 기사로서 필수불가결이었음을 인정한다. 메이진 혼인보 조와(丈和)가 그랬듯, '기력이 한참 왕성할 때는 유리한 바둑은 물론이고 뒤집을 수 없이 불리한 판도 곧잘 이겼다."라는 말이나, 사카다 9단의 "어떻게든 견뎌내어 이겼다."는 말은 결국 승부욕의 투철함에서 비롯된 것임을 인정한다는 것이다.

수읽기와 수보기

승부욕에 대해서는 나중에 다시 거론하기로 하고, 우선 사카다 9단을 대표

하는 두 번째 단어로 묘수
(妙手)와 귀수(鬼手)를 떠
올리는데 그 누구도 이의가
없을 것이다. 그리고 묘수
나 귀수를 분석하기에 앞서
이러한 수가 탄생하게 되는
배경에는, '수읽기'라는 절
대적 명제가 전제되지 않는
다면 불가능하다는 데에도
이의가 없을 것이다.

기보 1을 보자. 이 바둑
은 쇼와(昭和) 시대의 바둑
사에 길이 남을 역사적 대
국이며, 사카다 귀수, 묘수
록(鬼手, 妙手錄)의 권두
(卷頭)에 실을 만한 묘수가
탄생한 대국이다. 사카다 9단은 이
대국을 승리하면서, 혼인보 슈사
이 메이진(本因坊 秀哉 名人)이래
명인, 본인방을 동시에 석권하여
타이틀전 시대 제일인자의 자리에
우뚝 서게 된다.

기보 1의 백1(실전에서는 120
번째 수가 된다.), 당시 아무도 생
각지 못했다는 이 착점이 어째서
묘수의 자격 100퍼센트를 충족시
킬 수 있는지는 여러 책에서 이미

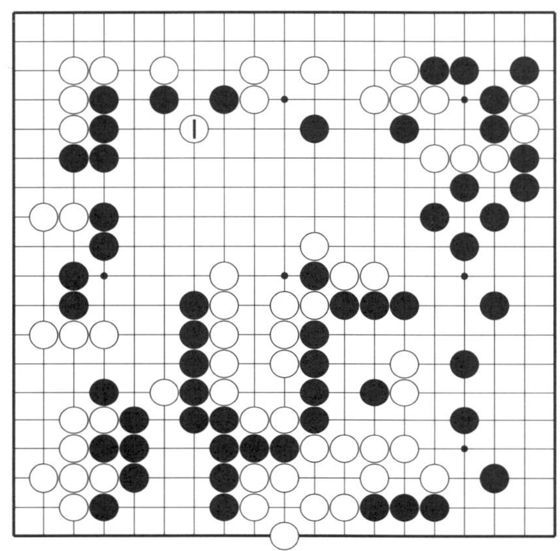

기보 1

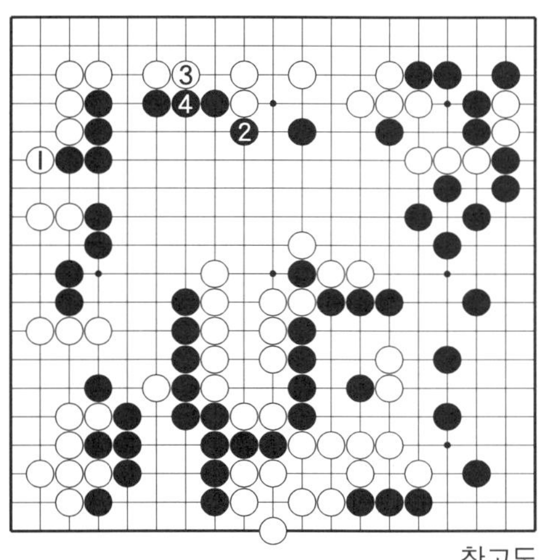

참고도

검증된 사실이므로, 여기서 또다시 다룬다는 것은 의미가 없어 생략하기로 하겠다.

다만 여기서는 '사카다 묘수'의 본질을 분석해 보는 바둑관적 사고가 더 중요할 것이다. 당시 슈코 9단의 예상은 **참고도**였다고 하는데, 일반적으로 대다수의 수읽기가 형세판단의 혼돈(混沌)속이라면 이 정도가 보통이 아니었을까 하는 심증은 어렵지 않게 추측할 수 있다.

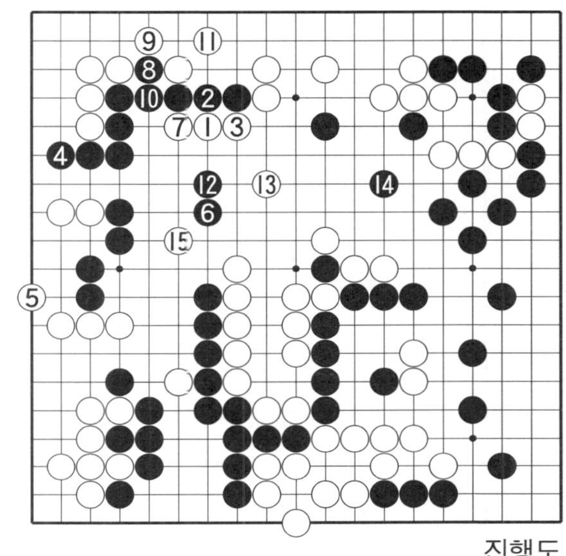

진행도

흔히 "의표를 찔렀다."라는 표현이 있지만, 이런 상식의 궤(軌)를 벗어난 수는 아무나 아무 때나 발현되는 것도 아니며, 단순한 수읽기의 차원에서 고찰할 수 있는 성질의 것이 아니라는데 그 본질의 가치가 더욱 확연해진다.

진행도에서 보듯, 흑이 기대했던 중앙쪽 두터움의 의도는 무산되고 흔들리는 심리의 허를 찌르는 듯한 백15부터 흑의 동요가 절정에 이르면서 급기야 옥쇄(玉碎)의 나락으로 치닫고 만다.

참고도처럼 두는 방법 외에 다른 수단은 없을 것이라는 확신적 선입주견(先入主見)이 판단의 정곡(正鵠)을 잃게 한 것이라고 할 수 있다.

기보 1의 백1과 같은 수는 수읽기 분야의 새로운 지평을 연 것이라 감히 단언하고 싶다.

수읽기의 일반적인 정의는 어디까지, 몇 수까지를 보느냐를 골간(骨幹)으로 하는 것이 당시의 일반적 통념이었으며, 이 부분은 전술적 진보가 이루어진 현대에 와서 다소간의 진전을 보인 것이 사실이기는 하지만, 아직도 수읽기의 본질적 정의를 내린 학술적 이론은 없다고 보는 것이 타당할 것이다.

여기에 사카다 9단의 '수보기'라는 개념은 확실히 비약적인 것이며, 기념할 만한 것이다. 이 이론은 우리가 그 동안 '읽기'라고 믿었던 용어의 이론적 지식을 송두리째 흔드는 것이기 때문이다.

사카다 9단의 지론에 의하면 우리가 지금까지 생각하고 있었던 '수읽기'는 '수보기'라고 할 수 있으며, '수읽기'는 그보다 훨씬 더 높은 차원의 복잡한 물성(物性)이 따로 존재한다는 것이다.

기보 1의 백1과 같은 수야말로 그러한 바둑관이 창출할 수 있는 참다운 수읽기가 아닐까. 일반 아마추어들이 이해하기 쉽지 않은 경지의 물성이라면 접근이 불가능할 지도 모르는 일이지만, 과학적 접근에 소홀할 수밖에 없었던 사카다 9단이었음을 감안할 때, 어쩌면 이 부분도 분석이 분명 가능한 분야라고 보여지는데 여러분은 어떻게 생각하는지.

사카다 9단의 지론을 요약하면, 수읽기란 '어디까지 보느냐'와 '어떤 것까지 보느냐'의 두 가지 측면이 존재한다는 것이며, 전자는 양적인 속성을, 후자는 질적인 속성을 가졌다는 것이다. 전자가 질적이고 후자가 양적이라 해도 수읽기의 이러한 양면성이 바뀔 리는 없다. 아마 어지간한 기력의 소유자라면 이 짧은 문장만으로도 "아하"라고 무릎을 칠 수 있을 만큼 명쾌한 해설이라 하겠다. 기타니 선생을 전자에 비유하여 사카다 9단 자신은 후자 쪽임을 인정하고 있지만, 이 판단은 사카다 9단 자신의 독단적 판단이 아니고, 야마베 도시로(山部俊郎) 9단의 판단이다.

바둑의 복기과정에서 흔히 등장하는 일이지만, "이러이러하게 두었다면 되었을 텐데 착각한 것이 아닌가?" 라고 물었을 때, 대국자가 "그 수는 읽었는데 상대가 중간에 저러저러하게 둘 때 자신이 없었다." 라고 대답하는 순간, 질문자가 그 수단에 대한 고려가 전혀 없었다면 질문자는, '어떤 것까지 보느냐'의 수읽기보다 '어디까지 보느냐'라는 일방적인 수읽기를 한 것이 되고 만다.

기보 1처럼 자신이 전혀 생각지 않은 의외의 수를 당했을 때, 그리고 그 수에 대한 마땅한 대응수단이 없다는 현실에 도달했을 때, 결국 그 수를 인정하지 않을 수 없는 결론이 내려지면 당사자의 심리는 어마어마한 데미지를 입지 않을 수 없게 된다. 우리는 고금의 묘수 중에서 슈사쿠(秀策)의 '이적(耳赤)의 묘수'를 손으로 꼽는데 주저하지 않는다. 그리고 그 수가 겐안 인세키(幻庵因碩)의 의표를 찔러 그가 심리적 동요를 일으켜 귀가 붉게 되었다는 바둑사의 한 구절을 기억하고 있다. 바둑을 예측의 게임이라는 관점에서 본다면, 이 사건은 미처 예측하지 못한 수단과 부딪쳤을 때 일어나는 심리적 동요가 필연적인 것임을 반증하는 하나의 기록이라 볼 수 있다.

심리변화의 단계로 볼 때, 우선 그 수가 성립되기 전의 과거로 돌아가 참담한 후회의 시간을 가지지 않을 수 없는 것이 인간의 심리상 너무도 자명한 일이며, 그러한 자괴(自愧)의 끝은 좌절(挫折) 혹은 승복(承服, submission)이라는 현상으로 나타나게 마련이다.

바둑 외에도 이러한 심리적 현상은 사회 도처에 보이는 일반적인 현상이다. 자신이 알고 있다고 자부했던 지적 관념의 세계가 너무도 무지스럽고 편협한 것이었구나 라는 냉엄한 현실에 부딪쳤을 때, 우리는 그러한 좌절을 얼마든지 할 수 있다. 이것은 분명 충돌현상이지만, 상대와의 견해나 논리에서 충돌하는 것이 아니고, 자신의 내면 깊이 잠재되어 있던 가치관이 새로운 가치관에 의해 파괴되고 붕괴되는 일방적 충돌현상이다. 따라서 이 현상을 어떻게 수용하느냐에 따라 끝이 될 수도 있고 새로운 시작이 될 수도 있다. 바둑도 사람의 일이므로 이 범주를 크게 벗어나지는 않을 것이다.

그러나 하나의 유형을 더 제시하자면, 다시 한번 지금부터 국면을 수습할 방도가 없을까 하고 회생의 투지를 불사르는 끈질긴 투혼의 심근(心筋)을 가진 기사도 있다는 것이다. 물론 그러한 인내를 가진다는 것은 거의 천성에 가까울지도 모르며, 인간에게 이런 점을 요구한다는 것이 무리일지도 모르는 일이다. 왜냐하면 이러한 인내가 잘못 인식된다면 지나친 고집이 편협이 되어 인성적 패배의 무저갱(無低坑)에 갇힐지도 모르기 때문이다. 이러한 위험에도 불구하고 고집스럽게 자신만의 바둑관을 관철시켜 수읽기의 새 지평을 제시한 투혼의 대명사가 바로 사카다 9단이라고 단언한다면 속단일까.

전술한 것처럼 파괴와 붕괴가 새로운 시작이 될 수 있다는 것은 기독교적 사고일 수도 있으며 적어도 변증법적 사고가 되는 것이지만, 후술하고 있는 관점은 과연 어디에 비교할 수 있을까.

굳이 비교하자면, 근대 독일의 철학자 니체(Friedrich Wilhelm Nietzsche; 1844~1900)의 초인사상(超人思想)과 흡사한 면이 크게 부각된다고 보여진다. 사카다 9단의 바둑의 수업은 일반 기사와는 크게 대비되는 점이 있다. 그리고 이 부분은 바둑을 연구하는 사람이라면 적어도 한번쯤은 짚고 넘어가야 할 부분이기도 하다.

사카다 9단의 회고에 의하면, 수업시절 고전의 기보를 한번도 탐독하지 않았으며 거의 실전을 통해 익혔다고 한다.

마치 무지한 아마추어의 이야기 같아 믿고 싶지 않을 정도의 고백이 아닐 수 없다. 심지어 어린 나이에 아버지의 손에 끌려 내기바둑을 두었다는 구절에서는 경악하게 된다. 도무지 정상적인 수업이라고는 해본 것이 아니다. 그럼에도 결국 제일인자가 되었다.

그렇다면 이와 같은 사실을 우리는 어떻게 이해해야 옳은가.

사카다 9단의 약력을 잠시 살펴보면, 1920년생이며 29년에 마쓰부치 다쓰코(增淵辰子 : 1904년 고기시 소지 문하, 53년 은퇴, 6단)의 문하에 들어가 35년에 입단하여 55년에 9단이 된 것으로 기록되어 있다. 다른 기사와 비교해 볼 때, 15세 입단이라면 빠른 것이 아니다.

결국 사카다 9단은 만성형 대기(晩成形大器)라고 밖에는 달리 설명할 수 없다. 그리고 또 하나, 우리가 알지 못하고 있는 숨은 노력이 내면에 어떠한 방식으로든 방대하게 축적되었음이 분명하다는 것이다. 다시 사카다 9단 특유의 수읽기 세계로 들어가 보자.

이 대국도 역시 대부분의 독자가 본적이 있는 바둑이며, 또 이 대국에서 탄생한 묘수 또한 '어떤 것까지 보느냐'의 수읽기가 만든 회심의 묘수임에 틀림없지만, 다만 여기서는 초인으로 성숙하려는 사카다 9단의 극기와 인간일 수밖에 없는 현실의 양면성을 동시에 볼 수 있다는 점에서 관찰해 보는 것도 좋을 것이다.

묘수의 본질이 접근전과 대국관에 따라 어떻게 다르게 발현될 수 있는지가 이 대국을 제시한 포인트인데, 기보 1이 대국관에서 고찰된 묘수라고 볼 수 있다면, 기보 2는 접근전에서 읽어낸 타개의 맥점이다.

그러나 우리는 여기서 묘수의 본질을 다시 생각해야 할 필요가 있다. 그 수로 인해 성공했다면 무조건 묘수가 되느냐 라는 것이다.

다른 대응에 의해 결실이 없을 수도 있는 착점이 다

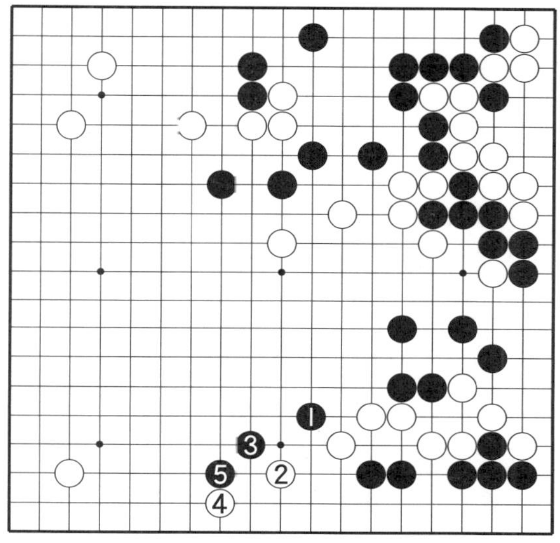

기보 2

만 기발하다는 관점에서 묘수의 자격을 부여해도 되는 것인지. 이러한 의견은 마치 보석을 팽개치려는 의도처럼 보일 수도 있어 여간 조심스러운 것이 아니지만, 이에 대해 묘수의 정의를 모르는 우학(愚學)인 이상 의문은 여전히 의문일 수밖에 없다.

기보 2를 보자.

흑1 이하 흑5까지의 공격은 과연 후지사와 슈코 9단답게 선이 굵은 공격수법이다.

지금 형세는 공세의 주도권을 쥐고 있는 흑이 단연 앞서고 있는 국면인데, 이 난국을 사카다 9단은 어떻게 수습하였을까.

이곳의 변화는 여러갈래로 파생되지만, 여러 책에서 이미 보인 것이므로 일일이 열거하는 중복은 피하기로 하겠다. 다만 여기서는 접근전의 묘수가 가지

는 속성을 분석하고, 대국
적 견지에서 합당한 읽기가
없더라도 묘수가 되는지에
대한 정리를 하자는 데 그
목적이 있을 뿐이다.

결론을 먼저 말하자면,
이 장면에서 백이 형세를
역전시키는 수단은 어디에
도 없다고 보는 것이 마땅
하다. 백이 할 수 있는 최
선의 저항은 구사일생이나
궁여지책이 전부라고 봐야
한다.

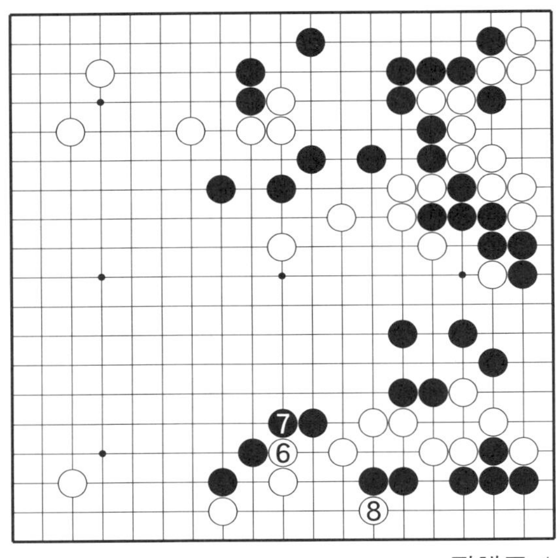

진행도 1

그만큼 흑의 파상적 공세가 주효했으며, 지금까지의 흐름은 접근전의 치열
함을 떠나 대국적으로 모든 흐름이 흑의 쪽으로 기울어져 있는 것이다. 오히
려 이런 큰 흐름에서는 일거에 격멸시키려는 흑의 의도가 너무 급할 수도 있
다.

진행도 1을 보기 바란다.

백6을 교환하고 일견 잘못 둔 듯 보이는 백8의 붙임.

이 수는 실전에서 백74의 수에 해당한다.

당시 아무도 예측 못했다는 이 붙임수에 대해 관전기의 언론에서는 "과연
사카다 다운 절묘한 붙임이었다."고 극찬한 바 있는데 현대의 관점에서도 동
일한 찬사를 받을 수 있을까.

진행도 2가 실전의 진행인데, 만약 이 그림이 쌍방 최선의 외길 수순이었다
면, 그 찬사에 대해 아무도 부정할 수 없게 된다. 그러나 이 진행은 어디까지
나 한 순간에 승부를 결정지으려 했던 슈코 9단의 조급함에서 비롯된, 예상치
못한 반발에 대한 심리적 갈등의 결과로 보는 것이 타당할 것이다.

아마도 오늘날의 냉철한 젊은 기사들이라면 **참고도**와 같은 진행을 선택하지 않았을까.

흑1로 참아두고 흑7까지의 교란이 예상된다면, 이 그림은 **진행도 2**와는 집과 두터움에 있어 비교할 수 없이 흑이 좋다.

아직도 백은 미생이며 흑A의 절단도 남아있는 만큼 이 진행은 흑의 공세가 장기화되는 최적의 흐름이다.

그렇다면 백의 묘수는 글자그대로 궁여지책이 될 수밖에 없다. 따라서 어쩌면 이 묘수는 귀수, 묘수의 명부에서 지워졌을지도 모를 일이다. 한마디로 **진행도 1**의 백8은 예상치 못한 착점임에는 분명하지만, '어떤 것까지 보았다' 라기 보다는 '어디까지 보았다'는 표현이 더 어울리며, 그보다 중요한 사실은, 무엇까지 보든 어디까지 보든

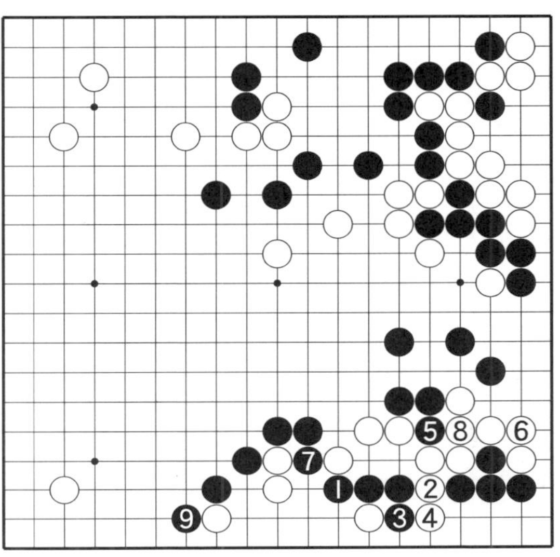

진행도 2

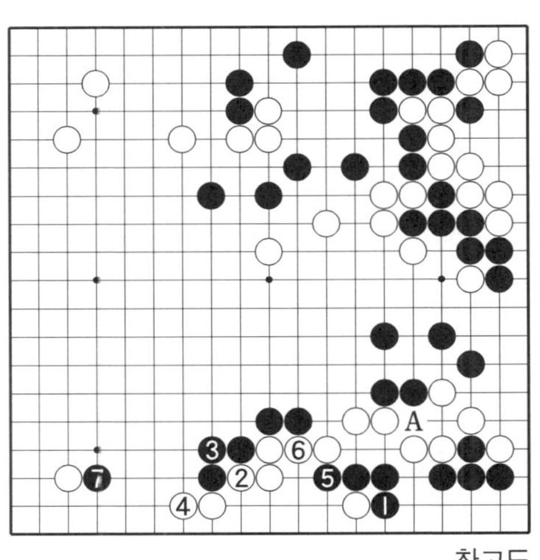

참고도

대국적 견지의 판단과 부합하지 않는 읽기란 묘수의 반열에 세우기에는 부적합하다는 것이다.

그러나 한편으로 당시의 두 거인이 기예와 더불어 심리적으로도 첨예하게 극단적 대립을 피할 수 없었던 점으로 미루어 볼 때, 승부라는 괴어(怪語)가

연출하는 드라마는 분석이라는 본질적 관점과는 달리, 있는 그대로의 실존적인 것임은 결코 부정할 수 없다.

운명이나 숙명적인 스토리마저 부정하면서까지 바둑관을 분석하는 것도 한쪽에 기운 편협한 사고임을 부정할 수 없으므로.

사카다 선생의 기보 1과 같은 '어떤 것까지 보느냐'보다 '어디까지 보느냐'는 과연 어떤 수읽기를 말하는 것인지, 또 하나의 기보를 보면서 감상해 보기로 하자. 기보 3을 보기 바란다. 백1은 실전의 백154에 해당하는데, 이 수는 단순한 응수타진이 아니다. 백1과 같은 무심한 듯한 응수타진은 과연 몇 수 앞을 읽어야 실행이 가능한 것일까.

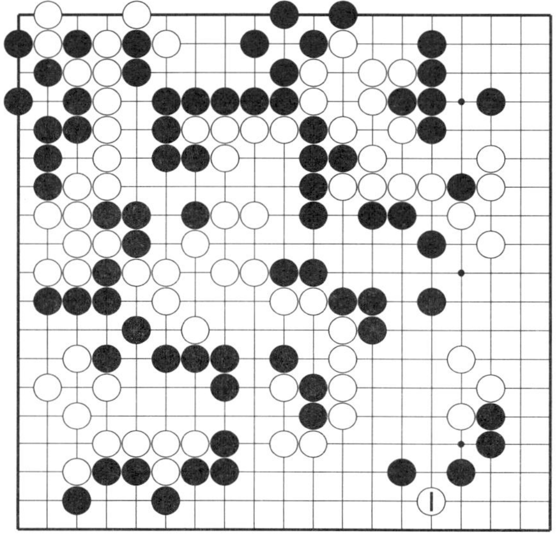

기보 3

분석해 본다면 이 수의 변화는 약 10여 개의 갈래로 나뉘어지는데, 그 속에는 변화에 따른 형세판단과 좌중앙의 흑, 하변의 백, 중앙의 흑 세 곳의 사활에 대한 읽기가 모두 포함되어 있으며, 각 변화마다 약 20여수에서 30여수의 정밀한 읽기가 필요하다. 그보다 중요한 것은 읽을만한 변화 외에 훨씬 더 많은 불필요한 변화를 얼마만큼 순식간에 삭제할 수 있는가에 달려있다.

되지도 않는 변화의 수읽기까지 한다면 영원히 읽어낼 수 없을 수도 있으며, 자칫 혼자만의 독선적 읽기가 들어있다면 자멸할 수도 있기 때문이다. 이 부분도 이미 다른 책에서 다룬 것이므로, 변화도는 생략하고 장장 30여수에 달

하는 대형 사활이 어떤 필
연의 과정으로 종결되는지
만 감상하기로 하자.

진행도 1에서 보듯 백1
부터 흑4까지가 결정된다
면, 이후는 거의 필연의 진
행이 되는데, 단 한가지의
변화가 있다면 백5에 대한
흑6으로 흑10으로 두는 것
이지만, 이 변화는 간단히
흑의 실패가 되므로, 백의
다음 수읽기는 흑16의 절
단에 대한 하변 백의 사활

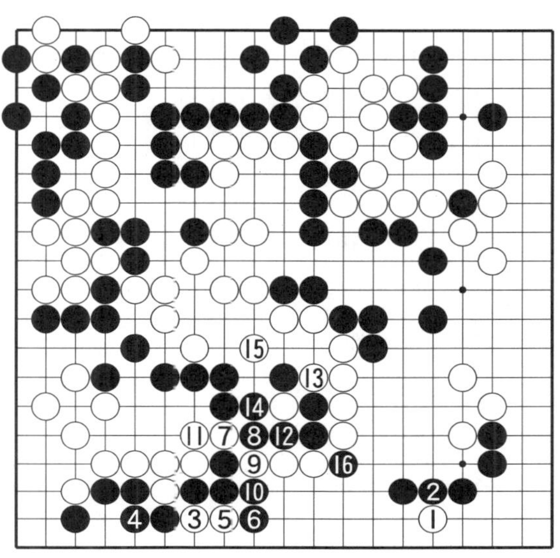

진행도 1

과 연관된 중앙 흑의 사활이 관건이 된다. 물론 이곳까지의 변화를 예측하는
것도 쉬운 읽기는 아니지만, 흑16의 절단에 대한 하변 백의 사활이 추가된다
면 여기서부터는 전문가의 영역이 된다. 그러나 사카다 9단의 읽기는 하변 백
의 사활을 지나 중앙 흑의 사활에 사실상 초점이 맞추어져 있는 것이다. 하변
백이 산다면 좌중앙의 흑대마가 궤멸되는 것은 명약관화한 일이므로, 흑은 이
백을 잡지 않으면 안된다는 필연이 있을 뿐이다. 그러나 이 시점이라면, 상대
인 스기우치 9단도 필경 알아차렸을 듯 싶으며, 여기까지와서는 이미 늦었다
는 것도 느꼈을 것 같다. 예상치 않은 곳에서 무심히 상대의 수읽기에 걸려들
었다는 느낌이 확인으로 결정되는 순간부터, 이 시간이 전문기사로서는 가장
괴로운 시간일 것이라고 믿어도 좋다.

심증만으로 말하는 것이 이상할지 모르지만, 이 기보의 수순을 앞으로 더듬
어 가다보면, 도처에서 사카다 선생이 진작부터 이곳을 노리고 있었다는 느낌
을 지울 수 없게 되는데, 어쩌면 상대인 스기우치 9단도 이쯤에 이르러 '어째
서 이곳을 간과하고 있었는가' 하는 후회의 심정으로 두었을 것이라는 생각이

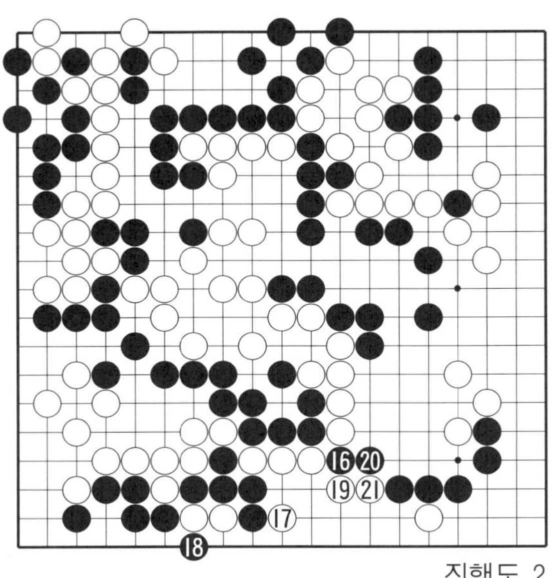

진행도 2

진행도 3

드는 것은 이 때문이다.

이 기보의 수순 이전은 흑이 절대 우세의 국면으로 종국할 수도 있는 결정적 기회가 두 차례 있었다. 유리했던 바둑을 찰나의 만심(慢心)으로 형세불명이 되고 그 순간, 기보 3과 같은 무심한 응수타진에 이은 필연의 수순으로 대마횡사의 참담함을 목도(目睹)하는 당사자의 심정은 이제 말로 표현할 필요가 없을 것이다.

참고로 이후의 진행이 어떻게 되었기에 그러는 것일까 하고 궁금한 독자들을 위해 수순을 보여드릴까 한다. 진행도 2는 일단 하변 백의 사활을 읽어두어야 하는 하나의 필연적 과정이며, 또 이 진행은 흑이 백을 끝까지 잡으러 올 때의 중앙쪽 수단에 대한 읽기의 시작이 된다. 백17의 붙임

과 더불어 백21의 찝음이 최초의 수와 연관된 필연의 수순이다. 여기서 흑이 위쪽 흑2점의 절단을 방비한다면 하변 백은 삶이 보장되며, 그렇다면 좌중앙

의 흑대마가 자연사하므로 그것으로 승부도 끝이 난다.

따라서 **진행도 3**의 흑22도 필연이며, 백23 이하 흑32까지의 사석작전도 외길 수순이 된다. 마침내 백33의 치중.

이 수로 중앙 흑대마의 삶은 없다. 이 수로 중앙 흑의 삶이 없다는 것을 읽는 것은 그다지 어렵지 않을 것이다.

여기까지의 진행을 보며, 이제 사카다 9단의 '어디까지 보느냐'의 수읽기에 대해 무언가 느낌이 와 닿는 분이 있다면, **기보 1**의 묘수와 비교하여 **기보 3**의 묘수는 어떤 차이점이 있는지에 대해서도 다시 생각해 보기 바란다.

일반적인 '읽기'에 대한 사카다 9단의 '보기'의 이론은 일반 아마추어뿐 아니라, 전문기사의 세계에서도 정립될만한 가치가 충분한 것으로 보인다. 이 이론은 다시 말하면, '보기'만 잘해도 이미 전문가의 영역에 들어서 있다는 뜻도 되는 것이며, '읽기'란 거기에 모든 판단의 능력이 필요충분 조건으로 전제되어야 한다는 뜻도 된다.

그렇다면 사카다 선생의 바둑관에 들어있는 수읽기관을 정리하면 대강 이런 것이 아닌가 하는 생각이 든다.

"바둑의 '수읽기'란 어떤 것을 어디까지 읽을 것인가 하는 것이며, '읽기'에 의한 착점선택은 형세의 호오(好惡)를 기준으로 판단한다."

그러나 이 말을 자세히 살펴보면 기존의 논리와 특이하게 다른 점을 발견할 수 없다. 어째서 그럴까. 우리는 여기서 왜(why) 그럴까 하는 의문보다는 과연(absolutely) 그럴까 하는 의문을 해결할 필요가 있다. 후자를 해결하게 되면 전자는 자연적으로 해결되기 때문이다. 그리고, 이 부분에 대해 견해를 단도직입적으로 말하라면 결코 그렇지 않다고 단정지어 말하고 싶다.

사카다 9단의 수읽기론은 누구나 말할 수 있는 것이지만, 그러한 이론은 누가 말했느냐가 더 중요한 법이다. '어떤 것까지 보느냐'와 같은 명쾌한 이론이 내재된 경험적 완성의 이론은 사실상 논박(論駁)의 대상이 아닌 연구의 대상이며, 현상학(現象學, phenomenology)적 이해의 대상이다. 이런 사유의 대상은 긍정적 시각에서만 고찰이 가능하며, 부정적 시각에서는 처음부터 접근이 불가능해질 수도 있다. 바둑의 실전에서는 의심이 전제되어야 수비도 가능한 것이지만, "의심(疑心)은 암귀(暗鬼)를 낳는다."(列子 說符篇)는 말처럼 바둑의 이론에서는 오로지 긍정의 시작만이 필요할 뿐이다.

다만 선생의 수읽기가 **기보 1**처럼 일반적으로는 이해할 수 없는 안목의 차이에서 탄생한 묘수로만 일관되었다거나, 적어도 **기보 3**처럼 많은 양의 수순을 필요로 하는 것으로 구성되었다면 하는 아쉬움이 남는 것은 우매한 후학의 어쩔 수 없는 욕망이다.

실제로, 사카다 9단의 저서에 등장하는 수많은 귀수와 묘수는, 대부분 접근전과 접촉전의 '읽기'에 해당하는 것이 사실이며, 이 점은 현대나 미래에 재조명될 수 있음을 시사하는 것이기도 하다. 그리고 과거 명인들의 대국관과 수법의 연계성이 후세의 명인들에 의해 재조명된 것처럼, 이 부분이 시류(時流)에 의해 새로운 관점으로 재조명될 수 있다는 것은 결코 어색한 일이 아닐 것이다. 그렇다고 사카다 9단의 확고부동한 궤적(軌跡)과 위치가 변질될 리는 만무한 일이니까.

어디까지나 상징은 상징이며, 형식이 지나치게 과장되었다 해도 형식이 상징이 될 수 없다는 것은 진리다.

사카다 9단의 수읽기가 **기보 3**처럼 완벽한 시나리오로 종결되었던 점에 반해, 그 변화의 설명이 약간의 문제점을 안고 있는 기보도 있다. 그러나 이 기보의 수읽기는 **기보 2**처럼 대국적 견지의 문제점이 아닌 수읽기 그 자체의 문제점이다.

기보 4를 보자.

상대는 당시 우칭위엔 선생에게 십번기에서 패퇴하여 극단적 슬럼프에 빠졌다가 심기일전하여 이름도 구라노스케(庫之助)에서 호사이(朋齋)로 개명하고 재기를 다짐하는 일본기원 최초의 9단 후지사와 호사이.

당시의 관전해설을 빌면, 백2(이 수는 실전의 백80에 해당한다.)의 준동과 더불어 준동이 있기 전 백△ 두 곳의 응수타진이 50여수 후에 연계되어 있음을 암시하고 있는데, 그 말에 대한 진의는 알 수 없는 것이지만, 당시 사카다

9단의 비범한 수읽기에 이
미 들어있을 것이라는 믿음
이 그 정도는 충분했을 것
이라는 추측을 가능케 한
다. 그리고 그 말을 증명하
기라도 하는 듯 사카다 9단
의 타개 수순은 그야말로
현란무비(絢爛無比)가 아
닐 수 없는 것이었다.

진행도를 감상하기 바란
다. 기나긴 대형 묘수풀이
는 백34에 이르러 백의 승
리로 끝나게 되는데, 여기
서 백34(이 수는 실전의
112에 해당한다.)를 역사에
남을 묘수라고 찬탄하는 당
시의 관전소감이 있었다.
이 수가 어느 시점에서 읽
혀졌는지는 모르지만 경탄
할만한 깊은 수읽기라 해야
할 것이라는 의견이 지배적
이었던 것으로 보여진다.

그런데, 우리가 알아야
할 사실은 흑33까지 만들
어진 상황에서 백34를 찾
는 것이 과연 그토록 어려
운 수읽기인가 하는 점이

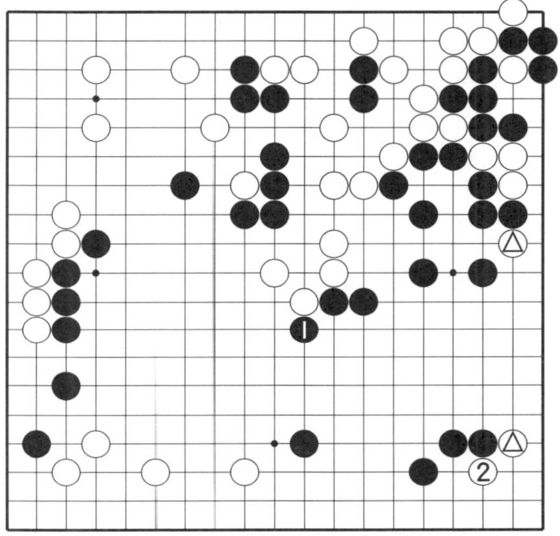

기보 4

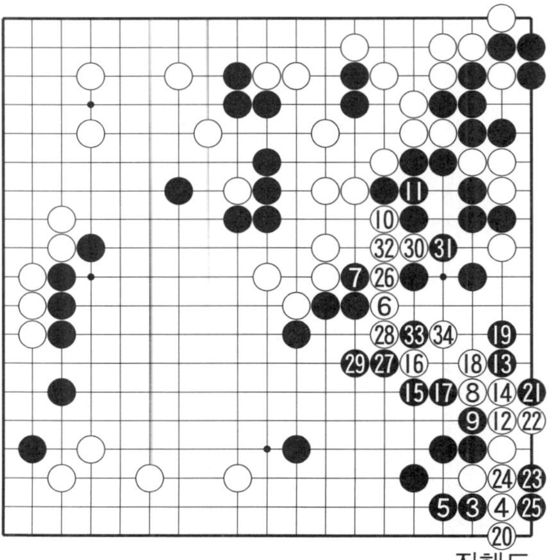

진행도

다. 전문기사의 수준에서 이 수를 찾는데는 과연 얼마만한 시간이 걸릴까. 아마 모르긴 해도 10분 정도면 충분하지 않을까 하는 생각이 든다.

그렇다면, 이 수를 왜 역사에 남을 묘수라고 탄복하는가. 그 이유는 이 수가 발현되기 훨씬 이전 모든 수순이, 이 수를 위해 존재한다고 믿을 수밖에 없었기 때문이다.

그러나 만약에, 최종적인 수순의 단계에서 역으로 반전된다면 어떻게 될까? 이 말은 괜히 하는 것이 아니다. 만약에 이 말이 현실이라면 백34의 수는 부분적 묘수임에는 분명하지만, 역사에 남을 묘수는 아닌 것이 된다. 일단 당시의 기보에 대한 변화도를 보면 그 중에서 눈길을 끄는 변화도가 하나 있다.

참고도 1이 바로 그것이다.

이 변화도의 결론을 보면, 백1의 끼움에 흑2로 늦춰 받는 것은 백7까지의 수순에 의해 역시 자충을 피할 수 없다는 것이 되는데, 여기서 눈치가 빠른 독자 중에 맥에 정통하고 수읽기가 유단자급인 분이라면 벌써 흑4의 끊음에 문제가 없는가 하는 의심이 들었으리라 본다. 그리고 그 의심은 정확한 것이다. 흑4는 맥이 아니다. 이 수로는 참고도 2의 흑4로 두는 것이 정맥인 것이다. 참고도 2에 대한 변화는 독자여러분이 직접 읽어보고, 흑4 이후 백의 저항이 없다는 것을 직접 확인해 보기 바란다.

지금까지의 결과만을 본다면 저널리스트의 극찬은 지나친 과장임에 분명하지만, 본래 저널의 속성은 그럴 수도 있는 것이므로 문제 삼을 일은 아니다.

다만, 묘수와 수읽기의 본질이 어떤 것인지 일반 아마추어들도 알아둘 권리가 있다는 차원에서 말

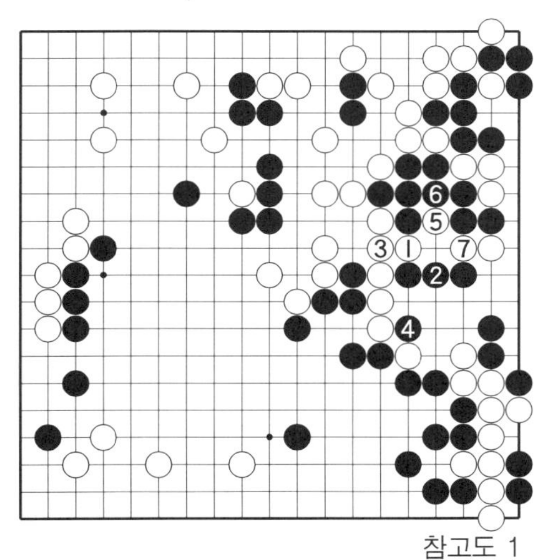

참고도 1

하는 것뿐이다.

또 **참고도 2**의 결과로 흑이 절
대 우위에 선다면 모를 일이지만,
이 정도 간발의 우세는 이 진행 이
후, 상변 흑에 대한 백의 반격에
흑이 얼마만큼 견디느냐가 미지수
이므로, 승부의 끝은 아직도 멀고
도 험하기만 한 오리무중(五里霧
中)의 상태이다.

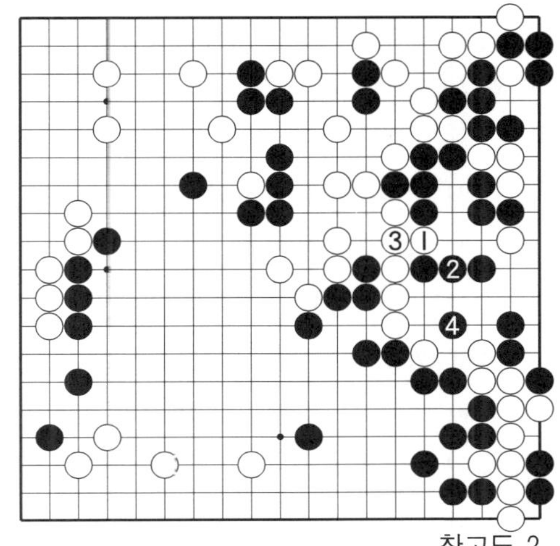

참고도 2

만개(晩開)

사카다 9단이 타이틀전 시대의 최고봉으로 우뚝 서기까지, 전진일변도로 달
렸다고 생각한다면 그것은 오산이다. 세상의 모든 역경이 위인을 만들었던 것
처럼, 사카다 9단도 처음부터 파죽지세의 바둑인생은 결코 아니었다. 1951년
그의 나이 31세에 생애 첫 타이틀(일본기원 최고단자 토너먼트전이며 후에 일
본기원 제1위전을 거쳐 현재의 碁聖戰이 된 타이틀)을 획득하지만, 1961년 세
상의 주목을 받을 수 있는 제16기 혼인보(本因坊) 타이틀을 손에 넣기까지는
무려 10년이라는 세월이 걸렸다. 이 10년의 절치부심(切齒腐心)은 '견디기의
사카다'라는 별명처럼 끈질긴 그의 장점을 보여준다. 그리고 이 시기부터 '높
은 산봉우리의 꽃'은 마침내 개화(開花)의 새벽을 열고 만다.

이때 그의 나이 41세. 늦게 핀만큼 일찍 질 줄 모르는 이 생명의 꽃은 현대
에 이르러서도 부동의 위업을 지키고 있다.

이 해에 사카다 9단의 웅자(雄姿)는 너무도 찬란한 것이었다.

제9기 왕좌위(王座位)를 다카가와 9단에게 탈취하면서 최초의 7관왕에 등극
하는 등 그야말로 신기록의 행진을 시작한다.

다만 반드시 차지하고 싶었던 타이틀 쟁취에 실패하는데, 이것이 바로 제1

기 명인전이다. 이 해 새로 신설되어 이듬해 1962년까지 계속된 제1기 명인전에서, 가장 강력한 우승후보였던 우칭위엔 선생과의 최종국에 얽힌 사건은 너무도 유명하다. "방휼지세(蚌鷸之勢)는 어부지리(漁父之利)가 된다.(戰國策)"는 고사처럼 양웅(兩雄)의 결전은 백빅승에 의한 양자탈락으로 끝나고, 초대 명인의 보위(寶位)는 후지사와 슈코(藤澤秀行) 9단의 차지가 되었던 것.

그러나 이미 개화한 꽃은 만개의 정점까지 시들지 못하는 것처럼, 이듬해 1963년 슈코 명인에게 도전하여 기어코 명인위를 탈취하고 만다. 이것으로 사카다 9단은 세습제 혼인보 슈사이 메이진 이래 타이틀전 혼인보로서 메이진을 겸한 최초의 인물이 되는 영광을 안게 된다.

이처럼 오랜 역경을 견뎌 만학의 나이에 마침내 정상의 꿈을 이룬 기사도 흔치 않은 것이지만, 사카다 9단처럼 강렬한 이미지의 기사는 현대에도 찾을 수 없다.

이유가 있다면 상상치 못할 만큼의 혹독한 자기 수련을 통해 바둑관을 얻고, 그 바둑관을 통해 가치관을 만드는 어마어마한 역류의 과정은 웬만큼 비범해서는 견딜 수 있는 성질의 것이 아니기 때문이리라.

사카다 9단의 족적을 더듬다 보면 무언지 모를 인간적 고뇌와 극기의 성취가 동시에 전달되어 옴에 놀라기 쉽다. 처음에 그것은 마치 땀냄새처럼 자연스럽게 사고의 후각을 자극하며 아수라(阿修羅)처럼 다가오는 듯 하다가, 나중에는 관세음(觀世音)의 천수천안(千手千眼)같은 자상한 느낌을 지울 수 없을 때가 많다. 저 높은 명인의 반열에 서있는 듯 보이다가 바로 옆에 서있는 듯한 이 느낌의 실체는, 어쩌면 그가 바둑의 명인으로서 가장 인간적이고 실존적인 존재이기 때문일지도 모른다. '실존은 본질에 앞선다.'는 말을 확신한다면.

살(殺)의 기예(棋藝)

그러나 본질의 분석도 중요하므로, 이제는 사카다 9단 바둑의 본질을 관찰해 보기로 하자.

독자여러분은 지금까지 사카다 9단의 바둑을 보면서 이 바둑의 본질이 타개와 수습에 있었다고 확신할 지도 모른다. 그러나 사카다 9단의 저서 중 타개와 수습에 관한 책은 그다지 많지 않다. 오히려 공격의 요령에 관한 책이 대부분이며, 더욱이 공격에 관한 충고에 대해서는 너무도 자상하다. 심지어 독심술까지도 충고한다.

그 까닭은 사카다 9단 바둑의 본질이 공격에 있으며, 그 공격의 본질마저도

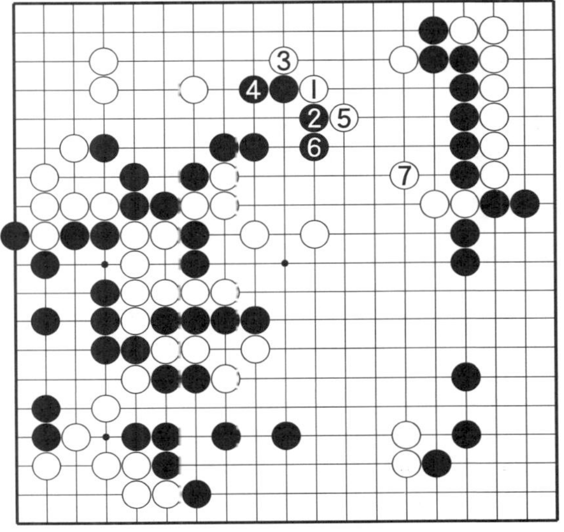

기보 5

필살(必殺)의 의지로 무장되어 있기 때문이 아닌가 생각된다. 목표물을 선정하기까지는 인내의 극치를 보여주다가, 그 목표물이 사정거리에 들어오는 순간 보여주는 살(殺)의 기예는 신기(神技)에 가깝다. 마치 상대를 일격에 베는 미야모토 무사시(宮本武藏)처럼.

기보 5를 보자.

백을 든 상대는 강완무쌍(强腕無雙)의 슈코 9단. 그러나 국면은 서로 공방의 입장이 바뀌어 있다.

형세가 불리한 백이 백1 이하 7까지 교란을 일으켜 난전을 유도하고 있다. 과연 이 국면에서 사카다 9단은 어떤 반격을 구상했을까?

이 정도의 국면이라면 흑은 사실상 알기 쉽게 두는 방법이 없는 것은 아니었다.

그러나 그것은 읽기의 치열함에 있어 사카다 9단의 본질과는 결코 어울릴 수 없는 부(富)의 안주(安住)며 역동(逆動)의 거부(拒否)다.

진행도 1의 흑8(이 수는 실전에서 101에 해당한다.)로 차단하는 것을 분기점으로 사카다 9단 특유의 필살이 시작된다. 여기서부터의 수읽기는 약 30수. 변화의 갈래는 약 7가지. 이 수로 필살까지 가는 과정은 실로 살얼음을 걷는 것과 다르지 않다. 단 한수라도 착오가 있다면 필패의 국면으로 추락하고 만다.

진행도 2의 수순을 먼저 감상하기 바란다.

백11에 끊긴다면 우상귀 흑의 세력은 곧바로 죽음이다. 그러나 이 흑의 죽음은 이미 읽기의 계산에 들어있는 것이며, 이 죽음을 통하여 필살의 수읽기는 다른 곳으로 이동하게 된다.

여러분은 지금 수읽기에 의한 대규모 버림돌작전(捨石作戰)을 보고 있는 것

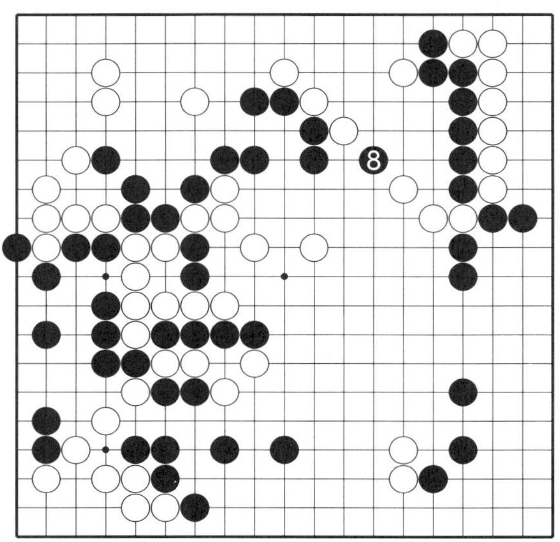

진행도 1

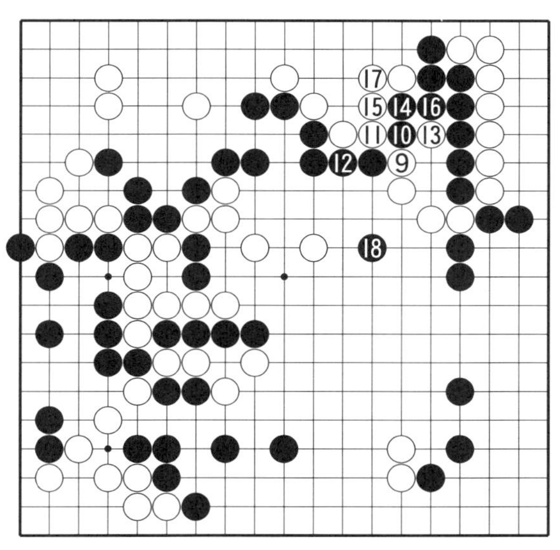

진행도 2

이다. 마침내 흑18. 여기까
지가 수읽기의 1단계가 된
다.

　진행도 3이 이 모든 수읽
기의 전말을 보여주고 있다.

　이렇게 큰 손실을 감수했
던 이유는 결국 흑26부터
시작된 포위속에서 백의 삶
이 없다는 것을 백퍼센트
확인했기 때문이다.

　이러한 읽기가 바로 필살
의 진수(眞髓)를 보여주는
것이다.

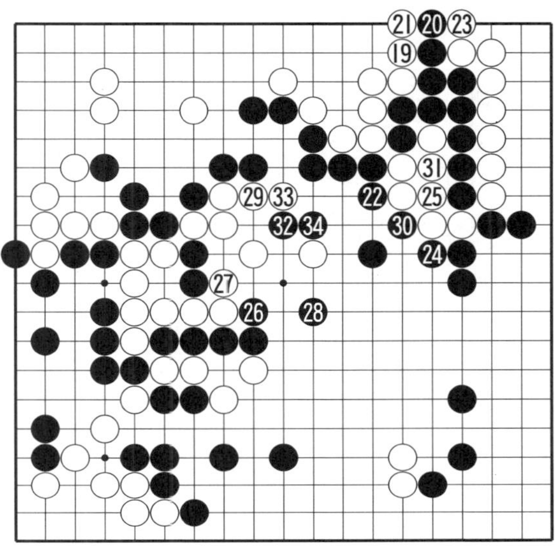

진행도 3

　대다수의 명인들이 그랬듯이, 사카다 9단의 바둑에도 이처럼 기회가 포착될
때에는 항상 형세의 유리함과 무관하게 필살의 일관성이 있다. 명인의 바둑에
이처럼 '부자 몸조심'이 없는 이유는, '풍요(豊饒)의 뿔'이 언제나 인간을 부패시
킬 수 있다는 진리를 바둑의 과정을 통해 돈오견성(頓悟見性)했기 때문이 아닐
까.

　어쨌든 그토록 타개에 능한 바둑의 속성어 이처럼 필살의 속성이 잠재되어
있다면 무언가 모순의 냄새가 날 수도 있는 것이다. 바둑에 있어 타개의 본질
이 쉬운 것이라면, 필살은 낯선 언어가 되며, 필살의 본질이 쉬운 것이라면, 타
개는 존재하지 않는다. 이 두개의 속성을 공유한다는 것은 논리적으로 모순이
다. 어떻게 가능할까?

　군사학에서도 방어는 공격보다 전술전략상 우위에 있음을 분명히 하고 있
다. 그렇다면 바둑에서도 타개가 공격보다 쉽다는 말이 되는데 과연 그럴까.
우리는 사카다 9단의 바둑 역정(歷程)을 통해 이 논제에 대한 해답을 얻을 수
도 있을 것 같다.

살(殺)의 기예(棋藝)　323

사카다 9단의 역정에 대해서는 잠시 후 살펴보기로 하고, 우리가 부딪친 모순에 대해 생각해 보자. 우선 여러분은 "돌을 잡는 것이 쉬운가, 사는 것이 쉬운가."라는 질문에 대해 어떻게 대답할 것이며 또 그 이유에 대해서는 어떻게 대답할 것인가.

많은 분들이 여기에 답하기를, "당연히 사는 것이 쉽다. 한 개의 돌을 잡으려면 네 개의 돌이 필요하기 때문이다."라는 것이었으며, 소수는 "잡는 것이 쉽다. 내 경험상."이라는 것이었다.

과연 그럴까.(can it be so) 전자는 참으로 논리적이며, 후자는 순진한 기분파다. 전자를 대답한 분 중에는 친절하게도, "따라서 공격보다는 타개가 쉬운 것이다." 라고까지 설명해 주었다.

can it be so? 정답은 "모두 틀렸다. 그러나 모두 맞다."라는 것이다. 왜냐하면 질문이 틀렸기 때문이다. 그러나 전자의 친절은 사족(蛇足)이다. 바둑의 공리(公理)가 만들어진다면, 이 논제는 이렇게 말하는 것이 맞을 것이다. "포위하는 것은 어렵다. 그러나 포위된 돌은 살기 어렵다." 또 공격과 타개(打開는 방어의 개념이다.)에 관해서도 "공방의 본질은 하나이며, 양면성을 수반(隨伴)한다."라는 공리가 성립한다.

어디까지나 공방은 사활과 연관은 있으되, 동일한 것이 아니다. 다시 말해, 공격의 목적은 전과의 획득일 뿐 필살이 아니며, 타개의 목적도 손실의 축소일 뿐 삶을 추구하는 것이 아니라는 것이다.

조화와 균형

이야기가 잠시 샛길로 빠지고 있는 느낌이지만, 사카다 9단의 역정을 음미하면서 이 이론이 부합하는지 살펴보자. 여기서 우리는 우칭위엔 선생편에서 언급한 사카다 9단의 회고를 다시 살펴 볼 필요가 있다. "바둑은 균형의 게임이다. 한참 혈기왕성할 때는 빠르게 전환하여 먼저 챙기고 수습의 묘수로 상대를 경악시켜 '수습의 사카다' 라는 별명을 얻은 적도 있었지만, 상대의 강완에 대마가 횡사하거나 체력이 떨어지는 후반에 극단적 패배를 당하기도 했다. 뻔히 알면서도 위험을 범한다는 것은 정도가 아닐 것이다. 주관이 고집이 되는 경우는 편협을 피할 수 없어, 역시 바둑은 조화에 있음을 통감하게 된다."

바로 이것이다. 투혼을 불사르며 공방에 혼신을 바쳤던 사카다 9단이 결국 정착한 바둑관은 조화와 균형의 세계였다. 알다시피 조화는 우칭위엔 선생의 바둑관이며, 균형은 다카가와 선생의 바둑관이다.

아이러니컬하게도, 우칭위엔 선생은 자신의 위에 있었고, 다카가와 선생은 자신이 모든 타이틀을 탈취한 사람이다. 자신을 천적처럼 여길만한 사람의 바둑관을 긍정한다는 것. 이것이 쉬운 일일까. '선악(善惡)이 개오사(皆吾師)'임은 명인에게도 해당되는 말인가.

사카다 9단의 바둑이 변조를 보이기 시작한 것은, 시기적으로 1965년 혜성과 같이 등장한 약관 23세의 청년 린하이펑(林海峰)에게 예상밖의 난조로 제4기 명인위를 뺏긴 후, 이듬해 1966년 리턴매치에 실패하면서부터가 아닌가 생각된다. 바둑의 내용을 보면 확실히 이 무렵부터 자신의 회고처럼 집에 민감하고 타개에 능했던 본연의 바둑이 아닌 두터움으로 무장된 초반 전술을 구사하기 시작한다. 기보 6, 7을 자세히 음미하기 바란다. 이 진행들을 보면 사카다 9단의 초반전술이 두터움에 의한 공격으로

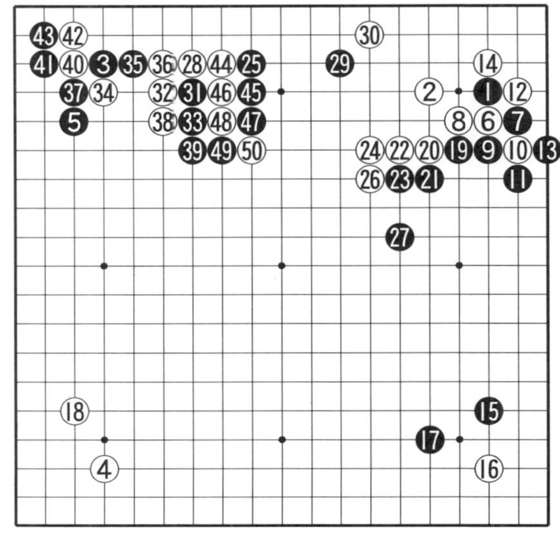

기보 6

변화하기 시작하고 있음을
실감할 수 있다.

어쩌면 린하이펑 9단의
대륙과 같은 폭넓음과 이해
할 수 없는 끈기, 또 부수
고 부숴도 무너지지 않는 대
해와 같은 두터움이 그로 하
여금 극기의 조반(造反)을
자극한 것인지도 모른다.

이 해 그의 나이 46세.
20여년의 연령차가 그에게
새로운 자각의 화두를 던졌
는지 알 수 없는 일이지만,
이 시기를 분기점으로, 새
로운 바둑관이 사카다 9단
에게 생성되고 있는 것은,

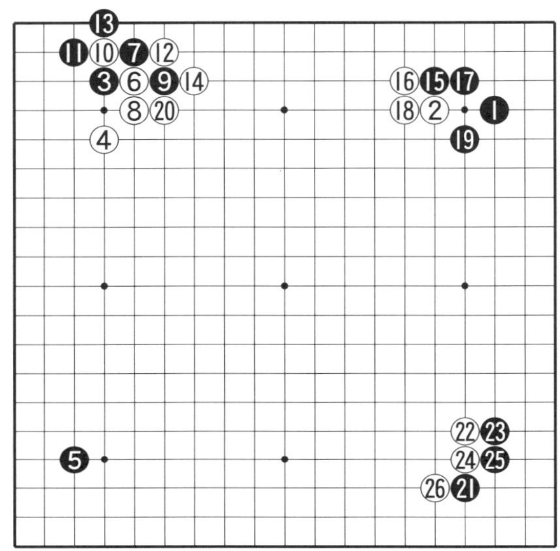

기보 7

기보와 더불어 회고의 추리를 통해 확증하기란 그리 어려운 일이 아니다.

그리고 그에 따른 전술의 변화가 밀려오는 새 세대에게 경각의 의지를 더욱
견고하게 했음은 바둑의 발전사를 생각할 때 더 없는 축복일 수밖에 없었다는
것에 찬사에 찬사를 보내야 할 것이다.

1967년은 그의 괴완(怪腕)을 마지막으로 보는 해가 된다. 끝없이 도전해 오
는 영 파워의 기수 린하이펑 명인을 상대로 혼인보 타이틀을 사수하려는 그의
투혼은 비장(悲壯)의 극에 달한다. 이 기전에서 그가 보여준 기예는 예전의 그
로서는 상상도 할 수 없었던 전술의 통합편이었다.

기보 8과 기보 9를 보면 비슷한 진행임에도 현격한 차이를 보이고 있음을
알 수 있다. 불과 20일 정도의 시간격차이지만 기보 9는 기보 8에 비해 더욱
위력적이면서도 집을 등한시하지 않고 있다.

**제22기 본인방전
도전7번기 제3국**
1967년 5월 23일~24일
福井縣 芦原溫泉 開花亭

● 린하이펑(林海峰)
○ 혼인보 에이슈(本因坊 榮壽)

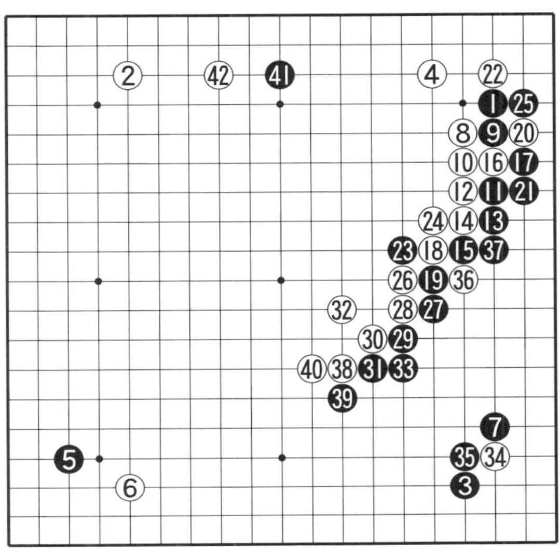

기보 8

우선 이렇게 밀어붙이는 과정에서, 기보 8의 백2에 비해 기보 9의 백2가 흑의 갈라침에 대해 능률적인 위치에 있으며, 밀어붙이는 과정에서도, 기보 8이 뒷맛을 고려한 나머지 수순을 빠뜨려 중앙에 약점이 생긴 반면, 기보 9는 과감한 용단(勇斷)을 보이고 있다.

미래의 기약이 불분명한 초반에 무려 50집에 달하는 대가를 허용하며 대세력 작전을 감행하기란, 웬만한 확신을 가지고 있지 않은 이상 명인의 바둑뿐 아니라 여타의 전문기사 바둑에서도 구경하기 쉽지 않은 일이다. 여기서 우리는 사카다 9단의 확신에 찬 정진이 두터움의 바둑관으로 정립되어 가고 있음을 목격하고

제22기 본인방전 도전7번기 제5국
1967년 6월 12일~13일 三重 二見町 朝日館

● 린하이펑(林海峰)
○ 혼인보 에이슈(本因坊 榮壽)

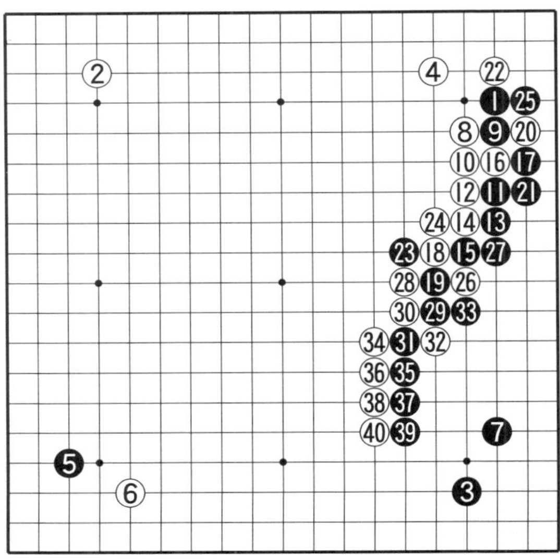

기보 9

있는 것이다.

사카다 9단의 바둑관에 있어, 이러한 변모는 확실히 주목할만한 일이며, 실제로도 이후의 바둑에서는 엷음을 귀수, 묘수의 타개로 일관하는 장면은 거의 구경할 수 없게 된다.

재미있는 사실은, 당시의 아마추어든 프로든 시대의 절대 강자 사카다 9단의 귀수와 묘수에 흠뻑 취해 너나 없이 '선실리 후타개'의 바둑을 구사하였지만, 정작 유행의 장본인이 개변(改變)하고 있었음에도 전작(前作)의 유행은 도무지 식을 줄 몰랐다는 것이다. 그 영향은 한국의 아마추어가 더 했을런지도 모른다. 당시 전6권으로 번역 출판되었던 사카다 '바둑의 묘' 시리즈(育民社)는 월간지에 기고됐던 '귀수묘수'와 함께 폭발적인 인기를 누렸었고, 그 어려운 내용을 4, 5급 수준의 아마추어들도 무슨 무협지를 보듯 감탄사를 연발하며 애독하였음이 지금도 생생히 기억난다. 시대의 강자도 일종의 우상이다. 우상에 대한 흉내와 모방의 사고는 바둑의 세계에도 어김없이 해당되는 것이며, 그러한 조류는 지금도 아마 미래에도 변함없이 진행될 것이다.

그러나 밀려오는 신세대의 약진은 마치 장강(長江)의 뒷물결처럼 앞물결을 끊임없이 밀어내고 있었다. 권념(眷念)의 여유도 없이.

1968년 사카다 9단은 자신이 다카가와 9단에게 그랬듯이, 천적(天敵)처럼 부딪쳐 오는 대륙의 바람에 마침내 굴복하고 만다.

'앞차의 복철(覆轍)은 뒷차의 경계'(說苑 善說)임에 분명한 것이지만, 순환(循環)과 유전(流轉)의 진리앞에서는 역불급(力不及)인 것. 바둑사의 모든 명인이 그랬던 것처럼, 사카다 9단도 순환하는 역사의 수레바퀴 속에서 미래의 바둑사를 위해 기신(棋神)의 신명(神命)에 청종(聽從)하지 않을 수 없었던 것이다.

기보 10은 신구간의 갈등에 종지부를 찍고 마침내 세대교체의 막이 오르게 된 역사적 대국이다. 상대는 역시 전해에 이어 다시 도전자가 된 대만 출신의 기린아 린하이펑 9단. 린하이펑 9단은 26세의 젊은 나이로 명인, 본인방을 동시에 제패하는 쾌거를 이루게 된다. 물론 수개월 후 사카다 선생에게 전 타이틀을 모두 빼앗긴 다카가와 9단에게 명인위를 찾아 되돌려주는 아이러니컬한 운명이 기다리고 있었는지는 미처 몰랐겠지만.

기보 10의 초반 흐름을 보면 린하이펑 9단의 두텁지만 집에 민감한 알 수 없는 기풍에 사카다 선생이 심리적으로 부담을 느끼고 있음이 확연해진다. 우선 흑 19는 A의 침입을 예방하려는 두터운 수지만, 예전의 사카다 9단이라면 무조건 B로 걸쳐 스피드에서 앞서 나가는 흐름이었다고 봐야 한다. 스피드와 두터움의 갈등에서 여태까지 볼 수 없었던 알 수 없는 긴 호흡의 기풍을 가진 이 청년에게 심리적으로 압박감을 느끼고 있었던 것은 아닐까.

이미 속도에 있어 한 걸음이 느려지고 있는 것이다.

진행도 1을 보면 사카다 9단답지 않은 무미건조한

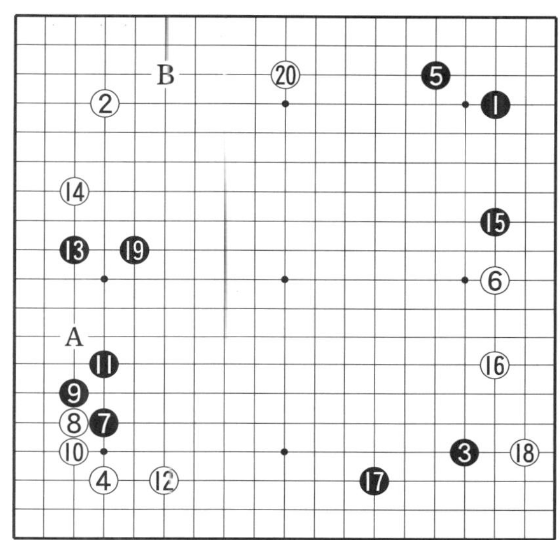

기보 10

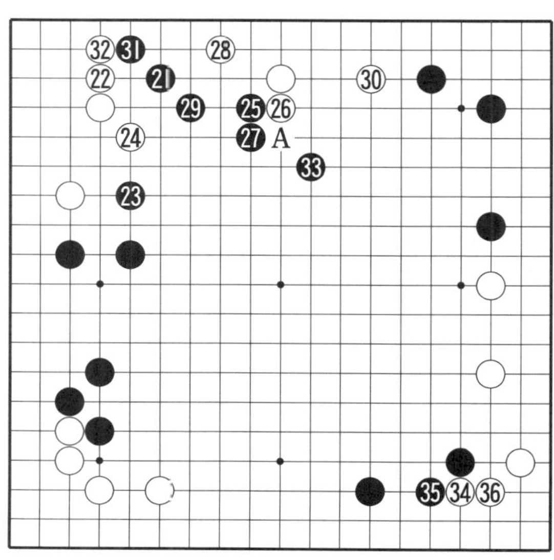

진행도 1

흐름이 도처에서 발견되고 있다. 박력없는 흑23.

경쾌한 듯 하지만 엷고 치밀하지 못한 흑33. 예전이라면 당연히 A로 꼬부려 눌러갔을 박진감이 전혀 보이지 않는다.

백에게 백34를 허용하여 이미 집에 뒤졌고 흑의 두터움은 공격대상이 보이지 않는다. 중앙을 집으로 경영하는 수법은 사카다 9단에겐 낯익은 수법이 아니다.

진행도 2에서도 자신의 수법이 도용되고 있다. 또 백에게 집을 빼앗기지만 흑이 얻은 두터움은 공격대상이 없는 이상 미지수이며 중앙을 공간포위(空間包圍)하려면 아직도 갈 길이 아득한 것이다.

공간을 포위하는 기술은 수읽기가 아닌 감각에 의존하는 것인데, 사카다 9단은 그러한 경험이 거의 없었다.

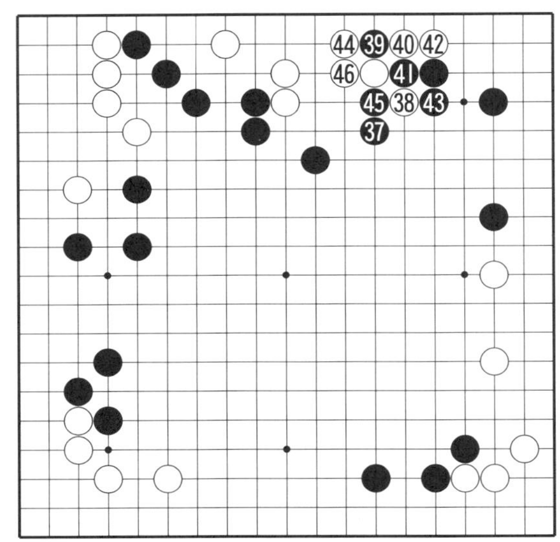

진행도 2

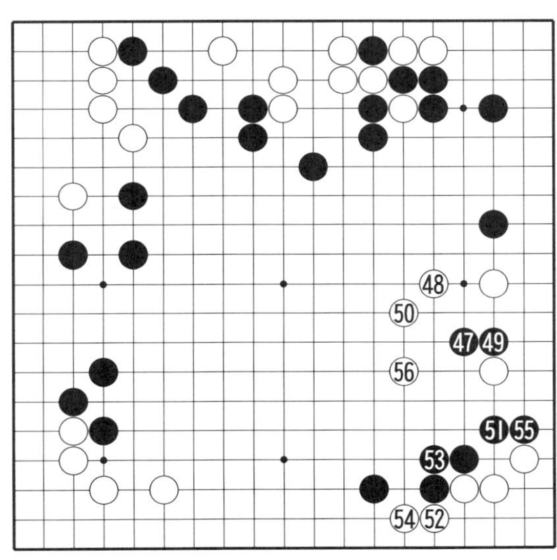

진행도 3

진행도 3을 보면 알 수 있지만 흑47의 상용수법에 대해 백56까지 가볍게 중앙으로 진출하면서 수습하고 있다. 이 진행은 흑백이 서로 바뀐 것 같은 느낌이다. 여기까지 흑의 집부족은 금방 알 수 있으며, 백에 대한 공격수단 역시 마땅치 않아 이대로 마무리된다면 흑의 승리는 기대할 수 없다. 사카다 선생에게 이처럼 무기력한 바둑은 찾아보기 어려운 것이었다. 집요함도 투지도, 여유마저도 저버린 듯이. 보이는 것은 망설임에 이은 패배의 순응뿐.

1969년 바둑계는 센고쿠(戰國) 시대의 양상을 띠고 있었다. 사카다 9단과 더불어, 린하이펑 9단에게 명인위를 탈취한 다카가와 9단이 다이쇼(大正 : 1912년부터 1926년간의 연호) 세대의 건재를 외치고 있었고, 신세대의 기수에는 린하이펑 9단 외에, 기타니 도장의 소사부(小師父) 오다케 히데오(大竹英雄) 9단이 올라와 있었다.

오다케 히데오! 또 그는 누구인가. "이제 金·竹·林 시대가 도래할 것이다."라고 매스컴이 공공연히 떠들던 3인 중의 '竹'에 해당하는 인물. 여기서 '金'은 한국의 김인 국수(金寅 國手)이며 '林'은 린하이펑 9단이다.

이해 사카다 9단은 이 청년에게 마지막 보루(堡壘)였던 십단(十段) 타이틀마저 3대 0이라는 허무한 스코어로 찬탈당한다. 이 기전의 제3국에서 사카다 9단은 린하이펑이라는 알 수 없는 힘에 패퇴한 것과는 또 다른 형체의 강완(强腕)에 휘말리게 되는데, 마치 가죽처럼 부드럽고 질긴 두터움과 화살처럼 빠른 스피드가 숨가쁜 연령(年齡)의 마곡(魔谷)을 적중(的中)시키고 만 것이다.

이 청년에게 이미 사카다 9단은 2년전 일본기원 제1위전에서 패배를 맛본 바 있었다. **기보 11**을 보기 바란다.

백2와 4는 사카다 9단에 대한 신성(新星) 오다케의 자신만만한 투지의 표현인데, 백16의 과잉투지에 대한 흑17의 온건함이 당시 사카다 9단의 심리적 핸디캡을 보여주는 수일 것이다. 이렇듯 심약한 인내는 예전의 사카다 9단에게서 찾아볼 수 없는 굴종(屈從)이다.

이미 이 진행은 백24에 의해 백의 스피드가 흑을 앞지르고 있다. 그러나, 이렇게 자주 심리적 경홀(輕忽)이 초반에 보이고 있는 것은 사카다 9단의 탓만은 아니다. 이미 신세대의 명철한 안목으로 무장되어 분석된 신법(新法)이 태

동되고 있었다면 너무 비약
이 지나치다고 핀잔할 것인
지.

시대적으로 이 무렵 바둑
계는 마치 1930년대 신포
석의 개척기처럼 새로운 형
태의 초반전술이 다각도로
연구되고 있었다. 그리고
이 신법의 실행대열의 선봉
에는 20대의 신성들이 대
거 등장하고 있었는데, 실
제로 이로부터 5년 후, 중
국식 포진의 활황기(活況
期)를 맞게 되는 것을 보
면, 결코 이 바둑이 젊음의
치기만으로 두어지고 있는
것이 아님을 깨닫게 된다.

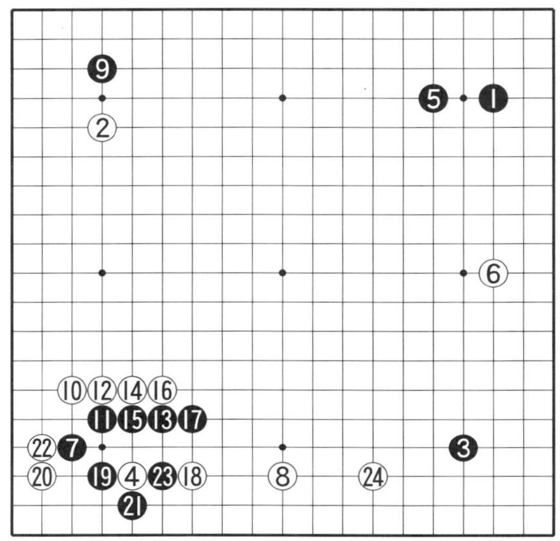

진행도 1에서 보듯 흑25는 절대가 되지만, 백은 우변의 한 점을 안정하지 않
아도 된다. 흑에게 27을 허용해도 진영을 분리했다는 것만으로 임무는 완수한
것이며, 가벼우므로 대처방안은 많다. 흑에게 이곳을 집중하도록 유도하고, 백
은 26과 28을 얻는다. 또 흑29의 갈라침을 유도하여, 이번에는 백30의 대처
(大處)를 얻어 흑보다 한발 앞서고 있다. 어찌됐건 흑이 우변의 백을 공략할
타이밍을 얻지 못하고 있는 것은 바로 이러한 스피드 때문이다. 그러나 사카
다 9단이 이렇게 백의 스피드를 앞서지 못하는 것은 노쇠(老衰)의 나락(奈落)
이 아니다. 신선함이란 점진(漸進)된 발전을 의미하는 것이 아니고 뛰어넘는
것을 의미하는 것이기 때문이다.

흑이 좌변을 공략하였지만, 백은 이 흑을 미제(謎題)로 두고 상변에 다시 신

천지를 개간(開墾)한다.

진행도 2를 보면 이해가 갈 것이다.

좌상귀의 흑을 살려주는 대신 중앙을 두텁게 하여 상변이 부풀어오르고 있다. 다만 백66이 젊음의 투지 과잉이 만든 천려일실이었다. 흑67의 승부 포인트를 만들어준 과수인 것.

이 수로 백A에 두었다면 공수의 완급 조절이 알기 쉬워져 이대로 무난히 승리로 종결되었을 것이다. 이 바둑의 결과는, 중앙전에서 결국 사카다 9단의 실수로 백의 불계승이 되었다.

요즈음의 젊은 기사들에게 초반을 이렇게 끌려 다닌다면 형세의 반전은 거의 불가능하다. 그만큼 종반의 계산이 밝기 때문이다. 현대의 바둑은 초반에 종반을 생각하고 둔다는 느낌이 짙다.

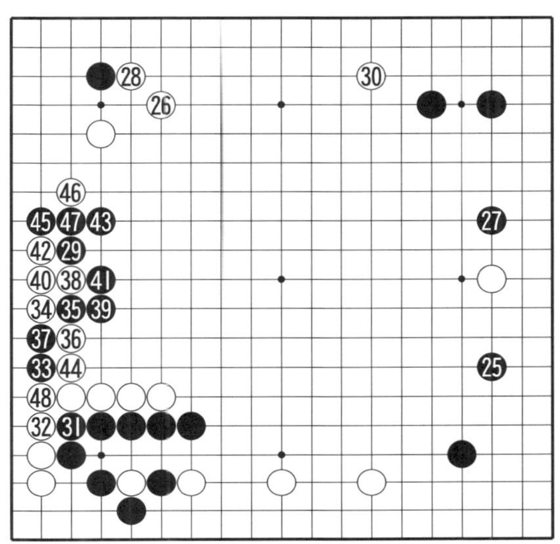

진행도 1 (25~48)

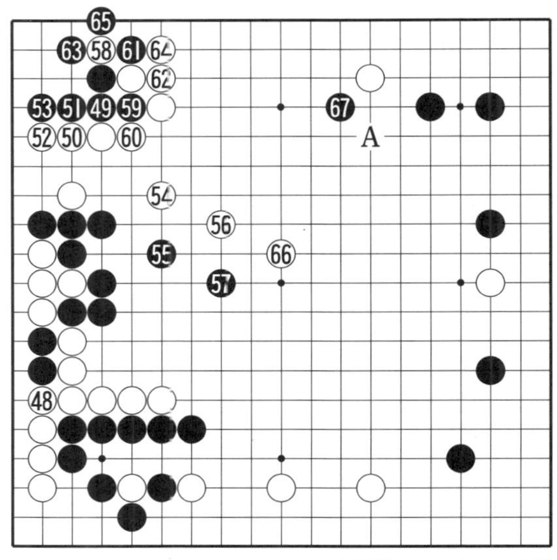

진행도 2 (48~67)

명인의 바둑을 이렇듯 해설하면, 혹자는 치기(稚氣)와 교오(驕傲)가 하늘을 찌르는구나 하고 비난할는지도 모른다. 그리고 그 비난에 대해서도 고맙게 감수한다. 그러나 그런 분들에게 감히 제언하고 싶은 말이 있다. 바둑이, 바둑의 기술이 직관적 일원론(直觀的 一元論)의 프로그램 속에서 생동하는 예술이며 도락(道樂)이라면, 바둑을 두는 사람은, 바둑을 두는 사람의 사유(思惟)는 주관적 유심론(主觀的 唯心論)의 본체에 해당하는 것이라고.

성경(Bible)은 말한다. 알면 축복이요, 모르면 탄식이라….

극기

이제부터 말하고자 하는 것은 우리가 사카다 9단에게 배워야 하고 또 배움이 가능한 가장 인간다운 바둑관이다. 이미 전술한 바 있는 것이지만 요약하여 말하자면 철저한 극기(克己)의 사상이다.

극기란 얼마나 인간적인 언어인가. 인간은 얼마나 많은 좌절을 겪어 왔으며, 또 겪고 있으며 앞으로 겪을 것인가. 그리고 좌절이 인간 필연의 성리(性理)였다면, 그것을 딛고 일어선 극기의 성리도 우연이 될 수 없다. 불면(不眠)이 죽음에 이르지 않는 것은 숙면(熟眠)이 있기 때문이고, 숙면이 나태(懶怠)가 될 수 없는 것은 깸(wake up)이 있기 때문이며, 깸이 불면이 될 수 없는 것은 노동이 있기 때문이다. 그리고 극기는 그러한 노동의 자각(自覺)이다.

사카다 9단이 전대미문의 위업을 쌓을 수 있었던 것도, 이러한 자각의 극기가 바탕이 된 의지가 젊은 날 혹독한 수련의 대가로 얻어진 무의식의 세계에 투철히 관영(貫盈)되어 있기 때문이 아닐까.

40대의 말에 무관으로 전락(顚落)했던 사카다 9단의 50대는 권좌를 잃고 좌절해 버리는 현실승복의 시기가 아니었다. 1970년 11월 부진의 수렁에서 걸어나와 재도약의 발판을 다진다. 이 해 린하이펑 9단으로부터 명인위를 탈취해 사기가 충천해 있던 슈코 9단에게 왕좌위(王座位)를 탈환하고, 이듬해 관서(關西)의 천재 하시모토 쇼지(橋本昌二) 9단의 도전을 뿌리치고 방어한다. 그리고 이듬해 1972년, 이 시기부터 하시모토 우타로(橋本宇太郎) 9단에게 십단위(十段位)를 탈취하고, 자신을 무관으로 전락케 한 오다케 9단을 NHK배 결승에서 누르며 우승하여 패도(覇道)의 저변에 재등장한다. 어쩌면 이 시기, 자신보다 13세나 연상인 관서기원의 총수 하시모토 우타로(橋本宇太郎) 9단의 맹활약에 고아(顧我)의 치심(恥心)이 작용했는지도 모른다.

이 여세를 몰아 1973년 오히라 슈죠(大平修三) 9단에게 일본기원 선수권을 빼앗아 4관왕에 등극하여, 일인자로의 복귀에 박차를 가한다. 여기서 주목할 점은, 이 해말 왕좌위는 잃었지만, 1974년 초까지, 이 기간에 29세의 다카키 쇼이치(高木祥一), 26세의 가토 마사오(加藤正夫) 등 신예들의 도전을 뿌리치고 있다는 것이다.

1975년에 이르러 다시 침잠(沈潛)의 시기가 다가올 무렵, 가장 나이어린 도전자가 마지막 남은 타이틀인 일본기원 선수권전의 문을 두드리고 있었다. 조치훈. 지금은 뱃속의 아이도 알 수 있을 만큼 신화적 존재이지만, 당시는 미성년인 불과 18세, 사카다 9단은 이 나이 어린 도전자에게 무참한 2연패를 당하게 된다. 황혼이 지는 것인가. 당시를 기억하는 한국의 바둑팬들은 그때의 환호가 바둑을 모르던 수많은 사람들에게까지 전이되어 전국이 극일(克日)의 함성에 들끓었었다는 사실에 감회가 새로울 것이다. (그도 그럴 것이 전후의 정세에는, 한해 전 1974년 8월 15일 박정희 대통령 영부인 육영수 여사가 광복절 기념식장에서 조총련계 재일 한국인 문세광의 총격에 서거하는 엄청난 국가적 비극이 있었기 때문이었다.) 그러나, 사카다 9단의 본령은 이 어린 도전자에게 다가올 미래의 대기(大器)가 되기 위한 뼈아픈 가르침을 주었다. 2연패 후 3연승.

한국의 바둑계는 장탄(長歎)의 신음성(呻吟聲)으로 뒤덮였고, 아직 정상은 멀다는 괴념(愧念)이 온 거리에 길게 드리워졌다. 당사자인 조치훈은 그 아픔이 더했다. 이 패배의 충격에서 벗어나기까지 약 4년이 걸렸으며, 그 동안 사카다 9단에게만 무려 12연패라는 상극(相剋)의 기나긴 수렁에 빠졌던 것이다. 사카다 9단에게 무관전락(無冠顚落)의 신호탄을 올렸던 천적 린하이펑 9단이, 바둑에 있어 쓰러뜨리고 쓰러뜨려도 일어나는 해저(海底)와 같은 힘이 있었다면, 사카다 9단의 바둑관은 죽어도 죽어도 다시 살아나는 수선화(水仙花)와 같은 강인함이 있었다. 역경이 인성을 강건히 한다는 만고불변의 진리처럼, 조치훈 9단도 어쩌면 그 실의(失意)의 기간동안, 자신에게 현실의 냉엄함을 깨우쳐준 사카다 9단으로부터 끈질긴 승부사의 집념을 체득했을지도 모르겠다.

그리고 그러한 진리를 다시 몸으로 보여주듯, 같은 해 자신을 그토록 괴롭혔던 천적 린하이펑 9단의 시대에서 이시다 요시오(石田芳夫) 본인방의 시대로 바뀌어 있을 무렵, 사카다 9단은 이 새로운 본인방의 문을 두드리며 부단(不斷)의 건재를 알렸다. 결과는 3대 1의 우세에서 3연패의 대역전으로 탈환을 놓쳤지만, 젊은 본인방의 간담을 서늘케 하여 수많은 팬들에게 잊혀져 가는 노장 사카다의 존재를 다시 각인(刻印)시켰다.

그리고 1977년, 이시다 본인방에게의 재도전을 가로막고, 자신이 도전하여 본인방을 탈취했던 다케미야 마사키(武宮正樹) 9단에게, NHK배 결승에서 보기좋게 설욕하여 정상의 대열에서 아직도 물러날 뜻이 없음을 만천하에 공표한다. 불굴의 투혼이 살아있는 한 사카다 9단의 사전에는 마령(魔齡)의 질곡(桎梏)이란 존재하지 않았던 것이다.

1979년 공개 속기바둑으로 출범한 JAA배 쟁탈전 결승에서 슈코 9단을 물리치고 우승하여, 통산 타이틀획득 60회의 대기록을 세우고, 이 해 명인전에서 오다케 9단에게 도전하여 비록 패했지만, 59세의 지칠 줄 모르는 모세(暮歲)의 투혼이 37세 명인의 그것에 결코 뒤지지 않음을 증명하였으며, 1983년 63세의 나이에도 식을 줄 몰랐던 그의 예기는 NEC컵 쟁탈전 결승에서 사카이 타게시(酒井猛)를 꺾고, 통산 64회 타이틀획득이라는 대위업을 이룬다.

이러한 극기의 인간승리를 보면서, 우리가 느껴야 할 가치가 감동이라는 개인적 견성(見性)이라면 연령의 한계를 뛰어넘은 극기가 가지는 인문사회적 가치는 무엇일까? 단도직입적으로 말하라면, 그것은 미래를 책임질 젊은 준영들에게 주는 천혜의 환경이며, 또한 그들의 후학에게 전승(傳承)하라는 무언(無言)의 교훈이다. 다시 말하면, 사카다 9단의 실존자체가 그 시대의 미래파(未來派)에게는 극복하지 않으면 안되는 고난과 시련과 역경의 대상, 곧 환경이라는 것이며, 그리고 또 이러한 실증적 환경을 결코 혼자서 향유(享有)하지 말고 후대에 더 낳은 환경으로 개선하여 계승해야 한다는 절대적 조건이 전제되어 있다는 것을 잊어서는 안된다는 것이다.

노회(老獪)의 창끝이 날카로운 것은 후학을 찌르기 위한 것이 아니고 평생의 연마(鍊磨)를 계승시키는 데 그 목적이 있다. 우리는 언제나 마음만 먹으면 선철(先哲)의 지혜에 닿을 수 있는 아량의 울타리 속에서 산다. "늙은이에게는 지혜가 있고 장수하는 자에게는 명철(明徹)이 있다." 이것은 성경(Bible)에 있는 말이다. 다시 최강으로 군림하던 시대로 돌아가서 사카다 9단의 양면성이 어떻게 만들어진 것인지 잠시 살펴보기로 하자.

사카다 9단이 1963년 2대 타이틀을 제패하여, 타이틀전 사상 최초로 명인, 본인방에 취위한 것은 앞서 말한 바 있다. 이로써 명실공히 바둑계의 최정상에 등극한 사카다 9단은, 이듬해 1964년 7관왕이었던 타이틀전 쟁패에서 7차례를 모두 승리하는 신력(神力)을 보이며, 공식전적 30승 2패라는 천하무적의 위용을 보인다. 30승 2패라면 승률 94%의 경이적인 기록이다. 이 승리의 대부분이 타이틀전이었음을 감안한다면, 더욱 빛나는 대기록이 아닐 수 없으며, 이 기록은 현재에도 깨지기 거의 불가능한 승률이다. 현대 바둑계의 세계 최강이라는 이창호 9단도 이 기록에는 접근하지 못하고 있다. 글자 그대로 두면 이긴다는 이 신화는 그때 만들어진 것이다. 또 덧붙이자면, 이 기록은 승률상으로는 1930년대 우칭위엔 선생의 승률과 비슷하지만, 치수가 존재하던 그 시기와는 주어진 조건 면에서 전혀 다르다. 이 기록은 당대의 최고기사들 중에서 선발된 도전자들을 상대로 만들어진 기록이므로, 1930년대 우칭위엔 선생의 승률을 훨씬 웃도는 것이라 봐야 한다. 둘론 십번기와 같은 승부는 논외다.

그런데 이때의 바둑이 불패와 무적의 진군이었음에도 불구하고 사카다 9단의 회고에 의하면, 이 시기 역시 바둑관이 정립되지 못했음을 인정하는 듯 싶다. 아직 고집에 의한 편견이, 승부에 있어서는 집착이라는 이름의 바둑외적 집중으로 견디어 냈음은 분명하지만, 정립된 자신의 바둑관이 아니었다는 뜻이 된다. 그럼에도 여전히 그는 건재했다. 이듬해 1965년 제20기 본인방을 방어하여 타이틀전 16연패라는 대기록까지 수립한다. 그러나 자신의 회고가 그럴 수밖에 없었던 이유는 아마도 이런 것이 아니었을까. 우리는 바둑과 무관한 정보가 바둑에도 소용되는 잦은 현상을, 그리고 잦은 진언(眞言)을 접한다. 그렇다면 정상을 정복한 성취욕이 더 이상의 목표감을 상실했을 때, 어떤 형태로 변질되는지에 대해서도 많은 지적(知的) 경험을 통해 배우고 느낀 바 있다. 그것은 성취의 포만(飽滿)이 지나온 자취에 대한 회한과 더 이상 갈 곳이 없다는 무괴(無愧)로 변모한다는 사실이다.

우리는 이러한 진리가 바둑에도 있을 것이란 확신에 대해 결코 부정하진 못한다. 그러나, 이러한 시간이 사카다 9단을 안분수기(安分守己)의 현명함이나 정체(停滯)의 진부(陳腐)함으로 끝나게 하지는 않았다. 오히려 정상에서 사유하는 자신의 바둑이 완벽이라는 만족보다 역전이라는 부끄러움이 훨씬 더 많음에 경악했을 것이란 막연한 추측이 직관이라는 도관(導管)을 타고 심중(心中)으로 심중으로 전달되어 옴을 느낀다.

그리고 그 시기의 바둑계에도 무언가 조용히 흐르는 징조가 있었다. 바둑이라는 공간을 통찰하려는 개인적 사유와는 별도로 바둑이 속하는 전체적 진전, 즉 시간이 계속 흘러가고 있었던 것이다.

무인(無人)의 광야를 질주하는 듯한 사카다 9단의 경이로움에 세상이 흠뻑 젖어 있을 때, 시대의 흐름은 장강(長江)의 물결처럼 착실하게 흘러가고 있었으며, 그 흐름의 중추(中樞)에 이질적 기후(棋候)가 있었다.

이질적이긴 하나 이렇게 미미한 기후가, 종내에 사카다 9단의 아성을 송두리째 뒤흔들어 놓을 존재가 되리라고는 아무도 예상치 못했다. 결국 사카다 9단은 약관 23세의 젊은 이 청년기사에게 제4기 명인위를 넘겨주며 대망의 타이틀전 17연패에 제동이 걸리고 만다.

다카가와 9단에게 사카다 9단이 숙명이었다면, 사카다 9단에게는 이 젊은 청년기사가 숙명일 것이다. 린하이펑. 마침내 대륙의 거대한 바람이 신인(神人) 사카다 9단의 섬을 덮기 시작했다.

기보 12는 세대교체의 서막을 알렸던 제4기 명인전 도전기 최종국인 제6국이다. 5국까지의 결과는 사카다 9단의 2승 3패. 여기서 백을 쥔 사카다 9단의 초반이 어딘지 모르게 맥이 풀려있음을 알 수 있다. 그에 비해 흑5는 자신감이 반영된 포진이라 보여진다.

그리고, 흑의 수순이 백에 비해 엷지 않으면서도 폭이 넓다는 느낌을 지울 수가 없다. 백이 7개의 돌로 좌상귀와 연결된 상변에 편재된 데에 반해, 흑은 좌변과 좌하귀에 이르는 진영을 4개의 돌로 구축하고 있으며 우상귀를 확실하게 얻었다. 우하귀의 우열은 흑이 당연히 좋은데 비해, 백

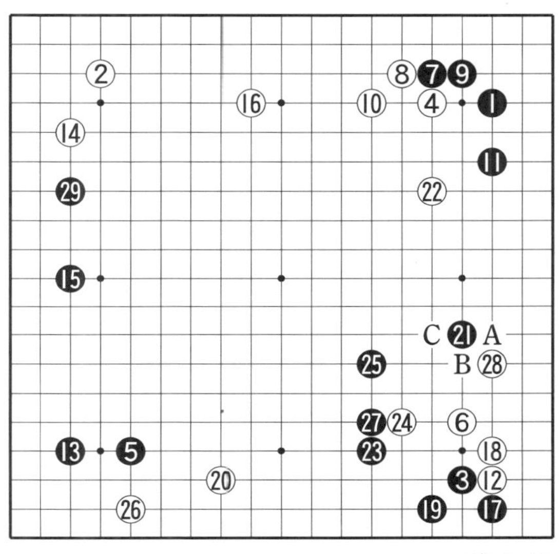

기보 12

이 하변에 갈라친 두점은 집으로 환산하기에 불충분하다.

그렇다면 상변의 가치가 좌변의 가치와 비교하여 다른 곳의 열세에 비해 상당히 앞서야 형세가 비슷하지만 그 정도의 우세는 기대할 수 없다. 이미 흑에게 속도에 있어 뒤져있는 것이다.

어쩌면 '이럴 리가 없는데'하는 막연한 답답함이 심리의 그늘에 싹트고 있었는지도 모르겠다. 아마 그럴 것이다. 백28에 대해 흑이 응수하지 않고 29로 달려간 점. 이런 점이 사카다 9단의 판단력을 흐리게 하는 린하이펑 9단 특유의 폭넓은 대국관이었기 때문이다.

이미 흑은 백12에 대해 직접적 대응을 하지 않음으로써 사카다 9단의 의표를 찔렀고, 백28에 대응하지 않음으로써 흐름의 주도권을 잡고 있다.

사카다 9단이 구상했다고 봐야할 수순은, 백28에 대하여 흑이 A로 응수하면 백은 B로 흑C를 강요하여 선수를 잡을 수 있다는 독선적 읽기였다. 그러

나 자신이 간과하고 있었던 부분에 대한 흑의 돌연한 전환이 모든 계산을 뒤틀리게 한 것이 아닐까.

백이 현재 선택해야 할 국면전략은 집중적으로 투자한 상변의 확장이다. 그러나 백은 또 한번의 오류를 범하고 만다.

진행도 1의 백30이 그것이다. 이 수는 4수를 들인 진영에서 볼 수 있는 상투적인 삭감수단이지만, 이 진영이 상변의 백 진영과 맞물려 있음을 간과한 간단한 오류다.

흑31로 밀어 올리는 힘은 상대적으로 상변의 백진에 대한 영향력을 가지게 되며, 흑33으로 취하는 실리는 의외로 견고하다. 백34의 보강이 불가피할 때, 흑35로 선수진행은 계속되며 백의 준엄한 듯한 백40의 붙임도 알고 보면 고심의 일착일 뿐이다.

진행도 2를 보면 그 이유를 확연히 알 수 있다. 물론 여기에 이르기까지의

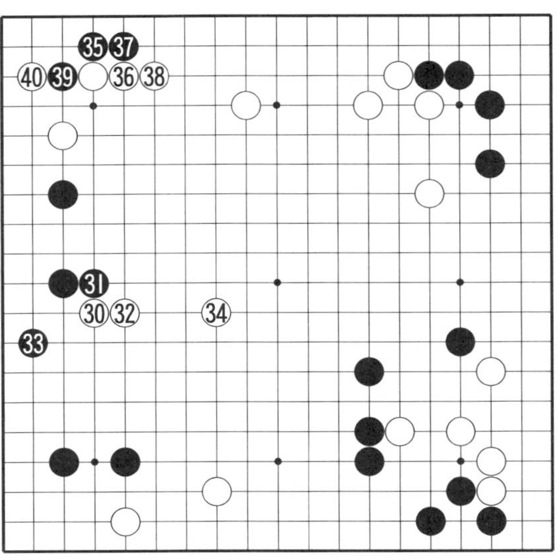

진행도 1

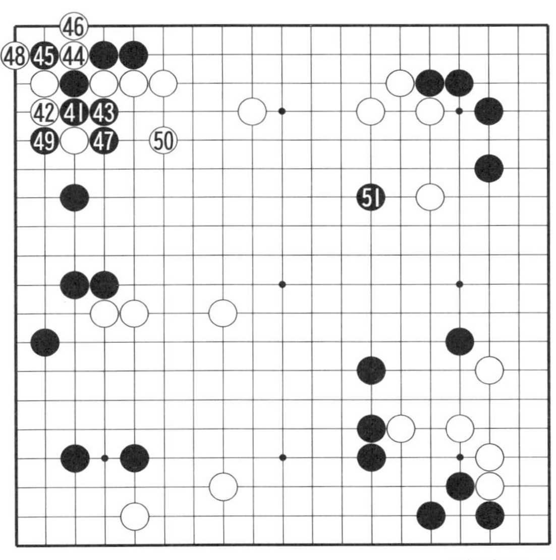

진행도 2

수순이나 부분적 변화는 매우 많은 것이지만, 그 부분은 이 책에서 다룰 부분이 아니므로 일일이 설명할 수는 없다. 다만 중요한 점은, 흑의 선수흐름이 지금도 계속되고 있다는 것이다. 흑이 좌상귀를 단순하게 정리하고 또 선수를 잡아 흑51로 삭감하는 수순을 얻게 되었으므로, 이제는 백이 흑을 추격하기란 용이한 국면이 아니다.

두터움을 의식하면 집이 부족해지고, 집을 의식하면 엷음의 약점이 노출되어, 후반에 추격당할 것이라는 심리적 부담감은 반상에 이런 형태로 나타난다. 오늘날, 조훈현 9단이 이창호 9단에게 가졌던 한때의 심리적 핸디캡도 사실은 이런 것이라고 봐야 한다. 자신보다 뛰어난 종반의 두터움에 대한 이해는 크나큰 심리적 압박이다.

두터움의 실질적 집에 대한 환산(換算)이 정확한 상대에게 가지는 종반의 두려움은, 현대에 세계최강이라는 이창호 9단 한 사람에게 주어진 기신(棋神)의 축복이요 선물이다.

이러한 상대에게 승부할 수 있는 방법은 무엇일까. 사카다 9단이 주어진 조건 속에서 찾아낼 수 있는 유일한 답도, 결국은 전투력 그 하나밖에 있을 수 없었다. 현대에 조훈현 9단이 이창호 9단에게 선택했던 유일한 대응책이 그랬던 것처럼.

그리고 일단 이 선택은 합리적인 것으로 보여진다. 왜냐하면 모든 전략이 그런 것처럼 상대보다 우세한 자신의 장점을 최대한 발휘하는 것이 가장 확률이 높은 것은 기정사실이기 때문이다.

사실이 그랬다. 기보 6, 7, 8, 9에서 보였듯이, 사카다 9단이 선택한 초반의 맹렬한 전투력은 확실히 주효한 것이었다.

그러나 그것이 바둑의 원리나 진리가 아닐 것은 뻔한 일이다. 그것은 어디까지나 순간의 궁여지책이며 미봉책(彌縫策)일 뿐, 바둑관은 이런 것을 지칭하는 말이 아니다. 따라서 이 방법은 하나의 바둑관이 정착하는 과정에 불과하다. 사카다 9단도 그 도정(道程)의 끝에 다시 패귀(敗鬼)가 기다리고 있음을 전혀 모르지는 않았을 것이다.

그러나 그런 것이 있다는 것을 안다는 것이 바로 힘이다. 그런 점을 느끼게 할 수 있는 후지사와 슈코 9단의 말이 있다. 아마도 사카다 9단과 가장 많이 대결하여 가장 많은 패배를 맛본 사람이라면 슈코 9단일 것이다. "사카다의 진정한 실력을 아는 사람은 나밖에 없을 것이다." 어쩌면 전달과정에 약간의 과장이 있을 수 있는 말이겠지만, 함축과 상징이라고 생각한다면 그리 문제될 일은 아니다. 만약 현대에 조훈현 9단의 무서움을 가장 잘 아는 사람이 서봉수 9단이라고 말했다면 거짓이라고 느낄 사람이 있을까.

그리고, 만약 이창호 9단의 무서움을 가장 잘 아는 사람이 조훈현 9단이라고 말한다면 위선이라고 느낄 사람이 있을까.

있다면 아마도 그 사람은 가능성에 대한 허실과 통계의 허구도 부인할 수 있는 사람이다. 유아독존(唯我獨尊)도 그쯤 되면 병의 경지다.

강건성

사카다 9단의 위대함이 승리의 양산(量産)에 있었다고 생각한다면 그 가치는 절대적으로 반감된다. 그리고 그것은 너무도 형이하학적(形而下學的)이다.

안광(眼光)이 지배(紙背)를 철(徹)하듯, 신념(信念)이 육계(肉界)를 일탈(逸脫)하여 관조(觀照)의 세계로 나아갔을 때, 비로소 정진(精進)의 결실을 얻는 것이며, 그 정진의 결실 끝에는 승리가 있는 것이 아니라 승계(承繼)만이 남는다. 이것은 진리다.

기원전 218년부터 201년에 이르는 카르타고와의 제2차 포에니 전쟁에서 기원전 216년 칸네(Cannae) 전투의 대참패로 시작되어 국가 그 자체가 붕괴될 수도 있었던 위기 상황 속의 로마가, 예수탄생 이후 시기까지 수세기동안 세계의 주역으로 존재할 수 있었던 이유를, 육체적 정신적 고통을 감내(堪耐)하는 로마인의 강인한 기질 때문인 것으로 사가(史家)들은 평한다. 헤겔(Hegel)은 이러한 로마문화의 특징을 '합목적성(실용성)과 이성의 종교'라고 표현하고 있지만, 그보다는 로마가 추구하던 덕(德, virtue)이 도덕(道德, morality)이라기보다는 강건성(剛健性, sturdiness)을 의미한다는 견해에 전적으로 동의한다.

어떤 철학자나 바둑의 명인도 누구의 도움도 없이 자신의 정신력만으로 견뎌야 하는 역경(逆境) 앞에서는 심각한 동요를 느낄 수밖에 없다.

그리고 그것이 남의 일이 아닌 바로 자기 자신이 해결해야 할 문제임을 깨달았을 때, 그것에 대해 좌절하느냐 극복하느냐도 결국 자신의 문제임을 동시에 깨닫게 된다. 우리는 이 과정을 통해 진지함의 실체와 진지함을 실행하려는 노력의 필연성이 어떤 연관성을 가지고 있는지에 대해서도 감지할 수 있다. "재능? 재능은 누구나 가지고 있다. 그리고 재능은 어린이의 장난감에 지나지 않는다. 다만 진지함이 어른을 만들고 근면함이 천재를 만든다." 이것은 폰타네(Fontane)의 말이며, "아는 것과 할 수 있는 것에는 큰 차이가 있다. 그러나 모르는 것과 할 수 있는 것에는 더욱 더 큰 차이가 있다." 이것은 윌리센(Willisen) 장군의 말이다.

이러한 로마의 강건성과 진지함, 실행력을 말하는 이유는 사카다 9단의 적취(積臭)가 너무도 그렇다는 생각이 들기 때문이다. 이것이 부족한 사회적 사례는 얼마든지 있다.

1960년대를 풍미한 비틀즈의 음악에 열광했던 팬들을 가리켜 비틀매니아(Beatlmania)라고 하는데, 우상을 향한 비틀매니아의 심리적 현상은 시대적으로 무조건 인정받을 수 있는 신드롬이다. 문제는 당사자인 이 네 명의 우상이, 인기의 정점에서 인격적 모순에 빠지고 말았다는 것이다. 인간으로서 누리기 벅찬, 신분의 수직상승과 더불어 부의 축적이, 그것을 담을 그릇이 채 만들어지지 않은 상황에서 이루어짐에 따라 이 젊은 영웅들은 가치관의 공황상태에 빠져들고 만다. 처음에는 자신들을 성공시킨 자신들만의 젊은 언어가 모든 상황에서도 통할 수 있다는 신념으로 충만되었고, 실제로도 그것은 당시 사회의 진부함에 신선한 충격이었음을 부정할 수 없다.

그러나 어떤 신선함도 시간이라는 환경 속에서는 계속 신선함을 유지할 수 없었다. 그 수위가 점점 높아지고 있음을 그들은 계속 간과하고 있었고, 결국 신성모독발언 등의 물의를 일으키고 그룹은 균열의 조짐을 보이기 시작했다. 이러한 정신적 공황을, 동양적 신비주의와 마약에 빠짐으로써 회복과 도피의 수순을 밟게 되지만, 그것은 어디까지나 순간적이었을 뿐 근본적인 깨달음은 보이지 않았을 것이다. 극단적 성취감이 너무 이르게 구현되었을 때, 극단적 상실감도 같이 나타난다. 노동의 가치에 대한 몰이해란 이런 것이다. 노동의 성취는 극단적이지 않다. 점진적 성취와 점진적 상실이 점진적으로 순환하는 것이다. 여기서 인간은 일하지 않으면 먹을 수 없다는 철리(哲理)를 배워가게 되며, 이 현상은 가치관으로 직결된다.

모라토리엄 인간(moratorium 人間)이라는 말도 결국은 인성(人性)의 함몰(陷沒)에 해당한다. 사회적 자아(identity)를 확립하기 위한 모라토리엄(유예기간)에 머물 뿐, 성인사회의 주체가 되지 못한 상태의 인간을 에릭슨(E,H. Erikson)은 사회심리학적 용어로 이렇게 불렀는데, 이 현상에 의한 인구가 1960대부터 늘어남을 지적하는 것은, 물질의 풍요가 여과없이 진행되고 있음을 주목하고 있는 것이다.

우화(羽化, eclosion)의 탈피(脫皮)가 이루어지지 않는다면, 인간은 어떤 형태로든 정신적 결함의 통증을 호소할 수밖에 없다.

그것이 광장공포증(廣場恐怖症, agoraphobia)이든 폐소공포증(閉所恐怖症, claustrophobia)이든 그 고통의 본질은 같다.

인간이 무지로 무장되어 교오(驕傲)로 충만했을 때는 타인이 자신을 어떻게 생각하는지 알 수 없겠지만, 훗날 작은 깨달음이나마 이미 노출된 존재였음을 기억해 낸다면 치심(恥心)에 전율할 수도 있다.

가면현상(假面現象, imposter phenomenon)이란 사회적으로 존경받는 지위와 부를 가진 사람의 딜레마를 말한다. "사회적으로 존경받는 위치로 성공은 했지만, 이것은 나의 참모습이 아니다. 언제 가면이 벗겨질지 모른다."는 불안감을 가지는 사람이 약 70% 정도나 된다는 괴상한 현실은 이제 더 이상 괴상하지 않다.

그렇다면 이제 다시 승부욕의 실상과 허상에 대해 분석해 보기로 하자. 전문기사의 집단적 요구에 의해 정착된 이 용어는, 이제 더 이상 전문기사만의 전유물이 아니다. 이미 전문기사를 꿈꾸지도 않는 어린아이에게도 사용하는 보편적 언어가 되었다.

그러나 신화나 전설에 현저히 나타나는 집단적 무의식이 구체화된 아키타이프(archetype)적 언어라고 보기에는, 이 언어의 남용으로 인한 정신적 폐해(弊害)가 너무도 크다는데 주목하고 싶다.

아마추어든 프로든 이 정립되지 않은 의미의 언어가 만드는 환경의 속성이, 치열함을 볼 때 마치 전쟁과도 같다는데 주목하는 것이다.

어떤 아마추어는 접히고 두는 상수에게도 승부를 겨룬다고 아우성치며, 지면 노골적으로 불쾌해하기 십상이다. 프로는 바둑을 떠나서도 무언가를 걸지 않으면 안된다는 강박관념이 있어, 한때는 도박이 유행병처럼 번지기도 했다. 물론 이러한 현상이 하나의 체계를 확립하는 과정에 있을 수 없다는 뜻은 아니다. 현대바둑이 개화된 일본도, 전후의 세대에 이러한 병적 현상이 있었음은 틀림없다.

그러나, 현대에 와서도 그 현상이 좋은 것인지 좋지 않은 것인지 구분할 수 없다는 것은 납득할 수 없다. 이러한 현상을 사카다 9단의 승부관에 비교한다는 것도 이해할 수 없다. 분명 승부욕이라는 말은 같지만, 전자의 승부욕과 사카다 9단의 승부욕은 그 차원이 다르다. 무엇이 같고 무엇이 다른가. 전자는 정체(停滯)된 승벽(勝癖)에 불과한 것이고 사카다 9단의 그것은 승화(昇華)라는 정진의 속성을 가졌다는 것이 다르다. 따라서 아마추어에게 경계(警戒)가 되는 말이라면 바둑 그 자체의 즐김을 스스로 놓치지 말라는 것이며, 프로에게 경계가 되는 말이라면 아까운 정진(精進)의 시간을 낭비해서는 안된다는 것이다.

흔히 신문지상으로 위기관리(危機管理, crisis management)라는 말을 자주 접하게 되는데, 바둑에서도 위기관리능력이 뛰어난 바둑으로 이창호 9단의 바둑을 비유하곤 하지만, 우리는 이 말의 개념을 좀 더 정확히 알아둘 필요가 있다. 위기관리란 임기응변이 아니다.

이 말은 어디까지나 예방의 개념이며, 사후관리의 개념이 아닌 것이다. 앞으로 다가올지 모르는 불특정 다수의 위기에 대한 대비를 하는 것이 바로 위기관리이며, 이 말은 바둑으로 말하면 수비(守備)의 개념이 된다. 또 수비는 방어(defense)가 아닌 경계(警戒, guard)에 해당하는 준비의 개념이다.

정체된 승벽이 사회적 현상에 무작위로 노출되었을 때, 심각한 정신적 딜레마에 빠질 수도 있다는 것은 전술한 바와 같다. 그렇다면 위기관리란 어떻게 해야 하는지에 대해 더 이상 기술하지 않아도 알 수 있는 일이다. 제대로 된 승부관은 참으로 긴 시간을 요구하며 그 시간의 내면에는 필연의 정진과 역경이 있다는 것, 이것이 바로 사카다 9단의 승부관이라고 말할 수 있을 것이다.

다메섹 가는 길(road to Damascus)은 언제나 멀고 험하다.

영어에서는 장애(障碍)를 표현할 때 다음의 3가지 말을 쓴다.

임페어먼트(impairment), 디서빌리티(disability), 핸디캡(handicap).

임페어먼트는 기능장애를 말하며 바둑으로 말하면 뇌(腦)의 집중력 저하를 의미한다. 디서빌리티는 기능의 장애로 인한 능력장애를 뜻하며 바둑으로 말하면 집중력 저하로 인한 기력의 쇠퇴(衰退)를 의미한다.

핸디캡은 뇌의 집중력 저하로 기력이 쇠퇴함에 따른 사회적 불이익을 뜻한다고 하겠다. 자, 그렇다면 이 단계적 현상이 바둑인의 심리현상과 비교하여 너무도 흡사하다는 생각이 들지는 않는지.

여기에 맞추어 성경(Bible)은 말한다.

"최선을 다하라. 다하되 절제하라. 절제하되 계속하라."

사카다 9단의 청년기 발전과정 중에 유명한 일화가 있다.

상대는 바로 일본바둑사의 산 증인이라 할 수 있는 야스나가 하지메(安永一) 선생인데, 출생이 1901년생이니까 1900년대 바둑계의 산 증인이라 부르는데 가장 적합하다는 데에 주저할 필요가 없을 것 같다. 당시 고단기사의 기록을 맡았던 젊은 사카다가 복기과정에서 자신의 견해를 말하며 끼어 든 것이 화근이 되었던 모양이다. 이것이 야스나가 선생의 노여움을 사 그 자리에서 호되게 뺨을 맞고 꾸지람을 들었다는 것이 일화의 내용인데, 과연 얼마만큼의 진상이 전해진 것인지는 알 수 없지만, 내용으로 볼 때 권위적이고 교조주의(教條主義, dogmatism)적인 현상의 타파를 부르짖었던 야스나가 선생의 행적을 미루어 보면, 그 시절 사카다 9단의 치기(稚氣)가 결코 예사롭지 않았음은 쉽게 짐작할 수 있는 대목이다. 이러한 하나의 사건은 모든 전문기사가 겪는 당연한 경험은 아니다. 후학이 권위에 대해 왈가왈부할 수 없는 전문바둑계의 권위적 흐름은, 오늘날에도 여전히 남아있는 전통적 관행이라고 할 수 있기 때문이다. 물론 야스나가 선생의 행동에도 무언가 석연치 않은 점을 느낄 수밖에 없다. 그토록 권위의식 타파를 외쳤던 자신이 오히려 권위적인 태도를 취했다는 점에서 더욱 그렇다. 어쨌든 이 사건이 사카다 9단의 기질적 발전에 크나큰 기폭제 역할을 하지 않았을까 하는 막연한 추측은, 어쩌면 배움의 과정에서 흔히 겪을 수 있는 경험적 원리와 맞물려 이해가 가능한 고찰일 것이라 확신한다.

다시 돌아가 오도(誤導)된 정진과 승부욕이 어떤 장애를 가지게 되는지에 대해 알 수 있는 하나의 사례를 보자. 이것은 바둑인에 대한 비교라기보다는, 차라리 바둑계라는 집단적 사회가 일으킬 수 있는 모순과 괴리에 대한 비교인데, 정확히 부합하지 않는 부분은 용서하기 바란다. 본질적 차원으로 볼 때, 성취한 사람이 성취하게 만든 집단에 대한 배려의 차원이거나 성취한 집단이 성취하게 한 개인에 대한 배려의 차원에서 조금 더 거시안적(巨視眼的) 사고로 다루고 싶을 뿐이다.

약한 개인들의 불이익에 대해 외부세력에 저항하거나 보다 나은 개인적 성취를 위한 명분있는 모임으로 시작된 집단적 이기(集團的 利己)가, 처음에는 강력한 힘을 갖게 되어 발전하지만, 그 힘의 진행이 성취되어 비대해지면 결국 홉스(Hobbes)가 말한 전체주의 국가, 즉 리바이어썬(Leviathan)이라는 괴물로 변질된다는 가설은 결코 소홀히 들을 일이 아니다. 그렇다면 개인이 아닌 집단도 성취의 저편에 도사리는 괴리(乖離)를 주목하지 않으면 안된다는 필연이 따르게 된다. 이것은 언제나 성취의 기쁨과 보람을 끝없이 괴롭히는 경계의 존재다.

미국의 꿈(American Dream)은 17세기 초 구대륙을 떠나 신대륙을 개척한 이주민들의 자부심 가득찬 건국이상(建國理想)이었다. 그러나 무주공산(無主空山)에서 원주민에 대한 잔혹한 살상과 흑인노예의 착취로 이어지면서 유럽의 구태와 다를 바 없는 현실적 괴리는 위대한 꿈과 추악한 기만, 회피 간의 경계를 모호하게 만들었다. 서부는 늘 그들에게 자리잡힌 사회의 배출구였다. 그들은 사회가 포화되어 구태의 폐습을 되풀이하려는 순간, 언제든지 신천지로 떠날 수 있었다.

언제나 도피할 수 있으므로 인하여, 자기사회의 문제를 진지하게 받아들이지 않아도 되었다. 그들의 특수성은 헤겔(Hegel)이 지적했듯 "그들에게는 진정한 국가가 없었다."는 사실과 직결된다. 미국이 더 큰 세계로 눈을 돌리게 되는 식민적 자화상(自畵像)은 모두 모순에 가득 찬 것이 되었다. 적개심에 가득 찬 약소민족 원주민의 시선을 느낄 때마다 그들은 자신의 개입을 위대한 '백인의 부담' 또는 '미국의 영광', '세계의 평화'라는 이름으로 정당화해야 하는 부조리를 자청했다.

결국 과거의 청산이 절대적 명제로 부각된 오늘날, 양심있는 지식인들의 주도에 의해 정치적 깨달음이 절실하게 요구되었으며, 그것은 이웃나라의 입장에 서는 것과 흑인 인종차별 반대에 백인이 적극 동참해야 한다는 역지사지(易地思之)의 자각이었다.

바로 이것이다. 한치 앞의 국가적 역사가 갖는 시행착오도 이런 갈등과 모순으로 점철(點綴)되는 것이 역사의 순리일진데, 하물며 개인의 오류가 만드는 정신적 파탄은 더 말해 무얼 할 것인가.

빗나간 승부관이 만드는 승부욕이라는 괴어(怪語)는 바둑을 대하는 모든 사람들의 심안(心眼)을 더 이상 혼란시켜서는 안되며, 또 그 책임은 어느 한 사람의 것이 아닌 바둑인 공동의 것이다. 아니 정확히 말하면, 전문집단이 가장 먼저 책임의 대열에 서야 하며, 이 견해는 거의 명명백백한 수순이라고 봐야 한다. 바둑이 참다운 가치관으로 취미화되는 과정은, 혀끝에서만 맴도는 허구의 전파로는 이루어지지 않는다. 바둑계가 활성화되는 것이 그토록 절실하다면 바둑을 접하는 사람들에게 무언가 확실히 보답하려는 진지한 자세가 필요하다.

결국 활성화가 전문집단의 부를 보장받는 것이라 해도, 그 보장의 금력(金力)은 일반 바둑인들의 주머니 속에서 나올 수밖에 없다는 것이 가장 잊기 쉬운 평범한 진리이며, 따라서 이 진리를 깨뜨린 전문집단은 도태될 수밖에 없다는 것도 종속된 진리일 수밖에 없다.

우리가 사카다 9단의 바둑관에서 배울 수 있는 기술적 깨우침이 수읽기라는 용어의 참된 고찰이라 한다면, 인간적인 교훈은 승부욕이라는 언어가 강건성(剛健性, sturdiness)으로 무장된 극기(克己)의 정신으로 승화시켜야 한다는 데에 있다. 그리고 이것은 경종(警鐘)이다.

덧붙이고 싶은 말은, 어린 세대의 바둑관에 심어줄 참된 정신도 더 이상 오도(誤導)된 승부욕으로 더럽혀서는 안된다는 것이다. 바둑의 교육도 교육이라는 커다란 환경 속에 존재하는 것이기 때문에, 전문집단이나 구태(舊態)의 사고로 일관된 비교육자의 빗나간 승부관이 야기(惹起)시킬 수 있는 병폐는 원천적인 봉쇄가 필요하다.

이탈리아의 여류교육자 몬테쏘리(M. Montessori)가 제창한 과학적 유아교육운동(몬테쏘리 운동)에 따르면, '정리된 환경' 속에서 교사는 좋은 관찰자로서 항상 아동에게 자주성을 갖도록 유도해야 한다는 것이다. 여기서 '정리된 환경'이라는 대전제는 참으로 귀기울일만한 것이다. 아직도 어린이의 잠재능력을 과소평가하는 어른이 있다면 그 어른은 분명 신문도 읽지 않는 사람임에 틀림없다.

본질적으로 현대의 공통적 교육과 학습이론은, 어린이가 교육받고 있다는 사실을 전혀 느끼지 못해야 한다는 것이 일반적이며, 바로 이것이 '정리된 환경' 즉 '베스트 시스템'(best system)이다.

현대에 만연한 무분별한 경쟁논리가 파급시킨 주입본위의 교육은 분명 편재된 것이며, 창의성과 자주성을 억압해 왔다는 사실을 인정해야 한다. 바둑의 교육도 천편일률적으로 이 방식을 애호했다는 비난을 면할 수는 없다. 따라서 빗나간 가르침이 인성의 발달에 얼마만한 해악이 있으며, 정신의 파괴로 이어지는지에 대해 느낀다면 바둑의 교육에 진지함과 경건함이 충만해질 것이다.

끝으로, 사카다 9단의 바둑관을 정리하면, 그 내면에 있어서 기술적인 측면으로 수읽기의 본질적 정립과, 인성적 측면으로 승부욕의 실존적 실행(實行)이라 할 수 있지만, 결국 최종에 가서 '균형에 입각한 조화'였음을 통감한 회고로 보면, 수읽기와 승부욕도 참된 입신(入神)의 경지에서 보면 하나의 과정이었을지도 모른다고나 해야 할지….

아무튼 사카다 9단의 바둑관을 분석함에 있어 묘수의 실체를 자주 면박(面駁)한 부분에 대해서는 죄송스런 마음 금할 수 없다. 그러나 이는 어디까지나 견해에 불과한 것임을 알아주기 바란다. 분석의 정신에 있어 미란다(miranda) 정신과 같은 상징조작(象徵操作)은 오히려 사카다 9단에 대한 모독이 분명할 것이라고 확신한다.

무사의 칼 슈코(秀行)

후지사와 슈코(藤澤秀行)

　1925년 神奈川縣 출생으로 1934년 일본기원 원생이 되었다.

　1962년 신설된 제1기 명인전에서 당대의 고수들을 물리치고 우승했으며, 1970년 제9기 명인전에서는 당시 제일인자였던 린하이펑 본인방을 꺾고 우승하기도 했다.

　1977년 신설된 제1기 기성전에서　예상을 뒤엎고 우승한 후 1982년 제6기까지 연패하여 '명예기성'이 되었다.

　기풍은 독창적이고 스케일이 크며 두터운 수법을 구사하는 것으로 유명하며 "50수까지 당대무적"이라는 평을 얻고 있다.

사생정(師生情)

1999년 4월 9일 도쿄(東京) 아카사카(赤坂) 뉴 오타니 호텔에서는 성대한 모임이 이루어지고 있었다. 바로 후지사와 슈코 9단의 은퇴식이었다. 날짜를 이 날로 잡은 것은, 다음날 4월 10일, 제12회 후지쓰배 개막식이 있을 예정이었기 때문에 이에 맞추려는 일본기원의 따뜻한 배려였다. 후지쓰배 전야제와 함께, 시합에 참가했던 수많은 후학들의 찬사를 한 몸에 받으며 그는 화려하게 은퇴했다.

지난 젊은 시절, 가지와라 다케오(梶原武雄), 야가베 도시로(山部俊郎) 등 대가와 함께 아프레게르의 삼우오(三友烏)로 용명을 떨쳤던 무사(武士) 슈코 9

단은 그렇게 20세기의 바둑사와 함께 물러났다.

그 날 참가한 중국기사 일동은 슈코 9단에게 '사생정(師生情)'이라고 쓴 족자를 선물했다. 여기에는 천쥬더(陳祖德) 9단을 위시한 중국 일류기사들의 친필서명이 들어있었는데, 그 의미는 "우리는 모두 선생님께 배운 사람들입니다."라는 뜻이라고 한다.

비단 중국 기사가 아니더라도, 또 직접 지도를 받지 않았다 하더라도, 그의 바둑관은 모든 바둑인들에게 '사생정'일 것이 틀림없다.

지천명(知天命)을 넘긴 나이였음에도 준영(俊英)들에게 실전으로 뼈아픈 교훈을 줌으로써, 바둑에 임해서만은 준엄했던 그의 승부관(勝負觀)은 한 마디로 '사무라이의 보검'과도 같은 것이었으며, 그러한 승부관의 예도를 밝힌 그의 바둑관이야말로 한마디로 난봉(鸞鳳)의 그것이라 하지 않을 수 없다.

인간 슈코와 바둑인 슈코가 그리 달라 보였던 것은 오직 그 만이 누릴 수 있는 예도의 세계가 아니었을까.

50대 기사론

"내 나이 오십이 되어서야 바둑이 늘었다." 이 말은 무슨 뜻일까.

예로부터 "바둑의 심오한 이치를 깨달으려면 40대는 되어야 한다."는 말이 있기는 했었다. 그리고 이 말이 마치 진리인 듯 믿었던 시대가 있기는 했었다. 아마도 인간적인 성숙도를 '불혹(不惑)'이라는 중년의 나이에 맞추어 바둑의 견성(見性)에 연계(連繫)했었던 것이 아닐까. 그러나 바둑의 원숙한 기량이 이 시기에 나타난다는 것이 예전 기사들의 공통된 지론이었지만, 현대에 와서는 이 말도 진리는 아니었다는 생각이 든다. 왜냐하면 이를 증명이라도 하듯 기성 세대에 대한 무서운 10대의 추월이 예전의 바둑에 대한 사고를 송두리째 뒤흔든 것은 이미 오래 전의 일이 되고 말았기 때문이다.

그렇다면 "내 나이 오십이 되어서야 바둑이 늘었다."라는 말은 생각만 그랬을 뿐 사실상 허구(虛構)였을까?

이 말의 주인은 후지사와 히데유키(藤澤秀行), 지금은 슈코 선생으로 통하는 바둑계의 원로이자 대기사다. 전 인생을 바둑에 바친 바둑인이 바둑에 관한 한 이런 말을 농담으로 하지는 않았으리라. 그리고 다른 사람이야 어떻게 생각하든 자신은 그러한 믿음을 현실로 보여주기도 했다. 또한 바둑의 내용도 그 자신 전성기라고 생각했던 60년대의 그것과 비교하여 원숙하다는 느낌이 절로 드는 기보를 남겼다고 확신한다.

이러한 사실은 많은 바둑평론가들이나 기자들에 의해 이미 수차례에 걸쳐 회자된 사실이며, 그러한 글들 역시 한 인간의 예술적 일대기를 음미하는데 부족함이 없었다. 그러므로 여기서는, 그간의 문학적인 표현보다는 조금 더 사실적인 표현을 하는 편이 좋겠다.

먼저 믿어야 할 사실은, 이창호와 같은 기사가 10대의 바둑관을 증명했다면 선생은 50대 이후의 바둑관을 실력으로 증명한 몇 안되는 기사 중 하나라는 것이다. 더욱이 이순(耳順)이 지난 67세의 황혼기에는 젊은 일인자를 제압하며 바둑이 무엇인가, 바둑인이란 어떤 것인가를 실력으로 보여준 유일한 기사라는 것이다.

여기서 실력이란 타이틀 쟁취를 의미하는 다소 형이하학적인 발언이 되겠지만 어쨌든 기사의 실력을 증명하는 길은 승부에 있을 수밖에 없는 것이므로 이점 양해를 구하기로 하겠다.

그는 50세 되던 해 시작된 기성전(棋聖戰) 제1기부터, 제7기에서 조치훈 9단에게 기성 타이틀을 양위하기까지 6기를 연속 제패했고, 1991년 66세에는 제39기 왕좌위(王座位)를 쟁취하여 최고령의 타이틀 획득자로 기록을 남겼다. 그리고 이듬해 1992년 제40기 왕좌전에서 당시 최강자로 군림하던 고바야시 고이치(小林光一) 명인과 결전하여 예상을 뒤엎고 왕좌 타이틀을 2연패, 세인을 경악케 했다.(이전까지의 기록은 1969년 제7기 프로十傑戰과 제2기 速棋選手權戰에서 우승한 하시모토 우타로 9단의 당 62세와, 1983년 NEC컵 쟁탈전 결승에서 사카이 타게시(酒井猛)를 꺾고 통산 64회 타이틀획득이라는 대위업을 이룬 사카다 9단의 당 63세이다.)

이만 하면 "내 나이 오십이 되어서야 바둑이 늘었다."라는 그의 말은 믿어도 좋지 않을까? 실제로 그의 바둑은 1977년 시작된 제1기 기성전 우승을 시작으로 무려 6연패의 위업을 쌓으면서 젊은 도전자들에게 내용적으로 괄목할 만한 바둑을 보여주었다. 바둑을 사유(思惟)함에 있어 사람들은 저마다 다른 자유를 가지게 마련이지만, 그의 바둑관에서 보이는 자유가 자신이 말한 50대부터 보이는 것은 결코 우연이 아닐 것이다.

예(藝)와 도(道)

적어도 바둑에 관심이 있는 사람이라면 그의 기행(奇行)을 모르는 이는 없을 것이다. 또 그의 인생이, 저물어 가는 황혼까지 끝없는 기행의 연속이었음도 알고 있을 것이다. 바둑인으로서, 바둑은 물론 당연한 것이지만, 바둑만큼이나 입신의 반열에 들어선 주벽(酒癖), 교육적 차원에서는 도저히 용납될 수 없는 도박성은 마치 그의 상징처럼 견고히, 너무도 견고히 굳어져 있다. 하나의 인간이라는 관점에서 볼 때 바둑과 술, 경마나 경륜과 같은 도박성 오락을 뺀다면 거의 존재를 알 수 없는 사람이 바로 그다. 바둑인 중에 과연 이처럼 단순한 인생의 획을 가진 사람이 몇이나 될까.

그보다, 이처럼 선이 굵고 명쾌한 그의 생애를 후세의 사람, 아니 바둑을 모르는 평범한 사람이 평가한다면 어떻게 될까.

누가 누구의 인생을 평가한다는 말은 그 자체가 한마디로 우스운 이야기지만 바둑도 하나의 인간사임에는 틀림없는 것이므로 일반인들 중에는 바둑인을 투철한 장인의식(匠人意識)의 시각으로 보지 않을 수도 있다.

한 인간의 집념과 광기. 천재적 예술가나 문학가 중에서 특히 많이 보이는 광기어린 기행은 언제부터인가 '천재이기 때문에 당연한 것'이라는 등식(等式)으로 인정되고 있는 하나의 화두(話頭)다.

그렇다면 바둑은 예술일까 도일까 아니면 또 다른 무엇일까.

우리는 바둑을 말할 때 기예(棋藝) 혹은 기도(棋道)라고 말한다. 만약 바둑을 예술이라 한다면 그의 기행은 주체할 수 없는 천재(natural ability)가 사회적 통속을 거부한 일종의 예술적 전위행위(藝術的 前衛行爲)가 되며 또 어디까지나 개연적 현상일 뿐이다. 그러나 만약 바둑이 도(道)라면 아니 바둑에 도가 있다면 그는 필경 견성(見性)의 신기루를 쫓다 파계의 늪에 빠진 것일지도 모르는 일이다.

난적 사카다

1961년 1월 18일에 개막된 제1기 명인전은 13명의 기사가 리그를 벌여 이듬해 1962년 8월 9일까지 1년 8개월 동안 총 78국을 전부 둔 끝에 슈코(당시 이름은 후지사와 히데유키) 명인을 탄생시켰다.

이 리그전은 숱한 화제를 만들었던 것으로도 유명하다. 그 중에서도 하이라이트는 역시 77국까지 나타나지 않았던 빅승(무승부를 없애기 위해 덤 제도로 흑이 5집의 덤을 주게 했는데, 빅인 경우 백승으로 하되, 순위를 정할 때는 집으로 이긴 승점을 빅승보다 우선으로 하는 규정이었다.)이 마지막 78국째 우칭위엔 9단과 사카다 9단의 대국에서 발생해, 슈코 9단이 동률 재대국 없이 자동 우승이라는 극적인 드라마가 연출된 사건일 것이다.

이 무렵 무적의 강자는 명실공히 치수고치기 10번기를 모조리 승리로 장식한 우칭위엔 9단이었다. 따라서 제1기 명인전이 시작될 무렵 일본 기계의 여론 중에 지난 10번기의 전적으로 보아 우칭위엔 9단에게 우선 제1기 명인위를 수여한 다음 도전자를 선발하여 도전기의 형식을 취하는 것이 옳지 않겠는가에 대한 견해가 있었는데, 어떤 이유에서인지 이 견해는 흐지부지되어 버리고 말았다. (이 부분에 대한 이야기는 여러 책에 많이 쓰여져 있는데, 석연치는 않지만 주최측과 일본 기계의 민족편견에 대한 견해는 자칫 억측이 될 수도 있어 여기서는 생략하기로 한다.)

당시의 전적으로 미루어 유력한 우승후보는 당연히 우칭위엔 9단과 사카다 9단이었다. 우칭위엔 9단은 더 이상의 수식어가 필요없는 최강자였고 사카다

9단은 명인전의 전신인 최강전 제1기부터 3기까지 우칭위엔 9단과 각축을 벌여 우칭위엔 9단에게 가장 접근했던 기사였으며, 이 해 제16기 본인방전 도전자가 되어 당시 10연패를 노리던 다카가와 본인방을 4대 1로 누르고 타이틀을 쟁취하는 등 그야말로 바둑계의 떠오르는 태양과도 같은 존재였다. 알려진 바와 같이 그는 제23기 본인방전에서 린하이펑 9단에게 타이틀을 양위할 때까지 본인방 7연패의 위업을 이루기도 했다.

그런데 막상 뚜껑을 열고 나자 리그전의 판도에는 처음부터 다른 기운이 돌고 있었다.

리그전의 와중(渦中)에 우승후보였던 우칭위엔 9단이 그 해 8월 불의의 오토바이 사고를 당하는 바람에 한동안 시합을 중단하는 등 4승 3패로 부진을 면치 못했던 것이다. 이로 인해 더욱 사카다 9단의 우승이 유력시되었던 것인데, 리그전 초반 주목하지 않았던 곳에서 우칭위엔, 사카다, 다카가와 등 유망주 3인을 일찌기 격파하고 다크 호스로 부상하고 있는 인물이 있었으니 바로 그가 후지사와 히데유키 9단(당시 8단)이었다.

뒷날 명인전 제2기, 제3기에 걸쳐 사카다 9단과 용쟁호투의 명승부를 펼쳐 전 일본바둑계를 열광시켰던 그이지만, 그에 앞서 분명 명인전 리그의 시발점에서는 우승과는 거리가 멀어 보였다. 그러나 그는 그러한 일반의 예상을 뒤엎고 초대 명인위를 쟁취, 새 시대 실력 일인자의 대열에 먼저 선착했다.

그리고 그와 7번승부를 겨룰 도전자를 선발하기 위해 제2기 명인전이 속개되었다. 제2기 명인전 도전자 결정전에서도 제1기 때와 마찬가지로 우칭위엔 9단과 사카다 9단이 격돌했다. 그러나 이번에는 사카다 9단이 승리, 도전자로 선발되었다.

본인방 도전자. 후지사와 명인에 대한 사카다 본인방의 도전은 전 일본 열도의 바둑팬들을 열광시키기에 충분한 것이었다.

그때까지 양웅의 대국전적은 사카다 본인방의 15승 10패 1빅. 그러나 큰 승부의 전적은 2승 2패. 실로 막상막하였기 때문이다.

그러나 대국 결과를 먼저 말하자면, 슈코 명인의 아까운 역전 패배로 끝났다. 명인위는 사카다 본인방에게로 넘어갔으며, 그로써 사카다 9단은 본인방 슈사이(本因坊 秀哉, 1874~1940) 명인 이래 최초의 명인, 본인방을 재현시키며 사실상 바둑계를 평정했다. 당시의 대국 결과는 다음과 같다.

제1국 사카다 에이오, 흑 1집승
제2국 사카다 에이오, 백 빅승
제3국 후지사와 히데유키, 백 14집승
제4국 후지사와 히데유키, 흑 12집승
제5국 후지사와 히데유키, 백 2집승
제6국 사카다 에이오, 백 불계승
제7국 사카다 에이오, 백 불계승

제2기 명인전 도전3국의 관전기를 담당했던 塩入逸造(그는 후지사와 명인과 동갑으로, 서로 절친했으며 험구가(險口家)로 잘 알려진 인물이었다고 한다.) 6단은 당시의 상황을 이렇게 묘사했다.

—바둑은 승부이므로 투지가 불타는 것은 당연하지만, 현재 이 두 사람의 대국은 투지가 소리를 높여 불타고 있는 느낌이다.

사카다 본인방으로서는 "후지사와 따위를 상대로 하여 나의 힘으로 명인을 뺏지 못한다는 것이 이상하다."는 정도로 생각하고 있을 것이며, 후지사와 명인 또한 "사카다 따위는 두려운 상대가 못된다. 패한다는 느낌은 추호도 없다."는 식으로 생각하고 있을 것이다. 그리고 피차간에 성격이 맞지 않다는 점에서 서로 상대에 대해서 적개심을 느끼고 있으므로 관전하는 쪽은 매우 흥미롭다.—

일본 유학 시절 이 두 사람과 교우했던 조남철 선생이 이 글에 대해 덧붙인 말을 보면 두 사람의 사이를 짐작할 수 있다.

—후지사와 명인이 저단자였던 시절, 사카다 본인방을 가리켜 "저런 사람이 왕자(王者)로 군림한다는 것은 바둑계의 수치다."라고 혼잣말로 지껄이는 것을 들은 적이 있다. 사카다 9단은 하고 싶은 말은 거리낌 없이 해치우는 호언장담파다. 이런 점이 소년 시절 후지사와군의 비위에 거슬렸는지도 모를 일이다. 그러나 후지사와 역시 성질은 다르지만 배짱이 좋은 편이다.—

관찰력이 있는 분이라면 이 두 사람의 대국 결과를 보면서 이상한 느낌을 지울 수 없을 것이다. 그것은 사카다 본인방이 대차(大差)의 바둑을 던지지 않고 끈질기게 두어 14집, 12집 등을 계가하고 있다는 점이다. 후지사와 명인이었다면 벌써 던졌을 법한 바둑을 사카다 본인방은 끈덕지게 계가하고 있는 것이다. 어쩌면 이런 점이 후지사와 명인의 심기를 더 자극하는 것인지도 모른다. 그러나 그런 결과는 후지사와 명인과의 대국에서만 나타나는 현상은 아니다. 사카다 9단은 다른 기사와 둔 대국에서도 동일한 행동을 했으니까.

이러한 두 사람의 감정대립은 이듬해 입장이 바뀌어 후지사와 전 명인이 사카다 신 명인에게 거꾸로 도전하면서 약간씩 변모하기 시작하는 것 같다.

1964년 시작된 제3기 명인전 리그에서 후지사와 전 명인은 제2기때 사카다 본인방이 그랬던 것처럼 결승에서 똑같이 우칭위엔 9단을 꺾고 대망의 도전자가 되었다. 이 두 사람의 리턴매치는 일본 열도를 또 한번 들끓게 했다. 그러나 7번승부가 시작되자 전 명인은 제1국에서 더욱 기량이 원숙해진 사카다 명인에게 너무도 힘없이 무너지고 말았다. 제3기 명인전 도전1국의 관전기에 이러한 내용이 있다.

"작년 제2기 명인결정 7번승부 때도 그랬지만 이 두 사람은 대국 중에 거의 입을 열지 않는다.

후지사와는 사카다의 강한 것을 익히 알고 있으며, 사카다 또한 자기를 쫓아오는 무서운 후배로서 후지사와가 강한 것을 솔직하게 인정하고 있다. 연령으로는 다섯 살 차가 있으나 라이벌로서 서로가 상대방을 경계하며 의식하고 있음이 틀림없고 이런 의식이 말없는 대국으로 되는 원인의 하나였다."

이 두 사람의 관계를 당대의 라이벌로 손꼽는데 이의를 제기하는 사람은 아무도 없을 것이다. 그러나 개인적인 견해를 묻는다면 그건 아니라고 생각한다. 흔히 '바둑계의 참새'라는 입방아꾼들과 이 대결을 상품화시킬 필요가 있던 집단이 흥행을 목적으로 만든 걸작품이라고 생각한다. 그 이유는 먼저 그들의 대결기간이 너무 짧았다는 것을 들 수 있다. 숙명의 라이벌은 그렇게 짧은 기간에 만들어질 수 있는 것이 아니다. 더 중요한 것은, 후지사와 9단 본인은 기분

나쁘겠지만, 냉정하게 생각
해 볼 때 당시에는 분명 사
카다 9단의 기량이 그보다
한 수 위에 있었다는 사실
이다. 사카다 9단의 7년 아
성이 이것을 증명하고 있지
않은가. 이것은 중요한 얘
기다.

그들은 운명적으로 동시
대에 만난 기사들임에는 분
명하지만 라이벌이라기보
다는 성격상 앙숙(怏宿)이
었을 뿐이다. 그 옛날 지도
쿠 · 겐조나 조와 · 겐안의
숙명적인 만남과는 그 성격
이 다른 것이다.

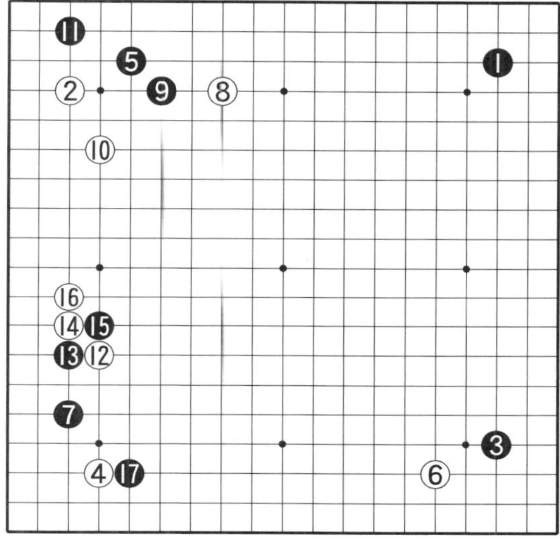

기보 1

훗날 후지사와 9단이 사석에서 사카다 9단에 대해 "그의 진짜 강함을 아는
사람은 나밖에 없다."고 말하곤 했다는데 이것이 사실이라면 더욱 더 둘의 관
계는 라이벌이 될 수 없다.

2회에 걸친 승부에서 한 사람은 승자, 한 사람은 패자로 끝났다면, 그리고
다시는 그런 승부를 하지 못했다면 분명 라이벌은 아니다.

그리고 맞은 제2국. 사카다 명인은 여전히 득의의 3 · 三으로 포진했다. 후지
사와 전 명인은 백12로 급전을 유도했고 흑17을 기다려 그 자신 탐구정신의
일각을 엿볼 수 있는 역사적 신수를 구사했다.

흑17의 붙임수는 오늘날 자취를 감추었지만 당시에는 모양상의 맥으로 인
정받고 있었다. 오늘날 사용되지 않는 이유는 아마도 후지사와 전 명인의 신
수 때문일 것이다. 다시 말해 흑17은 성립하지 않는다는 얘기다.

여기서 이와 같은 하나의 정석이 도태되는 과정을 살펴보면 정석의 허구성을 알 수 있다. 본래 이 장면에서 흑13, 흑15의 정석 선택에는 약간의 주의가 필요했다. 물론 신수를 미처 생각 못한 탓도 있겠지만 신수가 아니더라도 좌상귀 백돌의 배치와 관련하여 백16까지 튼튼하게 만들어주는 의미가 있으므로, 흑은 백12의

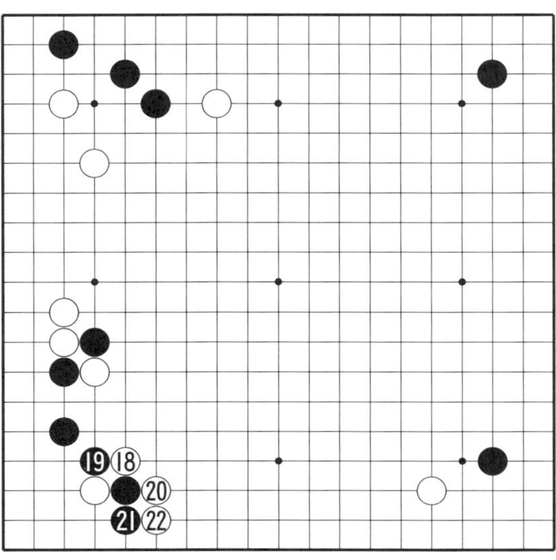

진행도 1

협공에 직접 응수하지 않고 좌상귀를 선제 공격하거나 하변을 두 번 두어 백진을 좌변 쪽으로 편재시키는 편이 폭넓게 두는 길이었다. 아마 이 편이 현대적 감각일 것이다.

우선 흑17이 옛날 정석책에 맥으로 등장하게 된 배경에는 **참고도** 1과 같은 수순을 생각하고 있었기 때문이다. 물론 이렇게만 된다면야 흑17은 정말 절묘한 맥이 된다. 그러나 정석은 그런 것이 아니다.

이런 변화를 정석책에 일일이 집어넣었던 발상은 그 옛날 잔 기교가 판치던 시절의 그릇된 바둑관의 흔적일 뿐이다.

흔히 바둑을 배우는 입장에서는 책에 그렇게 되어있으면 그러려니 하고 여과없이 수용하게 마련이다. 특히 정석은 그렇다. 또 거의 모든 책이나 심지어 가르치는 입장의 전문기사마저도 예전에는 정석을 생각하는 사고가 경직되어 있었다. 그러나 정석은 탄생과 소멸이라는 시간적 속성을 가진 분야다.

후지사와 전 명인은 **진행도** 1 백20의 단수에 이어 백22로 막았다. 바로 이 수가 이 정석을 사장(死藏)시킨 신수였다. 그러나 이 수가 신수로서 얼마나 유력한지, 또 어떤 의미를 담고 있는지는 장장 40여수에 달하는 기나긴 과정에

숨어있다.

계속된 진행을 보기에 앞서 우선 이 정석이 '미완성 정석'이라는 이름이 붙은 채 오랜 기간을 거쳐 결론의 단계에 이르기 직전까지 그간의 변화가 많았다는 것을 말해두고 싶다. 그 중 대표적인 것이 참고도 2와 참고도 3이다.

먼저 참고도 2는 흑집이 크고 끊겨져 있는 흑 한점

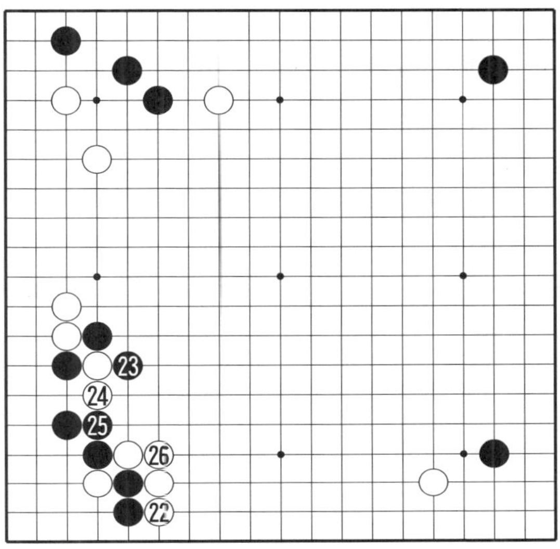

진행도 2

의 생명력이 남아있는 관계로 흑이 약간 낫다고 할 수 있다. 또 참고도 3은 흑 3점의 생명력이 거의 없는데다 백A의 끝내기 수단이 남아 백이 유리하다.

그러나 실전에서 후지사와 전명인은 참고도 3의 진행을 외면하고 진행도 2를 선택했다.

그 이유는 이 정석에 대한, 아니 신수에 대한 확신이 있었다는 얘기다. 백22라면 흑23의 단수나 백24로 키워 죽이는 수순도 절대가 되며, 흑25 역시 이렇게 두지 않을 수 없다. 이때 백26으로 침착하게 이은 수가 신수가 성립하는 두 번째 관문이다.

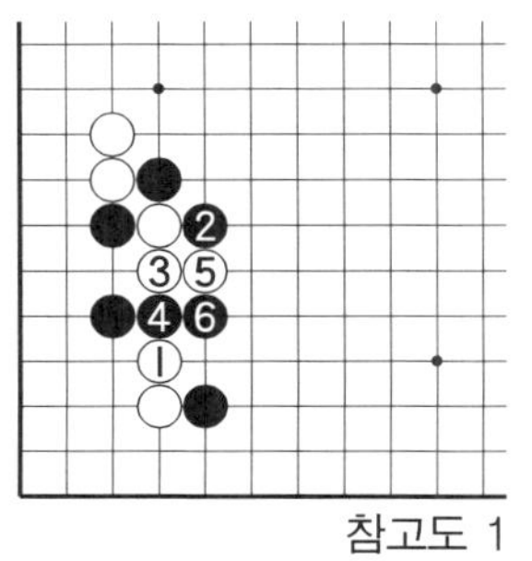

참고도 1

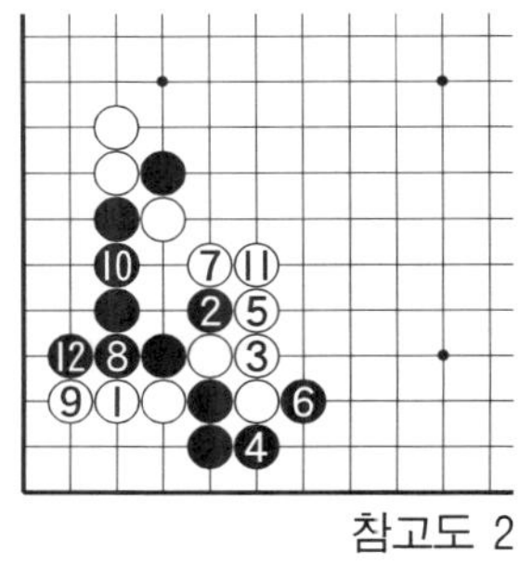

참고도 2

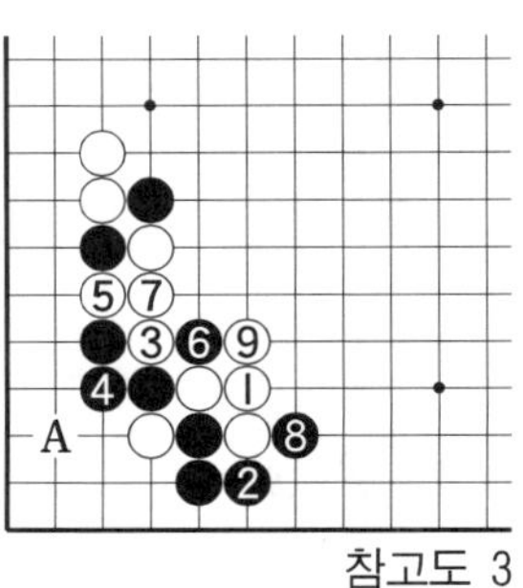

참고도 3

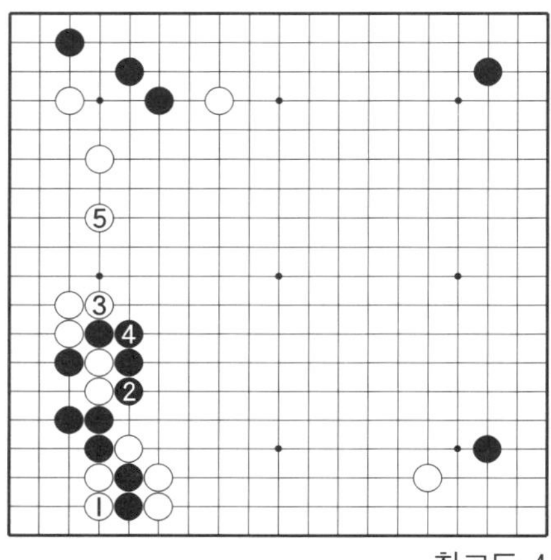

참고도 4

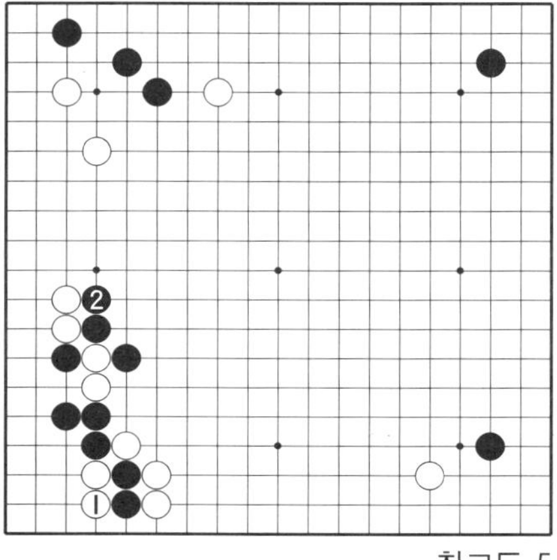

참고도 5

이 수를 염두에 두지 않고서는 백22의 신수는 처음부터 생각조차 할 수 없는 것이다. 어쩌면 사카다 명인은 백26에 이르러 "엇!"하고 놀라 당황했을지도 모른다. 그만큼 백22는 뜻밖의 수였던 것이다.

백26으로는 **참고도 4**의 백1로 깨끗이 잡는 수도 생각할 수 있다. 백5까지 이 그림은 백이 무조건 좋다.

그러나 흑은 흑2로 그냥 잡지는 않을 것이다. **참고도 5**처럼 반발할 것이 분명하다. 이 변화는 백도 꺼림칙하지 않을 수 없다.

신수의 실전 결론을 말하면 백이 성공하기는 했지만 '옥의 티'가 있었다. 그것이 **진행도 3**인데, 흑29때 그냥 백30으로 둔 수가 '옥의 티'로서 신수의 마지막 관문에

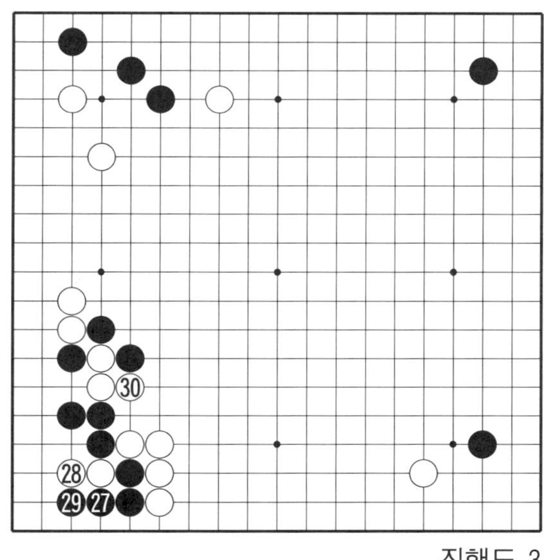

진행도 3

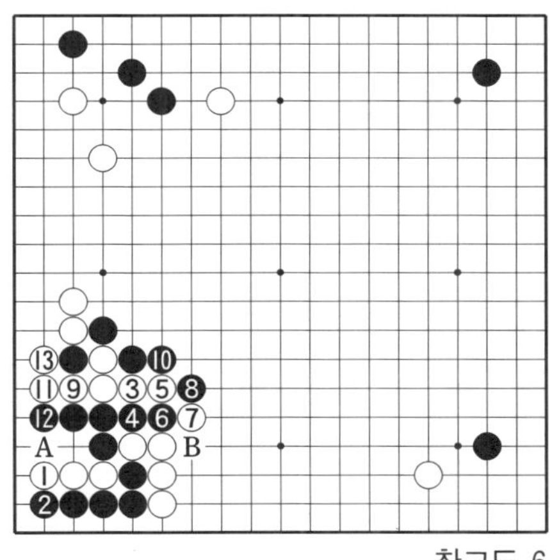

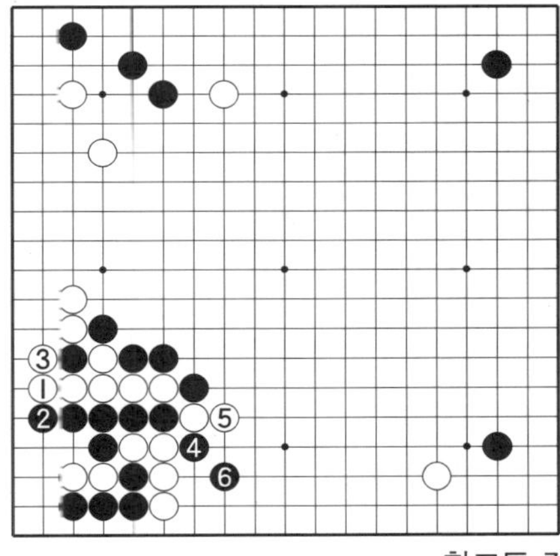

참고도 6　　　　　　　　　　　참고도 7

서 결정타를 놓친 실수였다.

이 수로는 **참고도 6** 백1을 먼저 교환해두는 것이 옳았다. 이 진행이라면 백 11이 성립하여 자체로 득을 보고 있으며, 백A로 잡히는 수단 때문에 흑은 B로 끊을 여유가 없다. 그러나 무엇보다도 좌변에서 예상되는 공방의 관계를 볼 때

좌변 백이 완생형이라는 점 이 자랑이 된다. 수순이란 이처럼 무서운 것이다.

실전은 이 수순을 빼먹은 관계로 **진행도 4**에서 보듯 흑37의 단수에 백A로 빠지 는 수단이 없어지고 말았 다. 억울하지만 이제는 어 쩔 수 없다. 만약 백이 A를 강행하면 흑은 **참고도 7**처 럼 두게 되어 흑6까지, 이 번에는 백이 한 수 부족으 로 도리어 죽고 만다.

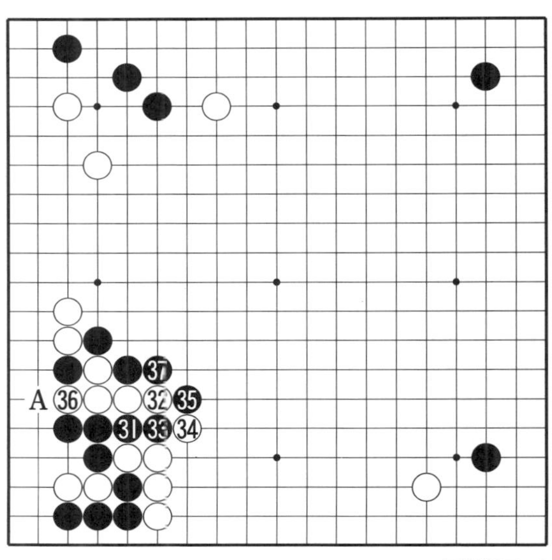

진행도 4

'옥의 티'치고는 꽤 컸다. 여기서 사카다 명인은 한시름을 돌렸을 것이고, 후지사와 전명인은 아차 싶었을 것이다. 명인들의 바둑에서 이런 실수가 등장하는 것을 보면 여러분의 감상은 어떨지.

그러나 놀랄 필요는 없다. 이보다 더한 착각수도 비일비재하니까. 모든 시합에 시간제가 도입된 이후부터 이런 현상이 두드러지고 있다는 말이 있기는 하지만, 그 옛날 시간제한이 없었다는 일본 바쿠후 시대 명인들의 바둑도 이와 다르지는 않았다. 후지사와 전명인의 실수는 그렇다 치고 사카다 명인에게는 수순의 오류가 없었을까? 그렇지 않다. 사카다 명인 역시 티를 남겼다. 후지사와 전명인의 실착에 만심했던 탓일까, 이번에는 사카다 명인 쪽에서 실수가 튀어나왔던 것이다. 그것은 바로 **진행도 4**의 흑35로 끊은 점이다. 이른바 방향착오.

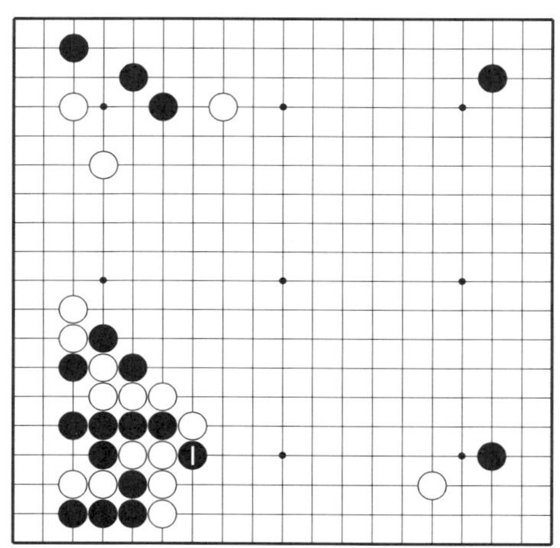

참고도 8

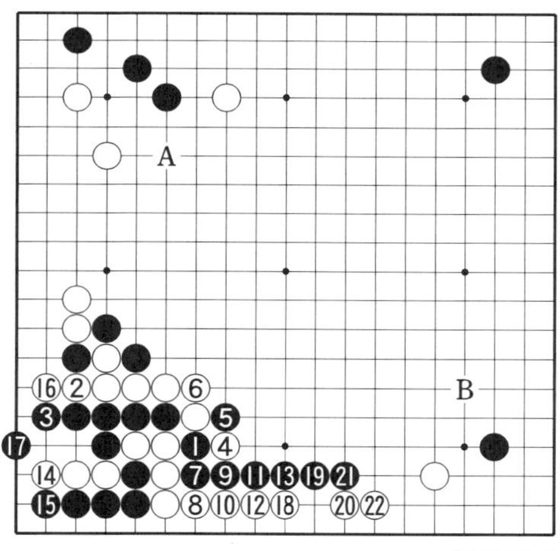

참고도 9

참고도 8의 흑1쪽을 끊는 것이 수순이었다. 이 차이도 컸다.

무슨 말인가 하면 흑1에 대해 백이 둘 수 있는 방법은 일단 **참고도 9**의 백2뿐인데, 백4의 단수에 대해 흑5로 반발하는 수가 최선이었다는 이야기다.

참고도 9는 그 변화도 중 하나이며 백22 이후 흑은 A나 B를 선택할 수 있어 둘만 하다.

또 수순 중 백6으로 **참고도 10**의 백6으로 반발하는 것은 백의 무리다. 흑15로 갈라쳐 공격당하게 되면 순식간에 주도권은 흑에게 넘어가고 만다.

다시 실전으로 돌아가서 계속된 진행을 보기로 하자. **진행도 5**를 보기 바란다. 백38로 따낼 수밖에 없을 때 흑39로 단수를 맞아 잇는 수가 쓰라리다. 흑57까지의 진행을 볼 때 좌변 백이 완생형이냐, 지금처럼 미생이냐의 차이가 눈에 확 띠지 않는가. 후지사와 전명인의 '옥의 티'는 바로 이것을 말하는 것이다.

또 사카다 명인의 실수 역시 백54로 밀린 모양에서 찾을 수 있다. 흑57로 역공을 취하고는 있지만 중앙 흑이 무거워 그다지 위력적인 자세는 아니다. 여기까지의 결과를 보면 신수

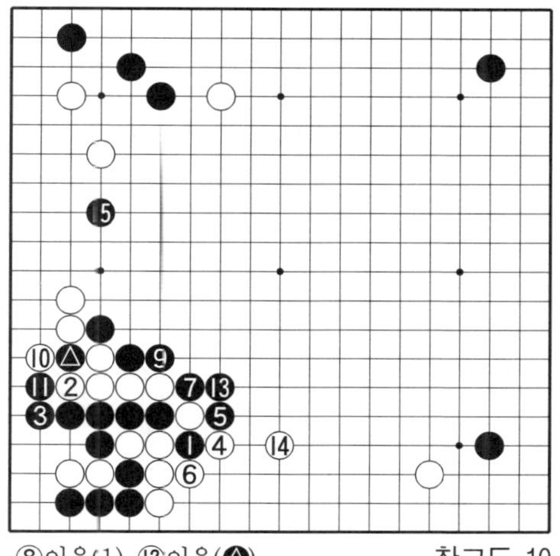

⑧이음(1) ⑫이음(△)　　　　　참고도 10

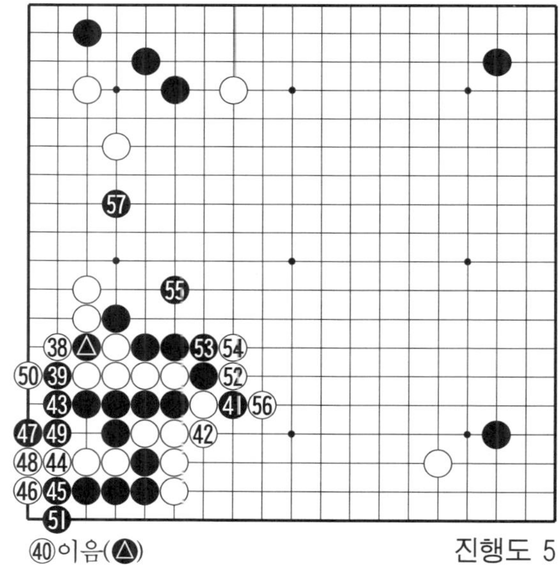

㊵이음(△)　　　　　　진행도 5

가 수순을 그르치는 바람에 완벽히 성공하지는 못했지만, 여하튼 이 신수가 하나의 미완성 정석에 대한 결론을 내렸다고 생각하며 그 가치도 매우 컸다고 생각한다.

정석이란 이러한 경로를 거쳐 생성, 소멸되는 것이 당연한 이치이며 이를 연구하는 것 또한 전문가의 소명이기도 하다.

전명인은 이 바둑에서 큰 시합이라는 것에 구애됨이 없이 신수라는 매체를 통해 바둑에 대한 자기 소신을 당당히 밝히고 있다.

이 바둑은 이겼지만, 이후 연패하여 명인위 재탈환에 실패한 전명인은 잠시 슬럼프에 빠졌다고 회고하고 있다. 그러나 제4기부터 1970년 제9기 명인전에서

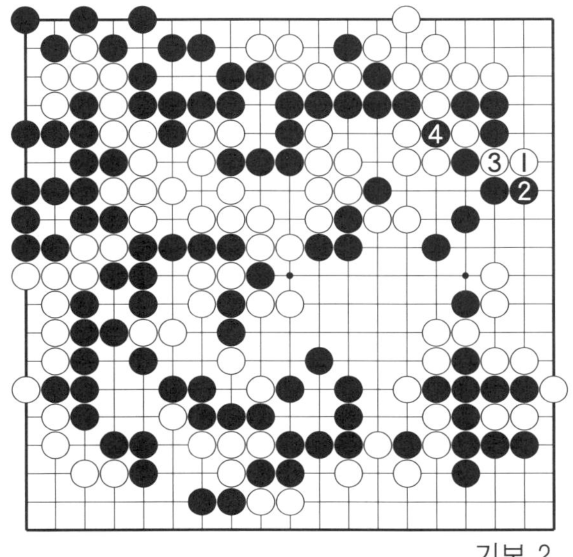

기보 2

린하이펑 명인을 꺾고 화려하게 컴백하기까지 단 한차례도 리그전 밖으로 밀려 탈락하지 않은 것으로 미루어 그다지 큰 충격은 없었던 것으로 보인다.

이것도 승부사의 자질이라고나 할까. 대부분의 일류기사에게서 보이는 공통점은 하나같이 끈질김과 자구력(自救力)이 있다는 점이다. "인간은 누구에게나 회복력이 있다."는 다카가와 9단의 말이 실감난다.

후지사와 9단이 제3기 명인전에서 사카다 명인의 끈질김에 지쳐 7번승부의 호흡이 끊기는 듯한 인상을 주는 기보가 바로 1승 1패의 시점에서 맞은 제3국 고비판이다.

기보 2가 그것인데 난전에 난전을 거듭한 끝에 좌상귀의 패가 해소되고, 이번에는 또 우상귀에서 패가 발발한 장면이다.

형세는 흑이 약간 앞서고 있지만, 백1의 치중으로 패가 되자, 팻감의 수효가

문제가 된 상황이다. 팻감은
과연 어떻게 될까? 백의 팻
감은 상변을 끊자는 수와 자
체 패가 둘 정도로 도합 셋
이다. 그러나 흑이 이에 상
응하는 팻감을 쓸 곳이라고
는 좌하귀 밖에 없다.

그것도 좌변의 꼬리만 잡
아서는 집이 모자란다. 그
렇다면 두 번 두어 좌하귀
를 포함하는 전체를 잡는
수단은 없을까. 이 수읽기

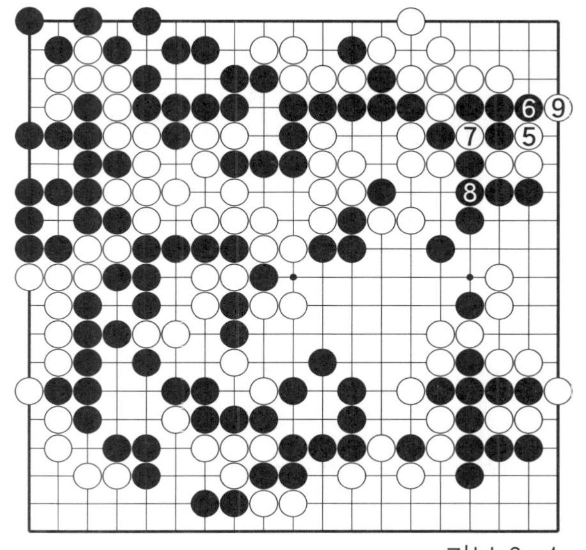

기보 2-1

는 사실상 아마추어 고단자
정도의 수준으로도 그다지 시간을
필요로 하는 문제는 아니다. 그런
데 여기서 실로 어처구니 없는 사
건이 벌어지고 말았다.

기보 2-1이 계속된 수순의 진
행인데, 백5의 팻감을 흑6으로 받
고 백7로 따냈을 때 전명인이 흑8
로 이어 버린 것이다.

착각이었을까? 아니면 패귀에
홀린 것일까? 도저히 이해할 수 없
는 상황이 아닐 수 없다. 백9로 넘

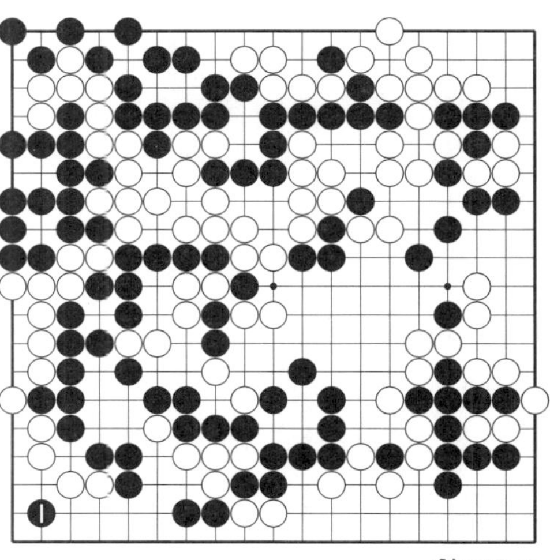

참고도 1

어가 이제 이 흑이 살 수 있는 길은 어디에도 없다. 아무리 '덜컥수'의 명수라고
하지만 이런 장면을 어떻게 해석해야 할 것인지.

흑에게는 **참고도 1** 흑1의 팻감이 있었던 것이다. 백이 이 팻감을 받는 순간

팻감은 계속 나오므로 백은 불청
할 수 밖에 없다.

그러나 **참고도** 2에서 보는 바와
같이 백2로 불청하면 흑5의 맥이
성립하여, 흑15까지 한수 부족으
로 전체 백대마는 살 수 없었던 것
이다.

설령 백A까지 있다 하더라도 결
과는 마찬가지다.

그렇다면 바꿔치기의 결과는 어
떤가. 백이 중앙을 모조리 집으로

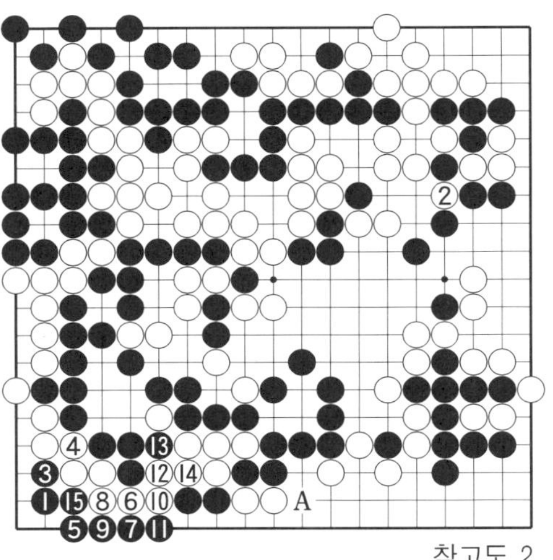

참고도 2

만든다 해도 흑A로 백 두점을 잡게되면, 무조건 반면 10집 정도의 차이는 좁
힐 수 없는 것이다.

이 판이 7번승부의 분수령이었다. 그리고 다시 명인위에 복귀하기까지는 5년
의 세월(1970년 제9기 명인 쟁취)이 흘렀고, 명인전 도전기에서 사카다 명인을
다시는 만날 수 없었다. 이듬해 제4기에서 약관 23세의 중국 청년 린하이펑 9
단(당시 8단)이 사카다 명인을 패퇴시키고 세대교체의 막을 올렸기 때문이다.

만각(晩覺)의 칼

그렇다면 이제 후지사와 9단의 지론대로 50대의 향상된 기량이 무엇인지 음
미하면서 사카다 9단과 명인위를 다투던 시기의 바둑과 달라진 점을 살펴보기
로 하자.

기성전은 후지사와 9단이 52세가 되던 해, 1977년 요미우리(讀賣)가 명인전
타이틀을 아사히(朝日)에게 양보하는 대신 신설한 기전으로, 일본 최대의 타이
틀전이며 명인, 본인방, 십단, 천원의 타이틀 보유자와 전단 쟁패전의 우승자,
최고기사결정기성전심의회가 추천하는 기사가 참가하는 명실공히 진짜 일본 제

일의 타이틀전이다.

당시의 본선 진출자는 호화롭기 짝이 없다.

오히라 슈조(大平修三), 고바야시 고이치(小林光一), 다케미야 마사키(武宮正樹… 본인방 추천), 가토 마사오(加藤正夫… 십단 추천), 후지사와 히데유키(藤澤秀行… 천원 추천), 이시다 요시오(石田芳夫… 전 본인방 추천), 하시모토 우타로(橋本宇太郎… 추천), 사카다 에이오(坂田榮男… 추천), 오다케 히데오(大竹英雄… 명인 추천), 히로시(白石 裕), 린하이펑(林海峯… 전 십단 추천) 등 총 11명이 그 주인공들인데, 여기서도 후지사와 9단은 사실상 우승과는 거리가 멀어 보였다.

예전의 신진들은 이미 각종 타이틀을 거머쥐며 정상에 올라 있었고, 이 중에서도 특히 가토 마사오 9단은 거의 모든 기전에서 맹위를 떨치며 전성기를 구가하고 있었다. 또 오다케 명인, 다케미야 본인방 등 서슬이 퍼런 젊은 고수들이 줄을 잇고 있어 노장들이 견디기에는 아무래도 힘겨워 보였다.

그러나 제1기 기성전은 1961년의 제1기 명인전 때 보다 더 이상한 기류를 타기 시작했다.

후지사와 9단은 첫판에서 강력한 우승후보였던 가토 십단을 일축하고, 오히라 9단을 제압한 다케미야 본인방마저 격파하여 결승에 선착했다.

한편 심의회의 추천을 받은 노장 하시모토 9단은 역시 추천으로 참가한 사카다 9단을 누른 후, 린하이펑 9단을 꺾은 오다케 명인마저 제치고 대망의 결승에 올랐다.

제1기 기성전에서의 이와 같은 노장들의 투혼은 참으로 본받을 만한 것이 아닐 수 없다. 그렇게 제1기 기성전은 젊은 고수들이 모두 패퇴한 채로 70세의 노웅(老雄) 하시모토 9단과 52세의 효웅(梟雄) 후지사와 9단의 대결로 압축되었다.

그리고 이미 알려진 바와 같이 후지사와 9단이 하시모토 9단을 4대 1로 일축하고 초대 기성의 영광을 거머쥐었던 것이다. 그리고 제2기부터는 당시의 바둑계를 군림하던 30대의 최고수들에게 도전을 받아, 모두 방어에 실패할 것이라는 당초의 예상을 깨고 당당히 6연패에 성공했던 것이다. 그가 진실로 바둑에 눈을 떴다는 50대에 이룩한 이 기록은 앞으로도 깨어지기 힘들 것이다.

참고로 후지사와 기성이 6연패를 하는 동안 대적했던 기사와 전적표는 다음과 같다.

제1기 對 하시모토 우타로(橋本宇太郎), 4대 1 우승

제2기 對 가토 마사오(加藤正夫), 4대 3 방어

제3기 對 이시다 요시오(石田芳夫), 4대 1 방어

제4기 對 린하이펑(林海峯), 4대 1 방어

제5기 對 오다케 히데오(大竹英雄), 4대 0 방어

제6기 對 린하이펑(林海峯), 4대 3 방어

모두 당대의 맹장들이 아닐 수 없다.

제2기 기성전의 도전자는 예상대로 상승세가 최고조에 달했던 가토 마사오 9단이 되었다. 모든 사람의 시선에는 술에 찌든 후지사와 기성의 모습이 마치 바람 앞의 촛불처럼 위태롭게 보였다.

그리고 예상대로 허물어져 갔다. 젊음의 힘 앞에서는 어쩔 수 없는 듯이 보였다. 제4국까지 집중력에서도 밀렸고 지구력에서도 힘이 부쳐 3대 1로 막판을 맞이했다.

제5국은 마치 체념한 사람의 바둑처럼 보였다. 초반 47수 째에 기성의 바둑이라고는 상상할 수 없는 섬멸전(殲滅戰)을 펼친 것이다. 알다시피 전문기사의 바둑에서는 섬멸전이란 없다. 상대인 가토 9단도 별명이 '대마 킬러'일 뿐이지 섬멸전을 하는 것은 아니다. 공격의 목적은 어디까지나 공격을 통해 전과를 획득하려는 것이지 잡으려는 것이 아니다. 가토 9단 역시 상대가 그만한 댓가를 지불하지 않으려다 보니 대마를 잡게 되는 것일 뿐 살상을 목적으로 무식하게 공격할 리가 없다.

또 직선으로 잡으려 해서 쉽게 잡힌다면 전문가의 바둑이라고 할 수도 없다. 그만큼 전문가의 돌은 쉽게 죽지 않는 것이다. 그럼에도 불구하고 기성은 잡으러 갔다. 그것도 '대마 킬러'의 돌을 마치 "살면 던지면 되지 않느냐."는 식

으로 아마추어처럼.

그리고 일단 가두는데는 성공했다. 기보 3에서 보듯 우변에 갇힌 백이 살면 흑은 무조건 지게 된다. 패가 나도 마찬가지다. 자체 패가 수두룩하기 때문이다.

젊은 도전자는 22분만에 백1(실전에서는 92)로 삶을 모색했다. 과연 이 백은 살 수 있을까. 그보다 더 관심이 가는 것은 이처럼 무모한 섬멸전이 성공할 수 있을까이다.

이 장면에서 기성은 기사 생활 중 최장의 신기록의 장고를 했다. 기록에 의하면 자그만치 2시간 57분이다.

어쩌면 기성에게 다시는 이런 장고를 기대할 수 없을 것이다.

기보 3-1의 흑2(실전에서는 93)가 이 바둑의 승패를 결정지은 고심의 한 수였다.

이로부터 변화도는 수없

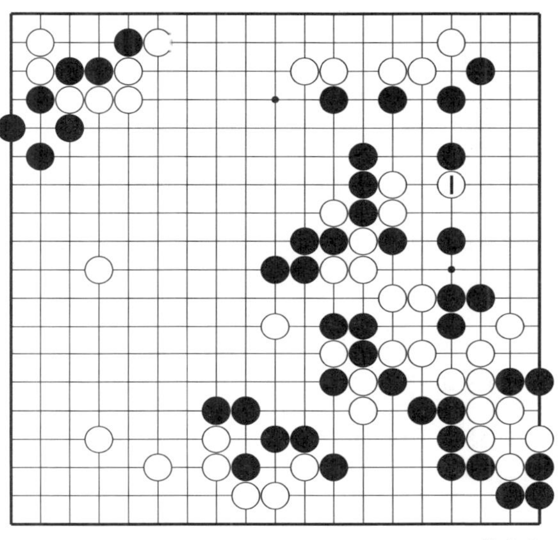

기보 3

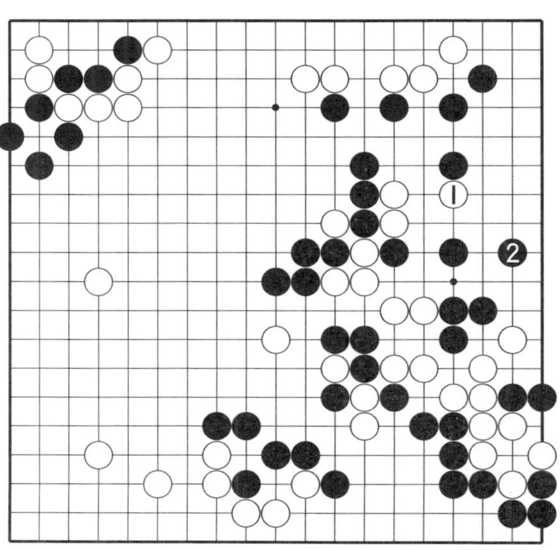

기보 3-1

이 많지만 여기서는 생략하기로 하고, 실전의 진행과 더불어 백1 이외의 수에 대해 잠시 살펴보기로 하자.

우선 실전의 진행은 기보 3-2이다.

백3에는 흑4·6이 절대의 수순이며 흑10까지, 이 수상전은 어떻게 될까? 기보 3-3이 정답이다.

백13 이하 흑22까지, 이 수상전은 최하 빅이다. 실전에서는 기성의 응수에 다소 문제가 있어 잠시 좌중이 긴장한 적이 있었다고 하나 여기까지 진행된 이상 백에게 더 이상의 수는 없다. 결론적으로 기성이 마치 아마추어처럼 우직하게 섬멸전을 펼친 것이 주효하여 쾌승을 거두게 되었다.

그렇다면 과연 갇힌 백이 살 수 있는 길은 없었던 것일까? 그렇지는 않다. 상황을 이렇게 만든 주범은 처음 기보의 백1이었던 것이다.

당시 일본기원에서 검토 중이던 구도 노리오(工藤紀夫) 9단이 발견했다고

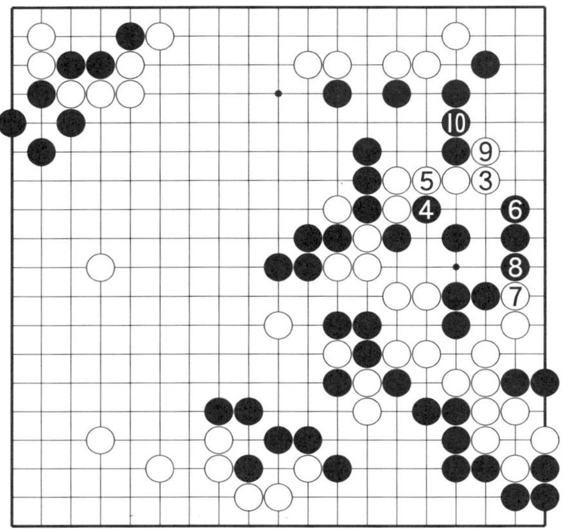

기보 3-2

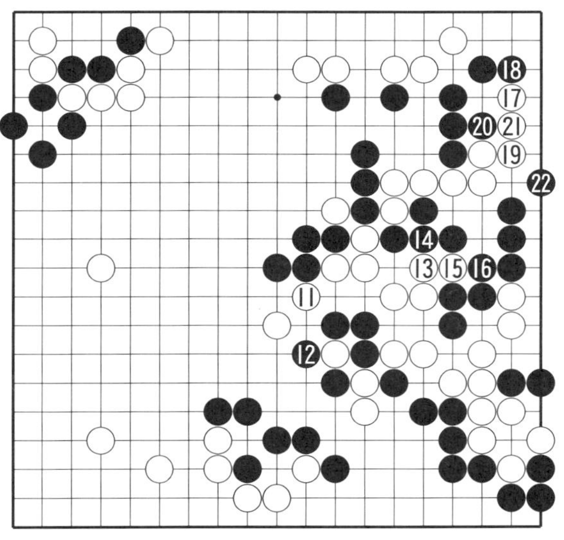

기보 3-3

하는데, 기보 백1의 수로는 **참고도 1**과 같이 두는 수순이 있었다고 한다.

수순 중 백5로 젖힌 수가 묘수로 백11까지 거뜬히 살게 된다.

흑이 패를 내서는 안된다는 부담이 있기 때문에 **참고도 1**은 훌륭한 정답이라 하겠다. 그렇다면 그 이외에 다른 수는 없었을까?

「바둑과 컴퓨터」의 견해를 밝히자면, **참고도 2**의 백1도 성립한다는 것이다.

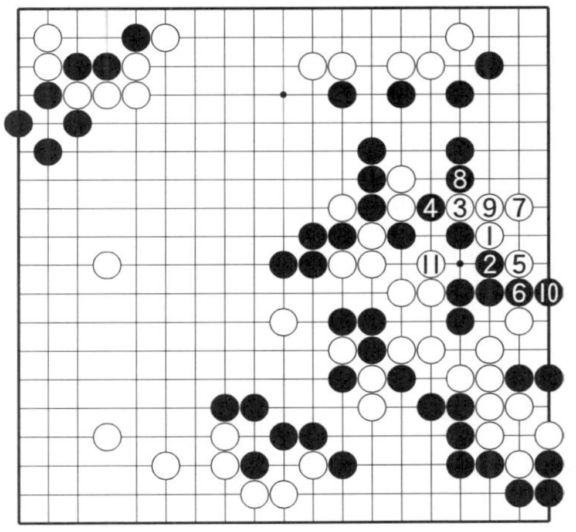

참고도 1

흑2 이하로 **참고도 3**의 수순을 취하는 것은 백7까지, 이 진행은 **참고도 1**로 환원되는 것이므로 당연히 살 수 있다.

또 흑이 **참고도 4**처럼 두는 것은 백3까지, 백A와 백B가 맞보기가 되므로 알기 쉽게 산다.

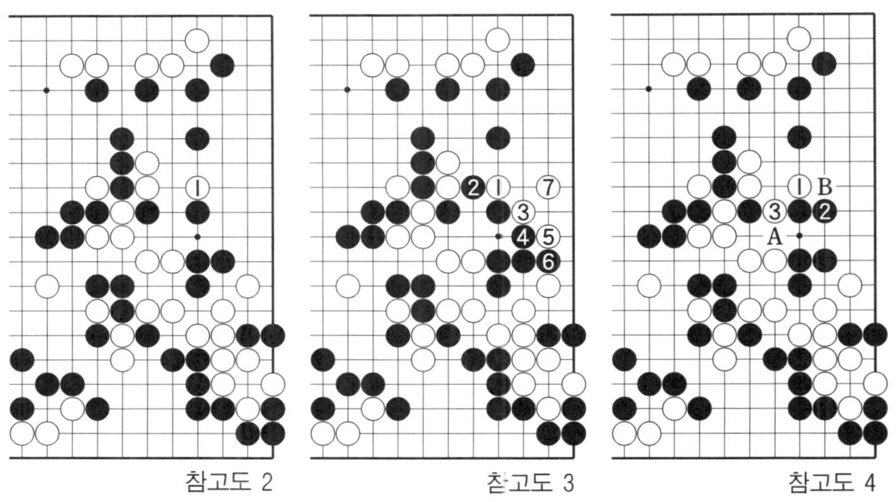

참고도 2   참고도 3   참고도 4

또 **참고도 5**의 흑2로 두는 것
역시 백3이 듣게 되므로 흑4로 끊
어도 백7까지 흑은 더 이상 수가
없다. **참고도 6**의 흑2로 반발하는
것도 백3으로 맞끊는 수로 그만이
다.

이렇듯 잡기 어려운 대마를 일
직선으로 무모하게 잡으려는 것처
럼 어리석은 작전은 전문기사의
바둑이 아니다.

그러나 어쨌든 기성은 이 바둑
을 쾌승하여 흩어진 기세를 바로
잡았는가 싶다. 아니 어쩌면 도전
자의 기세가 움추려진 것은 아닌
지 모르겠다. 사실 일류의 바둑에
서 이런 식으로 대마가 죽는다는
것은 상상도 할 수 없는 일이기 때
문에 잡힌 쪽의 심리가 그다지 좋
을 턱이 없을 것이다.

이러한 대국심리는 결국 계속
이어져 막판 7국이 결승이 되었
고, 결승국에서도 도전자는 통한

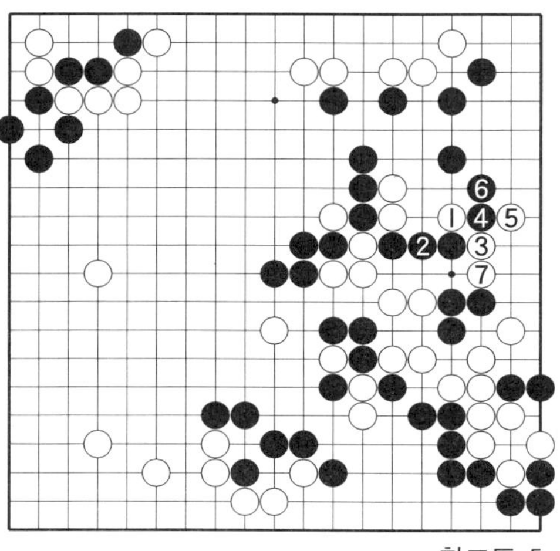

참고도 5

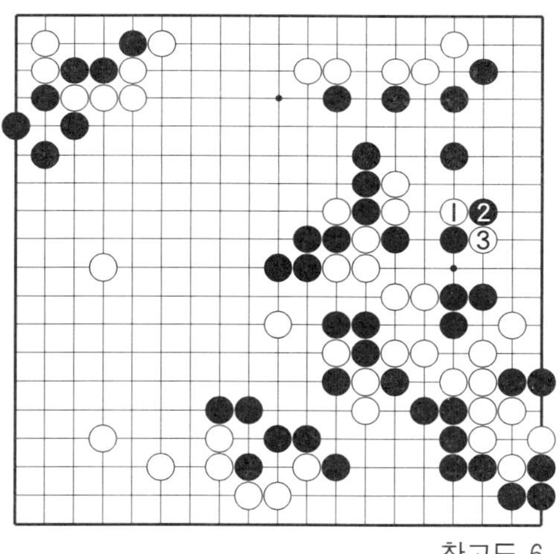

참고도 6

의 반집패를 당하여 골인 직전에서 좌절하고 말았다.

이번에는 후지사와 기성의 '50대 개안(開眼)'을 확인할 수 있는 기보를 감상
해 보자.

기보 4는 '컴퓨터'라는 별명으로 전성기 시절 사카다, 린하이펑 9단 이후 세
번째로 명인, 본인방을 동시에 거머쥐었던 강호 이시다 요시오 9단과의 제3기

기성전 도전4국이다.

초반의 흐름은 당시 가토 9단을 필두로 선풍적인 인기를 끌던 중국식 포진으로 시작되었다.

이 흐름이 요즘과 다른 점은 단지 흑5를 높게 두었다는 것이다. 일명 높은 중국식인데 집에 민감한 요즘에는 이 수가 슬며시 자취를 감추었다.

좌하귀 백30까지의 절충은 백이 다소 손해이지만 중앙을 중시하는 기성의 취향을 거부한 도전자의 선택으로 보인다. 그런데 여기서 문제의 장면이 등장한다. 당연한 듯 보이는 흑31이 검토실의 비난을 받았던 것.

백36에 대한 응수가 마땅치 않다는 것이 비난의 이유였다는데, 그것은 **참고도** 1의 흑1이 이 경우 상용의 수비법이지만 백2로 중앙에 자연스럽게 진출하게 되어 우변 흑진이 엷어지므로 흑의 불만이라는 것이다.

상변의 삭감책에 대한 검토실의

제3기 기성전 도전7번승부 제4국
(요미우리신문 주최)
1979년 2월 21~22일, 大阪市 大淀區 東洋호텔 鶴室

● 후지사와 히데유키
○ 이시다 요시오

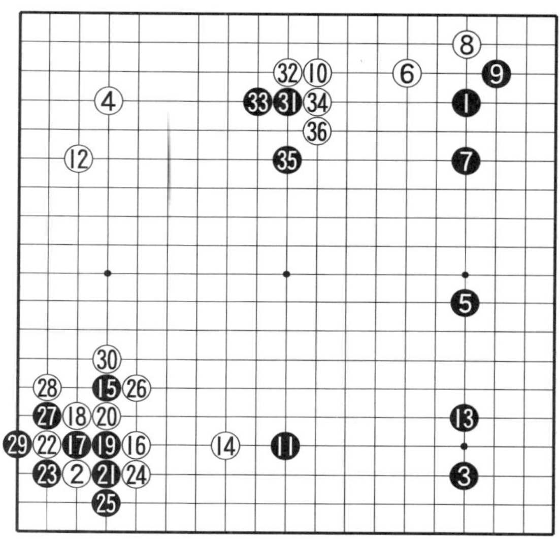

기보 4

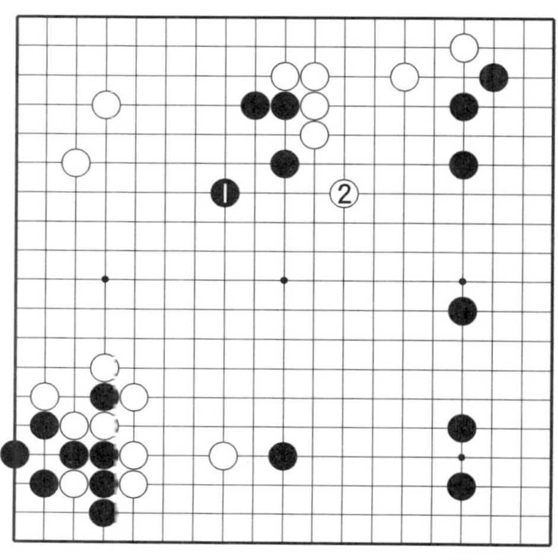

참고도 1

중지는 **참고도 2**의 A, B, C, D 중 한 곳이 적절하다고 했고, 후지사와 기성 자신도 "C 정도의 곳이 맞을 것이다." 라고 후회했다는 당시의 기록이 있다.

그러나 이 말에는 공감할 수 없다. 왜냐하면 이 장면에서 후지사와 기성의 '원숙한 50대의 개안'이 등장했기 때문이다. 여러분이라면 여기서 어떻게 두겠는가?

기성의 선택은 **기보 4 - 1**의 흑37이었다. 참으로 놀라운 '50대의 개안'이라 하지 않을 수 없다.

여러분은 이 수에 대해 어떤 감상이 들었는지.

당시 이 수는 아무도 예측하지 못했다고 한다. 그리고 이 수를 본 순간 모두 "아!"하고 감탄에 감탄을 연발했다는 것이다.

당시 관전기를 담당했던 赤松正弘씨는 글에서 '바둑사에 남을 묘수'라고 기록

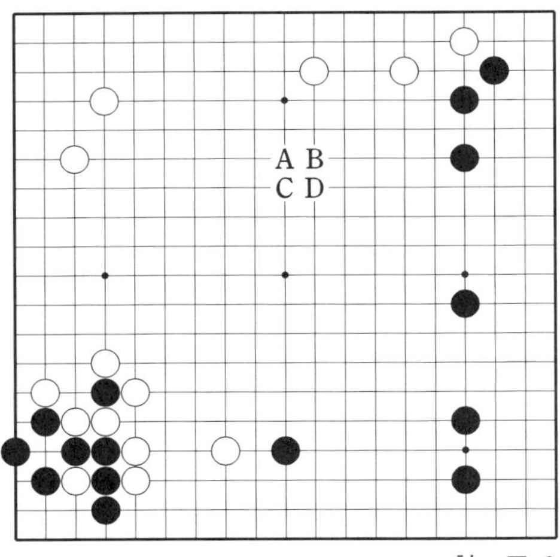

참고도 2

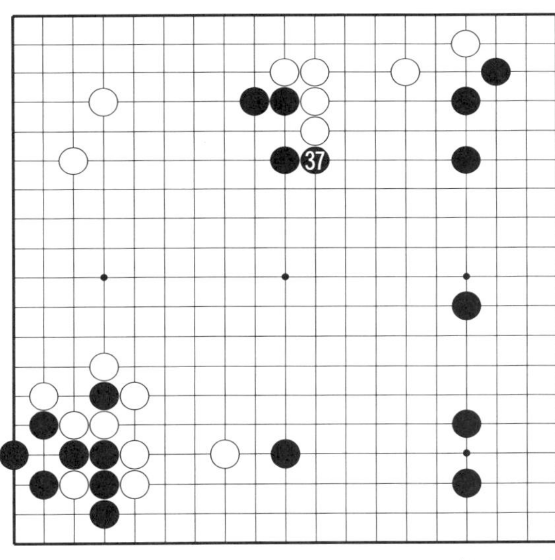

기보 4-1

해 놓고 있다. 이 수가 왜 극찬을 받을 만한 수인지 **참고도 3**을 보면 알 수 있을 것이다.

이 수가 왜 '50대의 개안'이며 '바둑사에 남을 묘수'인가 하면 백1로 뚫고 나

오는 수가 없기 때문이다. 백1·3
으로 뚫었을 때 흑은 2·4로 흑
두점을 선선히 버릴 수 있으므로,
이 결과에서 백이 얻은 소득은 중
앙이 철벽이 생긴 것에 비하면 그
야말로 보잘 것 없는 소득이다.

자! 그렇다면 처음으로 돌아가
서 다시 생각해 보기로 하자. 기
보 4의 흑31로 어깨를 짚은 점이
검토실의 비난을 받고 또 기성 자
신도 후회했다는 대목에 대해 공

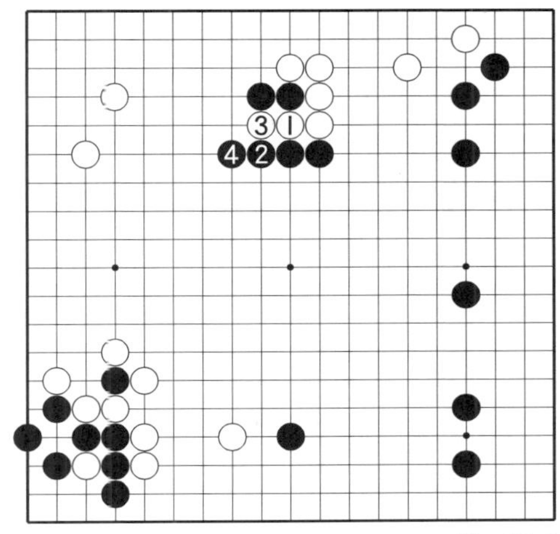

참고도 3

감할 수 없다고 했던 우리의 견해가 이해가 가는지.

바둑은 수와 수의 연관성이 중요한 것이지 그 한 수가 중요한 것이 아니다.
다시 말해 흑37이 천하의 명점이라면, 그리고 이 수를 미리 염두에 두었다면,
흑31은 천하의 명점이라는 주연(主演)을 탄생시킨 눈부신 조연(助演)의 한 수
가 되는 것이다.

흑31과 37은 이단(heresy)의 얼굴을 가진 자유주의(liberalism)와 같은 것
이다. 그리고 후지사와 기성 득의의 안목이다.

제3기 기성전 도전기 제5국의 관전기를 담당했던 三堀 將씨는 이렇게 기고
하고 있다.

―기성은 이 7번승부에 대비하여 50일간 그 좋아하는 술을 입에도 대지 않
고 상대인 이시다 9단이 근간에 둔 바둑 백 몇십국의 기보를 구하여 전부 복
기해 보았다.

장기계에서는 中原 명인에 도전한 森雞二 8단이 中原의 기보 800국을 모두
연구해 보고 "명인은 세지 않다. 지금까지 계속 이기고 있는 것은 상대가 잘
못 두었기 때문이다."라는 결론을 내렸다.

그러나 후지사와는 "옛날부터 컴퓨터는 겁날 게 없다고 생각해 왔다. 그런

데 새삼 바둑을 복기해 보니 이시다군은 세다. 연구하는 동안 겁이 났다. 복기를 해 볼수록 점점 자신이 없어졌다.”고 말하고 있다. 후지사와로서는 7번승부 전에 상대의 바둑을 연구한다는 것은 처음 있는 일이었다.―

기성의 태도가 변하고 있다는 말이다. 그리고 사고가 바뀌고 있다는 말이기도 하다. 이는 무엇을 의미하는가?

먼 옛날 사카다 9단과의 대결에서 보였던, “나는 공부를 할 만큼 했으므로 강하다. 그러므로 누구든 두렵지 않다.”는 식의 일방적이고 평면적인 승부관에서 “너도 공부를 했구나. 과연 세구나. 그래 한번 싸워보자.”는 식의 상호방향적이고 입체적인 승부관으로 우화(羽化)와 탈피(脫皮)를 거듭하고 있다는 것을 의미하는 것이다.

또 이러한 승부관의 변화는 바둑관에 직접적인 영향을 주지 않을 수 없다. 한 사람의 인생관이 경험과 통찰 속에 성숙해지는 것처럼 바둑인의 바둑관도 상호방향(interaction)의 교감 속에서 자양분을 얻고 터득해 비로소 성숙해지는 것이 아닐까.

무사의 칼

후지사와 9단의 바둑을 흔히 ‘화려’라고 말한다. 그러나 그의 바둑을 보면 그 말의 뉘앙스가 무언가 잘못되었음을 알 수 있다. 일반적으로 화려하다는 것은 보기에는 좋을지 모르지만 사치스럽고 현란스러움을 느낄 수도 있다. 무언가 가식적인 냄새도 풍긴다. 화려는 그만큼 인위성을 포함하는 단어다. 자연스럽지 못한 것이다.

그러나 그의 바둑에는 그러한 것이 거의 배제되어 있다. 대세를 보는 안목이 넓고 작전의 규모가 커서 현란스럽다는 느낌은 전혀 들지 않는다. 그저 호방하다는 느낌 이외에는 거의 들지 않는 것이다.

한마디로 그의 바둑에는 일도양단의 명쾌함만이 보인다.

그러나 명인의 바둑이 아무리 호방하더라도 단순할 수만은 없지 않은가. 흔히 '세기(細技)'라고 하는 치밀함이 결여되어 있다면 아무리 호방하더라도 명인이라 부를 수 없는 것이다. 그의 바둑에도 예리함이나 치밀함이 분명 존재한다.

예를 들면, 찌르더라도 남들이 예측하지 못하는 상황에서 본능적으로 작렬시킨다. 이것이 예리함이다. 그리고 그 수순과 이해득실에 대한 대국적 판단이 정확하다. 이것이 치밀함이다. 그의 바둑을 보면 부분전에 집착하다가 대세를 잃는 경우는 거의 등장하지 않는다는 것을 알 수 있다.

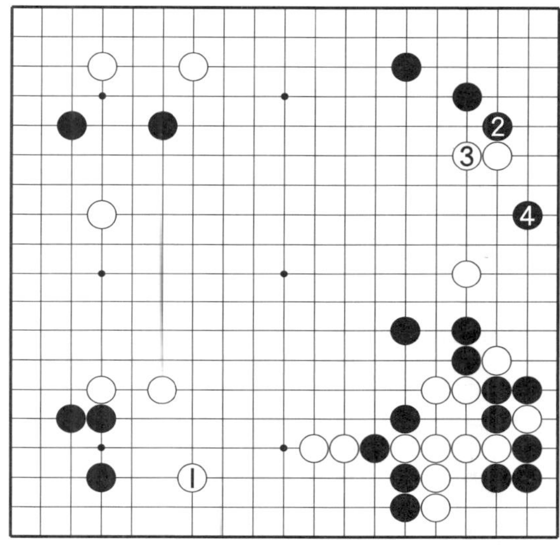

기보 5

예리함으로 말할 때 사카다 9단의 예리함을 면도날로 표현한다면, 후지사와 9단의 예리함은 찌르거나 자르는 칼, 즉 도검(刀劍)으로 표현할 수 있다. 그만큼 힘도 강한 것이다.

그렇다면 잠시 도검의 예리함을 느낄 수 있는 장면을 기보 5를 통해 감상해 보기로 하자. 이 바둑은 '이중허리'라는 별칭으로 유명한 중후와 끈기의 대명사 린하이펑 9단의 도전을 받은 제4기 기성전 도전5국이다.

백1은 현재 가장 큰 곳이다. 단순히 집으로만 큰 곳이 아니고 흑이 반대로 두면 우하귀 쪽에 제압당한 흑돌이 부활하는 맛이 있어 선수에 가깝다. 도전자는 이곳을 놓칠 수 없다고 판단했다. 그 판단의 이면에는 우상의 백 두점이 가볍다는 판단이 전제되어 있다. 수습이 어렵지 않을 것이라는 생각이다. 그런데 백의 예상을 벗어난 추궁이 떨어진 것이다. 흑2에 이은 흑4의 강타가 그것이다.

이 수가 도전자와 검토실에 모였던 기사들의 정곡을 찔렀다.

본래 이러한 수법이 없는 것은 아니다. 그러나 흑2와 백3의 교환이 없는 상태에서 흑4를 생각하기란 쉬운 일이 아니다.

이것은 수읽기가 아니기 때문이다. 구상력(構想力)과 아이디어의 차원이다.

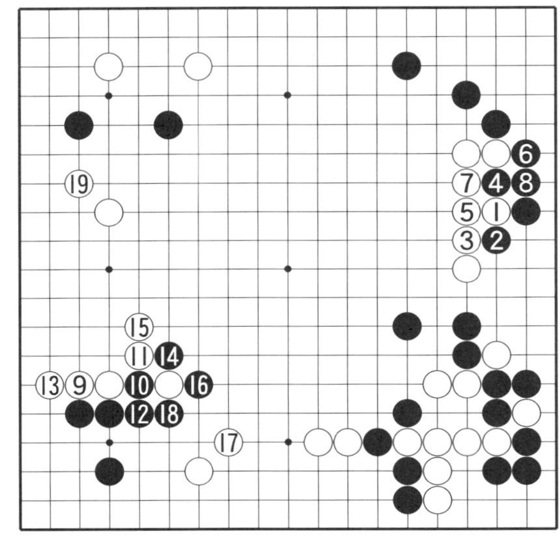

기보 5-1

응수방법은 여러 가지가 있을 수 있다. 그렇지만 용이하지만은 않게 되었다. 복잡한 변화가 없는 것은 아니지만 자칫 선수를 빼앗기는 날이면 흑은 좌상을 선점할 것이 분명하므로 선택이 어려울 수밖에 없다. 그래서 도전자는 간명책을 통해 선수를 취하고 말았다.

기보 5-1이 실전의 진행이다.

백이 택한 간명책은 좌변 백9를 흑에게 내줄 수 없기 때문이었다. 이 결과를 놓고 보면 흑이 우변에 집중하는 동안 백은 하변과 좌변을 두었으므로 일견 충분한 것처럼 보인다. 그러나 우상귀 흑집이 뒷맛없이 깨끗하게 정리된 것에 주목해야 한다.

또 백 일곱점은 세력이 아니고 공격 대상이다. 따라서 여기까지의 흥정은 흑의 도검같은 예리함이 빛을 발한 것이 된다.

백의 판단착오는 **참고도** 1에 있었다. 흑이 기껏 둘 수 있는 수법은 흑1의 침입 정도라고 생각했던 것이다. 보통은 이 진행이 상식이다.

따라서 백은 선수를 잡아 백10
의 곳을 둘 수 있다는 달콤한 계산
을 했던 것이지만 그 순간 기성의
예리한 도검에 찔리고 말았다.

고수이면 고수일수록 예측할 수
없는 타이밍에 예측하지 못한 곳
을 찌른다. 이것은 진리다. 보통 이
런 대국시에는 검토실의 수많은 기
사들이 모여 예상도를 그리지만, 그
들이 예측할 수 없는 좋은 곳을 많
이 둔 기사라면 틀림없는 명인의
기량이다.

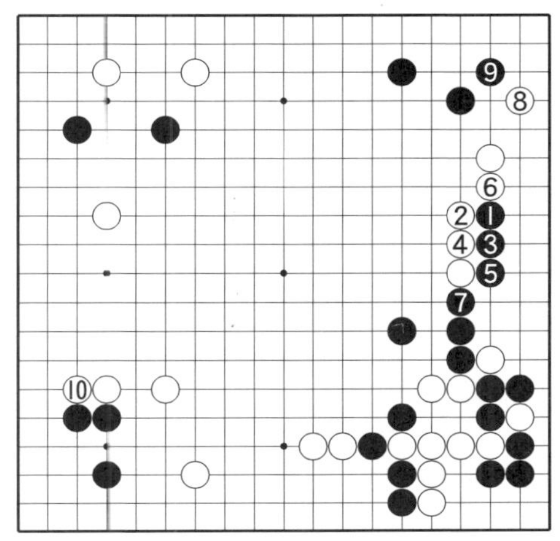

참고도 1

후지사와 기성의 바둑이 변하고 있다. 분명 60년대 사카다 9단과 싸웠던 그
바둑이 아니다. 이렇게 말하면 "자네들이 명인의 바둑을 뭘 안다고 건방지게…"
라고 말하는 사람들도 있겠지만 후지사와 기성의 바둑은 분명 늘었다. "나는 50
대가 돼서야 바둑이 늘었다."라는 자신의 말처럼.

기성의 바둑이 변하고 있었던 것처럼 마음가짐도 변하고 있었던 것은 아닐
까. 제4기 기성전 도전 승부를 마친 기성은 "나 자신에게 '가토군처럼 타이틀을
셋, 넷이나 가진 바둑꾼과는 달라. 너는 기성에서 미끄러지면 그냥 9단 짜리, 굶
어 죽을 밖에 도리가 없다.'고 타이르면서 싸워 왔다." 고 말하며 눈물지었다고
당시 관전기를 담당했던 藤井正義씨는 전하고 있다.

제5기 기성전은 후지사와 기성에게는 의미가 큰 승부였다. 왜냐하면 이 도전
을 뿌리치면 '명예 기성'이라는 칭호가 주어지기 때문이다.

그러나 프로에게 단순한 명예는 중요한 것이 아니다. 이기는 것이 중요하다.
그리고 이기면 그에 따르는 경제적 이익이 뒤따라야 한다. 프로에게 명예란 자
연히 따라오는 덤이다. 돈과 함께.

'명예 기성'에게는 명예라는 이름만 뒤따르는 것이 아니고 '돈'도 뒤따르게 되

는데, 얼마인지는 모르지만 재위 연수에 따른 연금이 있다고 한다. 당시 기성의 말로는 제5기 기성전을 제패한 가치가 그 때 돈으로 1억엔쯤 된다고 했으니 의미가 클 수밖에 없다.

"큰 승부에 명국 없다." 라는 말이 있다. 보통 여느 기사라면 이만한 액수에는 떨지 않을 수 없게 된다. 대개의 경우 승부가 커지면 대범성이 줄어들고 모험을 피하게 되어 바둑이 졸렬해지기 마련이다.

다케미야 9단은 기성의 바둑을 골프에 비유하여 이

제5기 기성전 도전7번승부 제4국
1981년 2월 18일~19일 (요미우리신문 주최)
新潟, 오쿠라 호텔 임페리얼 스위트

● 후지사와 히데유키
○ 오다케 히데오

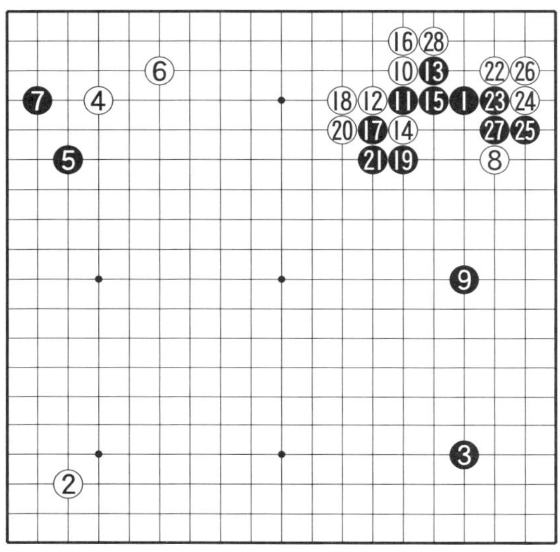

기보 6

렇게 평했다 한다. "이 한번으로 우승이 결정되는 50센티 퍼팅을 하게 되면 보통 사람은 팔이 떨린다. 도전대국은 한수 한수가 50센티 퍼팅이지만 기성은 정정당당하게 대담한 수를 두는 사람이다."라고.

그 대담성과 냉정함을 동시에 감상할 수 있는 바둑을 소개하기로 하겠다. 기보 6은 '명예 기성'을 탄생시킨 바로 그 대국이다.

오랜만에 구경하는 2연성 포석이다.

흑5도 평범한 듯 하지만, 백6이 보통이었던 당시의 이론에 역행하는 기성 특유의 시도다.

그에 따른 백8도 기성의 의도에 말리지 않으려는 도전자의 기략이며, 백28까지는 검토실의 이견도 있었지만 정석이다.

이 장면에서 여러분이라면 어디에 두고 싶은가? 맞춘다면 기성과 호흡을 같이 하는 셈이다. 바둑에 있어 두터움이란 어떤 것을 말하는 것인지 알고 싶다면 이런 곳을 찾는 훈련이 필요하다.

두터운 바둑을 알고 싶다면 반드시 후지사와 바둑을 복기해 볼 필요가 있다. 이것은 「바둑과 컴퓨터」의 조언이다.

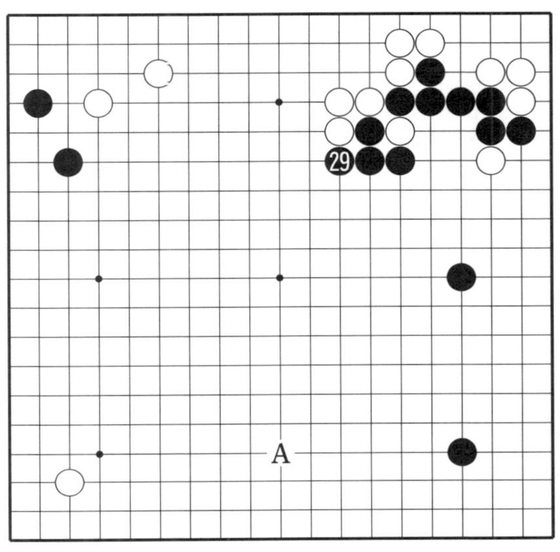

기보 6-1

기성의 확신에 찬 선택은 **기보 6-1**의 흑29였다.

자. 이 수의 가치는 얼마나 될까. 이런 곳의 가치를 집으로 환산할 수 있는 기사는 아무도 없다. '신산(神算)'이라는 이창호 9단도 이 수의 가치를 묻는다면 대답하지 못한다.

"왜 할 수 없느냐"고 물었을 때 "할 수 없다고 배웠기 때문에"라고 대답할 수만 있다면 무조건 만점이다. 보통은 A의 자리가 큰 곳이다. 그렇다면 A는 집으로 환산할 수 있는가. 그것도 하지 못한다. 그렇게 배웠기 때문이다. 그런데 왜 A는 보이고 흑29는 보이지 않을까. 그것도 그렇게 배웠기 때문이다. 원인을 굳이 말하라면 A는 바둑 둘 때마다 자주 나타나는 곳이고 흑29는 그렇지 못하기 때문이다. 즉 배울 수 있는 것이 아니다.

그러니까 흑29와 같은 곳을 둘 수 있으려면 후지사와 기성의 바둑을 자주 놓아보면 그 감각을 익힐 수 있다는 뜻이다.

기보 6-2는 계속된 진행이다.

흑33과 같은 수도 속수의 표본이라 해서 아마추어가 두면 욕먹기 알맞다. 상

식을 역행하는 수법이었지
만 이 경우 적절했다. 흑41
까지 스케일이 참으로 웅장
하다.

이제 기성에게서 초반 구
도를 짜는 착상의 대범함을
느꼈는지.

그렇다면 종반의 요처를
찾는 냉정한 기성의 면모를
보기로 하자.

기보 6-3은 기보 6-2
의 종반이다. 우하의 접전
에서 몇 번의 우여곡절은
있었지만 타협을 거친 후에
종반을 맞게 되었다.

백1·3으로, 좌중앙에 흑
집이 크게 형성될 것을 고
려해 삭감을 서두르는 장면
이다.

이곳이 막히면 흑의 대가
가 생기므로 어쩔 수 없다.
한수로 약 30집이 굳어지
는 곳이기 때문이다. 여기
서 기성의 선택은 어디였을
까?

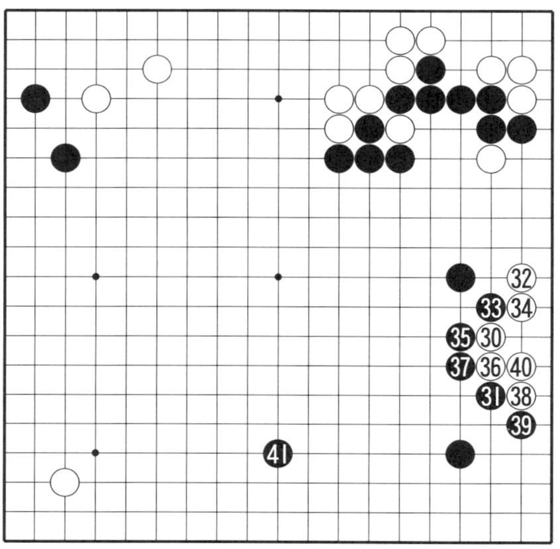

기보 6-2

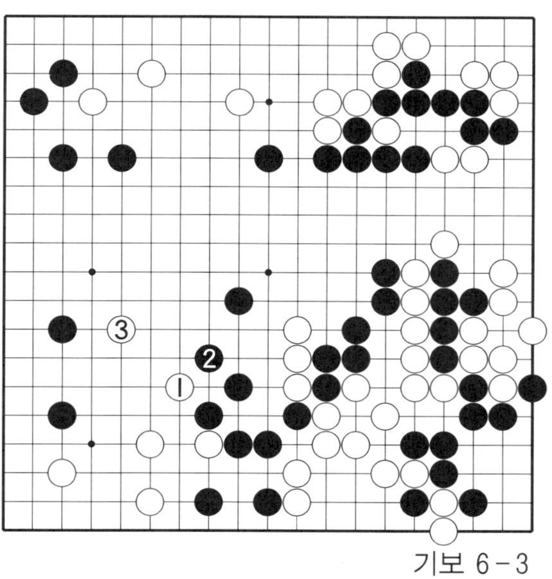

기보 6-3

기성의 선택은 기보 6-4의 흑4(실전의 99)였다. 당시 이 수를 본 검토실의
모든 기사들은 이구동성으로 "과연"하고 감탄했다고 한다. 관전기에도 이 수

에 대해 "후지사와 일류의
두터움"이라고 극찬하는 글
이 실려 있다.

반면 10집승을 확신한 두
터운 수였다는 평도 있었
다. 이 수가 어째서 그토록
좋은 자리일까.

참고도를 보면 알 수 있
지만 이곳에는 백5까지의
수단이 있다. 한 수로 이 맛
을 깨끗하게 봉쇄한 것이
다.

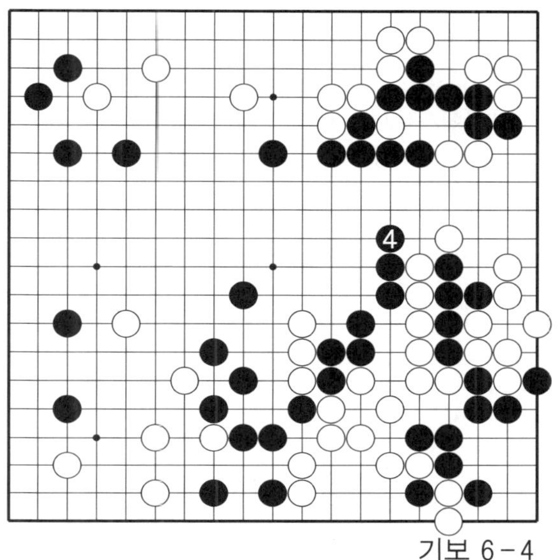

기보 6-4

그러나 이런 수를 두려면
형세판단이 뒤따르지 않고서는 불
가능하다. 현실적으로 큰 곳을 놔
두고 이런 곳을 둘 수 있다는 것은
그만큼 종반의 형세판단에도 밝다
는 것을 의미하는 것이다.

단순히 뒷맛이 고약하다 하여 형
세와 상관없이 이런 곳을 둔다면
그건 겁쟁이일 뿐이다. 이것으로
확실히 이겼다 라는 확신이 없으
면 두지 않았을 것이다.

참으로 냉정한 종반의 결단이 아
닐 수 없다.

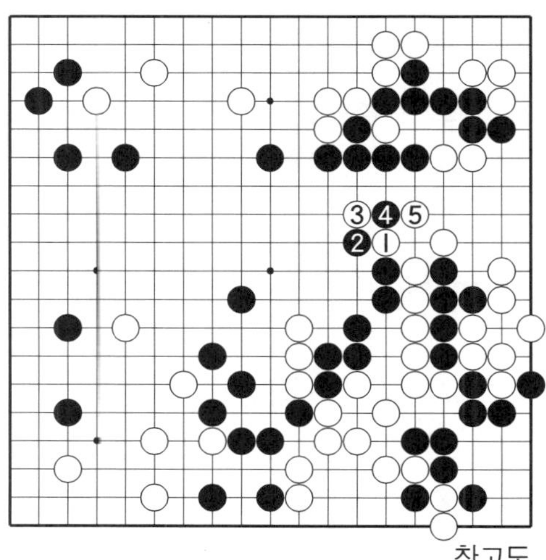

참고도

만추예감(晩秋豫感)

나이에서 오는 체력의 열세는 어쩔 수 없는 것인가 보다.

제6기 기성전 도전7번승부에서 강적 린하이펑 9단을 맞아 힘겹게 역전 방어하고 난 직후 후지사와 기성의 모습을 당시 관전기를 담당했던 藤井正義씨는 에필로그에서 이렇게 쓰고 있다.

—방어를 성공하고 텔레비전과 카메라의 라이트 플래시를 쏘인 후지사와씨의 얼굴은 흙빛으로 기진맥진한 표정이었다. 56살 나이보다 10살 이상이나 늙어 보였다.

국후 검토를 마치고 관계자가 대국실에서 거의 돌아간 뒤에도 판 앞에 고개를 숙인 채 꼼짝을 안했다. 위로연회에 나가자고 권했어도 "잠깐만" 하고 움직이지 않았다. 그리고 예년대로라면 방위를 한 즉시 손에 잡던 위스키병도 본체를 안했다. 이튿날 아침, 후지사와씨는 퉁퉁 부어오른 눈으로 오락실에 나타나더니 "바둑이 너무 형편없어서 방어했다는 실감이 나지 않는다. 올해는 술을 끊고 처음부터 공부를 다시 해야지." 라고 선언했다. 내키지 않는 승리인 때문에 기쁨도 반밖에 안되는 모양이었다.—

여기서 우리는 한가지 중요한 사실을 알 수 있다. 그것은 "공부를 해야지"라는 말이다. 이 말은 그와 관계된 수많은 책에 가장 많이 거론된 말 중에 하나다.

그의 말을 빌면 장년의 지독한 음주습관이 청년 때의 습관은 아니었다고 한다. 그의 청년기가 온통 바둑 공부로 채워진 그야말로 '바둑 벌레'였다는 회고는 거짓이 아니라고 확신한다. 노년에도 입버릇처럼 '공부 공부' 한다는 것은 지독하게 공부를 하지 않은 사람의 입에서는 나올 수 없는 말이다. 바둑꾼은 바둑을 끼고 살지 않는 한 성적을 낼 수 없다. 천재성이란 자만이라는 바이러스에 감염되기 십상인 나약한 추상체에 불과하며 노력을 시기하는 '버그'일 뿐이다.

프로이드(S.Freud, 1856~1939)는 죽음의 고통 속에서 이렇게 말했다. "분명히 생각해야 하는 것은 고통 속에서 생각하는 편이 낫다.”

비록 고통의 마지막 순간에 아편을 맞고 숨을 거두기는 했지만.

이 무렵 기성은 알콜중독의 만성적 증세를 보이고 있었던 것 같다.

그럼에도 일단 도전기가 시작되기 한달, 두달 전부터 철저한 단주(斷酒)에 들어갔다고 한다. 이것을 결단력이라고 해야 할 것인지 천성적인 바둑꾼의 근성이라고 해야 할 것인지. 단주가 가능하다건 금주도 가능할 터이고 또 바둑에 인생을 몽땅 건 바둑꾼이라면 바둑공부에 장애가 되는 술을 그토록 즐기지는 않았을 터인데.

의학적으로, 심한 알콜중독으로 뇌의 일부인 해마(海馬, hippocampus)가 손상되면 코제코프(Korsakoff) 증상이라는 기억장애의 위험이 있다고 경고한다. 말이 장애지 의학적으로는 그것도 기억상실증의 하나라고 한다. 기사라는 직업은 기억력이 감퇴되는 것만으로도 치명적이다. 따라서 나이에서 오는 기억력 감퇴만도 감당하기 어려운 것을 자진해서 술까지 동원하여 해마를 손상시키는 것은 무슨 이유일까. 스스로는 ‘공부’를 외치면서 정작 공부에 방해가 되는 요소를 애지중지하는 것은 논리적으로는 철저한 모순이 아닐 수 없다.

기성은 예술가로서 만족하고 자연과학에 대해서는 관심이 없었던 모양이다. 그러나 현실적으로 육체는 예술이 지켜주는 것이 아니고 자연과학이 지켜준다.

바둑인들은 바둑을 예술이라 한다. 그러나 그 말은 허구다. 자신들의 영역을 미화한 것에 지나지 않는다. 바둑은 예(藝)로서 대할 때 예술일 뿐 도박으로 만들면 도박이다. 그런 예술은 본 일이 없다.

바둑은 자연적이며 자연과학적인 것이다. 바둑을 자연과학적으로 관찰할 수 없다면 바둑은 더 이상 심오한 것이 아니다. 또 바둑이 자연과학적으로 설명될 수 없다면 합리적인 것이 아니다. 무가치한 것일 뿐이다.

바둑이 예술임은 증명할 수 없어도 자연과학적임은 증명할 수 있다. 바둑에는 엄연히 시간과 공간과 질량이 존재하기 때문이다. 예를 들면 언제 결행할 것인가는 시간적 속성을 갖고 어디에 둘 것인가는 공간적 속성을 갖는다. 또 얼마나 투자할 것인가는 질량적 속성을 갖는다. 그래서 자연과학적이다.

바둑이 그렇다면 바둑을 고안한 사람도 자연과학적인 존재가 틀림없다. 더 중요한 것은 자연과학에도 신은 존재한다는 것이다.

1982년 명인, 본인방, 십단의 3관왕으로 욱일승천하던 조치훈 9단이 제7기 기성전 도전자가 되었을 때 바둑계는 온통 흥분에 휩싸였다.

26세의 도전자. 기성은 57세. 그러나 기성은 6연패의 위업을 쌓아 명예기성의 칭호를 얻고 있는 글자그대로 '기성전의 사나이'.

이 대결은 그야말로 진짜 최강을 가리는 세기의 대결이 아닐 수 없었다. 당시 요미우리 관전기를 담당했던 藤井正義씨는 프롤로그에서 이렇게 적고 있다.

—이 결전에 임하여 좋아하는 술도 일찌감치 끊은 기성은 다음과 같은 의미 심장한 말을 남겼다.

"애타게 기다리던 애인을 가까스로 만나는 심정이다. 치훈군은 수도 잘 보고 계산도 확실하다. 그리고 승부에 강하다. 빈틈이 없다. 그러나 바둑에는 계산도 할 수 없고 끝까지 수를 읽어내지 못하는 부분이 있다. 나는 그런데서 싸운다. 큰소리 같지만 치훈군과는 차원이 다른 곳에서 싸운다. 사람들은 나를 기성위에서 끌어내는 진짜 임자가 등장했다는 식으로 말하는 모양이지만 질 마음은 털끝 만큼도 없다. 하기야 상대도 같은 생각을 하고 있겠지만, 나는 앞으로 다케미야군 혹은 고바야시군 등 팔팔한 젊은이와도 싸우고 싶다."—

1년간 공부를 했다는 뜻일까. 참으로 놀라운 박력이며 기개다. 이 말로 본다면 전기(前期)가 끝났을 때의 우울했던 기성이 아니다.

그러나 이 말은 믿음직하지 못하다. 이렇게 말하면 꿈보다 해몽이 더 좋다는 식으로, 결론을 알고 있어 억지로 끼워 맞추는 말로 들릴지 모르지만, 이 말의 내용으로 볼 때 무언가 전기의 말과 비교해 이해가 되지 않는 점이 있다는 뜻이다.

섬광효과(閃光效果, strobe effect)일까. 마차바퀴가 거꾸로 돌아가는 듯 보이는 것처럼 마치 60년대의 명인 후지사와를 보는 듯한 착각이 든다. "차원이

다른 곳에서 싸운다"는 그 말이 마음에 걸리는 것이다. 전술한 바 있지만 이런 사고는 일방적인 승부관에서 기인하는 것이지 상호방향적인 승부관에서는 이런 사고는 있을 수 없다.

그 말을 어떻게 받아들이든 그것은 각자가 알아서 할 일이므로 지금부터 '차원이 다른 곳에서 싸우는 것'이 무엇인지 감상하기로 하자.

기보 7은 새로운 명인, 본인방으로 등극한 조치훈 9단과의 제7기 기성전 도전 2국이다. 이미 1국에서 기

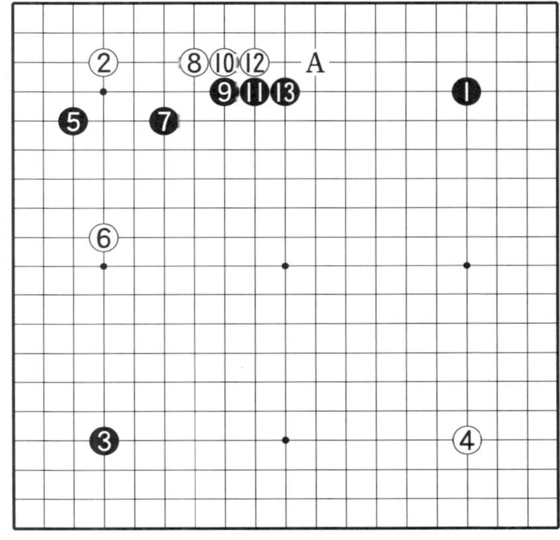

기보 7

성이 도전자의 기선을 제압하여 1대 0이 되었다.

흑1·3은 젊은 명인의 투지를 느낄 수 있는 전형적인 전투형 포진이다.

백6은 급전을 피하는 유연한 협공이며 흑7 이하의 정석은 백6을 역공하려는 의도다.

여기서 백은 일찌감치 선택의 기로에 섰다. 앞으로의 구상이 필요하다는 뜻이다.

보통이라면 A로 두는 것이 정석인데 과연 "차원이 다른 곳에서 싸운다"는 것을 보여줄 것인지.

기보 7-1은 과연 기성의 사고가 창조적임을 엿볼 수 있는 착상이며 구상이다. 백14는 이곳을 막힐 것에 대비하여 한 줄을 민 정도지만 백16은 A에 둘 곳

을 좁고 견고하게 두고 있
다. 이 의미는 흑이 앞으로
둘 수 있는 곳은 우변인데
그렇게 되면 때이르게 우변
에서 접전이 일어날 것이
고, 이 접전의 영향은 상변
흑세와 연관하여 좌변에 미
칠 것이 분명하다는 판단이
다. 그러나 수를 검토하는
차원은 확실히 아니다. 거
의 본능적인 느낌일 것이
다.

기보 7-2는 계속된 진
행이다.

흑17은 상변에 세력을 구
축했으므로 이 정도는 전
개해야 한다. 그러나 여기
서 '차원이 다른 한 수'를
구경할 수 있게 되었다.

백18은 아마추어가 두었
다면 실속없는 수라고 면
박을 들었을 지도 모른다.
그러나 이곳은 아무리 아
마추어가 두었다 해도 감
각적으로 좋은 곳임에 틀
림없다.

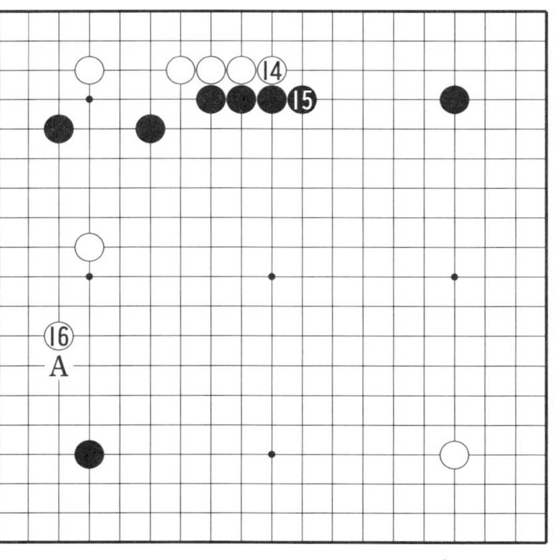

기보 7-1

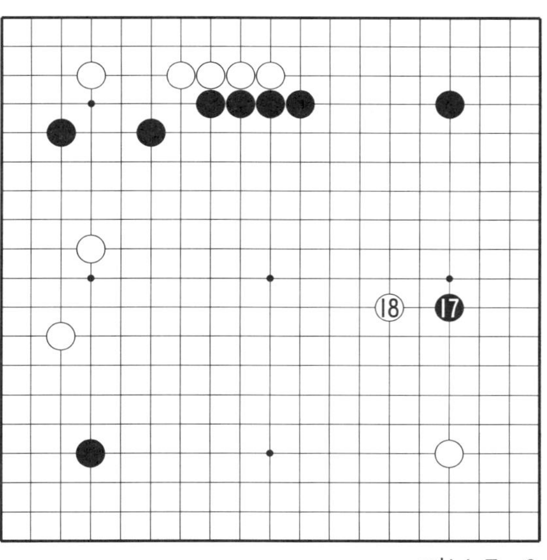

기보 7-2

상변과 우변의 세력이 중앙으로 구축되는 것을 제한했기 때문이다. 아마추

어가 두었든 기성이 두었든
어차피 이곳은 수읽기가 아
니고 감각에 의존해야 하는
곳이다. 그러나 왜 모두 감
탄을 했을까. 기성이 둔 점
이기 때문에? 아니, 그것은
결코 아니다.

본래 전문기사일수록 실
전에서는 이런 수를 잘 못
둔다. 좋은 줄 몰라서 못 두
는 것이 아니다. 겁이 나서
다.

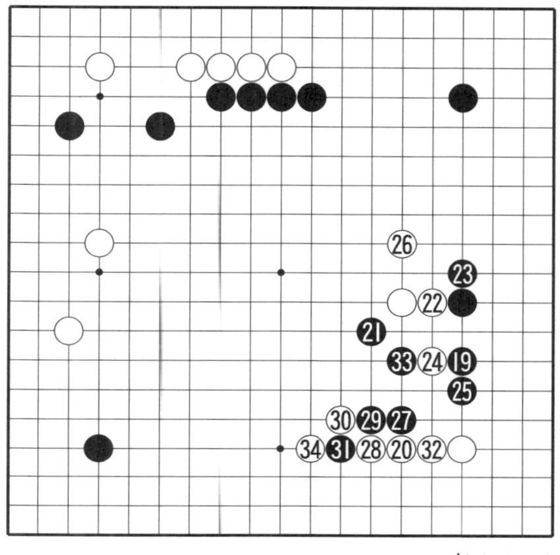

기보 7-3

이렇게 멋진 수는 두고는
싶지만 현실적인 가치에 대해서는 판단이 서지 않기 때문이다. 당장 눈앞에 집
이 될 곳이 산재해 있는데 미래의 가치가 불확실한 이곳을 자신있게 두기란
쉽지 않은 것이다.

이것이 바둑인의 실전심리이며 현주소라고 할 수 있다.

기보 7-3은 계속된 실전진행이다.

흑21로 공격을 시도했지만 기성은 변신하여 벽34까지 실속을 챙기고 일찌
감치 우위를 확보했다. 우변에 떠있는 백은 무거운 돌이 아니므로 수습이나 변
신으로 충분히 감당할 수 있다.

고정관념을 탈피하는 모습은 언제 보아도 역동적이고 상쾌하다. 시도란 항
상 위험이 뒤따르지만 누군가 하지 않으면 안된다. 누군가 하지 않으면 안되
는 일을 한다는 것은 위대한 것이다.

기보 8을 보기 바란다.

이번에는 더욱 차원이 다른 기성의 바둑을 감상해 보자.

백12까지의 진행은 정형화되어 있는 흐름으로 당시 제법 유행했던 것으로

기억된다. 그런데 백12때 기성에게서 대갈일성의 한 수가 나왔다. 그리고 지금까지의 진부한 흐름을 역류시켜 놓았다.

여러분이라면 어떻게 두고 싶은가.

기존관념을 잠시 접어두고 새로운 사고로 관찰해 보자. 틀려도 상관은 없다. 해답이 있는 것도 아니고 돈이 걸린 것도 아니니까. 연구란 언제나 자유 속에서 성장하는 법이다.

옳고 그른 것은 그 다음의 문제다. 그리고 지고 이기는 것도 역시 그 다음의 문제다. 현상에 대해 항상 의문을 갖고 그 의문을 풀어가는 것이 중요하다.

기성의 선택은 기보 8-1의 흑13이었다. 이런 수를 본 적이 있는가. 있다면 바로 이 대국일 것이다.

후지사와 기성만이 둘 수 있는 바로 그런 수이기 때문이다.

● 후지사와 히데유키
○ 조치훈

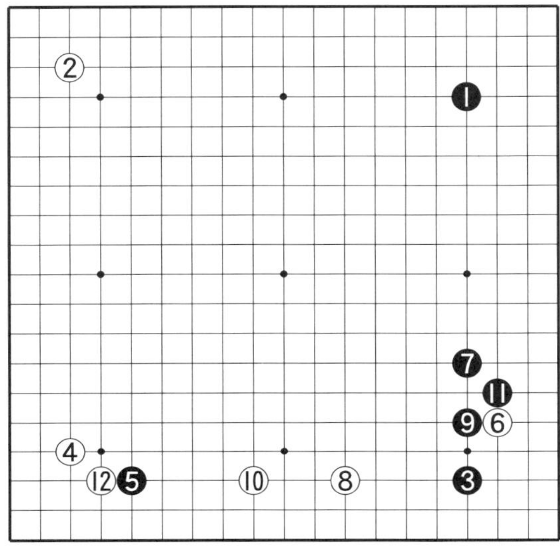

기보 8

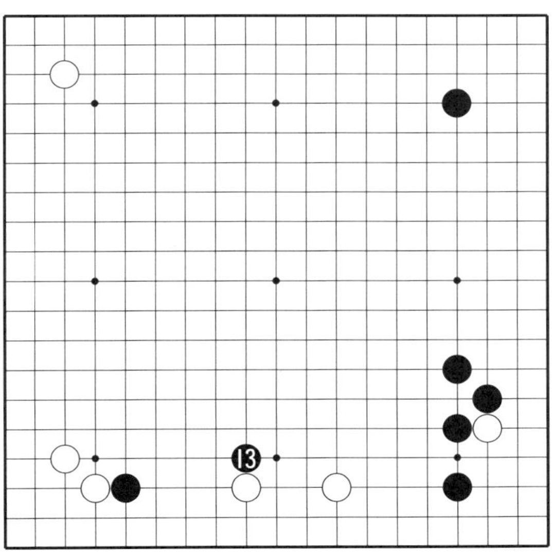

기보 8-1

이 수는 약하디 약한 아마추어의 수법이다. 따라서 두면 질책받기 십상인 속수의 표본이다. 기성은 과연 무엇을 생각했을까.

결론을 먼저 말하면 기성의 착상은 축머리를 잘못 보는 바람에 실패로 그쳤다.

기보 9-2가 계속된 실전 진행인데, 축머리를 이용하여 좌상귀 3·三을 제압하려던 것이 애초의 구상이었던 것.

그러나 흑25때 백26으로 한번 미는 수가 성립한다는 것을 미처 생각지 못한 착각이었던 것이다.

흑33까지 첫 구상은 실패했지만 다시 한번 기성의 면모가 약여한 수법이 등장하므로 진행을 조금 더 보기로 하자. 백34는 좌상 흑 다섯점을 세력으로 보지 않고 공격대상이라고 본 접근

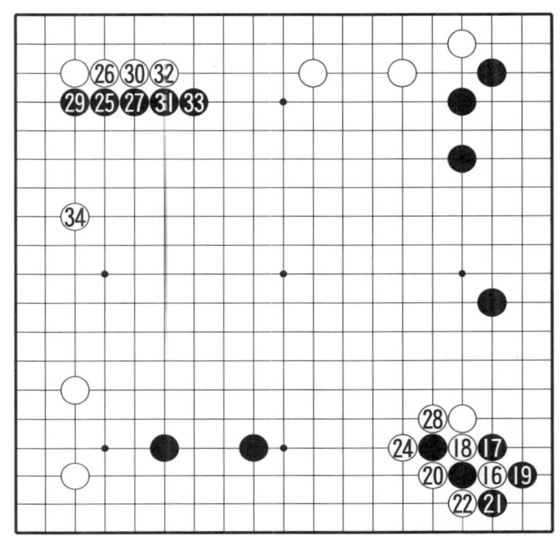

㉓이음(16)

기보 9-2

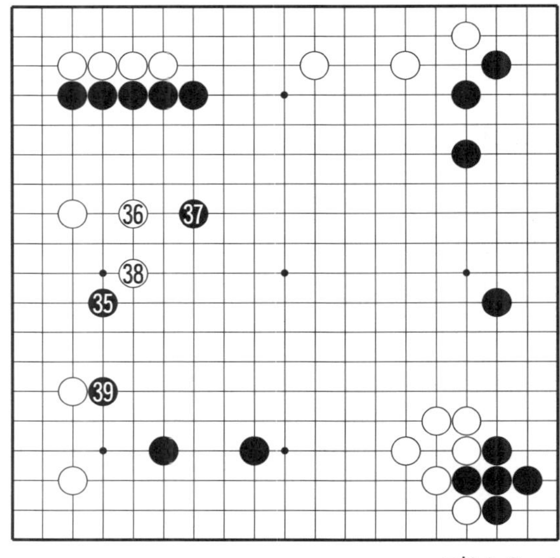

기보 9-3

이다. 기보 9-3은 그에 대한 흑의 역공이다.

백38로 틀을 잡을 때 흑39. 이 수가 명인의 예상을 빗나간 기성 일류의 행

마였다.

기보 9-4는 계속된 진
행인데 좌하귀를 압박하여
하변의 흑 두점을 삽시간에
세력화시킨 것은 후지사와
기성이 아니면 하기 어려운
두터운 수법이다.

백54로 새로운 전단이 벌
어졌지만 좌상의 흑은 크게
공격당할 말이 아니므로 현
재의 형세는 흑이 두텁다고
하겠다.

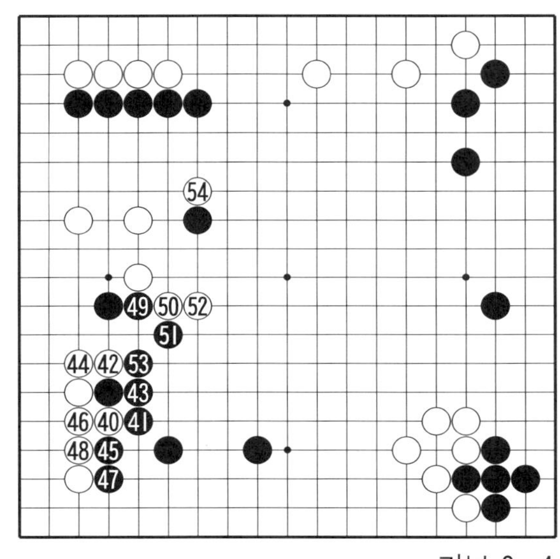

기보 9-4

그러나 이 바둑은 종반에
기성의 착각으로 역전되어 3연패 후 4연승이라는 기적같은 드라마를 연출하
면서 첫 대삼관(大三冠)을 탄생시키는 역사적인 대국으로 널리 회자되고 있다.

지금까지 보아서 알 수 있지만 후지사와 9단은 정석에 관한 소신이 뚜렷하
다. 예를 들어 그는 **참고도** 1과 같은 정석진행에서 흑10을 즐겨 두는데, 옛날
정석책에는 흑10을 느슨한 수라 하여 악수로 취급하고 있다.

지금까지 이 수를 신수로 알고 있으나 엄밀히 말하면 그렇지는 않다. 이 수
는 1831년 12세 본인방 조와에 의해 미즈다니 다쿠준(水谷琢順)을 상대로 이
미 시도되었던 수다. 그 이후로 자취를 감추었는데, 슈코 9단이 현대에 와서
이 수를 처음 시도한 기사가 되었다고 할 수 있다.

그는 제1기 기성전 결승1국에서는 하시모토 9단을 상대로, 제4기 기성전 도
전3국에서는 린하이펑 9단을 상대로 이 수를 태연히 시도하고 있다. 마치 당
연하다는 듯이. 본래는 **참고도** 2가 정석으로 되어 있다. 정석책을 보면 그 이
유를 정석 이후 **참고도** 3과 같은 수단을 남길 수 있기 때문이라고 설명되어
있다. 그런 수단을 그가 모를 까닭이 없다.

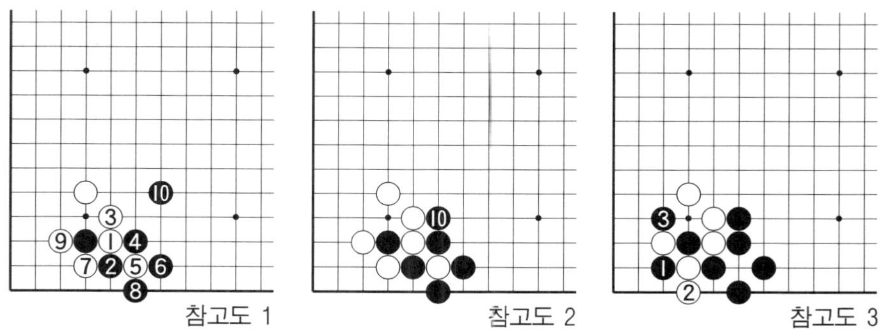

참고도 1   참고도 2   참고도 3

그래도 누가 뭐래든 그는 **참고도 1**을 고질스레 즐겨 둔다. 평소부터 **참고도 2**의 정석에 대해 의문을 제시하며 이것을 '스레 뒤밀기'라 하여 싫어하고 있다. 잔존수단(殘存手段)보다는 활기찬 모양이 던저라는 뜻일 것이다.

바둑관 인터뷰

1972년 제11기 명인전 도전자가 되었을 때 그가 관전기자와 인터뷰했던 내용 중 일부를 발췌해 참고로 소개할까 한다

Q : 임(林)씨의 기예를 대단치 않게 생각하는 모양인데…

A : 지금도 임씨의 기예는 아직 멀었다고 느낀다. 임씨 쪽이 나보다 정확한 면에서는 월등하며 끝내기도 빈틈이 없으니 최소한 기예 정도는 상수가 아니고서는 승부가 안될 것이다.

Q : 최근의 임씨의 바둑을 보아도 별로 변화가 없는가?

A : 얼마 전에 둔 바둑은 정말 잘 두고 있었다.

Q : 슈코씨 정도가 되면 후배들의 바둑은 안보는 줄 알았는데…

A : 그렇지 않다. 나는 그토록 음주하면서도 복기를 해가면서 보고 있다. 그렇지 않으면 녹이 슬어 대국할 때 어색해진다. 그러나 내가 가장 공부에 열중했던 시절은 19, 20세 무렵, 즉 4, 5단 때였다.

Q : 신수나 신정석이 곧잘 나타나는데 늘 생각하고 있는지…

A : 순간적으로 떠올라 두는 경우도 있다. 단, 사전에 생각하고 둘 때도 있지만 여러 가지 변화를 나중에 생각하는 경우도 많다. 일단 신수를 둔 이상 책임감도 작용한다. 또 잘못하다가는 망하게 되므로 둔 다음이 큰 일이다. 신수나 신정석이 나타났지만 그 우열이 확실치 않을 때는 실전에서 되풀이하게 된다. 그러므로 도전기 등에서 똑같은 모양이 연거푸 나오는 것은 이 때문이기도 하다.

Q : 바둑의 본질적인 흥미는 어느 점에 있다고 생각하는지…

A : 바둑의 재미란 머리를 짜내어 생각하고 연구하는 데 있다고 생각한다. 그리고 순간적인 감정의 표현방법이라고 하겠다. 그러므로 단순한 승부만이 아니며 그 감정에 알맞은 수를 강구하는 과정이 바둑의 좋은 점인 동시에 소중한 점이라고 보고 있다.

Q : 그렇다면 명인이나 제일인자란 단순한 승리만이 아닌 무엇인가를 더하지 않으면 안된다는 것인지?

A : 아니 그렇지는 않다. 그것은 그 사람의 인생철학이므로 승리만을 철저히 하는 명인이라도 좋다. 예술이란 무한한 것이므로 명인보다 더 강자가 있다해도 그것은 신이 볼 때는 장님이 파밭 매는 격일 테니까 그것은 그것대로 무방하다고 생각한다.

Q : 바둑에서도 하룻밤 사이에 진리를 깨달았다는 따위가 있는지?

A : 나는 그런 경험이 없으므로 모르겠다. 단지 말할 수 있는 것은 계속해서 질 때는 자신이 없어진다. 그리고 반대로 이길 경우에는 갑자기 자신이 생긴다. 특히 저단자인 경우 우리들에게 이기면 "아, 후지사와 같은 정도는 대단치 않다. 나는 멋지게 이기지 않았나", 이와 같은 식으로 서서히 자신이 붙는 따위가 아닐까 생각된다.

Q : 끝으로 유명기사 몇 분에 대한 기풍과 강점을 말한다면…

A : 우칭위엔(吳淸源) 선생…매듭을 짓는다고 할까, 결단력이 탁월하다.

기타니(木谷實) 선생…3, 4국 배웠지만 전패였다. 강철같은 힘이 밑에서부터 솟아 오르는 듯한 괴력을 간직한 분이다.

사카다(坂田榮男) 선배…끈질기다고 할까. 타협하지 않고 끝까지 수를 보고 때로는 놀라운 수가 나온다. 이런 점이 나에게는 없다.

린하이펑(林海峰) 후배…잔수가 정확하고 조심성이 강하며 장기전에 능하다. 한마디로 말해서 승부에 강한 바둑이라 하겠다.

이시다(石田) 후배…잔수가 강하고 계산이 정확하며 천재적인 소질이 보인다. 그러나 좀더 비약해 주기 바란다.

대륙의 바람 린하이펑

린하이펑(林海峰)

　1942년 중국 上海 출생으로 1952년 도일하여 우칭위엔의 제자가 되었다. 1965년 제4기 명인전에서 사상 최연소의 나이로 우승하여 바둑계의 세대교체를 이루었다. 명인위 통산 8회 우승, 본인방위 통산 5회를 우승했으며 1990년에는 48세의 나이로 제3회 흐지쓰배를 우승하기도 했다.

　60년대 후반부터 70년대 전반에 일본 바둑계를 풍미했던 그는 수읽기가 강하고 전처가 고루 강한 바둑으로 쉽게 무너지지 않는 기풍의 소유자이며 정신적으로는 '부동심'의 대명사로 불리우기도 했다.

열도의 혁명

1967년 9월 21일부터 22일 양일간에 두어진 제6기 명인전 도전5국의 관전기에 흥미있는 논지(論旨)가 있다.

—봄에 본인방전에서 완패한 명인이 명인전에서는 정반대의 스코어로 완승했다. 똑같은 사람끼리 싸워서 어째서 이와 같이 되는 것일까 하는 의문은 바둑팬이라면 누구나가 느끼는 점이 아닐까.

기사에게 말하라면 그 내용은 양대 기전이 모두 4대 1이란 스코어와 같은 실력 차는 있을 리가 없다고 말할 것이다.…(중간 생략)

여기에서 나오는 것이 '승세를 탔다'는 논(論)이다. 제3국 때 명인은 이상하게 '승세를 탔다'고 좋아했고, 본인방은 웬일인지 명인전에서는 상대가 '승세에

탔다'고 탄식했다. 옛날 겐안 인세키(幻庵因碩)는 "바둑은 운의 기예다."라고 했고, 이번 시리즈에서도 대국 당사자가 그렇게 말하고 있으므로 승부가 역전하는 것은 승세를 탄 결과인 듯 하지만, 나는 '승세를 탄다'는 말에는 납득이 안간다. 대승부에 승세를 타는 것이 있다면 고수의 기예에는 종이 한 장의 차이도 없다는 현재, 모든 대승부는 전부 승세를 타는 것으로 결정되는 셈이 된다.

다시 말한다면 사카다 본인방이 본인방전에서 이긴 것이나 또 임(林) 명인이 명인전에서 이긴 것도 모두가 승세를 탄 탓으로 되어 버리지 않겠는가. 바둑에도 승세를 탄다든가 운이 있다는 것을 부정은 안하지만 그것은 사소한 거라고 생각한다.

똑같은 승부라도 마작 따위는 승세를 타는 비중이 커서 처음 배우는 자가 천화(天和)를 연속함으로써, 프로를 자칭하는 자들을 놀라게 하는 예는 있다. 그러나 바둑에서는 승세를 타는 비중은 극히 적다. 한판이라면 모르되, 승세를 타는 것이나 운이 7번승부를 좌우한다는 따위는 나로서는 생각할 수 없는 일이다. 다음에 생각되는 것은 컨디션의 흐름인데 이것도 나는 찬성할 수 없다. 컨디션이 나쁜 사람이 도전자가 될 리 없기 때문이다. 그리고 본인방 리그전에서 임 명인이 1위가 되고 또 명인이 불참한 명인 리그전에서 사카다 본인방이 1위가 된 것은 다른 기사들이 모두 컨디션이 나빴기 때문은 아닐 것이다. 결론부터 말한다면 나의 생각으로는 '섭취력'이다. 즉 상대로부터 무엇인가 배우는 능력이다.

일찍기 사카다씨는 우칭위엔씨의 두터운 벽에 몇 번인가 부닥쳐, 딩굴 때마다 우칭위엔씨로부터 무엇인가를 섭취하여 드디어 모든 기사의 목표였던 오(吳)씨 타도의 일번타자가 되었다.

대(對) 린하이펑전에 있어서도 이와 똑같은 말을 할 수 있다. 재작년, 작년에 연패하는 동안 상대로부터 무엇인가를 섭취하여 왕좌전, 본인방전에서 승리를 거두었다고 할 수 있다.

한편 임(林) 명인 쪽도 이 능력이 남달리 우수하다. 거기에 젊다는 점도 이

점(利點)이다. 왕좌전에서 3국, 본인방전에서 5국을 싸우는 동안에 반대로 사카다씨로부터 섭취를 한 것이다. 더욱이 명인은 겸손하므로 이것이 크게 작용한다. 인간은 누구든지 자만심이 있으므로 현실적으로 패한 상대자에게도 속셈은 그렇게 생각하고 싶지 않다. 그러나 이 자만심이 섭취력을 감퇴시키는 것은 명백하다. 따라서 자만심이 없는 그는 파할 때마다 그 상대에게 늘어붙어 강해지며 성장한 것이다. …(이하 생략)—

참으로 예리한 분석이 아닐 수 없다. 이 논지를 요약하면 "승부를 근본적으로 주관하는 것은 운 따위가 아니고 실력"이라는 뜻으로 해석되며 그 실력 중에는 '섭취력'이라는 것이 있다는 말로 풀이된다.

그리고 '섭취력'은 어쨌든 능력의 일종이라는 말인데 과연 명쾌한 통찰력이라고 생각하지 않을 수 없다.

그렇다면 섭취한다는 것은 무엇을 의미하며, 섭취하는 것은 무엇일까? 우선 '섭취한다'라는 말을 생각해 보면 마치 생물학이나 의학적인 용어로 느껴지지만 여기서는 오히려 문학적인 표현에 가깝다는 생각이 든다.

이 말은 쉽게 말하여 '배운다' 혹은 '터득한다'라는 말로 바꿀 수 있을 것 같다. 다시 말해 '섭취한다'는 말은 '상대에게 배운다' 혹은 '상대로부터 터득한다'라고 풀이하는 것이 마땅하다.

그렇다면 어떻게? 물론 실전의 대국을 통해서 하는 것이다. 또 이 두 가지 해석 중 어느 쪽을 선택하느냐는 자유겠지만 굳이 선택하라 한다면 '상대에게 배운다'라는 쪽을 선택하고 싶다.

따지고 보면 우리는 언제, 어디서든, 어떤 방법으로라도, 무엇인가를, 누구인가로부터 끊임없이 배우고 있는 것이 아닐까. 혹시 개개인이 다른 점이 있다면 배우고자 하는 욕망의 차이가 있을 뿐 다른 것은 아무 것도 없다. 그렇다면 이것이 능력의 첫 번째 척도일 것이다.

'배운다'는 것, '배우고자 한다'는 것, '해야만 한다'는 것, '끝없이 하고 싶다'는 것, 이것이 바로 각오(覺悟)의 시작이며 견성(見性)의 출발점이다.

정신분석학자 칼 구스타프 융(1875~1962)은 '치료의 상호적 관계'에 대해 이렇게 말했다.

"환자가 의사에게 치료를 받았다면 의사도 환자의 치료를 통해 성장한다."
이게 무슨 말인가. 환자를 통해 의사가 배우다니. 그러나 이 말은 사실이다. 비
유하자면 이 말은 "아이가 선생에게 배운 것이 있다면 선생도 반드시 아이에
게 배운 것이 있다."는 말과 부합한다. 또 이 말은 "아이가 선생에게 배울 것
이 있다면 선생도 반드시 아이에게 배울 것이 있다."는 말도 되며, "아이가 선
생에게 배워야 한다면 선생도 반드시 아이에게 배워야 한다."는 말도 된다. 요
컨대 배움이란 일방적인 것이 아니라 상호방향적(interactive)이라는 것이다.
따라서 만약 이 말이 사실이라면 치료를 통해 성장하지 못한 의사나, 아이를
통해 배운 것이 없는 선생은 무조건 손해를 본 것이며 따라서 어리석은 것이
다. 여기서 우리는 성장과 성숙에 관한 중요한 교육적 단서와 여러 문제의 해
결책을 찾을 수 있다.

우칭위엔 선생은 이렇게 말한다.

"임(林)씨는 상대의 훌륭한 점을 인정하고 흡수하는 능력이 실로 뛰어나다.
임씨는 평소에도 자기의 의견을 일방적으로 주장하지 않는다. 어쨌든 상대의
의견을 들으려 한다. 그러나 건성으로 듣는 것은 아니다. 뼈대는 강하다. 생각
해서 납득이 가면 이에 따른다. 머리가 좋아 판단을 잘하지만 앞지르지는 않
는다. 새로운 수가 적은 것도 이러한 성격탓일 것이다."

역풍의 서막

1962년 아사히(朝日)신문사 주최 신예 토너먼트 결승에 오른 기사는 오다케
히데오(당시 5단)와 린하이펑(당시 7단)이었다. 이 시합의 우승자와 준우승자
에게 부상으로 우칭위엔 선생과의 영광스런 지도대국이 주선되었다. 여기서 오
다케가 1위, 린하이펑이 2위가 되어 이듬해 선생에게 20살인 두 사람이 선으
로 가르침을 받게 된다.

이 대국에서 오다케는 2집승을, 린하이펑은 12집승을 했다. 일약 차세대의

주자로 인정받기 시작한 것이다.

당시 아사히신문 기사 속에는 우칭위엔 선생의 이런 말이 있다.

"오다케군이나 임군이나 굉장히 강하다. 이제 나 같은 사람은 물러설 때며, 머지 않아 竹·林 시대가 올 것이다."

유명한 이야기지만, 그 당시의 매스컴이 '金·竹·林' 시대의 도래를 앞다투어 보도했던 발단은 이러한 연유에서다.(여기서 '金'이란 한국의 金寅 國手를 의미한다.)

그렇지만 20세의 기린아 린하이펑 7단이 주목받은 것은 먼 미래의 대기(大器)로서일 뿐이지 당장 일류의 기량을 갖출 수 있다는 뜻은 아니었다. 바둑의 기량이 원숙해지는 시기를 30대 후반에서 40대로 보는 것이 당시 바둑계의 통념이었기 때문이다. 그러나 통념이란 무너지기 위해 존재하는 허상일 뿐 진리는 아닌 것. 일각에 불과하다고 생각했던 빙산이 수면 위에 거대한 모습으로 드러나, 그 정체를 알게 되는 데에는 그로부터 2년의 시간 밖에 필요로 하지 않았다.

미풍으로만 느껴졌던 북서풍이 대륙으로부터 불어오기 시작한 대역풍(大逆風)이었다는 것은, 1965년 명인, 본인방을 동시에 거머쥐고 천하 바둑계를 평정했던 거목 사카다 9단이 그 대륙풍에 무참히 쓰러지는 것을 목격하기 전까지는 아무도 알 수 없었고 또 믿지도 않았다. 세상이 두 동강이 나도 그런 일은 일어날 수 없다고 신앙처럼 믿었던 당시의 바둑관은 그 믿음으로 인해 산산조각이 나고 말았다.

이보다 앞서 2, 3단 시절 당시 본인방이었던 다카가와 9단에게 2점에 덤 3집으로 지도를 받았던 적이 있다 한다. 그때의 모습에 대해 당시 관전기자의 소감 한마디를 들어보자.

一어린 기사들이 스승이나 선배들과 두는 대국을 관전해 보면 대체로 중압감을 이겨내려 안간힘을 쓴다든지 또는 기가 죽어 겁을 낸다든지 하여 돌이 헝클어지는데, 이때의 임군은 이런 기색은 추호도 없이 담담하게 두어가며 동요하지 않았고 다카가와 9단이 수를 읽는 동안에도 똑같이 반면에서 눈을 돌리지 않고 자기의 길을 걸어가는 모습은 마치 노대가(老大家)처럼 보였다. 결국 그 바둑은 임소년이 시종 2점의 우세를 견지하여 당당히 불계승했다. 훗날 다카가와 9단은 "굉장한 소년이다. 이미 우리들이 가르칠 것은 아무 것도 없다. 몇 년인가 후에는 우리들이 가르침을 받게 될 것이다."라고 말했다.—

누가 믿었을 것인가. 다카가와 9단의 말을. 그저 '먼 미래의 이야기려니, 꽤 잘 두는 아인가 보구나' 하는 칭찬 정도로 밖에 더 들렸을까. 그 아이가 대륙의 바람을 몰고 일본 바둑계의 심장을 관통하리라고는 상상할 수조차 없는 일이었다. 그러나 그것은 오만과 편견의 바둑관이 빚은 착각이었을 뿐이다.

열도 강타

1965년 제4기 명인전 도전1국이 시작되었을 때, 대기실에서는 젊은 도전자의 기풍에 대해 여러 가지로 논평되었다. 이에 의하면 "임 8단의 특징은 바둑을 결정짓지 않고 되어가는 대로 전국(戰局)을 변화시켜 가는 점이다. 예를 들면 어느 부분에서 싸움이 벌어졌을 때 그 결과가 뜻과 같지 않다든가 또는 상대방의 페이스가 될 듯할 때에는 그 싸움을 중도에서 중지하고 전연 다른 방향으로 이동한다는 것이었다. 그러고 보니 이 바둑에서도 백62가 바로 그 수법이며 …(중략)"

이 말은 **참고보**(도전1국)에서 백을 잡은 도전자 린하이펑이 백1로 붙이고 흑

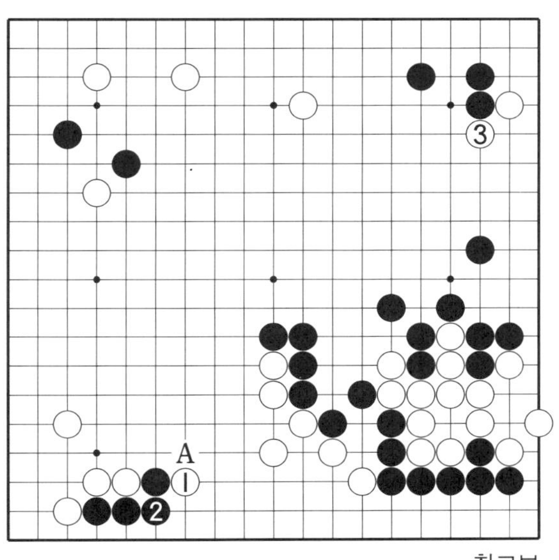

참고보

2로 응수하자 77분을 장고한 끝에 백3(실전에서는 백62)으로 젖힌 것을 말한다.

사카다 명인은 국후에 "임군의 장고에 녹았다. 나도 같이 생각했더니 피로했다."면서 감탄하면서도 한편으로는 어처구니없다는 표정을 지었다고 한다.

계속된 논평이다.

"임 8단은 매우 지구전이 강한 형이어서 싸움의 흥정이 교묘하다. 일본인의 바둑은 너무 결백한 탓인지 기분을 중시하는 경향이 있다. 이점 임 8단의 경우는 과연 대륙적이라는 느낌이 든다."

이쯤 되면 기풍에 대한 의견이 국민성으로까지 발전한 듯 하다.

그건 그렇고 당시 23세의 도전자를 보는 45세 사카다 명인의 표정이 눈에 선하다. 어처구니없었을 만한 일이다.

의당 A등으로 계속 공격해야 할 장면에서 77분이라는 대장고를 한 끝에 손을 빼어 엉뚱한 곳을 두고 있으니 말이다. 일전을 기대했던 투지가 순간 물거품이 되었을 것이란 생각이 든다.

이런 경우 대개의 전투형 바둑은 김이 빠지고 맥이 풀리게 마련이다. 사고의 사이클이 바뀌기 때문이다. 그렇게 되면 짜증도 나고 상대에 대해 울화통도 치민다. 그러나 그렇다고 룰에 어긋난 것도 아니고 결례를 한 것도 아니므로 화를 낼 수도 없다.

일류의 전문기사 중에도 이런 케이스는 있다. 기세가 충돌하여 온 정신이 쏠려있는 장면에서 장고에 장고를 거듭한 후 저 반대쪽의 1선을 젖혀 잇는다거나, 절대 단수를 쳤는데 바로 잇지 않고 장고 끝에 잇는다거나 하는 따위가 바로 그런 것인데, 그렇다고 여기서 심리적으로 짜증이 나거나 한다면 필경 그 바둑은 진다. 그리고 그 기사는 대성하기 힘들다. 참을성이 없기 때문에.

그러나 더 중요한 것은 짜증내고 있는 자신이 아니라 그 짜증에 대한 상대의 심정이다. 반드시 이 점을 간과해서는 안된다. 이쪽에서 불쾌하게 생각하고 있다는 심리가 표현되고 있다는 사실을, 그리고 상대가 알고 있다는 사실도, 또한 그러한 자신의 태도에 대해서 상대가 비록 불쾌하지만 참고 있다는 사실 또한.

둘 사이의 감정에 대해 나는 모르고 상대만 알고 있다는 사실은 부끄러운 일이 아닐 수 없다.

이와 연관된 도전자의 태도가 제5국 관전기에 쓰여 있다.

―대기실에서 후지다(藤田梧郎) 6단이 "임군이 웬일인지 갑자기 어른이 된 느낌이 든다."고 말했다. 점심 휴식 때 이런 일이 있었다. 명인이 "직접 끊을 걸 그랬나."하며 혼잣말처럼 린하이펑에게 물었다. 그 때 대뜸 린하이펑은 "그렇다면 젖혔을 때 딴다."고 불쑥 대답했던 것이다.

후지다 6단의 말을 빌린다면 지금까지의 린하이펑에게는 저런 퉁명스런 태도는 볼 수 없었다 한다. 평소 가까이 있는 후지다 6단도 놀랠 정도니, 이 명인전이 시작되면서부터 '갑자기'라고 할 수 있을 정도로 린하이펑은 모든 면에서 성장한 것으로 생각한다.―

(참고로 藤田梧郎 6단은 린하이펑 9단의 친아버지와 같은 사람이다. 린하이펑 9단은 도일하여 성장기를 藤田 夫妻의 손에서 보냈다. 도일 당시 우칭위엔 선생 댁에서 바둑을 배우는 것이 좋겠다는 말에 우칭위엔 선생이 "사람에게 배울 정도라면 도일할 필요가 없다. 임군은 사람에게 배울 바둑이 아니다. 그것보다도 인간형성이 먼저다. 그러자면 후지다 선생댁이 가장 좋다."고 했다는 유명한 이야기가 있다. 과연 우칭위엔 선생의 사고와 식견은 넓고도 깊다.)

바로 이것이다. 젊은 도전자의 눈에 보인 명인의 모습은 천상의 그것이 아니었던 것이다. 그토록 다가갈 수 없을 만큼 높게 보였던 명인의 세계는 인성(人性)으로 가득 찬 인간의 세계였던 것이다. 그것도 치기만만한 감정들이 가득한. 배움에 있어 스승이란 존재가 하늘과도 같은 것처럼, 바둑계에서 명인이란 글자 그대로 입신의 경지 중 가장 신적 존재다. 그렇게 알고 바둑을 배우는 것이 그때까지의 개연적 보편성이었다. 이렇게 생각해 보자. "말이 도전이지 마음과 모든 자세는 명인에게 한수 가르침을 받으러 왔다. 그런데 명인은 자신이 두는 바둑에 대해 짜증스런 반응을 보이고 있다."고 말이다.

짜증이란 인간의 가장 속된 성정(性情)이다. 젊은 도전자는 "아. 이것은 내가 뭔가 잘못 알고 있었던 것 같다. 명인은 둘 만한 상대일지도 모른다."라는 생각이 들었고 순간 명인이 작게 느껴지지는 않았을까.

관전기에서, 젊은 도전자의 예상치 못한 행동을 보고 '갑자기 성장했다'라고 한 말은 23세의 나이를 잘못 알고 있는 것이다.

본래 나이란 1년에 한 살을 먹기 마련이지만 이것은 어디까지나 피상적인 인간끼리의 약속일 뿐 시간에 의해 먹는 나이는 인간의 본질을 말할 때는 아무런 의미가 없다. 오십 년을 주색잡기로 졸철된 난봉꾼의 나이나 오십 년 동안 가난한 자를 돌본 수사(修士)의 나이가 똑같다고 한다면 이것은 개도 웃고 소도 웃을 일이다.

나이는 벼슬이 아니다. 인간의 성장과 성숙은 나이에 있는 것이 아니라 정진과 성찰에 있다.

우리는 그간 바둑의 역사나 지론에 대해 단세포적인 사고로 접근할 것을 고집해 왔다. 바둑의 역사는 유구하여 기원전 2300년경까지 거슬러 올라가 河圖와 洛書(하도란 중국 上古 伏羲氏 시대에 黃河에 龍馬가 나타나 그 말의 등쪽에 圖文이 있었다 하여 그 도문을 말하고, 낙서란 같은 시대, 夏왕조 시기 禹왕때 洛水에 靈龜가 나타나 그 背面에 書文이 있었다 하여 그 書文을 말한다.)에 바둑의 원리가 있다는 등, 이 하도와 낙서로써 역(易)을 만들었고 역은 천지음양의 이치를 구명(究明)하고 진리를 함축하여 수리의 본원(本源)이 되어 고금 동서의 학문 중 필주(匹儔)할 바 없는 심오한 묘리를 내포한 것이라는 등, 이와 같은 이야기들은 실로 어마어마한 전설이 아닐 수 없다.

그러나 생각해 보라. 역사적으로 그 시기이 무슨 문화가 있었겠는가를. 당시 황하의 범람이나 기후를 측정하여 데이터화하는 정도를 지금의 관점에서 볼 때 천문기상학이라고 할 수 있을 것인지. 또 토지의 면적을 측량하고 곡식의 생산량을 계산하는 산술(算術)을 지금의 관점에서 볼 때 수학(數學)이라 할 수 있을 것인지.

기초 마방진(魔方陣)의 원리가 거북의 등에서 발견되었다고 해서 그 마방진 정도가 수학 전체의 원리인 양 생각하는 것은 무지한 것이다. 이러한 것은 모두 주관적 역사관에서 비롯된 착각일 뿐이다.

또 바둑에 대한 통찰이 40대에야 이루어진다는 식의 발상도 마찬가지다. 23세의 도전자가 애숭이 취급을 받았다는 사실은 기성세대의 독단에 불과했던 것이다.

오늘날에도 그러한 일이 없지는 않았다. 이창호 9단이 1993년 제4회 동양증권배 결승에서 조치훈 9단을 만났을 때, 조 9단 역시 이와 비슷한 뉘앙스의 말을 했었다. 스승 조훈현 9단에게 "어린 나이에 너무 쉽게 정상에 오르면 나중에 빨리 꺾일 가능성이 있다. 이번에 선배로서 바둑의 깊이를 가르쳐 주고 싶다."고 핀잔 비슷한 말을 했었다고 한다.

그러나 결과는 조치훈 9단의 믿을 수 없는 패배. 이창호 9단은 조치훈 9단에게 바둑의 깊이를 배울 만큼 바둑이 약하지 않았던 것이다.

바둑계든 어디든 전문집단은 하나의 정론(正論)이 만들어지면 이론(異論)은 무자비하게 배척시키는 식의, 이른바 정통(正統, orthodoxy)에 대한 이단(異端, heterodoxy)으로 몰아세우는 배타적 속성의 역사를 갖고 있다. 교조적(敎條的, dogmatic)이라는 것이다.

과연 이러한 집단 체제 속에서 사고의 자유는 지켜질 수 있는가.

제4기 명인전 도전7번기 예상좌담회(요미우리 신문지상)에서 우칭위엔, 가지와라(梶原武雄) 양 9단은, "7국까지 갈 것 같으며 제7국에 흑을 쥔 사람이 유리할 것"이라 했고, 다카가와 9단은 "임군의 특색은 바다와 같이 조용하면서도 넓고 넓다."고 말은 했지만 승패 예측은 4승 2패로 사카다 명인의 편이었다. 다카가와 9단의 예상에는 아마도 같은 세대의 사카다 명인이 이겨 주기를 바라는 마음과 더불어 자기들이 40년을 갈고 닦은 기예가 불과 20년도 못되는 젊은이에게 쓰러진다는 것은 견딜 수 없다는 뜻도 포함되어 있었을 것이다.

그러나 대륙의 거대한 역풍(逆風)은 일본 열도를 휘감고 말았다. 거목 사카다를 쓰러뜨리고 그 웅자(雄姿)를 드러낸 것이다. 스코어 4대 2. 아무도 이 사실을 믿으려 하지 않았다. 심지어 본인조차도.

제6국에서 완전히 무릎을 꿇은 사카다 전명인은 인터뷰에서도 이렇게 말했다. "'20대의 명인은 있을 수 없다'는 나의 신조는 별로 고칠 필요는 없다고 생각한다. 그러나 임군은 별격(別格)이며 그 천부의 자질은 이미 20대의 것이 아니다. 내년은 기필코 도전자가 되어 리턴매치를 실현하고 싶다. 그래서 지면 항복하겠다."

그러나 제5기에서도 제6기에서도 명인에의 복귀는 이루어지지 않았다. 오히려 제7기에서는 다카가와 9단이 천적 사카다 전명인을 제압하고 도전하여 젊은 명인의 독주를 막아섰던 것이다.

어쩌면 사카다 9단도 젊은 도전자 한명과 싸우고 있다기보다 새로이 밀어닥치는 시대의 흐름과 싸우고 있음을 의식했었는지도 모른다.

그러나 제2국을 치르고 난 사카다 명인이 "웬일인지 투지가 일지 않는다."고 말했던 것은 '납득이 안가는 괴상한 상대'가 단지 23세의 젊은 탓만은 아니었을 것이다. 사실상 젊은 도전자는 강했다.

대륙성

제4기 명인전이 끝난 후 관전을 담당한 작가 三好徹씨의 관전 소감 중에서 몇 가지를 간추려 요약하면 이렇다.

"대적(大敵)을 쓰러뜨린 흥분은 아무 데도 없었다. 솔직히 말한다면 나는 내 눈을 믿을 수 없는 느낌이었다.

상대는 천하를 떨친 용장이다. 문자 그대로 천군만마의 왕자(王者)이기도 하다. 전국시대에 비유한다면 오다 노부나가(織田信長) 정도의 거물이다.

그것을 무관(無冠)의 젊은 무사가 제압한 것이니 우쭐하며 좋아한다 해도 조금도 이상할 것이 없다. 오히려 그렇게 되는 것이 자연스러울 것이다. 그럼에도 불구하고, 린하이펑은 냉정할 뿐이다. 무리하게 흥분을 억누른 것도 아니며 의식적으로 그런 포즈를 취했다고도 생각되지 않는다.

나는 놀랐으며 또 어이가 없었다. 그리고 혀를 찼다. 불도(佛道)에 '마음은 만계(萬界)를 벗어나 부동(不動)'이란 말도 있지만, 이 청년은 23세 안팎에서 이미 이런 경지에 달하고 있나 하고 생각해 보기도 했다. 만일 이것이 천성이라면, 린하이펑은 기사로서 굉장한 무형의 재산을 부모로부터 물려받은 것이다.”

청년 린하이펑이 제4기 명인전 도전자로 결정되면서부터 대만(臺灣)의 신문에서는 연일 林海峰出奇兵, 海峰天才橫溢, 日棋王 初嘗敗績 등의 타이틀을 붙여 기보까지 곁들여 화려하게 보도되었고, 명인위를 탈취하면서는 국민적 영웅으로까지 부상했다. 당시의 일본에 대한 대만의 국민 정서가 이 분위기를 더욱 고조시켜 명인전은 마치 국가대항전의 성격을 띠었던 것이다.

그런 가운데 제5기 명인전 리그가 진행되었다. 사카다 전명인의 바램이기도 했지만 리그전은 예상대로 리턴매치가 되었다. 당시 제1국 관전기에 실린 이야기를 보자.

“사실은 운이 좋았던 것이 아니며, 부동심이 린하이펑으로 하여금 오늘날이 있게 한 것이다. 운이 좋다는 것은 결과적으로 본 표현에 불과하다. 솔직히 말해서, 나는 대륙의 피를 느끼지 않을 수 없다. 일본인의 정원적(庭園的) 발상으로는 도저히 따를 수 없는, 만리장성을 만든 저 민족의 피에 본질적으로 당할 수 없다는 생각을 갖는다. 바둑과 같이 수명이 긴 승부는, 틀림없이 중국민족에 적합하다. 곁들여 말한다면 심리적 흥정이 승부를 좌우하는 게임은, 외교에 능한 구미인(歐美人)에 적합하며 승부가 격렬한 장기는 일본인에 맞는다.

오해가 없도록 미리 말해 두지만, 나는 이 7번승부에 올림픽과 같은, 좀더 단적으로 말한다면 일본과 중국의 대항전이라는 느낌은 없다. 반상에는 국경 따위는 존재하지 않는다. 명인 대 본인방의 일전쯤 되고 보면, 만사를 제쳐놓고 뛰어가지 않을 수 없는 바둑팬으로서 말하고 있는 것이다.”

전명인은 결국 그렇게 젊은 명인이 쌓은 만리장성의 벽을 넘지 못했다. 그리고 그 거목(巨木)은 그곳에서 불어왔던 대륙의 바람 앞에 차츰 벌거벗기워지고 있었다. 뿌리만은 뽑히지 않으려 혼신의 힘을 다하는 나목(裸木)의 끈질긴 버팀도 헛되이 바람과 시간은 새로운 대지를 만들어가고 있었다.

거꾸러지는 당사자에게는 괴로움이겠지만 만물의 생장이 그러한 것처럼 대지의 역사와 순환이 이렇게 반복되어왔음을 우리는 너무도 잘 알고 있다. 혁명이라는 말은 언제 들어도 신선하지 않은가.

인간의 역사에 혁명이라는 리얼리티(reality)가 존재하지 않았다면 얼마나 권태스럽고 진부했을 것인가.

후지다(藤田梧郎) 6단의 부인 五月子 여사는 이렇게 회고한다.

"임군은 어릴 때, 씨름을 참 좋아했어요. 그래서 이층에서 퉁탕거리고 소동을 일으키길래 야단을 쳤더니, 그 다음부터는 아주 조용조용히 씨름을 하다가는 콰다당하고 더 큰 소리를 냈지요.

임군은 대륙적인 성격이 뚜렷한 아이였습니다. 대국 때 쓰는 계시기를 해부해 본다고 몽땅 분해해 놓고는 '아무리 봐도 모르겠다.'고 하면서 태연히 내버려 두는가 하면, 학교에서 야구를 하다가 시계를 벗어놓고 잊어버리고 돌아와서도 태연하게 있을 때도 있었어요.

임군은 또 다정하고 너그러운 마음씨 같은 것이 있었어요. 우리 집에는 연구생들이 늘 3, 4명씩 있는데, 임군은 오사카에 있는 화교학교에 전차를 타고 통학을 했어요. 그래서 특별히 아침 일찍이 일어나서 밥을 지어줬는데, 어느 날 아침 일찍이 일어나서 부엌에 와 가지고, '참 춥겠어요.'하고 위로 비슷한 말을 해 주었을 때는 눈물이 나려고 했어요. 그렇게 많은 아이들을 데리고 있었지만 새벽에 그런 말을 들은 것은 그때가 처음이었습니다."

1983년 3연패 후 4연승으로 조치훈 본인방에게 타이틀을 탈취한 린 9단이 기세를 몰아 이듬해 1984년 제8기 기성전 도전자가 되었을 때 당시 기성이었던 조치훈 9단은 린하이펑 9단의 바둑에 대해 이런 말을 했다.

"야구에 비유하면 역 싱글의 슬라이딩 캐치와 같은 화려함은 없지만, 투수가 투구를 하자마자 수비위치를 바꿔 잡고 의당 파인 플레이인 것을 평범한 플레이처럼 처리하는 식이다. 프로는 모양과 맥을 고집하기 쉽지만 '린하이펑류'라는 일관성있는 자기의 것을 지니고 있다."

린하이펑 9단의 사고가 얼마만큼 유연한 것인지를 보여주는 기보를 하나 소개할까 한다.

기보 1을 보기 바란다. 상대는 '관서의 우주류(關西의 宇宙流)'라고 부르는 소노다 9단이다.

좌하귀에서 신형이 등장했다. 수순을 보아 아마도 소노다 9단의 연구가 있었던 듯 하다.

백22·24의 수단은 귀에서 발생하는 맥인데 수순이 좋았다. 때이르게 백이 포인트를 얻을 것 같은 진행이다. 백26때 린하이펑 9단은 어떤 구상을 했을까.

참고도는백의 주문이다. 이렇게 된다면 백8까지 좌우를 모두 봉쇄한 백이 당연히 좋을 수밖에 없다.

기보 1처럼 흑이 패로 버티는 것도 팻감이 부족해 좋은 결과를 기대하기는 어렵다. 최초의 정석에서 난관을 맞은 린하이펑 9단은 전혀 뜻밖의 선택을 하게 되는데 그것은 이 귀를 버리는 것이었다. 기보 1-1의 흑27로 둔 것이다. 이에 백은 당연히 받을 것으로 생각하고 백28로 단수를 쳤다. 그러

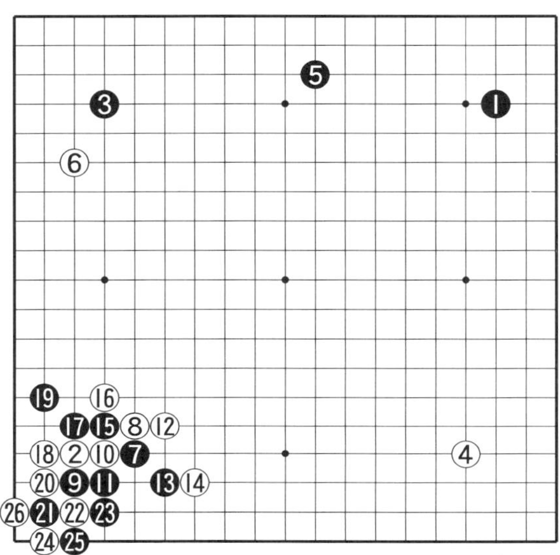

기보 1

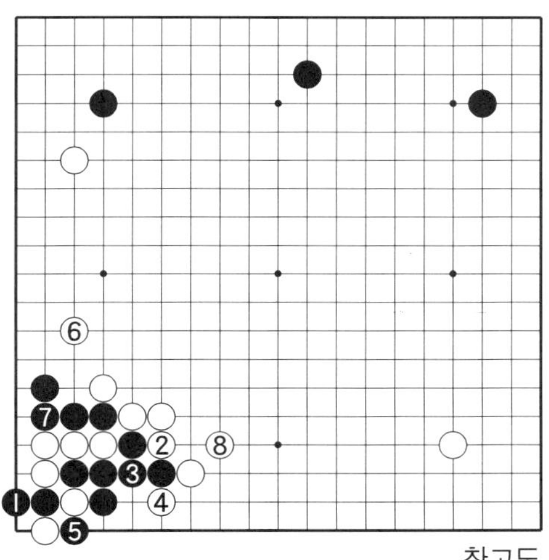

참고도

나 흑29. 놀라운 변신이다. 이 선택은 당시 아무도 예상치 못했다고 한다.

백28의 단수를 안받는다는 것은 상식적으로 이해하기는 어렵다. 그러나 기보 1-2를 보면 상황판단이 될 것이다. 백30은 내친 김에 결정할 수밖에 없는 심리적 현상이다. 단수를 친 체면을 봐서도 선악을 불문하고 안 따낼 수도 없는 노릇이다. 이른바 관성의 법칙인 셈이다.

흑33까지의 결과를 분석해 보자. 좌하귀의 백집은 약 30여집 정도. 그러나 아직은 패의 수단이 남아 완전한 백집은 아니다. 게다가 이곳에서 백은 3수를 소비했다. 흑은 그 사이 좌변으로부터 좌상귀를 두었다. 그렇다면 과연 누가 이득일까. 이 결과는 당연히 흑이 유리하다. 흑의 손빼기가

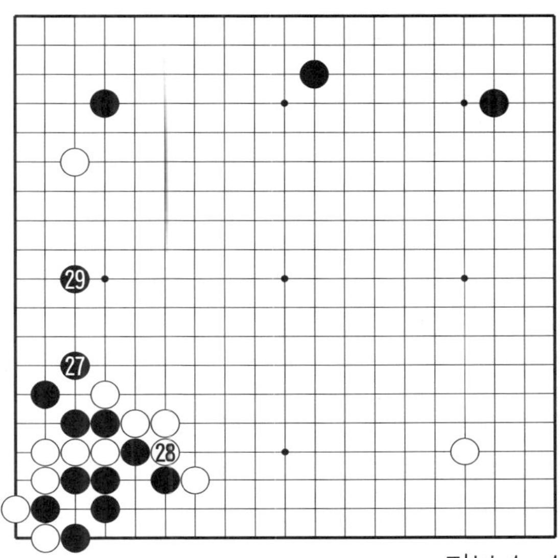

기보 1-1

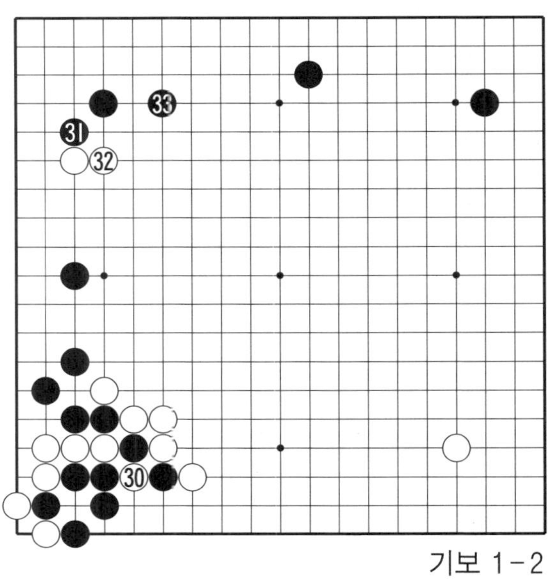

기보 1-2

성공한 것이다. 고정관념을 벗어나지 않고서는 이런 발상이 나올 리 없다. 바로 이런 것이 명인의 바둑이 아니겠는가.

컴퓨터 반혁명

반상에서 세대교체의 혁명을 일궈낸 젊은 명인에게도 반혁명(反革命)같은 위기가 밀어닥치고 있었다. 연상의 패자와 5년 전쟁을 치루고 있던 와중에 자신보다 여섯살이 연하인 신세대가 조용히 부상하고 있었던 것이다. 지금은 너무도 보편화된 문명의 이기(利器)지만 그 당시만도 일반인들에게는 낯설고 생소하기만 했던 '컴퓨터'가 그것이다.

이시다 요시오(石田芳夫). 컴퓨터라는 별명으로 그야말로 컴퓨터같은 새로운 기풍의 바둑을 선보이며 홀연히 등장하여, 당시 제23, 24, 25기 본인방을 3연패하고 있던 그를 밀어내고, 1971년 제26기 본인방에 등극하여 1975년 제30기까지 무려 5연패를 기록하며 신세대 전국시대를 주관했던 젊은 영웅.

7번승부에서 3연패 후 4연승이라는 기적을 최초로 이루어 낸 기사는 누구일까. 조치훈? 천만의 말씀이다. 정답은 린하이펑 9단이다. 1973년 제12기 명인전에서 이시다 본인방의 도전을 받은 린하이펑 명인이 세운 기록이다.

당시의 대국 결과를 보면 그야말로 한눈에도 박진감 넘치는 승부였음을 알 수 있다. 대국결과는 다음과 같다.

제1국 8월 28, 29일 東京 紀尾井町 福田家　　　 이시다, 백 빅승
제2국 9월 5, 6일 北海道 札幌市 그랜드호텔　 이시다, 흑 5집승
제3국 9월 13, 14일 東京 이치가야 일본기원　　 이시다, 백 2집승
제4국 9월 25, 26일 東京 이치가야 일본기원　　 린하이펑, 백 빅승
제5국 10월 2, 3일 東京 이치가야 일본기원　　 린하이펑, 흑 불계승
제6국 10월 11, 12일 東京 新宿 京王프라자호텔　 린하이펑, 백 빅승
제7국 10월 19, 20일 東京 이치가야 일본기원　　 린하이펑, 백 불계승

자그만치 빅승만 3국이나 된다. 빅승은 현대의 반집승과 같은 것이다. 빅승은 운이라는데 도전기에서만 7국 중 무려 3국이나 빅승이 나왔다는 사실은 진기록도 진기록이지만 얼마만큼 치열했고 박빙의 승부였는지 알 수 있는 것이다. 그러나 진행은 전연 다른 상황이었다.

시작하자마자 도전자의 3연승. 이것으로 승부는 기울었다.

당시 린 명인은 이시다 본인방으로부터 본인방전에서 연 2기에 걸쳐 이미 6연패를 당하고 있었고 본 명인전에서 3연패, 도합 9연패를 기록하게 된다. 이쯤 되면 칫수가 바뀌어질 정도의 격차라고 인정하지 않을 수 없다.

이때만 해도 3연패 후 4연승이란 불가능이라고 생각했다. 한번도 없었으니까. 바둑계에서는 이미 이시다의 시대가 되었다고 믿었다.

혜성과 같이 나타나 자신으로부터 본인방을 탈취하여 이미 3연패에 성공하고 있는 천적과도 같은 존재. 마치 상극과도 같은 연하의 강자. 더구나 지금까지 대했던 바둑과는 전연 다른 내용의 바둑을 구사하고 있는 이 존재에 대해 린 명인은 참으로 곤혹스러워하고 있었던 것 같다.

당시 우칭위엔 선생의 말이다.

"참을성 많은 임씨도 이시다씨와 두면 초조해 한다. 이시다씨는 20수 정도 때부터 목산(目算)을 한다. 더욱이 빠르고도 정확하다. 그래서 임씨가 침착성을 잃게 된다. 이것이 패인이 되는 것 같다."

두 사람은 정상을 놓고 참으로 많이 격돌했다. 7번승부에서만 명인전 2회, 본인방전 3회에 걸쳐 총대국수가 무려 31국에 이른다.

사카다 9단과의 7번승부 총 32국에 버금가는 혈투였던 셈이다. 그러나 사카다 9단에게 명인과 본인방을 모두 탈취했던 것처럼, 그도 역시 연하의 난적 이시다 9단에게 모두 내어주고 말았다.

그러나 이시다 9단은 그에 대해 이렇게 경의를 표한다. 그의 저서 중에 '역전력(逆戰力)'이라는 책이 있는데, 바둑을 통한 사물의 판단, 생각하는 방법 등을 다룬 일종의 인생 엣세이라고나 할까.

그 속에 다음과 같은 글이 있다.

"나의 경우는 초반은 비교적 천천히 두텁게 준비하고, 서서히 쫓아가는 타입이다. 이와 같은 추격형에는 특히 '참는 것'이 필수 조건이다. 한가롭게 두는 것 같지만 나로서는 종반에 몰아붙일 자신이 있었다. …(중략)…임씨의 참을성에는 머리를 숙이지 않을 수 없다. 나도 꽤 인내력을 자부하고 있지만, 임씨는 그 이상이다. 특히 대세가 호전된 뒤의 안전운행에 그 특징이 있는 것 같다.”

린하이펑 9단이 그를 만나면 어떻게 페이스를 잃는지 살펴보기로 하자. 기보 2를 보기 바란다.

지금의 감각으로 본다면 전혀 이상하지 않은 착점이지만, 흑21이나 흑23과 같은 착점은 당시 초반에 사용하기에는 무척이나 느슨하다는 느낌을 받기에 충분한 것이었다.

연하의 도전자는 이러한 수법을 즐겨 사용했으며 또 이 수법으로 본인방을 탈취해 갔고 방어에 성공하고 있었다. 이처럼 사카다 9단과는 전혀 다른 이 스타일에 젊은 명인은 사고의 혼란을 겪고 있는 듯 했다.

불과 23수 째 젊은 명인에게서 그답지 않은 판단이 있었다. 과연 어떻게 두었을까.

젊은 명인의 선택은 기보

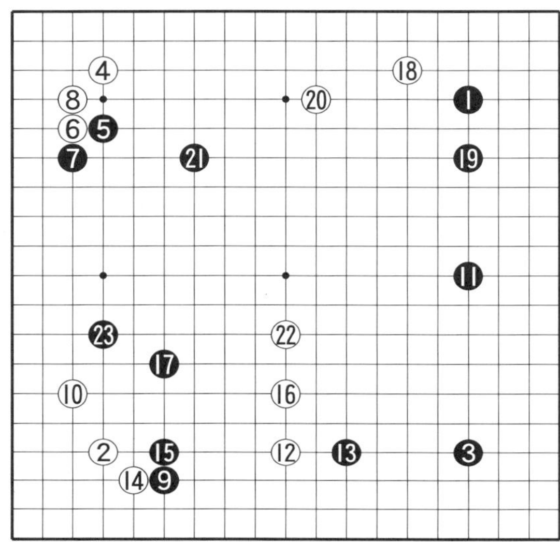

기보 2

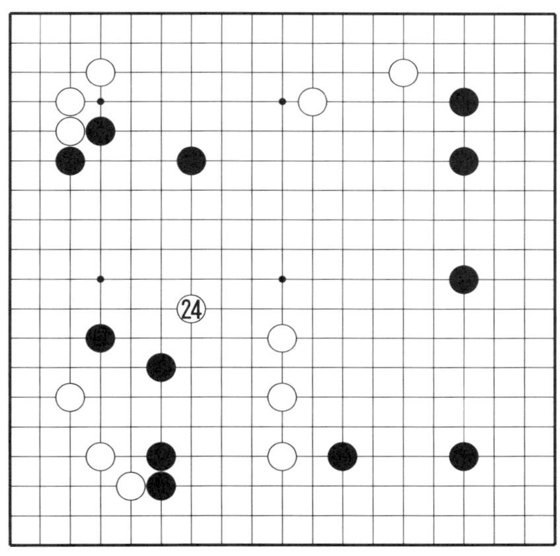

기보 2-1

2-1의 백24였다. 언뜻 보기에는 흑의 엷음을 노린 예리한 추궁인 듯 하지만 이 수는 검토실의 흑평을 감수해야 했다. 이러한 수가 참을성 많은 젊은 명인의 초조함을 보여주는 단면적인 것이다.

요즘 말로 하자면 일종의 '버그'가 일어났다고나 할까.

젊은 명인의 사고와 판단은, 평상시였다면 **참고도** 1의 백1이 틀림없었을 것이라고 단언한다. 계속해서 흑2에는 백3쪽을 선수로 하고 백7이라는 대세의 분기점을 선착하여, 이 진행이라면 중앙 백이 공략대상에서 벗어나 있으므로 집으로 이길 공산이 크다.

백7과 같은 곳이 반상의 대세점이라는 것은 아마추어 고수 정도만 되도 감각적으로 알 수 있는 것이며, 이 대세점을 장악하는 수순은 명인의 경지라면 결코 모를 리없는 것이다.

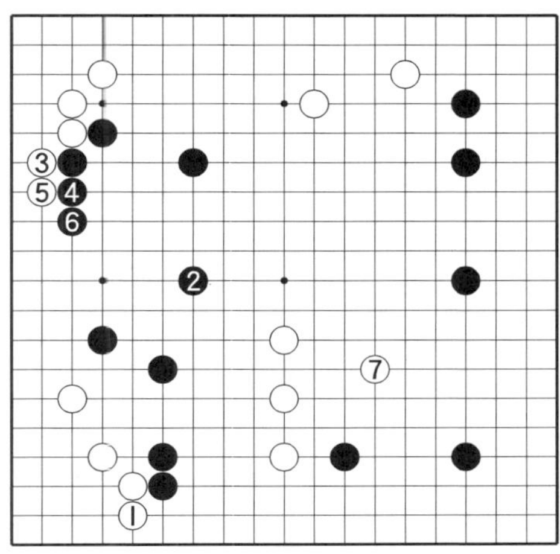

참고도 1

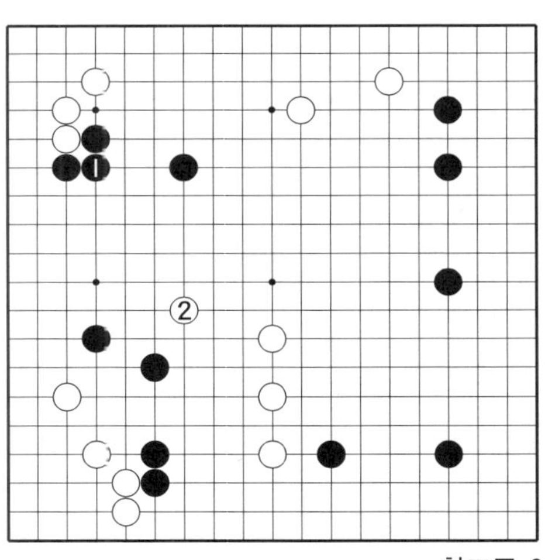

참고도 2

만약 **참고도** 2처럼 흑1로 수비한다면 이때는 백2로 두는 것이 적절한 공략수법이다. 다시 말해 좌상귀의 수비와 백2의 곳은 맞보기에 해당하는 것이므로, 좌하귀를 지키는 것이 흑의 선택을 종용하는 이른바 고등전술이며 고수의수법이라고 할 수 있었다.

따라서 **참고도** 1의 백1은 상대의 움직임에 따라 자기의 움직임을 결정하려는, 이른바 위기십결의 '동수상응(動須相應)'이라는 그야말로 침착무비의 한 수였던 것이다.

또 하나의 '버그' 현상을 보자.

기보 3에서 좌하의 흑은 가일수가 필요하다. 그러나 완생하기만 하면 무난히 10집 정도는 남길 수 있을 것 같다.

여기서 흑은 흑1·3으로 가일수했다. 이것으로 완생일까? 명인의 수읽기가 이런 정도에서 오류를 일으키기란 몇 만분의 일이나 될까.

그러나 린 명인은 또 한 차례 '버그'를 일으키고 말았다. 흑3이 간단한 수단을 빠뜨린 어처구니없는 착각이었던 것이다.

명인이 간과한 수단은 참고도 1의 백1이다. 흑12까지는 패가 되는 수순의 진행이다.

이곳에 패의 수단이 남는다면 승리는 기대할 수 없다.

생각해 보라. 뒤늦게 이 수단을

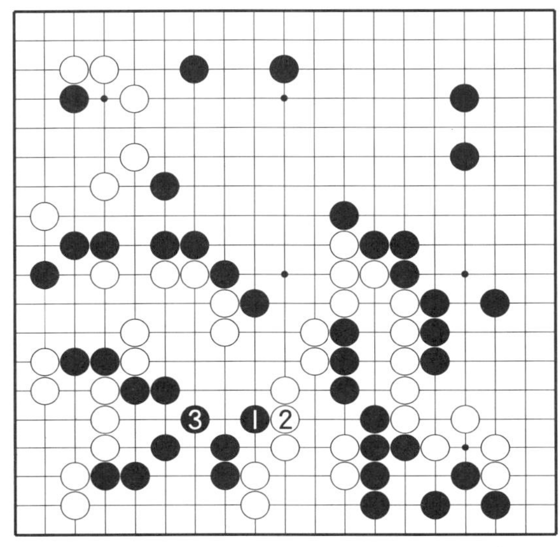

기보 3

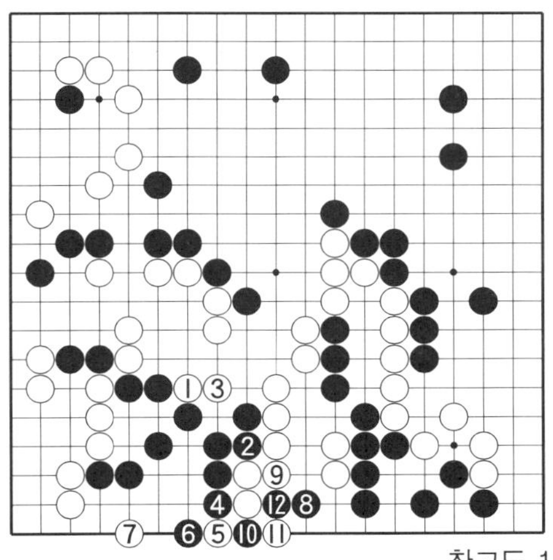

참고도 1

발견했다고 말이다. 자책과 불안
으로 바둑을 더 둘 의욕이 있겠는
가. 그렇다고 '제발 상대가 모르고
있기를…'하고 기대한다는 것은 명
인의 사전에는 없는 말이다.

명인의 바둑에서 이러한 착각이
나온다는 것은 사실 어떻게 보면
불가사의한 일이라고 할 수도 있
다. 그러나 불가사의도 매번 일어
난다면 기적도 무엇도 아무 것도
아닌 일이 된다.

이 흑은 **참고도** 2처럼 사
는 수가 제일감인데, 명인
은 조금 더 효과적인 삶을
구하려 한 것인지 알 수 없
는 일이다. 그렇지만 어쨌
든 신중하고 수읽기 깊기로
유명한 린 명인이 이런 간
단한 사활을 착각했다는 자
체를 놓고 볼 때, 또 이시
다 9단에게만 유독 이러한
착각이 일어났다면 이것을
'버그'가 아니라고 어떻게
해명할 것인가.

기보 4는 이듬해 결국 컴
퓨터 본인방에게 명인위마
저 찬탈당하는 제13기 명

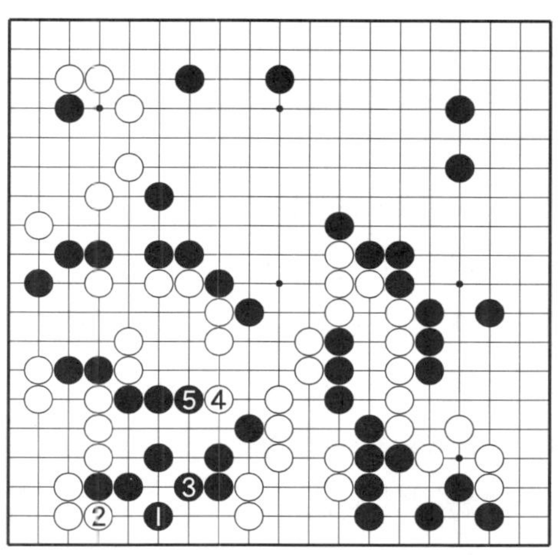

참고도 2

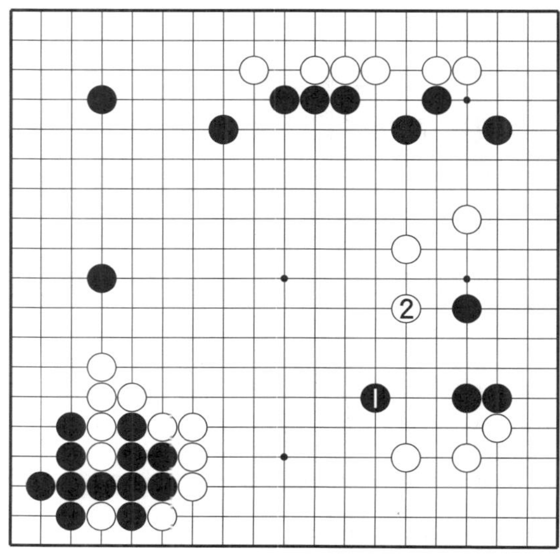

기보 4

인전 마지막 대국이다.

명인은 34분의 장고 끝에 흑1로 뛴다. 순간 우칭위엔 선생은 "임씨는 무엇을 걱정하고 있기에 이렇게 어렵게만 두는지 모르겠다."고 한 마디 했다고 한다.

무엇이 걱정스럽기에 흑1과 같은 수를 34분이나 소비해 가며 고뇌를 한 것일까.

참고도처럼 두는 진행이 떠오르지 않아서였을까. 아마 그렇진 않

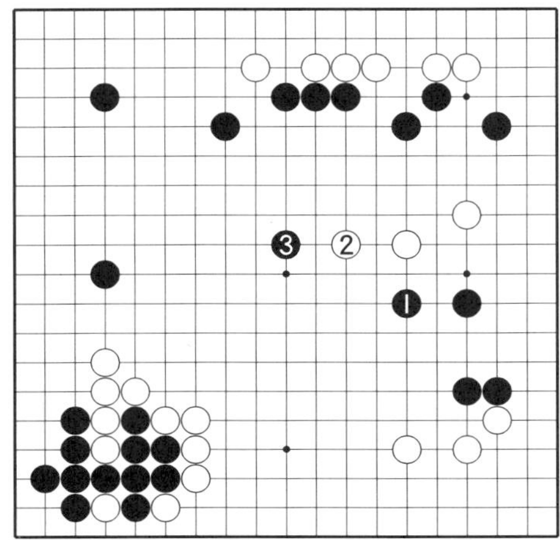

참고도

을 것이다. 기보 4의 흑1에 백2는 한눈에 뻔히 보이는 급소의 위치다. 백2를 못 보았을 리는 없다. 또 참고도 흑1·3의 수순은 공격의 기본패턴이다. 공방을 감안한다면 가장 먼저 떠오르는 발상인 것이다.

이 선택을 명인은 외면하고 말았다. 가장 보편적인 수법을 먼저 생각하는 린명인이 **참고도**를 선택하지 않고 **기보 4**를 선택했다는 것은 선택의 판단이 갈피를 못잡는 '버그'에 해당한다.

"임씨는 무엇을 걱정하고 있기에 이렇게 어렵게만 두는지 모르겠다."라는 우칭위엔 선생의 말은 바로 '버그'를 의미했던 것이다.

명인이 침착을 잃고 초조해지는 이러한 현상은 두 사람의 바둑에서만 볼 수 있는 기이한 현상이었지만 그것도 자주 나타난다면 하등 기이할 것이 없는 보편적인 현상일 뿐이다.

젊은 명인의 판단에 '버그'가 일어나 초조해지는 것은 우연한 현상은 아니다. 거기에는 반드시 원인이 있는 것이다. 그러나 그보다 중요한 것은 연하의 도전자, 컴퓨터라는 상대가 사실상 강했다는 점이다.

현대에 와서야 비로소 눈을 뜨고 있는 것이지만, 당시 명인은 어쩌면 이러한 상념에 빠졌을는지도 모른다. 바둑의 본질에 '산술력'을 절대로 필요로 하

는 부분이 존재한다는 단순한 이론에서 진일보하여 산술 이상의 그 무엇, 즉 보이지 않는 집을 계산하는 심안(心眼)의 영역에는 수학적 원리가 있는 것은 아닐까. 컴퓨터처럼 계산이 특출난 이시다 본인방의 바둑에도 이와 같은 것이 있는 것은 아닐까.

이러한 '지적 호기심'이 '지적 탐구'의 단계를 거치게 되면 새로운 운영체계를 필요로 하게 된다.

함수(function)라는 개체적 관계가 무리지어져 카테고리(category)를 이루고 궁극적으로는 펑크터(functor)라는 커다란 군계(群係)를 만든다는 수학적 체계처럼 명인의 바둑에도 이러한 자각이 있었다는 흔적은 어렵지 않게 찾을 수 있다.

명인급의 바둑이 아니더라도 바둑계 전반에 걸쳐 수학적 사고를 이질적으로 거부하는 경향이 있는 것은 인성(人性, personality)의 답습에 기인한다.

해보지 않은 것에 대한 두려움, 가진 것이 파괴될지도 모른다는 공포는 새로운 세계에 접하여 항상 무력함을 보여왔다.

단적인 예로, 우리는 바둑의 현상을 또 바둑인의 현상을 그동안 문학적이거나 예술적으로만 접근해 온 것이 사실이며 바둑에 대한 접근의 방식이 선추(善醜)나 미악(美惡)이라는, 동양사상의 한 축을 이루는 도가적 사유(道家的思惟)의 방편으로만 이루어졌던 것도 사실이다. 그러나 인간의 머리로 계산할 수 없는 것은 도(道)나 예술(藝術)이 아닌 수학의 기초 단계라고 할 수 있는 산술에도 분명 존재한다.

컴퓨터가 그러한 인간의 속물적 자만을 송두리째 날려버린 것처럼 컴퓨터 바둑도 전혀 새로운 방식으로 젊은 명인의 문을 두드렸던 것이다. 바둑을 20수 언저리부터 계산한다는 것은, 예전의 사고방식으로서는 이해되지 않는 논리였으며, 그것은 한마디로 '말도 안되는 소리'였다. 아니 현대에 와서도 그것을 증명하거나 이해하는 기사는 사실상 없다.

그러나 '말도 안되는 소리'라고 생각했던 그 논리가 실력행사로 현실을 타파하자 바둑계는 이러한 어이없는 현실에 비로소 자각의 눈을 뜨고 바둑의 산술적 요소를 크게 긍정하기 시작했다.

린하이펑 9단의 끝내기에 관한 책을 본 독자라면 '몇분의 몇집'하는 식의 분수형 끝내기 분석방법을 본 적이 있을 것이다. 거기에는 현대의 수학적 원리를 통한 계산방식에 대해 조목조목 적혀있다. 이것은 그가 이 시기부터 바둑의 끝내기 분야에 대해 이론적으로 접근했음을 보여주는 반증이다.

예를 들면 오늘날에는 지극히 당연한 분석이지만, 흔히 '반집패'라고 하는 패의 가치를 정확히 말하면 쌍방 2분의 1집이 아닌 3분의 1집(잇는 쪽)과 3분의 2집(따내는 쪽)이라는 등의 수학적 분석이 그런 것이다.

23세의 젊은 명인이 32세가 될 때까지 9년에 걸쳐 일본열도를 휘감았던 거대한 대륙의 바람은 과학으로 무장한 컴퓨터의 연산에 그렇게 고개숙이고 말았다.

대륙적 강건성

그러나 사카다 9단의 '강건성'은 린하이펑 9단에게도 있었다. 단지 다르다면 전자는 로마(Rome)적 투쟁심에 기인한 것이고 후자는 대륙적 흡수력에 기인한 것이다.

대륙적 흡수력이란 중국의 역사를 보면 알 수 있듯이 정복되지 않는 문화적 기질을 의미한다. 중국을 정복했다는 어떤 민족도 결국 한족의 유구한 문화에 흡수되어 누가 누구를 정복한 것인지 알 수 없게 되었던 것처럼 문화적 깊이는 끈질긴 지구력을 가지게 마련이다.

스스로 자멸하기 전까지는 누구도 꺾을 수 없는 린하이펑 9단의 이러한 강인함은 중국이라는 거대한 문화구조에서 연유한 것이라 보아도 무리가 없다.

그것을 증명이라도 하듯 이 '명인전의 사나이'는 요미우리신문에서 아사히신문으로 넘어가 1977년부터 새로 시작된 제2기 명인전에서, 완벽하게만 보였던 컴퓨터 명인을 제압하고 새로운 명인으로 등극한 오다케 9단을 4대 0으로 완파하고 통산 8번째의 명인위에 복귀한다.

사카다 9단의 강건성이, 명인위에 다시는 복귀하지 못했던 점에 비한다면 실로 화려한 부활이었다.

또 자신으로부터 명인과 본인방을 모두 탈취해 간 이시다 9단이 오다케 9단에게 명인을, 다케미야 9단에게 본인방을 넘긴 뒤 다시는 권좌에 복귀하지 못했다는 점과 비교한다면, 명인위 복귀는 물론이거니와 1983, 84년 40대의 나이로 제38, 39기 본인방에 다시 등극하여 통산 5회 우승과 더불어 준우승 6회라는 대기록을 수립했다는 것은 '대륙적 강건성'이 아니고서는 설명되지 않는다.

또 명인전 통산 8회 우승과 준우승 7회라는 기록을, 그의 대륙적 강건성이 아닌 무엇으로 설명해야 할 것인가.

그의 끈질긴 생명력은 1988년 신설된 최초의 국제기전 '제1회 후지쓰배 세계바둑선수권전'에서 더욱 극명하게 나타난다. 당시는 본인방을 4연패하고 있던 다케미야 9단과 기성(棋聖)과 명인(名人) 타이틀을 동시에 거머쥔 고바야시(小林光一) 9단이 전성기를 구가하고 있었다.

여기서 그는 다케미야 9단에게 패해 준우승에 머문다. 제2회 대회에서도 결승에서 다케미야 9단을 만나 또 고배를 마신다. 그러나 1990년 제3회 대회에서 2전 3기, 불사조처럼 일어나 중국바둑의 영웅 녜웨이핑(聶衛平)을 꺾으며 기어코 세계 바둑계를 제패하고야 말았던 것이다. 이때 그의 나이 48세, 결코 이른 나이는 아니었다.

사카다 9단이나 슈코 9단의 바둑이 어느 시점에서인가 변화를 보였던 것처럼 린하이펑 9단의 바둑도 40대를 전후로 변화를 겪는다. 인내심 강했던 그의 바둑에 결단성과 거기에 따른 투쟁적 요소가 보이기 시작했고, 중후함으로 일관했던 기풍에도 필연적으로 격렬함과 스피드가 배어나오고 있었다. 그것은 어쩌면 1975년, '컴퓨터와의 전쟁'에서 완패한 것을 기점으로 얻어진 전술적 갈등의 산물일지도 모른다. 참을성과 끈기만으로는 해결되지 않는 '지적 갈증(知的 渴症)'이 학구적인 그의 바둑관에 불을 지폈다고나 할까.

그의 전술적 변모를 느끼게 하는, 탐구적 실험정신이 엿보이는 기보를 감상해 보기로 하자.

기보 5는 1983년 27세의 나이로 대삼관에 등극하여 천하통일을 꿈꾸던 조치훈 9단으로부터, 그 해 본인방을 탈취하여 조치훈 왕국의 일각을 허물며 자신의 건재를 알렸던 그가 이듬해 제8기 기성전에서 조치훈 기성에게 도전했던 7번승부 제3국이다.

우하귀 진행은 알다시피 일명 '붕설형'이라는 정석인데, 현대에 이 정석이 보이지 않는 이유는, 그 동안 수십가지의 격렬한 변화도가 양산된 탓도 있지만 반상의 4분의 1에 이르는 대형정석을 기피하게 된 현대바둑의 조류가 가장 큰 원인이다. 현대바둑은 부분적으로 생략되어 변화의 여지가 많은 함축된 정석을 선호하는 경향이 있다.

백30까지 무난한 흐름을 보이는 듯 했던 초반 흐름은 흑31에 이르러 조 기성이 뜻밖의 선택을 함으로써 최초의 전단을 맞는다.

기보 5-1의 흑31이 조기성의

제8기 기성전 도전7번승부 제3국
1984년 2월 1일~2일 (요미우리신문 주최)
盛岡市 로열호텔盛岡

● 조치훈
○ 린하이펑

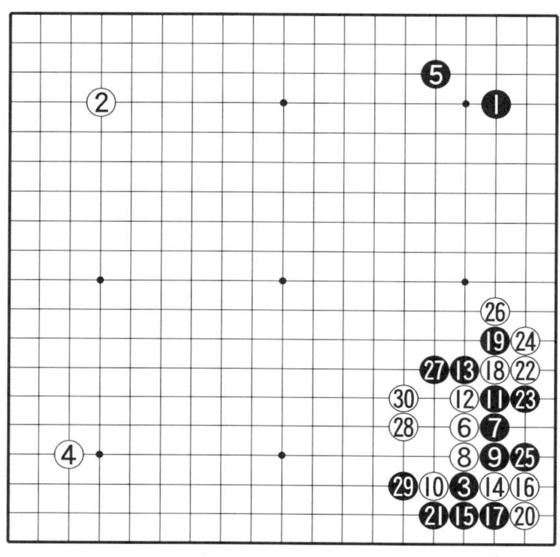

기보 5

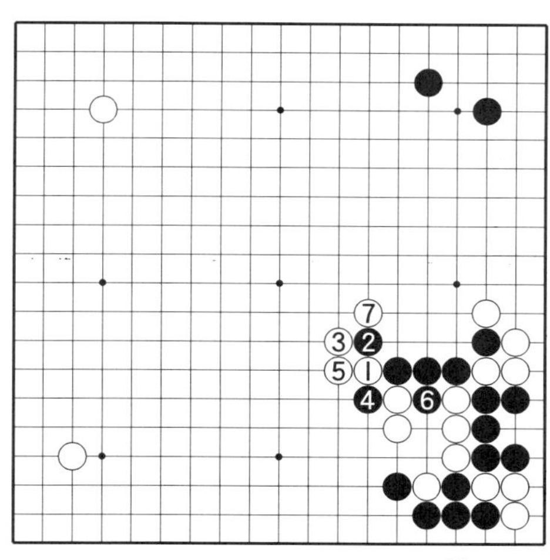

참고도 1

선택이었다. 이 수는 본래 1969년 후지사와 명예기성이 처음 시도했던 수이며, 1964년 우칭위엔 선생에 의해 '기도(棋道)' 지(誌)에 발표된 바 있는 수이기도 하다.

당시 이 변화의 결론은 **참고도** 1의 진행처럼 백이 중앙을 제압하고 흑은 귀를 얻는 정도의 갈림으로 보고 있었다. 단, 백이 돌을 버리기 전에 **참고도** 2의 백3에 치중하여 6집 가량의 끝내기를 먼저 하는 수단이 없는 것은 아니지만, 이 경우는 흑도 흑16까지 변화할 수 있는 등 공방의 과정에서 미묘한 홍정이 있기는 하다.

그러나 40대의 본인방은 20대의 기성에게 위축되지 않고 이 장면에서 오히려 신수를 구사한다.

신중하기로 소문난 그가 20대의 물오른 기성을 상대로 과감하게 신수를 구사하고 있다는 사실 하나만으로도 이 도전기의 신선함과 역동감을 느낄 수 있지 않은가.

40대의 본인방은 40대 이전에 이미 신사고(新思考)의 영역에 진입하고 있었

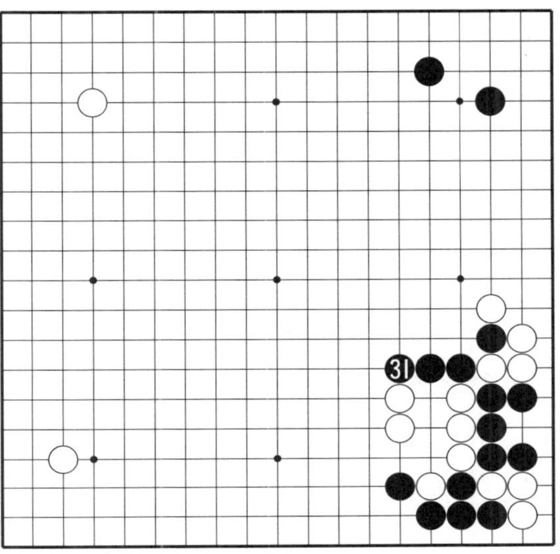

기보 5-1

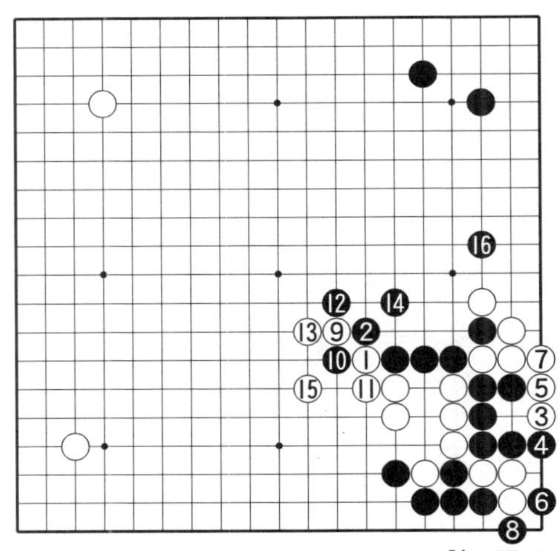

참고도 2

는지도 모른다.

기보 5-2의 백32와 같은 수는 평소의 연구가 없는 한 실전에서 순간적으로 선택하기는 거의 불가능하다.

이 수의 의미는 **참고도 3**에서 보는 바와 같이 흑1을 유도하여 백6까지 탄력있는 모양을 갖추려는 것이다.

물론 흑도 백에게 초반부터 이런 모양을 주는 것은

일방적으로 수세에 몰릴 수 있으므로 견딜 수 없다.

따라서 조 기성도 **기보 5-3**의 흑33으로 선공하여 주도권을 잡기 위해 부심했던 것인데, 여기서 백36의 치중이 신수의 취지를 살린 예리한 일격이었다.

이 수가 왜 통렬했는지는 **참고도 4**를 보면 알 수 있다.

참고도 4에서 백1부터 흑8까지의 수순은 쌍방 필연인데, 여기서 백은 A나 B 등을 선수로 둘 수 있는 선택의 여지가 생긴다. 백A는 하변에 흑돌이 놓여질 때 영향력을 행사할 수 있게 되고, 백B는 중앙의 흑에 대해 약간이나마 영향력을 가지고 있다. 귀의 흑집은 10집 정도로 제한되어 더 이상 커지는 것이 아니므로 이 갈림은 백이 충분

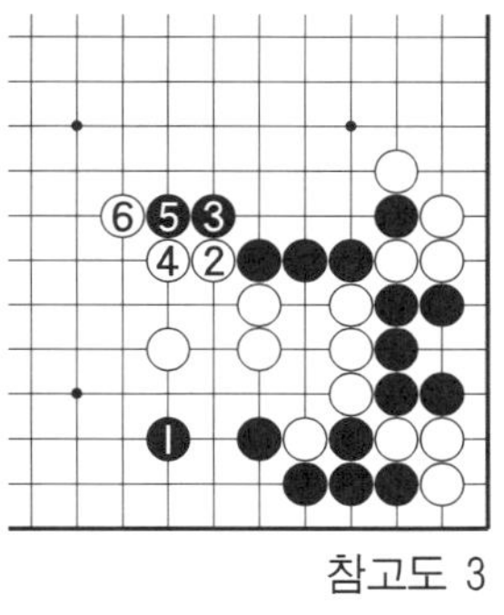

기보 5-2

참고도 3   참고도 4

히 둘 수 있다는 계산이 나
온다.

신중한 린하이펑 9단의
신수의 이면에는 이렇게 노
심초사한 분석의 흔적이 역
력히 보이고 있다.

참고로, 우칭위엔 선생이
1964년 '棋道'지에 발표했
던 내용은 **참고도 5**다.

그의 신수는 이 진행에서
백이 A를 지킨 모양이므로
하등 불만이 있을 리 없는
것이다.

여타 기사의 신수와 비교하여 그
의 신수는 합리적 분석이 뒷받침
되어 있는 것처럼 보인다. 다시 말
해 획기적인 발견이라기보다는 돌
의 능률같은 기능적 차원의 재고
(再考), 즉 창조적 발상보다는 재
조명이나 재구성적인 성격이 짙다.
이것은 자신이 정한 어떤 선을 경
계로 더 이상은 넘지 않으려는 절
제라고 볼 수 있다.

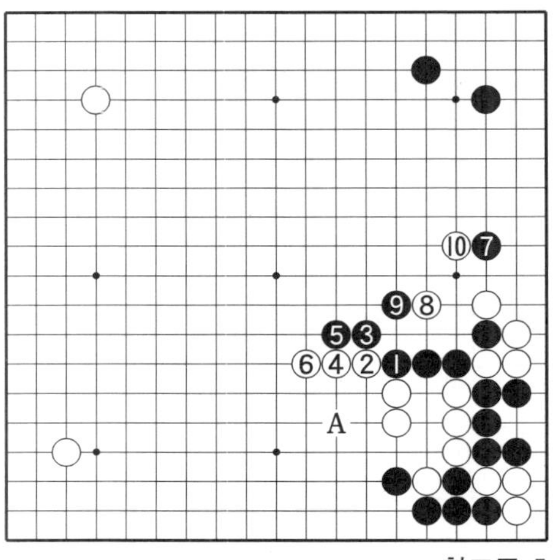

참고도 5

그러나 '자유는 누리되 절제한
다'는 이 같은 믿음이 자유로운 사고의 폭을 제한한다고는 결코 생각되지 않
는다.

오히려 안정감에 있어서는 이 편이 당연히 낫다.

이와 같은 성향을 느낄 수 있는 하나의 예를 보자. 기보 6은 제4기 명인전 도전자를 결정짓는 중요한 대국이었는데, 상대는 그 유명한 흉내바둑의 대가 후지사와 호사이(藤澤朋齋) 9단으로, 이 대국에서도 유감없이 흉내바둑의 진수를 보여주고 있다.

그러나 이 진행은 믿어지지 않는 이야기겠지만, 이 바둑이 두어지기 8년전, 1957년 그의 스승 우칭위엔 선생과 후지사와 9단이 두었던 마이니치신문 주최

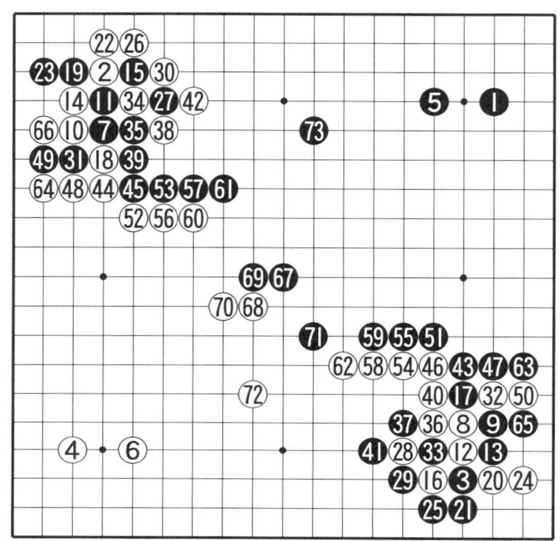

기보 6

2번기 제2국과 마치 복기한 것처럼 73수까지 단 한수도 틀리지 않는 진행이다.

그는 이 대국 3일전 스승 우칭위엔 선생을 방문했는데, 그 때 후지사와 9단의 흉내바둑에 대해 이야기하다가, 스승이 "이렇게 둔 바둑이 있었다."며 이 진행을 보여 주었다고 한다. 그 바둑은 우칭위엔 선생이 불계패했다.

그런데 그는 그 사실을 알면서도 73수까지 태연히 두고 있다. 태연했는지 안 했는지는 당시의 소비시간을 보면 알 수 있다. 이때까지의 소비시간은 그가 약 1시간, 후지사와 9단이 약 2시간으로 흉내를 내는 쪽이 고심하고 있었다는 증거다.

그렇다면 이상하지 않은가. 진 바둑을 다시 둔다는 것이. 또 이상한 것은 흉내를 유도한 쪽이 오히려 흑이라는 점이다.

기보 6에서 백2는 흉내를 두려는 취지가 아니다. 대각선이 아니기 때문이다. 흑은 최초에 흑3으로 얼마든지 흉내를 파기할 수 있었던 것이다.

그럼에도 73수까지 스승과 상대가 둔 바둑을 그대로 두어 흉내를 유도한 것은 나름대로 복안이 있었다는 얘기다.

참고보가 우칭위엔 선생과 후지사와 9단과의 대국이다.

이 바둑에서는 백이 백1 이하의 수순으로 흑진을 교

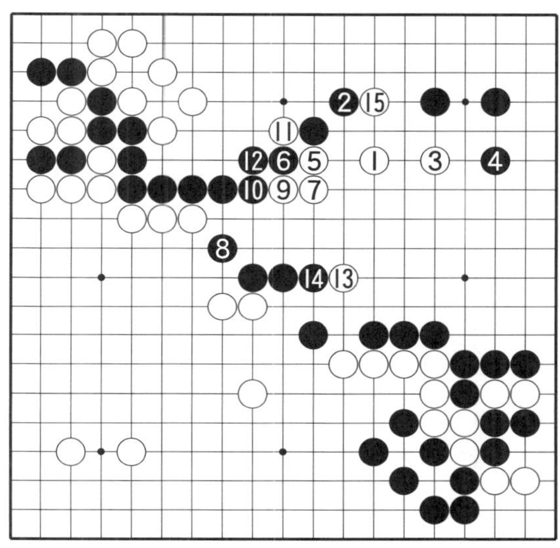

참고보

란했었다. 그렇다면 그는 어느 수순에서 흑이 이기는 포인트를 발견했던 것일까? 아니 어쩌면 이런 의문은 아무런 의미가 없을지도 모른다. 백이 언제 그만 둘 지도 모르는 흉내를 66수까지 기다렸다는 것과 67수째 흉내를 중지한 다음 상대가 스승과 두었던 바둑을 그대로 복제했다 해서 승리의 포인트를 찾았기 때문일 거라고 유추한다는 것은 억지다. 이 바둑 전체의 연구검토가 완벽히 끝났기 때문에 그랬을 것이라고 생각할 수는 더 더욱 없다.

대개의 경우 그런 추리는 불가사의를 만들게 된다. 그리고 그렇게 만들어진 불가사의는 신화나 전설 따위와 같은 형태로 둔갑하여 신비주의의 색채를 띠게 된다. 그러나 그것은 허구다.

그의 이러한 선택은, 납득할 수 있을 때까지 연구 분석하는 철저한 실험정신의 결과일 뿐이다. 그리고 그 실험정신의 배경에는 스승에 대한 확신과 그

에 따른 용기가 있었던 것
이다.

기보 6-1의 백1은 실전
의 백74에 해당한다. 그가
철저하게 연구하지는 않았
을 것이란 추리는 백1에 대
해 흑2로 받았다는 것만으
로도 충분히 설득력이 있
다.

이 흑 모양에 교란을 목
적으로 백이 첫 수로 둘 수
있는 곳은 많지 않다.

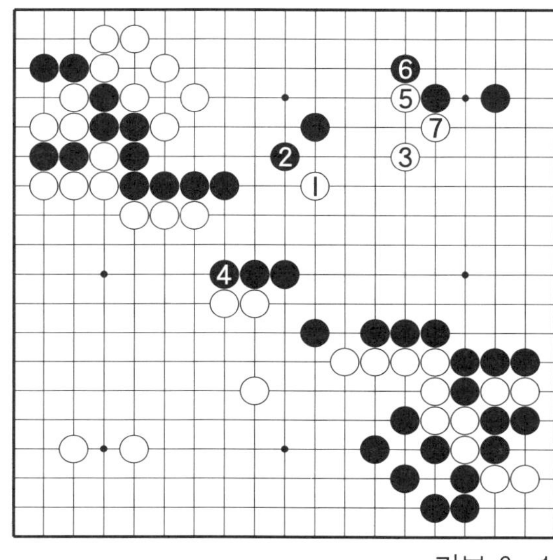

기보 6-1

백1은 그 중 하나에 불과
하다. 그런데 흑2는 어떤가. 중앙의 약점이 그대로 노출되어 백3때 흑4의 보
강이 불가피하다. 막말로 한 수가 놀고 있는 셈이다.
흉내가 그치자마자 이런 문제가 생겼다는 것은 충분한 연구가 있지는 않았다
는 근거가 된다. 따라서 그가 흉내바둑을 기피하지 않았던 이유에 대해서는 다
음과 같은 단순한 추리가 더 설득력이 있다.

그것은 천원을 기점으로 흑이 한 줄 넓고 아직도 선수를 쥐고 있다는 것, 다
만 그것이 아니었을까. 사실 그것으로 덤은 충분히 제하고 남는다. 문제는 백
의 침입에 대한 공격이다. 그러나 이것은 두어봐야 아는 일이지 현시점에서 무
어라 말할 수 있는 것이 아니다.

무려 73수까지 흑이 선착의 효를 가진 게 확실하다면 이 바둑을 못 둘 이유
가 없게 된다. 당연히 둘 수 있는 것이 아닐까.

이 바둑은 흑2의 잘못으로 종반에 이르기까지 흑이 그 차이를 극복하지 못
했지만, 종국을 앞두고 우상귀의 접전에서 백이 흑을 잡는 것으로 착각하는 바
람에 오히려 백이 죽음으로써 역전되었다.

천재의 소성(蘇醒)

대부분의 아마추어들에게는 그가 천재형이라기보다는 노력형이라는 인식이 뿌리깊게 배어있다. 예를 들자면 '컴퓨터 명인'이라는 이시다 9단이나 한국의 조훈현 9단과 같은 경우를 천재형이라고 생각하는 것이다. 그러나 그러한 생각은 단순한 선입주견 때문이다.

일반적으로 인내심이나 노력이라는 언어가 천재라는 언어의 반대말처럼 들리는 것은 편협한 인식에 의한 것이다. 천재란 의례 진흙 속에서도 번쩍거리는 보석과 같은 존재로 생각하지만 이것은 고정관념에 의해 지배되는 빈 껍데기의 상식에 불과하다.

그의 기록을 보면, 10세였던 1952년 도일하여 13세가 되던 55년 입단하여 같은 해 2단으로 승단하고 있다. 또, 57년부터 60년까지 연속 승단하여 64년 제3기 명인전 리그에 참가할 당시에는 이미 7단에 올라 있었고 그 해 제3기 프로十傑戰을 제패했다. 그가 65년 제4기 덩인에 등극할 당시는 8단, 명인위를 3연패하던 67년에 9단이 되었다. 입단 후 12년 만에 이루어진 기록이다. 그때까지의 최고기록은 33년 입단하여 49년 승단 규정에 의해 일본기원 최초로 9단이 된 후지사와 호사이 9단의 16년이었다. 대륙의 천재 린하이펑은 이 기록을 4년이나 앞당기고 있다.(참고로 하시모토 쇼지 9단의 10년 기록이 있으나, 이 기록은 관서기원의 기록이다.)

그때까지 13세의 입단 자체도 빠른 것일 뿐더러 대개의 경우 9단 승단은 빨라도 20년 정도가 걸렸다. 그렇다면 이러한 결과를 단순히 노력형이었기 때문이라고 말할 수 있을까. 그는 한마디로 천재다. 그것도 바둑을 두기 위해 태어난 천재 중의 천재임에 틀림없다.

천재(national ability)가 비로소 천재(genius)가 되는 과정에는 필연적인 요소가 있다. 그것은 시련과 극복, 그리고 정진이다. 또 거기에는 반드시 '끝없는'이라는 단서가 전제되어야 한다.

가혹한 시련을 견뎌내며 끝없이 정진하는 천재야말로 진정한 천재라 할 수 있다. 그에게도 가혹한 시련이 있었다.

시련은 경험이다. 그러나 일반적인 경험을 말하는 것은 아니다.

경험에는 공통적 경험(common experience)과 독특한 경험(unique experience)이 있다. 공통적 경험은 특정 문화권에서 사회화하는 과정 중에 얻어지는 가치나 관습을 겪는 것이고, 독특한 경험은 각 개인의 타고난 인내심이나 감수성 따위의 생물학적 차이로 인해 겪거나, 또는 특별한 환경, 즉 가정 등에서 겪는 것이다.

그가 독특한 경험을 최초로 하게 된 것은 3살 때였다. 어머니가 타계한 것이다. 3살인데 뭘 알겠느냐고 생각할지는 모르지만 그것은 그렇지 않다. 죽음 자체를 느끼지는 못하지만, 다른 집에 다 있는 어머니가 자기에게 없다는 것을 느끼는 것이다. 그리고 이 환경은 시간이 흐르면서 죽음과 관련된 하나의 특별한 경험으로 축적된다.

또 어린 나이에 생활관습도 모르고 말도 통하지 않는 타국에서 살게 되었다면 이 자체도 분명 독특한 경험이 된다.

그는 1952년 10살의 나이로 도일했다. 그는 그렇게 어린 나이에 독특한 경험을 축적하기 시작했다. 소년 린하이펑은 교토에 살고있던 아버지의 친구 주윤의(朱潤義)씨의 소개로 교토에 있는 서영당(徐永堂) 가에 맡겨져 일본기원 원생이 된다. 말도 통하지 않는 이국의 환경은 10살의 나이에게는 견딜 수 없는 시련이다.

산에 올라 온종일 배회하며 고향 하늘을 쳐다보았다거나, 기원 근처에 있는 연못에서 금붕어를 잡아와 기원의 직원에게 팔아 돈을 마련했다는 등의 가슴 찡한 이야기들은 모두 어른들도 견디기 힘들다는 향수병에서 비롯된 증세였다고 할 수 있다.

그러나 소년 린하이펑은 곧 그것을 극복한다. 어쩌면 그것은 '정리된 환경'이 교육을 부양(扶養)한 차원일지도 모르지만, 1954년 소속을 일본기원 관서지부로 옮기고 후지다 6단의 보살핌을 받으면서 기력이 급속도로 향상되었던 것이다.

그러나 또 하나의 시련이 닥친다.

1955년 13세의 나이로 입단하여 같은 해, 2단으로 승단하기 직전의 일이다. 느닷없이 아버지 임국계(林國桂)씨가 사망했다는 비보가 날아왔다. 이때 승단을 목전에 둔 소년이 충격을 받을까 우려한 주위 관계자들의 함구로 인해, 본인이 이 사실을 알게 된 것은 승단이 결정되는 대국이 끝난 뒤였다고 한다. 부친의 타계소식을 바둑으로 인해 비정상적으로 알게 되었다면, 이 사실 역시 단순한 임종 이상의 충격이 아닐 수 없으며, 이러한 경험은 바둑을 두는 것에 대한 필연적 동기부여가 될 수 있다. 이러한 조기 경험이 축적되어 인격 형성의 쉬려(淬礪)로 작용했을 가능성은 매우 높은 것이다. 따라서 이러한 과정의 수많은 반복을 통하여, 돌출되기 쉬운 천재의 개성을 감추는 비결을 터득했거나 인내의 차원을 한 단계 높였을 것이라는 확신이 든다.

그의 대국 사진을 보면 거의 입을 일자(一字)로 굳게 다문 것을 알 수 있다. 이 장면은 대단히 상징적인 그의 이미지를 만들고 있다.

사카다 9단은 "임의 성격이 매우 강하다는 것은 인정한다. 그러나 그의 기예는 인정하지 않는다."고 말했고, 슈코 9단은 "바둑에는 계산도 할 수 없고 끝까지 수를 읽어내지 못하는 부분이 있다. 나는 그런데서 싸운다. 큰소리 같지만 치훈군과는 차원이 다른 곳에서 싸운다."고 말했다. 또 조치훈 9단은 "어린 나이에 너무 쉽게 정상에 오르면 나중에 빨리 꺾일 가능성이 있다. 이번에 선배로서 바둑의 깊이를 가르쳐 주고 싶다."고 말했다. 이러한 말들을 명인의 무지와 교만에서 비롯된 것이라 말할 수는 없다. 그러나 이 말들이 자신의 투쟁의식을 고취시키려는 승부사들 특유의 자기암시(自己暗示)라고 한다면, 입을 일자로 굳게 닫고 있는 그의 침묵은 활화산같은 투쟁의식을 침과 함께 삼키는 인내의 상징이라 말할 수 있을 것이다.

승부사들의 독백과도 같은 이러한 자기암시의 성공은 마치 심리학에서 말하는 자기실현(自己實現, self actualization)처럼 보인다.

자기실현은 '유기체의 성장에 따라서 자신의 유기체와 유전한계 이내에서 자신의 잠재력을 극대화하려는 시도로, 이것이 실현되면 현실감각이 효율적이고,

사고와 행동에 있어 자발성이 넘치며 자기중심적이기보다 문제 중심적이고, 좋은 대인관계를 갖는다.'고 쓰여있다.

그렇다면 분명 그 자기암시는 자기실현과는 판이하게 다른 것이다. 무엇보다 그 자기암시는 자기중심적이기 때문이며, 자기암시의 성공 역시 자기중심적이기 때문이다. 승부의 세계에서는 새로운 상대가 끝없이 도전해 올 것이 너무도 당연한 일이므로, 자기암시에 의해 일시적으로 목적하는 바가 실현되어도 문제는 여전히 남게 된다.

그렇다면 이 방법은 아편일지도 모른다. 아무리 생각해도 비합리적인 방법이 아닐 수 없다. 바둑을 두는 많은 사람들 중에는 이러한 차이를 인식하지 못하고, 자기암시가 자신에게 언제까지나 도움을 줄 것이라 확신한다. 그러나 그것은 착각이다.

자기실현이 이루어지는 일시적 순간을 경험함으로써, 그 성취감에 의해 통합적인 체험을 하게 되는 정상경험(頂上經驗, peak experience)이 궁극의 목적이라 해도, 또 그것이 설사 긍정적인 것이라 해도, 만약 감당하지 못할 자극에 노출되어 감각과잉(感覺過剰, sensory overload)의 상황에 처한다면 아예 불능(impotence)의 늪에 함몰할지도 모르는 위험도 필연적으로 수반하게 마련이다. 이러한 현상은 주위에서 수도 없이 볼 수 있는 흔하디 흔한 현상 중 하나가 아닐까.

자기암시에 의한 성취를 추구하는 경향이 많은 이유의 이면(裏面)에는 인간 자신의 초월적 정신세계에 대한 과신과 맹신이 뿌리깊게 자리잡고 있다. 또 표면에는 노력한 만큼 성과가 나타나지 않는 현상에 대한 불안이 깔려있다. 그러나 인간의 정신구조는 생각만큼 전지전능하지 못하며, 정신세계는 정진한 만큼의 영역만을 보장한다.

또 노력만큼의 결실이 없을 수도 있는 그것이 지극히 당연한 현상이라는 사실을 믿지 못한다. 모든 공부는 어떤 시점을 계기로 성과를 기대할 수 없으며 더 이상 발전하지도 않는다. 적어도 새로운 계기가 만들어지기 전까지는.

칼 마르크스(K.Marx, 1818~1883)가 말했던가. "노동력의 가치는 그 노동으로 인한 생산물의 가치보다 적어진다."고.

고정관념

쫓고 쫓기는 상황에서 본다면, 차츰 격차가 벌어져 더 이상의 추격이 불가
능하다고 느껴질 때 대개의 경우 현실에 대해 승복하게 된다. 그러나, 경쟁이
아닌 자연현상으로 본다면 멀어지는 것이나 가까워지는 것은 본질적으로 동일
한 현상이다. 인간이 아직 우주와 같이 넓고 먼 경원(敬遠)을 밝혀내지 못하고
있는 것처럼, 마찬가지로 그것을 구성하고 있는 물질의 좁고 가까운 경원 역
시 이해하지 못하고 있다.

우주공학이나 소재공학은 결국 바라보는 시각의 차이일 뿐 본질은 같은 것
이다. 우주를 알기 위해서는 우주를 향해 우주선을 쏘아 올려야 할 것이고, 그
러기 위해서는 그만한 성능의 우주선을 만들 수 있어야 한다. 결국 우주공학
을 실현시키려면 우주를 관찰할 도구를 만드는 소재공학의 발전이 선행되어야
하는 것이다.

1964년 제3기 명인전이 끝난 후, 절정의 기량을 구가하며 마치 인간으로서
는 처음으로 바둑자체를 정복한 듯 보였던 사카다 9단을 향해 천재기사 야마
베 도시로(山部俊郎) 9단은 '棋道'라는 잡지에, "사카다는 점점 멀어져 간다."
고 경탄했다. '멀어져 가는 사카다, 멀어져 가는 명인'의 모습을 바라보며, 많
은 사람들은 '명인은 그렇게 탄생하는 것이구나'하고 생각했을 것이다. 그러나
그러한 고정관념으로 인해 '점점 가까이 다가오는 명인'도 있다는 생각에는 아
무도 접근하지 못했다. 다가와 있는 명인과 멀어져 가는 명인은 다르지 않다.
명인인지 아닌지를 파악하는데는 시간이 필요할 뿐이다. 군림했던 명인은 검
증받았기 때문에 멀어져 가는 것으로, 새로운 명인은 검증의 시간이 필요하기
때문에 다가오는 것으로 느낄 뿐이다. 다가오는 명인이 없다면 멀어져 가는 명
인도 없는 것이다.

한없이 멀어져 갈 것만 같았던 사카다 9단과 같은 명인이 있다면, 그 이듬

해 점점 가까이 다가와 열도의 바둑을 삼켜버렸던 린하이펑 9단과 같은 명인도 있다는 것 또한 자연현상이다.

"실전과 같은 직접적 단련이 없이도 명인이 될 수 있는가?"라는 의문은 '40대의 원숙'이라는 고정관념 속에 철저히 은폐되어 '불가능'으로 규정되었던 것이 사실이다. "20대의 명인을 인정할 수 없다."는 지론도 그래서 만들어진 것이다. 오늘날에는 이창호 9단과 같은 인물의 출현으로 그러한 관념은 흐지부지되었지만, 그러한 자연현상에 대하여 '왜, 어째서' 그런지 접근해보고자 하는 움직임은 없다. 그만큼 바둑의 세계는 집단적 보수성이 강하다. 바둑인들은 그러한 보수성으로 인해 다른 분야의 발전에 대해 무감각하다.

그러나 현실은 그렇지 않다. 바둑에 분명 적용될 만한 것으로, '직접 단련를 받지 않고서도 다른 사람의 행위를 관찰함으로서도 행위가 습득될 수 있다.'는 대리적 학습(代理的 學習, vicarious learning)은 그 사실성이 이미 오래 전에 입증된 바 있는 교육적 또는 심리학적 통설이다.

'40대의 원숙'이나 "20대의 명인을 인정할 수 없다."는 지론은 부족한 정보에 의해 만들어진 단서가 주는 고정관념으로 해석하게 되는 이른바 내현성격(內顯性格, implicit personality)의 하나일 뿐 그야말로 그 무엇도 아무 것도 아니다.

바둑과 과학

바둑의 역사는 인류의 중국의 수학사와 같이 출발했다고 보는 것이 통설이다. 그렇다면 현대의 수학사처럼 바둑의 역사도 유구한가. 과연 그런가. 물론 세월만을 논하자면 그것은 맞다. 그러나 과연 내용도 그러한가. 그것은 결코 아니다.

이것은 어디까지나 개인적인 견해에 불과하지만, 바둑의 발전은 수학의 발전과 비교할 수 있는 수준이 못된다. 현대수학의 수준에 비한다면 바둑은 이제 걸음마 수준이랄까 미개한 정도에 불과하다.

이런 견해는 바둑을 사랑하는 사람들에게 대단한 충격일 것이고, 또 욕먹을 말이지만 이 견해는 굽히고 싶지 않다. 왜냐하면 모든 역사를 냉정하게 들여다보고 비교하여 객관적으로 판단해 보니 그렇기 때문이다.

바둑은 현상이 아니고 도구다. 역사적으로 보아도 결코 하늘에서 툭 떨어졌다거나 인류의 조상과 더불어 고락을 같이 했다는 기록은 없다. '요순창시설(堯舜創始說)'만을 보아도 인위적으로 만들어진 것임을 부인할 수 없다. '하도와 낙서(河圖와 洛書)'의 전설을 보면 바둑이 수리적 연산을 위해 만들어진 도구였을 것이라는 확신은 더 커진다. 도구로서의 기능이 없어진다면 그 이상의 발전도 따라서 없어지는 것은 당연한 이치다.

1992년 12월 '월간 바둑'에 이상훈(명랑소설작가)씨가 기고한 내용 중 일부를 간추려 소개하겠다.

"이번에 발견된 영기경(靈棋經 …1992년 11월 발견했다고 한다. 그런데 사진에서는 기(棋)자를 쓰는 것으로 보아 그 당시의 원본은 물론 아니고 원(元)시대 이후의 필사본(筆寫本)으로 추정된다. 영기경은 거슬러 기원전 2300년경 '河圖와 洛書' 때의 이야기로, 거북의 등에 새겨진 마방진을 바둑판에서 계산할 수 있게 배치한 그림이라고 할 수 있다)에 고대 중국인들이 바둑과 장기로써 역학을 풀 수 있는 방법을 상세하게 풀이했는데, 아쉬운 점은 바둑보다도 象棋(중국 장기)에 더 많은 비중을 두어 설명했다는 점이다.

바둑판과 바둑돌이 처음에는 계산만을 목적으로 만들어진 용구였을 것이다. 그 증거로 주판(珠板)의 역사를 찾아보면, 한결같이 '초기에는 판자 위에 여러 개의 줄을 긋고 그 줄 위에 바둑돌을 놓아 계산하였다.…'라고 서술되어 있다. (동아원색대백과사전 제25권 중 400쪽 참조)

계산용구로서의 기능을 주판에게 빼앗긴 바둑은 한동안 역술도구나 천문, 지리 등을 공부하는데 필요한 보조기구 역할을 하다가 어느 누군가에 의해(어쩌면 장군 등의 전략가에 의해) 게임으로 새롭게 창조되었는지도 모른다. 더욱이 바둑판과 바둑돌로써 너무나 쉽게 음양의 점괘가 노출되어지자 이래저래 역술 도구로서의 역할이 슬며시 사라져버린 것이 아닌가 하고 필자는 추정하고 있다.”

이 견해는 바둑을 역사적인 관점에서 보고 논리적인 사고로 분석하고 있다는 점에서 대단한 설득력을 가지고 있다.

몇 해전 IBM의 수퍼 컴퓨터 ‘딥 블루’가 체스황제 카스파로프를 이겼던 것을 기억하는 사람이 꽤 있을 것이다. 그때 바둑계 대부분의 관점에서는 바둑은 그렇게 되지 않을 거라고 장담했다. 바둑인의 관점에서 바둑은 수가 무궁무진하여 361 펙토리얼 플러스 알파가 되기 때문이라고 자신있게 말했다. 물론 이것은 상상할 수 없는 숫자임에는 틀림없다. 그러나 이 생각은 인식의 오류에서 비롯된 것으로 접근의 방식이 크게 잘못된 것이다.

바둑을 컴퓨터에 인공지능화하지 못한다면 이것은 인간의 바둑에 대한 정보부족 때문일 뿐 바둑의 수가 오묘해서 그런 것이 아니므로 장담할 일도 좋아할 일도 아니다. 바둑에 연산 이외의 그 무엇이 존재한다고 믿는 것은 속단이다. 바둑이 오묘하게 보이는 것은 인간의 연산능력이 그만큼 형편없다는 뜻이다. 그래서 연산능력이 뛰어난 컴퓨터가 만들어진 것이고 이 도구로 인해 수학은 더 놀라운 발전을 보이고 있다. 만델브로(B.Mandelbort, 1924~)의 프렉탈(fractal) 기하학이 바로 그것이 아닌가.

바둑에는 혼돈(混沌)과 같은 속성이 있다. 그러나 무질서하지는 않다. 혼돈이라고 표현되는 chaos는 무질서(disorder)와는 개념이 다르다. 질서와 대립되는 무질서는 중세의 천사와 악마처럼 인간의 이해관계에 따른 표현이지만 카오스는 철저히 독립된 개념이다.

20세기 카오스는 컴퓨터의 등장으로 주목받기에 이르렀다. 자연 속에 산재한 무질서를 컴퓨터가 분석할 수 있게 되면서부터 그렇게 된 것이다. 그렇다면 바둑 속의 카오스도 반드시 컴퓨터로 인해 해석이 가능해질 수 있다는 긍정적 사고가 필요하지 않을까.

바둑을 컴퓨터로 구현시키기 어려운 그 이유는 이런 사고로 접근해 보는 것이 타당하리라고 생각한다.

“바둑과 컴퓨터는 도구라는 점에서 같은 속성을 가지고 있다. 컴퓨터 쪽으로 볼 때 아직 실력은 형편없는 수준이지만, 여하튼 바둑을 둘 수 있는 컴퓨터 인공지능 프로그램이 이미 만들어져 있고 계속 향상되고 있다. 이것은 컴퓨터에 바둑 인공지능을 프로그래밍할 수 있다는 것을 의미한다. 그러나 바둑 쪽에서 볼 때 바둑에 컴퓨터를 넣는다는 것은 상상도 하지 못한다. 이것은 컴퓨터라는 도구가 바둑이라는 도구보다 더 발전되어 있다는 증거다.”

실제로도 바둑이 어려운 이유는 심오한 그 무엇 때문이라기보다는 배울 수 있는 체계가 갖추어져 있지 않기 때문이라고 보아야 한다. 바둑을 학문적으로 분석하지 못하고 있는 이 마당에 얼마나 잘 두는 프로그램을 기대한다는 말인가. 인간이 컴퓨터에 바둑을 입력하지 못하는 것은 바둑의 기술수준이 과학적이지 못하다는 것을 자인하는 것일 따름이다. 또 그것은 편견과 오류에 대한 책임전가이자 회피에 불과하다.

그러나 이러한 견해는 지금까지 바둑을 대해 왔던 고정관념을 다시 돌아보고자 하는 취지에서 하는 말임은 분명히 해두고 싶다. 적어도 아직까지는, 바둑을 바둑답게 둘 수 있는 것은 컴퓨터가 아니고 인간이라는 생각에 변함이 없으며, 실수가 있을 수 있는 명인의 바둑이나 그 바둑을 감상하는 인간 사고의 존귀함을 부정하려는 것 또한 더욱 아니다.

파스칼(Blaise Pascal, 1623~1662)이 명상록 ‘팡세’에서 말했던 다음과 같은 구절은 참으로 음미할 만하지 않은가.

“인간은 자연 속에서 가장 약한 한 대의 갈대에 불과하다. 그러나 인간은 생각하는 갈대이다. 인간을 죽이는데 우주 전체가 무장할 필요는 없다. 하나의 증기, 한 방울의 물만으로도 충분하다. 그러나 우주가 인간을 눌러 죽인다 하더라도, 그때 인간은 자신을 죽이는 우주보다도 고귀할 것이다. 왜냐하면 인간은 자기가 죽는다는 것을, 그리고 우주가 인간보다 훨씬 뛰어난 것을 알고 있기 때문이다. 우주는 아무 것도 모른다.”

승부에 강하다는 것

전술한 바 있지만, 사카다 9단은 그를 가리켜 "린하이펑은 성격이 매우 강하다."고 인정하고 있다. 그리고 '승부에 강한 바둑'이라는 주위의 공통된 평가는 그가 승부사로서의 자질이 매우 우수하다는 것을 말해주고 있다.

그렇다면 바둑에서 '승부에 강한 바둑'이란 과연 무엇을 말하는 것일까. 이 말만 가지고는 끈질기다는 것인지 집착이 강하다는 것인지 승부처에서 초능력을 발휘한다는 것인지 알 수 없다. 바둑이 강하면 강한 것이지 승부에 강한 바둑이 따로 있다는 것은 아무래도 이해하기 힘들다.

승부에 집착하는 것을 바둑에서는 거의 금기로 말하고 있다. 그러나 실제로는 집착한다. 그리고 그렇게 멋모르고 집착했던 때가 승률적으로 가장 강했었음은 여러 명인의 승부관에서도 나타나고 있다. 이것은 무언가 앞뒤가 맞지 않는다. 또 끈질긴 바둑을 승부에 강하다고 한다면 깨끗이 던지지 않고 끝까지 붙잡고 늘어지는 바둑이 강하다는 뜻인데 그것도 말이 이상하다. 사카다 9단의 전성기 때, 대패한 바둑을 끝까지 두어 계가하는 것이 승부에 강한 것이라 해도 그것을 이해하기는 어쩐지 꺼림칙하다.

이창호 9단의 출현 이후 '끝내기론'에 대한 재해석이 필요하게 된 현대에도 한때 이 말을 '끝까지 두는 것'으로 착각했던 적이 있었다.

그래서 한국의 어린 기사들에 대해 일본의 바둑언론에서 매너상의 문제를 제기하기도 했고 국내에서 자성의 소리가 높아지기도 했다. 그렇다면 분명 이것도 승부에 강한 것과는 거리가 멀다.

도대체 승부란 무엇이며 승부욕은 무엇일까. 우리는 여기서 주목할 점이 하나 있다. 그것은 우리가 그동안 승부욕에 대해 남성중심적 사고로 일관했다는 점이다. 남성중심적 사고란 어떤 것인가.

일반적으로 사회적 성취욕이 강하고 목표지향적인 성격을 남성적이라고 한다. 출세욕이 강하고 목표를 위해 수단방법을 가리지 않는 사람을 뒷전에서는 비난할지언정 그 또한 남성적이라 했다.

바둑에서도 여성이 남성의 바둑을 따라오지 못하는 이유를 이러한 목표지향적인 승부기질의 부족으로 인식하고 있었다. 그러나 이러한 모든 사고는 사회의 뿌리깊은 관습에 의해 철저히 강요된 기만이다.

생물학적인 의미에서 그리고 심리학적인 의미에서 순수하게 남성적인 인간은 존재하지 않는다. 또 순수하게 여성적인 인간도 존재하지 않는다. 인형과 같은 인간은 실제로는 존재하지 않는 것이다.

남성이든 여성이든 모두 양면성을 가지고 있다.

남성에게도 여성 호르몬이 분비되고 있고, 여성에게도 남성 호르몬이 분비되고 있다는 것쯤은 이제는 상식에 속한다. 또 나이가 중년에 들면서 남성이 여성화되고 여성이 남성화된다는 이론도 이미 생물학적으로 검증된 상식에 속하는 것이다. 그리고 호르몬에 붙인 남성이니 여성이니 하는 이름 따위도 구태여 남녀를 구별짓고자 하는 데서 비롯된 것이지 원래부터 그런 것은 아니다.

흔히 본능과 반대되는 이성이란 것의 실처도 알고 보면 본능을 제어하려는 또 다른 본능이다. 우리는 그것을 편의상 이성이라 부르는 것일 뿐 실제로는 본능 외에 그 무엇도 아니다. 인간이 사회화하는 과정에서 교육 등을 통해 획득되는 일종의 약속과 같은 것이 덧칠되어 달리 보이는 것일 뿐이다.

인간의 사회관습은 동서양을 막론하고 오랜 역사가 증명하듯 여성들에게 순수한 여성적인 역할을 강요해 왔음을 부정하지는 못한다.

그 결과 오늘날의 여성이 만들어진 것이다. 그러나 시대는 이미 사고의 혁명을 요구한지 오래다. 여성의 지위는 이제 남성과 동등해질 때가 되었다. 바둑 또한 마찬가지다.

이제 정리해보면, 바둑에 눈을 뜬다는 40대론이나 50대에 바둑이 늘었다는 후지사와 9단의 말은 40대 중년 이후 남성이 여성화된다는 이론과 동시에 생각한다면 바둑은 오히려 여성적이라고 해야 하지 않은가.

그렇다면 이제 승부욕은 남성의 전유물이라고 말할 수도 없고 승부에 강한 것과도 별개의 것임을 알 수 있다. 따라서 승부욕과 바둑이 강한 것과 동시에 일어나지 않는다면 승부에 강하다는 것은 바둑이 강하다는 말 이외에 달리 표현할 필요가 없다.

그러므로 사카다 9단을 꺾고 명인위에 등극할 당시 린하이펑 9단의 바둑은 승부에 강했던 것이 아니고 바둑 자체가 명인의 기량에 이미 들어있었던 것이다.

이중허리라고 불리우는 끈기나 돌다리를 두 번 두들겨 보고도 건너지 않는 조심성, 수읽기가 깊다거나 부동(imperturbability)의 정신 등등의 표현은 바둑이 강한 것을 표현하는 부분적 묘사이며 이것이 승부에 강하다는 뜻이 되지는 못한다.

백두대간(白頭大幹) 김인

김인(金寅)

　1943년 전남 강진 출생으로 1958년 입단한 후 1962년 도일하여 일약 3단을 인정받고 기타니 문하에서 수업하다가 1963년 귀국했다.

　1965년~1970년까지 제10기~제15기 국수전을 6연패했고 1966년~1972년까지 제1기~제7기 왕위전을 7연패하는 등 60년대 후반부터 70년대 전반에 걸쳐 김인 천하를 구가했다.

　두텁고 중후한 기풍은 그의 트레이드 마크이며 무심청정한 성품은 수많은 바둑인으로 하여금 '영원한 국수'로 존경받게 하고 있다.

영원한 국수(國手)

우칭위엔(吳淸源) 선생과의 십번기 승부로 유명한 후지사와 호사이(藤澤朋齋) 9단이 한 말이 있다. "주관을 지닌 바둑은 지더라도 가치가 있다. 아마추어에게 있어 가장 중요한 것은 자신의 바둑을 두는 것이다. 자기 나름대로의 작전구상이 중요하다. 남에게 빌어 입은 옷은 남의 옷일 따름이다. 자기 몸에 맞는 옷을 입어야 한다."

오늘도 열심히 바둑을 즐기는 아마추어 여러분에게 꼭 한번쯤 새겨보라고 권하고 싶은 경구다. 그러나 이 말은 아마추어뿐 아니라 전문기사에게도 절대적으로 해당되는 말이 아닐까 생각된다.

시대를 풍미한 대기사들에게, '○○류'라고 부르는 이른바 '기풍'이라는 말도 따지고 보면 결국 자신만의 독창적인 바둑관으로부터 만들어진다는 것을 알 수 있기 때문이다.

이 경구 중에서 첫 부분 "주관을 지닌 바둑은 지더라도 가치가 있다."라는 말이 실감나는 대기사가 있다. "지는 한이 있더라도 치졸스럽고 품격없는 바둑을 둘 수는 없다."라고 당당히 자신의 바둑관을 내세웠던 한국 바둑의 거인. 그는 과연 누구인가.

김인(金寅). 우리는 이 이름에 대해 '영원한 국수(國手)'라는 존경의 칭호를 부여하는데 결코 주저하지 않는다. 그래서 모든 바둑인들은 그를 오늘도 김국수(金國手)라고 부른다. 그의 외자 이름 '인(寅)'에는 한자자전을 찾아보면 '삼가다, 크다'라는 뜻이 있는데 그의 인품과 바둑관에 참으로 부합하는 이름이라는 생각이 든다.

그리고 '인(寅)'은 열두 지지(地支) 중 세 번째가 되며, 해당되는 짐승은 '호랑이'이다. 지금은 자취를 감추었지만, 산중왕(山中王) 호랑이는 알다시피 우리 민족의 정서요 상징이다. 여기서 조금 더 상상을 비약하자면, 김인 국수의 바둑관을 생각할 때마다 산중왕이 종횡무진으로 누볐던 한민족의 중추 백두대간(白頭大幹)을 떠올리게 된다. 이 견해를 너무 지나친 비약이며 과장이라고 생각하는 분이 있다면, 아직 김인 국수의 족적과 현주소를 몰라서 하는 말이라고 확신한다.

1965년 린하이펑이라는 23세의 청년기사에 의해 일본 바둑계가 세대교체라는 혁명의 바람이 불고 있을 무렵, 한국 바둑계에도 그와 비슷한 움직임이 태동하고 있었다. 그리고, 그 움직임은 마침내 이듬해 혁명의 태풍으로 바뀌어 부동의 철벽처럼 보였던 조남철 왕국의 일각(一角)을 관통하고 말았다. 그러나 1966년 2월 11일자 동아일보 사회면을 장식한 이 사건은 어쩌면 예견된 바둑계의 수순이었는지도 모른다. 당시의 일본 바둑계가 그랬던 것처럼, 한국 바둑계도 그와 똑같은 수순을 밟고 있었던 것이다.

기보 1을 보기 바란다. 이 바둑이 조남철 선생의 국수위 9년 아성을 무너뜨린 역사적 대국이다.

그러나 단순히 역사적 바둑이라는 이유 하나만으로 이 바둑을 보이려는 것은 아니다.

이 바둑에 김인 국수의 바둑관이 잘 나타나 있기 때문이다.

흑1·3의 소목 포진은 당시의 유행이었지만 백2·4의 2연성은 희귀한 것이었다. 특히 흑5의 굳힘이 일반적 조류였음에도 백6의 두칸 높은 걸침은 자기 자신만의 바둑을 관철하려는 자세가 역력하게 보인다.

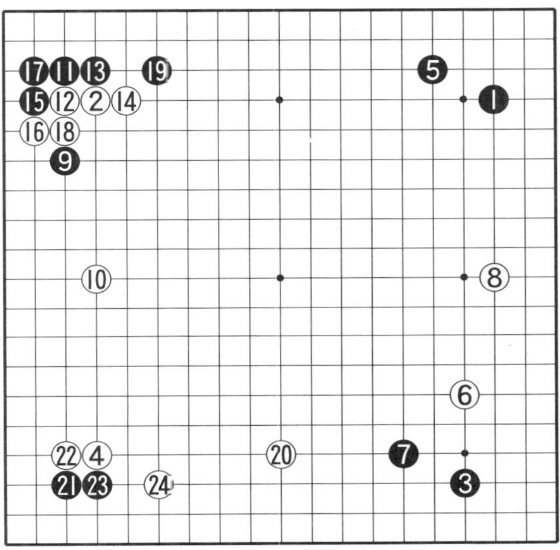

또 백10과 더불어 백20의 4연성은 어떠한가. 귀의 집차지를 우선적으로 여겼던 당시의 바둑 조류에 철저히 거역하는 발상이다.

그리고 여기서 이 바둑의 하이라이트라고 할 수 있는 수가 등장하는데, 그것이 바로 3·三침입에 대해 백24로 한칸 늦춘 대응이다.

현대에 와서 너무도 자연스럽고 당연한 듯한 이 수는 지금으로부터 33년 전 바로 김인 국수에 의해 만들어진 것이다.

그렇다면 현대에 유행하고 있는 화점 포진의 원리적 고찰도 그때 이미 김인 국수에 의해 기틀이 만들어져 있었을 것이라고 추측하는 것이 과연 무리한 발상이며 지나친 비약일까.

진행도 1을 보면 더욱 확연해진다.

흑33까지의 진행이 현대의 감각과 정확하게 일치하고 있으며, 여기서 백34

로 전환하여 흑의 귀를 공략하려는 것은 결코 집에도 등한시하지 않고 있다는 증거가 된다.

흑이 세 귀를 차지한 가치가 좌변에서 중앙으로 향한 백의 진영의 가치보다 크다고 볼 수 없는 것은 집에 민감한 현대 바둑의 안목으로 볼 때에도 명백하다. 오히려 백이 선수를 잡아 백34로 전환한 시점에서는, 백이 폭넓고 활발한 국면이라 할 수 있다. 이렇듯 중후하고 대국적인 착상의 바둑관은 당시의 바둑계로서는 납득하고 공감하기 어려웠을 것이다.

진행도 2를 보면 다시 한 번 김인 국수의 진면목을 느낄 수 있다. 흑47의 접근을 허용하고 백48로 뻗은 수가 그것이다.

일반적으로 흑47의 접근을 허용하는 착상은 웬만한 확신이 있지 않고서는 결행하기 쉽지 않다.

그럼에도 과감히 허용했다는 것은 자신의 바둑을 두기 위한 철저한 실험정

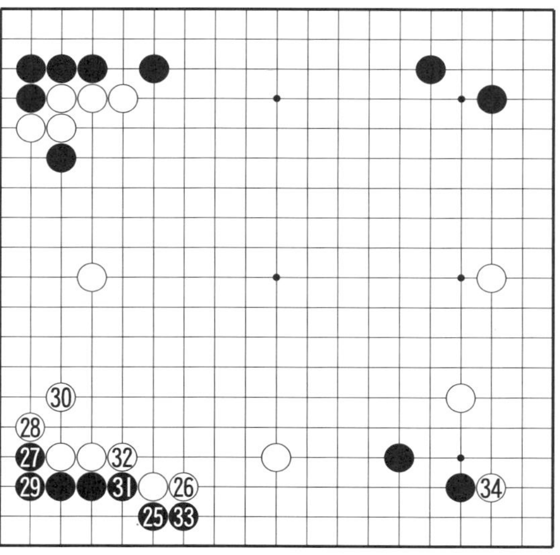

진행도 1

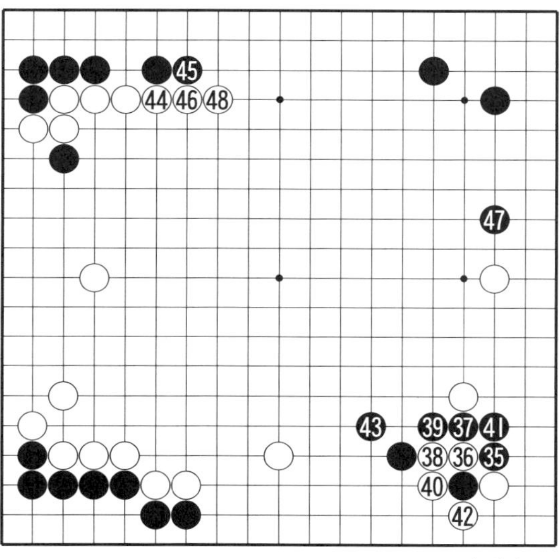

진행도 2

신의 표출이라고 볼 수 있으며, 또한 두터움의 본질에 대한 이해와 확신으로 가득 찬 자신감의 반영이라고 볼 수도 있다. 이 바둑은 이후 진행에 다소의 굴곡은 있었으나, 백이 반면으로 2집을 남겨 6집 반승(당시는 덤이 4집 반이었다.)으로 종국되었다.

이 대국을 기점으로, 약관 23세의 청년기사 김인(당시 5단이었다.)이 제10기 국수위에 등극하면서, 바둑계는 조남철 시대가 새로운 체제의 도전에 어떻게 대응하는가에 모든 촉각을 기울였으나, 시대의 도도한 흐름은 결국 5년 뒤, 1971년 등장한 19세의 어린 도전자 서봉수에 의해 제4기 명인위를 탈취당하면서 마침내 왕국붕괴의 종말로 치닫고 만다.(그러나 조남철 선생은 그로부터 2년 후 1973년 제1기 最强者戰을 우승하는 저력을 보였다.)

그러나 이러한 역사적 흐름의 이면에는 이미 오래 전부터 혁명의 조짐이 싹트고 있었으며, 또 그것은 간과할 수 없는 사실이었다.

기록에 의하면, 김인 국수의 당시 전적은 1961년 20승 2패(90.9%), 1965년 27승 3패(90.0%)로 되어 있다. 승률 90%라는 것은 사실 경이적인 것이다. 이 기록으로 미루어 볼 때, 김인 국수는 이미 차세대의 선두주자로 인식되고 있었음에 틀림없으며, 실제로 1961년 제6기 국수전 도전자가 되었고, 제3기 최고위전에서는 막강 조남철 선생을 막판으로 몰아넣기까지 했던 때가 있었다.

노스탤지어

김인 국수는 일본유학 2호라고 한다.(물론 1호는 당연히 조남철 선생이다) 승승장구의 김인 국수는 1962년 4월 일본의 선진바둑을 배우러 도일 유학(渡日留學)의 길에 오른다.

그리고 일본 바둑의 명문 기타니 도장에 입문하여 한국 기사로는 최초로 일약 일본기원 3단을 인허받으며, 화려하게 일본 바둑계에 데뷔한다. 그때까지 입단을 거치지 않고 곧바로 3단을 인정받은 사람은 우칭위엔 선생 외에는 없었다. 그러나, 인허하는 시험기를 후지사와 호사이(藤澤朋齋) 9단에게 3점으로

했다는 것은 지금에 다시 생각해 봐도 어이없는 일인 것 같다. 김인 국수의 기량이 국내에서 그토록 출중했음에도, 그 정도의 대접을 받지 못했던 것을 보면, 당시 한국의 바둑이 일본 바둑계에 그만큼 저열하게 인식되고 있었다는 것을 반증하는 셈이다. 당연한 노릇이기는 하지만 어쨌든 3점에 이겨 일약 3단을 인정받자, 이번에는 일본 바둑계의 신진맹호들이 심하게 반발했다. 아무리 그래도 3단은 너무 심한 것이 아니냐는 의견이었다. 사실은 그 반발도 일리가 있는 것이었다.

시험기를 3점으로 하는 것은 일본 바둑계의 오래된 전통이다. 1620년 경 조선에서 건너 간 이약사(李礿史)라는 사람이 초대 메이진이었던 산사(算砂)에게 3점으로 두어진 후, 항상 외국인에게는 3점으로 했다는 좌은담총의 기록이 있기 때문이다. 그러나 산사 시대의 칫수를 20세기에 적용시킨다는 것은 무리가 있다.

그러나 이 반발은 금새 사그러 들었다. 실력으로 보여준 것이다.

이 무렵, 일본의 바둑언론은 8할 전후의 승률을 올리며 쾌속진군하는 김인 국수를 극찬하며, '김·죽·림(金·竹·林)' 시대의 도래를 앞다투어 보도하고 있었다. 당시 일본의 신성(新星) 오다케 히데오(大竹英雄)와 대만출신의 기린아(麒麟兒) 린하이펑(林海峰)과 더불어 세대교체의 주역으로 당당히 인정받은 것이다.

이렇듯 혁명의 바람은 이미 태풍의 기세가 잠재되어 있었다.

그러나, 김인 국수는 유학생활 1년 7개월만인 1963년 11월 홀연히 귀국하고 만다. 대기(大器)로 인정받았던 바둑의 종주국에서 과연 무엇이 김인 국수로 하여금 귀국을 결심하게 만들었을까.

물론 이 시기는 연령적으로 군에 입대해야 하는 시기와 일치한다.

그러나 그것을 모르고 도일했을 리는 없다. 그리고 실제로도 김인 국수의 입영기록은 1965년 1월 12일 광주 31사단으로 되어있다.

따라서 입영문제로 인한 귀국의 동기는 설득력이 없어진다.

그렇다면 수많은 승부사들의 전장(戰場)에서 생존할 수 없을 것이라는 자신감의 결여가 김인 국수로 하여금 포기를 선택하게 했을까. 아마 그것도 아닐 것이다. 아니 그런 것은 결코 아니리라 확신한다. 당시의 승률이 충분히 그것을 증명하고 있지 않았는가. 모르긴 해도 정신적 해이(解弛)나 슬럼프와 같은 현상은 없었다고 보아도 좋을 것 같다.

다만 여기서 추측할 수 있는 부분은, 정신적으로 문화적 이질감이 만들 수 있는 노스탤지아(鄕愁病, nostalgia)나 장소에 구애받지 않을 수 있는 정진(精進)의 자신감이 아니었을까 하는 것이다.

그리고 이 두 가지의 추측은 어느 정도 현실적인 추리가 된다. 왜냐하면, 김인 국수의 주변에서 만들어진 인격에 관계된 수많은 전언(傳言)에 의하면, 김인 국수는 분명 투지과잉에 따른 승부관(勝負觀)과는 거리가 먼 인물이다. 그렇다고 마주친 승부를 결코 기피하지도 않는 인물이다. 따라서 "여기서 더 배울 것은 없다."라는 명제가 성립할 수 있게 되며, 귀국동기의 단서로 추측이 가능한 것이 된다.

그러나 이 명제는 결코 교만한 것이 아님을 확신한다. "여기서 더 배울 것은 없다."라는 말은 "내가 전혀 모르는 새로운 것은 없었다."라는 뜻이며, 그러므로 "내 나라에서도 정진은 얼마든지 할 수 있다."로 연결되는 것이니까.

또 하나, 노스탤지아의 고통도 현실적인 추측이라 할 수 있다. 문화적 이질감이 만드는 노스탤지아의 고통은 감성이 풍부한 사람에게는 더욱 더 가혹한 법이다. 그리고 김인 국수의 내재된 감성은 그만큼 풍부하다.

김인 국수의 어린 시절 기록에 의하면, 1956년 고향 전남 강진에서 13세의 어린 나이로 단신 상경한 것으로 되어있는데, 이 부분에 대해서는 서지학자 안영이(安玲二 : 前 玄玄閣 代表) 선생과 동행 상경하였다는 말을 들은 적이 있다. 상경 후, 당시 속기의 달인으로 불리웠던 김봉선(金鳳善, 당시 5단) 사범과 이학진 옹(李鶴鎭 翁)에게 배운지 2년만에, 1958년 15세의 나이로 강철민(姜哲民, 현 8단) 사범과 함께 한국기원 8기로 입단하게 되는데, 척박(瘠薄)한 한국 바둑계에서 15세 입단이라는 것은 사상 초유의 사건이었다. (그러나 이 기록은 그로부터 4년 후, 1962년 조훈현의 9세 입단이라는 전대미문의 기록에 의해 깨진다.)

1958년의 전후의 국내 사정은 정치적으로나 경제적으로나 극심한 혼란기였으며, 전문 바둑계 자체도 힘겨운 현실이었음을 부정할 수 없다. 더욱이 나이 어린 기사가 이러한 조건에서 고향을 떠나 생활하며, 바둑에 정진해 어느 한 분야를 성취했다는 것은 놀라운 일이 아닐 수 없다.

15세의 나이에 고향을 떠나 외로움과 투쟁하며 자신의 공부에 정진한다는 것은 견디기 어려운 시련이다. 그러나 모든 성취자가 그랬듯이, 동서고금의 진리는, 역경 속에서 정진했던 것이 참다운 정진이었으며, 여기서 인격의 성취도 이루어졌다는 것이다.

인격적 소성(蘇醒)이 바둑에 영향을 끼쳤다면 바로 그것도 바둑관의 한 속성임에 틀림없다. 이 정진으로 어린 대기(大器)가 한국 바둑계의 시금석(試金石)으로 탄생하는 첫 시련은 이로부터 불과 3년만에 시작된다.

1962년 도일에 앞서 제3회 최고위선발전의 도전자가 되어 조남철 선생을 막판으로 몰아 전국의 바둑팬을 열광시킨 김인 국수는 비록 3대 2로 역전분패했지만, 현실적 가능성을 보여주기에 충분했다.

그리고 1963년 11월 귀국하여 권토중래, 다시 제5회 최고위전에서 도전자가 된다. 그러나 또 3대 2로 분패하여 조남철 선생의 최고위 5기 연패라는 대위업을 달성시켜 주고 만다. 그렇지만 어쨌든, 바둑계의 시대적 상황은, 조남철 왕국의 절대적 권위가 타격을 받음으로써, 새시대의 태풍이 불기 시작하고 있음을 예고하고 있었다.

왕국 탄생

그리고 축적된 그 힘은 결국 1966년 국수위를 탈취하는 것으로 시작되어, 같은 해 시작된 중앙일보사 주최 왕위전에서 전승의 기록으로 우승함으로써, 새 왕국의 화려한 탄생을 알린다.

기보 2는 당시 왕위 탄생을 결정한 대국이다. 역사적 대국이라는 이유도 있지만 이 바둑에서도 김인 국수만의 중후한 바둑관을 음미할 수 있는 대목이 있어 소개한다.

일단 백20에 대해서 생각해 보자. 이 정석은 아마추어용 정석이다. 대개의 프로들은 이런 진행을 좋아하지 않는다.

아마도 현대라면 흑19에 대해 한칸 정도로 받고 선수를 잡아 우변을 선점했을 것이다.

그럼에도 이 진행을 택한 이유는 두터움으로 일관된 대모양작전을 관철하려는

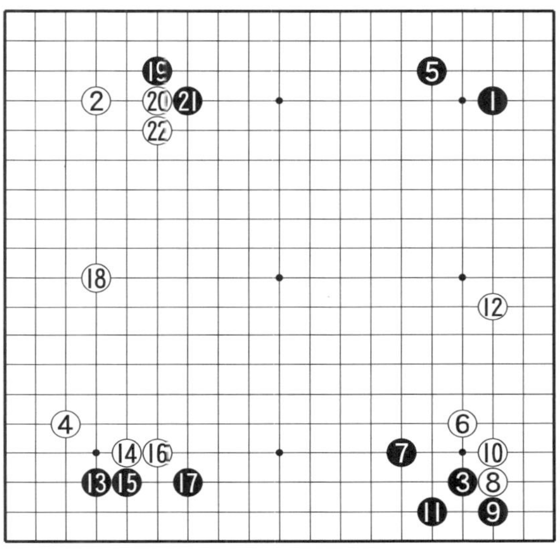

기보 2

의지로 볼 수밖에 없다. 그 자신감이 너무도 약여(躍如)하게 느껴진다. 그만큼 자유로운 것이다. 적어도 사고의 자유로움이 엄청난 자신감으로 표출되어 있는 것임을 알 수 있다. "명인에게는 정석이 없다."는 말은 바로 이런 장면을 대하면서 느낄 수 있는 것이다.

그리고 이 정석선택의 배경에, 현대형의 선택으로도 훌륭한 진행이 되었으리라는 소감을 당시의 자전기(自傳棋)에서 밝히고 있다는 점도 간과할 수 없는 부분이다. 이미 현대적 감각과도 부합(附合)하는 초반전술의 표리적 고찰(表裏的 考察)이 이루어져 있었다는 증거이기 때문이다.

또 하나 **진행도** 1을 보자. 여기서 그 젊음의 힘과 자신감이 만든 과수도 등장한다. 백28이 그것이다. 당시의 소감에는 백A쯤의 공격이 옳았을 것이라고 되어 있다. 아마 맞는 분석일 것이다.

그러나 이러한 투지의 과잉에는 좋은 점도 작용한다.

흑29는 흑A의 곳을 보강하기 전에 결행해야 하는 놓칠 수 없는 요처이다. 이때 김인 국수의 진면목을 느낄 수 있는 확신에 가득 찬 수법이 등장한다.

진행도 2를 감상해 보기 바란다. 백32의 이단젖힘은 과연 그다운 중후한 수법이 아닐 수 없다. 이 진행으로 백은 **진행도 1**의 과수 백28을 또 하나의 일관성으로 관철시키고 있다.

바둑에서 백28과 같은 과수가 새로운 수와의 어떤 연관성에 의해 그 가치가 부활할 수 있다는 것은 역동성(逆動性)이 있기 때문이다. 그리고 이러한 역동적 원리를 몸으로 깨닫기 위해 끝없이 정진하여 성취하는 사람만이 명인의 길에 들어설 수 있을 것이다.

진행도 3을 보자. 이 장면에서도 김인 국수의 막심한 후회가 있었다. 백48

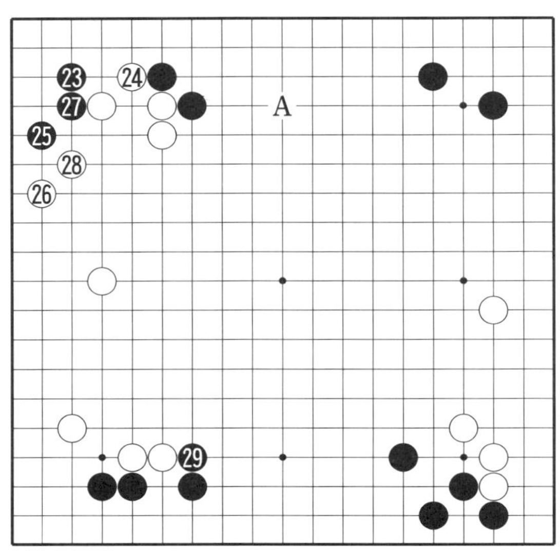

진행도 1

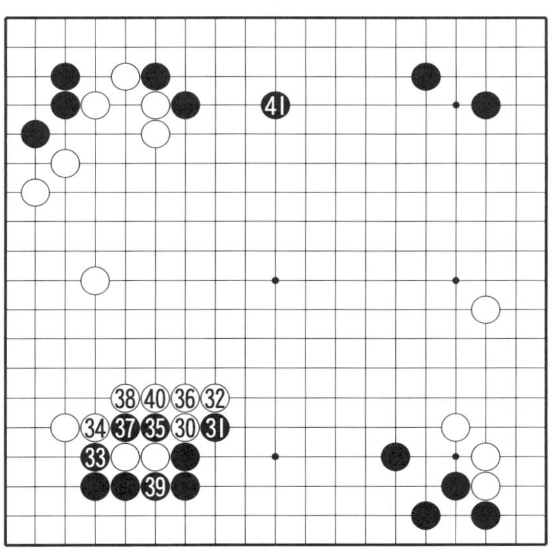

진행도 2

이 흑51의 명수를 보지 못
한 악수라고 자평하고 있는
데, 물론 흑51에 의해 백이
난처해진 것은 사실이다.

그러나 **진행도 4**에서 보
듯 새로운 일관성에 의해
악수의 개념이 희석되고 있
음은 무엇을 의미하는가.

이 진행에 의하면 흑에게
상당한 양의 집을 주기는
했지만, 백의 중앙작전에는
그다지 일관성이 결여되어
보이지 않는다.

이후의 진행은 백의 중앙
작전이 성공하여 우세를 유
지하던 중, 종반에 백의 악
수가 나와 혼미한 계가바둑
이 되었으나, 백의 두터움
이 흑의 추격을 뿌리치고
반집을 남겨 신승하게 된
다.

바둑의 역동적 원리는 참
으로 난해한 것이다. 그것
은 마치 살아있는 생물의
오감(五感)과도 같아 그 변

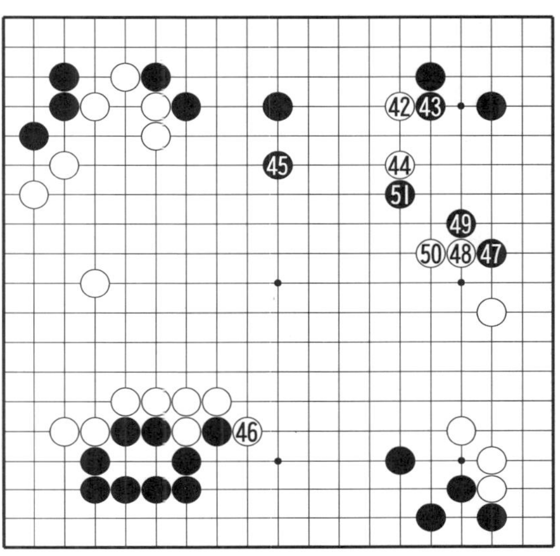

진행도 3

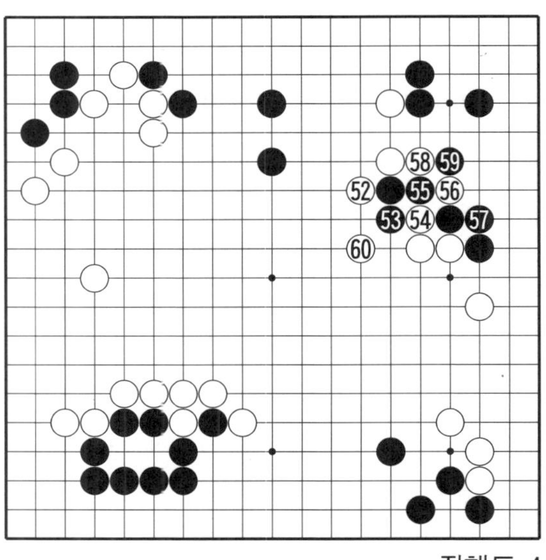

진행도 4

화의 진폭이 헤아릴 수 없이 광활하다. 그러나 정작 그것을 설명하고 담아낼
언어는 아직 인간의 힘으로 채 만들지 못했다. 커뮤니케이션의 부재. 바둑을,

바둑의 물성(物性)을 누구나 설명할 수 있지만, 누구도 설명하지 못한다는 것은 그래서이다. 여기서 악수, 묘수 등의 용어의 존재를 다시 생각해 볼 필요가 생긴다. 그리고 승부란 과연 운(運)인가 하는 의문에 대해서도 역시.

신중함과 단호함

일찍이 위기사철(圍棋四哲) 중의 하나인 겐안 인세키(幻庵因碩)는 바둑을 '운의 기예(運의 技藝)'라고 말한 바 있다. 이에 대해 김인 국수는 "바둑이 운의 기예라는 말에는 동의하지 않는다."고 피력한 바 있다. 이 견해에는 적어도 기사로서의 철학적 고찰이 있다고 보여진다. 공감이 가는 이유는 이렇다. 바둑은 유클리드 기하학으로 논증되지 않는다. 적어도 현대에는 그렇다. 바둑을 하나의 직선이나 평면상에서 고찰한다면 그렇게 어려울 까닭이 없다. 그러나 바둑판이 평면이라 해서 내용(content)까지 평면적인 것은 아니다. 우칭위엔 선생이 설파(說破)한 육합(六合)과 삼유(三維)의 사상이 3차원의 입체공간을 의미한다면, 현대의 이론은 어쩌면 진일보하여 시공간적 개념으로 확대 해석할 수도 있다. 그렇다면 우리는 여기서 직관이 아닌 분석(content analysis)은 아예 불가능하다는 결론에 도달함과 동시에 모든 사유의 시간이 멈추고 만다. 알 수 없는 곳에서 멈추어 버린 모든 사고의 무능이 과연 직관만으로 무사통찰(無事洞察)될 수 있을까.

우리는 그 동안 너무도 쉽게 이 난제를 직관(直觀)이라는 개연적 언어(蓋然的 言語)로, 포장하기에만 급급하지는 않았는지. 그 직관이 만든 우연(偶然)이라는 언어는, 인간의 자연적 현상에 대한 몰이해가 만든 글자그대로 인간적 언어일 뿐이다. 만약 바둑의 현상과 그 결과에 직관적 필연성(必然性)을 부여한다면, 어떠한 실수도 결코 우연으로 만들어진 것이 아님을 믿게 될 것이다. 어떠한 실수도 재현되지 않는다는 보장은 없으며, 실제로도 그 현상이 끊임없이 반복되고 반복되어 왔음을 우리는 너무도 잘 알고 있다.

누가 말했는지 정확히 기억하진 못하지만, 21세기는 그 동안 인류가 만들어

낸 언어를 분석하는 시대가 될 것이라는 예언적 메시지가 있었음을 상기할 필요가 있다.

진지함은 신중함을 수반한다. 바둑을 사유함에 진지함이 결핍된다면 신중함도 없게 되고 수많은 시행착오는 피할 수 없게 된다.

언젠가 우연히 전문기사간에 복기하는 광경을 구경하게 되었는데, 그 자리에 김인 국수가 턱을 괴고 물끄러미 반면을 응시하고 있는 것을 보았다. 검토하는 좌석에 몇몇 기사가 거들게 되어 장면마다 그야말로 의견분분 설왕설래가 계속되었다. 그러던 중, 어느 순간인가 그때까지 숨죽이며 조용히 반면만 응시하던 김인 국수의 입에서 나직한 한마디가 흘러 나왔다.

"아니, 그건 한수 부족이야." 그 목소리는 나직했지만 단호했다.

그 말 한마디에 그때까지 꽤나 소란스럽다는 생각이 들었던 좌중이 갑자기 조용해지고 말았다.

그리고 모두 소리없이 반면을 들여다보기 시작했다. 이윽고 누군가가 "아, 그렇군. 이리이리 해서…"라고 말하자, 모두 끄덕끄덕하는 것이었다. 그 광경을 보면서 김인 국수의 검토에 대해 아무도 즉석에서 반박하지 못하는 이유를 생각했다. 그리고 짧은 시간이지만 확실하게 납득할 수 있었다. 수읽기의 깊이도 깊이지만, 그보다는 자신의 견해에 대한 신중함과 단호함이 그것을 납득할 수 있게 만들었던 것인데, 여러분은 어떻게 생각하는가. 복기는 승부가 아니니까 아무렇게나 이리도 해보고 저리도 해볼 수 있는 것이라고 생각하는지. 만약 그렇다면 또 그렇게 해 왔다면, 그 사고는 지금부터 교정할 필요가 있다.

복기도 자신의 견해를 말하는 커뮤니케이션에 해당하는 것이다. 신중한 고려없이 내뱉은 자신의 견해를, 설득시키려는 단계로 발전시킨다는 것은 언어도단이다.

'복기하다가 한판 둔다'는 말이 있다. 이 같은 서로 "그렇게 둔다면 이렇게 두지." 하다가 잘못되면, "아, 그게 안되면 이렇게 두지." 하는 식의 계속된 논쟁이 결국 복기하다가 새로 한판 두는 것이나 마찬가지가 된다는 뜻이다. 복기에 신중하다는 것은 바둑에 신중하다는 뜻과 통하며, 그것은 결국 바둑관 속에 깊이 자리잡힌 오성(悟性)의 흔적이다.

알만한 사람은 다 아는 사실이겠지만 김인 국수의 자전기 등 기고한 모든 글은 거의가 존대어로 되어 있다. 여기서 '거의'라고 말하는 이유는 김인 국수의 글을 다 보지는 못했기 때문이다. 그래서 쓰는 말일뿐 어쩌면 전부일지도 모른다.

이러한 겸허(謙虛)는 천성이라 표현할 수밖에 없을 것 같다. 혹시 실수할지 모르는 부분에 대해 신중함이 고려되어 있는 것은 결단과 단호가 결여된 마인드와는 그 차이가 현격하게 나타난다.

김인국수의 수읽기

언젠가 사석에서 김인 국수의 개인적인 이야기를 들을 기회가 있었다. 내용은 이런 것이었다. 지금은 작고하고 없는 사람이지만 고(故) 이주용(李柱龍 : 1978년 4월 제45회 입단) 사범이 김인 국수가 교정교열(校訂校閱)한 현현기경(玄玄棋經 : 玄玄閣 刊)에서 오답이 기재된 문제 하나를 공식적으로 거론한 것이 화근이 되었던 모양이다. (김인 국수에 의하면, 교열자료는 주로 六堂 崔南善 선생의 '棋譜'에서 발췌했다고 한다. 참고로 '棋譜'는 원래부터 오류가 많았다.)

문제는 김인 국수에게 사전에 이 사실을 알리지 않고 공개했다는 것인데, 당시 김인 국수로서는 이 사실이 꽤나 당혹스러웠던가 싶다. 어느 날 이주용 사범을 만난 자리에서 김인 국수는 그 일에 대해 질책을 주었다고 한다. 이 일에 대해 사석에서 김인 국수에게 "그럴 일이 아니었는데…"하며 후회 섞인 회상을 들었던 기억이 있다. 아마도 당사자가 작고했기에 괘념(掛念)이 더 컸으리라.

이 일은 아마도 이주용 사범이 당대의 국수가 미처 발견하지 못한 오류(誤謬)를 발견했다는 흥분으로 앞 뒤 가리지 않고 행동했을 가능성이 높다. 그러나 이러한 오류는 명인의 세계에서도 사실상 비일비재한 것이다. 현현기경에는 이주용 사범이 발견한 파립세(破笠勢) 뿐 아니라 더 많은 양의 오류가 있으며, 관자보(官子譜), 심지어 발양론(發陽論)에도 오류는 있는 것이다. 묘수풀이의 대가라는 마에다 노부아키(前田陳爾) 9단의 기수묘수(奇手妙手)나, 슈코 9단의 수근사전(手筋辭典), 또 우칭위엔 선생과 세고에 선생이 공저(共著)한 수근사전에도 오류는 얼마든지 있다.

현대의 바둑잡지에도 심심찮게 등장하는 이러한 오류는 편집과정에서도 언제든지 발생할 수 있는 것이다. 그렇다면 여러분은 이럴 경우 '오류'라는 이름으로 무조건 매도하고 싶은지 묻고 싶다.

"틀린 건 틀린 거지 뭔가."라고 단순하게 생각한다면, 여러분은 인간이기 때문에 실수할 수밖에 없는 엄연한 진리를 외면하는 것이 된다. 오류를 발견했다는 것은 자신도 결국 오류의 계곡에 함몰되어 있다는 것을 의미하며, 언제든지 자신도 오류를 범할 수 있다는 것을 의미한다. 우리에게 필요한 것은 선대가 만든 과업을 무조건 오류로 몰아붙이는 우를 범하는 것보다, 그 가치에 대해 재조명하는 진지함이며, 바로 이것이 현명한 자세일 것이다. 하나 덧붙이자면 오류를 발견하는 자체보다, 그 오류가 발생할 수 있었던 원인을 분석하고 추리하는 것이 더 어렵고 학구적이라고 말하고 싶다.

어떤 사람 중에는, 김인 국수론을 들먹일 때, 마치 우리가 지나친 선입주견적 편견(先入主見的 偏見)에 의해 객관성을 상실하여 그다지 중요치 않은 한 개인을 너무 우상화시키는 것은 아닌가 하고 회의적인 태도를 보이는 사람도 꽤 있었다. 그러나 적어도 그러한 헤일로 효과(halo effect)와는 무관함을 알아주기 바란다.

노골적으로 흥미본위의 말초적 감각만을 자극하는 옐로우 저널리즘(yellow journalism)이나, 획일적 시각(視覺)으로 인한 개성의 실종이 만드는 팩 저널리즘(pack journalism)을 지양(止揚)하고 싶을 뿐이다.

이러한 편벽(偏僻)의 거부는 이 시대가 요구하는 필연적 정신이기 때문이기도 하다.

여러분은 만약 김인 국수에게 비판적 시각과 사고가 있다면 믿을 것인지. 그리고 그에게 진취적인 사고가 풍부하다면 믿을 것인지.

　김인 국수를 생각할 때마다 만사에 무욕초탈(無慾超脫)한 듯한 느낌을 지울 수 없는 것은 대부분 사람들의 공통된 느낌이라 한다.

　그리고 공식행사 때나 특별한 만남이 있는 외에는 가벼운 산행(山行)을 주로 한다는 김인 국수의 일상이, 어쩌면 그러한 느낌을 더 어필하게 만들었는지도 모를 일이다. 그러나 우리는 이 거인을 한 세대의 뒤안길로 사라져 가는 로맨티스트나 풍미(風靡)의 존재 정도로 기억해서는 곤란한 일이다.

　"소은(小隱)은 산중(山中)에 있고 대은(大隱)은 시정(市井)에 있다."는 말이 있다. 김인 국수는 분명 시정의 대은에 해당한다. 김인 국수에게는 전문 바둑계가 가진 불합리한 구조적 모순에도 비판적 시각이 분명 있으며, 그에 관한 대안(代案)도 확고부동하다. 또한 진취적이고 개혁적이다. 그러한 점을 느끼는 사람이 비단 우리뿐일까.

　경제적 혼란기에는 일반 바둑인의 무관심보다 지도자 계층의 무관심이 문제가 된다. 비판의 수용이 전제되지 않는다면 전문바둑계는 그저 좀비족(Zombie族)에 불과한 무주체성(無主體性), 무사안일주의(無事安逸主義)에 편승한 관료적 행태의 아류가 될 뿐이다.

　따라서 이 거인이 정치적 무관심(政治的 無關心, political apathy)을 보이게 만들 수 있는 현실은 반드시 혁파(革破)되어야 한다. 어떠한 체제든 시대가 바뀌어 실용성이 없어진다면, 그 체제는 차라리 없는 것보다 못하다. 실현성(實現性)은 실용성(實用性)을 외면해서는 존재할 이유가 없는 것이다. 독일의 수학자 클라인(F.Klein)이 고안한 클라인의 항아리(Klein's bottle)는 3차원 유클리드공간 내에서는 실현될 수 없는 것이지만, 이론적으로는 가능하다고 한다. 그러나 이 항아리가 쓸모없는 이유는 물을 담으면 흘러나가기 때문이다.

　우리에게는 과거(justification)가 있으며, 현재(sanctification)도 있다. 그러나 중요한 것은 미래(glorification)가 있다는 것도 알아야 한다는 것이다.

　부채나 염주를 마치 부적(符籍)처럼 가지고 다니며, 주물숭배(呪物崇拜)하듯 유행을 고수하는 페티시즘(fetishism) 따위는 중요한 것이 아니다. 지금까지 일궈낸 모든 무형의 자산이 후대에 더 큰 가치로 환원될 수 있도록 노력하는 것이 중요할 뿐이다.

이 시대의 바둑계는 분명 브레인 스토밍(brain storming)의 정신이 실종되어 있다. 적어도 아이디어에 관한 한 타인의 의견을 비판하지 말아야 하며 자유분방한 의견을 환영해야 한다. 그리고 되도록 많은 의견을 서로 내놓아야 한다. 만약 이러한 자세가 거부된다면 쇼비니즘(chauvinism)에 비견되는 비합리적 배외주의(排外主義)라고 밖에 할 수 없다.

비히모쓰(Behemoth)처럼 강한 전문집단의 획일적 강요는 언제나 불필요한 경쟁심을 조장하고, 자유로운 사고를 억압하여 수많은 견해의 연관성을 차단하며 발전성의 저해를 초래해 왔다. 모든 것이 그랬듯이, 모든 권세자(princi-palities)의 향유(享有)는 사유의 공백현상을 만들 수밖에 없다. 그리고 역사가 증명하듯 그것은 마치 블랙홀처럼 팽창의 끝에 대폭발이 존재할 뿐이다.

그러나 이 견해도 '여도의 죄'(餘桃의 罪 … 韓非子, 說難篇)가 될 수 있음을 부정하지는 않는다. 동일인의 동일한 행위라도 다른 관점에서는 극단적 상이(相異)로 판단되는 것이 어쩌면 지극히 당연한 현상일 수도 있기 때문이다.

여기서 잠시 전술(前述)한 바 있는 김인 국수의 교정오류(故 이주용 사범이 발견했다는 현현기경의 파립세)라는 것이 무엇인지 알아보고, 그 다음 김인 국수의 해저(海底)와 같은 수읽기의 진면목에 대해 알 수 있는 하나의 사례를 보이겠다. 이러한 상반된 자료를 동시에 검토하지 않는다면 일반 아마추어 바둑인은 한국 바둑계의 거인 김인 국수의 실체를 피상적으로 밖에는 음미할 수 없을 것 같아서이다.

우선 파립세(破笠勢)를 살펴보자. 이 문제는 어쩌면 재고할 가치도 없는 문제일 수도 있을 만큼 단순한 것이다.

참고도 1이 바로 문제의 파립세인데 결론을 말하면 원래 문제가 안되는 것은 아니다. 다만 풀이가 잘못되었다는 것뿐이다.

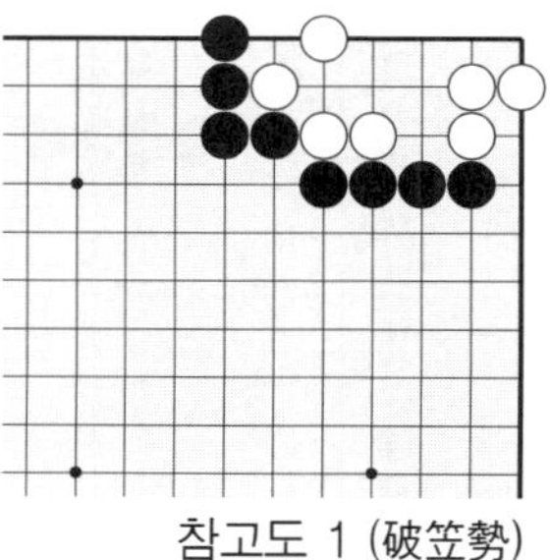

참고도 1 (破笠勢)

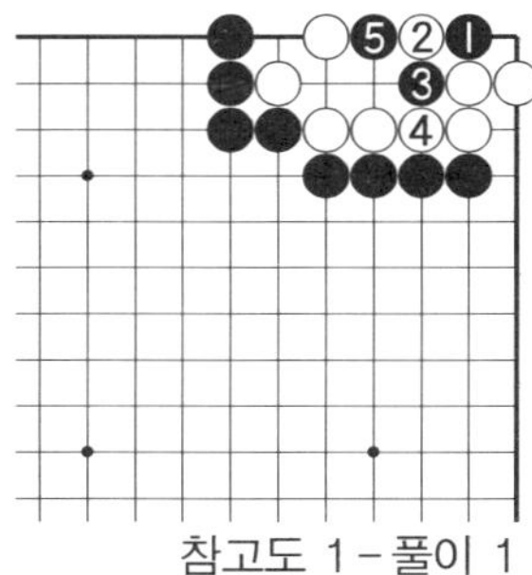

참고도 1 - 풀이 1

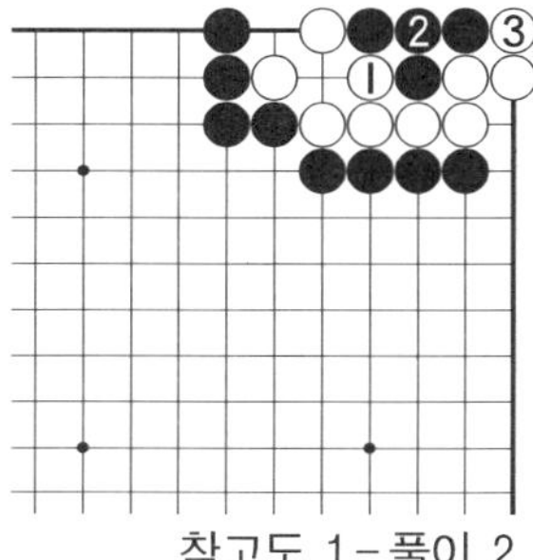

참고도 1 - 풀이 2

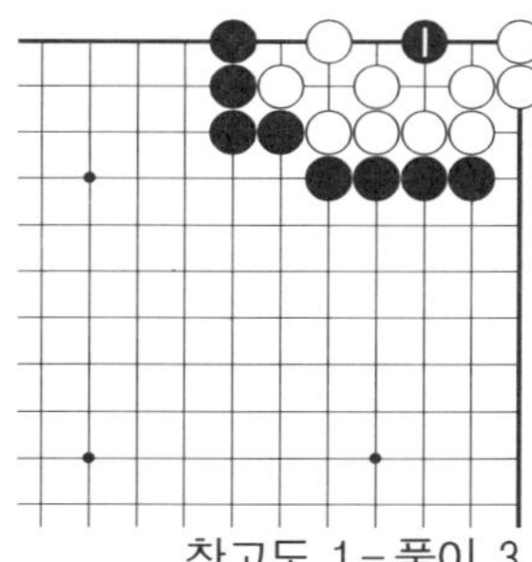

참고도 1 - 풀이 3

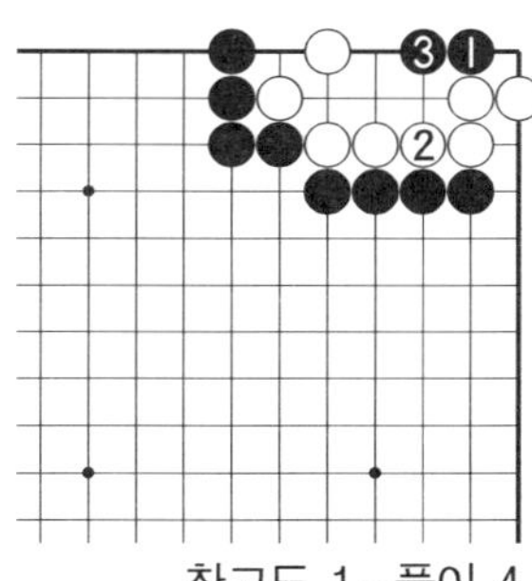

참고도 1 - 풀이 4

이 문제의 풀이과정은 육당 최남선(六堂 崔南善) 선생의 '기보(棋譜)'와 정확히 일치한다. 알다시피 육당 선생의 기력은 아마추어 하급자 수준이라는 기록이 있다. 그렇다면 이것은 과연 무엇을 의미하는 것일까. 그것은 이 문제가 결코 김인 국수 자신이 직접 풀이하는 과정에서 간과하여 발생한 오류는 아니라는 의미가 된다.

풀이 1의 진행이 '기보'에 실린 그대로의 진행이다. 그리고 이 진행은 묘수풀이를 반드시 묘수로 풀려는 발상 즉 억지로 짜 맞추고 있는 것이다.

풀이 2와 풀이 3이 계속된 진행인데, 이 형태는 이른바 후격(後擊)이라는 대표적인 형태로 묘수풀이의 전형적인 패턴의 하나이다.

후격은 흔히 '돌밑의 수'라 하여, 이와 같은 형태의 치중수(置中手)와 후절수(後切手)가 있다. 그리고 '기보'에는 틀린 풀이가 하나 더 있다. 풀이 4가 그것인데, '백2에는 흑3으로 죽는다.'고 되어 있는 것이다.

참으로 황당한 풀이가 아닐 수 없다. 이 형태는 풀이 5처럼 백4로 이으면 빅으로 살아 있는 것이다. 이 모양을 잡으려면 풀이 6처럼 먼저 먹여치는 수순이 있어야 맞는 것이다.

어떻게 이런 이상한 일이 일어날 수 있었을까.

이렇듯 어렵지도 않은 문제에 풀이과정이 두 번이나 잘못되었다는 것은 기력이 그다지 높지 않은 사람이 '기보'를 다루었다는 것을 의미하는 것이라 볼 수밖에 없다.

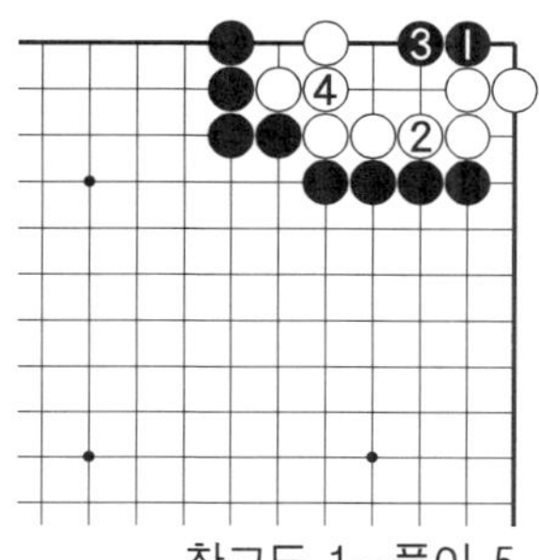

참고도 1 - 풀이 5

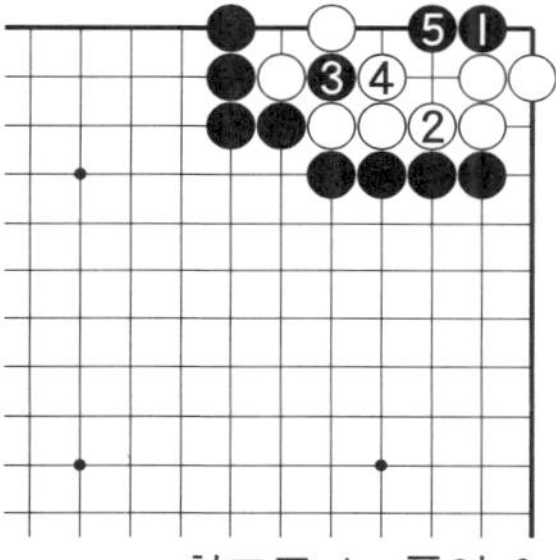

참고도 1 - 풀이 6

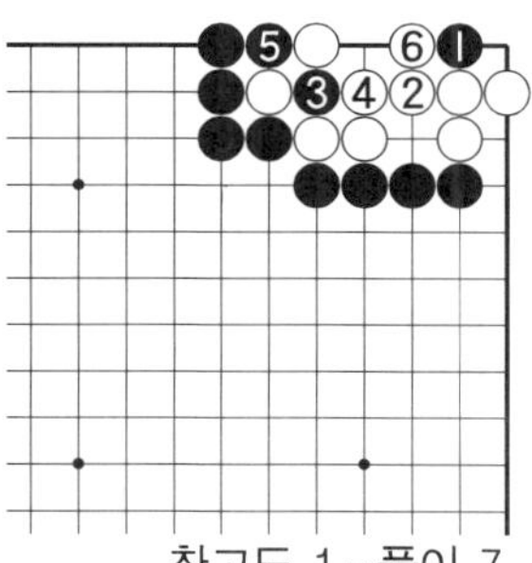

참고도 1 - 풀이 7

참고도 2

어떻게 보면 이 문제는 진롱(珍瓏 … 현현기경에서는 묘수풀이 편을 '진롱편'이라 적고 있다.)의 가치가 거의 없다. 그 이유는 정해가 너무도 알기 쉬운 패로 결말이 나기 때문이다. **풀이 7**이 그것인데, 후격과 같은 황홀한 오류에 비해 얼마나 단순하고 유치한가. 어쩌면 이렇듯 치기만만한 아마추어적 선입주견이 이런 사례를 만들었을 것이라는 생각이 들어 '기보'를 만들 당시 한국 바둑계의 낙후된 바둑관을 보는 것 같아 씁쓸하기조차 하다.

이런 유형처럼 묘수라는 언어가 갖는 주술적 사고는 언제나 오류를 일으키게 하는 주범이다. "묘수는 존재하지 않는다."라고 아무리 되뇌어도 그 사고는 좀처럼 소멸되지 않는다. 왜 그럴까.

어쩌면 우리가 접해있는 모든 환경조건이 기발하고 기상천외한 것을 우선적으로 요구하기 때문일지도 모른다.

그러나 바둑에서 묘수라는 언어의 마력은 마치 아편과도 같다. 너무 극단적인 사고가 아니냐는 힐책이 있다 하더라도 이 생각에는 변함이 없다. '묘수 중독증'에 걸린 사람은 사실 헤어나기 어렵다.

그리고 그것은 아마추어 바둑인의 영원한 화두일 것이다.

다시 이 문제를 생각해 보기로 하자. 이 문제는 사실 그 뿌리가 실전 기본형이다. **참고도 1**이 황홀한 후격의 풀이가 가능하려면 **참고도 2**에서 백△를 제거하면 된다. 이 돌이 문제가 되었던 것이다. 다소 미흡하긴 하지만 이렇게 된다면 어느 정도 충분

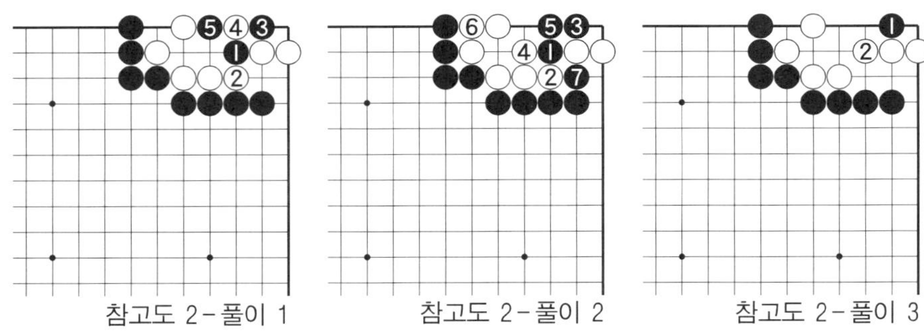

참고도 2 - 풀이 1 　　　　　 참고도 2 - 풀이 2 　　　　　 참고도 2 - 풀이 3

조건은 된다.

풀이 1의 수순이라면 후격이 되기 때문이다.

그리고 변화도다운 변화도도 하나 숨어있게 된다. 풀이 2의 수순이 되면 양자충의 죽음이 있는 것이다. 물론 이 문제도 풀이 3의 흑1은 백2로 역시 패가 된다.

이야기를 다시 원점으로 돌려, 그렇다면 여러분은 과연 당대의 국수가 이 정도의 문제를 잘못 인식했을 것이라는 생각이 드는지?

그런 사람이 있다면 그 생각을 불식시켜 주기 위해 하나의 문제를 준비한 것이 있다.

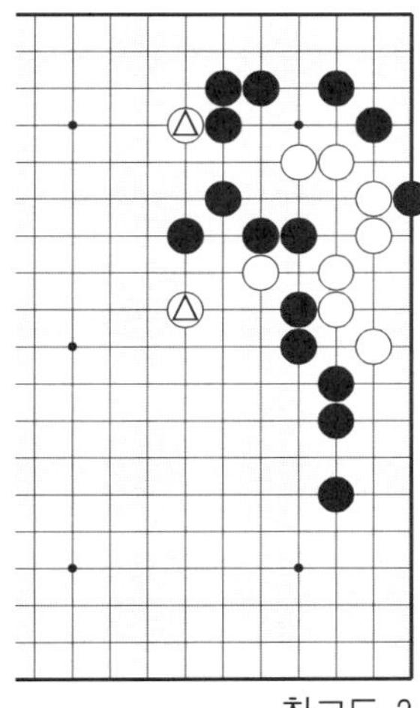

참고도 3

참고도 3을 보기 바란다. 이 문제의 출처는 발양론(發陽論)이다.

발양론의 저자는 구와바라 도세쓰(桑原道節, 1646~1719)로 기성 도사쿠(道策)보다 한 살 아래. 그는 뒷날의 메이진 인세키(名人因碩)이다.

문제는 백이 살아야 한다는 것인데 얼핏 보아도 백△를 이용하지 않고서는 안될 것 같다. 이제 발양론의 원래 풀이를 추적하면, 풀이 1의 절대적 수순을 밟은 후 백11의 맥점부터 시작된다. 여기서 흑은 귀와 중앙의 두 곳 중 어느 한곳을 수비해야 하는데, 우선 풀이 2에서처럼 귀를 수비하는 변화

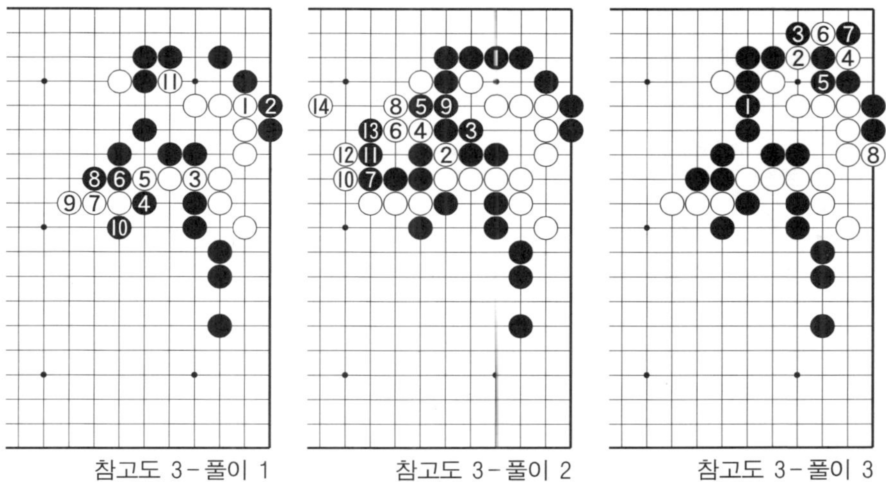

참고도 3 - 풀이 1 　　　　 참고도 3 - 풀이 2 　　　　 참고도 3 - 풀이 3

를 검토하면, 백14까지 장문으로 결말난다.

따라서 흑은 중앙을 방비하지 않을 수 없다. 풀이 3처럼 흑1로 보강하면 첫 번째 변화인 백4의 맥점이 기다리고 있어 이 역시 백의 삶이 보장된다. 여기까지가 우선 문제가 만들어졌던 당시 원래의 풀이였다고 한다. 사실 여기까지라면 그다지 어려운 것은 아니다.

발양론의 구조가 활의 부(活의 部), 사의 부(死의 部), 패의 부(覇의 部) 등으로 나뉘어 있고, 이 문제가 활의 부에 있었던 것으로 보면 여기까지의 변화가 끝이었을 것임에는 의심할 여지가 없는 사실이다.

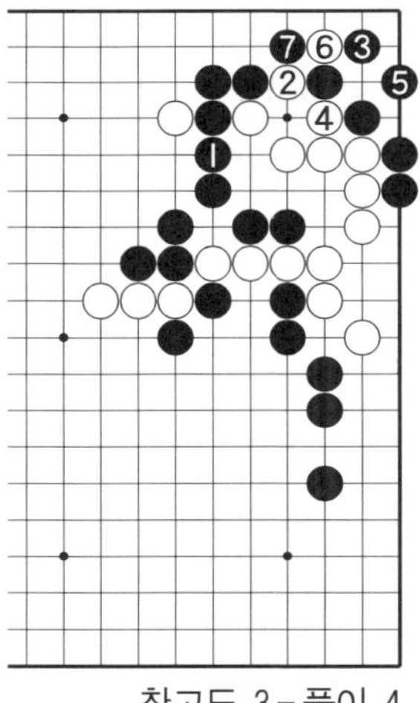

참고도 3 - 풀이 4

그러나 정확한 기록은 알 수 없지만, 새로운 연구에 의해 이것이 일단 패로 결론지어지게 된다. 그 변화는 바로 풀이 4다.

백2때 흑3과 5가 절묘한 수여서 흑7까지 패의 수단이 있다는 것이 연구의 결론이었다. 과연 그랬을까.

이 부분에서 김인 국수의 연구가 있었다. 아마 1970년대 중반쯤이었을 것이

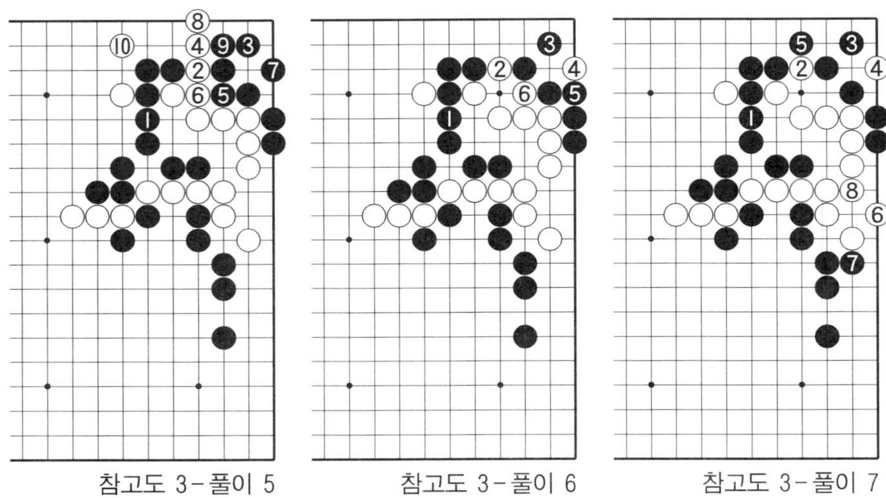

참고도 3-풀이 5   참고도 3-풀이 6   참고도 3-풀이 7

다.

월간지에서 본 걸로 기억되는데, 김인 국수의 연구에 따르면 흑3때 풀이 5
와 같이 백4로 두고, 이어 백8로 1선에 뻗는 수가 있어 밖으로 탈출하는 수가
성립된다는 것이다. 과연 그렇지 않은가?

여러분은 어떻게 생각하시는지. 원래 고전의 창작사활은 패가 되면 실전해
결을 원칙으로 한다. 그렇다면 패도 자체패가 많으면 산다고 보아야 하지만 현
대의 논리는 거기까지 생각하지 않는다. 어디까지나 문제는 문제일 뿐이고 패
는 패일 뿐이다.

그냥 살 수 있는 것을 패를 만들어 산다는 것은 실전에서나 발생하는 것이
지 문제의 풀이로는 적합하지 않은 것이다.

여기까지의 사례로 우리는 이제 마침내 결론을 내릴 수 있다. 김인 국수의
오류라고 했던 '파립세'의 풀이는 사실상 김인 국수의 연구가 아닌 '기보'의 변
화였을 뿐, 또 그것을 그대로 게재했다는 것뿐이라고 생각하면 된다. 김인 국
수는 이런 사실에 당시 침묵하였다.

그리고 아마 앞으로도 침묵할 것이다. 이 거인의 성품상 그런 일에 나서서
일일이 해명하는 가벼움은 있을 수 없다. 말없이 그저 말없이 후학들의 연구

를 바라보는 것으로 만족할 것이다.

이 부분에 대한 이야기는 이만 끝맺기로 하자. 김인 국수의 깊은 수읽기를 보여주는 사례는 얼마든지 있기 때문이다. 다만 이 부분에서 '바둑과 컴퓨터' 의 견해를 조심스럽게 밝히고자 한다.

원래 이 문제는 탈출이 없어도 죽음은 없었다는 것이다.

풀이 6을 보기 바란다. 흑3에 대해 백은 알기 쉽게 백4로 치중하는 수순을 얻을 수 있다. 흑5에는 백6으로 살게 되며, 만약 흑이 풀이 7처럼 백4에 대해 흑5라면 백6·8의 수순으로 살 수 있다. 그리고 이 수순은 풀이 6에서 백2에 대해 흑이 백6의 자리로 변화할 때 얻는 수순과 일치하는 수순이다. 어려운 변화는 아니었던 셈이다. 어째서 이 견해를 말하는가 하면 혹시나 어떤 독자가 이 부분에 대해 궁금해 할 수도 있을까봐서이다.

전단(前端)을 어디서

어떠한 전략이든 싸우지 않고 이기는 것을 최상으로 친다. 이에는 물론 '가능하기만 하다면' 이라는 전제가 주어져야 한다.

프로이센의 명장 클라우제비츠(Karl von Clausewitz, 1780~1831)는 '戰爭論(Vom Kriege, 1832)'에서 "전쟁의 승리를 얻기 위한 수단은 오직 전투에서 이기는 길뿐이다."라고 했지만, 영국의 저명한 군사평론가 리델 하트(Basil Liddell Hart)는 불후의 명저 '전략론'(戰略論, STRATEGY)에서 "전략은 가능한 한 전투를 피해야 한다."고 말했다. 과연 어느 견해가 옳을까.

바둑의 세계에도 이 부분에 대한 견해가 있는 것으로 알고 있다. "싸움을 모르는 바둑은 화초바둑에 지나지 않는다." 라는 견해와 "싸움밖에 모르는 무식한 바둑은 한계가 있다." 라는 견해는, 이미 오랜 세월 수없이 충돌해온 딜레마이다. 과연 이 두 개의 이질적 속성(異質的 屬性)은 공존할 수 없는 것일까. 이에 대해 손자(孫子)의 견해가 있다. "싸우지 않고 적을 굴복시키는 것이 최상의 방책이다. 그러므로 훌륭한 용병가는 적의 모(謨)를 치며, 차선책은 적의 교(交)를 쳐서 고립시키고, 그 다음 책은 무력을 사용하여 접전하며, 가장 하책은 견고히 준비된 적의 성을 치는 자이다."(孫子兵法) 여기서 "싸우지 않고 상대를 굴복시킨다."는 것은 이미 싸워도 이길 수 있는 힘이 비축되어 있다는 것을 말한다.

그렇다면 해답은 이미 내려져 있는 것이다. 그것은 결국 "둘 다 맞다." 라는 것이며, 쉽게 말해 "공존시키지 않으면 명인의 그릇이 아니다." 라는 의미가 된다. 아마 이 말은 진리일지도 모른다.

"권력이란 상대를 죽일 수 있는 것을 말하는 것이 아니라, 죽일 수 있어도 죽이지 않는 것을 말하는 것이다." 이 말은 영화 '쉰들러 리스트'에서 나오는 주인공의 대사다.

명인의 바둑을 들여다보면, 바둑을 전혀 배운 바 없는 리델 하트가 '전략론'에서 주장한 간접적 접근(間接的 接近, indirect approach)의 이론이 상당한 부분 부합하는데는 놀라지 않을 수 없다. 그리고 그의 짧고 명쾌한 논리는 바둑을 설명하는데 있어 그 동안의 추상적 바둑이론과 비교하면 더 없이 신선하다.

예를 들어 그의 이론 중에 "목적(objective)이란 용어는 극히 보편적으로 사용되고 있지만, 그다지 적절한 말은 아니다. 이 말은 물리적이고 지리적인 정취를 띠고 있어 자칫하면 사고의 혼란을 초래하기 쉽다. 그러므로 정책목적(政策目的)을 취급할 때는 목적(the object)이란 말을 사용하는 편이 적당할 것이다."라는 말이 있다.

이 말은 현대에 우리가 흔히 사용하던 '목적'이라는 말이 사실상 '목표'(target)에 불과했던 경우가 많았던 점을 미루어 볼 때, 목표와 목적(end)을 반드시 구분해야 한다는 의지의 표현이다.

목표와 목적을 혼동(混同)하면서도 무지스럽도록 열심히 두었던 대국은 얼마나 많았던가. 이 현상은 전술에만 급급했던 옛 명인들의 바둑에서도 종종 발견되는 사고제한(思考制限)의 한 현상이다.

"간접적 방법(indirection)은 진실한 방법(direction)을 분명히 한다." 이 말은 셰익스피어의 '햄릿 제2막 제2장'에 있는 말이다.

이러한 '간접적 접근'에 관한 김인 국수의 바둑관을 엿볼 수 있는 흥미 있는 자료가 있어 소개할까 한다.

1965년 무렵 육민사(育民社)에서 간행된 '기원'(棋苑)이라는 바둑잡지가 있었는데, 이 책에 대해 기억하는 분이 있다면 중년층 이상의 바둑매니아일 것이다. 이 책에 '전단(戰端)을 어디서'라는 기획이 있었다

필자는 김인 국수였는데, 내용의 구성이 당시로서는 거의 획기적인 것이었다. 내용의 구성을 지금과 굳이

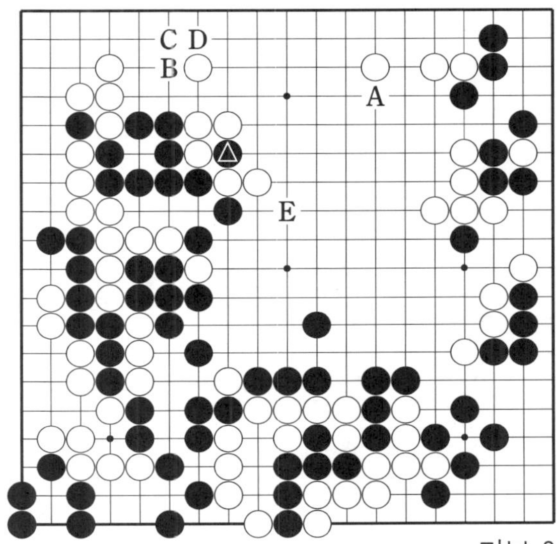

기보 3

비교하자면, '충암 연구 보고서'나 '이창호의 X파일'과 비슷한 맥락이며, 당시의 일본 서적과 비교하자면, '사카다의 바둑 시리즈'(바둑의 묘 시리즈 전6권)와 비슷하다.

당시의 김인 국수가 가진 바둑관을 이해하는데 일조가 되리라 확신하며 궁금한 분을 위해서 한편을 공개하겠다.

1965년 棋苑誌 10월호에 게재(揭載)된 내용 중 일부인데, 전체의 분량은 총 6쪽이었다. 장면은 일본에서 귀국한 후 처음으로 조남철 선생과 격돌했던 조선일보의 '최강3번기' 제3국이다.

기보 3이 문제의 장면인데 여기까지에 대한 김인 국수의 감상을 들어보자.

"포석이라는 고난기를 겪고 중반에 들어서면 최초의 전단이 벌어지게 마련이다. 이 최초의 전단이 곧 승패를 가름짓는 결과가 되는 일은 여간해서는 있

기 어려우며 수가 높을수록 서로 대세의 밸런스를 맞추려는 적당한 타협이 이루어지곤 한다. 따라서 필연적으로 새로운 전단이 벌어지지만 이번에도 뚜렷한 우열은 가리기 어렵다. …(중략) 우선 생각나는 것은 흑▲의 축머리를 고려하는 절충으로, 흑A에 붙여 전단을 불러일으키는 이른바 고등전술이 있는데, 이 수는 흑A에 앞서 흑B에 붙이고 백C로 젖히면 흑D로 끊어 백의 응수를 물어봐야 할 사전공작이 필요할지도 모른다. 실전에서는 안이한 방도로 흑E에 울타리를 치고 중앙을 흑집으로 굳히는 변화를 열심히 검토했었다. 그러나 백도 상변일대가 굳어져 위험천만이다."

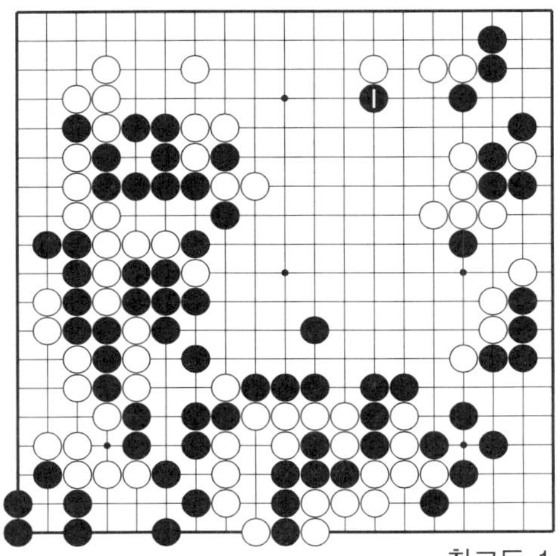

참고도 1

여기까지가 김인 국수의 감상이었다. 김인 국수는 흑E의 실패도 변화 세가지를 예시했지만 여기서는 생략하기로 하겠다.

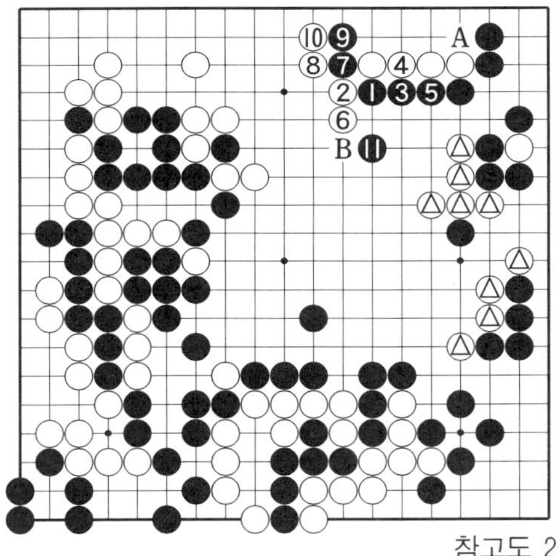

참고도 2

참고도 1을 보자.

전제한 이유로 김인 국수는 흑1쪽에서 전단을 모색하는 것이 바람직하다는 판단을 했던 것인데, 여기서 흑1 이후의 변화는 줄잡아 적어도 4가지의 패턴과 각 패턴마다 10여가지의 종속된 변화가 내포되어 있다.

그리고 그 변화의 수수는 평균 30여수나 된다. 이 많은 변화를 모두 기록할 수는 없을 것이다.

여기서 김인 국수가 제시한 몇 개의 변화를 보기로 하자.

우선 흑1에 대해 **참고도 2** 백2의 변화가 있는데, 이 진행은 흑A의 큰 끝내기와 흑B로 미는 맛이 좋고 무엇보다 백△의 돌들이 흑의 사정권에 들어왔기 때문에, 이 진행은 백이 선택할 수 없다. 또 **참고도 3**처럼 백1로 저항하는 변화는 흑2 이하로 진행된다고 볼 때 흑18로 침착하게 잇는 수가 있어 백이 곤란하게 된다.

이후 **참고도 4**가 필연이 되는데, 이 결과만으로도 백의 실패는 명백하다. 더구나 여기서 백이 손을 뺀다면 흑에게 전멸당하는 수가 있다.

참고도 5의 진행이 그 변화이다. 흑1 이하로 진행되면 흑13까지 필연의 수순으로 백이 전멸하는 것이다. 여기까지가 **참고도 2** 백2의 젖힘에 대한 김인 국수의 연구였다. 여기까지의 읽기는 직선 코스로 대략 40여수가 된다. 이러한 변화가 도처에 있는 것이다.

그리고 단순한 결론이어서 아마

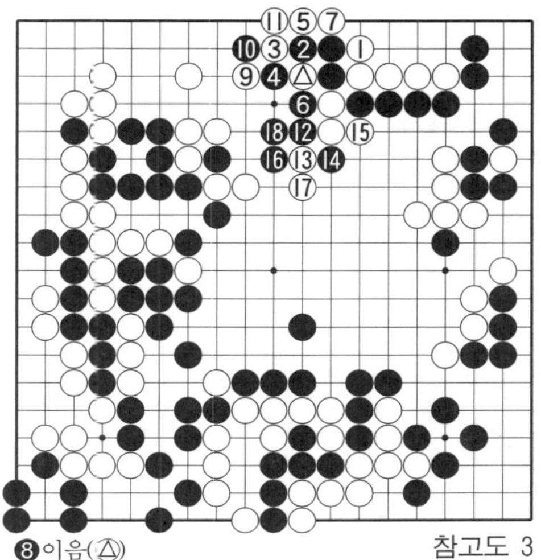

8이음(△)　　　　　참고도 3

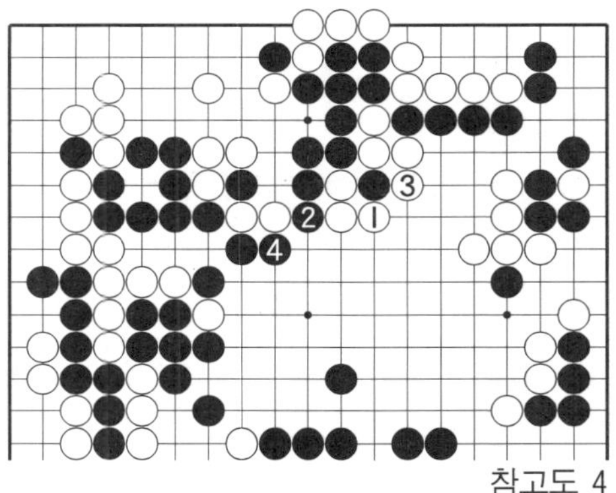

참고도 4

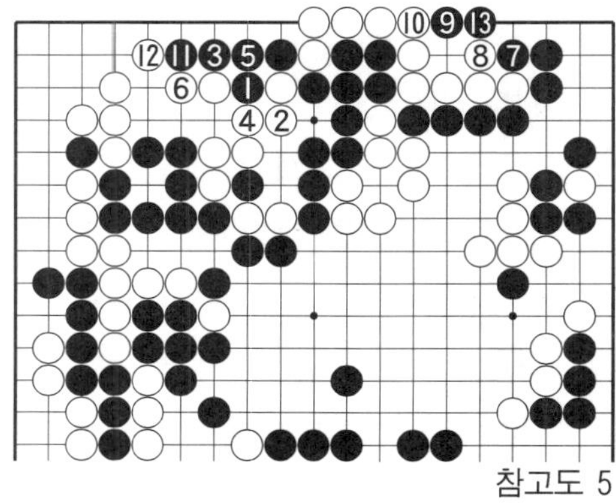

참고도 5

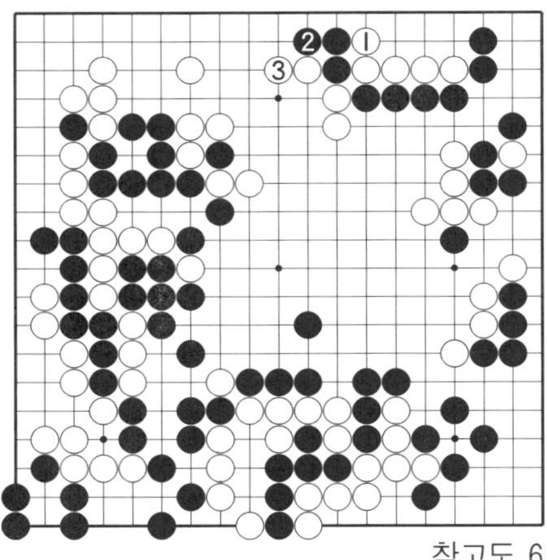

참고도 6

참고도 7

지면상 누락된 것이겠지만 궁금한 분을 위하여 한가지 보충 설명해 줄 변화가 있다.

참고도 6처럼 백3으로 늦추는 변화가 궁금한 분이 있을 것이다. 물론 이것으로 백이 한수 빠른 것이 분명하니까 그 생각이 드는 것은 당연하다.

그러나 이 변화는 참고도 7에서 보듯 흑1에 대해 백2 정도의 보강이 불가피하기 때문에 흑3 이하의 수단이 성립한다. 이 변화도 백의 손해임에 분명한 것이다. 여기까지가 김인 국수의 일차 검토였다. 이번에는 조금 더 난이도가 높아지는 변화가 기다리고 있다.

참고도 8의 흑1에 이번에는 백2로 두었을 때 흑3·5의 현란한 수순이

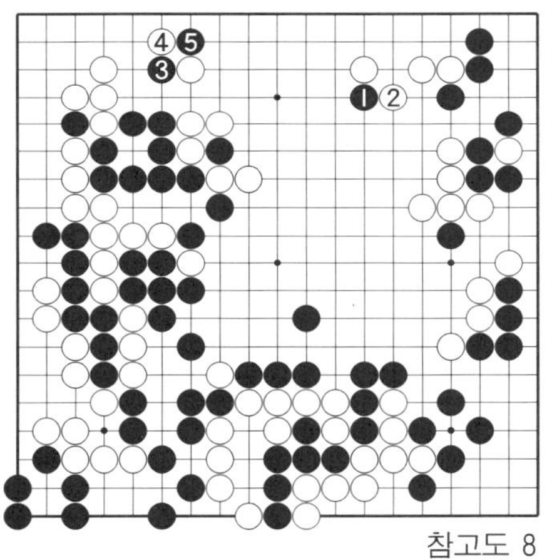

참고도 8

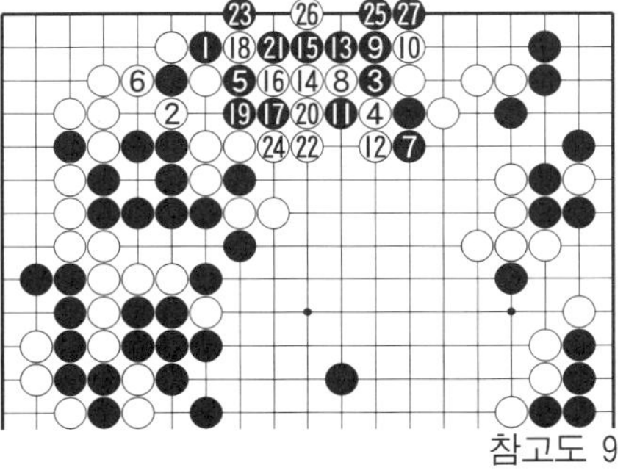

참고도 9

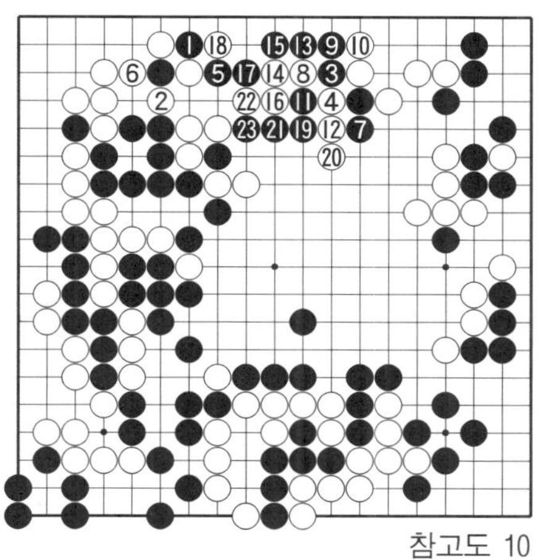

참고도 10

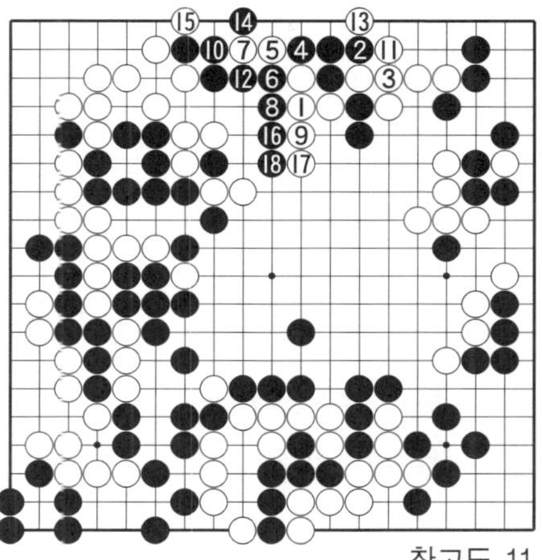

참고도 11

그것이다.

참고도 9의 수순을 보자. 이 진행의 수수는 약 30여수. 그보다 더 중요한 것은 변화의 갈래가 많다는 것이다. 흑27까지 삶이 보장되어, 이 진행이라면 무조건 흑의 성공이다.

참고도 10은 그 갈래길 중 하나이다. 이 진행도 백이 흑의 수순에 걸려든 모양이다. 흑23까지 필연의 수순에 의해 촉촉수가 되어버린다.

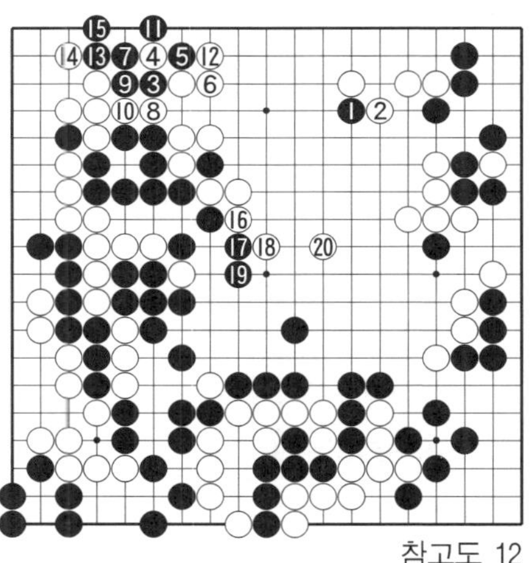

참고도 12

참고도 11도 갈래길 중 하나. 백1로 저항하는 것은 흑18까지 지리멸렬되어 더 이상의 수는 발생하지 않는다. 이 변화의 수수도 약 40여수.

김인 국수는 여기까지 예시해 놓았다. 그리고 이것이 장면도의 가장 핵심적인 변화가 된다. 그리고 실전의 진행에 대해 간략하게 해설해 놓은 것이 있다.

결국 백의 최선은 참고도 12의 백6이 되는데, 만약 흑이 즉시 흑7 이하로 삶을 도모한다면 이것은 반대로 흑의 실패.

백20까지 중앙의 백집이 커져 흑의 패색이 완연하다.

따라서 흑도 백8에 대해서는 응수를 보류하고 진행도 1과 같이 다시 흑9로 중앙으로 전환하는 것이 최선이며 이 진행이 실전의 진행이다.

계속된 실전진행이 진행도 2인데, 흑25까지 중앙을 크게 장악하여 필승지세가 되었다. 간략히 소개하려다 보니 다소 불비(不備)한 점은 있었지만 '전단을 어디서'의 내용은 대강 이런 것이다. (김인 국수는 이후의 전단에서 실패하여 패배하였다고 부기하고 있다.) 여기까지 감상한 여러분의 소감은 어떠한지. 아마 당시의 지면이 허락했다면 더욱 방대한 양의 분석자료를 볼 수 있었으리라 확신이 서니 아쉬운 마음 금할 수 없다. '전단을 어디서'와 같이 이 정도의 분석이라면, 현대에도 이 정도 독자적 견해로 창작할 기사는 별로 없을 것이라고 생각한다.

언젠가 주석(酒席)에서 흘러가듯 들은 것인데, 김인 국수의 이야기에 따르

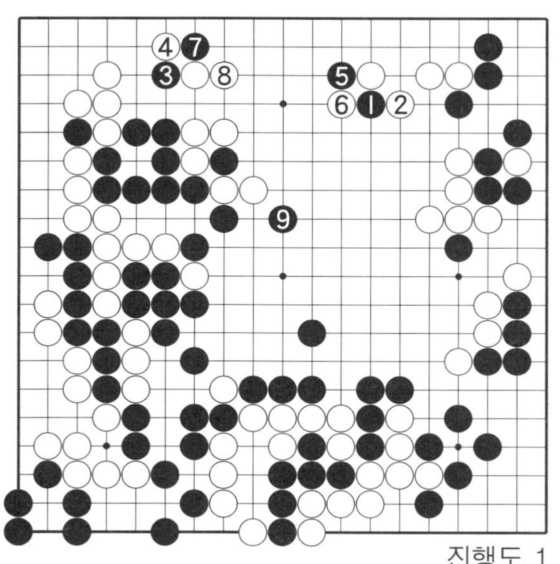

진행도 1

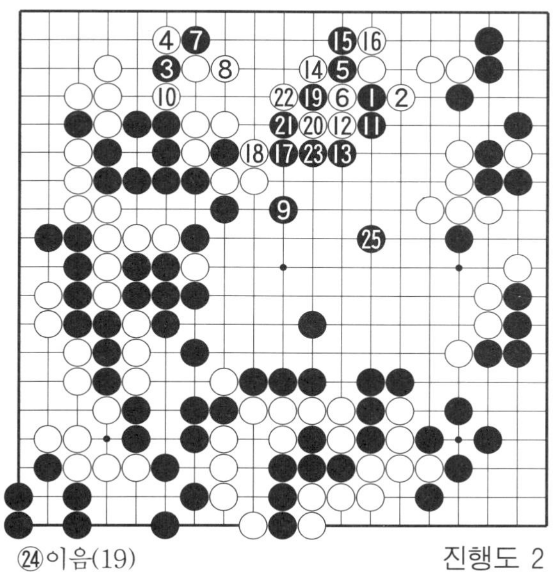

㉔이음(19)

진행도 2

면 이 시리즈가 출판이 될 뻔한 적이 있었던 모양이다.

당시 이 시리즈를 단행본으로 출판하자고 제의한 모 출판사가 있어 김인 국수가 자신이 창작한 묘수풀이 50제와 함께 '전단을 어디서'의 자료를 주었는데, 어느 날 소리소문도 없이 출판사가 문을 닫고 사장마저 종적을 감추었다고 한다. 지금이야 복사본 체제가 완벽하니까 자료의 분실이 그다지 문제될 일은 없겠지만, 당시의 김인 국수로서는 자료가 분실된 자체로 소멸된 것이나 마찬가지가 되므로 더욱 안타깝다.

김인 제국

이야기를 다시 당시의 현장으로 돌아가 보기로 하자.

1966년 국수위 탈취를 기점으로 김인 국수의 바둑은 화려하게 개화하기 시작한다. 기록에 의하면 1965년의 승률이 전대미문의 90%인 것은 분명하지만, 실제로 김인 국수의 정점은 1968년 무렵이 아닌가 생각된다. 1968년 1월부터 4월까지의 기록을 보면 32승 1패.

승률로 환산하면 무려 97%가 된다. 여기서 1패는 그해 1월 13일 조선일보 주최 제1회 최강전(이 기전은 최초로 덤을 5집으로 시도한 획기적 기전이었다.) 제3국에서 조남철 선생에게 기록한 한판이다. 김인 국수의 1968년 총 결산은 50승 7패로 승률은 87.7%에 머물렀는데, 이 승률도 당시로서는 타의 추종을 불허하는 발군의 성적이었지만, 중요한 것은 이 7패 중 3패는 1월의 패국과 더불어 7월에 한국일보사 주최 제1기 명인전 리그에서 조남철 선생에게 한판, 9월에 동아일보사 주최 제13기 국수전 도전기 제1국에서 역시 조남철 선생에게 한판 진 것이며 나머지 4패는 모두 승단전에서 얻은 패국이다. 알다시피 당시의 승단제도는 칫수에 의한 대국이므로, 진정한 의미의 패국으로 볼 수는 없는 것이다.

어쨌든 이 승률만 가지고 생각한다 해도 당시 승승장구하던 타 기사와 비교한다면 그 어마어마한 위상을 더 잘 알 수가 있는데, 김인 국수 다음의 승률을 기록한 기사는 유건재(당시 2단, 현 7단) 사범으로 전적 24승 8패(승률 75%), 그 다음은 정창현(당시 4단, 작고) 사범으로 전적 32승 12패(승률 72.7%)였던 것이다.

또 이해에 시작된 신아일보 주최 승발전(이 기전 방식은 당시 최초로 시도된 것이다.)에서 김인 국수는 무려 15연승을 하고, 스스로 기권하기도 했다. 혼자 계속 이기기만 한다면 승발전의 의미가 퇴색될 것을 우려해서였을 것이다. 이 정도의 기량차이라면 바둑의 차원 자체가 근본적으로 다르다고 보아야 하지 않겠는지.

만개한 김인 국수의 기량은 결국 1968년 6월 26일 국제신보 주최 제6회 청소년배 쟁패전(靑少年盃 爭覇戰) 결승 2국에서 김학수(당시 4단, 현 5단) 사범에게 이김으로써, 새 패자가 됨과 동시에 당시로서는 상상치 못할 7관왕에 오르는 대위업을 이루는 것으로 정점에 서게 된다.

이해 6월 27일, 28일 양일간에 일본에서는 제23기 본인방전 결승7국이 열렸는데, 도전자인 린하이펑 명인이 타이틀 보유자였던 사카다 본인방을 이겨 6번째의 본인방에 등극하는 사건이 벌어졌으니, 만개하는 시기가 거의 일치하는 것을 보면 '金·竹·林'의 시대가 도래하리라는 당시 일본 언론의 예언이 적중한 셈이다.

당시의 타이틀 기전이 총 8개(승발전은 타이틀전의 성격이 아니었고, 경남매일신문주최 제1회 한국기원 선수권전은 이때 시작되어 6월 25일 예선 1차전이 벌어지고 있었다.)였던 점으로 미루어 볼 때 제1기 명인전(이 기전은 조남철 선생이 최종국에서 김인 국수에게 이겨 우승했다.)을 제외한 전 기전은 김인 국수가 모조리 장악한 셈이다. 참고로 **기보 4**는 7관왕 탄생국이다.

김인 국수의 당시 자전해설을 간략히 소개하면 이렇다. "백22는 행마의 미스로 흑23의 곳이 좋았고, 흑35는 완착으로 백36의 곳이 좋았다. 백56으로는 좌변 흑집을 구축하도록 강요하고 백76·78의 절단을 노리는 것이 통렬했다. 백76·78의 절단이 시기상조로 흑85의 공격을 받았으니, 이 수가 백이 비세에 빠지게 된 결정적 요인으로 보인다."

이 무렵의 김인 국수는 확실히 하나의 제국(帝國)이었다. 그리고 그 거대한 제국의 황제였다. 또 황제의 면모가 당시 바둑의 실제 종주국인 일본에서도 입증되는 하나의 사건이 그를 기다리고 있었다.

그 사건은 다름 아닌 이 해 1968년 명인과 본인방을 동시에 보유하며 사실상 일본 바둑계를 석권한 중국 출신의 대기사 린하이펑 9단이 12월 2일 한국을 방문하여 김인 국수와 2국, 조남철 선생과 1국을 두기로 합의가 된 것이었다.

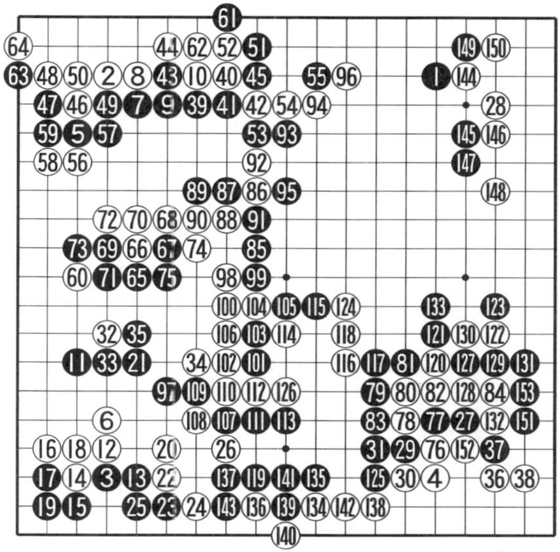

기보 4

그러나 이 사건은 마지막에 기보와 함께 다시 소개하기로 하겠다. 이 사건이 당시 한국 바둑계에 일으킨 바람은 조금 더 역사적 차원에서 다룰 필요가 있기 때문이다.

1968년 당시 김인 국수도 과거 조남철 선생처럼 군웅들의 집요한 도전을 받고 있었다. 이 중에서 김인 국수의 인간적 단면을 헤아리기에 넉넉한 흥미있는 자전 해설이 있어 한가지 소개할까 한다.

1968년 9월 28일 한국 바둑 도전기의 명소로 너무도 유명했던 운당여관에서는 제3기 왕위전 도전1국이 벌어지고 있었다.

상대는 도전자 결정국에서 자신의 스승이었던 조남철 선생을 이기고 도전권을 장악한 고재희(당시 4단. 현 7단) 사범.

고재희 사범은 1969년, 1977년, 1978년 제1기부터 제3기까지 열렸던 한국기원 선수권전(이 기전은 1969년 시작되어 중단되었다가 재개되었으나 총 3회로 끝난 기전이다.)을 전패(全覇)한 바 있는 강호였으며 그의 섬광처럼 빠르고 예리한 수법은 당시 정평이 나 있었다. 이 대국의 자전해설을 맡았던 김인 국수의 고재희 사범에 대한 평이 있었는데 그 내용이 흥미있다.

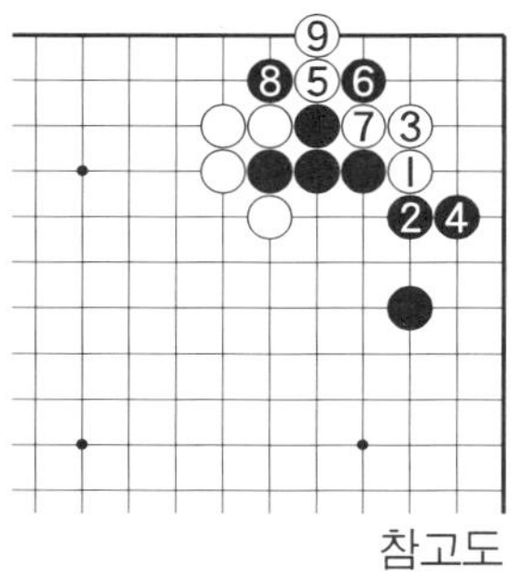

참고도

"고4단을 알게된 것은 12년전, 모기원 승급대회 결승전에서 첫 대국을 갖게 된 때부터였고, 그때 내가 넉점을 놓고 **참고도**와 같은 통쾌한 맥에 걸려 참패를 당했던 것이 아직도 기억에 생생히 남아있다. 대회에서 고4단은 2급으로 우승, 내가 6급으로 3등에 입상했던 일이 어제일 같이 생각된다."

이런 과거사를 자전기에서 고백하기란 쉬운 일이 아니다. 이 대목에서 느껴야 할 중요한 점은 과거의 부끄러움에 대한 김인 국수의 솔직 담백함이며, 그 때문에 이러한 자기 고백이 그의 인성을 더 없이 풍요롭게 만들었을 것이라는 추측은 그리 어렵지 않다.

그리고 바로 이 대국에서 1990년대 화려하게 유행했던 삿갓형 접바둑 정석이

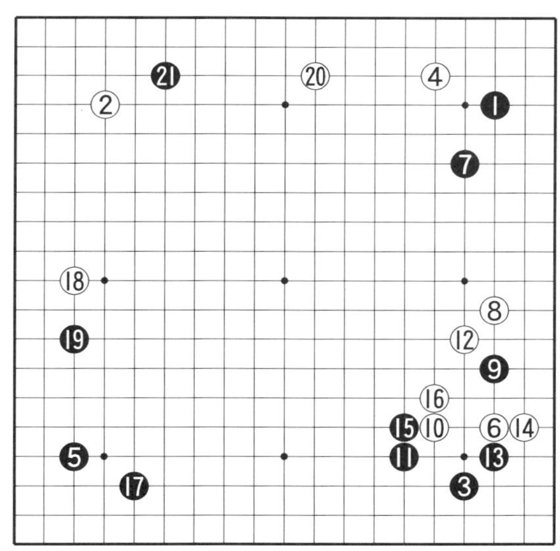

제3기 왕위전 도전5번기 제1국 (중앙일보 주최)
1968년 9월 28일, 雲堂旅館

● 고재희
○ 김인

덤 4집반

기보 5

김인 국수의 시도에 의해 도전기 사상 처음 나타난다.

기보 5가 그것인데, 흑21까지 진행되었을 때, 이 진영은 현대의 바둑과 비교하여 진영의 위치만 바뀌었을 뿐 주어진 조건과 환경은 거의 일치한다고 볼 수 있다. 당시로서 삿갓의 우형 정석(흔히 붙여 막기라고 하는 정석이다. 오늘날에는 이창호 9단이 한때 애용했

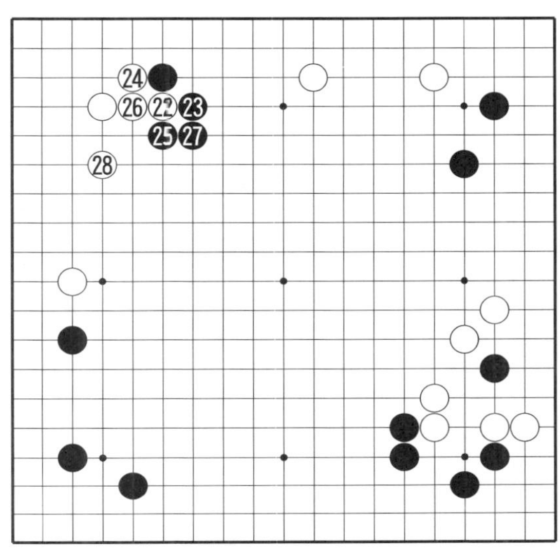

진행도

다 하여 이창호 정석이라고도 한다.)은 전문기사가 시도하기에는 너무 유치한 정석이어서 취급대상이 아니었다. 린하이펑 9단이 슈코 9단과의 대국에서 '화점의 3수 손빼기 정석'을 시도했다가 우칭위엔 선생에게 "명인급이 이런 정석을 선택한다는 것은 문제가 있다."며 호된 질책을 받았던 것으로 볼 때, 당시 김인 국수의 시도 역시 같은 전문기사로서 이해될 리 없는 사고였을 것으로 보여진다.

그러나 30년이 지난 오늘 이러한 사고가 지극히 자연스런 선택으로 자리잡았음을 비교한다면 굳이 결과론적 분석이 아니더라도 그의 선각자적인 시각을 확신하지 않을 수 없다.

진행도를 보기 바란다. 김인 국수의 선택은 바로 이 정석이었다.

이 정석은 주변과 연관하여 현대의 바둑어서 대단히 긍정적인 평가를 받고 있다. 그 이유는 백이 우형이기는 하지만 생각보다는 집이 견고하며, 무엇보다 흑이 무거워졌음을 인정하지 않을 수 없다는 현실적 판단에 기인한다. 그렇다면 당시의 일반적인 선택은 어떤 것이었을까.

아마도 **참고도** 정도였을 것이다.

그러나 당시 김인 국수의 소감에 따르면 이 진행은 A의 침입을 방비하지 않을 수 없어 백의 불만이라는 것이며 그 시각은 현대의 시각과 거의 일치하고 있다.

한국 바둑계로 볼 때, 30년의 시공을 넘어 이런 시각적 일치 현상을 보이고 있는 기사는 김인 국수단 한사람뿐인 것 같다.

400년의 역사를 자랑하는 일본

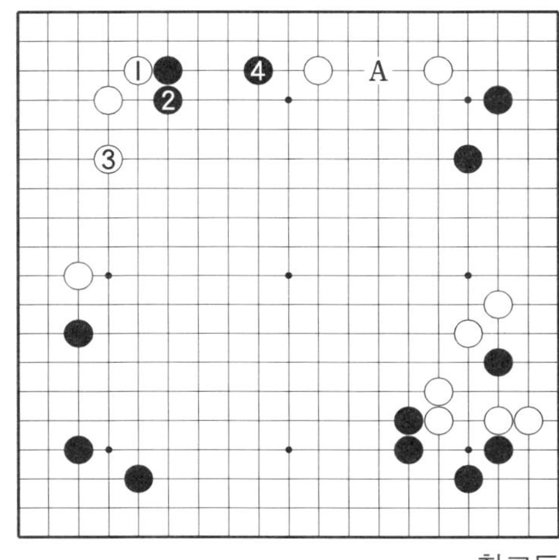

참고도

바둑계에서도 이러한 시각적 일치 현상을 보인 기사는 기성 도사쿠(道策)도 아니며, 슈사쿠(秀策)도 아니다.

우칭위엔 선생을 제외하고 이러한 현상을 보여준 기사는 없다.(우칭위엔 선생은 중국태생이지만, 활동은 일본에서 했으므로 일본 바둑계로 보는 것이 옳을 것이다.) 오히려 아마추어 강자로 군림하던 몇 명의 선각자가 있다. 대표적인 인물로 야스나가 하지메(安永一) 선생이라고 할 수 있는데, 이 부분은 나중에 '이창호 9단편'에서 소개할까 한다.

이렇듯 선각자적 시각의 기사가 드문 이유는, 앞서가는 사고의 자유로움을 가지기가 그만큼 어렵다는 의미로도 분석할 수 있다.

사고의 자유. 이것은 비단 바둑이 아니더라도 소유하기 쉽지 않은 화두이다. 우리가 반야심경(般若心經)의 한 구절 중 '색즉시공'(色卽是空)을 이해하는 것은 쉬워도 '공즉시색'(空卽是色)으로 사고를 역류(逆流)시키기 어려운 이유도 바로 여기에 있다. 보이는 것을 없다고 생각하는 것도 물론 쉬운 일은 아니지만, 그 의미를 이해하는 것은 가능하다. 그러나 반대로 보이지 않는 것을 있다고 생각하려는 것은 갑자기 혼돈(混沌)의 소용돌이로 함몰하기 쉽다. 모든 사유는 한가지인데 어째서 현상은 다르게만 느껴질까. 그것은 바로 이 사유 자체가 구속되어 있기 때문인 것인데, 구속에서 해방되고 싶은 것은 욕망일 뿐 실행은 되지 않는다. 그래서 인간은 가없은 중생인 것일까.

사고의 자유라는 말처럼 쉬운 말은 어디에도 없건만, 사고가 자유로운 사람이 없다는 것은 바로 이처럼 진정한 깨달음의 실체가 오도(誤導)되어 있다는 의미도 된다. 그렇다면 참바둑의 실체도 사실상 자각(自覺)에 의해서만 구현이 가능한 것일까.

대륙의 바람과 백두대간

1968년 12월 2일 오후 4시 50분 경, 어둠이 깔리기 시작한 김포공항에서는 듬직한 체구에 환한 얼굴을 한 중국인이 수많은 환영객과 기자들의 플래쉬를 받으며 걸어나오고 있었다.

그 얼굴은 분명 사진으로만 보아오던 26세의 젊은 본인방 린하이펑이었다. 사카다 왕국을 붕괴시킨 대륙의 바람 린하이펑이 틀림없었다.

한편 이 곳 수많은 환영 인파 속에도 약 3년전 조남철 왕국을 붕괴시키고 새로운 제국을 탄생시킨 작은 나라의 제왕이 기다리고 있었다. 한국의 국수 김인. 백두대간 김인이었다.

과연 한국의 바둑은 어디쯤 와 있는가. 초미(焦眉)의 관심 속에 린하이펑은 세종호텔에 여장을 풀었다. 그리고 이틀 후, 세종호텔 502호실에 마련된 특별 대국실에서 두 명인은 마주 앉았다. 제한시간 각 3시간, 치수는 김인 국수의 선. 비공개 속에 진행되었다.

이날 관계 인사 10여명이 주시하는 가운데, 두 명인은 제한시간을 다 쓰고 초읽기에 쫓기면서, 장장 8시간의 사투를 벌인 끝에 273수만에 김인 국수의 3집승으로 끝났다. 비록 선이라는 치수였지만, 한국 국민들은 김인 국수의 승리에 크게 환호했다. 당시의 한국 국민들의 인식으로는 일본바둑과의 격차를 엄청나게 크게 보고 있었기 때문이다.

더구나 상대는 일본, 아니 세계의 제일인자가 아닌가. 모든 사람들은 과연 김인 국수가 어느 정도 버틸 것인가 만을 생각하고 있었던 것이다. 숨을 죽이며 기다리던 중 이러한 의외의 낭보가 전해지자, 한국 국민들은 전체가 마치 자기의 일인 양 경축의 분위기에 휩싸였다. 한국 바둑이 세계 정상과 겨룰 수 있을 만큼 강하다는 사실이 새로울 수밖에 없었다. 그날 너도나도 입에서 입으로 전해진 이 승전 소식은 전국을 마치 용광로처럼 달구었던 것이다.

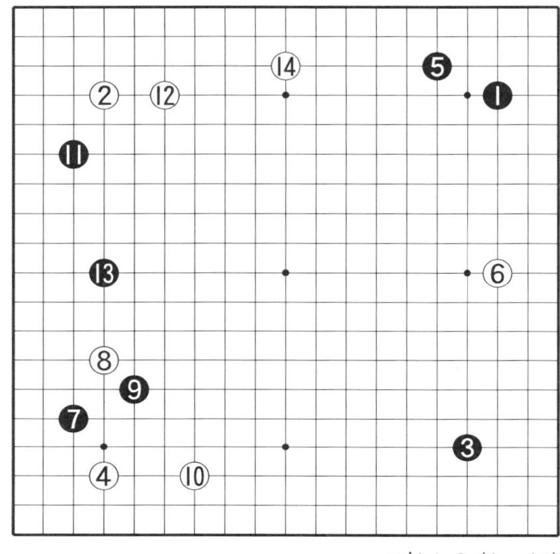

그것은 한국의 상징 백두대간이 대륙의 거대한 바람도 견딜 수 있다는 자부심이었다.

기보 6은 당시 두어졌던 대국이다. 당시 기량아 최고조에 달했던 린하이펑 본인방과 우리의 김인 국수가 나눈 국제수담의 한 장을 음미해 보기로 하자.

덤이 없이 두어지게 된 배경은 간단하다. 당시 일본은 세계 최강이었고, 따라서 일본 최강은 세계 최강이었기 때문이다.

오늘날 한국이 세계무대에서 그러한 대접을 받는 것과 같은 이치다.

린하이펑 본인방은 당시 일본의 제일인자였다. 그런데 약간 의아한 부분이 있을 것이다. 린하이펑 9단에게 왜 명인이라는 칭호가 생략되고 있는지에 대해서. 그 원인은 이렇다.

린하이펑 9단은 이 해, 사카다 9단으로부터 본인방을 탈취하였지만, 다카가와 명예 본인방에게 명인위를 뺏겼기 때문이다. 그래서 '명인·본인방'이라는 명칭을 쓸 수 없었던 것이다. 그러나 이듬해, 1969년 다카가와 9단으로부터 재탈환에 성공하여 명실공히 명인·본인방이 되었다.

진행도 1까지는 피차 물 흐르는 듯한 진행이다. 대륙의 바람도 아직까지는 이렇다할 움직임을 보이지 않고 있으며, 백두대간 역시 그 자세 그대로 미동도 하지 않고 있다.

피차 당당한 흐름이 아닐 수 없다.

앞서 좌하귀의 정석은 당시 본인방이 애용하던 정석이었다.

사카다 9단을 위시하여 후지사와 슈코 9단, 스승인 우칭위엔 선생과의 대국에서도 곧잘 시도했던 것이다.

반상의 돌이 쌓이면서 대륙 쪽에서 먼저 바람이 불어오고 있는 것 같다. 백두대간의 숲 사이로 약간의 움직임이 포착되고 있는 것이다.

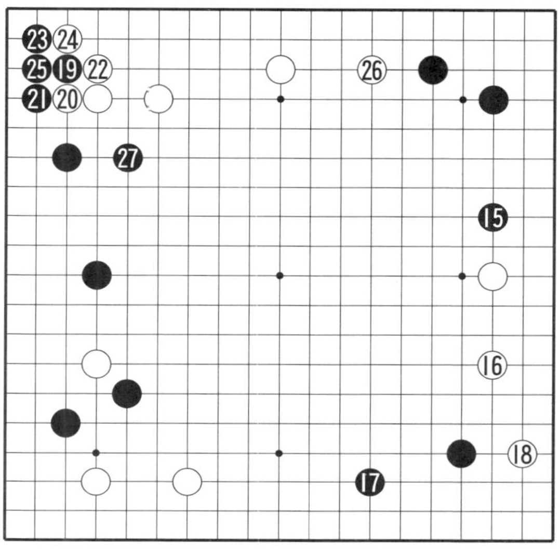

기보 6 - 진행도 1 (15~27)

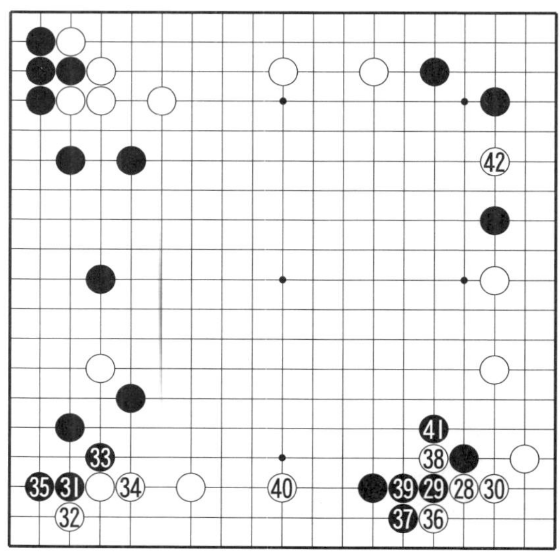

기보 6 - 진행도 2 (28~42)

진행도 2의 백42. 드디어 바람의 실체가 모습을 드러냈다. 최초의 전단은 이렇게 시작되고 있었다.

그렇지만 백두대간은 아직 큰 움직임을 보이고 있지 않는 듯, 진행도 3의 흑 43·45.

여기서는 싸우지 않겠다는 뜻이다.

선수를 취하여 흑53. 상변을 압박하여 바람이 부는 반대편을 공략한 것은 과연 국수다운 유연한 흐름이다. 백66까지 일단 상변의 확장은 저지선이 만들어졌다.

진행도 4의 흑67, 이 곳을 제압하여 대가가 형성되고 있다. 이대로라면 승산이 보인다. 여행의 피로 탓이었을까, 본인방의 여유였을까. 흑67을 허용한 백에게는 투지가 보이지 않고 있다.

이때, 바람이 새어 들 수 있는 김인 국수의 실착이 등장했다. 흑69. 당연히 선수일 것으로 보았던 이 수

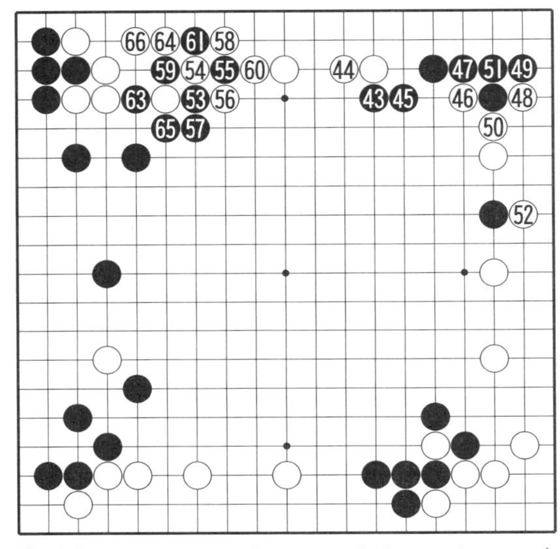

⑥②이음(55)　　　　　기보 6 – 진행도 3 (43~66)

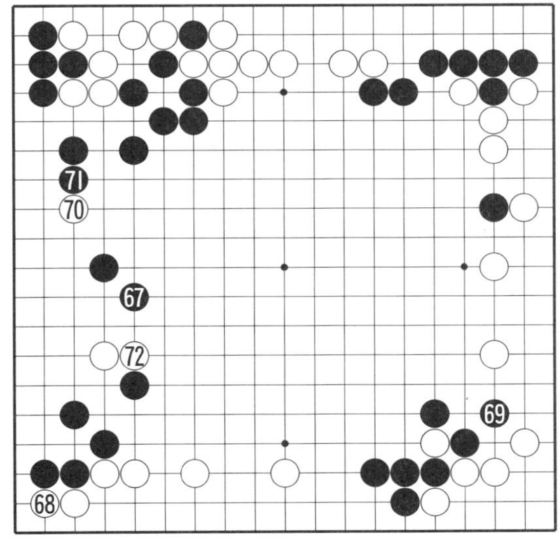

기보 6 – 진행도 4 (67~72)

로 국면은 갑자기 굉음을 내기 시작했다. 어느 틈엔가 바람이 바늘 끝만한 틈으로 새어 들어와 백두대간의 중심부를 강타하기 시작한 것이다. 과연 명인들

의 바둑은 이런 것인가.

백68은 결코 끝내기가 아니었던 것이다. 따라서 흑69는 바람이 물러갔다고 생각했던, 천려일실의 한 수였다.

언제라도 둘 수 있었고, 언제나 선수일 것으로 보았던 이 수는 고정관념이 부른 손바람이 아니었을까. 좌변에 형성되었던 대가 속에서 소용돌이가 일어나고 있었다.

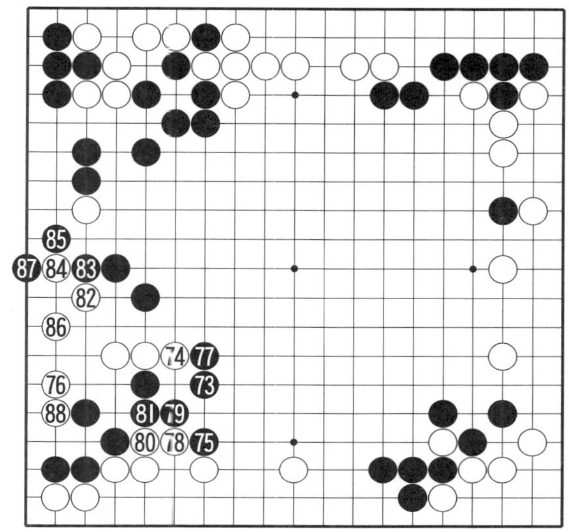

기보 6 – 진행도 5 (73~88)

진행도 5의 수순대로, 미세한 틈을 뚫고 들어와 이렇게 살 수 있었던 것은 어디까지나 흑69의 죄다.

좌변의 백이 살고 나면 흑은 무슨 집으로 대항할 것인지.

그러나 결론을 먼저 말하면 이 바둑은 김인 국수가 3집을 남겼다. 이후에 본인방의 패착이 있었는가 하면 그렇지 않았다. 그럴 만한 패착이 나타나지 않았는데도 흑이 이겼다.

어째서 그런 일이 있을 수 있는가 하고 의문을 가지는 분도 있을 것이다. 그러나 그것은 사실이다. 그 이유는 일단 덤이 없었다는 데 있고, 그 다음은 바로 백두대간 김인 국수의 저력이란 본래가 그런 것이기 때문이다.

좌변의 백은 선수로 깨끗하게 살았다.

그리고 진행도 6의 백100으로 단단하게 보강하여 백의 승리는 요지부동으로 보였다. 흑이 믿을 수 있는 것은 중앙의 두터움 뿐, 집이 될 곳은 어디에도 없었다.

그래도 김인 국수는 서두르지 않았다.

서두르지 않는다는 점에
서는 두 명인 모두 같은 성
향일 것이다.

과연 누구의 인내력이 끈
질길 것인가. 흑101, 역시
서두르지 않고 있다. 이번
에는 본인방 쪽에서 서두르
기 시작했다. 유리한 쪽의
심리였을까. 승부를 결정지
으려는 자세로 중앙을 지우
려는 작전이 시도된 것이
다.

백106, 이제 화산이 폭발
할 차례가 도래한 것 같다.

진행도 7의 흑107로 마
지막 승부처가 될 것이다.
이제부터는 인내의 싸움이
아니다. 수읽기의 싸움인
것이다. 중앙전은 글자그대
로 용쟁호투의 상황으로 치
달았다.

쌍방 초읽기에 몰린 채
2시간이 지났을 정도로 숨
막히는 접전 끝에 바둑은
끝났다. 장장 8시간이 넘
는 열전이었다.

집을 세어 본 결과, 흑이 3집을 남기고 있었다. 두 명인 모두 땀에 흠뻑 젖

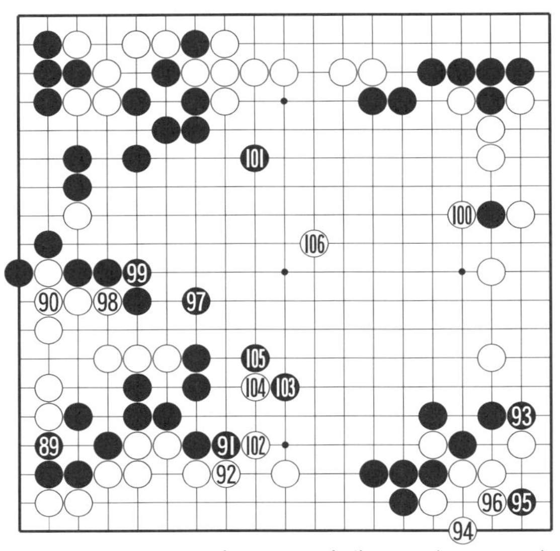

기보 6 - 진행도 6 (89~106)

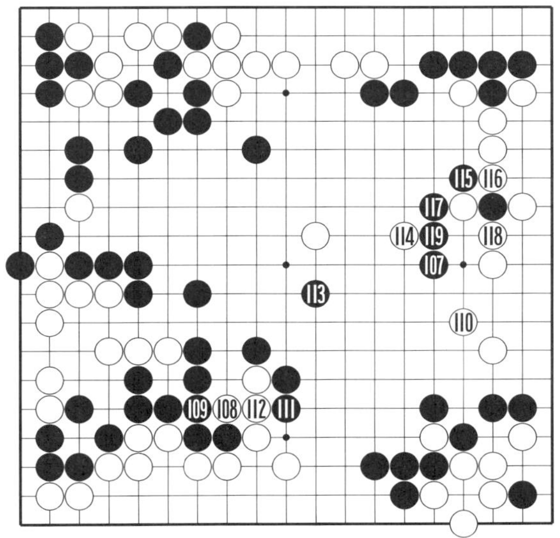

기보 6 - 진행도 7 (107~119)

었고, 김인 국수의 얼굴에
는 순간 안도의 표정이 스
치고 지나갔다. 국민의 기
대를 저버리지 않았다는 뜻
이리라.

진행도 7 이후는 총보로
미룬다.

비공개 대국이 있은 지
이틀 후, 국내 사상 처음으
로 유료공개대국이 시도되
었다. 장소는 세종호텔 해
금강 홀, 바둑팬 500여명이
운집한 가운데, 오후 2시
10분 두 명인은 다시 격돌했
다.

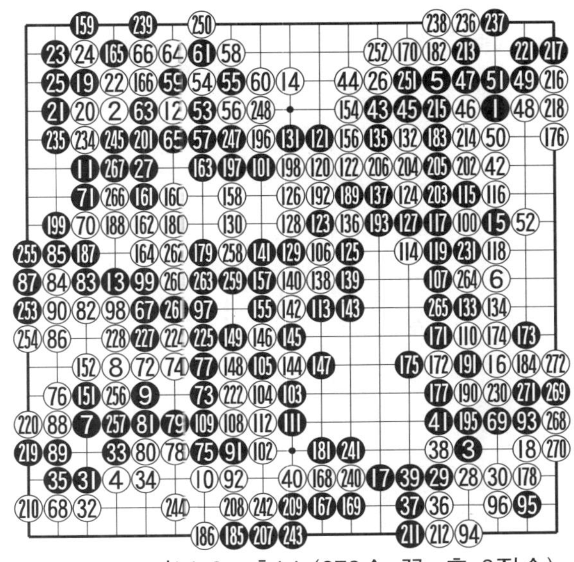

기브 6 - 총보 (273수 끝, 흑 3집승)

⑥②이음(55) ⑮⓪따냄(144) ⑮③패따냄(105)
⑲④⑳⑥패따냄(172) ⑳⓪⑳⑥패따냄(12)
⑳③⑳⑨패따냄(191) ⑳③②이음(15) ⑳③③⑳⑨패따냄(59)
⑳⑦③이음(12) 흑 반패이음

공개대국이니 만큼 속기로
진행됐다. 비공개 대국과 달라진 점은 제한시간 각 30분의 속기라는 점과 덤
4집반의 호선이라는 점.

대형 바둑판 앞에서는 조남철 선생의 유머러스한 해설이 청중을 사로잡고
있었다. 두 명인의 진지하고 유연한 대국 태도는 팬의 아끼지 않는 찬사를 받
기에 충분한 것이었다.

오후 4시 10분에 종국했을 때, 이번에는 븐인방의 6집반 승리였다.

대국이 끝나고, 본인방은 팬들의 싸인공세에 땀을 비오듯 흘리면서도 한장
한장 마지막까지 선물하는 대가의 모습을 보여줌으로써 팬들을 감동시켰다.

기보 7이 당시의 대국이다.

역시 이 바둑에서도 두 명인은 처음부터 유연한 출발을 보여주고 있었다.

백18도 초반의 난해한 코스를 피하려는 본인방다운 선택이며, 여기에는 백

20을 둘 수 있어 불만이 없
다는 계산도 되어 있는 듯,
물 흐르는 듯한 진행이다.

진행도 1 좌상귀의 정석
은 1차 대국에서도 보였던
본인방 애용정석이며, 흑31
과 백32는 맞보기에 해당
한다. 이때 흑33이 최초의
전단인데, 백의 응수여하에
따라 국면의 판도는 바뀌게
될 것이다.

본인방은 이 침입에 대해
단호하게 대처하는 것으로
결단을 내렸다.

진행도 2의 백34는 그런
결단의 한 수였다. 속기 대
국이기 때문이었을까, 구경
하는 팬들을 위한 배려였을
까. 1차 대국때와는 달리 때
이른 접전이 벌어지고 있었
다.

국후 소감으로는 두 명인
모두 백34가 무리였음을 공
감했다. 넘겨주고 두터움을
유지하는 편이 좋았다는 뜻
이다. 두 명인 모두 두터움
을 중시하는 기풍이기 때문

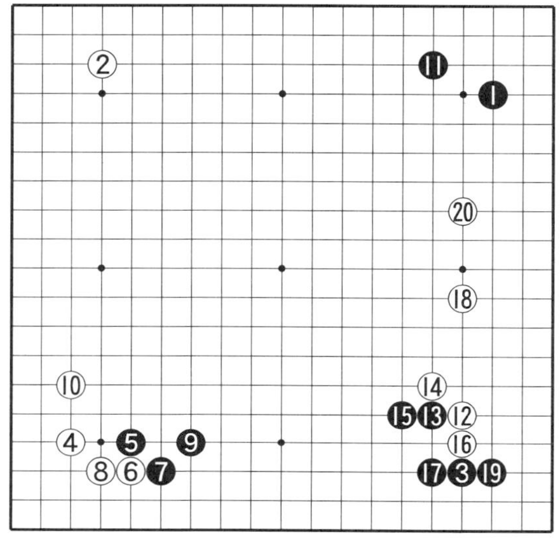

기보 7 (1~20)

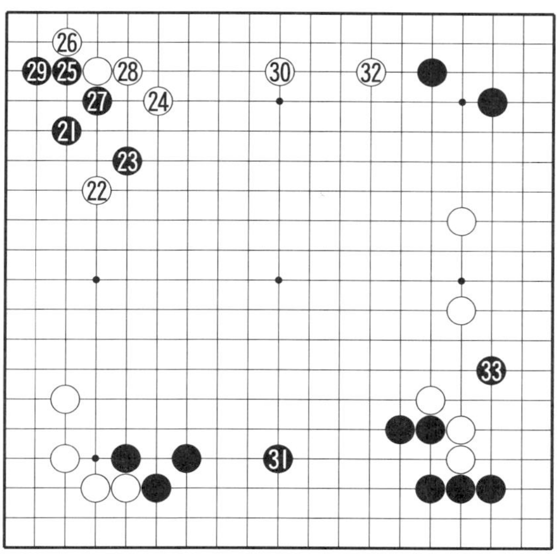

기보 7 - 진행도 1 (21~33)

이다.

백34는 **참고도 1**처럼 두어 두터움을 유지하는 것이 옳았으며, 이것으로 불만이 없다는 공통된 의견인 것이다. 그러나 백의 무리수가 통하게 되는 김인 국수의 실착이 등장한다.

흑43이 그것이다. 이 수로는 무조건 **참고도** 2의 흑1로 뻗어야 했던 것. 백이 이 흑을 잡으려는 것은 흑9까지 오히려 백이 잡힌다.

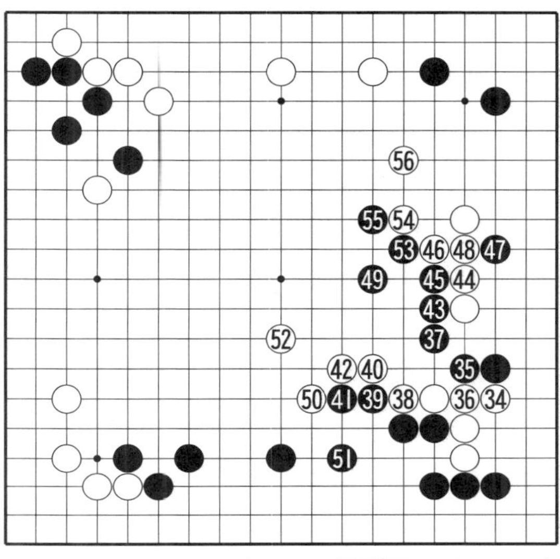

기보 7 – 진행도 2 (34~56)

본인방은 이 변화를 생각하며 백34의 차단을 후회하고 있었던 것인데, 반대로 김인 국수는 우변의 백 두점 쪽으로 기대어 중앙 쪽을 공략하려 했던 것이다.

백50의 두점머리를 맞아 하변을 굴복당하고, 백52로 모양을 갖추게 되어서는 흑의 침입이 완전히 실패로 돌아간 느낌이다

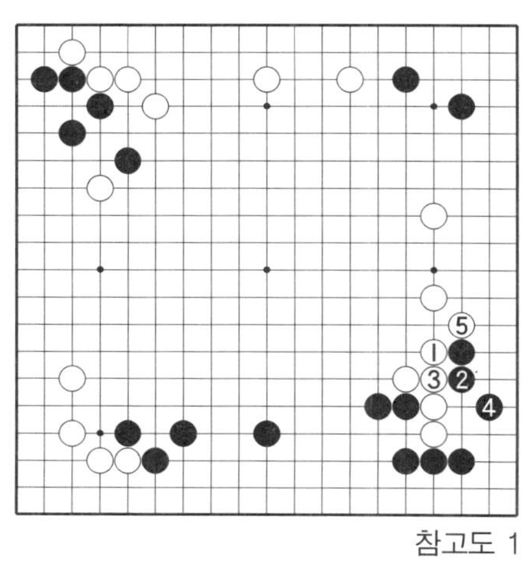

참고도 1

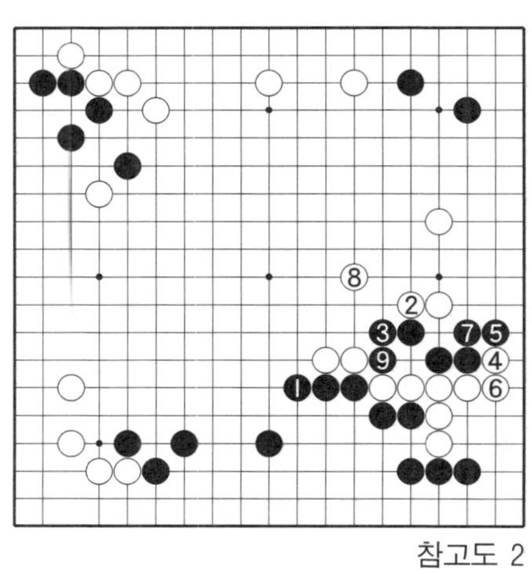

참고도 2

백56까지 흑은 더 이상 백을 공략하기 힘들어졌다. 우상귀에 굳혀진 흑 두점이 약점을 드러내고 있기 때문이다. 부근의 백이 강해졌으므로 흑도 더 이상의 추격은 무리다. 그러나 현재의 국면은 두터움에서는 밀릴지 모르지만, 집으로는 부족하지 않다. 따라서 약점을 보완하여 집으로 추격하는 작전이 바람직하다. 그런데 여기서 김인 국수는

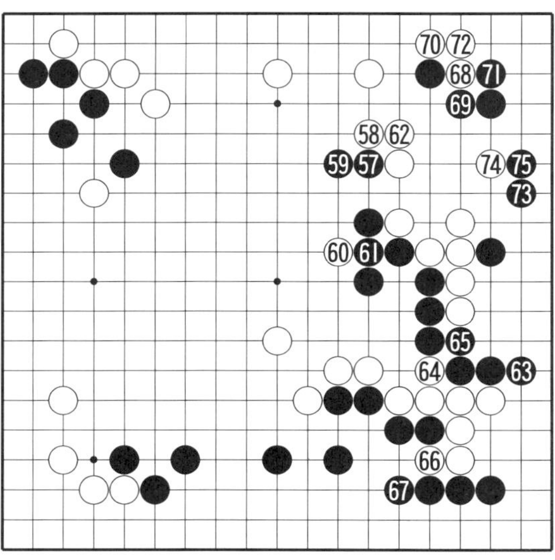

기보 7 - 진행도 3 (57~75)

또 한차례의 착오를 일으킨다. 속기 때문이었을까.

진행도 3의 흑57·59는 지나친 손바람이 부른 악수였다. 귀를 더욱 약화시키고 만 것이다.

백68 이하의 손실은 생각보다 컸다. 이 수로는 **참고도 3**의 흑1로 침착하게 지켜 집으로 일단 우위에 서는 것이 옳았다.

이랬다면 백은 우변 백말의 안위 때문에 무엇이든가 조치를 취하

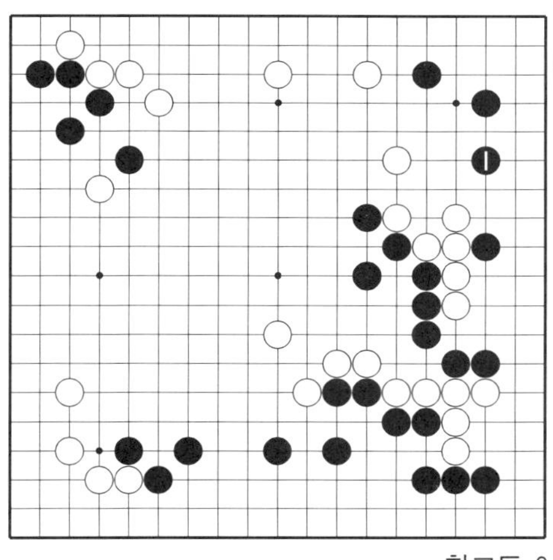

참고도 3

지 않을 수 없으므로, 흑은 확실히 집으로 우위를 확보할 수 있었던 것이다.

악수는 악수를 부른다는 말처럼 평소의 김인 국수답지 않은 사소한 실수가 자주 발견되는 것은 무엇 때문일까.

흑67은 대국 도중 크게 후회했던 손해수였다.

이 수는 집으로도 손해일 뿐 아니라 장차 중앙으로 연결된 백 대마의 공격에도 크게 악영향을 미치게 된다. 이것으로 덤 정도가 순식간에 날아가 버렸던 것이다. 김인 국수는 국후 이 수를 패착이었다고 단언했다.

그러나 바둑만큼 승부의 고비가 많은 게임도 없는 듯하다.

선수를 잡은 백의 우세가 부동이라고 믿었던 순간에도 기회는 왔던 것이다.

진행도 4의 백76은 좌변 쪽이 넓으므로 그쪽으로 지키는 것이 확실했던 것인데, 너무 폭을 넓힌 관계로 흑의 반발을 불러일으키게 되었다. 흑77 이하 흑85까지 교란을 획책하여 난전의 양상으로 흐르고 있었다. 백86은 본인방의 승부수. 그러나 흑에게 기회가 온 것도 이때였다.

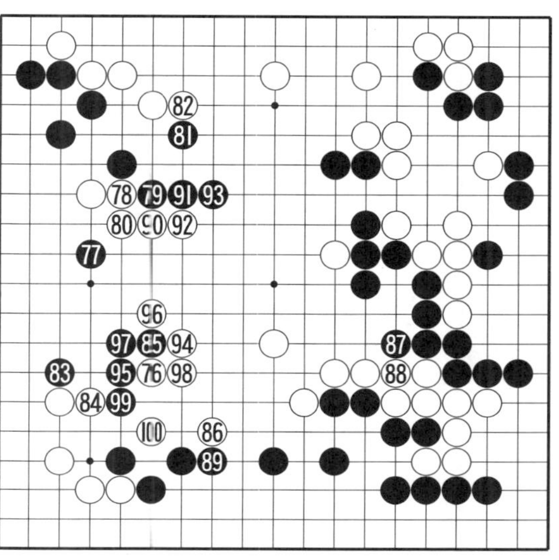

기보 7 - 진행도 4 (76~100)

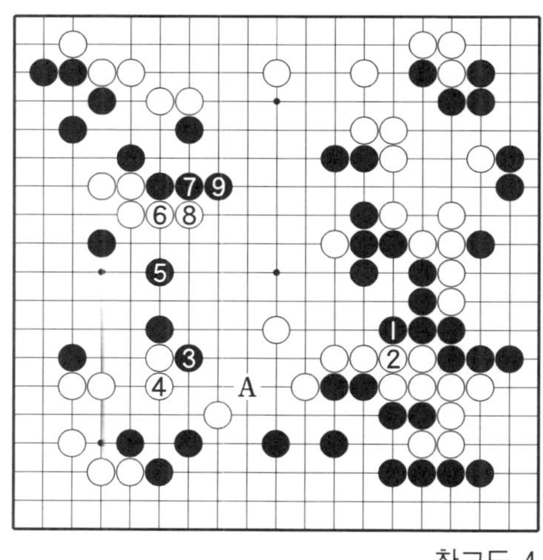

참고도 4

흑은 **참고도 4**와 같이 양동작전을 펼 수 있었던 것이다. 좌상 백을 공격하면서 A의 차단을 노려 양쪽을 동시에 공격함으로써 이것으로 중앙 전체의 주도권을 장악할 수 있었다.

손따라 둔 흑89는 이러한 기회를 순식간에 날려버리고, 오히려 좌측 흑돌들의 생사문제만 만든 것이다.

백도 사소한 실수가 없지는 않았던 관계로, 국면은 미세하게 흘러가고 있다.

그러나 **진행도 5**의 흑25가 마지막 패착이 되었다.

이는 백26으로 나오는 수를 보지 못한 착각으로, 백34까지 흑 두점이 잡히게 되어서는 반면승부가 되어 더 이상의 역전은 일어날 수 없게 되었다. 134수 이후는 총보로 미룬다.

만물(萬物)의 역려(逆旅)

"어리석은 자는 체험을 통하여 배운다고 한다. 나는 타인의 경험에 의하여 이익을 얻는 것을 좋아한다." 이것은 비스마르크의 말이다.

바둑이 바둑 그 자체의 가치만을 본다면, 오락이나 게임의 속성이상은 생각

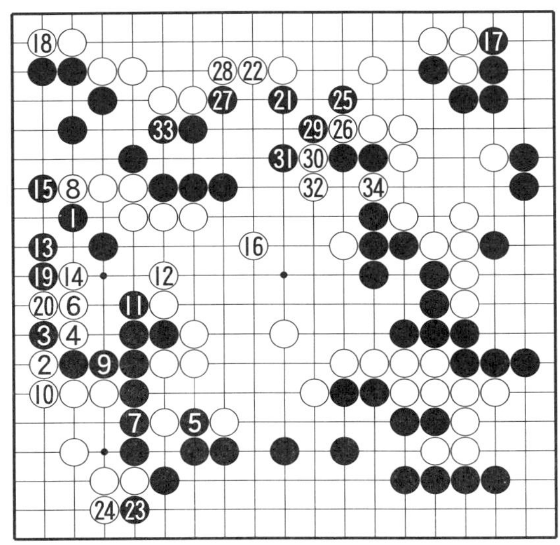

기보 7 – 진행도 5 (101～134)

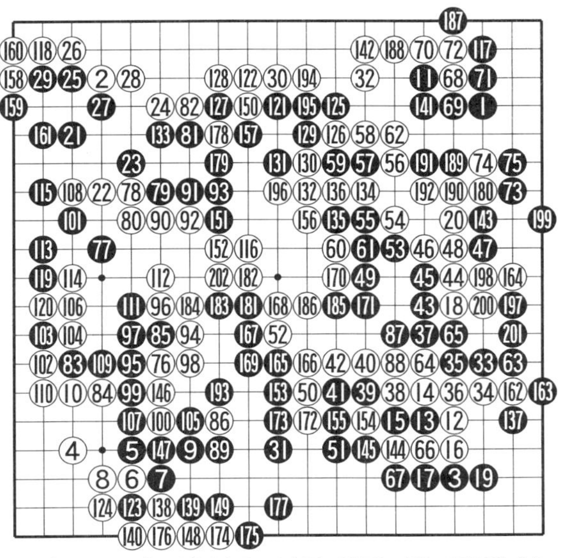

기보 7 – 총보(202수 이하 생략, 백 6집반승)

할 수 없다. 따라서 바둑의 참다운 가치는 인간이 바둑을 통해 무엇을 견성(見性)하느냐에 따라 아편과 같은 마약도 되며 광대무변의 우주도 될 것이다. 그러나 바둑의 물성을 잘 모르는 아마추어에게 바둑판과 바둑돌만을 가지고 견성하라 한다면 그야말로 맨발로 형극(荊棘)을 가라는 것과 같다. 그러므로 아마추어는 바둑을 견성한 명인들의 체취(어쩌면 이것이 바둑관을 헤아리는 첩경일 것이다.)를 느끼면서 간접적인 접근을 할 밖에는 달리 도리가 없다.

예를 들어, 불멸의 기성 우칭위엔 선생은 바둑의 원리를 통한 인격적 쉬려(淬礪)가 지식인들과 비지식인 간의 유대에 기여할 수 있으며, 양보를 통한 공존이 공존을 위한 질서를 낳게 하여, 결국 평화의 정신으로 승화시킬 수 있음을 천명한 바 있다.

또한 사카다 9단에게서는 '수보기'라는 현상을 통한 수읽기의 본질과 정신적으로 무너지지 않는 강건성(剛健性, sturdiness)을 배우게 된다.

그러나 이를 가능케 하려면, 후학들의 선탈(蟬脫)과 우화(羽化)가 가능해지려면 선철의 오도된 족적이 앞을 가로막아서는 안된다.

도사쿠에서 슈에이(本因坊 秀榮), 슈사이(本因坊 秀哉)에 이르기까지 명인들의 바둑관을 고찰함에 있어서도 마찬가지로 국수주의적 사고가 잔존되어 있다면 그 또한 바둑계의 발전에 크나큰 장애가 아닐 수 없다.

과연 도그마(dogma)가 배제된 인간상이란 어떤 모습일까.

백두대간에 들어서면 바둑보다 자연과 인간이 먼저 보인다. 그리고 거기서 그것을 배운다. 그처럼 김인 국수는 바둑의적으로도 테플론 정치가(Teflon Politician)와 같은 면모보다는 소오(笑傲)의 시인 이백(李白)이 더 잘 어울린다.

이것은 술 한잔을 기울이며 후학들을 다독거려주는 자애의 깊은 이면에 숨겨져 있는 유무의 이변(二邊)을 버린 무소유의 견성(見性)이 아닐까.

이백을 생각하며… 백두대간을 생각하며…

천지는 만물의 역려요, 광음은 백대의 과객이라…("天地는 萬物의 逆旅요, 光陰은 百代의 過客이라…")

만물(萬物)의 역려(逆旅)   499

日本圍棋大系 全18卷(收錄棋士 28人). 1975~1977. 東京 : 筑摩書房
日本名人戰 全集 全4卷. 趙南哲 編. 서울 : 法文社
日本名人棋聖戰 全集 第1~7卷. 趙南哲 編. 서울 : 法文社
吳淸源 對局集 1, 2, 3, 十番棋集. 서울 : 玄玄閣
吳淸源回顧錄. 1992. 吳淸源 著. 서울 : 玄玄閣
莫愁. 1976. 權熙哲 譯. 서울 : 玄玄閣
吳淸源스토리. 1997. 江岐誠致 著·金淳鎬 譯. 서울 : 서림문화사
棋苑誌 全卷. 서울 : 育民社
바둑誌 全卷. 서울 : 景友堂
物語り圍棋史. 1972. 田村龍騎兵 著. 東京 : 日本棋院
圍棋名勝負物語. 1972. 安永一 著. 東京 : 時事通信社
圍棋百年(補訂新版). 1989. 安永一 著. 東京 : 時事通信社
圍棋百科辭典(改訂增補). 1983. 林裕 著. 東京 : 金園社
坐隱談叢. 1903. 安藤豊次 著. 東京 : 靑木嵩山堂
玄玄棋經. 1974. 金寅 校訂. 서울 : 玄玄閣
發陽論 玄覽. 1974. 金寅 校訂. 서울 : 玄玄閣
日本史. 1998. 박경희 엮음. 서울 : 도서출판 일빛
作戰戰略. 1988. 趙志衍 著. 서울 : 을지서적
人間의 心理學的 理解. 1987. 高永喜·李智英·洪基元 共著. 서울 : 星苑社
數學史의 理解. 1997. 金容雲·金容局 共著. 서울 : 도서출판 祐成

Foreign Copyright:
Joonwon Lee
Address: 10, Simhaksan-ro, Seopae-dong, Paju-si, Kyunggi-do,
         Korea
Telephone: 82-2-3142-4151
E-mail: jwlee@cyber.co.kr

명인의 바둑관

2000. 7. 31. 초 판 1쇄 발행
2000. 10. 4. 초 판 2쇄 발행
2017. 8. 8. 초 판 3쇄 발행
2018. 3. 15. 초 판 4쇄 발행

지은이 | 바둑과 컴퓨터
감 수 | 김 인 九단
펴낸이 | 이종춘
펴낸곳 | **BM** 주식회사 **성안당**
주소 | 04032 서울시 마포구 양화로 127 첨단빌딩 5층(출판기획 R&D 센터)
     | 10881 경기도 파주시 문발로 112 출판문화정보산업단지(제작 및 물류)
전화 | 02) 3142-0036
     | 031) 950-6300
팩스 | 031) 955-0510
등록 | 1973. 2. 1. 제406-2005-000046호
출판사 홈페이지 | **www.cyber.co.kr**
ISBN | 978-89-315-8230-7(13690)
정가 | **19,800원**

이 책을 만든 사람들
책임 | 최옥현
진행 | 이하림
표지 디자인 | 박원석
홍보 | 박연주
국제부 | 이선민, 조혜란, 김해영
마케팅 | 구본철, 차정욱, 나진호, 이동후, 강호묵
제작 | 김유석

■ **도서 A/S 안내**

성안당에서 발행하는 모든 도서는 저자와 출판사, 그리고 독자가 함께 만들어 나갑니다.
좋은 책을 펴내기 위해 많은 노력을 기울이고 있습니다. 혹시라도 내용상의 오류나 오탈자 등이 발견되면 "좋은 책은 나라의 보배"로서 우리 모두가 함께 만들어 간다는 마음으로 연락주시기 바랍니다. 수정 보완하여 더 나은 책이 되도록 최선을 다하겠습니다.
성안당은 늘 독자 여러분들의 소중한 의견을 기다리고 있습니다. 좋은 의견을 보내주시는 분께는 성안당 쇼핑몰의 포인트(3,000포인트)를 적립해 드립니다.

잘못 만들어진 책이나 부록 등이 파손된 경우에는 교환해 드립니다.